郭澄清研究资料

李宗刚 编

山东人民出版社
国家一级出版社 全国百佳图书出版单位

图书在版编目（CIP）数据

郭澄清研究资料/李宗刚编. -- 济南：山东人民出版社，2016.12

ISBN 978-7-209-10351-0

Ⅰ. ①郭… Ⅱ. ①李… Ⅲ. ①小说研究－中国－当代 Ⅳ. ①I207.4

中国版本图书馆CIP数据核字(2016)第322097号

郭澄清研究资料

李宗刚 编

主管部门 山东出版传媒股份有限公司
出版发行 山东人民出版社
社　　址 济南市胜利大街39号
邮　　编 250001
电　　话 总编室（0531）82098914
　　　　 市场部（0531）82098027
网　　址 http://www.sd-book.com.cn
印　　装 青岛国彩印刷有限公司
经　　销 新华书店

规　　格 16开（169mm×239mm）
印　　张 35.5
字　　数 550千字
版　　次 2016年12月第1版
印　　次 2016年12月第1次
ISBN 978-7-209-10351-0
定　　价 78.00元

前　言

郭澄清(1929—1989)是中国当代文学史不能遗忘的作家。20世纪50年代后期,郭澄清创作的文学作品便产生了一定的影响;60年代初期,他创作的短篇小说《黑掌柜》产生了较大的影响;70年代中期,他创作的长篇小说《大刀记》风靡一时;80年代,他带病继续坚持文学创作,依然创作了《决斗》等长篇小说。但令人遗憾的是,像郭澄清这样重要的作家,却没有得到学术界应有的关注,专门的研究资料更是无从谈起。

关于郭澄清研究的历程可分为三个历史时期:第一个历史时期为20世纪60年代。这个时期,郭澄清作为青年作家登上文坛,相继创作了一批有影响的短篇小说。与此相对应,该时期对于郭澄清的研究则集中在他的短篇小说创作方面。第二个历史时期是70年代,以他的《大刀记》发表为契机,各种报刊发表了许多相关的研究文章。第三个历史时期是进入新世纪以来,通过对郭澄清"在历史的缝隙中发现诗与美"的阐释,人们对"郭澄清现象"进行了重新解读。本书收录的文章,基本上反映了这三个历史时期郭澄清研究的全貌。

编选研究资料,贵在还原历史发展的真实脉络。为了能够达到还原历史的目的,在编选过程中,我们注重把不同的文章纳入时间坐标中加以呈现。如此一来,读者便可以梳理出历史发展的来龙去脉。

为了便于读者对郭澄清研究有个清晰的了解,在编选过程中,我们把郭澄清研究资料分为三部分:第一部分是郭澄清文学道路;第二部分是郭澄清文学研究;第三部分是郭澄清手稿。其中,第一部分划分为两个方面:一是郭澄清自我陈述性文章;二是郭澄清同时代人的回忆或纪念性文章。在第二部分中,为了突出2006年召开的郭澄清文学创作研讨会之于郭澄清研究的意义,我们专门把围绕这次会议刊发在《文艺报》的相关文章汇编在一起。在第三部分中,除了把郭澄清的《大刀记》部分手稿影印出来之外,我们还把郭澄清后期给贺敬之及《纪晓岚演义》一书的部分手稿也一并影印出来,以便更好地呈现郭澄清文学创作的历程。

本书编选的文章大都刊发在不同的报刊上，其体例自然也就不同。为了编选的统一，根据出版的有关要求，我们对注释进行了统一调整，有些文章的尾注转化成了页下注。但总的来说，这仅仅是格式的改变，并没有改变作者的本意。对那些明显的笔误或排版错误之处，我们从尊重历史史实出发，对更正之处进行了必要的说明；至于句法文法等方面表述不甚规范的文字则采取了“实录”的办法。

李宗刚

目　录

中编·郭澄清小说研究

下编・郭澄清小说手稿

舍命追求文学梦　根植泥土颂人民[①]

——回忆父亲郭澄清

郭洪志　口述　梁临平　执笔

我的父亲郭澄清是我国千百万文学创作大军中的一员，是一位优秀的人民作家，是我最最敬爱，终身怀念、想念的人。

父亲的为人和优秀品质一生都在影响我、鞭策我，是我成长中的动力和楷模。

一、苦难童年铸孝心　优良品格传后人

父亲郭澄清1929年11月13日出身于德州市宁津县一个叫郭皋村的贫困农家。苦难的童年生活铸就了他刚强的性格和孝顺的品格。父亲的孝顺和厚道在当地广为流传，尤其是对奶奶的感情更是催人泪下。贫困和日本侵华战争期间惶惶不可终日的动荡生活摧残了奶奶的健康，奶奶病重期间，父亲把所有的收入用来为奶奶请医买药，甚至借贷。自己节俭生活，不顾一切后果地抢救奶奶的生命。我爷爷看到奄奄一息的奶奶和病弱的儿子，一气之下摔了药罐子，不让我父亲再抢救奶奶了，他担心再这样下去会失去家庭及儿子，我父亲郭澄清和妹妹郭桂英（我姑姑，仍健在）背起奶奶跑到他们二舅家想继续治，但由于医疗水平的落后，在父亲20岁出头时奶奶还是不治去世了。父亲想到刚刚解放好日子就要来临，而母亲却走了。父亲心痛如刀绞。在埋葬奶奶的时候父亲哭得死去活来几近晕厥。看到奶奶的棺椁下到墓穴父亲一下子跳了下去紧紧抱住奶奶的棺椁哭着要和母亲一起去，在场的乡亲把他抬了上来。至今村里健在的知情老人说起澄清葬母这一段时仍唏嘘不已。父亲不光孝顺着他父亲，还有他的四叔，他的四叔是一位残疾人（小时候患小儿麻痹症），腿脚不便，终身

---

① 本文系郭洪志与其爱人梁临平合作撰写。该文经作者精简后，发表于2016年8月17日《文艺报》。在本书中，我们把这篇文章置于首篇，目的在于使读者对郭澄清的人生道路有一相对全面的了解。

未娶。一直由我父亲赡养,直到84岁终老去世。受父亲的影响我们也很孝顺老人。参加工作后,每次回家都要给爷爷们带一些好吃的。父亲和母亲刘宝莲还规定我每月从工资中拿出10元钱交给爷爷,年年月月如此,直到我外出上学为止,其实当时我每月才有二三十元的工资。在我四爷爷病重期间,同样也在病中的父亲和母亲仍规定我和三弟郭洪庆(因我们二人都学医),专门请假回家相继照顾了一个多月。我们和四爷爷吃住在一起,端饭送水,擦屎接尿,清洁全身。使老人在最后的日子里得到很大的慰藉。我记得父亲在世的时候曾开玩笑地说:我就是孔孟之道里说的"孝子贤孙"。那时家里的日子过得很不富裕,我们哥四个,还有四个老人(爷爷、四爷爷、姥爷、姥姥),都需要照顾,我母亲经常为手中拮据而焦急万分。但父亲一有点稿费除了交党费剩下的都交给爷爷,生怕爷爷和四爷爷在农村老家为生计犯难。即使后来在家养病期间,父亲每天早上起来还坚持拖着半身不遂的身子先到爷爷的屋里问安,从不间断。平常老人有任何的训教和要求父亲都记在心里,一一落实,从不反驳。我的父亲郭澄清和母亲刘宝莲钢铸的孝心永远在我心里激荡。

村里的老人都说澄清的孝顺和厚道是打心眼的。他在县里当干部时,每次回老家离村子远远的他就要下自行车推着车子进村,路上甭管遇上谁都要主动打招呼,该怎么称呼就怎么称呼,没有一点架子,即使当了山东省文学创作领导小组的领导仍然如此,每次都让司机把吉普车停在村口,自己走着进村。我们村有一位烈属老大娘,孤身一人是五保户,父亲每次回村都要去看望,并经常给她买些吃的、用的,几十年如一日从未间断,直到老人80多岁去世。平时村里有什么困难他都尽力帮助,为村里办了不少实事。

二、妙语连珠一才子　风趣幽默受欢迎

父亲的朋友们经常这样对我谈起父亲:你父亲是一个诙谐幽默、才思敏捷、出口成章的人。赶集的集市上,只要大喇叭一播放你父亲的讲话,整个集市都会安静下来,做买卖的会暂时停下手里的买卖,行进中的人会停下脚步,眼睛瞪着喇叭、竖起耳朵听你父亲讲话。政策讲得明、道理说得清,过瘾!和父亲一起在北京人民文学出版社改稿的山东大学文学院吴开晋教授以及河南作协副主席王绶清等同志也这样回忆说:老郭口才极好,人很幽默,又忠厚老实,大家都喜欢找他聊天。《风雨大刀魂:郭澄清评传》的作者黄书恺、高艳国在采访父亲

的学生王智广、王金铎同志时,他们是这样回忆父亲的:“那时,早上起来是早操,早操后郭老师大约用20—30分钟给我们上早会课(那时父亲在宁津县完小当校长兼地理课老师),他的早会课总跟说书一样,我们就愿意听他的早会课,天天盼着他的早会课。郭老师口才好极了,记忆力好极了。早会课他讲纪律、学习、政治方面的事情,本来挺枯燥的一些大道理从他嘴里说出来,就成了妙语连珠的故事,学生们、老师们总是鸦雀无声地听他讲。那时县里开个大会什么的,别人讲着讲着台下的人就稀了,有的上茅子(厕所),有的交头接耳,也有的打瞌睡。可一到郭澄清讲话,人们就竖起了耳朵,台下的人立马精神了起来。他讲话从来没有稿子,讲到哪里算哪里,可是他总能讲得一五一十,头头是道,条理清晰。大伙都愿意听他讲话,他讲得极其生动,那手势那神态就像磁铁,把大家都吸住了。他能把挺大的道理挺复杂的事情用很简单的话讲明白,现在想起来,还觉得是一种享受。那时候他不过20岁左右,比我们当时的学生也大不了多少。”讲到郭老师授地理课两位老人更是兴奋地站了起来,模仿起父亲当时讲课的风采:“郭老师教地理,上课从不拿课本,也没有备课本。就那么空着手走进教室,班长喊一声起立,他向下看看,说一声同学们好。同学们扯着嗓子喊一声老师好。请坐下。每次都是他自己喊坐,不让班长喊。这在当时学校里,就他自己这样做。他走上讲台,右手捏一根粉笔,对着学生,就开始讲哪个省有啥特点,有啥物产,有多少人口,人口由哪些民族组成,地理概貌等等,右手就在黑板上画那个省的地图,画好了就问问同学们:听明白了吗? 同学们就齐声高呼:听明白了! 他就再讲另一个省,待到讲完了,黑板上会出现一张惟妙惟肖的中国地图。郭澄清还把地理课本上的知识变成合辙押韵的顺口溜,便于学生记忆。”王智广老人说:“这也许就是郭老师最初的文学创作了,他后来写的新民歌体诗歌就有这个特点。郭老师对党、对毛主席无比热爱无比忠诚。现在说大家可能不相信,我是亲历者我知道,他对党对毛主席的爱戴是真挚的,是从心底里发出的真实的爱。这在他的文学作品中有很具体的体现。比如有一首诗叫《糖甜不如蜜》,是这样写的:糖甜不如蜜,棉暖不如皮,爹娘恩情深,不如毛主席。”其实大家好好读读他的那些小说,更会是一种享受。

在我15岁的时候,父亲回到村里老屋写《大刀记》,和父亲接触多了,常听父亲给乡亲们讲国际形势、外交形势、讲军事战略,我也跟着一起听,听着听着自己都会激动起来,跟原来只能听到爷爷给我念念《三国》《水浒》相比较,顿时觉得眼界大开,很是养耳。这段时间对我以后渐渐形成战略大思维、大理念、整体观思想起到了关键的启蒙作用。父亲教我读的第一本书是《大众哲学》,这本书对我以后形成辩证思维分析问题,对我以后的成长起到了重要的作用。

三、扎根农村育新人　根植泥土颂人民

父亲一生平易近人,乐于助人,从不瞧不起任何人。始终能和农民朋友交心,谈知心话。尤其是对于那些热爱文学的青年人他都会尽自己的可能去帮助他们、提携他们。那时去家里找他的多数是一些家境贫寒的农村青年,非常寒酸,我们有时都不大愿意搭理他们。但父亲从没有丝毫地嫌弃他们中的任何一人,总是热情地接待,赶上饭时,就主动招呼大家一起坐下吃饭。有时两三个一起去了,母亲就要再做些饭,这无形中给母亲增加了劳动强度和生活压力。据当时青年农民业余作家、父亲一手培养提携起来的青年作家张长森同志(后来成长为山东省文化厅厅长)回忆说:“郭老师对文学青年啊,那就不用说了,他看你是块材料,会全身心地教你提携你。那时我连辆自行车也没有,步行到县城或郭皋村去找他看稿。现在想想他可能看着我写的东西还行就引起了他的浓厚兴趣。有一次他看完我的稿子拍着我的肩膀说:长森,好好写。说完就打开橱子,拿出两本稿纸送给我。你想那时农村穷的,谁舍得买本稿纸啊!他送给我稿纸,我也舍不得使,一直宝贝似的放着,现在看看,竟成了一种纪念!他鼓励我写,给我改稿子,帮着推荐稿子。我在《山东文学》《人民文学》发表小说以后,引起了文坛的关注。后来山东省文联举办基层作家培训班,就让我参加了。现在想想,没有文学,没有郭老师的提携,我肯定走不到今天这一步,弄不好还在家里种地呢。”

父亲为家乡培养了一大批青年文学爱好者,1958 年父亲创作的诗歌《太阳的光芒万万丈》在《诗刊》发表,同时被《人民日报》《光明日报》《北京师范大学学报》转载,并被谱成歌曲在中央人民广播电台《每周一歌》节目播出,各省电台也进行了转播,影响很大。在全县形成了很好的文学氛围,为家乡的文化建设尽了一份力。为进一步提高宁津县的文学艺术创作水平,给年轻人创造更多的平台。父亲向县委、县政府提出创办一个文艺刊物,刊物最后定名为《宁津文艺》,是双月刊。那时宁津县已是全国文化先进县,文学创作在全国有很大的影响。比如山东大学著名学刊《文史哲》刊发了《宁津县积极培养农村文学创作新

人》的文章,《人民日报》《光明日报》均有报道。同时也可以使宁津业余文学创作再上一个台阶。宁津县在1958年被国务院评为“文化先进县”,不能说没有父亲的心血。但他从不居功,我们听到的总是,成绩都是党和领导的培养、人民群众的厚爱。

有时我也想父亲是位好父亲吗?他与文学青年交谈的时间远胜于和儿子们相处的时间;他是一位好丈夫吗?他把原应给妻子的温存和时间连同照顾家庭的重任一起又托付给了妻子,而把自己献给了毕生热爱的文学事业;但他是父母的孝顺儿子,更是祖国母亲的忠诚好儿子!他多次主动放弃去省城做官的机会,扎根农村,根植于泥土去发现社会主义祖国农村建设的新气象、新面貌、新经验,用心挖掘基层人民群众的优良品质,歌颂美好的事物,鞭挞落后的行为,帮助引导人们树立正确的世界观、生活观。所以才有了他笔下大量的鲜活人物和充满正能量的气场,今天读来依然亲切感人。

由于出身贫苦童年受尽苦难,父亲始终对党充满深厚的感情。正如他在1963年由百花文艺出版社出版的短篇小说集《社迷》后记中写的:“我的家乡是抗日根据地。我参加革命时还是个十几岁的孩子。党像母亲一般,哺育我成长使我有了文化。”“那时节形势发展一日千里,新人新事层出不穷,祖国的一切,都在发生着深刻的变化。此情此景,使我的心不能平静。我愿把亲眼看见的新人新事写出来,希望曾经教育了自己的事迹,再感染别人。”

父亲因三卷本长篇小说《大刀记》在1975年迅速风靡全国受到广大人民群众的喜爱。而我更偏爱父亲的短篇小说。他的短篇小说构思巧妙、语言生动、干净,具有浓郁的生活气息。文体成熟、独特,结构严谨,一步一景,多一句少一句都难以改动,属于经典的学者型小说。中国作家协会名誉副主席、著名文学评论家张炯先生是这样评论父亲的短篇小说的:“郭澄清的短篇仿佛信笔写来,如生活本来那么朴实、鲜活和自然,实际上构思剪裁精当,叙事多姿多彩语言充满泥土气息,却又精炼而流畅,从中正足以见出作家的匠心。他的农村题材小说的可贵还在于他几乎没有写什么‘阶级斗争’和‘路线斗争’。这说明作家从生活出发,而非从当时流行的思潮和创作模式出发。”

在父亲的笔下一个个鲜活的人物、浓浓的乡情、美好的心灵、人和人之间的和谐相处,什么时候读起来都会让心灵受到涤荡。《黑掌柜》歌颂了一位全心全意为农民服务的供销社营业员。全篇构思巧妙,悬念的设置使情节曲折起伏,增加了作品的生动性。最难能可贵的是作品反映出作者在当时的一种勤劳致富、多种经营、商品经济的前卫思维,这种思想与当时的形势是格格不入的。这种务实思想是父亲和乡亲们在一起劳动、抗灾、修堤筑坝、挑沟排涝挽救庄稼,冒着大雨抢修房子,蹚着水去运送粮食,田地间促膝谈心中得出的感悟,是人民群众渴望表达出的一种意愿:社会主义建设就是要让人民过上好日子。在"十七年中国文学"中父亲郭澄清为什么能写出《黑掌柜》,是中国当代文学史应该有待开发和研究的课题。《黑掌柜》1962 年 8 月发表于《大公报》《群众文艺》;1978 年被人民文学出版社、上海文艺出版社收入《建国以来短篇小说选》;1984 年被收入大学教材《大学写作》范文,由复旦大学出版社出版,已再版 10 余次;1986 年该短篇又被收入《中国新文艺大系》短篇小说卷,2009 年收入《篱下百花》新中国 60 年中短篇小说典藏第二卷,人民文学出版社出版。要说的是,除了 1962 年出版的,其他的父亲都不知道,如果当时他要是知道,这对他是一个多么大的鼓励和安慰啊!《公社书记》描写的是一位密切联系群众,没有一点官架子和群众打成一片,一心为群众着想、办事,深受群众喜爱的共产党的好干部形象。我认为即便是现在也是"群众路线教育"的好教材。《马家店》说的是热心服务、一心想着来往客人,为他们排忧解难的老店主;《社迷》歌颂的是一心爱集体,大公无私的普通社员;《篱墙两边》描述的是邻里互助的美好故事;《男婚女嫁》说的是移风易俗,男到女家,解决一个孩子家庭的困难;父亲的作品中还行走着劳动妇女的形象,她们淳朴、善良、勤劳、智慧,承传着中华民族的优良传统。《万灵丹》中排除异议,积极推广人工授粉技术的秋香;《春儿》中干一样会一样,会一样通一样的春儿;三位雷锋似的大嫂:《茶坊嫂》《助手的助手》《赶车大嫂》,还有《嘟嘟奶奶》等等。无不在热情歌颂美好的人性、歌颂真、善、美。讴歌了那些平凡而伟大的普通劳动者的人性美。

美好的东西她可以涤荡净化人们的心灵从而使人们向更美好的境界去努力,进而升华人们的精神世界,世界才会变得更美好,人和人之间才能更亲近。我们为什么不去为这样美好的循环而努力呢!这在中国"十七年文学"中是难得的文学精神。郭澄清他做到了。正如原山东艺术学院院长李建葆同志称赞郭澄清为"三优作家":优秀品格、优美心灵、优良人性。真正做到了"人民群众的贴心人,老百姓的代言人"。

父亲郭澄清一生经历了无数坎坷,受到过多次不公正待遇。但他从不肯屈服也很少抱怨过，也很少和孩子们说起。可能担心我们年龄尚小没有阅历，不能正确理解而影响我们的成长。很多关于父亲的事是以后从别人那里慢慢知道的。这些都反映出他对党、对人民、对祖国无限的忠诚和至深的爱。

父亲就他的文学之路曾和我说起过：1946 年参军后，因为爷爷教父亲的“三字经”、“百家姓”那点文化底子被分配到渤海军区青年干部学校学习，由于自己喜欢文学，努力学习，经常试着写一些小东西，并帮着办黑板报积极提高自已的写作能力。1946 年就在渤海军区办的《渤海日报》上发表过诗歌《黎明》，这是他的处女作。还发表了一些短篇小说、散文、人物特写等。这是他文学创作的起步地。这段历史他记忆犹新，终生不忘。没有共产党父亲就没有文化，他怎能不感恩党呢？！

1965 年，第二届“全国青年业余文学创作积极分子大会”在北京召开，父亲是作为特邀代表参加的，与李准、浩然、茹志鹃等同志一起受到表彰。当时的国家主席刘少奇，国务院总理周恩来同志亲临大会，接见了与会代表。在那次会上，父亲特邀作了“学好毛主席著作 深入火热斗争 为英雄人物高唱赞歌”的讲话，讲话重点介绍了党和组织对自己的培养，介绍了自己如何在深入群众、深入生活受到的启迪和鼓励激发出来的创作热情。参加这次会，象征着父亲郭澄清前期文学创作的一个顶峰。不仅仅确立了他在当时文坛上的显著地位，同时也为山东文坛赢得了广泛声誉。

四、舍命追求文学梦　一波三折《大刀记》

说起父亲自然就离不开一部三卷的百万巨著《大刀记》，但它一波三折的创作和出版过程却鲜为人知。《大刀记》创作过程是对“文学精神”和“文学尊严”最真实的诠释。

父亲郭澄清是大约 1971 年 9 月向当时的山东省委书记白如冰同志请的创作假，为什么要向省主要领导请假？因为父亲当时是省文学创作领导小组负责人，负责全省的文学创作工作，分管领导不敢当家，所以才向第一领导请的假。安排好工作后，父亲退了省城的住房，并把户口又迁回了宁津县，很快回到了宁津郭皋村老家着手开始长篇小说《大刀记》的创作工作。父亲原计划是这样的：第一部《血染龙潭》，第二部《火燎荒原》，第三部《光满人间》。

第一部主要描写清末民初苦难深重的旧中国劳苦大众的悲惨生活及国仇

家恨下的自发斗争。父亲苦难的童年生活及血泪家族史,还有父亲长期在农村收集的素材,他写得得心应手。父亲以饱满的热情投入写作,进展非常顺利,速度很快。夜以继日地创作他也不觉得累,30 多万字的第一部很快封笔。

第二部《火燎荒原》也开始构思,他也胸有成竹。因为父亲手中有一部 1966 年写的长篇小说《武装委员》的清样稿,很多篇幅可为《大刀记》所用。还有他多年在老抗日英雄那里积累的战斗事迹和故事,也不困难。在这里解释一下为什么只有手稿清样而没有书呢? 1966 年父亲写作完成了长篇小说《武装委员》,由中国青年出版社出版。据当时的出版社领导阙道隆和著名编辑张羽同志回忆:为组这篇稿他们到郭澄清同志的家乡宁津县待了一个多月。手稿交到出版社,很快就打出了清样,设计出封面。父亲接到出版社寄回的校对稿后积极校对,希望能尽快出版见到新书。突然,“文革”开始了,工厂停产闹革命,出版社领导被批斗,工作瘫痪了。手稿没了,封面也不见了。父亲的手里就剩下这本校对清样了。

后来,在 1987 年中国青年出版社出版了这部长篇。每本定价 1.9 元。这对病重中的父亲是一个安慰,他很高兴,让我们用并不多的稿费买了很多书,他要作为礼物送给去医院看望他的人。但是书中没有前言和后记,对先前的情况也没有任何交待,书的名字也改为《决斗》。

《大刀记》其实在父亲心中已酝酿多年,可以说是他近 20 年创作史的一个集合部。第一部写完他自己很满意。第二部前面也已介绍。第三部《光满人间》,父亲想写一部解放后轰轰烈烈的土改工作和农村火热的社会主义建设生活,有他近 20 年深入农村写出的近百篇反映农村题材的中、短篇小说的创作经历,写起来应该是轻车熟路、手拿把攥,一定能写得更精彩。父亲信心满满,对这部他心目中的《大刀记》雄心勃勃,充满憧憬和期待。

当年《大刀记》的责任编辑人民文学出版社的谢永旺同志是这样回忆的:“1972 年的夏天,澄清同志写出了《血染龙潭》,邀我到山东看稿。这次阅读给了我很大的喜悦。作品厚实,有独到的特色。语言尤见功力,以北方农村的口语为主加以提炼,又融入了古典文化和民间文化的韵味。农村生活场景和习俗同样具有浓厚的平原气息,显得爽朗开阔。农民的贫穷困苦和坚毅的斗争精神,以及人群之间的人情之美,一个个生龙活虎,形神兼备。在 1971、1972 年那个时间,‘五四’以至中华人民共和国成立以来的优秀作品,除了鲁迅,几乎没有再版。真正称得上文学创作的实属凤毛麟角,在这种近于窒息的文学氛围下。读到一部有个人特色的长篇小说稿,愉悦之情是可想而知的。”但同时他也有一个担忧,在那个敏感的年代,一部写清末民初农民的苦难和自发斗争的故事,没有写党的领导能通过吗?谢永旺同志回到了北京向出版社领导作了汇报。他的担忧也得到了证实。

按照当时对重点文稿的通常做法,先印征求意见本在出版社内外广泛听取意见。很快《大刀记》第一部《血染龙潭》200本征求意见本就印出来了,分送有关领导和部门征求意见。果然出现了分歧意见。对于作品的文学艺术特色水平没有异议。突出的问题就是缺少党的领导。当时人民文学出版社的领导屠岸、严文井、王致远及责任编辑谢永旺同志都不愿意放弃《大刀记》这个优秀的长篇小说,于是提出让作家来北京商量修改之事。

其实,父亲也一直在积极要求进京,他心里一直没有放弃争取原稿出版的想法。父亲来到了出版社,应他的强烈要求人民文学出版社召开了一个座谈会,父亲想当面向大家解释一下《大刀记》第一部《血染龙潭》里为什么没写党的领导原因。正像前面所介绍,第一部它主要写的是:清末民初鲁北人民深受帝国主义侵略和封建地主阶级、官僚资本主义的欺凌和压迫,处在水深火热之中。勤劳勇敢、富有反抗精神的鲁北人民为了自己的生存,自发地开展英勇斗争的那段生活,由于缺乏统一正确领导,虽说给予了封建统治阶级一定的打击,在一定程度上保护了自己的利益,但绝大多数都被官府镇压,惨遭失败而告终。这也为《大刀记》第二部《火燎荒原》人民群众寻找中国共产党的领导作了铺垫。那时候鲁北农村还没有出现党的组织(我后来在网上查了一下,鲁北在1937年7月才出现党的领导,1937年10月建立了鲁北特委,也有说是冀鲁北工委的)。但在会上少数有一定身份的人仍坚持没有写党的领导不能出版。在那个人人自危、人人自保的年代谁还能、谁还敢提出什么反对意见呢?!好像听父亲说过为出版之事他还找过浩然同志寻求帮助(他们是早年在河北时因文学相互倾慕而结缘的朋友),因当时他的影响更大一些。但一切努力均宣告失败。父亲怀着复杂的心情离开了北京,返乡继续修改作品。

那时父亲的压力非常大,改吧,不实事求是;不改吧,又通不过,不能出版,一切心血付之东流。他感到无法向领导交待,更无颜见家乡父老。父亲的痛苦和压抑难以表达。在以后艰难的改稿生活中,经常看见他写了撕、撕了写。烦躁的时候就在院子里种树,他那哪是种树,更像是发泄,在他的“合理密植”下院子里出现了密密麻麻的小树。我们当时不明白发生了什么,但能看出他的不顺心。我心疼他,就默默地帮他挑水,浇树。还经常帮他按摩,父亲不说停我绝不停手,经常累得一身汗。我的弟弟郭洪庆、郭洪林,还有我们村里的赤脚医生郭志明同志也经常来家里帮我父亲按摩。父亲在老家的炕桌上写稿,煤油灯下,他一支接一支地抽着那廉价的烟,因为当时家里的经济状况不好。改稿这些日子他的身体状况明显下降。

正如当时的责任编辑谢永旺同志后来在回忆文章里说的:“在严酷的政治与文化专制情势下,所谓修改,实际上使作者和编辑都处于两难境地。没有写党的领导不行,写了就行了吗?更不行。依照当时的说法,20 年代至 30 年代前期,北方的党组织实行的是‘错误路线’。有位社领导特意请教了一位当时已经出面工作的老干部,回答很干脆:山东有党,但是王明路线。如此说来,歌颂错误路线,岂不成了一项‘罪行’?”

在“四人帮”当道时期曾一度提出这样的理论:革命的对象就是“旧社会吃过糠、抗日战争负过伤、解放战争扛过枪、抗美援朝渡过江”的民主派,老干部就是他们说的民主派,民主派就是走资派,走资派就是党内走资本主义道路的当权派,必须打倒。而父亲书中歌颂的人物就是标准的“吃过糠、负过伤、扛过枪”的老干部。您想能给出吗?谁敢出版《大刀记》呀!

作为《大刀记》的终审编辑,屠岸先生在回忆当时的情况时这样说:“我是 1973 年调入人民文学出版社担任副主任的,当时没有正主任,只有三个副主任,我是第一副主任。当年我们拿到《大刀记》稿子以后,非常重视,像这样有分量的长篇在那个年代几乎没有!英雄就是人民群众中成长起来的。当然,党是人民群众的代表,但是在党成立以前呢?中国从古至今,出了多少英雄豪杰?那个时候没有党的领导,那时候难道就没有英雄人物了吗?那岳飞、文天祥是共产党领导的吗?”这些肺腑之言现在敢说,在当时能表达吗?那不是往枪口上撞吗?父亲当时心里憋了一股气,但还是对出版社的领导和编辑表示了极大的理解。接受现实,继续回去改稿。

1973 年初,父亲被再次约到人民文学出版社。出版社领导及责任编辑和他商量认为,唯一的办法是继续写下去。写出第二部《火燎荒原》,即写出冀鲁平原地区在共产党的领导下、八路军为主力的伟大抗日战争。父亲调动他的生活积累，顽强拼搏，用了不到两年的时间写出了80万字，完成了《大刀记》的第二部书稿。

1975年1月，第八届全国人民代表大会召开后，邓小平同志恢复了工作，任中共中央副主席、国务院第一副总理、中共中央军委副主席和中国人民解放军总参谋长。着手对当时极端混乱的经济局势、军队建设、科研工作等进行全面整顿。同当时拥有很大权力的江青集团进行针锋相对的斗争。之后，邓小平和周恩来同志提出了“四个现代化”的宏伟目标，将阶级斗争转向经济建设。科技与文化事业、文学创作和出版也出现了较为宽松的局面。《大刀记》是一部歌颂广大劳动人民在旧社会反抗封建压迫和剥削斗争生活，以及在中国共产党领导下进行抗日战争的作品，出版不再有障碍。人民文学出版社的领导认为出版大有希望，急招父亲再次去京修稿、商量出版。“四人帮”多年的文艺专制仍使他们心有余悸。这一次他们提出只出第二部，第一部暂时不出。但父亲坚决不接受。他认为第一部是主人公梁永生苦难的成长史和民族的苦难史，如果没有第一部做铺垫，第二部里的各种人物就没了根源，人物就立不起来，作品没有说服力。说实在的，读完《大刀记》第一部，我的最深体会是：旧中国广大劳动人民太苦了，用暗无天日来形容一点不为过。也使我明白一个道理，为什么中国人民会选择中国共产党，这是历史的必然。在父亲的苦苦要求下，在有关同志的努力下，最后采取了一个折中的办法。第一部被拦腰砍，32章只用了16章，作为《大刀记》的一个“开篇”，然后拉长第二部，一起形成了后来出版的一部三卷的《大刀记》。所以读者当时读到的《大刀记》并不是父亲心目中原来设想的那部《大刀记》。当时为了出版，父亲作了妥协。正像责任编辑谢永旺同志回忆的那样：“虽说不无遗憾，却也无奈。书的出版获得了好评，尤其是得到广大读者的认可与欢迎。今天看来，仍不失为具有历史价值与审美价值的优秀之作。”

当时，出版社是以纪念抗日战争胜利30周年为由而抓紧出版的。为了赶在抗战纪念日前截稿，父亲开始了一段炼狱般的创作历程。社领导、编辑也同样极其辛苦。正如谢永旺同志回忆的：“1975年的春夏之交，是我和郭澄清接触最多的时期。一经决定出版，我们就处于高度兴奋的状态。当时一般的书稿，每天发稿大约一万字，《大刀记》发稿，每天两万字。一有会议之类耽搁了，我们就会加班赶工，流水作业，最多时一天发稿三四万字。我工作8小时，澄清推敲定稿，不会少于12小时，可谓日夜兼程。那时没有稿费，更没有预支稿费的事。

他写稿，在家乡的小土屋；他改稿，住在出版社的小平房里；三餐吃在食堂，吃得节俭，为了熬夜，有时还从食堂多拿出两个馒头。写稿和改稿，都很艰苦，但他不以为苦。写作是他最大的快乐，是他生命的支柱。他爱文学，爱到极致，视文学为神圣的事业。他爱家乡、爱父老乡亲，爱得深沉，他坚定不移地认为，文学属于人民群众，应该把人民生活中美好事物用完美的文学形式展现出来。他对出版社的难处给予充分的体谅与配合，他对编辑的劳动也给予真诚的理解与尊重。他的稿子总是抄得清清爽爽，一丝不苟，免得我们再用红笔勾画。有时夜里补写的部分没来得及誊写，他一定歉意说明。这一段合作过程，他让我非常感动与敬佩。"河北省文联副主席常庚西在他《秋雨绵绵独忆君》的回忆文章说："他的创作，用勤奋来形容已经不太确切了，只能说是拼命。我被他那种对事业的忠诚，对文学的酷爱和大无畏的拼命精神深深感动了。"

《大刀记》出版了。细心的读者可能会发现，百万巨著的《大刀记》竟然没有一个后记。他不想和读者说点什么吗？这不符合父亲的风格，在文学创作上他一贯认真、严谨、追求完美。就在1985年人民文学出版社为他当年的遗憾作了弥补，把当年未完全出版的《大刀记》第一部《血染龙潭》改名为《龙潭记》作为单本出版时，病重的父亲拖着半身不遂的病体在病榻上进行修改时也没有忘了写后记。

我想，也许是当时时间太紧，也许和当时父亲的心境有关。他并不非常满意由他修改出版的书稿。但这都成为历史了，定格在那个年代。定稿后的父亲心情是复杂的，以往每发表一部书稿，他都有一种"十月怀胎、一朝分娩"的释怀快感，但这一次父亲没找到这种感觉。而是有一种"才下眉头、又上心头"的感觉。好像记得父亲说本来还有一个电视记者会，但父亲却不辞而别。第二天一早就携来接他的妻子悄然离开了红星胡同14号人民文学出版社招待所，回到了他的家乡，那片他熟悉、挚爱的土地——宁津县时集乡郭皋村。他想在那片土地上休整一下，再吸收一些营养。他心里还有一个梦——完成他的《大刀记》第三部《光满人间》。也有人让他改书名为《千秋业》。但那都随着父亲的病倒、逝去而成为永久的遗憾。另外，还有一个小插曲。一位上海电影制片厂的同志不知从哪里得到父亲离开北京的消息，风驰电掣般地赶到北京火车站，他居然找到了郭澄清，匆忙中嘱咐父亲，千万别把版权给别人，上海电影制片厂准备拍《大刀记》电影。在反复的叮咛中火车开动了。

回到家乡的父亲面色焦黄、黑瘦，头发凌乱，显得十分苍老和衰弱，好像从一个朝气蓬勃的年轻人一下子变成了一位沧桑老者。与我们 1971 年见到的刚开始计划写《大刀记》的父亲判若两人，其实那时父亲才 40 多岁呀！“文革”毁了父亲，“四人帮”害了父亲。在吉林省作协副主席王士美、山东大学文学院吴开晋教授、河南省作协副主席王绶清、河北省文联副主席常庚西、山东文联副主席苗得雨等同志的回忆文章中都有那段时间的记忆。王绶清教授说：“由于你父亲健谈、诙谐、幽默，大家都愿意围着他谈天论地。”吴开晋教授在他的《披肝沥胆 翰墨春秋》的回忆文章里说：“想不到那儿（指父亲住的不到十平方米的斗室）不但成了各省市来京作家聊天，痛骂‘四人帮’文艺专制、交流信息的‘小沙龙’，也是那部与‘文革’极左路线唱反调，歌颂老革命家流血牺牲题材的著名长篇小说《大刀记》的最后分娩之所。从当时的亲眼所见和多次交谈及后来他人的介绍了解并目睹了他那感人的创作经历和已取得的文学成就，以及他为创作《大刀记》至今尚不为人知的高尚品德。”王士美同志在他《拴不住的激情——郭澄清同志印象》中也说：“我们当时在人民文学出版社小招待所红星胡同 14 号院的一批作家，几乎完全是一边倒，同仇敌忾，正气相通，站在和‘四人帮’对立的旗帜下，每天白天改稿，晚上十一二点以后就坐在一起开始指骂。……几经周折，书是出版了，冲破‘四人帮’文化禁锢的封锁线，这在当时是谈何容易啊！所以我在给他的信中，不仅诚挚热烈地向他祝贺，而且还向他表示了最真挚的谢忱。我不仅是以我的名义向他致谢的，实在不揣冒昧，我还说我是代表千百万读者的。当时正是大批特批所谓‘民主派—走资派’的时候。而《大刀记》这部书，恰恰却是讴歌民族的、民主的革命战争的。正是在讴歌着所谓‘民主派’艰难曲折的革命历程的。所以，在当时，我在写给他的那封信中，十分含蓄地感谢他给千百万读者，特别是年轻人，上了一课，让大家不要忘记中国革命事业是怎样发展起来的。”

《大刀记》出版后，在全国引起了很大的轰动，更得到了广大读者的喜爱。山东、上海、四川、山西、吉林、浙江、福建、黑龙江、广东、广西等 20 多个省（市、区）的出版社都出版重印了长篇小说《大刀记》。其总印数大约不下 300 多万套，4 个版本的连环画（山东版、黑龙江版、河北版、辽宁版）出版了 3000 多万套，在人民群众中流传相当广泛，创造了当时出版界的奇迹。但父亲生活依旧艰苦，他未得到一分钱的稿费和政治上的任何提升，后来还受到不公正的待遇。

在人们大搞阶级斗争的时候,父亲在深入生活发现人民群众的美,在大家忙于搞“文化大革命”的时候,父亲在埋头写歌颂老革命抗战故事的《大刀记》,他总是跟不上形势,所以他总是游荡在文学史的边缘,没有在文学史上得到应有的评价甚至还被误读。这不能不说是“四人帮”极左路线带给文学和文学史的悲哀!郭澄清个人的悲哀又算得了什么。人民文学出版社当时的领导屠岸先生这样回忆说:“《大刀记》出版后,山东人民广播电台很快就联播了,好多个省台也进行了联播,中央台就是不广播,这个是‘四人帮’控制文艺创作的时候,究竟是‘四人帮’什么人具体操办的,我记不清了。但我记得于会泳那时是文化部长,他干预了此事,我是记得清楚的。在‘文革’这个历史悲剧面前,他要忠于自己的良知(忠于良知就是忠于人民)是多么的难啊!在逆流当中,他要进行斗争,但斗争是有一定限度的,再过一点,你自己就被粉碎了。把你抓起来枪毙,在那时可不是一句笑话,那时候‘四人帮’枪毙的人不少啊。他就是在这样一个困难的状况下,又要保护自己,又要坚持自己。”他还说:“《大刀记》的责任编辑谢永旺同志,他是个非常负责任,非常优秀的编辑,《大刀记》当时没有遇上他,可能还会经历更大的曲折。2005年人民文学出版社终于出版了他的原稿《大刀记》,总算了了我们的一桩心愿,要不然的话,我们总觉得欠着他一笔账。新版出版前,我跟社里的领导打招呼,我说《大刀记》是郭澄清一辈子最重要的作品,倾注了他大半生的心血,虽然当时出版的《大刀记》也产生了很大影响,那可不完全是郭澄清自己的想法,是在不得已的情况下,在‘四人帮’极左文艺思想的控制下,违心地进行修改的版本,当时虽然出版了,但他是不满意的。没能按照作家自己的意愿出版,总归是挺大的遗憾。虽说账不能算到我们出版社的身上,该算到‘四人帮’的身上,但是呢,书毕竟是通过我们出版社出版的,我们心里总觉得像压了块石头。”这个账的确应算在“四人帮”身上!出版社的领导和编辑也没少跟着担惊受怕、受累。虽说2005年恢复出版了,但只能说是部分恢复,因原本要写的第三部被“四人帮”干扰得没写成。第二部被拉长,全书质量必然受影响,那都是没法弥补的了。

五、忠于良知忠于党　“四人帮”害死郭澄清

《大刀记》的出版,使父亲郭澄清名声大振,随之也带来了灾难。

1975年10月前后,当时的省文化局党组书记赵其昌带着国务院文化部的

文件及山东省委的口头通知开车来到郭皋老家,通知父亲马上去北京开会。当时就开车把父亲送到德州火车站,买了票就坐上了去北京的火车。

后来才知道是"四人帮"在北京召开了一个由 18 位作家、艺术家参加的会议,主要是要大家创作歌颂无产阶级"文化大革命"的座谈会。"四人帮"爪牙按其主子的旨意给与会人分别下达了任务。他们要求父亲写一部丑化周总理的中篇小说,要求把周总理刻画为曹操式的人物。父亲对"四人帮"搞"帮派文学"极为反感。他认为文学有其时代责任担当,但绝不能成为少数人心怀不轨,为达到某种目的而攻击党和国家领导人的工具。对让他写丑化周总理的小说非常气愤。他当即认定:这是个人格问题,宁可挨批,再次进牛棚,决不可昧着良心,写迎合他们口吻而违背人民心愿的文章。(摘自当年《山东青年报》记者刘德亮的采访稿。)

从北京回来后父亲没回省城,直接回到了郭皋老家。他对这个会是排斥的。记得父亲曾对我说起:在会上贺敬之副部长曾和他有过一次单独交流,是朋友式的促膝谈心。贺敬之同志说:"文艺创作不要东风来了跟着东风,西风来了跟着西风,要写自己心中确实感受的东西。"多少年后在整理父亲的书稿时,我还见到了他写给贺部长信的草稿,主要内容就是他表达了对这次谈话内容极为赞同。只是字写得大小不一,也不太漂亮,比他病前写的那手漂亮的楷体字差得太多了。当时在会上文化部长于会泳点着父亲的名说:"郭澄清你写了《大刀记》,还没有写一篇歌颂无产阶级'文化大革命'的作品,你回去后必须写一部,起码是个中篇。"作为一项政治任务被布置下来,并要求回去后要传达布置任务,号召大家写歌颂无产阶级"文化大革命"的文学作品。

父亲没回济南汇报,省文化局的领导着急了,不知出了什么事。当时来通知父亲去北京开会的省文化局党组书记赵其昌和党组成员祖敏同志立即赶到了宁津郭皋村老家,询问会议情况。父亲简单作了汇报,然后向领导提出,我还是想写我熟悉的东西,想继续完成《大刀记》的第三部《光满人间》,领导们只是笑了笑,没表态,就回去了。

《大刀记》出版后,山东省委、省政府及省文化局,为郭澄清召开了庆祝会,山东省委并发文号召"向郭澄清同志学习"。还专门给父亲拍了一个电视宣传片。当年山东作家还有两部作品出版,李向春的《煤城怒火》、牟崇光的《烽火》,都受到了好评。省委为鼓励广大文学创作工作者,在山东省泰安市召开了

"山东省文学创作大会"。父亲当时是省文化局党组成员、省创作办公室主任,让他主持会议。这样父亲就从宁津老家前往泰安。在泰安火车站父亲受到有关领导和老同志的热烈欢迎。山东知名老作家刘知侠同志热情洋溢,给了父亲一个大大的拥抱,在场的老同志还有:董均伦、王希坚、王安友、包干夫、苗得雨、孔林等。大家相见分外亲切。按说在会上父亲应该传达一下北京会议精神,但他只字未提,只说了一句"系好鞋袜大干快上写出人民喜爱的好作品"。老作家、诗人苗得雨同志在后来的回忆文章提到过此事。散会后父亲就直接回到了老家宁津县郭皋村。继续写他的《光满人间》,也就是后来大家说的《千秋业》。

这期间,《人民文学》《山东文学》纷纷向父亲约稿,在那个政治背景下,父亲未交出任何作品。"四人帮"并未放过父亲。派爪牙到父亲老家蹲在那里催稿。并对他说:与你一起开会的人,大多数都交稿了,就你什么都没写。然后还暗示父亲,你要能按期交稿,就能提拔之类的话。父亲心想,你们找错门了,我可不是用人格和良心换官做的人。父亲有过好几次到省里来做官的机会,而且都是领导主动找的他,他都是推荐别人或婉言谢绝。至死,父亲都没给"四人帮"写出只言片语。

1975年底,反击右倾翻案风的运动开始了;1976年1月,敬爱的周总理去世;1976年4月,邓小平同志第三次被打倒。父亲感到了无形的压力和恐惧,就在邓小平同志被第三次打倒不到一个月,1976年5月6日,父亲轰然倒下,严重的脑梗塞让他昏迷不醒,不省人事。山东省委、德州地委、宁津县委给予了高度重视。省委专门从省里最好的医院、当时的山东医学院附属医院(即现在的山东大学齐鲁医院)派出了神经内科脑血管病专家郭福堂主任及心血管专家潘秀荣主任等医护人员组成的专家组去到宁津郭皋接父亲,当时真惊动了不少人。爱戴人民的作家受到人民热爱,得知父亲病重需要到省城治疗时,几乎所有的村民都走出了家门,站在街头,眼含热泪注视着他。一些中年人怕他经不起汽车的颠簸,硬要用担架抬他进城,直到司机一再保证把车开慢开稳才放心。住院期间,村民们又不顾路途遥远,多次给他送来鸡蛋和点心以表示关切之情。

到了省立二院后,省委书记白如冰亲自去医院看望多次。医院成立了以负责保健工作的副院长李秉义同志为组长、多方面专家参加的特别医疗小组和特别护理小组。日夜守护,精心治疗,极力挽救父亲的生命。终于从死亡线上把父亲拉了回来。但由于梗塞面积严重,父亲半身不遂的后遗症却无法恢复了。

1976年10月18日,“四人帮”被彻底粉碎了！病榻上的父亲激动万分,不顾医护人员的劝阻,坚持为《人民日报》的邀稿奋笔书写。写出了“以文艺为武器狠批‘四人帮’”的批判文章。同时受邀的还有著名歌唱家郭兰英。他们两人的文章在同一版面刊出。充分显示了他(她)们当时在全国的影响力。中央人民广播电台和山东人民广播电台都进行了广播。粉碎“四人帮”后,文化部组织的第一批出国访问作家代表团。一共三人,团长为曹禺,成员有郭澄清,还有一位名字忘了。虽说父亲因病未成行,但充分反映了党和祖国对他的厚爱。

还有一件使我们心里感到很龌龊,但又不得不说的事。因为它对父亲以后的治疗和生活以及精神都造成了很大的影响和伤害。“文革”结束了,但它的“遗风”还在。大字报作为工具还在被某些居心不良为达到个人目地的人运用得得心应手。就在省委决定恢复省文联工作的时候,一张题为《山东的十八棵青松到哪里去了》的匿名大字报突然出现在山东省文化局创作办公室的院子里。因为全省只有父亲去参加了那个会,这显然是冲着父亲来的。这真是一个天大的笑话,被“四人帮”极左文艺路线摧残至极的父亲居然又被某些人划回到“四人帮”的文艺极左路线上。在“四人帮”横行的年代他们让谁去开会谁敢不去？关键是父亲是排斥的,会开了他回来既没有传达会议精神,也没有为“四人帮”写任何东西,这是大家有目共睹的。真是“良言一句三冬暖,恶语伤人六月寒”,在父亲病重最困难的时候,还有人要这样伤害他。大字报一出,风头马上就变了。写《丰收之后》的老作家蓝澄当时不无感慨地说:郭澄清的时代结束了。父亲没有进入山东省文联领导班子,只是增补为同时恢复的山东省作协副主席,而且排名靠后。尤其是剥夺了他参加中国作协第四次文代会的代表资格。这是‘文革’后首次召开的会议,影响很大。会后,有外省代表来信问父亲,你是作协副主席,为什么不是代表？给父亲带来了很坏的影响。此后,在他病重期间所享受的待遇悄然无声地减少了,以至于到后来连基本的医疗保障都无法保证了。

那几年,我真正体会到了什么叫“世态炎凉”,也体会到了我们中国人的人格缺陷。不说非得“滴水之恩当涌泉相报”吧,那起码的亲情还是应该有的吧。可是,有一些人怕受父亲牵连,连边都不靠了。想想父亲曾经为他们付出的努力,心里真难受。父亲的工资在他那一辈的作家中最低。他健康的时候觉不出什么,可他一病收入少的问题就出现了。我就代父亲起草了一个关于支付保姆费的报告,可作协不批。他们拒绝的理由也是正当的——没有这方面开支。没办法,可父亲病着需要这个开支,作为儿子我得想办法给父亲解决这个问题。于是我找到了省委、省政府,当时的省委书记梁步庭、省长李长安都作了批示,才给父亲落实了50元的保姆费。

"文革"后,单位统一办理干部医疗保健证,因父亲一直生活在农村老家,单位没通知到他,取药老证不能用了,我给父亲拿不出药来,只好自己先花钱买,可是这不是长法。没办法,我又找到省作协领导,申请给父亲补办保健证。当时负责此事的领导一句话给我顶了回来,说:"虽说郭澄清同志编制在省作协,但他不在济南住,户口也迁回宁津县了,我们无法给他办理保健证。"我说:"他是省作协编制,这里不能办我去哪里办呢"?"他不是在宁津住吗,那就去宁津办理。"我回老家找到当时的相关领导,他们的理由更充分:"郭澄清早就不是宁津的人了,宁津县怎么能给他办保健证呢。"在走投无路的情况下,我又找到了当时的省委常委、组织部长张全景同志。张伯伯是德州地区的老领导,曾经到老家去看望过父亲,了解父亲的为人,也亲眼看到过父亲创作的艰辛。他说不能让一位新中国成立前参加革命的老同志病了没药吃,就对我说:"你走吧,这件事我来办。"不久,我就接到了卫生厅保健处的电话,让我去拿保健证。这样,从根本上解决了父亲的吃药问题,使治疗得到了保证。什么时候想起来,我心里都充满感激之情。

大约1986年左右我开会到苏州,见到了当时的中国作协副主席陆文夫叔叔,他问起我父亲的情况,我就向他大概的汇报了一下,他很关心,也很着急,立即向中国作协反映了此事。中国作协也督促了省作协。另外,有一次,中国作协的党组书记马烽同志来山东,省作协办公室的一位年轻同志告诉我,他提出去老家宁津县看望你父亲郭澄清同志,但不知为什么后来未成行。在我父亲最困难的时候,还得到当时《山东青年报》领导的帮助。1987年,一次偶然的机会,我认识了《山东青年报》的总编邹一夫同志。谈话中他得知我是作家郭澄清的儿子,立即说出了父亲的一些作品,言谈中表达了对父亲的敬仰。他问起了我父亲的现状,我向他作了汇报。他听了后皱了皱眉头,说:"这么有名的作家,没想到能这样。"然后就问我:"我能帮你做点什么?"我说最好能向社会和领导反映一下父亲的情况,就是对父亲郭澄清的最好帮助。他说社会好办,我派人去采访一下,发篇稿子读者就能看到,就会产生一定的社会效应。但要让上级领导重视，只有通过内参。我们可能要担点风险。我说既然您对我父亲这样敬仰，那您就帮着办办吧。在我的请求之下，他答应帮忙试着办办。我心里很是感激。他告诉我，他们单位刚来了一位转业军人，叫刘德亮，人很正直，也有一定能力，我就派他去吧。当年的小记者，现在已是副厅级干部。更重要的是，我们已是20多年的无话不谈的好朋友。

据刘德亮局长回忆说："当时，我就当作一个采访任务，完了回来交差就行了。"当时的条件都很艰苦。当他坐着长途汽车一路颠簸到了宁津县汽车站，又步行到郭皋村，见到我父亲的时候，他惊愕了！他后来告诉我说："我当时去采访郭澄清，一进他郭皋庄的小院子，我感到了一种悲凉。这么一个曾经叱咤风云的大作家，竟然落到这步田地。"回来后，刘德亮同志几乎忘了自己原先的想法，以极大的热情和为作家打抱不平的心态，写出了《咬定青山不放松——访著名作家郭澄清》的采访稿，稿子写得极其精彩。后来我们谈起来，他说：当时真是年轻，现在写不出那样的激情了。《山东青年报》报社根据他的采访情况，责成他起草了一份"内参文件"。1987年5月10日，以《山东青年报》机密文件的形式送了上去。此文件引起了中宣部、全国文联，省委、省政府领导的重视。当时的中宣部部长邓力群同志作了批示，不久，贺敬之、梁步庭、李昌安、陆懋曾等领导都作了批示。批示的主要内容就是要关心郭澄清同志的身体和生活状况，竭尽全力医好他的病，目前主要任务应该是关心他的治疗问题。

之后，省委宣传部苗枫林部长派出常务副部长祝友君同志及左中一同志到我父亲住处探望了他。看到父亲的情况实在困难，省委宣传部、省委组织部就作了安排，把父亲接到了山东省千佛山医院，当时，省作协派创作室副主任、著名诗人孔祥雨同志带车和我一起去老家接的父亲，送进了干部保健病房。生活条件和医疗条件得到了极大地改变。感谢各级领导的关心！

六、人民作家人民爱　忠魂永留在人间

父亲在住院期间，一天也没有停下手中的笔。他修改定稿出版了长篇小说《决斗》《龙潭记》，写了并出版了长诗《黑妻》，表达了对跟他吃了一辈子苦、受了一辈子累的发妻的无限深情，写出了长篇小说《历史悲壮的回声》，在《沧州日报》连载，写出了散文《华罗庚的遗训》，发表在《大众日报》上，还有一些诗歌、散文，共40余篇。写了长篇历史小说《纪晓岚传》，但由于身体原因，没有完成，

只留下百十万字的草稿。住院期间，省委组织部部长张全景，省委宣传部部长王众音、省文联副主席王希坚、省文联主席肖洪、省作协主席冯德英、省文化厅厅长张长森，以及著名诗人、作家张玮、苗得雨、桑恒昌、林雨、姜树茂、任孚先、李建葆、张永顺、孔祥雨、李贯通，山东大学著名学者、教授牟世金、龚克昌等同志都到医院看望。大家都为他的文学精神所感动，称他为中国的保尔·柯察金。

1989年8月10日，住院治疗两年多的父亲因病不治突然离开了我们。上午，他还在写作啊！省作协领导冯德英、任孚先、桑恒昌同志及时赶到了病房送了父亲最后一程。桑恒昌叔叔还帮我一起给父亲换衣服。此情将永记在心间！

父亲去世后，省里给他开了一个隆重的追悼会。这是新中国成立至今，山东省委、省政府唯一的一次为一位作家而开的追悼会。还有一次是为我国著名京剧表演艺术家方荣翔同志而开的。追悼会由省作协主席冯德英同志主持，分管副省长宋法棠致悼词，省政协主席李子超，省委常委、宣传部部长苗枫林等省委领导同志参加了追悼会。参加追悼会的还有作协的老同志王希坚、董均伦、田仲济、王安友、冯中一、肖洪、张炜等，父亲的学生、老朋友张长森、王智广、王金铎、郭长生、刘德荣、孙福新、陈志新、张玉贵、许焕新、魏玉柯等，德州市、宁津县的领导以及家乡的父老乡亲，县委武装部王部长腿不好，拄着拐杖也来了。共近300人参加了追悼会。

父亲，安息吧！人民没有忘记您。《大刀记》电视连续剧在纪念抗日战争胜利70周年之际播出了，中组部老部长张全景伯伯亲自题写了《大刀记》三个字作为片名；由中国小说学会、山东省宣传部主办，德州市委承办的《全国郭澄清文学创作研讨会》在德州市隆重召开。中组部原部长张全景到会讲话，中国作协副主席张炯讲话，原中宣部副部长贺敬之发来贺信，均称您为优秀的人民作家。著名评论家雷达、陈晓明、孟繁华、梁鸿鹰、吴义勤、胡殷红、刘颋等，给予了高度评价；由《小说选刊》杂志社、《山东文学》杂志社、《齐鲁晚报》、宁津县委联合主办的“郭澄清农村题材短篇小说大奖赛”已成功举行了第一届，中国作协副主席高洪波、省委宣传部副部长刘为民，以及吴义勤、张炜，杨学峰、李掖平、乔叶等参加了颁奖仪式；家乡宁津为您创办了《大刀记》文博馆；就在前几天，您的老朋友河南省作协副主席，著名诗人、书法家，为您长篇小说《大刀记》题写书名的王绶清教授专门携夫人来山东，由著名诗人桑恒昌陪同到您的故居和墓地看望了您。知道您爱抽烟，专门为您在墓前点着了一支烟卷。

父亲离开我们已有20多年了，我常想，如果您能活在这个改革开放，继往开来的大好形势下那该多好啊！在当下以习近平同志为总书记的党中央正力挽狂澜，惩治腐败，重拾党在人民心目中的威信，找回我们丢失的优良传统。这是一个艰巨的任务、是一项伟大的工程。全国人民正在以习近平同志为总书记的党中央的带领下走上“强国、富民、强军”的伟大复兴之路，实现伟大的“中国梦”。

如今，“崇德、尚义、笃信、图强”的大刀精神，在家乡人民心中日益发扬光大；“诚信宁津”、“幸福宁津”建设，如火如荼。倘若您还在，有多少值得您去写、去发现、去歌颂的事情啊！

安息吧，父亲！但愿您在天堂不再那么苦、那么难、那么累！那么委屈！

（本文原刊于《宁津文艺》2016年第1期，本文缩减后，刊发于2016年8月17日《文艺报》，本文根据刊发于《宁津文艺》2016年第1期的版本收录）

上编·郭澄清文学道路

郭澄清文学道路·作家自述

郭澄清自传(油印本影印)

郭澄清

郭　澄　清

（自传）

一九三一年出生于杂技之乡——山东省宁津县郭呆村，家庭祖辈贫寒，数代受地主欺压。我家祖传有句名言：糠可吃，菜可吃，理不能让人。数代老人因不忍受恶霸地主的剥削和压榨，曾同[illegible]喊冤告过状，[illegible]磨刀动斧拼过命。但因刀把子不在穷人手中，几次拼杀几次家破人亡。祖父为报仇雪恨，[illegible]拜师学艺；父辈兄弟四人，皆随祖父习武，好侠倘义。父亲排行老三，为人耿直倔强；靠刻苦自学识了许多字，能读书看报。到了我这一代，那是千顷地一棵苗，父辈四人只有我这一子。老人们因有了传宗接代的人，而皆大欢喜，因孤身力单，怕斗不过地主老财而担忧。父亲为让我不忘这雪仇大恨，经常在月光下教我练武，在饭桌前讲述祖辈同地主[illegible]斗争而结下的世代冤仇。我从小就爱听老人讲故事。对老人所讲的一切，虽因不认字，不能记录下来；但能从头到尾学说一遍。特别是对老人讲述的悲惨的家史，我都铭刻在心中，并在我幼小的心灵里深深地埋下了一颗憎恨旧社会，反抗地主老财的种子。

一九三九年，肖华同志带领东进纵队，挺进到冀鲁边区，开辟抗日根据地。我家住上了八路军，成了抗战的堡垒户。那[illegible]，我[illegible]不满十岁，就当了儿童团，被送进抗日小学读书。当时，兵荒马乱，家无宁日，在校时间甚少，大多是随父学习。识些字后，经常看些《水浒传》、《西游记》之类的书。这些名著对我一生从事文学创作事业起了极为深刻的影响。

一九四七年中学毕了业，随着年令的增长，知识的增加，使我逐步有了识别真假、善恶的能力。我倾听了祖辈对旧社会无情的揭露，目睹了党和毛主席领导全国人民，赶走了日本帝国主义，推翻了蒋家王朝，建立了新中国的伟大功绩。从此，我认定毛主席是穷人的伟大领

· 1 ·

袖，党是人民的大救星，世世代代跟党走，干一辈子革命。一九四八年，~~我参加了山东省教育研究会~~我参加了八路军，同年加入了共青团，并参加了解放省城的济南战役。济南解放后即加入了山东省教育研究会，一九四九年加入了中国共产党。当时我就产生了一种强烈的愿望，决心通过自己手中的这支笔，把黑暗的旧社会搞它个体无完肤，把共产党、毛主席领导人民闹翻身的丰功伟绩著书立说，向全世界宣告。解放初期，我从事教育事业，先后担任小学校长、中学教务主任。为了实现自己一生的愿望，我就结合教学积累文学创作资料。我想，要完成一部大的作品必然涉及到全国各地，因此，在教学中，我特别注意研究中国地理和世界地理。我把全国各地地形、山脉、河流及生产、生活特点编成诗歌，既便于学生学，也便于个人记。由于留心这些事情，所以对全国地理比较熟。当时，我不照课本，用五分钟就能画上全国略图。在工作之余，我就开始练笔，试写些小东西寄给报刊杂志。当初，我什么都写，新闻报道、诗歌、故事、小说都练习过。一九五五年才把短篇小说当作我业余创作的重点。这样在《河北文艺》上发表了我的第一篇短篇小说《郭大强》。

一九五六年，全国各地基本上完成了对生产资料所有制的社会主义改造，农业合作化进入了高潮。亿万农民组织起来，走上了共同富裕的道路。这是一场伟大的社会主义革命，我亲自投入了这一运动。无数个爱集体，爱国家的动人事层出不穷，使我深受鼓舞。一九五六年先后发表了短篇小说《万灵丹》、《砖的故事》等作品，为这些英雄高唱赞歌。县委领导见我有这方面的专长，一九五七年调我担任了《宁津日报》总编辑兼县广播站站长，并以我为首，创办了《宁津文艺》，我任主编。这个文艺园地不仅锻炼提高了我，而且也培养了一批业余创作队伍。后来，因工作的需要，又调任县委宣传部付部长、县委办公室付主任、主任

·2·

职务。这样以来，使我接触党的中心和实际更多了一些，眼界也就更开阔了一些，使我在文学创作上又进了一步。中央和外省的文艺刊物也发表了我的作品，一九五七年当选为河北省文联委员。

毛主席《在延安文艺座谈会上的讲话》中指出："中国革命的文学家艺术家，有出息的文学家艺术家，必须到群众中去，必须长期地无条件地全心全意地到工农兵群众中去，到火热的斗争中去。"几十年来的创作道路，使我深刻体会到：文艺工作者，最重要的就是要深入群众，深入实际，广泛地体验生活。我是一个农民作者，离开农村离开农民，就成了无本之木，无源之水。当时，河北省文联曾多次要调我当专业作家，我都谢绝了。一次要调我到天津《新港》去当付主编，我申述自己的理由，提出自己的看法，没有去豪华的城市，继续留在了农村。

一九六一年，我国国民经济处于极端困难的时期。一是连续三年遭受自然灾害，平地沥涝，庄稼欠收，甚至有的绝户。二是苏联社会帝国主义撕毁协议，在经济上卡我们的脖子。三是我们在经济建设上缺乏经验，违背了客观规律，犯了急躁冒进的错误，在经济上造成了很大的损失。当时，农民生活极为艰苦。为了更好地体验生活，我向县委提出了到基层去工作的申请，领导上很支持，答复了我的要求调我到公社任党委付书记。在基层工作期间，我亲眼看到广大干部发扬了党的光荣传统，与人民共甘苦，战胜自然灾害。同时，也亲眼看到翻身得解放的劳动农民跟党一条心，对党坚信不移，对社会主义道路坚定不移。他们饿着肚子，勒紧腰带，跟党共渡灾难。从这些活活生生的事实中，使我真正体会到，我党不愧为伟大、光荣、正确的党，他和人民血肉相连，鱼水共存。当时，有很多党的基层领导干部饿的两腿浮肿，当然，我也不例外。我住在贫下中农家里，同样吃低

·3·

指标，瓜菜代粮。在劳动中，因肚子里无食，身体病弱，不止一次的晕倒在地。贫下中农无微不至地关怀我，照顾我。在灾难中和贫下中农结下了深厚的友谊。有一次，一位老贫农得了肺结核，没有连霉素，我立刻把我打的针停下来，让给了这位农民。有一个五保老大娘因下暴雨漏了房，我冒雨给她修好……就这样，逐渐和一些农民交成了知心朋友。他们有什么心里话都和我说，有什么事都和我讲，不拿我当外人。这一艰苦生活，我身临其境，亲身感受。所以也是我文学创作上的黄金时代。无数个相信党，坚定社会主义道路的英雄形象在我脑海中形成。我饿着肚子，勒紧腰带，白天劳动，晚上创作，一干就是一个通宵。有很多作品几乎是一气呵成。有的七、八千字的短篇小说一夜就突击写完，最高峰的时候，一个月连续发表过五、六篇短篇小说。《老队长》、《女将》、《拉气》、《茶房嫂》、《男婚女嫁》、《篱墙两边》等短篇小说，就写作于这个时期。

我从小生长在农村，工作在基层，与农民打交道，所以，更加熟悉农村，更加了解农民的心里和要求。过去，我爱读一些古典文学，也学了不少文言词。写文章时，一是贪长，二是刻画人物偏细，三是好用些文言词。但写出来的文章却不受群众欢迎。有一回我把一篇作品读给农民听，他们都说："你这文章咱庄稼老杆听不懂，拿到大学里去读一读还差不多……"几句话把我说红了脸。群众的批评，使我认识到：我是一个农民作者，写的是农民的事情目的是宣传群众，教育农民。农民有的没文化，就是有点文化也比较浅，这些文言词写的再好，群众听不明白又有什么作用呢？在劳动中，我见他们善于地头休息时，抽个烟，拉个呱，说个小段，喜的他们前仰后合，几乎要乐破肚子。从中使我了解到农民喜欢故事

·41·

性强，乡土味浓，语言朴实，短小精捍而风趣动人的文章。从此，我就下决心改变文风。首先向农民学习语言，用农民的语言刻画人物，表达他们的感情。一九六三年，我和大柳公社的一位同志到宠家寺大队搞调查，发现了一位赤心为队的饲养员，名叫刘明月，是个老光棍解放前家境很穷。我问他："你过去有什么家产？"他说："户业么？不算少。不过大都是跟人家伙着的：就说吧——头顶上的天啦河里的水啦，白天的日头啦，夜里的星星啦……那一样没有我的份儿？要说属于我自个儿的吗？那只有三样儿，一是汗，二是泪，三是爹娘抛下的帐……"我补充说："四样儿吧—还有你这百十斤肉！"他说："我这百十斤穷骨头么，也不属于自己，已经租给人家财主了……"我问他："那时，你家几口人"他说："两口。"我以为是他的老婆结果，他说的灶王爷。我问他现在家里有什么？他说："三千亩地，七百多口人，猪羊满圈，骡马成群，有菜园，有果树……"我听了他这段述说，感到很过隐。他的语言朴实而又生动，形象、活泼，富于真实感。这人一心为队的动人事迹很多，我就以他为模特，写了《社迷》、《社迷传》。作品中的很多语言，大都出之他口。二十几年来我记录提炼了十本农民语言集。农民语言多了，脑子的形象也就活了在与农民打交道的过程中，我发现同是一件事物，因人物的年令、性格特点不同表达事物的语言就不一样。例如："傍晚、傍黑，一擦黑、晚上……"都是表现的一个时间。"蹲着，狗蹲着、踞踞着……"都是表现一个动作，但由于人物的年令身份、地位、性格的不同，说法就不一样。为了表现不同的人物，我就有所选择地使用，刻画出来的人物就更加形象化。为了使文章更加精炼，一篇作品基脱稿后，我还要进行四道工序，就是"抽、换、换、压"，把每一句话都加以斟酌，该抽出来的抽调，能换上更形象的语言换上，能用农民语言代

5

替的，不用自己的语言，把拖长的词字压缩掉，尽量短小精悍。随之，我的文风也就转变了，逐步形成了一个开门见山，大刀阔斧，泼泼辣辣的“风格”。

我们的文学作品，是为工农兵群众服务的，为社会主义革命和社会主义建设服务的。小说中所塑造的人物，是作者最熟悉，最喜爱的人物。作品歌颂什么，反对什么，反映了作者的立场、观点。牢固地树立无产阶级世界观，是作者极为重要的事情。我在农村工作一个阶段后，因工作的需要，又调回县委，担任县委办公室付主任，经常跟随县委书记收听各公社，各部门领导同志的汇报，经常下乡搞调查研究。当时，我党虽然纠正了“浮夸风”但流毒仍未肃清，有的干部工作并不扎实，汇报得却头头是道，吹起来神乎其神。他们这种不实事求是的作风，使我联想到了一九五八年因搞浮夸，而脱离实际，脱离群众，给革命造成的损失，给农民带来的灾难。为反对教条主义，恢复党的实事求是的作风，我就决心塑造一位说老实话，办老实事，密切联系群众的基层领导干部的英雄形象。这时，一位过去跟我一起工作的公社书记的影子在我脑海里蹦了出来。这个人工作有一是一，有二是二，从不掺假。高高的个子，宽宽的肩膀，厚嘴唇，说话口吃，为人忠厚耿直，群众很拥护他，当时，“浮夸风”盛行，他因不会吹牛被打成右倾，整天挨批。他　着一肚子气，跑到草荒了的庄稼地里去流泪，伤心地自语：“光吹牛，不干活，地里不长庄稼，不打粮食，群众吃什么？——……”他虽上挨批，还是不说假话，因他顶的历害，被撤了职，我就以他为模特，创作了短篇小说《公社书记》，寄往《人民文学》编辑部。当时，有的编辑认为这篇作品中塑造的不象公社书记，主张退稿。当时，严文井同志的爱人在《人民文学》编辑部当编辑，她持不同见解，把稿子带给了严文井同志。严文井同志看后非常赞扬，在他的支持下，我创作的《公社书记》在人民文学上发表了。之后，还出了单行本，又译成外文发行。在全国几本短篇小说选集中，也都选录了这篇作品。

新中国成立之后，我们的主要任务是，搞经济建设，需要又红又专的人才，为引导人们钻研业务，我就创作了眼是星，手是秤的商业工作者《黑掌柜》，腿跑千条路，脚趾万家炊，熟知万家事的《助手的助手》、《老邮差》；精通农业的《庄稼通》，改碱造田的《孟 磨》，熟悉情况的《活地图》等。二十多年来，我坚持文艺为工农兵群众服务的方向，利用业余时间，坚持不懈地搞创作，先后发表了一百多篇短篇小说，二百多篇散文、报告文学，三百多首诗歌。先后出版了《社迷》（1963年，天津百花文艺出版社）、《公社的人们》（1965年，作家出版社），《小八将》（1966年，中国少年儿童出版社）等五部短篇小说集和中篇小说《社迷传》（1965年，中国青年出版社）。我的短篇小说代表作有《黑掌柜》、《公社书记》、《助手的助手》、《喜儿》、《奶奶》等。

一九六五年，中国青年出版社阙道龙和张羽同志来到我的家乡要我写一部抗日战争体裁的长篇小说，不到一年的大胆试创，写出了将近四十万字的长篇小说《武装委员》，经中国青年出版社审定后，并打出了清样，正准备出版时，文化大革命开始了，我被打成黑线人物，定为修正主义路线的苗子，为封、资、修抬轿子，吹喇叭的黑秀才，批判《社迷》、《社迷传》是丑化劳动人民，写的是中间人物，并说我搞文学创作是成名成家的"白专道路"，的是刘邓路线的吹鼓手，是周扬的售货员。我听了这些话非常气愤，觉的自

·7·

己不图名，不图利，干的是革命事业，而且对党给的报酬，稿费自己大部份交了党费和支援了灾区，怎么能说是为封、资、修卖命呢？这时，我想起了祖辈的名言：糠可吃，菜可吃，气不能吃；话让人，事让人，理不能让人。对“造反派”的批判不服，就硬着头皮和他们辩理。当时，正是“林彪、四人帮”横行时期，不允许辩理。结果吃了不少苦头，被抓去游街、罚跪、挨斗…………随着灾难的来临，我创作的《武装委员》也被扼杀了。

一九七一年，我被调到省文化局工作，担任创作办公室主任从事专业创作。我的工作关系办到了济南，只在省里挂了个名字仍在农村继续搞文学创作。一九七二年，又重新写作反映抗日战争的三卷集长篇小说《大刀记》。

一篇文章，一部作品的发展，虽然署名是个人，但它实际上是集体创作。作者只不过是把大家的智慧集中起来加工制作罢了。我的三卷集长篇小说《大刀记》就是千人糕”、“万人糕”。这部作品的创造开始，我就坚持了集体创作的道路。所谓集体创作并不是凑合几个人，再加上出版社的几个编辑就行了。因为我要表现的主题，真正熟悉情况的是那些在抗日游击战争中流过血的“老八路”，真正了解自己写作上的缺点的是那些同我一起战斗过多年的业余作者，真正从政治上、艺术上“把关”的是党的领导和贫下中农。因此，我就邀请他们，搞了三个业余小组：一个是由几个参加过抗日游击战争的老战士组成“顾问组”，主要任务是向他们了解抗日战争的情况；一个是由贫下中农组成的“参谋组”，主要是要他们帮助我磨人物形象，思想感情对头不对头；一个是由几个曾经长期同我一起共同搞创作的业余作者组成“挑刺组”，主要是从写作上找毛病。这三个组对我创作《大

·18·

刀记》起了极为重要的作用。

我创作的《大刀记》反映的是抗日战争时期的战斗故事。那时我还只是十岁上下的孩子。《大刀记》中的《开篇》反映的是清末民初，我还没有生人，对当时的风土人情穿戴装饰、生活方式，对官府中的法律、告状、打官司……都不了解，所以写这部作品难度很大。在创作过程中，除翻阅了大量资料和向三个小组请教外，在文化大革命以前，我就借工作之便，拜访了很多老人，搜集了大量穷人的苦难家史，走访了很多参加过抗日的老革命，对"冀鲁边区"发生的一些惨案、日寇搞据点、炮楼、封锁沟的情况，武工队扒路、剪电路线、炸炮楼、拔据点的战斗情景，我方对敌伪军进行"政治攻势"的威力，以及一些抗日英雄的可歌可泣的战斗事迹都作了大量了解。

我从小好下象棋，邻居就有一个老棋迷，这人就是当年抗战的老英雄，我抽空就跟他下上几盘棋，就扯起了抗日的事情。《大刀记》中的《重返宁安寨》一章里，梁永生被围困在磨房里，一人战败了几百人的惊人事迹，就是这位老棋迷干的。此人身高胆大，有勇有谋，一手的好枪法，敌人一听到他的名子，就胆颤心惊，闻风而逃。这一章就是以他为模特，经过加工而写成的。我还有一个下象棋的老朋友是在镇集上下象棋结交的，当是就已八十高令，因棋逢对手而交成了知心朋友。每到集日，他就手扶拐仗来找我下棋，我就借此机会了解过去官府如何升堂、告状、打官司，老财如何　手腕坑害穷人，清朝和民国有什么区别……，这位老人为我提供了大量的宝贵资料。

《大刀记》是以我的家史为背景，又集中了千万家苦难史而创作的。它是整个旧社会的缩影。我爷爷因反抗地主被撵出了村庄，在坊子街落了户。他有四个儿子，都学了一身武艺，人多胆壮，打回了村庄。我父亲从小就给我讲述长辈们的性格、生活特点以及富有斗争性

·9·

的硬骨头精神，但他们大都不在了，对他们的幼年生活不了解脑脑海中缺少模特儿。人间的事儿就是这样的巧，我妻头两胎生了两个儿子，第三胎是个双胞胎，又抱了双子，这四个儿子从小性格特征又与父亲介绍的长辈们差不多。所以我就以这四个儿子为模特，集中了好多人的特点而创作的。

创作一个阶段后，我患了心肌梗死病。领导和同志们及其家属，都劝我休笔。我想越是疾病缠身，越说明离结束自己的生命的时间不远了。如不抓紧创作，势必使自己一生的意愿变为泡影。我一边同疾病作斗争，一边搞创作。有时创作激情一上来，一干就是一个通宵。有一次，突然得了重感冒，连续发烧二十几天，我没有停笔，病中写了近三十万字。在感冒中动笔，精力总不那么充沛，病好后一看作品，左看右看不顺眼，结果把这近三十万字删掉了，又从头重新写起。原先住在县城，不便拜访群众，后来，由县城搬到老家——郭　　。当时，我爱人在县城教学，家中只有父亲，叔叔和几个孩子，叔叔腿脚不便，父亲年迈，孩子们还小，我还得负责做饭。为了肃静一点，便于集中精力创作，我独自一人住在南院。屋内一切都很简陋，摆了一张破八仙桌，坐着一把　　乱响的圈椅，点着一盏泡子灯，支着一张小门板，门板上卷放着一个被卷儿，用木棍和碎板自钉了一个简陋的书架……我原先就患有肺病、肝炎、胃病，创作期间又发现了心肌梗死，每天每天吃三两粮，睡三个钟头的觉，抽四合香烟，身体越来越糟。当时，县委的几位领导同志来看我，见我的脸色发黄，胡子渣渣头发蓬乱，见屋地上皆是烟头，他们都含着眼泪劝我，暂时住笔，休休养一个阶段。因为这些人都是我的老领导，当面不敢拒绝，领导走后，还是继续创作。后来，县委知道后，专门召开了广播大会，要以我为榜样，搞好思想革命化。这一闹我可吃不住劲了，

·10·

更鼓起勇气。上这百十斤骨头拼了。经过三年的奋战，写出了百余万字的《大刀记》。在以往与编辑打交道的过程中，我深深感到他们的工作很辛苦，作者的作品字迹不清楚，会给他们带来很多麻烦。所以，在搞创作的过程中，逐步养成了这么一种习惯，从起草开始，就一笔一画，公笔正楷，字迹端正，从不马虎。腾稿的过程，也是再修改的过程，我从不请别人腾写。《大刀记》前后写了五遍，五百多万字都是我自己写的。在编辑同志的帮助下，《大刀记》于一九七五年八月十五日抗战胜利三十周年纪念日，"四人帮"正诬陷邓小平同志大刮"右倾反案风"的时候，由人民文学出版社和山东人民出版社同时出版。

在创作《大刀记》的过程中，曾受到了"四人帮"路线的破坏和极左思潮的干扰。现在的三卷集《大刀记》并不是它的本来面目。我原来的打算《大刀记》分三部。第一部，《血染龙潭》。主要反映抗日战争以前，农民群众反抗地主阶级压迫、剥削的斗争生活，第二部《火燎荒原》。主要反映农民群众在党和毛主席直接领导下，以武装斗争为其主要表现形式的农村阶级斗争生活，第三部，《光满人间》写的是广大农民在党和毛主席的领导下，组织起来，走农业合作化的道路。当时写第一部《血染龙潭》有这么一种思想支配：过去，外国人总说中国人是"亡国奴"，吃硬不吃软，可压可欺。有的中国人也有这样的看法。我听了这话非常厌恶刺耳。我翻阅过很多农民反抗斗争的资料，象《水浒传》就是歌颂的反抗官府的英雄。《岳飞传》就是歌颂以反抗外寇的英雄，洪秀全、李自成就是农民起义的领袖，怎么能说中国人是"亡国奴"呢？我认为我们中华儿女是英雄的儿女。中华民族是伟大的民族。说中国人是"亡国奴"，是对中华儿女的污蔑和诽谤。为驳斥种种谬论，反映出中华民族的光辉历史，我屬了坏到一年的功夫，就把第一部写成了。通过这部作品想反映出一条真理：那里有压迫，那里就有反抗。被压迫的劳苦大众不是可压可欺的，而是充满着反抗和斗争精神的。但农民群众的自发斗争既是闹得非常的轰轰烈烈，也不能获得真正的翻身解放。最后，往往是杀一场痛快，落一次家破人亡。只有在党的领导下，在正确路线的指引下，建立人民武装，才能取得根本的胜利。所以，在第一部作品的后两章写了《三岔路口》、《走延安》，梁永生找党。这部作品共写了上百万字，脱稿后，交出版部门审定。当时，"四人帮"还在横行，极左思潮泛滥。说《血染龙潭》歌颂的是农民自发斗争，逼迫出版部门印成征求意见本，继而将它扼杀在"摇篮里"。后经人民文学出版社负责人严文井等同志的一再斗争，才把《血染龙潭》留下了前半部作为《大刀记》的"开篇"而出版。这样以来，迫使我将六十多万字的《火燎荒原》拉成三部，把我原来整个的创作计划打乱了。由于创作的路子不合自己的心愿，心情沉闷，精神不快，加之，工作过度，积劳成疾，身体跨了下来。《大刀记》创作任务完成以后，省委第一书记白如冰等领导同志接见了我，要我去疗养一个时期。我对党的关怀非常感激，但对《光满人间》这部作品还没有完成，心中十分不安。这部作品要反映的生活，大都是我亲身经历的，积累资料多生活底子较厚，比写起已出版的《大刀记》来要容易得多。我由于急于完成这一任务，便谢绝了领导的关怀，又回到了创作的老根据地——郭　村。把《光满人间》改为《千秋业》，继续进行创作。写到二十几万字以后，中央召开创作会议，我代表山东应邀参加了。当时，中央文化部被"四人帮"的爪牙控制着，一再"指示"我把《千秋业》放下，先写一部反走资派斗争的中篇。

·12·

我几次申述自己的理由，“四人帮”的爪牙不同意，并说：“对你所发表过的作品，我们都已看过了，还没见过一篇是反走资派斗争的文章，你得亮亮相才行……”他们的这些黑指示，使我联想到一件事情在我创作《千秋业》的同时，山东和上还联合成立了一个《大刀记》电影改编组，剧本前后改了七、八遍，就是迟迟通不过，而且中间一个熟悉抗日战争生活的导演给更换了。我有一个朋友告诉我，《大刀记》只所以通不过，就是不能为反走资派斗争服务，这把“刀子”借不上。所以，剧本搞的再好也是枉然。联想到这件事，再领会他们的黑指示，我也就自然明白了。当时自己的想法和他们不顺茬，心中坠上了一块坯，精神上增加了很大的压力，思想上背上了沉重的包袱。回省后，本应向文化局汇报并向下传达贯彻，因自己一肚子不满情绪便赌气子回到了生身养地——宁津郭　村蹲了起来。原文化局主要负责人赵其昌，亲自找到宁津追问情况，我所在的地、县、社各级领导也都参加了。当着他们面，我汇报了中央创作会议情况，申明了自己的理由，说了我仍坚持写《大刀记》姊妹篇《千秋业》。在省、地、县、社各级党委的支持下，我顶住了“四人帮”施加的种种压力，没有接受他们交给我的创作任务，继续创作《千秋业》。但“四人帮”的爪牙总不肯放过，象催讨鱼税一样，连续来信催要稿件。当时，本来身体病弱，加之，“四人帮”爪牙施加压力，精神受到挫折，于一九七六年五月间，突然得了脑血栓，病瘫在了老家。省、地、县各级党组织极为关怀，把我从老家转到宁津，从宁津又转到济南，住在山东医学院附属医院，经过大夫们的及时抢救，方才脱险，使我获得了重生。在我病重期间，“四人帮”的爪牙乘飞机前来逼稿。当时，我虽偏瘫不能说话，但眼能看得见，心里明白，见他们又来逼稿，气得浑身发抖，因而病情又加重了。

·18·

时隔不久，"四人帮"倒台了。我躺在床上听这个大快人心的消息，真是伏天吞冰棍，痛快极了。我躺在病床上口述，由别人代笔，在《人民日报》上发表了狠批"四人帮"的文章。"四人帮"垮台以后，我思想上的沉重包袱才算真正摔掉，精神上的愉快，促使了病情的好转。后来，先后两次上电台、电视台揭批"四人帮"。在各级党组织和同志们的关怀和帮助下，在大夫们的精心治疗和护理下，使我身体逐步恢复了健康。现任山东省作家协会付主席。在病中，我又整理并出版了我的中短篇小说集《麦苗返青》。

随着身体的不断恢复，我还将拿起战笔，继续创作。除去北京重新修改《大刀记》恢复它的本来面目，还打算写五部作品。第一部《千里运河》，写四化。第二部《百花　》写科研的。第三部《合作谱》写国共合作的。第四部《义合演义》主要是反映义合团的斗争生活。第五部《友谊曲》主要是反映中日友好的。当然，以上只是计划，不一定完全实现。

1965 年

为英雄人物高唱赞歌

郭澄清

我的业余习作生活,从发表第一篇习作算起,已经 10 年了。

我开始习作的时候,正是农业合作化的初期。当时,我正在农村工作,数不尽的新人新事新气象,时刻感染着我,激励着我,使我振奋。于是,便抓紧工作之余,学写文章,想把那些动人事迹写出来。说实话,那时我对文艺懂得还很少,对文艺与革命的关系也不明确,只是见到什么写什么,抓到一个写一个,一心要把这些曾经感动过我、教育过我的动人事迹写出去,让它们再去感动和教育别人。

那时,我在习作中碰到的第一个困难,就是写不成。勉强写出的东西,也是少头没尾巴。当时,党的组织鼓励我"不怕失败,勇于实践",并从各方面给了我许多具体帮助。于是,我便努力地坚持下去了。

随着习作的先后发表,"写不成"的问题算解决了。但又出现了新的矛盾。这个新的矛盾就是:写出的作品,人物形象不鲜明,不高大;主题思想不新鲜,不深刻。当时,有的群众反映说:"你写的事倒是那么回事,就是觉得不够味儿!"县委就给我指出:"你写的东西,有的见事不见人,有的虽能见事也见人,但不见其精神。"当时,我想:我们的革命生活,生活中的英雄人物,本来是那么样的感人,怎么叫我一写就不感人了呢?为这个问题,我苦恼了一阵。在苦恼中,我曾请教过一些作家老前辈。他们大都不厌其烦,给了我许多教导,对我帮助很大。不过,也有的说"这主要是个表现能力问题",要我"在文学修养上下下功夫"。我试了一下,失败了,此路不通。我又请教县委。县委负责同志鼓励我说:"你的政治热情高，写的都是新人新事，对革命事业有促进作用，这是个好的开头。”并教育我说：“由不会写到会写，由写不好到写好，这是练习写作的一般规律，应当为写好而努力，不应当因写不好而苦恼。”接着，县委又检查了我学习毛主席著作的情况，发现我学习的不够好，又向我指出：“要当一个革命的作者，要写出有利于革命的作品来，必须要先把毛主席思想学到手。”

于是，我把全部的业余时间，都用于攻读毛主席著作，以争取在尽可能短的时间内，补上这一课。通过反复学习毛主席著作，提高了我的阶级觉悟，增强了我分析问题、认识问题的能力，使我明确了创作方向，懂得了文艺与革命的关系。此外，还使我获得了这样的感受：一个革命的作者，应当把写好英雄人物，看作是进行创作的“基本功”；这个“基本功”练不好，就根本不可能写出为工农兵所喜爱的作品来。

县委肯定了我的认识，并向我进一步指出：“要写好英雄人物，首先必须熟悉英雄人物，了解英雄人物，并要向英雄人物学习，进而争取当一个英雄人物。”县委还说：“大量的英雄人物，都是在火热的革命斗争中涌现的；要了解他们，就必须深入到火热的革命斗争中去。”

此后不久，我向县委提出，到遭受自然灾害的人民公社去工作。县委当即批准了我的要求，决定派我到时集人民公社兼任副书记。在临走前，县委让我带上《毛泽东选集》，到火热的斗争中去再好好学习，并嘱咐我说：“搞创作，要上通天，下着地，中间靠集体，进步关键在努力。”按我的领会，这段话的意思是：在习作中，要吃透“两头”，依靠群众，再加上自己的刻苦努力。

在这段生活中，我作为党委的一个干部，在和英雄的劳动农民的共同斗争中，经受了锻炼，受到了深刻的教育，他们的无畏的革命精神、高昂的革命干劲，他们对党和毛主席的真诚热爱，对社会主义事业的耿耿忠心，对阶级弟兄真诚无私的关怀，都深深地感动着我，使我懂得了许多过去并不真懂得的道理。我还体会到：作为一个业余文艺作者，只有遵照党和毛主席的教导，深入到火热的斗争生活中去，和工农兵群众相结合，才有资格歌颂我们的新时代、新人物。过去我总认为自己是生在农村，长在农村，学习在农村，工作在农村，对农村是熟悉的。尽管领导上曾向我说过：“你参加革命较早，是在革命大家庭里‘飞’大的，不是在生活海洋的最底层‘泡’大的，所以你的生活底子是不十分踏实的。”但当时我并没有真正理解。通过这段排涝救灾的斗争，才使我从生活实践中开始理解了它。

我过去的一些创作,第二手的材料多,第一手的材料少;描写事物外貌的东西多,反映事物本质的东西少。一个英雄人物,他日常的言语行动,并不能完全把他的高贵品质表现出来,他那潜藏在心灵深处的东西,被挖掘出来以后,往往要比他已经表现出来的东西更加感人得多。要挖掘这些东西,就必须长期地和他们生活在一起,和他们真正心心相印才行。

这段艰苦斗争的生活,提高了我的阶级觉悟,积累了生活。我先后写出了《虎子》《篱墙两边》等习作。《社迷》那本小册子上的十几篇习作,也大都是在这以后写成的。

此后,我参加了社会主义教育运动。我一面工作,一面继续学习毛主席著作,使我的思想水平、认识水平,又有了进一步的提高,从而使我的习作也有了新的进步。如《公社书记》,就是这个时期写出来的。不过,这篇习作中的公社书记这个人物,是我脑子里早就有的,是两个同志扭合而成的。为什么早没有写出来呢?这是因为,在过去,对他们那种密切联系群众、经常参加劳动、一贯艰苦朴素的作风认识不深刻,只是知道这种作风很好,而弄不清它究竟具有什么巨大的现实意义。因此,一直没有写出来。通过实践受到启发以后,又经过学习毛主席著作和党的文件,更使我进一步认识到:这个问题,不仅是一个人的工作作风问题,而且是关系到我们社会主义革命事业成败的大问题。联系群众、参加劳动、艰苦朴素等,是我党的优良传统,必须一代接一代的保持下去,并不断地加以发扬光大。于是,我便决定了写《公社书记》这篇习作。此后,我一面系统整理我脑子里原有的生活,一面注意积累新生活。我在确定了主题,并决定要写这篇习作以后,又经过了几个月的酝酿准备,最后才动笔把它写了出来。在写的过程中,县委领导以及和我一起工作的同志们,都从各方面给了我许多帮助。如在县委的指示下,一再把稿子读给群众听,根据群众提出的意见,又进行了几次修改。

我的其他各篇习作,也和《公社书记》一样,都是用“三结合”的办法写出来的。

1962年初,县委发觉有的商业干部不安心本职工作,他们觉得自己无用武之地,于是,便给我出了个题目,让我以文艺形式,写出个全心全意搞商业工作的榜样来。我接受这个任务,是有困难的。因为我从没有写过反映商业生活的东西;在这方面我的生活积累也很少。不过,我觉得这是党的指示,工作的需要,便愉快地接受了。我首先学习了毛主席有关商业问题的著作和各级党委有关商业问题的文件。通过学习,使我明确了商业工作与整个革命事业的关系,明确了社会主义商业的性质、任务,明确了商业工作的一些重要方针、政策。在此基础上,我便千方百计积累生活。在下乡工作时,我就住在商业部门,结合工作之便,访问一些商业战线上的先进人物,并和他们中的一部分人建立了联系。同时,我还挖掘自己原有的生活,我们村的大队长是下放回乡的商业职工,我有几个同乡都在商店工作,这些人,都曾给我留下深刻印象,通过回忆,我把有用的东西记了下来。在这个基础上,经过几个月的积累、酝酿,我便以我们村大队长郭长清为典型,写出了一个草稿。我又在县委的具体帮助下,用毛主席著作来加以"鉴定",把不足的地方作了补充,把不当的地方修改或删掉。这不仅增强了思想性、也增强了故事性。

这样反复修改之后,我把稿子读给群众听。他们听后,提出了许多意见,如黑掌柜这个人太古板、不亲切,他光坐在店里不出门是缺点,他不认识副主任就留给他钥匙太不负责任,等等。我觉得这些意见很对,于是又作了较大的修改。就这样,翻来覆去,经过了多次的改动,直到领导点了头,群众点了头,并用毛主席的著作当标尺给它作了最后一次鉴定,这才定了稿。

《黑掌柜》写出后,根据当时宣传教育任务的需要,我准备写一个"社迷式"的人物。

当然,写一个热爱集体的主题,是可以用各种人物来表现的。我要写一个什么样的人物呢?经过考虑,根据自己的生活积累和当时的工作条件,确定写一个贫农老汉。

为了写好这个老汉,我结合工作,首先熟悉了许多老汉,并从他们的思想、性格、长相、生活习惯等各个方面,分析了他们的共同点和不同点。然后,初步勾画出了一个全心全意为集体的老汉应当具备的特点。在此基础上,我便深入生活中,开始了对一个具体老汉的长期观察、分析。

一九六二年冬,我到大柳公社庞家寺工作,认识了一位老大爷刘明月。这位大爷,对集体事业忠心耿耿,事迹动人。于是,我就把他的材料收集起来。后来,我乘下乡之便,又特地绕道去拜访他。在其他村了解并熟悉了一些热爱集体的老汉。在此基础上,我写出了《社迷》那篇小说。《社迷》发表后,社员们反映说:“社迷这个人不错,值得学习。不过,他站得不算高,看得不算远。”于是我又在进一步学习毛主席著作和深入生活的基础上,针对《社迷》的缺点,写出了《社迷续传》。发表后,我拿去读给群众听,他们说:“这个社迷比那个社迷高大了。就是还有地方欠火候。”我又带着这些问题,一面学习毛主席著作,一面深入生活,一边继续进行习作实践。在这期间,又先后写出了《石再仁》《孟琢磨》。这两篇也是写的热爱集体的老汉,只是人物性格不同,主题的角度不同罢了。我再一次把这两篇和《社迷》《社迷续传》一起拿给领导和群众去看。经过大家的分析比较,最后得出的结论是:“你写的这些人物,只写出了他关心集体、热爱集体这一面,这只能算做一个社会主义事业的忠诚卫兵。可是,我们的英雄人物,应当具备两个方面,除了‘忠诚卫兵’这一面以外,还应当是一员社会主义革命和社会主义建设的勇猛闯将。”领导和群众的这些批评和忠告,使我看到了自己创作上的缺点。在这种情况下,县委又鼓励我为英雄人物唱赞歌。我自问:我唱的这个算不算赞歌呢?可以算,但赞得还不够好。于是,我又在学习毛主席著作和深入生活斗争上下了一番苦功。今年,在县委、省文联、出版社和许多群众的帮助下,写出了中篇《社迷传》。可以肯定,作品的缺点是少不了的;提出缺点我再学习,有了进步我再去写,我一定坚决执行党的指示,决心把这支赞歌唱好。

(本文原刊于1965年12月7日《光明日报》)

1972 年

为英雄辈出的时代高唱赞歌

郭澄清

在毛主席的光辉著作《在延安文艺座谈会上的讲话》发表 30 周年的日子里，回顾我学习创作所走过的道路，感到无比幸福和激动。

我好比一棵小小的树苗，是毛泽东思想的雨露阳光使我长出碧绿的枝叶。像我这样一个土生土长，从小没念过几年书的穷孩子，如今能用一支笔为人民服务，完全是党和毛主席对我的培养。

我开始学习写作的时候，是农业合作化的初期，当时，我正在鲁北农村工作。火热的斗争生活，强烈地激励着我、吸引着我，那些风尘仆仆的英雄群像，他们对毛主席的真诚热爱，对社会主义事业的耿耿忠心，使我久久不能平静。我一心想把我身边的亲人形象写出来。

那时，我写了稿子，就念给贫下中农听，或者跑到外村请我的“老师”们指点。有时，贫下中农看了我的稿件说：“倒是那么回事，就是觉得不够庄户味儿。”什么是“庄户味儿”？就是群众的生活、思想、感情。原来，我硬把自己的语言、思想加给了群众，本来感人的生活，高大的人物，叫我一写就走了样子。

在党的引导和同志们的帮助下，我学习了毛主席《在延安文艺座谈会上的讲话》。伟大领袖毛主席教导我们：“我们的文艺工作者一定要完成这个任务，一定要把立足点移过来，一定要在深入工农兵群众、深入实际斗争的过程中，在学习马克思主义和学习社会的过程中，逐渐地移过来，移到工农兵这方面来，移到无产阶级这方面来。”毛主席一针见血地指出了我的要害，对群众缺乏了解，或者有些了解而不去研究，或者只客观地研究而不能和他们交上朋友。这种状况怎能写出工农兵的英雄代表人物呢？只有真正地把立足点移到工农兵群众这方面来了，才懂得为什么写，写什么，怎样写，才能用好党交给的一支笔。

过去，我总认为自己生在农村，长在农村，工作在农村，对农村斗争生活比较了解，只怨自己艺术表现力差，缺少技巧。通过斗争实践，使我认识到，这种想法是错误的。要使自己适应新的形势，就必须踏踏实实地深入群众，不断地改造世界观。只有把自己投身到三大革命的大熔炉里，只有长期地生活在群众中间，心才能越炼越红，笔才能越写越熟，才能通过自己的作品，自觉地为无产阶级服务，也才有可能写出工农兵群众喜闻乐见的作品来。有时，一篇稿子觉得出手很慢，几乎到了“难产”的程度。于是，我再也不关着门硬写了，干脆把初稿带着下乡，和群众一起劳动、生活，让群众帮我出点子、想办法，这样稿件就很快出手了。我写的一些作品，有的就是这样产生的。

经过无产阶级文化大革命的战斗洗礼，使我的阶级斗争和路线斗争觉悟和改造世界观的自觉性有了很大提高。现在，我正投入一部反映农民革命斗争的长篇小说的创作。这个任务对我来说，是一副重担。我的一个长辈曾这样鼓励我：“孩子啊，我年轻时参加过义和团，打过洋鬼子，结果都失败了；后来我参加了八路军，跟着毛主席才打跑了蒋介石斗倒了地主。九九归一，还是毛主席他老人家的英明领导啊！你要把咱劳动人民的斗争写出来。”老人语重心长地嘱咐，我觉得不完成这个任务，对不起党和毛主席对我的培养，对不起为革命牺牲的烈士，对不起生我养我的劳动人民！就在这种心情下，我坚定地挑起超过我的能力的担子来，作为对毛主席《在延安文艺座谈会上的讲话》发表三十周年的献礼。

（本文原刊于1972年5月23日《大众日报》）

1988 年

郭澄清给浩然的信[①]

浩然兄：

近安！

我又出了本“浩然派”的小册子，捧上求正，存念。

前段，文坛搞得乌烟瘴气，对您的待遇，我异常气愤。我，也被划入了“浩然派”，并因此有十几部稿子，以“浩然派”“高大全”味很浓，而被退回。

“人为一口气，神为一炷香”，而今吾兄当了通俗读物出版社的社长，你看是否给我出套“选集”。那，我这个“浩然派”就更鲜明了。我以此为荣，感到自豪。

对搞“选集”，我是一窍不通，又在病中。如兄同意我的意见，就请派责编来济，指导我选编。我住在济南千佛山下“高干楼”一楼九号。我当前丧父丧妻。兄如帮我解决这个问题，是对我精神的极大慰藉。倘贵社不便安排，就请您与其他社联系下。恩兄，我追随您几十年。习作虽质量不好，但，它们均属“通俗读物”。我在抱病，又屡遭不幸的情况下，肯祈兄长顾念，我们多年的友谊，伸出手来，拉我一把。我想兄是绝不会火上浇油使我失望的。切切！不能来人也望给我一信。

祝：

阖家中秋节安康！

郭澄清

1988 年 9 月 24 日凌晨匆草于千佛山下

（本信件选自黄书恺、高艳国：《风雨大刀魂 · 郭澄清评传》，山东画报出版社 2014 年版）

---

① 题目为本书编选者所加。

1975 年

郭澄清作品目录及报刊评论资料索引

山东省图书馆

郭澄清作品目录及报刊
評论资料索引

（内部参考）

山 东 省 图 书 馆

一九七五年七月

说　　明

郭澄清是在党的培养下成长起来的贫农出身的作家，他长期生活在山东宁津农村，从事党的工作，与广大贫下中农一起，同甘共苦，为建设社会主义新农村奋战在农业第一线上。郭澄清的创作生活是从一九五二年开始的。廿多年来，他写了百余篇小说、报告文学，三百多首诗歌，二百多篇通讯报道。在这些作品中，郭澄清以饱满的政治热情，赞颂了党和毛主席的英明领导，讴歌了那些平凡而又伟大的农村新人，描绘出社会主义新农村一片朝气蓬勃的繁荣景象，深刻揭示了我国农村的深刻变化和广大贫下中农、基层干部在三大革命运动中艰苦奋斗的革命精神和崇高的思想境界，反映了我国农村丰富多彩的斗争生活。经过无产阶级文化大革命的战斗洗礼，郭澄清又写出了反映伟大的抗日民族解放战争生活的长篇小说《大刀记》（三卷）。这部作品闪跃着毛泽东思想的灿烂光辉。它的出版是毛主席无产阶级革命文艺路线的伟大胜利，是对林彪、刘少奇反革命文艺黑线的一个有力回击。全书充溢着强烈的革命激情，在艺术和风格上，具有显著的特点，是一部激动人心、鼓舞人民革命斗志的好作品。为了给工农兵文艺评论队伍、专业文艺工作者深入研究、评论郭澄清的作品提供参考资料，我们编制了这一目录

— 1 —

索引，供内部使用。

目录索引分为两部分：一是郭澄清作品目录（包括已出版的图书和报刊上发表的作品）；二是报刊上发表的有关郭澄清作品的评论索引。各部分皆以出版和发表时间的先后为序。

目录索引收录的时间界限为：一九五五年十月至一九七五年七月。

目录索引资料来源，图书以《全国总书目》为主，报刊上的作品以《全国主要报刊资料索引》为主。此外，还翻阅了《河北文艺》、《蜜蜂》、《河北文学》、《新港》、《山东文学》、《河北日报》、《天津日报》、《大公报》等报刊。郭澄清的初期作品有一部分发表在《滄州报》、《宁津报》上，但因我館缺藏，未能查阅，待后再行补上。

由于时间仓促和館藏所限，遗漏与错误之处，请批评指正。

山东省图书馆

一九七五年七月

郭澄清作品目录索引

图　书

铁头和骆驼的故事　　郭澄清、任诚著

天津　河北人民出版社　1958年

本书系《扫盲文艺丛书》之一（本館缺藏）

842.8/073544　红旗歌谣　　郭沫若等编
(62471)

北京　红旗杂志社　　1959年9月

本书选有郭澄清写的民歌《太阳的光芒万万丈》

842.8/311177　河北歌谣　　河北省民间文学研究会编
(71178)

北京　人民文学出版社　　1960年4月

这本歌谣集选有郭澄清的《北京的太阳暖心房》（原名《太阳的光芒万万丈》）、《爱护党和社》、《糖甜不如蜜》等

注：歌谣集中还有几首宁津地区的民歌，是否是郭澄清写的，待查。

— 3 —

 河北歌谣　　河北省民间文学研究会编

天津　百花文艺出版社　　1961年6月

这本歌谣集选有郭澄清的《爱护党和社》《糖甜不如蜜》，《北京的太阳暖心房》等

注：本歌谣集中还有几首宁津地区的民歌，是否是郭澄清写的，待查。

 河北诗抄　　河北省文艺界联合会编

天津　百花文艺出版社　　1963年2月

本书选有郭澄清的诗歌五首。即：《北京的太阳暖心房》、《恩情》（原名《糖甜不如蜜》）、《子字歌》（原名《爱护党和社》）、《拔穷根》、《县委书记》。

 社　迷　　郭澄清著

天津　百花文艺出版社　　1963年9月
152页

这是作者出版的第一个短篇集，收有十五篇小说和散文。即：《社迷》、《高七》、《马家店》、《茶坊嫂》、《春儿》、《虎子》、

— 4 —

《黑掌柜》、《老人》、《整拉气》、《铁蛋哥》、《老队长》、《方方嫂》、《借兵》、《灭灾日记》、《铁头和骆驼的故事》。书后附有作者后记。

（河北青年文丛）

847.12/311100 (86510) 河北青年短篇小说选
河北省文学艺术界联合会编
天津 百花文艺出版社 1963年10月

木书选有郭澄清的小说《方方嫂》，《黑掌柜》。

841.14/506028 (91930.2) 新人新作选（第二集）中国作家协会等编
北京 人民文学出版社 1965年9月

本集中选有郭澄清的小说《黑掌柜》

841.14/506028 (91930.3) 新人新作选（第三集）中国作家协会等编
北京 人民文学出版社 1965年9月

本集中选有郭澄清的报告文学《“小八将”》

— 5 —

847.12/506050　新人小说选　中国青年出版社编
(89555)

北京　中国青年　1965年1月

本书选有郭澄清的小说《黑掌柜》

847.13/073235　公社的人们　郭澄清著
(90275)

北京　作家出版社　1965年4月　174页

这是作者出版的第二个短篇集子。本书选辑了作者的十三个短篇小说，即：《公社书记》、《虎子》、《黑掌柜》、《老邮差》、《赶车大嫂》、《接班》、《下乡路上》、《篱墙两边》、《男婚女嫁》、《助手的助手》、《石再仁》、《孟琢磨》、《小哥儿俩》。书后附有作者后记

847.13/073235　社迷传　郭澄清著
(92375)

北京　中国青年出版社　1965年10月

这是一本中篇小说　129页

— 6 —

公社书记　　百花文艺出版社编辑、出版
天津　1965年

（农村文学选读 1）
（本館缺藏）

843.321/073235　小 八 将　　郭澄清著
(93565)

北京　中国少年儿童出版社
1966年 2 月　　105页

这本集子中，选编作者的七篇小说（《雏鹰之歌》、《社花》、《春儿》、《铁蛋哥》、《交班之后》、《马家店》、《孟琢磨》）和一篇报告文学《“小八将”》）。除《社花》外，其余都在报刊上发表过。集后附有作者后记。

811.6/506050　全国青年业余文学创作积极分子大会发言选
(93776)

中国青年出版社编辑、出版
1966年 3 月　　北京

本书选有郭澄清的发言，题目是：《学好毛主席著作，深入火热斗争为英雄人物高唱赞歌》

— 7 —

847.12/225027　支部书记
(98462)　山东省纪念毛主席《在延安文艺座谈会上的讲话》发表三十周年办公室编
济南　山东人民出版社　1972年10月

这本短篇小说集中选有郭澄清的小说《支部书记》。

847.17/073235　大　刀　记　郭澄清著
(103802.1)
北京　人民文学出版社　1975年7月
济南　山东人民出版社　1975年7月

第一卷　609页
第二卷　611—1174页
第三卷　1175—1740页

报刊上发表的作品

郭大强（小说）
《河北文艺》，1955年10月号

社员歌谣二首　郭澄清整理
一　我那张票定选你
二　象　台　戏

《河北文艺》，1955年11月号

— 8 —

社员短歌（三首）

一 条 心
人力胜天
鸭 嘴 犁
《河北文艺》，1955年12月号

万灵丹（小说）
《河北文艺》，1956年9月号

三代庄稼汉（诗歌）
《新港》，1957年3月号

少产半斤俺不干（诗歌）
《蜜蜂》，1958年4月号

打井（小说）
《蜜蜂》，1958年4月号

太阳的光芒万万丈（民歌）
《诗刊》，1958年6月号

— 9 —

送灶王（散文）

《蜜蜂》，1959年第5号

挖塘战役（报告文学）

《新港》，1960年1月号

田三爷（小说）

《蜜蜂》，1960年1月号

那一年（小说）

《蜜蜂》，1960年4月号

老树新花（散文）

《新港》，1960年5月号

故乡纪事（小说）

《新港》，1961年4月号

光辉的生命（散文）

——马振华烈士二三事

郭澄凊　曾秀苍　任希儒　著

《新港》，1961年7月号

— 10 —

果园（散文）

《河北文学》，1961年 第二期

老队长（小说）

《河北日报》，1962年5月6日

方方嫂（小说）

《天津日报》，1962年5月10日

注：本篇收入《公社的人们》一书时改名为“助手的助手”

蹩拉气（小小说）

《新港》，1962年7月号

老人（小说）

《天津日报》，1962年8月16日

虎 子（小说）

《河北文学》，1962年10月号

春 儿（小说）

《大公报》，1962年12月8日

— 11 —

社　迷（小说）

《大公报》，1963年3月2日

‘社迷’续传（小说）

《山东文学》，1963年3月号

勤务员（小说）

《天津日报》，1963年3月14日

马家店（小说）

《河北日报》，1963年4月14日

小哥儿俩（小说）

《火花》，1963年5月号

“小八将”（报告文学）

《人民日报》，1963年6月26日

篱墙两边（小说）

《新港》，1963年7月号

— 12 —

石再仁（小说）

《奔流》，1963年9月号

李二叔（小说）

《河北文学》，1963年10月号

“老邮差”（报告文学）

《大公报》，1963年10月26日

公社书记（小说）

《人民文学》，1963年11月号

这不是家务

《大公报》，1963年11月30日

男婚女嫁（小说）

《新港》，1964年3月号

— 13 —

《短篇小说》在农村

——宁津县《短篇小说》座谈会记要

《河北文学》，1964年4月号

本文有郭澄清的发言记录。

赶车大嫂（小说）

《山东文学》，1964年4月号

共家两代（小说）

《河北日报》，1964年4月26日

嘟嘟奶奶（小说）

《人民文学》，1964年6月号

一点体会

《河北文学》，1964年6月号

接班（小说）

《人民日报》，1964年7月25日

房东（小说）

《鸭绿江》，1964年8月号

—14—

下乡路上（小说）

《天津日报》，1964年9月10日

孟琢磨（小说）

《河北文学》，1964年9月号

雏鹰之歌（小说）

《大公报》，1964年10月19日

授印（小说）

《奔流》，1964年10月号

交班之后（小小说）

《河北文学》，1965年1月号

三访某大娘

《大公报》，1965年8月23日

风暴雨急人更红

——中篇小说《社迷前传》中的一章

《大公报》，1965年10月11日

— 15

为英雄人物高唱赞歌

《光明日报》，1965年12月7日

这是郭澄清参加全国青年业余文学创作积极分子大会写的创作体会文章。

为英雄人物高唱赞歌

《大公报》，1965年12月13日

。三老斗天记　（报告文学）

《山东文艺》，1966年3月号

为英雄辈出的时代高唱赞歌

《大众日报》，1972年5月23日

这是郭澄清为纪念毛主席《在延安文艺座谈会上的讲话》发表三十周年写的文章。

大刀记（长篇小说选载）

《山东文艺》（试刊4），1973年2月

本期选载《大刀记》中“水灾”、“投亲”、“病困杨柳青”等章节

— 16 —

战火中的支委会（长篇小说《大刀记》
第二部中的一章）

《山东文艺》，1975年第二期

郭澄清作品评论资料索引

读小说“郭大强”

颖　辉

《河北文艺》，1956年1月号

我爱田三爷

乐　群

《蜜蜂》，1960年3月号

《黑掌柜》为什么好？
——作品评介

闫　钢

《大公报》，1962年12月15日

— 17 —

新人物的颂歌

——《‘社迷’续传》读后

赵耀堂

《山东文学》，1963年5月号

更好地反映当前农村的火热斗争

——读一年来《山东文学》反映农村生活的短篇小说

孙昌熙、徐文斗、孟广来

《文史哲》，1963年第3期

本篇中有对《“社迷”续传》的评论

介绍一些短篇小说新作者

石泉等

《文艺报》，1963年第6期

在本文中作者评介了郭澄清的短篇小说《黑掌柜》和《“社迷”续传》

10 —

读新人新作八篇

《人民文学》，1963年7、8月号

注 其中有郭澄清的《黑掌柜》一篇

标准的老农

——《公社书记》读后

晨玉草

《羊城晚报》，1964年1月9日

农村新人形象

——略谈青年作者郭澄清的创作

张圣康

《河北文学》，1964年2月号

丰收的一九六三年

本刊记者

《河北文学》，1964年3月号

本文第三部分评述了郭澄清的短篇小说集《社迷》

为农村新人塑象

——短篇小说集《社迷》评介

任 冰

《河北日报》，1964年5月15日

经风雨，受考验

——《雏鹰之歌》读后感

凡 木

《大公报》，1964年10月19日

如此“授印”的人

——评小说《授印》

曹永松，谢以仁

《奔流》，1965年第1期

《新人小说选》的几个特色

田 疆

《人民日报》，1965年6月7日

本文中有对《黑掌柜》的论述

— 20 —

我们喜爱《新人小说选》

北京人民印刷厂　高长福等

《文艺报》，1965年第3期

本文中有关于《黑掌柜》的简要评论

一个崭新的贫农形象

——给《社迷传》的作者郭澄清同志

浩　然

《光明日报》，1966年4月26日

革命路线指航程

——试谈短篇小说集《支部书记》的人物塑造

济南钢铁厂工人评论组

《山东文艺》（试刊4），1973年2月

— 12 —

1984 年

“拴”不住的激情

——郭澄清同志印象

王士美

诗人芦萍、梁谢成、黄准同志怀着十分喜悦的心情审读了著名小说作家郭澄清同志寄来的长诗《黑妻》。

诗人是有理由十分高兴的。

在文艺改革的热浪激流里，以大气磅礴的白山黑水为依峙，以辽阔无垠的关东大地为植土的怒放的诗花——《诗人》月刊行将华诞之际，一位创作过《大刀记》这样长篇巨著的著名小说作家，寄来了他的“处女”诗作，投稿《诗人》的“处女林”，表示对《诗人》月刊的“情奔”和支持。这当然是一桩很值得一记的盛事。

听说我和郭澄清同志比较熟悉，有过师谊关系，芦萍同行就嘱我写一点关于这位著名作家的印象，借他的叙事长诗《黑妻》节选发表之便，在这里一并介绍给热情的读者朋友们。

《大刀记》这部三卷本的长篇小说，以及以此改编的电影，看过的读者和观众，大约得以千万人来计算吧？毋庸置疑，它的读者和观众不会是一个少数。

记得在《大刀记》刚刚出版，书页上还飘散着油墨的芳香，郭澄清同志把赠书寄到我的手上时，我曾给他写过一封长信，表示过我对他的祝贺和感谢。我祝贺他做了一件很了不起的，很艰巨的，很有意义的工作。在那些黑云压城城欲摧的年代里，在 1974 年那样令人窒息的气氛中，在那样恶劣的环境和条件下，在北京人民出版社那间三尺见方的小黑屋里，只有一个漆黑的小煤炉，在吞吐着星星似的蓝幽幽的炭火，飘溢着一点点暖气。郭澄清同志就在这里写作。他经常用嘴呵着冻僵的手，或者一只手攥着一个凉馒头在炉火上烤着，同时一手又握笔，在那个窄条几案上奋笔疾书。百十多万字的作品，熬煎了他多少沥沥心血啊!

几经周折,书是出版了,冲破"四人帮"文化禁锢的封锁线,这在当时是谈何容易啊!所以,我在给他的信中,不仅诚挚热烈地向他祝贺,而且还向他表示了最真挚的谢忱。我不仅是以我个人的名义向他致谢的,实在不揣冒昧,我还说我是代表千百万读者的。当时正是大批特批所谓"民主派——走资派"[①]的时候。而《大刀记》这部书,恰恰却是讴歌民族的、民主的革命战争的。正是在讴歌着所谓的"民主派"们的艰难曲折的革命历程的。所以,在当时,我在写给他的那封信中,十分含蓄地感谢他给千百万读者,特别是年轻人上了一课,让大家不忘记中国的革命事业是怎样发展起来的。

1975年的冬天,到1976年10月以前,在北京的政治气氛,实际上是白热化的。在1975年冬天的长夜里,在北京的四城八域千街百巷之内,千夫所指,万人唾骂"四人帮",几乎已经成为一种公开的秘密。我们当时聚在人民文学出版社小招待所红星胡同十四号院内的一批作家,几乎完全是一边倒,同仇敌忾,正气相通,站在和"四人帮"对立的旗帜下。每天白天写稿改稿,晚上十一二点钟以后,就开始坐到一起来开始指骂。但是忽然有一天,从山东来了一个阴阳怪气的家伙。他也住在小招待所内。这家伙不言不声,并没有引起大家的特别注意。晚上到了那个钟点时,列位作家又聚在炉边来议论时政,点名道姓开始指骂"四人帮"了。不料这却招来了不测。第二天那个山东来的家伙就把小报告密告到当时以公安部自称的文化部去了。好在接待这个家伙的,恰好也正是我们的一个同志和朋友。他立即驱车赶来,向我们大家打了招呼,并且准备对策。我们当即就把这消息[②]通报到郭澄清同志那里。澄清同志一听便拍案而起,大骂起那个告密状的家伙来:"他娘的!俺山东怎么出了这样的败类!"他气得浑身哆嗦,差点晕倒。……

郭澄清同志就是这样一个像火一样炽热的共产党员。他对党,对人民,对共产主义事业的一颗火红的心,是灼然可见的。

我们最初相见是在1965年。那时他还是一个县委机关的领导干部,是一个业余作家,当时还显得相当年轻。他被请到北京中国青年出版社写稿,请他写一部长篇,但是他却惦着县里的实际工作不放心,只肯在北京留居半个月,写下一部

---

① 本文原刊发版本没有引号,本处引号系编校者所加。

② 原文为"清息"。

九万字的中篇小说《社迷》,便又匆匆返回到他的实际工作的岗位上去了。

在那样的年代里,他写出过几百篇小说、散文、报告文学作品,出版过《社迷》《小八将》《公社的人们》等许多本书。现在看来,这些作品当然也留下了当时时代局限性的烙印。但是人们不妨还可以翻翻看,在他的那些作品中,毕竟还是能看到一个正直的、纯洁的共产党员作家的良心,是怎样地在一种真诚的理想和忧虑矛盾的气氛中,在怎样地跳动吧?

时隔十年,到了动乱年代后期,当我们在北京再见面相聚时。澄清同志已经显得十分老相和衰弱了。他的身体很不好,当时四十几岁,看上去却完全像是个50多岁的老同志了。《大刀记》出版以后不久,他回到他的老家宁津县,准备再长期地蹲下去,积累生活和感受,写出更多更好的作品来,却不料天有不测风云,定则是他长年积劳成疾,忽然一个早上晕倒在地,患了一场几乎致命的脑血栓。据说在德州的部队医院里一住几年,才挽住生命并且逐渐康复起来。但是听说至今仍然手脚不便。正是这样的缘故,才使众多的关心他的读者,在最近几年的文坛上一时竟再也找不到他的高亢的声音吧?

致命的"脑血栓"啊!确实是一种致命的病。今天,芦萍同志把澄清同志的信拿给我看。往日那工笔犹劲清秀隽永的字体哪里去了?如今代替那种工楷字体的,却是歪歪扭扭的,大小不一的,似乎还带着手背颤抖痕迹[①]的字体。

我禁不住揪心的难受,禁不住喟然长叹!就从这字体上,我似乎明白了澄清同志为何又学写起诗作来的其中秘密。他手不从心,运用大量的叙述文字他有困难了。他就试图运用起了这种文字更加凝练凝重的表达形式。于是,他这个在小说作家队伍里早已当上了"婆婆"的人,忽然又从头学起,写处女诗作,投稿到《诗人》的"处女林"来。我想,这完全是因为他崇高的责任感,皆因他有一腔"拴"不住的挚热的激情所致吧?在这个充满着新的朝霞紫气,充满着新的彩虹和希望的新的一个时代的黎明时分,是不能没有他的歌唱和声音的吧?

师谊之情,遥遥难忘!祝福你健康永寿;并祝你的诗情像趵突泉的泉水一样奔流吧,澄清同志!

(本文发表于《诗人》1984年第12期)

① 原文为"痕记"。

1986 年

发“疯”图强的人

——记抱病笔耕的作家郭澄清

崔吉泉

乘夜车赶到宁津新村,已是零点四十六分了。我叩开郭澄清的门进屋后,看到他仍在灯下抱病挥毫。因为我既是他的同乡,又是他的学生,所以,一见面,他爱人便对我唠叨起来:“吉泉,你看他疯不疯——40 年来,党多次提他当官他不干,三年灾荒时他偏偏写血书要求到重灾区任职。在灾区他得了心肌梗塞,瞒着家属和组织,仍蹲在下边写了几百万字的作品。‘文革’中,他在‘牛棚’里还写《大刀记》。瘫痪后,在病床上他又编选了《麦苗返青》。三中全会后,省里在济南为他安排了高知楼,我劝他去济,他却说:‘我是在农村土屋中出生的,还要在农村土屋中死去。我若忘了农,就是忘本,离开农村就等于鱼儿离开了水……’”

事实也如其爱人所说,郭澄清在事业上确是一位发“疯”图强的人。40 年来,在他先后发表的数百万字的作品中,有一半是他于 1976 年瘫痪后的 10 年中创作的。郭澄清瘫痪后,生活不能自理,处处需人照顾,医生也多次告诉他不要再动笔。可他对这一切都不放在心上,仍奋力笔耕,抱病创作出版了《武装委员》《笔》和《历史悲壮的回声》等长篇,及《武区长》《马振华烈传》等中篇;已经脱稿的有《道德云梯那位女性》和《爱情之歌》;长篇《奇花命案》也行将脱稿。

我见老师这么不要命地干,心疼地说:“老师,病了,别再‘发疯’啦!”

“病了更得发大‘疯’,”他风趣地说,“因为病已通知我:炎黄、马列等急了,快去吧!”

当我问到他对余生的设想时,他说:“改革中当个不下火线的伤兵;新长征做个不掉队的瘸卒，不愧为炎黄子孙、马列信徒。”

当我离开老师家时，正是夕阳无限好。我遥望西天的晚霞，回想着这一天与老师相处的情景——这一天，他抱病工作了十多个小时，写出了二万余字的作品；接待了十几位作者和读者，并亲自给他们修改稿件，并且记下了来访者对自己作品的意见，达一万余字。我真为有这样一位发“疯”图强的老师而自豪。

（本文原刊于 1986 年 11 月 29 日《农村大众》）

1987 年

人民是文艺工作者的母亲

本报评论员

邓小平同志在全国第四次文代会的《祝词》[①]中说："人民是文艺工作者的母亲。一切进步文艺工作者的艺术生命。就在于他们同人民之间的血肉联系。忘记、忽略或是割断这种联系，艺术生命就会枯竭。人民需要艺术，艺术更需要人民。"这是对马克思主义文艺思想的一个核心问题的精辟阐述，在坚持四项基本原则、反对资产阶级自由化的斗争中，重温这一教诲，却有振聋发聩的作用。作家只有生活在人民的火热斗争之中，只有和新的时代、新的群众相结合，才能保证旺盛的生命力，才能永葆革命青春。今天，本报发表的郭澄清的动人事迹，又为这至理名言提供了一个有力的佐证。

郭澄清是沿着毛主席《在延安文艺座谈会上的讲话》指引的道路，吸取党和人民的乳汁成长起来的。这一点，他同千百个革命作家是共同的。问题是：他在成名之后，仍然坚持在农村；不论处在何种艰难困苦的景况下，仍然坚持在农村；不论文坛上有什么风云变幻，仍然坚持在农村。不正是这样吗？进城当官的诱惑，他一一拒绝了，不为此而动心。身患重病，本可以到医疗条件优越的城市，他又放弃了在城市定居的机会。这是为什么？就是因为他离不开生养他的土地，离不开养育他的"母亲"——故乡的人民。也正因为他始终不脱离生活，不脱离人民，所以，他才具有坚强的革命意志，有旺盛的创作力。不仅在年富力强时创作出了《大刀记》《社迷》《黑掌柜》等名篇佳作，使他闻名遐迩，而且在他

---

① 原文如此。邓小平同志的这篇《祝词》的全称是《在中国文学艺术工作者第四次代表大会上的祝词》。

身患重病以后，并没有躺在病榻上呻吟，在病痛中消磨时日，而是以惊人的毅力和拼搏精神，克服了令人难以想象的困难，顽强地进行写作。他为什么能够做到这样，归根结[①]底，就是他坚持了毛泽东同志在《在延安文艺座谈会上的讲话》中所提出的文艺工作者的方向，就是因为他以自己的实际行动，去实践邓小平同志在四次文代会的《祝词》中对文艺工作者所提出的要求。是人民群众的丰富多彩的斗争生活，为他提供了创作的源泉，是人民群众精神的感召，使他获得了无坚不摧的力量。

时代在发展，我们已经进入了一个新的历史时期。有的人认为《在延安文艺座谈会上的讲话》过时了，邓小平同志的论断不适用了。这是错误的。毛泽东同志提出的，邓小平同志在新的历史时期发展了的，关于作家和人民、作家和生活的论断，是马克思主义的普遍真理，是完全符合党和人民的要求，符合文学艺术的规律的。一个有志于社会主义文艺事业的人，应当矢志不移地走同人民群众相结合的道路，像郭澄清那样，投入人民的洪流中，反映我们伟大的时代，歌颂我们伟大的人民。

（本文发表于《山东青年报》1987 年 5 月 27 日）

① 原文为“揭”。

咬定青山不放松

——访著名作家郭澄清

刘德亮

见到郭澄清同志,我大吃一惊:这位曾以长篇巨著《大刀记》闻名遐迩的作家,如今竟成了半身不遂的残疾人。

一盘土炕,一对沙发,两个棕色家用书橱,一张半边桌面被磨得光亮的无抽屉单桌,四面墙上挂着零零散散的名人字画……这就是他的书房兼"卧室"。

是出身行武的缘故,还是精神方面的作用,他腰板笔挺地坐在单桌后面的沙发上,用那双微眯着的眼睛里发出的深邃目光,注视着走进屋来的每一个人。

听说我是《山东青年报》的记者,他激动地摘去那顶破了边的帽子,左臂用力地抬了抬却都没有抬起,只好用右边的一只手与我紧紧相握:"谢谢,太谢谢了!《山东青年报》是扶持我创作的母报。我的处女作就是在你们报上发的……"说着,他翻开一个古铜色老式笔记本,找出当年的通讯员证给我看。真是太巧了!——我又一次感到惊讶。

那张消瘦憔悴、刻满沟纹的黑红脸膛和那头倦锈无光且夹杂着缕缕银丝的短发告诉我——这是一位饱经风霜,历经坎坷的跋涉者……

为文先学为人——文如其人——人格的高下决定着作品的优劣——污水池里流不出清泉来

做正直的人难;做正直的文人更难——这是郭澄清同志的经验之谈。

早在五六十年代,郭澄清同志就出版了五个短篇小说集,并以其小说《黑掌柜》《党委书记》《社迷》等蜚声文坛,在人民特别是青年中产生了很大影响。

"文革"伊始,郭澄清同志被定为"黑秀才",关进牛棚。在牛棚里,他冒着被人发现将罪上加罪的危险,顶着缺纸缺笔墨的困难,凭着超常的记忆力,构思了百余万字的三卷本小说《大刀记》。1975 年 8 月,出版部门的一些老同志,趁小平同志主持工作之机,以纪念抗战胜利 30 周年为由,力举出版了这部书。

《大刀记》的出版,使郭澄清同志名声大振,随之也带来了灾难。当年底,“四人帮”在京召开 18 名作家、艺术家会议,点名要他参加。会上,“四人帮”的爪牙按照其主子的旨意给与会人员分别下达了任务。他们要郭澄清同志写一部丑化周总理的中篇小说,把周总理刻画成曹操式的人物。郭澄清同志对“四人帮”搞“帮派文学”极为反感;对让他写丑化周总理的小说非常气愤。他当即认定:这是个人格问题。宁可挨批、再次进牛棚,绝不可昧着良心,写迎合他们口吻而违背人民心愿的文章。

会后,他赌气回到宁津县郭皋村,埋头于《大刀记》剧本的改编之中。“四人帮”的爪牙蹲在他家里逼稿。并对他说,与你一同参加会议的人,大多数都交稿了。你如果能如期交稿,上边将提拔你……郭澄清同志冷冷一笑,心想,你找错门了,我不是用人格和良心换官做的那种人。仍然没有动笔。

精神的压力,改写《大刀记》的劳累,老一辈革命家相继去世的悲伤,使他于 1976 年 5 月突患脑血栓住进医院。在病榻上,他听到粉碎“四人帮”的消息,难以抑制激动之情,不顾医生劝阻,强忍剧烈病痛,写了批判“四人帮”的文章,登在《人民日报》上。

一个给官也不写,一个带病坚持写,两相对比,泾渭分明。

前个时期,文艺界风云变幻。一家出版社几次去信约郭澄清同志写庸俗小说,他都回绝了。他认为,作家是人类灵魂的工程师。为读者提供高质量的精神营养,是一个作家,尤其是一个党员作家的责任。宁可不发,也不能写于社会和读者无益的赝品。

滴水见太阳。透过微小的生活细节,可以看清一个人的灵魂和品格。这就是郭澄清同志的作品能够陶冶人们的爱国情操,能够促人奋发上进的根源所在。

人生最艰难的是战胜自己——经受住名、利、权等诱惑之鬼魔的勾引——面对诱惑不动心者是大写的人

现实中的每个人,都将遇到形形色色的诱惑,而作为名人,尤为突出。郭澄清同志面对的是职务提升、生活环境改变和金钱的支配。

郭澄清同志上的是抗日小学,参加过济南战役。党的教育和战火熏陶,使他从小就立下了用手中的笔揭露旧社会黑暗、歌颂新社会光明的志向。建国初期,组织上要安排他在省城机关工作,他拒绝了,并且要求回到条件艰苦的故乡宁津,与养育他的父老乡亲们生活在一起。

文学创作取得了引人注目的成果之后,上级曾先后调他去担任天津《新港》主编、沧州市文联主席、德州地区文联办公室副主任、省专业作家等职务。每次他都说:“我是一个农民作家,离开农村,离开农民,就成了无源之水、无本之木……”仍然生活在乡下。

他担任省创办主任以后,工作关系办到了济南,上级给他安排了一套幽雅舒适的房子。可他却把房子辞掉,公务之余的大部分时间坚持蹲在乡下那间只有几平方米的黑屋里搞创作。后来,他身染重疾,省文联出于对他这个知识分子的关心爱护,又一次给他在省城安排了居室,要他迁居济南,可他却再次拒绝了。这和个别有了点名气就伸手向组织要地位、待遇的人相比,有多大的反差啊!

他把文学创作作为党交给的任务和毕生追求的事业。既不为名所动,也不为利所惑。他先后发了几百万字的作品,按说应该有一笔数目可观的存款,可他却没有。他把稿费的一大部分交了党费,支援了灾区,另一部分用在了为村里购置农机具,为烈军属、五保户解决生活困难和扶持文学爱好者上。这对于那些被铜臭气熏染了灵魂、不择手段弄钱的人来说,是难以理解的。

水中之鱼永无饥渴感——拥抱生活者得到生活的馈赠——爱戴人民的作家受到人民的爱戴

几十年来,郭澄清同志从无名到名声大振,从一个文学爱好者到成为专业作家、担任省作协副主席,一直是扎根乡村,生活在农民之中。

郭皋村的村民们一提起郭澄清,立刻就会想起他设法给村民们办去的电、建起的学校、打的机井,想起他用稿费为村里买的拖拉机,像亲儿子一样照顾的烈属老太太,为退役多年的残废军人奔走呼告,最后评的残……

即使在病重期间,他也仍然坚持有访必见,有信必回,有稿必改。从不因登门者是些土里土气的农民而慢怠或不理睬。经他亲手扶持培养的有几百名文学爱好者,其中有王中才、张长森等有了些名气的同志。

爱戴人民的作家受到人民的爱戴。当他身患重病要去省城治疗时,几乎所有的村民都走出家门,站在街头,眼含热泪注视着他。一些中年人怕他经受不住汽车的颠簸,硬要用担架抬他进城。直到司机一再保证把车开慢开稳才放心。住院期间,村民们又不顾路途遥远,给他送去两大筐表达关切之情的鸡蛋和点心。

郭澄清同志身体半瘫之后,村民们不顾自己家务多,农活忙,抽出专人轮流去护理他。他创作需要什么素材,马上有人去给他搜集,提供。为不使他孤独、寂寞,乡亲们还有意识地去找他聊天、下棋。他那间小屋里从早到晚笑声不断,充满活力。

这就是人民给予一个作家的报偿,这报偿不是所有作家都能够享受得到的。

卓越的人一大优点——在不幸与艰难的遭遇里百折不挠——把磨难看作是天赐的一笔财富

10 年来,郭澄清同志一直像“保尔”那样,在与病魔作斗争中创作和生活。虽然病魔使他左手和左腿的下半肢失去知觉,不能活动,但他仍然以顽强的毅力,以嘴代手拔下笔帽,以被子、枕头作靠椅,以窗台当书桌通宵达旦地创作。即使在病重、脚上扎着吊针,脖子上打着封闭的危机情况下,他也没有搁笔。

一个风雨交加之夜,他正埋头创作,突然听到房顶传来一阵“咔嚓”声,不好,房子要出事!他来不及多想,用尽全力滚下炕,爬出门。身子刚刚来到门外,“轰隆”一声巨响,房子倒塌了。他挂心的不是屋里的家具粮食,而是刚写了一半的手稿。村民们闻声赶到时,他第一个要求是想法把手稿弄出来。

患病之后,郭澄清同志又发表和出版了《龙谭记》[①]《麦苗返青》《历史悲壮的回声》等共计 120 多万字的作品;完成和即将发表的小说有《决斗》《千秋业》《班超》《纪晓岚》等共计 230 多万字,另外与别人合作翻译了外国中篇小说《人生的蒙太奇》,还在报刊上发表了一些零星文章。这一切,需要他这个残疾人付出多少心血呀!

① 应为《龙潭记》。

眼下,郭澄清同志的处境不佳。尽管在各级领导的关怀下,他已迁居县城,县委对他各方面都很关心。但,原先在家照顾他的老伴近来身染重疾。四个孩子都已参加工作。家中还有一个92岁的老人。他脱衣、上厕所,甚至每走一步都需要人小心翼翼地搀扶着。他和老父的生活,全靠分散在各地的文学爱好者们你三天、我两日地照顾。

各级领导对此非常关心。年前,省长李昌安同志,曾亲自过问他的生活问题;最近,中宣部副部长贺敬之同志又来信询问他的情况,这给他带来了巨大的精神力量,在如此艰难的情况下,意志没有消沉,锐气仍不减当年,幽默风趣的谈吐不时地引起来访者一阵阵笑声。

现在,他除了完成历史题材的长篇巨著《纪晓岚》后半部分的创作外,正着手写作研究社会发展和人才培养规律的理论著作《人学信息论》和《宇宙规律衡真》,同时,应出版社的委托,筹备出版《郭澄清选集》。

我问他:"你对自己的不幸遭遇有何感想?"他背诵了《史记》上的一段话:"文王拘而演周易,仲尼厄而作春秋,屈原放逐乃赋离骚,左丘失明厥有国语……大抵圣贤发愤之所为作也"。

看来,这是他的"座右铭"。以此为"座右铭"的人是卓越而不可战胜的。

临分手时,我请他给青年人写几句话,他沉思片刻,从旁边的书橱里找出一张写满黑字的稿纸递给我,说:"这是我对理想的一点思考,拿去与青年人共勉吧"。上面写道:理想,是人心上的太阳。它,能照亮人生的每步路,没有理想的青春,等于大雾之晨。风帆,不挂上桅杆,是块无用之布;理想,不付诸行动,是虚无之雾。理想与意志脱了节,即是瞬息即逝的彩虹;决心,测量着人对理想之忠;勇敢,检验着人对理想之贞。善于做小事者,才能完成伟大的理想;每个人都是其理想的"设计师"。

噢,我明白了:青年是社会的未来,人类的希望;理想乃追求的动力,事业的灯塔。他在用自己的残疾之躯,为青年人点燃理想之火,筑起事业之厦,鼓满追求之帆呀!

坐在返回省城的汽车上,我脑海的屏幕上倏地跳出郑板桥的《竹石》诗:"咬定青山不放松,立根原在破岩中;千磨万击还坚劲,任尔东西南北风。"

是的,郭澄清同志对事业的追求,不正如那“咬定青山不放松”的青竹吗?他的人生和创作经历,对于我们做人和从文都会有所启迪的。

(本文发表于1987年5月27日《山东青年报》)

1989 年

山东省委、省政府召开郭澄清追悼会[①]

黄书恺　高艳国

1989 年 8 月 10 日，当代著名作家、《大刀记》的作者郭澄清先生在济南逝世。8 月 17 日，山东省委、省政府、省文化厅、省文联、省作协在济南英雄山礼堂为郭澄清先生举行了隆重的追悼会。这是新中国山东省文学史上第一次为一个作家举行追悼会。到目前为止，也是唯一的一次。

郭澄清先生病故后，时任山东省作家协会主席的著名作家冯德英、著名作家张炜等同志随即发起了为郭澄清先生举行追悼会的倡议。时任山东省作家协会副主席的著名文学评论家任孚先同志主持起草了关于为郭澄清同志召开追悼会的申请报告。报告递交省委、省政府后，省委、省政府主要领导迅速作出同意为郭澄清举行追悼会的批示，并责成有关部门组织落实好追悼会相关事宜。

参加郭澄清先生追悼会的有省委、省政府、省文化厅、省文联、省作协的负责同志苗枫林、李子超、宋法棠、肖洪、冯德英，在济南的著名作家、评论家冯中一、袁世硕、李心田、王希坚等同志，山东省文联、作协领导及工作人员，山东省委宣传部有关同志，山东人民出版社的领导及编辑、大众日报社等新闻媒体的领导及编辑，社会各界人士、读者等 200 余人参加了追悼会。

追悼会由冯德英同志主持，时任山东省副省长宋法棠同志致悼词。邓力群、贺敬之、张全景等领导同志及河北省作家协会、上海市作家协会也送了

① 本文标题系本研究资料编选者所加。

花圈。

……

冯德英同志在主持追悼会时指出:郭澄清是我国著名作家,他的长篇小说《大刀记》和以《黑掌柜》为代表的大量短篇小说,在中国具有广泛的社会影响和文学影响,他的去世是中国文学的一大损失,他的拼搏精神永远值得我们学习和借鉴。

宋法棠同志在悼词中这样评价郭澄清先生的文学成就:郭澄清的文学作品不仅仅在中国拥有大量读者,具有广泛的影响,而且在欧洲也具有一定的影响。他是新中国培养出来的一位人民作家,终其一生为了他热爱的人民和乡土而拼搏而创作。

(本文选自黄书恺、高艳国:《风雨大刀魂·郭澄清评传》,山东画报出版社2014 年版)

哭澄清

李　子

澄清,你怎么走了呢?

澄清,我的朋友,我的同志,我的知己,你太不应该走了,你才59岁嘛!作为作家,59岁,不正是出作品的好时候?你走得好匆忙呀!

澄清,你还记得吗?我们的友谊大概是从1963年开始的。

那时,你在宁津工作,我在南皮县干校当教师。我们没有见面,你已是我心中的楷模了。1956年,我从师范学校刚毕业不久,因公去省会保定,就拿了一篇小说,找到《河北文艺》编辑部去。人家看了我的稿子,一直摇头,说:"你写得这么潦草,真叫我们没法看。你们地区有个郭澄清,你看看他写的这稿子,对你也许有些启发……"人家拿出你的稿子叫我看,我一下怔住了。那稿纸是绿格、蓝钢笔字儿,是刻板体,一笔一画,一丝不苟,一个字占一个格子,一个标点占一个格子,工工整整,哪像我那字,伸胳膊撩腿,飞笔大草,真使我汗颜。

你的勤奋、刻苦精神,在沧州是有名的,你一直是我学习的榜样。那时,我刚发表了几篇小说,瘾头正大,就写了一篇小说,懵懵怔怔地给你寄了去。要求给予指导。我心想:我也有点小名气了,交个朋友嘛,你收到稿子后,一定会很快来信的。哪知这信左等也不来,右等也不来,你没理这个茬儿。我急了,就给当时在宁津县一中任教的肇文写了一封信去。对你进行了指责,请他去找你,把我的稿子寄回来。

肇文很快来信了。他说老郭看了你的信笑了:这个家伙够性急的,也够直爽的,告诉他,小说写得不错,我已给他推荐给《河北文学》了。这篇稿子,以后《河北文学》又叫我作了一番修正,1964年12月号刊出,这就是《黑牛》。

澄清,我们的友谊,就是这么开始的,你没有忘记吧!

1964年8月,河北省在保定召开文学戏剧创作会议。在这个会上,我们才能晤面。一见面你就说:“我一猜,你就是李子,这个黑大汉,和写的那信一样,就是冲。李子,老子李耳的后代,厉害!”

我说:“郭澄清,你文章写得不错,可这人模样太难看了。哪像个作家,这不是卖炸馃子掌柜的吗?”

你听了微微一笑,摸摸自己黑黑的刀条儿脸,看看自己穿着:“唉,就是这个鸟样,俊不了啦!”

你的穿着却不像个作家。你看省里的那些作家、诗人、编辑们,哪个不是一身呢子?哪个皮鞋不是擦得倍亮?可是你呢?一身庄稼佬打扮,小棉裤小棉袄,薄薄的塑料底布鞋,滚了一身油,真个像卖炸馃子的。你的帽子倒是呢子,大概戴了四五年了吧?遮阳耷拉着,帽檐上一圈油泥,扔了它,捡破烂的都不要。后来,我看电影《青松岭》,总觉得钱广那顶帽子,是借你的,别人没有这种帽子的。

你那时,小说集《社迷》刚由天津百花文艺出版社出版,正走红,约稿的挤破门。会上,大家都往你那儿跑,你的屋子,天天挤满了人。

你好说好道,可给人的感觉却是谦虚,并不是狂妄。

你的发言,和你的小说一样,也多是四六句,音节短促,铿锵作响。你诙谐、幽默,谈至兴奋处,就手舞足蹈,讲得嘴角倒白沫,也不松劲。你不保守,愿把自己创作中的心得体会,酸甜苦辣,向同志们倒。大家爱戴你,愿和你交朋友,你是名副其实的沧州地区创作界的大旗。

澄清,保定会后,就在 1964 年,我们还见过一面,这一面想不到就是我们最后的一面了。我那时是南皮县篮球代表队队员,曾随这个篮球队远征宁津,去你们县打过一次篮球。我到宁津招待所后,就给你打了一个电话,不大一会儿,你就率领大将郭洪江、吕俊君来招待所看望我。我和你一见面,真吃了一惊,哟嗬,郭大主任(当时郭澄清为县委办公室主任),穿戴整齐,一身银灰色卡其中山装,一尘不染,干干净净,变了样儿了。是因我的到来,才换了一身“礼服”呢,还是为了别的事儿,至今是我迷惑不解。

以后宁津划归山东,我离开南皮,调到地直工作,也失掉了和你见面的机会。

听人言,你到山东后,命运不错,山东待你很厚道。“文革”前,山东编了一本短篇小说集,一下子选了你 8 篇小说,几乎成了你的专集。

你去山东，不能不说是河北文学界的一大损失。

后来，听说你写《大刀记》差一点儿累死，山东省上下全力救护，什么样的贵重药品都用了，才把你从死亡线上“揪”回来。

澄清，我的朋友，我的兄长，你怎么这么傻干呢？细水长流，慢慢来嘛，留得青山在，不怕无作品！你闹了一身病，生活都不能自理了，再有多大志向，多大抱负，也难以实现了。

唉，老郭，你走了，我失去了一位好友！文坛上失去了一位精英，人民是不会忘记你的。你才活了59个春秋，我真替你惋惜。

1989年8月18日沧州二树斋急草

秋雨绵绵独忆君

——悼作家郭澄清

常庚西

一个秋雨绵绵的傍晚，传来澄清病逝的噩耗。他才大我两岁，还不到六十，就这样匆匆地离开了我们。令人悲怆，更令人痛惜。他的三部头的巨著《大刀记》、长篇《千秋业》、短篇集《黑掌柜》等，给我们的文学画廊增添了鲜艳的色彩。他有庞大的创作计划，有许多东西要写。他的创作，用勤奋来形容已经不太确切了，只能说是拼命。尽管他惜时如金，终于停笔了。

澄清是河北的作家。至少可以说是在河北成长起来的作家。

我和澄清的交往，已有35年。

他原是我省宁津县委办公室主任，这个县"文革"前夕才划归山东。从这以后，我们很少见面，只有书信往来。他的每一次来信，字里行间都流露出对河北这一伙文学青年的深深怀念。直到我被列为"反革命修正主义分子"批斗以后，才暂时中断了书信往来。

1975年6月，我被解脱以后第一次到京，浩然就告诉我，澄清在人民文学社修改他的《大刀记》，他们见面时澄清总是念叨我。浩然叮嘱我去看看他。我一听，自然是欣喜异常，立即前往，恨不得一步赶到，立时相见，心情之急切，可想而知。

在车上，我又不由自主地想起了我们交往中他给我的印象。我在县里工作过，县委办公室主任是个苦差，那繁忙和杂乱的环境是无法摆脱的。然而，他始终在文山会海的夹缝里刻苦钻研，拼命读，拼命写。

1954年冬，他利用到天津开会的机会，第一次到《河北青年报》文艺部送稿，也是我们第一次相会。他给我的第一个印象是朴实、憨厚，谈吐幽默，笑语连声。他的形象却是个典型的农村青年。他的文稿字体周正，抄写清楚，完全可以证实他在创作上的一丝不苟的严谨态度。记得他在《河北青年报》发表的第一个较长的短篇小说是《妻子》。说来惭愧，因为我的粗心，差一点把一篇很好的作品丢失。我读后，认为作品很好，只是最后一节需稍加充实。为了征得他的同意，也为了使作品改得更好，请他自己动手。于是我写了一篇长信退了回去。不料，我把宁津县错写成了邢台地区的“宁晋县”，使稿子旅行了十几天又退回了编辑部，使小说晚见报半个月。

在人民文学出版社相会，自然是一阵忘情地握手、拥抱。刚平静下来，他的妻子一挑门帘进来了，我们虽然第一次见面，但一眼就可以看出，这是一个既贤惠朴实、又干净利落的农村劳动妇女。我笑着说：“大嫂不辞辛苦，千里寻夫，真是多情多义……”

“不寻行吗？”没想到，大嫂却截住我的话，嗔爱地埋怨道：“他正月初三离开家，一走就是半年，我还当是丢了他呢。”

澄清显然怕妻子没完没了地说下去，便把话岔开，说：“你快去给庚西泡茶吧，这是我的第一篇小说编辑。”这还不算，他又进一步说：“我们这一位，常常是我作品中的模特儿，20 年前，你是在字面上见了她，这回才算是见到真人了。”

屋里只剩下我俩，我才又仔细地打量他。他又黑又瘦，腰都有点佝偻了。我担心地说：“老兄，你又在拼命！？”

“不拼不行啊！”他点燃一支烟，“不拼不行啊，一是编辑部急等发稿，二是我还有新的创作计划，再说，你没看见吗，你嫂子不是在催我回家吗？我每晚写到下三点。”

“你受得了？”

他又点燃一支烟，说：“用这个刺激一下。”

这时我才发现屋里烟雾缭绕，他的牙齿，左手的中指和食指都被烟熏黑了。他说他一天一夜抽过五包大前门，真把我吓了一大跳。

尽管我被他那种对事业的忠贞，对文学的酷爱和大无畏的拼命精神深深感动了，但还是不无担心地劝他：千万注意身体。

三个月以后的八月金秋，我收到了他的三部头的《大刀记》，在兴奋之余，又隐隐感到不安，我想起了他的身体。在拜读之前，还是先给他写了一封信，不厌其烦地叮嘱他：“节制抽烟，不要拼命！”

（本文原刊于 1989 年《大众日报》副刊“丰收”）

1995 年

郭澄清的路

张志鹏

原山东省作家协会副主席、山东省政协委员郭澄清离开我们已经有六个春秋了,但他生前留给我们的音容笑貌却渐渐明晰起来。我永远忘不了与他在省文化厅、省作协多年相处的日子,永远忘不了他那朴实和蔼的形象。有几件往事久久萦系在我的心头,借《春秋》杂志一席之地发表出来,以慰祭这位著名作家在天之灵。

诗人送客

在60年代一个冬天的上午,《大众日报》副刊编辑、全国著名青年诗人阎一强,陪同着一个农民打扮的人,从编辑部大楼里走了出来。两个人肩膀紧靠着,边走边谈,说说笑笑,穿过正在做工间操的人们,走了出去,人们不约而同地看着他们。当阎一强送客回到院子里时,工间操已经做完了,许多人问他这位农民是谁,阎一强说:“他就是咱们省里著名的小说作家郭澄清同志。”一圈人“呵”了一声,郭澄清的名字谁不知呢!

它说明了什么?要知道郭澄清那时已是全国知名的青年作家,已是中共宁津县委宣传部部长了,但他却保持着农民的打扮。有人会问,他是不是懒散或者是穷得连件新衣服也买不起呢?据作者了解,他当时不富,可也不是囊空如洗。我记得他有两套银灰色和蓝色的中山装。那时,他已出版了中、短篇小说、散文、诗词几十万字,也得到了不少的稿费,可他没有用来打扮自己,除了买几包劣质香烟以供他夜战写作外,其余部分都交了党费,支援了灾区,为家乡买了机器，为烈军属五保户解决了困难。于是，看他那朴实的形象，人们不再感觉到他是穷气寒酸，而觉得他是那么两袖清风，一身正气，他的心灵正像他的名字那样，澄清而透明。

海滨月夜

1973 年春天。青岛海滨的月夜是迷人的，半岛的红楼绿树沉浸在温柔的月光里，使它的美景变得更加婀娜多姿，楚楚动人。

我与郭澄清站在栈桥上，望着石桥下那轮波动的月亮，心情也不自主地动荡着。我说：“老郭，你能不能谈谈你写作的秘诀。”他沉思了一会说：“写作的秘诀就是要深入生活。”我说：“这些我也知道，为什么总是抓不住要领呢？你能不能就你如何深入生活的问题给传点经送点宝？”他看了看我说：“我一直身兼党的行政工作，文学创作时间很少。我在学习毛主席著作时，其中集中力量打歼灭战的思想对我启发很大。我想我搞业余写作如何集中力量‘打歼灭战’呢？我仔细考虑了一下，我是个县委干部，对城市生活对工业不熟悉，就决定写农村题材；我是个业余作者，时间少，没有精力搞长篇，就先写短篇；深入农村，也不泛泛地去观察，集中一定时间专门观察体验农村的人物，而且，还集中观察体验性格泼辣的妇女人物，这样，就集中了力量，观察就深入了，细致了。同时，还配合着阅读有关写农村泼辣妇女的作品，这样促使自己的观察力更加深入集中。由于集中了力量，看到了许多生动的素材，才写出了像《嘟嘟奶奶》那样较好的作品。”我听着明白了，忙说：“还有别的法宝吗？统统端出来吧，可别保守啊！”他微微一笑说：“当然这只是一个方面。在观察的基础上还要展开想象、联想的翅膀，没有这一对翅膀，也是飞不起来的。”他突然愣愣地望着大海上如山的波涛层层涌来，雷鸣似地打击在岸边赤红的礁石上，甩出了几丈高的浪花，不吭声了。我拉拉他的衣襟忙问：“你怎么了？”他摇摇头对我说：“要想做一名好的文学家，才能、秘诀是需要的，但更重要的是要有做人的风骨……”当历史把他推进“文革”的浪潮中后，他从来未弯一弯腰。作为作家，他从没为“文化大革命”写出一个铅字的作品，真是难为他了。

1965 年，中国青年出版社的阙道隆、张羽到郭澄清的家乡组稿，让他写一部抗战题材的长篇小说。不到一年，作家写出了 40 万字的《武装委员》。正当在中国青年出版社排印时，“文革”开始了，停止了出版，稿子也下落不明，郭澄清被打成了黑类人物，修正主义分子；批判他的小说《社迷传》是写中间人物的，是丑化劳动人民的毒草；说他成名成家是“白专道路”，是刘邓路线的吹鼓手，被关进了“牛棚”，被抓去游街，罚跪，批斗……但他从未屈服，从未写出交代材料，用沉默抗争。

后来，他写出了《大刀记》。“四人帮”的爪牙硬说前一部《血染龙潭》是没有党的领导，写了农民的自发斗争，让删去(经人民文学出版社的负责人严文井等一再力争，才让留下一半作为《大刀记》的开篇)，硬让后半部《火烧荒原》拉成了三部。这样，就不是作者原来面目的《大刀记》了。这使郭澄清气愤不已，有苦难言。《大刀记》出版后，“四人帮”的爪牙又一再指示他要写一个反走资派的中篇，他都没有答应，以生病为理由搪塞着。后来，“四人帮”的爪牙又坐飞机来到他的家乡宁津，并警告他说：“你发表的作品，我们都读过了，还没有一篇是歌颂‘文化大革命’，或是反走资派的。你得亮亮观点才行啊！如果写得好，组织上可考虑你的职务……”郭澄清当然听出了话中的威胁和引诱的味道，但他还是沉默地抗争着。后来，在北京名作家会议上，“四人帮”的爪牙赤裸裸地向他亮了牌，让他写丑化周恩来总理的中篇小说，把周总理写成曹操式的人物。他气愤极了，心想：我绝不做昧着良心的事。又托病回到家乡，在《大刀记》出版一年后的 1976 年 5 月得了脑血栓，半身瘫痪了。创作百万字巨著、抗日题材的《大刀记》没有累倒郭澄清，是“四人帮”的文艺专制路线压得郭澄清喘不过气来。在他病倒前的一年中，这个有做人风骨的硬汉子最终没给“四人帮”及其爪牙写出一个字。但在粉碎“四人帮”后，郭澄清是中国文学界第一个在《人民日报》发表批判“四人帮”文章的作家。

在《大刀记》的故乡造访

郭澄清病后的 1981 年初，我与《诗刊》的著名诗人杨金亭同去看望他。

当吉普车停在《大刀记》的故乡郭皋村后，我下车一看愣了：原来作家住在这么个破村子里啊！五间没有院墙的破屋，屋里破破烂烂，只有一个土炕，一张破八仙桌子。郭澄清穿着一身黑布衣裤，刀条子脸更加黄瘦了，两只手用力攥住了我的双手，眼里涌出泪水。我问：“老郭，你还记得我吗？”他点点头：“记得，记得。咱们是老朋友了，你好吗？省里同志们都好吗？”我连忙点点头：“同志们都好。大家都十分挂念你，特让我来看看你。”说着心中一阵难受，心想：老郭啊，老郭，你也太犟太傻了！明明省里为你安排了住房、职务，你偏偏不住也不当官，硬是回到农村老家来，而且还带着病写作。

说了一阵话后，郭澄清的爱人把我拉到房外，忍不住地抽泣起来：“张同志，你来得正好，快劝劝老郭吧，他发了疯，写疯了，不要命了！前些日子让我把他锁在屋子里写；连饭也不让我从窗户里递进去，而且生活也很困难。”我能说什么呢，只好答应着。我知道他是不会听话的。我听说过去上级调他去河北，他不去；他是山东省文化局党组成员，省作协又安排他当副主席，同时还为他安排了一处幽静舒适的住处，而他却挂了个牌子就回到这个土屋里来了。他常说：“我是写农村生活的作家，只有在农村与农民共命运，才能写出好的作品，若忘记了农民，就等于忘了我党的历史与传统，忘记了作家的责任。离开农村，就等于鱼儿离开了水。毛主席他老人家在延安的讲话，不是要咱们作家深入工农兵吗？”

就是这样，他和劳动人民打成了一片，群众拿他不当外人，心窝的话都给他往外掏。就是那时，他写了许多好作品，一个月能连续发表五六个短篇，且受到了好评。如：《黑掌柜》《公社书记》《嘟嘟奶奶》等，都被改成了剧本，译成外文介绍到外国去了。

“中国的保尔”

1989年春节，大年初一我去千佛山医院高干病房给郭澄清拜年。

老郭偏瘫后创作出版了长篇小说《龙潭记》《决斗》等200万字的作品，我不能想象一个病残人是如何写作的，说实话，我是怀着沉重的心情迈进病房的。他躺在床上，整个身子几乎都不大会动弹了，听到我来了，忙让伺候他的小伙子从床上搬他下来，硬撑着坐在沙发上，我差一点认不出他来了。他尽力地硬撑着，两手哆嗦地扒开了一个香蕉送到了我面前，我接了过来，不知怎的鼻头一阵发酸，差一点掉下泪来。我知道这个硬汉子忍受了多大的痛苦啊！他不仅忍受着多种病痛的折磨，更严重的是忍受着致命的精神打击：不几年，他的老爹去世了，接着，唯一的一个能伺候他知疼知暖的老伴也过世了，这如同晴天霹雳，把他心中的殿堂全部轰垮了。如今，作家只剩下孤身一人，只好到济南他儿子这里来治疗了。可他好像没有发现我的复杂的心情，仍然高兴地说：“志鹏，你来得正好，我这几天就想你来。我有一个大的写作计划告诉你，我着手要写一篇长诗《黑妻》,还有一部二百万字的历史小说《纪晓岚演义》。提纲都列好了,已经写了一部分,你看看怎样?”我口里答应着:“好,好!”可心里却想:老郭呀,你真的不要命了吗?

他病后,左手左腿就失去了知觉。他在家里养病,家中人口不少,可是没有一个棒劳力,只有老伴身体稍好点,还是人民教师,忙得很。老父亲已七八十岁了,四叔还是瘸子。郭澄清生活又不能自理,工作艰苦程度是可想而知的。就是这样,他强忍着苦痛,手拧不开钢笔帽,就以嘴代手,胳膊不好使唤,就用枕头垫上,硬撑着写,常常累得满头大汗,还是咬着牙坚持写下去。他每晚睡三个多钟头,还是写呀写!有一次,感冒30天,他竟写出了30万字。医生心疼地多次劝他休息,甚至命令他“停车”,他却风趣地说:“大夫,马列通知了,我的时间不多了,更要抓紧写啊!决不做个掉队的瘸卒,要不愧为是个炎黄子孙,不愧为是个马列的信徒啊!”

我不由自主地想到了保尔,这不是个中国的活生生的保尔·柯察金吗?我说不清对他是疼惜还是敬重,愣愣地看着他,嘴里含着半块香蕉不知是甜蜜还是苦涩。

郭澄清见我对他的写作巨著计划表示赞同,高兴了,眼里闪着兴奋的光芒,连忙喊着那个伺候他的小青年搬来了一大堆稿纸,放在了面前,吃力地把一只胳膊撑在沙发上,哆哆嗦嗦地用力揭了一页又一页,然后,送到了我面前。我双手接了过来,不知怎么觉得这一张张稿纸就像沉重的一块块巨石,压得我喘不过气来,不由得鼻头又一酸楚。我连忙扭过头去,强忍住眼里的泪水和缓地说:“老郭呀,你写这么多的东西固然可喜可贺,可你的身体能负担得了吗?留住青山,不怕没柴烧。根据你目前的身体状况,你还是写点短的东西吧,写点短诗,我给你发发,聊以自慰而已。”他听了,愣了,直勾勾地看着我,随后掏出一个日记本,把它递到我手上说:“不必担心我,小车不倒用劲推嘛!”我接过日记本,翻开头一页,上面赫然写着:“文王拘而演周易,仲尼厄而作春秋,屈子放逐乃赋离骚,左丘失明厥有国语……大抵圣贤发愤之所作也。”我捧着日记本,仿佛又更深一步走进了他心灵的深处。我知道一个被中华民族圣哲的光辉照亮的灵魂,是什么困难也休想把他击倒的!

就是这样一个郭澄清,一个中国的保尔,40年来写了大量作品:中、长、短篇小说,诗歌、散文、评论等共四五百万字,其中一半是在病榻上耕耘的。《龙潭记》《决斗》《笔》《历史悲壮的回声》和大量中短篇，以及 200 万字的历史小说《纪晓岚演义》，还出版了短篇小说集《麦苗返青》等。

1989 年 8 月，一个秋雨绵绵的日子，这位中国的保尔倒下了，齐鲁大地文苑中的一颗耀眼的明星陨落了。

（本文原刊于《春秋》1995 年第 2 期）

2002 年

怀念“郭大刀”

吴开晋

以《大刀记》闻名于世的著名作家郭澄清先生离开我们已 13 个年头了，他那清瘦黝黑的面庞还时时浮现在我的脑际。近来，由于撰写一篇评价他的短篇小说集《麦苗返青》的文章，和他相识和相处的那些日子，便一幕一幕闪现出来更加清晰可辨了。我和他交往并不多，但一次近两个月的接触，使我永远难忘怀。那是 1975 年的春天，我正在吉林大学任教，当时带领两名学生在北京人民文学出版社的院内小招待所修改一本散文故事集，在去食堂吃饭的路上遇到郭澄清先生，一位编辑向我介绍说：“这是你老家的作家郭澄清同志，正在修改长篇小说《大刀记》。”“是老乡？”他粗黑的手便和我紧紧相握。看样子，也就 40 多岁，但一脸“胡子拉碴”，牙齿和手指被烟熏得黑黄，穿着一件旧布带纽扣的上衣，活脱脱的一副农村干部的打扮。看来，他是多年在农村做基层工作了，不然写不出《黑掌柜》《嘟嘟奶奶》那样有滋有味的反映农村生活的短篇小说。他见我看他的脸和手中还燃着香烟，不好意思地笑笑说：“打夜班，离不开它！”旁边一位也来改稿的文友说：“总达不到领导的要求啊！好，算了，算了，去吃饭！”从此以后，我们熟了。有幸和学生及其他文友到他的“小别墅”去聊天。当时大多数改稿人还住在办公楼四层的几个大房间里，红星胡同的小招待所还未弄好。因他改长篇，工作量大，又是一熬大半夜，为他改稿方便，也为了不打扰他人，才给他在一座小红砖楼上找了一间几平方米的小斗室。大家戏称“小别墅”，实在是窄小、拥挤，一张小木桌，上边摆得满满的稿纸、书籍，一张单人木床，床头上也全是书。中间有个小煤炉，一来为北京春冷，小屋没暖气，可临时御御寒；二是他要烧水冲茶,有个小炉子方便。但人印象最深的是烟灰缸里满满的烟头了,地上,灰渣和煤堆里有时也散落许多烟头。大家都劝他,别叫他抽那么多烟,于健康不利,他便摇摇头说:"没这个顶着不成啊!"后来熟了,他便给我讲《大刀记》中的一些片段。但对"四人帮"一伙给他的压力未来得及问他,后来,是从文友及编辑的口中,大约知道因他写的第一部中抗战前的农村斗争"缺少党的领导"硬叫他修改。还叫他为反"走资派"服务,他想不通,认为抗战前的农村就是那个样子,多是农民自发的斗争,这也正好和抗日战争后有党的领导形成对比,这不是顺理成章吗?另外,革命历史小说和"走资派"也风马牛不相及,相及也不会写的。但掌握出版大权的"四人帮"极左路线的执行者就是不通过。在当时改稿的作者中,他是成就最突出的一位,待人又热情、和气、豪爽,大家不约而同地常到他的"小别墅"聊天。每当晚饭后,还没开始改稿前,有人便提议,"到郭大刀屋里去聊聊吧!"人们已用"郭大刀"代替了他的名字,他的小黑屋,也成了挤得满登登的"小沙龙"。后来,人民文学出版社在红星胡同又搞了个小招待所,改稿的作者们又都搬到那儿去,作家们仍和澄清先生一起发议论,批评执行极左路线的"四人帮"一伙及其爪牙,还传播过关于《创业》公演和外国作家写江青的《红都女皇》的"小道消息"。不料却被效忠于"四人帮"一伙的一外地作者向当时的文化部告了密。幸好接待他的和这些作家们熟悉的朋友,前来报信,叫大家防范,当时曾气得澄清先生大骂该人是败类。不久因我们改稿任务基本完成,便领同学回校去了。从此,再也未见到这位刚正不阿的、一身正气的"郭大刀"。

大约是当年的秋冬之际,忽然收到了澄清先生亲笔签名、由出版社寄来的厚厚的三大本《大刀记》。原来是主管出版社的严文井、屠岸等老作家和责编谢永旺同志,乘7、8、9三个月邓小平同志主政的时刻,以纪念抗日战争胜利30周年的名义硬是把这部凝聚了澄清先生半生心血的巨著出版了,当时即在文坛引起很大反响,并马上列入改编电影的计划。当不久就听和澄清先生来往较多的王士美先生讲,由于长期写作的劳累,特别是"上头"(指"四人帮"一伙)对他施加的压力,指令他写批判周总理的小说,他不肯,竟得了脑血栓病倒了。因他住在德州部队的医院,一时未能联系上,只是托士美方便时转达我们的问候,并在遥远的北国默默地祝祷他早日康复。

"四人帮"倒台后,他的境况好转,先后在省内担任了部分文艺界的领导工作，如省作协主席、省政协委员等，但他从不在省内享受安逸的生活，仍然住在宁津坚持写作，重新写作当时被勒令砍去的《大刀记》第一部的内容（出书时被砍掉一半，作为“开篇”保留），改成了独立的《龙潭记》出版，另外又呕心沥血地写他的另外一部长篇《纪晓岚演义》。尽管新时期到来后我调回山东大学工作，却再也未能见到他，这成了我心中的一件憾事。几次到省作协开会办事，打听有关同志，都说他在宁津老家。后来他病重到济南住院，直到去世，因无人通告，也未能在他临终前看上他一眼，这是多么令人惋惜的事啊！不过几十年来，我却未曾忘记过他，脑中时常浮现出他兴奋地讲述《大刀记》中的主人公梁永生和敌人英勇搏斗的情景，也似乎看见他，也包着头，手抡红缨大刀，骑着红鬃烈马，向鬼子的头颅砍去。澄清先生的英灵，将永存人间！

2002 年 6 月写于阳光舜城听云轩

披肝沥胆　翰墨春秋

——记著名作家郭澄清

吴开晋

著名作家郭澄清先生离开我们已13个年头了，但他那刚直不阿的人品及无畏气概仍深深地震撼着我。他那亲切、动人形象仍时时浮现脑际。

1975年的春天，我带二名学生到人民文学出版社修改一部散文故事集。有幸认识了颇负盛名的山东作家郭澄清先生。他瘦瘦的脸，中等个儿，穿着朴素，手中还夹着燃烧的香烟，完全是一副农村干部的打扮。原来他正在出版社修改三大部的长篇小说《大刀记》。这是写抗日战争生活的，已列入出版社重点抓的书目。为了他改稿方便（因他时常不眠不休，常常写到后半夜），当时没让他和其他作家住在四楼办公室临时改成的小招待所，而是叫他单独住在一个红砖小楼里的不到10平方米的一间斗室里。想不到那儿不但成了各省市来京的作家聊天、痛骂“四人帮”文艺专制、交流信息的小“沙龙”，也是那部与“文革”极左路线唱反调，歌颂老革命家流血牺牲题材的著名长篇小说《大刀记》的最后分娩之所。从当时的亲眼所见和多次交谈及后来经他人的介绍，逐渐了解并目睹了他那感人的创作经历和已取得的文学成就，以及他为创作《大刀记》至今尚不为人知的高尚品格。

早在五六十年代，他就是蜚声中国文坛的反映农村生活的成名作家。抗战时期，他参加了儿童团。解放战争中边战斗边学习，好不容易在老解放区读到中学毕业。入伍后还参加了解放济南的战役。解放后本可在省城济南当个不大不小的官儿，但为了他的文学梦，请求组织批准后便一直扎到老家山东宁津县从事基层领导工作。最初曾尝试新闻报道、故事、诗歌、散文等体裁的写作，后来便把短篇小说当成写作重点。1955年在《河北文艺》上发表了他的较优秀的短篇《郭大强》引起文坛关注，从此便一发不可收。从50年代中期至60年代中期，先后发表了在全国反响颇大的《万灵丹》《老队长》《社迷》《社迷传》《黑掌柜》《公社书记》《嘟嘟奶奶》等数十篇短篇小说。先后出版短篇小说集四部。这些作品把农村中各类人物的音容笑貌写得活灵活现，不但在文坛上受到广泛关注与好评，而且深受农民群众欢迎，影响甚广。当1965年11月由中国文联、中国作协、团中央、文化部联合召开“全国青年作家积极分子代表大会”时，郭澄清先生与李准、浩然、胡万春、王汶石、茹志鹃等七人作为特邀代表参加大会，受到大会的表彰。在60年代的中国文坛，郭先生的短篇不但有阎纲、浩然等名家撰文加以评论，而且全国性的短篇小说选集都收入了他的作品。这次会后，他们七人又均在《光明日报》上发表了《为英雄人物高唱赞歌》等的创作体会，受到广泛好评。

1958年，他还写了一首在全国影响很大的歌词《北京的太阳暖心房》。在地方报刊发表后，《人民日报》《诗刊》立即加以转载，并由作曲家谱成了曲，在中央人民广播电台和各省市广播电台播唱。中央台又作为“每周一歌”节目播出了很长时间，此后被评为优秀歌曲创作一等奖。诗歌、歌词创作他虽是偶尔涉猎，但由于他较深厚的文学功底和对民歌、民谚的熟悉，加上充沛的创作热情，因而也取得了成功。

从50年代中期开始，上级部门不断商调他到天津、河北等地区担任文化领导工作，当时宁津县属河北省，他都婉言谢绝。50年代中期，他在县委当了一段宣传部长，但不久为了更好地和群众接触，便于写作，又到公社乡镇兼职，并搬回老家土屋去住。这就使他取得了源源不断的创作素材。他不但向群众广泛了解村史、社史，观察各种人物，参加各项农村劳动，还用心学习农民的语言，做到使自己的作品让农民喜欢。他始终坚持现实主义的创作道路，真实地揭示农村的各种矛盾，描绘各种人物，有意识地顶住“浮夸风”的干扰。比如他在《人民文学》上发表的名篇《公社书记》，主人公就是一个不肯虚报产量，被打成右倾的基层干部。此篇寄到杂志社后，有的人认为不像公社书记，主张退稿。多亏老作家严文井慧眼识珠，在他的支持下才得以发表。要在浮夸风甚嚣之时写这样的作品，发表这样的作品，要有多大的勇气啊！只有他才能在反映农村生活的短篇小说创作中，敢于顶风而上，独树一帜。他的大多数作品可说是为中国五六十年代农村描绘出一幅真实生动的画卷，许多作品今天读来，仍让人感到亲切和富有现实意义。随着时间的推移，这些作品越来越让人感到是中国当代短篇小说的瑰宝。

他最突出的文学创作成就，当属百万字的《大刀记》。由于他长期在农村工作之余，收集抗日战争前后的历史资料和一些抗日斗争中的人物素材，积累颇多，在“文革”中挨批斗和“靠边站”的日子里就动手写作了，早在70年代初就已定稿。但在“四人帮”极左路线干扰下，1972年人民文学出版社只印了第一部《血染龙潭》的内部征求意见稿，发至全国各省文化领导部门审查。百万余字的《大刀记》全书就压下不出了。等到3年后的1975年邓小平同志主持中央工作的整顿时期，经过严文井、王致远、屠岸及责编谢永旺等同志的努力争取，才又把作者请到北京人民文学出版社加以修订。但当时主管文化部的“四人帮”的干将，直接插手审查出版计划，尤其强调小说题材必须符合“文革”路线精神，硬说《大刀记》第一部“没有写党的领导”，更不符合“文革”路线，要全部删除。经过反反复复的斗争，最后又经出版社上述同志的想方设法，才把第一部《血染龙潭》作为很长的一个大“开篇”，保留了一部分，第二部《火燎荒原》加以扩大，第三部只好忍痛割爱了。在此期间，恰恰到了1975年7、8、9三个月，邓小平同志主持中央工作，整顿全面展开，出版社的领导和编辑借机以纪念抗日战争胜利30周年的名义，硬是把这三大部凝集了作者数年心血的巨著出版了，山东人民出版社也同时加以印刷。当年秋天，当我接到澄清先生亲笔签名的《大刀记》由出版社寄到我手中时，激动之情无以言表。

在那些黑云压城城欲摧的年代里，在1975年那样令人窒息的气氛中，在那样恶劣的环境和条件下，在北京人民文学出版社那间三尺见方的小黑屋里，一位勇者凭着对革命和人民的深情，呕心沥血，以笔为“刀”，发出了“真理”的呐喊。《大刀记》以及以此改编的电影是对“民主派”们艰难曲折革命历程的热情讴歌，是对民族、民主革命战争的讴歌，当时正是大批特批所谓民主派——走资派的时候，所以当时有数不尽的读者来信，十分含蓄地感谢他给千百万读者，特别是年轻人上了一课，让大家不忘记中国的革命事业是怎样发展起来的。

《大刀记》的出版深受文化专制下广大群众和革命干部的喜爱，引起社会轰动，十余个省市重印达百万册以上。这表面上给郭澄清先生带来了荣誉，但实际上他遭到了前所未有的压制与逼迫。那时，各省市的广播电台大都在播放《大刀记》，唯独中央台不播。据知情的朋友们讲，播放的报告上边不通过，原因是仍认为它不但没有在“开篇”（抗战前）写“党的领导”，而且这样的作品是为“民主派”招魂的，“不能为当前的反走资派斗争服务”。看来所谓“没有党的领导”只是一个借口，关键还是像这样革命历史题材作品“没写反走资派”。“四人帮”控制下的文化部曾派专人到山东调查《大刀记》创作背景，是否有“走资派”、黑线人物支持。这样一来，作者的日子就更不好过了。比如1975年秋《光明日报》发表了一篇评“大刀记”的文章，旁边就配上一篇《注意创作倾向》的短评，显然是批评《大刀记》与“文革”唱反调。据称，当时澄清先生很生气，曾向家人及亲友们表达他的愤怒。又如，上海电影制片厂要把《大刀记》改编成电影，但迟迟出不来，当时的文化部不是把导演、工作人员不断调换，就是在经费上卡脖子。设置障碍的原因，还是认为“不能为反走资派斗争服务”，“这把‘刀子’借不上”。就在《大刀记》出版后不到两个月，开始“反击右倾翻案风”，邓小平同志下台，上边召开创作会议，由“四人帮”控制的文化部支持，全国召集了18名作家参加。会间，叫每个人都必须写“反走资斗争”的作品，并责令澄清先生写一部“反走资派”的中篇，其中还要影射周总理；还叫他放下手中正在把原《大刀记》第三部《光满人间》改写的《千秋业》。这使作者背上了沉重的思想包袱。但会后，他根本不理睬这一指令，又回到老家土坯屋里继续修改《千秋业》。可“四人帮”一伙岂肯放过他，于是像催鱼税银子一样，不断地来信，并通过当地领导部门催要稿件。由于他几年的拼搏，早已积劳成疾。尤其是《大刀记》未能原稿出版，先生内心极为痛苦，迫不得已而忍受割爱之苦，使他在创作《大刀记》时已发生过一次“心梗”。这一来，在“四人帮”爪牙施加的强大压力下，恰又看到邓小平同志下台，使他精神受到了很大挫折，于1976年5月间又突然得了脑血栓，病瘫在老家，时年才45岁！后几经转院治疗，并由省里医院的抢救，在一些老干部的关心下才把他从死亡线上抢救过来。但此时，“四人帮”的亲信们仍不顾作家的死活，又坐飞机赶到济南，到病榻前名为看望，实为逼债要稿。他当时因偏瘫不能多说话，但眼却能看见，心里也明白，竟气得浑身发抖，使病情又反复加重了。然而，就是这样一个顶着压力不弯腰的硬汉子，当“四人帮”垮台时，《人民日报》在全国首批约请郭兰英和他同时撰写批判“四人帮”文艺专制的文章，并同版发表。他在病床上一挥而就，发出了批判“四人帮”祸国殃民的呐喊之声。文章发表后，中央电台、山东台及一些兄弟省市电台，都立即加以广播。这才是《大刀记》作者由衷的心声。要知道，郭澄清先生“文革”十年中没有写一个与“文革”相符合的铅字，这在当年是多么难能可贵呀！因为郭先生的骨头很硬很硬。就在先生最后偏瘫床榻的十年间，他还以顽强的毅力，整理出版了中、短篇小说集《麦苗返青》;写了四部长篇小说:《龙潭记》《决斗》《历史悲壮的回声》《笔》;一部长篇叙事诗《黑妻》,还有若干诗词、诗歌、散文作品。另一部长篇《纪晓岚演义》未能写完。由于他中风后偏瘫,握笔不便,时常用嘴叼着笔杆写字。在去世前一个小时,直至昏迷前手中一直握着笔,人们曾称赞他为中国的又一个保尔式的作家。

澄清先生不仅在创作上取得了重大成就,而且一生乐于助人。曾帮助了不少普通群众,中老作家,还培养了不少文学新人,可说是呕心沥血著华章,披肝沥胆助他人。比如,他把多年所得的稿费,除了一部分交党费外,还出资帮助家乡办起了小工厂、建起了学校,为一些军烈属,贫困户修了房。他对青年作者的培养更是不遗余力,做到了有信必复,有稿必改。其中有不少人已在文坛上小有名气。再比如70年代中后期,就在他任省文化局党组成员和创作办主任的短短一年多时间内,他又为几名老作家恢复党的组织生活奔走呼号,使他们在当时恶劣政治气氛下得到了部分维持生活的一点工作。同时还冲破"文革"专制为省内几位有影响的中年诗人、作家尽早安排了工作。这在当时真是谈何容易啊！至今人们仍时时念起。然而,他对自己的生活待遇却从不计较。后来他已成为省政协委员、省作家协会副主席,省里还给他分了一套好房子,但他为了和群众接触,一直坚持住在老家的土坯房中。郭澄清先生终生在他的工作单位所在省城没有一间住房。除了治病以外,始终在那生养他的家乡土屋中不停地笔耕。他的一首《病中抒怀》古体诗可说明他高尚的情操与人格魅力:

稻经酷暑米更香,
麦经严寒面更甜。
千里松涛青万古,
梅花怒放傲春寒。

(本文原刊于《齐鲁名人》2002年第6期)

2006 年

怀念郭澄清　漫忆文坛事

任孚先

澄清离开我们已经 17 年了,但他一直萦绕在我的心头,每想起他都禁不住心潮涌动,思绪万千,一幕幕铭心刻骨的记忆展现在我的面前。在苍茫的、广袤的华北平原上,顶风冒雨,行走着一位具有燕赵之风的硬汉子郭澄清,他在贫瘠的土地上创造了文学奇迹。三卷本鸿篇巨制《大刀记》曾风靡中华大地,数十篇写农村变革系列的短篇精品,经过历史的冲刷以后,依然放射着耀目的光辉。

初识郭澄清

那是在上个世纪 60 年代,宁津县划归山东省的版图。这个贫穷的边远小县的到来,似乎没有在山东的省直机关激起什么波澜,但却给山东省文坛带来了意外的惊喜和震动。因为那里有蜚声文坛的著名作家郭澄清,有他作为领军人物的一支活跃于文坛的创作队伍。省文联的有关部门都在为宁津的到来而采取相应的措施。同年,《山东文学》推出“宁津县青年业余文学作者作品选”,并为此发表了专论,《人民日报》《光明日报》《大众日报》先后发表了介绍宁津县群众文学创作的经验。也就在这时,我接受了一个走访宁津的任务。临行前,省文联党组书记燕遇明亲自找我谈话,说这是一次特殊的任务,我们山东对郭澄清,对这个著名的文学县还不熟悉,让我去摸清情况,以便制定相应的计划。燕遇明还特别说,你是受党组委托去的,重任在肩。这使刚出大学校门的我受宠若惊。

那时交通很不方便,到宁津去必须坐火车先到河北的吴桥,然后转乘长途汽车到宁津。我到吴桥时是下午2时，开往宁津的长途车已经开走了。在我彷徨徘徊之际，接受了坐“二等车”的建议。所谓“二等车”就是在自行车的后坐上放块麻袋片，客人坐在上面，我便平生第一次坐着“二等车”，经过五六个小时的颠簸跋涉，风尘仆仆地到达了宁津。

我的疲劳被宁津人的热情消融了。虽然已经下班了，但县委办公室主任王智广一直守候在办公室等待我，接待了我，“盛宴”款待了我。我的到来，竟不胫而走，传遍小城，当晚就有不少热爱文学的机关干部、工人、农民、教师来看望我，真可谓门庭若市。他们询问山东文学界的情况，询问刘知侠。他们更多的是谈到自己的创作，谈到他们所崇拜的郭澄清。在言谈话语中洋溢着由衷的敬仰和兴奋，把郭澄清作为自己学习的榜样。晚上10时左右，郭澄清来看望我。他是从距城十多公里的郭皋村赶来的。他给我的第一印象是刚毅、睿智。谈到自己的创作，他极为谦虚，但谈到他的故乡，谈到故乡的人们，谈到故乡人们的斗争历史，却口若悬河，滔滔不绝，使我领略了他对人民、特别是农民们极为深厚的情感，领略了他坚实的生活基础和惊人的才智。我们谈了很多很多，谈到了深夜。这是初次相识的第一次谈话，却给了我终生难忘的记忆，成为我和郭澄清结为挚友的开始。

使我惊叹不已的是，造访我的不仅有文学爱好者，还有县直机关的一些负责同志，他们对文学有浓厚的兴趣，他们对全国文坛、河北省、天津市的文坛都很熟悉。他们谈孙犁、梁斌、田间，他们更谈郭澄清的生活、经历和创作。谈《社迷》的原型是谁，《黑掌柜》的原型是谁，《公社书记》的原型是谁；谈郭澄清的短篇有赵树理小说语言的简练和故事的起伏，有孙犁小说语言的文学功底，郭澄清写人物出神入化，有《聊斋志异》之风等等。他们都是郭澄清的崇拜者。现在我记起来的有县计委的张宝罗，科委的吕德禄，县委办公室的王智广、王富涛，县委宣传部的郭念军等。

县委书记是辛生，这是一位戎马半生的老革命。他在接见我时自称是郭澄清的读者，实际上他是郭澄清文学创作的坚定支持者。他在担任沧州地委组织部长的时候，就曾经与郭澄清交往颇深，当他调任宁津县委书记以后，更为郭澄清的文学创作提供各方面的方便。他让我列席县委常委办公会，听取他们就开展全县文学创作的讨论，听取郭澄清的汇报，他则作了很精彩、很内行的讲话。在这里我要插几句话，就是后来我见到的辛生的继任者县委书记赵胜武，也是一个行伍出身的老革命，竟也是郭澄清的狂热支持者和保护者。在我接触的当时德州市领导李振、王成堂、刘干、张立文等，都无一不是郭澄清文学创作的支持者。

宁津县这浓重的文学氛围，使我深受感动。使我感受到了文学的神圣，文学的力量，文学的深厚基础。这浓厚的文学氛围中的核心人物，就是郭澄清，是他，他的作品，他的人格，凝聚着一个文学群体，影响吸引着各界人士，使文学在这个边远小县放射出迷人的光彩。

我就要离开宁津时，《大众日报》社的丁秀生、于阳春也到了宁津县。他们显然也被宁津的文学热心感动了，当晚就到邮局以 2 分一个字的代价发了急稿。

1965 年为筹备全国青年作家创作会议，我又数次到宁津，使我深爱上宁津和宁津的人民。与郭澄清和其他文学作者的友谊也日益增加。经过省文联党组的研究，决定拿出 3 个全国青年作家创作会的代表名额给宁津，而全省的代表总数仅 42 名。宁津的一位集体代表是县委宣传部长。宁津县委抓文学创作的经验和郭澄清的创作经验，报到全国青年创作会，并在《人民日报》《光明日报》上刊出。郭澄清成为全国青年创作会议上引人注目的重要作家之一。

《大刀记》创作的前前后后

宁津是郭澄清心中的热土，郭澄清和故乡的群众血肉相连。这是我和郭澄清多年交往中的最深切感受。人们说：宁吴二县出刁民。其实，所谓刁民，正是说的宁津人民有不屈不挠的反抗斗争精神。我几次到过郭澄清的故乡，郭皋村，在那里见到过不少经历过血和火考验的村民。在旧时代他们曾甘洒热血进行过抗争，其中包括郭澄清的父亲和叔父。他的叔父在斗争中落下终生残疾，没有妻子儿女，由郭澄清抚养。就是这些人希望“俺们的澄清”把他们的故事展现给世人。我在体察郭澄清的故乡情结时，总是想起艾青的名句：“为什么我的眼里老含着泪水，因为我爱这土地爱得深沉。”郭澄清之所以立志要写一部史诗性的长篇，不是像有些人所说的是在证明他的创作实力，而最本质的原因就是受历史和人民之托，要尽到一个人民的儿子的职责。他曾说过：“不真实地反映这些人民的斗争，无颜面对江东父老”。

上个世纪的七八十年代，郭澄清有多次迁居省城的机会，但都被他拒绝了。

1972年省委决定成立山东省文艺创作领导小组，原省文联党组书记燕遇明任组长，包干夫、鲁特、郭澄清任副组长，但他坚决向省委书记白如冰请辞不到济南上任。而后，省委又成立山东省文学创作办公室，由郭澄清出任主任，省委常委、宣传部长王众音又动员他迁居济南主持省的文学创作。我和李健葆同志曾陪着他到省委几个宿舍看房子，而后又都被他谢辞了。他曾对我说：我不能离开农民群众，那里是我的根，我搬到高楼里来，我的生命就枯萎了。后来省委为了改善作家的居住条件，曾专门盖了一所"专家楼"，众音同志又坚决动员他来济居住，又被他婉拒了。省委领导又建议让他在大学工作的儿子郭洪志住进去，以便照顾他来济时的生活，也被他拒绝了。一次又一次的拒绝是为什么？就是为了完成他毕生的夙愿，写出一部反映中国社会历史变迁的画卷来。

记得在1972年左右，为了加强京剧现代戏《奇袭白虎团》的文学性，调文学界的人士参与修改。写小说的调了郭澄清，写诗的调了飞雪。还有周坚夫和我，我们4人在北京二七剧场《奇袭白虎团》驻地参与剧本修改。在北京的数月期间，郭澄清一改过去海阔天空、口若悬河的风格，几乎是一言不发，真如徐庶进曹营一般。这是因为当时"四人帮"修改剧本的要求和他的价值观、美学观大相径庭。但他并没有白白地耗费时间。他天天偷偷捧读中外名著，从中汲取营养，帮助他酝酿长篇创作。那时，稍有空闲，他便和我交谈未来长篇的内容，讲到动情之处，这位华北平原的硬汉子竟不禁泪流满面。在探讨他未来长篇的名字时，他起了10多个，我从中认定《大刀记》较合适。他思索再三，尊重我的意见，定名为《大刀记》。事实确实如此，并非我掠人之美。

三卷本长篇小说《大刀记》是郭澄清长期生活积累，长期酝酿构思的必然结果，是烂熟于心，水到渠成的杰作。更是一部在思想和艺术上非常成熟的大作。但在"四人帮"专制下，《大刀记》的问世过程中却经受了数年的曲曲折折，有许多受到当时政治环境制约而未能在1972年原稿出版的难言之隐。是中国当代文学史应该研究的课题，还原《大刀记》在中国文学史上的真相，还有很多极有价值的研究可做。

当年人民文学出版社看中了郭澄清的创作实力，看中了《大刀记》的题材和主题。对它充满着期待。有文学出版界鼎鼎大名的屠岸、谢永旺亲自出马，屡屡亲临济南、宁津，死死抓住《大刀记》不放。社长严文井、王致远亲自过问。但是，在当时的情况下，谁也难以保证实现郭澄清原稿的全部创作意愿。郭澄清本来是要将中国社会农民的自发抗争的悲剧根源作为整部作品的重头戏。因为清朝末年中国社会各阶层血与火的斗争历史已经溶入郭澄清的血液之中。在他的笔下酣畅淋漓,汪洋恣肆,极为悲壮。但在“四人帮”不准歌颂自发斗争的怪论下,不能正面铺开。1972 年完稿的《大刀记》第一部一直不能出版。是 1975 年邓小平主持中央工作,整顿全面展开,再借助庆祝抗日战争胜利 30 周年,在严文井,屠岸、王致远、谢永旺等同志努力下,经过多方反复磋商,《大刀记》第一部仅能作为序篇和楔子保留小部分。为此,郭澄清只能忍痛割舍,始终成为他的一块心病,因为那是他生命的一部分啊! 为此,郭澄清曾守着我痛哭数次。

经过很多磨难,被迫修改后的《大刀记》终于在 1975 年邓小平主持中央工作,全面整顿的环境下面世了。就是这样《大刀记》的出现也引起各界的强烈反响,受到广泛的欢迎。全国各省印刷 200 多万册发行一空。使沉寂的中国文坛出现了生机,激发了老作家们的创作热情。在山东知侠开始了长篇小说《淮海战役》的创作,翟永瑚开始了反映胶东民兵爆炸队的长篇创作。燕遇明、包干夫、王安友也都提出了反映革命历史的创作计划。在省委的指示和支持下,在泰安召开了全省创作会议。《大刀记》成为会议的热门话题。省里的知名老作家全部都参加了会议,对反映革命历史题材进行了探讨。在上个世纪 70 年代中期的那个特殊年代,在山东有这么多老作家聚集一堂,探讨文学创作,在全国这也是仅有的。这与《大刀记》的热风劲吹是不无关系的。

《大刀记》出版后引起社会轰动,也引起影视界和话剧界的关注。上海电影厂以其与山东同属华东区的历史渊源捷足先登。蜚声影坛的上影老厂长徐桑楚,老编辑陈清泉、杨公敏、张孟昭都相继来鲁商谈将《大刀记》搬上银幕的问题。省委对此非常重视,由长期从事宣传文艺领导工作德高望重的老领导王众音亲自挂帅。《大刀记》电影剧本组成立了,《大刀记》话剧组成立了。王众音对电影剧本的编写提出了非常具体的意见,对每个细节都亲自过目。特别是对最后的定稿,他用了一个多星期的时间闭门审稿,真可以说是字斟句酌,定稿本几乎每一页都有他的手迹。这对一个政务繁忙的省委领导人来说,实在难得。郭澄清对王众音由衷地感激。他曾说,在他的创作道路上都幸运地遇到好领导,在县里时有辛生、赵胜武,在地区有李振、王成堂、刘干、张立文,到省里又有王众音、宋法棠、张全景、苏毅然、白如冰等。

上影拍摄电影《大刀记》,派了很强的阵容。导演是汤化达,主演是杨在葆、仲星火、陈述、李伟、郭凯敏。在山东拍摄过程中,郭澄清始终陪伴剧组的主创人员。对剧本的主旨和主要人物,都有很精辟的分析,汤化达导演对此深有感触。他说这是在他电影生涯中最愉快的一次合作。他为郭澄清的真诚、朴实、睿智深深打动,对他与农民群众的血肉亲情赞不绝口。电影《大刀记》放映后,得到广泛好评,是"文革"后最早出现的反映革命战争的影片之一。

山东省话剧团上演话剧《大刀记》,全国几十家电台连播《大刀记》,连环画册《大刀记》全国有十余种版本。

郭澄清留下了宝贵的财富

郭澄清突然病倒了,他倒在了他的书桌旁,他倒在了郭皋农村,当时他手里还握着他那只爱不释手、流淌过万言激情的笔。郭澄清患重度脑血栓昏迷了。这惊动了他的乡亲,惊动了县委、地委的领导,惊动了省委书记白如冰等省里的领导和有关部门,以最快的速度把他送到省城抢救。那是一个十分动人的场景,数百名农民跑前跑后,送了一程又一程,急救车在警车的引导下,以最快的速度到达了济南。山东医学院附属医院调集了最权威的专家组成抢救小组,经过三个昼夜奋战,将郭澄清从死亡线上拉了回来。

郭澄清的病出人意料,但也在意料之中,在完成《大刀记》创作以后,过度劳累和出版的困难已使他疲惫不堪。医生曾向他发出警告,认为他如果不及时调养、医治,将会造成严重的后果。友人们也为他的身体担忧,劝告他休整一个阶段。他对故土的依恋和对创作的执着,使他没能接受这些善意的劝告。又一头扎进郭皋农村的土屋里,在煤油灯下伏案进行他的农村系列作品的创作。

郭澄清在病重期间,得到了省委领导和各方面的关怀和支持。他的儿子郭洪志医学院毕业后,我希望他能留在济南照顾他的父亲,省委书记白如冰得知这一情况后,亲自指示有关方面将郭洪志安排到山东医学院附属医院。省委书记白如冰、苏毅然,省委常委、宣传部长王众音,省委常委、组织部长张全景等省委领导,经常到医院去看望他。张全景对他的医疗待遇等许多问题都作了专门安排。使郭澄清和他的家属倍感温暖。正是在省委负责同志的关怀下,他才得到了最优越的医疗待遇,得到了最及时有效的治疗。

郭澄清病倒了,但粉碎"四人帮"后的党和人民并没有忘记郭澄清,没有忘记它在“四人帮”专制年代所作出的特殊贡献，粉碎“四人帮”后不到一个月，郭澄清是中国文学界第一位被《人民日报》特约写批判“四人帮”文章的作家，与歌唱家郭兰英在《人民日报》同版发表了批判“四人帮”的文章。在全国引起反响。同月郭澄清与曹禺一同被国务院文化部组成“中国作家代表团”出访朝鲜等国，是粉碎“四人帮”后的第一个“中国作家代表团”出国访问。叫人痛心的是郭澄清因病不能与曹禺一起出访了。

郭澄清是坚强的，一个正值创作旺盛期的有杰出成就的作家突然倒在病床上，对他身体的损伤是显而易见的，而“四人帮”的专制路线对他心灵的摧残是更加残酷的。但是他忍受着肉体的痛苦和精神折磨，直面现实，顽强地生活着。他始终没有丧失信心，他坚信有一天会重新回到他的岗位上，完成展现中国农村历史和现实的鸿篇巨制。为此，在他病情刚刚稳定的时候，他就拿起了自己的笔。他写诗，写散文，写回忆文章，他在练笔，在准备投入未来的战斗。他说他一天也不能离开文学，文学是他的生命，离开文学他的生命就会枯竭。在病中他又创作出版了长篇小说《决斗》等几十万字的作品。看着他一天天病情加重，听着他一句句动人肺腑的话语，朋友们的泪在心里流淌。

1989 年 8 月 9 日，卧床 13 年的郭澄清停止了呼吸。尽管人们预料到会有这一天，但还是感到发生得太突然，为失去这样一位忠于党，忠于人们，卓有成就的作家而悲恸。山东省党政领导，文学界和不少工人、农民朋友们在英雄山纪念堂为他举行了隆重的追悼大会，向他告别，山东省①副省长宋法棠沉痛地作了悼词。称他是人民群众的忠实代言人，是作家和广大文艺工作者学习的榜样。

郭澄清离开了自己热爱的土地和人民，离开了他为之献身的文学事业。但他却为中国文学留下了宝贵的财富。他独具一格，自成一家的创作成就，得到越来越多的文学界朋友们高度评价，丰富了中国现代文学宝库。他对人民的热爱，对文学事业矢志不移的执着，给我们以巨大的精神鼓舞，人民会永远记住他。

（本文原刊于《山东作家》2006 年第 3、4 期）

① 原文写作“东省。”

忘却不了的作家郭澄清

冯德英

我与郭澄清同志相识很晚，是在我到山东省作家协会工作的1988年。但我很早就知道郭澄清的名字和他的作品。上世纪五六十年代，在以知侠、王希坚、王安友、苗得雨等为代表的山东文坛的中青年作家中，郭澄清也是很活跃的一位。当时，我虽在北京部队工作，但出于对家乡的热爱，只要发现有山东作家、作者发表的作品，我是一定要买来看的，对于山东文联每月赠送的《山东文艺》更是期期都要认真阅读。我就是通过这些作品认识了郭澄清的。

我开始接触的大多是郭澄清的短篇小说。这些精粹的文章给我留下了深刻的印象。郭澄清短篇小说的素材均取材于鲁北平原，那里是他生于斯长于斯的地方，对故乡的热爱和深深的眷恋，使其作品有着浑厚的泥土气息和浓郁的地方特色，他用细腻笔触刻画的鲁北平原的风土人情、乡间邻里，犹如一幅幅风俗画卷展现在读者的面前。而其鲜活的人物形象、生动质朴的语言和新颖的故事情节，更为作品增添了一份独特的魅力。而郭澄清短篇小说中最值得称道的还是它饱含的人民性，作家将其躯体和灵魂紧贴于鲁北大地，从而，用来自于故乡的琼浆玉液，讴歌鲁北人民憎爱分明、勤劳善良、追求幸福、奋发向上的高贵品格。这些取自于人民，还原于人民的短章，在鲁北人民中耳熟能详。我想，唯有此类作品才能生命之树常青，这也正是我们无法忘却郭澄清的理由。

诚然，郭澄清的名字更为人们所知晓是因为长篇小说《大刀记》的出版。1975年，“文革”的灾难仍在肆虐，绝大多数作家和艺术家还处于被禁锢的状态，中国文坛依旧是万马齐喑一片肃杀的境况。此时，《大刀记》杀出了重围，犹如横空出世般展现在读者的面前。它的出版，可以说是作家郭澄清在创作上的一个里程碑，一个新的高度。《大刀记》全卷气势磅礴，波澜壮阔，他铺张着燕赵文化的底蕴，在鲁北平原广阔的背景上，浓墨重彩地描绘出中国人民反抗外敌侵略、争取自身解放的伟大斗争的感人画卷。郭澄清以饱满的政治热忱，对祖国对人民强烈的使命感和责任心，用已臻成熟的艺术匠心，再现了鲁北人民前赴后继的英勇牺牲精神，是一曲英雄主义的高亢悲壮的颂歌。小说中的人物血肉丰满，故事情节曲折跌宕，富有地方特色的语言和风情，使作品具有很强的可读性和艺术感染力，受到读者的广泛欢迎和好评。当然，作家和作品都有其时代的局限性，作为一部长篇小说，《大刀记》的优秀之处非常突出，但作品中的某些缺失也是明显的，特别是它的后两卷，偏离现实主义真实性的艺术描述愈来愈多了。这是当时极左的文艺教条的侵蚀，其负面的影响是普遍的，作家郭澄清自然也不能幸免。

《大刀记》的问世，让我再次从纸上“邂逅”郭澄清。但我与他本人见面，却是多年之后了——

1988 年夏天，郭澄清同志因病住进了医院。我去医院看望，祝愿他能安心治病，早日康复。身患重病的他却强打精神，关心地询问着一些山东作家的创作情况。在住院期间，他仍每天挣扎着趴在枕头上写几十个、上百个字，他一再对前来看望的友人和家人说，要写出更好的作品，回报党和人民对他的关怀和支持……

病魔没有给郭澄清太多的时间去实现他的心愿。但应该说，郭澄清是在党组织和人民的厚爱中离开这个世界的。在他患病期间，时任省委组织部长的张全景同志亲自安排他住进条件优越的千佛山医院，使他的重疾得到治疗，使知情的文艺界人士很受感动……郭澄清同志逝世后，虽然上级有文件规定干部去世后不开追悼会，但省作协党组考虑到郭澄清同志对山东文学创作的贡献，请示了省委之后，仍破格在济南英雄山烈士纪念堂举行了隆重的“郭澄清同志追悼大会”，省委、省政府、省委宣传部的领导同志和来自四面八方的文艺界朋友，共数百人前来为郭澄清送行……

今天在郭澄清同志故乡召开的研讨会，有这么多领导、作家、学者和朋友参加，更说明为了人民写作、写出真实地反映人民生活和理想的作品的作家，人民是忘却不了的。很遗憾，我因故不能与会聆听朋友们的意见和教诲，只能匆匆写下这篇粗糙的小文，就算作对故友的纪念吧！谢谢！

2006 年 7 月 7 日青岛

（作者为原山东省作家协会主席、党组书记。所创的长篇小说《苦菜花》《迎春花》《山菊花》，反映了胶东半岛人民艰苦卓绝、英勇顽强的革命斗争，影响了几代人。）

（本文原刊于2006年7月11日《德州日报》）

2007 年

郭澄清,1975

——怀念18年前辞世的郭澄清同志

苗得雨

那时,还是“文革”当中,但有点像一个特殊时期,可以用巧妙的办法做成一些事。1975 年 1 月,在原来临时性的山东文艺创作小组的基础上正式成立创作办公室,隶属省文化局。澄清同志任主任,兼省文化局党组成员,副主任是任孚先、张云凤二位,蓝澄同志任支部书记。成员都是老文联的同志,包括老领导燕遇明,名作家刘知侠、王希坚及我们一些人,有点藏龙卧虎,但我们身上都还拖着一条又粗又长的“文艺黑线”尾巴,还只是“待业”,有的写了作品还不能发表出版。我在这方面开禁也还不足一年。澄清同志原在宁津县任县委宣传部副部长、县报总编兼广播站站长,他也是老革命,做过地下工作,当过战时完小校长,以地方干部身份参加过济南战役,写作方面早在上世纪五六十年代就出名了,是河北省知名作家之一。60 年代宁津划归山东后,老郭一直蹲点老家写作,没有与大家在工作或运动中有什么瓜葛或纠葛,是全新状态。1965 年他和宁津另两位青年作者张长森等一起当选省里的代表,参加全国第二次青年文学创作者积极分子代表大会,在会上与李凖、茹志鹃、王汶石、浩然、金敬迈等一起受到表彰(山东只他一人)。“文革”后期,作为遥远地区基层干部的他,担任文艺新单位的领导是最佳人选。他为人朴实、爽快,不摆谱,对一些他早就敬慕的老作家和文艺界老领导仍然敬慕,支持他们、关心他们,有着同事加同行的亲情。就这样,大家“一家子”似地齐心合力工作。到 1978 年文联恢复(此时澄清同志当选为作协山东分会副主席),创办的历史使命完成,近 4 年的时间内做了不少事情。我于 1975 年 12 月去着手恢复《山东文学》,离开了那里。在一年的时间内,除了个人深入生活与创作,工作上经手和参与了三件事。一是编辑出版了200余位作者的诗选集《激浪滚滚》,二是帮助辅导了牟崇光同志的长篇《烽火》,三就是为郭澄清同志三卷本长篇《大刀记》做了配合工作。

老郭在担任创办领导的同时,于1975年春夏拿出了115万字的长篇《大刀记》。这部小说是他好些年之前就写好的类似《静静的顿河》那样的大部头中的一部分。人民文学出版社看中了老郭的《大刀记》。责编谢永旺同志(后任《文艺报》主编)来山东好几趟,几次组织力量进行帮助。成稿交上以后,出版社又让老郭去,住在那里,精益求精地修改。作品清样打出后,寄来山东征求意见。那时出版一部作品,出版社定了还不行,还得由当地领导审批。省委分管文艺工作的常委、宣传部长王众音同志亲自阅读,然后责成省文化局组成阅读小组审读。阅读小组有我、任孚先、牟崇光、刘小衡等,由我作召集人。大家夜以继日地阅读。我用一天20万字的速度看了近一周,为这部不多见的有水平的作品而兴奋不已。阅读意见集中后,由省委主管领导拍板,派我为代表进京汇报。两次汇报,各一上午。我讲了作品反映革命历史的波澜壮阔,表现生活的深度,人物形象塑造怎样的鲜明,以及由语言、文字等表现出的艺术风格独有特色等等。并讲省里领导特别交待要向出版社表达谢意:"《大刀记》的出版,既是出版社的一件重要工作,也是山东文艺界的一件不小的喜事。"汇报后,到老郭住的小屋,老郭说:"效果很好。他们都表示了十分的满意。让我按省里的意见稍加修改,书就可以出了。老苗,你这次任务完成得很好。"我说:"你这部书有两个稀罕,一是100余万字的三卷本长篇,是建国以来不多见的;二是这几年人们已读不到一部好长篇了,你这是第一部。你一直没有离开生活,作品中不光生活气息浓厚,而且挖掘得深,我读农村革命历史题材的作品不少,但都没有这一次读得过瘾。"老郭说:"可以说是我大半生的心血!没拿出的还约有四分之三,它的总名叫《龙潭记》。"我说:"我估计,书出来以后会有不小的轰动。"老郭说:"出版社也这样想。"

在北京的几天,我抽空去看望了几位老师。十几年没来北京了,又经过了一次大劫难,十分想念他们。先去看了臧克家,待去田间处时,我向老郭请假,他听了稍有些犹豫,声音很小地说:"好吧。田间也是我的老师,代问好!"说罢走开。我觉出他有些担心。在当时的气候下,做事不能不慎重。我若不同他说,他可以装不知道;说了,明确支持或反对,都不好说。我让诗友戈缨(另一位高平)陪着去看了田间老师,顺便看了王亚平。待打听清了陶钝地址(芳草地)准备去看时,一场政治风波在北京与山东之间发生了。省里李寿山带曲艺队参加全国调演,排练时请老乡、老领导陶钝去作指导,这下闯了祸,引起了“新政权”——国务院文化组权贵们的大发雷霆,说这是重大政治事件,“不拜红线拜黑线,不拜红色权威拜黑线老头子”。李寿山被押回山东批斗。此时,省文化局给老郭打来电话,说李寿山的问题性质严重,正在开千人大会批判,“老苗北京的熟人更多,去看谁了吗?”我正在跟前,见老郭脸色刷地变白,朝我会意了一下,镇定了语气说:“老苗……哪里也没有去。光工作的事就够他忙的了!”电话那边没再追问。可是,我心中像一直揣着个小兔,克家、田间的名气比陶钝大,“新政权”若知道我拜了更大的“老头子”,那我会比李寿山更“黑”。我是“文革”第一批就抛出来的12名“黑帮”之一,“文革”前就挨过报纸点名批判,“文革”中又反复以不同名义折腾,是最后一个“解放”的,再发生了新事可是不得了。我感谢老郭替我保了密。老郭放下电话,什么没说,回到了自己屋。意思是,我给你保了密,你要是自己透了风可是连我也得牵上。此时,我绝对不敢再去看别的什么“老”了,也怕已看过的会不会从侧面透风?我想了一下,田间处没别人,可是克家处,在场的有程光锐、方殷等,他们能否无意中透出,被有意人听到?直到以后什么动静没有,我心中的“小兔”才放下了。我越想越敬佩澄清同志,在那种气候下难有的一种勇气,甚至来不及多想的一种当机立断,其危险程度不次于战争时期在鬼子面前的“两面村长”。我回济时,批陶、李大会还在开着,我赶上参加了一次,心想“寿山老李,我差一点也遭你这样一下子!”人生有好多不幸,那时躲过批判不仅是一次庆幸,内中的含义却值得久久回味。

《大刀记》于1975年7月纪念抗战胜利30周年前夕出版。此书问世的成功,是那段沉寂岁月的一道闪亮。而多年以来又不断再版,证明了在特殊年代也还是能留下好东西的。有眼光的作者与编者,心有灵犀一点通,配合着留下了超越历史的有生命力的艺术财富。在约30年的时间内,《大刀记》已累计印数280余万册。

当时省委领导和文艺界同行纷纷赞扬,鼓励澄清同志趁热打铁,拿出新的大部头佳作。老郭在人们的鼓励声中沉静不下来,便一头扎回老家乡下,继续大拼。回家前,泰安召开了全省文学创作会议,是“文革”以来第一次规模较大的会,省里老中青作家差不多都参加了,他介绍了自己的创作体会,也给大家鼓劲，要大家都“系上鞋袢大干”。会中我悄悄劝他：“你可是得歇一段，像田地，得有个冬闲时间。”后来他得了一场重病，落下身体的左一面不听使唤，住在千佛山医院，我去看望，他直叹气：“你劝我休闲一段，我真后悔没听你的劝！”我说：“人生谁也没有前后眼，还是好好治病。奇迹也会有，好些人都是治疗加锻炼，又大步流星了。”尽管这样，他在病情稍稳定以后，又默不声地大干了起来，先后拿出了《决斗》《龙潭记》《历史悲壮的回声》三个长篇和一些短篇及长诗《黑妻》等，也够得上硕果累累。实际上他在不能不休闲的时候，也没有一天休闲。在文坛耕耘中，他是以生命作犁头，澄清同志就是留给我们这样一种可敬的形象。

（本文原刊于2007年3月29日《文艺报》）

2014 年

郭澄清:长泡深扎做“井蛙”

卢　昱　张宇鸿　孙久生　王　猛

蓬门半掩麦田中,庄户书房绿野封。

小满节气前,宁津县郭皋村,一个普通的农家院场景。50 年前,作家郭澄清在此写作,写起闹元宵的社火队,写起高跷、秧歌、旱船、太平车塞满半条街,写起那青纱帐里时隐时现的锃亮大刀……

50 年后,作为向抗战胜利 70 周年的献礼作品,同名电视剧《大刀记》于 5 月 20 日也在这片热土上开拍。

鲁北平原的这片土地,看似没有多少改变,却已变化万千。在不同时空交错中,乡里人也一茬茬更迭,那位拿着笔杆子、心里装着庄稼人的作家郭澄清扎根这里,再也没有离开。

怎样才够“庄户味儿”

人非生来就会写小说。1929 年出生的郭澄清,在成年时,当年别人以“三代贫农”为傲,他戏言自己“五代要饭”,这其中透露着家贫的辛酸背景。

生于穷苦之家的他勤学苦读,中学毕业后,在惠民参加青年干部培训班,支援过济南战役。1955 年,身为小学教师的郭澄清被调到宁津县委办县报。这给了他的视野打开了窗户,一边努力办报,一边坚持业余创作。3 年中,他先后写出小说、散文、故事 80 余篇。

彼时,郭澄清写完稿子,就念给当地农民听,或者跑到外村请“老师”们指点。有时,农民听完惋惜地说:“倒是那么回事,就是觉得不够庄户味儿。”什么是“庄户味儿”，这让郭澄清有些疑惑不解。

经过几番思索后，郭澄清发现，硬把自己的语言、思想强加给群众，难怪本来鲜活的生活、感人的人物，一写就走了样子。这也给他指明了创作的方向，他经常下乡深入生活，还特地向县委提出申请，要求到基层去工作。

1961 年夏，县委批准了他的申请，他就到时集公社兼任党委副书记。刚下村时，郭澄清发现村子四周一片汪洋。村里除了水就是泥，不蹚水不能出门，不泅水不能出村。他和群众一起，筑堤挡水保护村庄，挑沟排涝挽救庄稼，冒着大雨抢修房子，蹚着水去运粮食。

在下乡的日子里，各种素材不断涌出：一位老农民，自己房子倒了不去管，死守着队里的粮仓不动；有一个党员，把自己的口粮省给别人吃，自己挨着饿、拄着竹竿去鼓励群众，战灾荒；有一位妇女，把盖着自己衣物的油布揭下来，盖在队里的化肥上……

“当时，我正在农村工作，这数不尽的新人新事新气象，时刻感染着我，激励着我，使我精神振奋，心血沸腾，午不能休，夜不能眠，于是我便抓紧工作之余，提笔展纸，学写文章。”1965 年 11 月，郭澄清在全国青年业余文学创作积极分子大会上，作典型发言时如是说。

5 月 15 日，郭澄清的学生兼同事王金铎对记者说：“郭老师的短篇小说集中创作于 1962 年到 1965 年之间。”如《马家店》这个“乡村小店”虽小，却寄寓着一种源于乡土儒家文化传统的“仁者爱人”的朴素的人道主义精神。类似的作品还有很多，《公社书记》《黑掌柜》《茶坊嫂》《老邮差》《赶车大嫂》等，都能看到郭澄清用简洁精巧的笔触，所描绘的鲁北农村百姓和生活，是一个洋溢着和谐的“艺术王国”。

提携青年共进步

扎根故乡大地，郭澄清的作品自然离不开宁津农村的生活和民俗风情。运河两岸的风光、茶馆门前席棚子里的摆设、黄面枣泥团子的吃食等生活画面，使得他的作品独具特色。

“住了辘轳就干畦”，比喻一天不劳动，就一天没饭吃；“屋里驯不出千里马，炕上养不成万年松”，强调环境的重要性。在长篇小说《大刀记》中不乏这类乡谚。据王金铎介绍，《大刀记》中有 110 多个人物，其中的地理地貌和真实的宁津也有不同,但郭澄清有一个小本本,上面写着各种人物的命运进程,画着虚拟的地图。每写到一定阶段,回头翻一翻,再添上几笔。

“我最爱读的还是他的短篇小说。”曾给郭澄清做过秘书的刘俊江介绍道,郭澄清的短篇源于生活。有一年六月骄阳天,郭澄清下乡去,见到一个村妇在井边提水。他本好心帮着去提,村妇却不让,熟练的身手把“一甜一个筋斗”的井水提上来。渴极的郭澄清想去饱喝一顿。

正要去喝时,村妇一抬脚,哗!把桶蹬翻了。倒霉!水没喝成,鞋还弄湿了。郭澄清满心不高兴:“呵!大嫂,你好大的脾气呀?!”

村妇似笑非笑地望着他,说道:“怨我吗?同志,你喝病了,耽误工作不?受罪不?吃药花钱不?咹?”随后,郭澄清到大队部,这位村妇提来暖壶、茶碗,倒热水给他喝。他把这样的经历写下来,村妇便成了《方方嫂》的主人公。

除了扎根故土,郭澄清也做“蜜蜂”,远飞、博采。他有时会到全国各地跑跑,在“走马观花”中,拜师访友,记下许多“随笔”。

丰富的人生阅历,也为郭澄清提携青年人创造了条件。刘俊江还记得14岁时,第一次把自己的文章拿给郭澄清看,有人在一旁笑话他的字不好看,郭澄清则笑着安慰他:“变成铅字就一样了。字写得好赖不要紧,但必须认真、工整,让人看清楚。”

《大刀记》第一版印刷10万册,郭澄清签名送书,“请某某同志斧正”。文化水平不高的刘俊江问郭澄清“斧正”怎么讲。“就是一棵小树,拿斧头咔咔咔砍掉偏枝。”郭澄清解释道。

郭澄清在当时也带动起500多宁津青年进行业余创作,这些“小写稿的”办黑板报,编辑的油印刊物,为广播站写诗歌、快板,自编自演小演唱、小戏曲,写通讯、小说,好不热闹。

“跌倒再爬起来是好汉子,但人生最好不要跌倒。”刘俊江对郭澄清当年的话语记忆犹新。“郭老师还自创‘中国英语’,用宁津话读起来可有意思了,比如‘外布里糠’其实是枕头,‘肚大脖细’是茶壶。他还跟我们讲,国家还处在落后阶段,要朝前追,争取让冰箱能像锅台一样普及。”

抓紧时间就是延长生命

正如给年轻人“抓紧时间就是延长生命”的嘱咐,郭澄清在深入生活期间,曾患心肌梗塞，为了创作，瞒着家人十多年。后来，妻子刘宝莲知道后，他就千方百计动员她保密，并更加刻苦地从事创作。

由于条件艰苦，创作劳累，郭澄清在1976年5月患脑血栓，虽经抢救治疗，但还是留下左侧肢体偏瘫后遗症。即便如此，他仍以惊人的毅力"间接深入生活"，精读世界名著，笔耕不辍。

正如郭澄清在改革开放之后的总结，自己要做"蚯蚓"，品味、消化。除利用各种形式直接或间接地深入生活外，他还努力对从生活中得来的原材料进行"加工"，把一点一滴都化成自己的东西。

从宁津县走到省城济南，郭澄清历任县委宣传部副部长、县委办公室副主任，省文化局党组成员、省作家协会副主席。职务多变，但他"以不变应万变"，无论身在何处，头挂何衔，都坚持不离开郭皋庄，一直坚持泡在生活底层。

郭澄清的大儿子郭洪章犹记得老家情景："三间小土屋，里面有一个土炕，一张很破的八仙桌，桌上一盏煤油灯，灯下一摞一摞的手稿，小小的糊着纸的木格窗户透过一点微弱的光，昏暗的煤油灯下，我父亲总是在低头握笔书写……"

"父亲为创作付出太多，为补充能量，他有时会吃上一碗肉。他还爱吃臭鸡蛋，鸡蛋黄发黑的时候最好。"据郭洪章介绍，父亲郭澄清有多次迁居省城的机会，但都被"我不能离开农民群众，那里是我的根。搬到高楼里来，我的生命就枯萎了"这样的答复拒绝了。

郭澄清在暮年回首文学生涯时，讲到自己基本上是在宁津县郭皋庄那间小土屋中度过的，"从我初学写作时起，我就生活在'生活'的怀抱里，一扎几十年，不上浮，以'井蛙'精神在基层一气泡了好多年"。

《大刀记》被拍成电影之后，郭澄清曾想把首映式放在自己生长、写作的村里，最后由于各种原因没能成行，成了一大遗憾。1989年，郭澄清病逝，长眠于一辈子长泡、深扎做"井蛙"的宁津老家郭皋村。

（本文原刊于2014年5月21日《大众日报》）

郭澄清的菩提树[①]

召　唤

永远也不会忘记1986年8月的那个上午,我怀揣着一篇一万余言的稿子,去拜访恩师的情景。那个上午的阳光金灿灿地铺展在柏油马路上,我骑车20多里来到县城新村,在郭洪林的带领下,忐忑不安地走进了郭澄清居舍,四间起脊挂瓦的红砖房,向西的小小的院门,一个普普通通的住宅仿佛有一股强大的气场在吸引着我的脚步,好像是黑白电影里的放慢镜头。脑海里浮现的是见到郭澄清的画面,这个全国著名的乡土文学作家又是一副什么模样。一篇《大刀记》哺育了我的童年,一个作家形象在我心中已经被我勾勒出来……

郭澄清卧室在东间,郭洪林轻轻地敲了几下门,门打开了。第一次看见郭澄清的那一瞬间我有些吃惊,现实中的郭澄清的模样和我想象中的样子相差甚远,郭澄清面南背北地坐在沙发里,面前放着一个80公分的方桌,桌上堆满了稿纸和书籍以及压书的玻璃砖,见有人来,他停下笔,用嘴叼住笔帽把笔尖插进笔帽里。再用右手拿起放在桌上的左手放在胸前,然后目光那么锐利地注视了我一眼。郭洪林说话结巴得非常厉害,他说,爸爸,这位是文学爱好者,来……来向你……你求求求教了。郭澄清坐在沙发里向前探一下身子,立刻伸出右手同我握手。我感觉到他的手是那么温暖并且那么有力,让人一下子就能感觉到他对人那份热情。

我坐了下来,有些局促地看了郭澄清几眼,在路上打的腹稿全部忘掉了,一时真不知说些什么好。郭澄清一眼就看出我的紧张,就笑着说:我写了半辈子,成一个半瓶子,落了一个半瘫痪,我们还是在一起共同探讨文学吧。

我笑了一下,这才注意到因为郭澄清患有脑血栓,左腿明显比右腿细了一

① 本文是本书编选者依照黄书恺、高艳国所著《风雨大刀魂·郭澄清评传》的出版时间编排的。

些,左手肿胀,手指弯曲,但是他的精气神还是那么十足,心里的紧张很快就消失了。郭澄清说,你带作品来了吗?

我立刻拿出稿子放在他的面前,这时,我闻到了他身上透出一股药片气味。我说,请老师指正。郭澄清吩咐郭洪林拿来一个矮凳子让我坐在方桌前,他用手拿起我的稿子大声地朗读起来。他的朗读声情并茂,声音洪亮,仿佛在朗读着一篇伟大的作品,当时我真的有些不好意思起来。他一边读一边还在分析语句,这是单语句,写得有点分量。哪里和哪里你写别了,我能不能用笔给你在稿子上改一改。我感到脸有些红,连忙说,能改,能改。于是郭澄清就拿起钢笔,用嘴叼开笔帽,把笔帽一扣,在稿子上改动起来。他边改边说,你什么文化程度?我说,念到初一就辍学了。他连忙关切地说,是因为家庭困难?我笑了一下说,不是,是因为我一看见数学就迷糊。

郭澄清也笑了,接着他又大声地朗读起我的稿子。直到现在我才明白郭澄清之所以在我第一次拜访他时,大声地朗读稿子,是因为他出于一种对文学青年的重视和对文学作品的尊重。恩师的朗读声仿佛是来自远方的召唤,我沿着声音一步步朝着文学殿堂走去,然而在我这20多年的行走中,文学殿堂又仿佛是海市蜃楼一样时隐时现……

郭澄清朗读持续了很长时间,他有些口干舌燥地喝了一口茶水,我连忙拿起水壶往茶杯里续水。墙上的挂钟已经是11点多钟。我连忙说,老师,你念得有些累了,你先休息一会儿吧。恩师看出我要起身告辞,他说,你在我家吃午饭吧,再说我还有一件事想对你说。

我说,老师,有事你就说吧。郭澄清说,我这里正需要一个誊稿员,每月60元钱,不知你是否愿意留下来?我连忙说,生怕说慢就像要失去工作似的,工资我不要,在这里誊稿也是我学习的机会,那60元钱就当我的学费吧。

郭澄清听了不由地咧嘴一笑,带出了几分傻气,这也许是他瘫病的缘故吧。他说,你以前干过什么工作?我说,我在建筑工地干活。郭澄清说,你跟我学写小说吧,只要你学好了,保证比你干建筑活儿要强,保证你这一辈子吃香的喝辣的。我连忙点了点头。他说这话时,声音压得很低,像在是和我窃窃私语,又像是我们师徒之间的心灵之约。

师　门

郭澄清说要出去一下,我有些手忙脚乱不知如何是好。四哥连忙从外面走过来，他把郭澄清面前的方桌一搬，一只手揪着郭澄清的胳窝，一只手抓着他的右手，就这么郭澄清站立起来，四哥扶着一步一踉跄的郭澄清走出屋去，我看着郭澄清的身影不由地想，当年郭澄清一部《大刀记》红满大江南北，现在却因积劳成疾，如此落魄，他的一生就是这么的坎坎坷坷，起起伏伏呀。

郭澄清的卧室里挂着不少字画，珍藏不少珍迹墨宝。其中有一副字画是这样写的："大刀记、大渡河、大刀王五，小刀会、小字辈、小康人家。"在郭澄清沙发座位的两边，放着二个装满书籍的书架。我站起身来，看着书架里面的书籍，有《鲁迅全集》《冰心文集》《骆驼祥子》《郁达夫文集》《郭沫若文集》，外国名著也陈列着很多，卡夫卡的《城堡》、托尔斯泰的《复活》等。我像是游进了书海之中，情不自禁地从书架里拿出《古都 ·雪国》看起来。

中午吃饭时，郭澄清是独自一人在方桌上吃的。他把桌上的书稿敛到一边，抹布擦了擦桌面，于是一张书桌就变成餐桌了。郭澄清无茶不水，无肉不食，他一天三顿都离不开猪肉。我和四哥把饭菜端上去后，就在外屋放下饭桌把师娘让到上首，我们三人在外屋吃午饭，吃着吃着，师娘会冷不丁地问上几句我家里的情况，我立刻停止嚼动，回着师娘的话，这使我显得很窘迫，因为我是一个吃饭不喜欢说话的人。

下午我从家里带来被褥和一些衣服，在师娘的帮助下，我把被褥放在西房间的床上。每天晚上郭澄清要创作到 11 点多钟。记得，那时他正在创作长篇小说《纪晓岚》，一般白天写《纪晓岚》大约 3000 字，晚上就写一些随笔、评论、散文等一些零星的小文章了。《纪晓岚》还没有定稿，是用不着我来誊写的。我誊写的就是郭澄清晚上写出的短文。一篇短文甚至要三易其稿。晚上，我本想拿着书稿到西间誊写，因为西房间比较安静，一到晚上，师娘要看电视，郭澄清能在电视跟前进行创作看来已经习惯了。郭澄清把我叫住说，你就在电视机下面把这篇 3000 字的短文誊写完。我回过头莫名其妙地看着他，恩师说，我就是在训练你精神集中力。我年轻写短篇小说时，就到人多嘈杂的地方去。

师娘一边嗑着瓜子一边看电视，电视里播放的是河北梆子，那唱腔那曲调非常好听。当时，就连我村里也没有一台黑白电视机，恩师家的那台彩色电视机上的节目在诱惑分散我的注意力。我在电视的侧面，一边誊稿不时用眼角扫一眼节目，电视里那花花绿绿的世界，对于我来说是一个陌生新奇的天堂。我每一走神，笔下就会出现错字。于是，我只能全神贯注地誊写稿子。用意识在我和电视之间拉起一道无形的墙,这墙挡住声音和画面,像作茧自缚一样围起一个小小的天地,我的笔在稿纸上沙沙地誊写着。

到晚上11点多钟,郭澄清才上床休息。我把他扶上床后,师娘铺下被褥,一个枕头放在床头,一个枕头放在床尾。后来,我像耍贫嘴似地问恩师,你和师娘为什么不在一头睡?我的隐私全暴露给你了。恩师不由咧开嘴,开心地哈哈哈大笑着说,他收起笑容,把头探过来,小声地在我耳边说,作家就是苦行僧,尤其在创作长篇小说时,作家是要禁欲的,我从年轻时就不和你师娘在一头睡了。

郭澄清也是一个有名的大孝子。每天上午的9点多钟,恩师会让我搀扶着去看望父亲。那一年郭澄清的父亲已是90多岁的高龄了,也许只有在父亲面前,郭澄清才能忘记疾病给他带来的痛苦,他永远像一个长不大的孩子,他问父亲早晨吃了多少饭?晚上睡得好吗?腿还疼吗?而郭澄清的父亲总是爱摇着头说,我今年90多岁了,怎么还不死呀。恩师说,爹,你能活过一百岁呢,你活着就是儿子的幸福。

恩师会守着父亲坐上15分钟的时间,有时也不说话,就这么默默地坐着。然后,郭澄清回到卧室,坐在沙发里,像在思索着什么,他是在思考着自己的人生,还是在构思小说?那谁也不知道了。恩师拖着残疾的身体,用他坚强的毅力笔耕不辍,继续创作。在宁津新村居住的几年里,他创作了长篇小说《决斗》《龙潭记》(人民文学出版社出版)(应是修改整理。本书作者注)《千秋业》《纪晓岚》等计100多万字的长篇小说,还有叙事长诗《黑妻》,文学评论、散文等一些零星文章。这些作品在文学的星海中依然还绚烂夺目,散发着耀眼的光芒。

外面的世界

10点多钟,邮递员风风火火地闯进门来,把几份报纸亲自递给郭澄清,这些报纸中还会夹杂着赠送给郭澄清的文学期刊,其中就有《人民文学》《十月》《收获》《青年文学》《山东文学》等。再就是一些书信,记得那时常和恩师有书信来往的有不少全国著名的作家,也有不少读者来信。有一个云南山区的读者来信,说是读了郭澄清的《龙潭记》以后,受益匪浅,自己也要试探着写一部类似《龙潭记》的长篇小说,要用《龙潭记》当蓝本,不知老师是否同意。当时郭澄清随后就给那云南的文学青年写信,表示同意并鼓励那文学青年的小说创作。

在那段时间里,也有很多文学青年去拜访郭澄清。我印象最深的有乐陵县的王泽平，陵县的王荣泽，某军区的崔广德，歌舞团的崔印刚等很多。最让我难忘的是恩师对王荣泽的帮助和培养，可谓揠苗助长，割肉补疮了。王荣泽写了一篇小说，什么名字我已经忘记了，只记得恩师在那篇稿子上改动得很多，密密匝匝地划掉的不少。最后，郭澄清不得不在稿子原有的基础上大动手术，重新创作。让王荣泽搬来一个小马扎坐在方桌旁，让他亲自看一看老师是怎样改动重写的，并说给王荣泽他为什么要这么写。最后郭澄清三易其稿，帮着王荣泽把稿子改完，仍署王荣泽大名发表在《山东青年报》上。

几乎每天的上午，我会到邮局把郭澄清的书信和稿子寄到全国各地。在邮局里我小心翼翼地把邮票贴好，再把书信投到信箱里的时候，我突然觉得这个邮箱成了郭澄清与外界联络的唯一的通道。

郭澄清赠给文学师友的书大多数也要从邮局寄出去。他会在方桌上用毛笔写上签字，然后我从抽屉里拿出郭澄清的艺术印章，印在签名的书页上。记得有一次，因为印章发生一件让我非常尴尬的事。济南的著名作家郭慎娟来看望郭澄清，在赠书时，我一不小心把郭澄清的名字印倒了，当时郭慎娟看着书页也是一脸的不快，那意思是在说，你怎么这么粗心大意呢？而郭澄清却大笑着说，我说怎么晕头转向呢，原来把我的印章印倒了，不过倒着也挺好的，显得有些艺术感嘛。

他的话打破了一时的僵局，郭慎娟和我都笑起来。

魔鬼式文学训练

过了一段时间，郭澄清对我小说创作要求越来越严格了。一连熬了几个通宵，我写了一篇几千字的小说，并沾沾自喜地拿给恩师看，心里盼望能得到他的夸奖。但是，我没有想到，他只看了几眼就一脸严肃地说，你现在写的稿子，根本不是文学语言，换句话说，就是不叫活儿。通篇提炼不出东西，只是一篇素材。

我听了这话像是挨了一盆凉水，火热的心变成彻底的冰凉。恩师说完就把稿子合下推到一边，再也不想看了。他说，你不用给我誊稿了，我给你三天的时间，你给我想一百篇短篇小说的题目，和一百个细节。然后写在稿纸上让我看一下。

一连三天三夜，我几乎没有睡觉，两眼熬得通红，搜肠刮肚，绞尽脑汁地想着一百个小说题目和一百个细节。深夜里，我把电灯一关面对着无尽的黑夜，我的思维荡出我的躯壳，开始飞到浩瀚的夜空中漫游。我的记忆不得不让我想起了自己的人生步履……在黑暗中我的脑壳像是被人用螺纹撬杠猛地撅开，裸露出的是我的思索，沿着一道道弯弯曲曲的轨迹在运行，并散发着五颜六色的光芒……我开始连接我有生以来，和我有过交往或者擦肩而过失之交臂的每一个人，我在想他们此时又在做些什么。我的女同学为什么偏偏嫁给瘸腿张四？我又接着去刨根问底，一篇小说题目突然在黑暗中像灵光一样在闪动，我兴奋地拉开灯，在稿纸上匆匆忙忙地写了一个小说题目，像是生怕写慢了，出现在黑暗中灵光一样的小说题目，就要被人招魂似的牵走。

过了 3 天，我没有能想起 100 篇的小说题目和 100 个细节。大概也就想了有 40 多篇的小说题目。比如《死秋》《乡恋》《春风杨柳万千条》等等。至于细节，那时，我还不懂细节在小说中的使用和设置，只是编造了一些故事。我把这些都写下来，便让郭澄清过目，他看了一会摆着头说，你想的这些小说命题，鱼龙混杂，有的是小说命题，可有的是报告文学和散文命题。比如《春风杨柳万千条》就不是小说题目。

从那时起，我才逐渐知道什么是小说，什么是散文和报告文学了。记得那一天恩师对我说了很多。他说，如果有一个好的小说题目，那这篇小说就是成功百分之八十了，题目好比就是汽车上的起动机。恩师接着又给我讲了什么是小说中的细节。那一天，他列举了很多的小说名篇中的细节，有《项链》《警察和赞美诗》《红嫂》等。记得恩师对刘知侠的《红嫂》中的细节讲得细致入微很有意思。他说，这篇小说是用情感人，红嫂用乳汁救护伤员，她把乳汁挤进军用壶里，她再拿着军用壶把乳汁倒进伤员的嘴中。这样写还是多多少少地有些假。要是在现在文学开发时期，作家就会这样写：红嫂直接将乳汁挤进伤员嘴里，这才是真正的大美。

恩师没再让写已有了命题的小说。而是让我阅读了大量的书籍，并让我每天背诵一些精彩小说的章节。记得我背诵了路遥的《黄叶在秋风中飘荡》，三毛的《哭泣的骆驼》等小说。有一天，我问恩师背诵和写作很重要吗？郭澄清说，对于你很重要，因为你现在压根就没有小说语言，只有通过背诵让小说语言印在你的大脑里才行。

我有些试探地问，你爱背诵谁的作品？恩师说，你是在考我吧，不过我是绝对让你考不住的。我最爱背诵曹雪芹的《红楼梦》,你可以从《红楼梦》中挑选任何一个章节,我都能背诵下来。

我真的有些不相信恩师的话,他作为一个患有脑血栓的人,难道还有这么高的记忆力。为了验证这一点,我从书架上取出《红楼梦》,找出《红楼梦》的第五回,让恩师来背诵。郭澄清说第五回是“游幻境指迷十二钗,饮仙醪曲演红楼梦”。我给你倒背一下吧:一场幽梦同谁近,千古情人独我痴。却说秦氏……在恩师的影响下,在那几个月里我背诵了一些古今中外的文学作品中的部分章节,如张爱玲的《十八春》、卡夫卡的《城堡》、马尔克斯的《百年孤独》、铁彭卡尔的《人间王国》。

郭澄清的菩提树

郭澄清已经去世20多年了,但是到现在他还依然那么和蔼可亲地走进我的梦乡。我经常在梦中和恩师在一起有说有笑地谈着文学。恩师只要是和文学青年在一起,他就能忘记病魔给他带来的痛苦,忘记一切烦恼,他就像一个老顽童似的笑声不断。我经常梦见我和恩师在一起掰手腕的情景。那时,他在精神上还是强者,恩师是不会向任何事物低头认输的,看他的精神好,我主动就会向恩师挑战:来,我们掰一下手腕吧,看谁的劲头大。于是我和恩师都把手放在方桌上开始掰手腕,我们的脸都憋得通红。

随着时间的流逝,和恩师在一起的一件件往事,已经分不清哪一件是梦境哪一件是现实。在我生活所迫,不摸笔不阅读书籍的日子里,我有时会怀疑,自己是否真的死去了,活着的只是和我并不相干的躯壳。是恩师又一次走进了我的梦乡,他说,写点东西吧,作为一个作家,首先要多情善感,忧国忧民。写文章讲究一波三折,诗文似山不喜平,给你念首打油诗吧:俺的老母不是人,本是天山一尊神,三个儿子都是贼,偷来仙桃献母亲。

我像一个复活者,又一次拿起笔来沙沙地向前写着。记得1986年11月,师娘在医院查出了胃癌,郭澄清得知这一消息后,三天没有说一句话,但他写作的时间却延长了,每天晚上恩师都要写到凌晨一点多钟,困倦了时,他爱闻一瓶风油精,痛快地打上几个喷嚏,又接着往下写。过了很多年,我回忆起这件事的时候,突然才明白。恩师之所以这么疯狂创作,是因为他想忘掉摆脱这沉重的打击,他只有在写作中才能得到解脱,寻找快乐的源头……

那一天上午，我去邮局寄投恩师的书信，刚到邮局就雷声大作，铜钱大小的雨点噼里啪啦地落下来。街上的行人匆匆忙忙地奔跑着，躲避着风雨。我隔着窗玻璃，上面的雨水蚯蚓般扭曲着我的脸颊，一股冷风夹带着雨点破门而入扑到我的身上，我侧了一下身子。突然才想起，现在只有恩师和他90多岁的父亲在家，一个半瘫子，一个90多岁神志不清的老人……我再也没敢停留，顶着风雨来到家中。我看见恩师和老人倒在院子里，在雨水中挣扎着。恩师在卧室里听见倒在雨中的父亲呼喊着，他没有多考虑什么，这场风雨的来临，也许从某种意义上就是又让郭澄清去遭受一次磨难。没有人会知道恩师是如何爬出屋去，爬到父亲的身边……在雨中无能为力地和父亲搂在一起……

我先把90岁的老人背到屋里，又把恩师搀回卧室，恩师全身早已湿透了。他坐在沙发里突然放声大哭起来：我连照顾父亲的能力都没有，我真是罪孽……恩师哭着说，我什么时候，才能游出这片苦海呀……

多少次在梦中，我看见恩师微笑着朝我走来，他的步伐是那么的矫健……

（本文选自黄书恺、高艳国：《风雨大刀魂·郭澄清评传》，山东画报出版社2014年版）

小说连播《大刀记》

黄书恺　高艳国

《大刀记》在当时能传播得那么广，还得感谢著名表演艺术家薛中锐先生。没有他的经典播音，可能在广大的农村不会有这么大的影响。那时，农村人谁舍得买一部《大刀记》看？我们见到薛中锐先生时，觉得有些惊讶——他怎么这么年轻？看上去也就是50多岁的样子，声音洪亮不说，一张嘴一下子就让我们想起了梁永生。他笑着对我们说："我可再也没有50岁那么好的岁数喽，今年我都七十四啦。"寒暄之后，他说：

"小说连播这个栏目是山东广播电台的一个拳头节目，当时在全国的影响非常大。我们录下来的节目全国很多省级电台都要转播，像吉林啊、青海啊、安徽啊、河北啊、黑龙江啊，等等。那时候的录音带是盒带，不像现在很小的这种，那时是大盘的带子，录得质量非常好。各省广播电台一播，全国基本上都能听到我讲的《大刀记》。"

谈到《大刀记》，薛中锐先生显得异常兴奋，竟加上了手势。他先给我们讲了当时跟《大刀记》有关的几个真实故事。他说：

"有个战士跟我讲，那个时候拉练，他口袋里带着一个小半导体收音机，弄个耳塞，一边跑一边听。跑着跑着，连长回头一看，队伍都歪七扭八的了。连长跑过来，发现他身边的四五个战士都凑过去，拔掉他的耳塞，大家就一起听《大刀记》。结果回去都挨批评了，这个战士还写了检讨。

"还有个真事，说得还玄乎。我们济南军区歌舞团有个老同志，是我的朋友，他儿子在淄博一个煤矿工作。有回他儿子回济南，见了我就跟我说：'叔叔，你救了我了。'我一听，就愣了，说：'我怎么救了你了，我多咱救了你了？'他说：'我听你讲《大刀记》听的误了下井的点，结果那天井下出事了。下井的矿友们死伤了好几个，我捡了一条命。能说不是你救了我吗？'

“反正当时因为听《大刀记》听的，发生了不少故事。一到下午6点啊，街上都没人了，都回家听《大刀记》去了。

“有回我去北京我叔叔那里，他住在一个很深很窄的胡同里。我发现胡同里有一帮小孩在那里头抵着头围在一起挤，我还以为他们打架了呢。我就走过去，说：‘干吗呢？别打架！’结果一个小孩回头说：‘我们没打架，我们听故事呢。’说完，他赶紧回过头去。我凑近了一听，是《大刀记》。我也不好意思打搅他们，就走了。心里呢，感觉很惬意。那时，虽然中央台和北京台没播，可河北台播了，北京一样能听得到。

“可以这么讲，我播的《大刀记》成了那两年一个最重要的文化事件。从这个反响来讲，我觉得有两点值得我们思考。一是那时的确没有能够引人入胜的文化节目，这是‘文革’文艺的一大失败；另一点就是郭澄清创作的《大刀记》，确实填补了‘文革’文学的空白，给当时老百姓以美的享受和心灵的震撼。

“我播的《大刀记》跨了1975年和1976年两个年度，结果就赶上了1976年1月8日周总理逝世。全国各地电台电视台都停止播出娱乐节目。《大刀记》也只好停播一段时间。停了以后，济南的老百姓就开始传，说薛中锐死了。经常给我理发的那个老师傅听到这个传言，就急急忙忙地跑到山东话剧院，一到传达室就问警卫：‘薛老师的追悼会什么时候开啊？’警卫一听就愣了：‘啊！他好好的，开什么追悼会啊？’‘大街上老百姓都说他死了，我们是朋友，就想送个花圈。’‘简直胡说八道，没死没死。’‘没死，《大刀记》怎么不播了？’‘这不是周总理逝世了吗，还能播《大刀记》？’结果我的理发师乐呵呵地走了。逢人就说薛中锐没死，活得好好的，过些日子《大刀记》就播了。”

薛中锐先生是山东省话剧院的专职话剧演员，在山东广播电台推出小说连播节目，属于义务劳动。那时不像现在的演员走穴啊什么的，都是革命工作，干啥都一样，一分钱也不给。一部小说播完了，广播电台的台长啊，广播局的局长啊，会把薛中锐先生请去表示一下谢意。送他一本《毛主席语录》或《毛泽东选集》，再就是沏一杯清茶，聊聊天，谈的大部分内容，也是与工作有关。薛中锐先生笑笑说：

“那时候提倡革命不是请客吃饭，所以我在山东台播了那么多小说，他们连顿饭都没请我。有回我去重庆,人家请我喝九分钱一两的烧酒,八分钱一盒的烟卷,就觉得人家接待的水平很高了,我就很满足了。”

……

关于《大刀记》播音,薛中锐先生和我们谈了当时一些具体的情况:

“那时,省里下来命令,规定了播出时间,我只好夜以继日地改编和录音。赶得急的时候,就是这边录着,那边播着。要求的时间太紧了,台里就逼我,我就说你们逼我逼得太厉害了吧,我要是出车祸死了呢?他们说不可能,你能哪能死呢,你活蹦乱跳的你身体很好,怎么能说死呢?每天我就骑着自行车,风雨无阻。下雨也好,下雪也好,都得往台里跑。那时电台不像现在,没有空调,夏天录节目的时候,就一个桌子,一个麦克风,对面是操作的。玻璃窗外的绿叶红花看得真真的,那树荫真诱人呐。我在这大汗直流,那怎么办呢?桌子底下就给我放一盆冰,买的冰块,用那么一脸盆冰块给我降温。我就穿着小背心、小裤头,想想看,当时我什么形象啊,用现在的说法,简直就是裸播。到了冬天,又不能开暖气,那时的暖气不像现在这么先进,没动静,那时的暖气嘶嘶地响。屋里冷得不得了,台里人就给我泡一碗红糖姜水,喝了,上院子里跑步,跑暖和了,进屋接着录。我对艺术从来不敢苟且,我记得当时书里头有一个磨刀的细节,磨好刀第二天要出去跟地主老财拼命,那磨刀的声音里肯定就会有一种仇恨在里面。这个磨刀的声音我要表现出来。我自己学了学,怎么学也觉得不地道。晚上,我就提着我自己的菜刀到水池子旁,我一边磨刀,一边将声音录下来。第二天我去录音的时候,一放我录的磨刀声:嚓—嚓—嚓,把录音师吓坏了。问我你这是在干什么?我说这是我头天晚上磨刀的声音,错不了。录的过程中,书中那些真实的东西和自己的思想融合了,就常常搞得自己是热泪盈眶。一到这时,就不能再录了,再录,声音就不好听了。只能停下来,控制一下,擦擦眼泪,然后再继续录。一部《大刀记》整整三大卷,一共录了3期210集,都是这么录下来的。”

(本部分节选自黄书恺、高艳国:《风雨大刀魂·郭澄清评传》,山东画报出版社2014年版)

2015 年

一部小说的波折　一位作家的一生

——揭秘郭澄清与残缺本《大刀记》的故事

李剑波

1975 年，鲁北作家郭澄清的小说《大刀记》由人民文学出版社出版后，迅速在全国走红，《大刀记》连环画也紧跟发行，成了几亿中国人的童年记忆。据后来统计，这部小说累计发行 400 万套，连环画发行 3000 多万套，由山东艺术家薛中锐播讲的《大刀记》在全国 20 多家省级电台连播，合计有 7 亿人收听。

小说《大刀记》走红之后，作家郭澄清也随之名扬全国。那是一个政治敏感的年代，作为文艺界的典型人物，郭澄清在第一时间引起首都新闻界的注意，北京很多家新闻记者联系出版《大刀记》的人民文学出版社，想采访郭澄清。这时出版社的领导才发现，郭澄清不知道什么时候已经从北京消失了，在那个没有手机、电话也不方便的年代，想联系上郭澄清是一个很困难的事情，谁也不知道他去了哪里，更不清楚他为何不辞而别。

多年以后，人们才渐渐了解到事情的真相，郭澄清当年是负气离开了北京，有意避开了新闻界的采访，一个人回到了老家宁津。而负气的原因是：1975 年出版的《大刀记》，跟郭澄清的原稿相差甚大，原稿中最精彩的部分被删减过半，故事情节也跟原稿牛头不对马嘴。郭澄清的儿子郭洪志说："父亲这一辈子，一直与《大刀记》这部小说纠结交缠，《大刀记》成就了他的一生，从某种意义上说，也毁了他的一生。"

一、四易其稿，《大刀记》最终出了残缺本

严格来说，小说《大刀记》是有一部"前传"的。早在 1967 年，郭澄清就写出

了《大刀记》最初的一稿，这是一个小长篇，具备了后来《大刀记》的故事雏形。稿子完成后交到中国青年出版社准备出版，当时正是“文革”初期，因为小说中写到了肖华将军，考虑到不可预计的政治风险，出版社的有关领导决定先将稿子打磨一番。初稿经过修正后交到了印刷厂，很快就出了清样，没想到一夜之间，全国上下乱成了一锅粥，学校停课、工厂停工，没有人再去关心《大刀记》的出版，连清样都不知道去了哪里。《大刀记》初稿的出版流产了，这似乎也预示了《大刀记》以后的多舛命运。

1970年，郭澄清被调到山东省革委政治部，担任文艺领导小组的副组长，主抓戏剧小说创作。郭澄清当时住的地方是省委第一宿舍的一个三层小洋楼，他住在二楼，可以看出省里的领导对郭澄清很重视，很照顾。但是《大刀记》是郭澄清心中一直不能放下的情结，加上在省里的工作也不是很顺心，他就有了重新创作《大刀记》的念头。于是，在省里工作没多久，他就向领导提出了辞呈，准备回宁津写作《大刀记》。郭洪志说，郭澄清当时这样做是出于两个考虑：“第一，不回宁津，《大刀记》写不出宁津当地的那个味道。第二，如果留在省里，每天总是有公事干扰，很难一心一意搞创作。”就这样，郭澄清放弃了在省城的优厚待遇回到了老家，心无旁骛，正式开始了《大刀记》第一稿的创作。郭澄清文思敏捷，到了1972年初，100多万字的《大刀记》第一稿就宣告脱稿。

文稿很快交到了人民文学出版社。当时的总编看了之后非常震惊，连连说好，但是限于当时的政治形势，又向郭澄清提出了一些修改建议，首先《大刀记》第一部的结尾要改，要以主人公去延安寻找共产党作为结尾。因为原稿的结尾是主人公上了五台山，这很容易被人与《水浒》英雄上梁山落草为寇的情节联系在一起，授人以柄；第二步，因为当时很多老革命老干部都已经靠边站，或者已被打倒或者受到了冲击，因此凡是那些牵涉到大领导人的情节必须去掉。

在那个政治挂帅、阶级斗争为纲的年代，郭澄清能做的只有接受这些修改建议，回到宁津后迅速开始了第二稿的写作，到了1972年下半年就完稿了。郭澄清又去了人民文学出版社。尽管强行加进去的那些情节不是郭澄清的本意，有损小说的艺术性，但是人民社的领导看了之后还是十分肯定，非常喜欢，但是一说到书的出版，还是感到有压力，拿不准。为了避免犯错误，人民社最后出了一个《大刀记》“征求意见本”，只印了200册，交给文化部和各省的政治部征求意见。没想到，征求意见本交出去之后如同泥牛入海，再也没有回音。这其实已经说明了问题:《大刀记》"征求意见本"政治上还是没有过关。

郭洪志说,这段时间郭澄清的内心非常纠结,到处找人帮忙,但是大家都是爱莫能助。人民社的领导就对郭澄清说:"老郭,你也别找人了,没用的,还是回去再改改吧。这次一定要突出毛泽东思想,突出人民战争;要把战争的残酷面删除,特别是有关八路军的描写,不能写死了那么多人。"

就这样,郭澄清再次回到宁津,开始了《大刀记》第三稿的写作。这一稿一直写了3年,到了1975年才完稿。对一个真正的作家来说,写出来的东西不是自己内心想表达的,这是一个很痛苦很折磨人的事情,人民社的修改意见虽然只是简单的几句话,但是这个不能简单地加到小说里去,要对小说的故事情节篇章结构作出很大的改动,至少在表面上要做到符合逻辑。这3年的煎熬极大地损害了郭澄清的身体健康,他请假在家写书却一直不能出版,对省里没法交代,所以精神压力很大。

1975年5、6月份,邓小平复出主持工作,《大刀记》的出版迎来了转机,人民社领导忽然来信,让郭澄清去北京谈出版工作,领导想借邓小平整顿文字工作的机会把《大刀记》推出来。但是《大刀记》大纲报到文化部后没有通过,文化部的意见是:小说的第一部没有体现党的领导,虽然主人公最后去了延安,但是写的是农民的自发运动。人民社的领导就征求郭澄清的意见:既然第二部没有问题,那就不出第一部,直接出第二部怎么样?对于这个想法,郭澄清显然没法接受,因为第一部是从20年代写起,那时宁津地区还没有共产党呢。经过几天讨论,人民社的领导想了个折中办法:只出一本,将第一部后面的20万字砍掉,留下前面的20万字作为第二部的开篇部分,最大限度体现原稿的文学性,保留原著的完整性。就这样,一部怪模怪样的《大刀记》出版了:一个16章、将近20万字的开篇描写农民的自发运动,之后小说的叙述笔锋陡然一转,书归正传,八路军来到了宁津地区。

二、《大刀记》红了,郭澄清却垮了

即便被腰斩,即便出的是残缺本,但是《大刀记》面世后还是在全国引起了轰动,盛况空前。但是对于这个版本,郭澄清是很不满意的,因为被腰斩的第一部是他倾注心血最多的一部,也是他最喜欢的一部。而就读者的反应来说,大家最喜欢的也是第一部,喜欢作为开篇的前16章,为第一部的文学魅力所倾倒。郭洪志说，郭澄清把稿子交给了人民社之后，连个后记都没写，买上火车票就回老家了，没跟任何人打招呼。他的心被伤透了，在这种情况下，面对新闻记者他真是没什么好说的。

《大刀记》红了之后，郭澄清的生活也变得非常忙碌，尽管内心深处有一个解不开的大疙瘩，但是人前人后的还是很风光。这种情况持续了几个月，时间很快就到了1975年底，“四人帮”召开了一个文艺界的黑会，在全国邀请了18位文艺界的头面人物参加，当时号称“18棵青松”。郭澄清也在被邀之列。这个黑会的主导精神就是让这18位作家回去后，按照“四人帮”的那一套理论进行创作，郭洪志说，郭澄清是唯一没有按“四人帮”意图写东西的作家。这一方面是作家的气节使然，另一方面也是因为在这个黑会上，郭澄清结识了诗人贺敬之。贺敬之私下里跟郭澄清交流的时候，说了一番话：“不要东风来了跟着东风，西风来了跟着西风，作家要写感动自己心灵的东西。”这些话说到了郭澄清心里去，两人因此成了至交。

当然，郭澄清当时敢于这么做，还有一个很重要的精神支柱，这就是邓小平的复出让他相信中国要从大乱走向大治了。没想到后来形势急转直下，随着1976年周恩来去世、邓小平再次被打倒，郭澄清感受到了空前的压力。因为参加黑会的其他作家都根据会议的精神写了作品，但是他什么都没写，邓小平再次下台让他觉得“四人帮”有重新得势的可能，自己先前不配合，肯定要挨整。重压之下，郭澄清病倒了。

郭澄清的担忧不是没有理由的。早在1975年10月份，《光明日报》就刊登过一篇《评长篇小说〈大刀记〉》的文章，在这篇文章旁边，还配发了一篇有关文学创作倾向的评论，暗示《大刀记》创作倾向有问题。《大刀记》电影放映之后又遭到批判，在电台播讲的时候，中央台不播，只有各省台在播，因为“四人帮”当时只能控制中央台，对各省级电台只能睁一只眼闭一只眼。到了1976年，文化部又派人专门到山东了解《大刀记》的创作背景，查《大刀记》的后台，看看有没有老革命在背后支持。在老革命统统被打倒的“文革”时期，如果《大刀记》的创作真的跟哪位老革命扯上了关系，等待郭澄清的将是一场噩运。但是文化部的人查来查去，最终也没查出《大刀记》有什么后台，这事就不了了之了。

虽然躲过了一劫，但是郭澄清心里是有遗憾的。郭洪志说了一个小插曲：《大刀记》正式出版后，肖华将军曾经派人到宁津找过郭澄清，了解了一些情况之后拿走了一本《大刀记》,这个事情让郭澄清的心里很不是滋味,因为几经删改之后,书里已经没有关于肖华的任何描写了,他不知道肖华将军看了之后会怎么想。

好在"四人帮"很快被粉碎,中国重新进入正常发展的轨道,郭澄清及其《大刀记》得到主流意识形态的肯定。当时《人民日报》向全国文艺界的名人约稿,写批判"四人帮"的文章,郭澄清是作家队伍中第一个受邀请的,艺术界是郭兰英。后来国家又组织了作家代表团出国访问,团长是曹禺,郭澄清是随团的三个成员之一。一个作家的风骨至此终于得到了肯定。

被政治漩涡裹挟多年,作为一个作家,郭澄清终于可以安下心来搞创作了。但是经过《大刀记》几易其稿的反复折腾,此时的郭澄清健康出现了很大问题,后来竟发展成了偏瘫。郭澄清在人生最后的20多年里没有再回省城,而是一直默默无闻地住在宁津的土屋里搞创作。只是在人生的最后两年,因为病重,省里领导坚持把郭澄清请回了济南,安排住在千佛山医院的高干病房里。郭澄清去世后,省里领导又在英雄山组织了一场大规模的追悼会,那天,很多省级领导都出席了,为这位杰出的作家送最后一程。郭洪志说,其实在粉碎"四人帮"后,省里领导就为郭澄清在省城安排了房子,想让他回去,他一直不想回去。那时的郭澄清,应该是别有一番凄凉在心头吧,他最终是带着遗憾离开这个世界的。

三、描写人性之美,《大刀记》需要重新评价

在各种各样的抗日雷剧充斥荧屏的今天,是山东卫视发现了《大刀记》这个淳朴的故事。刚开始知道山东卫视传媒要投拍《大刀记》的时候,郭洪志高兴坏了,他把自己所掌握的120万字的《大刀记》手稿跟山东卫视的有关负责人作了充分的交流,最终双方约定:主要地点主要人物不变,不回避当时抗战的真实情况,把初稿里的很多情节都吸收到电视剧里。在郭洪志看来,只有这样才能真正体现《大刀记》的原汁原味。

郭洪志说,从选秀节目《天下第一刀》开始,他就一直关注着有关《大刀记》拍摄的种种报道,特别是本报有关《大刀记》的报道他几乎都看过。他非常感谢山东卫视对这部作品的诚意和敬意,他相信,山东卫视的这部《大刀记》,不仅还原了《大刀记》这部作品的本来面貌,更重要的是还原了郭澄清在70年代那种

特殊的政治背景下做了一件什么事。郭洪志说，郭澄清在写《大刀记》过程中的付出一直被淹没，虽然读者很多，但是在中国文坛和学术界都没有引起足够的重视。他相信电视剧播出后，随后根据手稿出版的《大刀记》一定会震动中国文坛，对于小说中的人性之美，对于作者郭澄清不写阶级斗争、不随政治风向摇摆的高风亮节，中国文学史一定会给予一个公正的评价。

“山东卫视把《大刀记》搬上荧屏，是对大刀精神的全新注释，也让人们重新认识山东抗日、山东人民的精神风貌，将来一定是山东人的骄傲。”对于正在热播的《大刀记》，郭洪志内心充满了期待。

（本文原刊于2015年1月22日《山东广播电视报》）

中编·郭澄清小说研究

1959 年

读“八亩台子”

王方俊

《天津日报·文艺周刊》506 期发表的郭澄清同志的小说《八亩台子》，是一个写得很好的短篇。

小说选取的题材，是农业生产队因为解决一块高地的灌溉问题所展开的论争，围绕这一事件，作者写了生产队副队长虎子、老支书王云、老队长等三个人物，通过他们之间的瓜葛与冲突，歌颂了以虎子和老支书王云为代表的、农村建设中的促进派，热烈赞扬了他们那种敢想敢干的革命的无畏精神。

虎子是作者着笔最多的人物。他是个年轻的共产党员，“长得膀宽腰粗，力大过人，干劲冲天，是个敢想敢干的铁汉子，外号‘天不怕’”。小说一开始，作者就向我们这样介绍虎子，而在故事的发展中，作者又通过细节的描写和衬托的手法，丰满了虎子的性格。比如当老支书提出“……把‘八亩台子’撤平，用这土填平它北边那个‘十亩沙洼’”时，作者这样描写虎子的反应：

> 虎子一听，乐得直拍手叫好，说：“行！就这么干——你挂帅，‘工地总指挥’还算我的！行不行？”

短短的几句话，就把虎子率直纯真的性格，对社会主义建设的无限热情，淋漓尽致地表现出来。再如，作者写与虎子针锋相对，绰号“慢慢来”的老队长，那种不紧不慢的谈吐、举动，对表现虎子的爽快性格，也起着烘托和渲染的作用。虎子虽然是个干劲十足的“促进派”，可是他也有缺点，那就是“办事鲁莽”，他的工作方式也过于简单，比如老支书谆谆嘱咐他要做好发动群众的工作，但是在老支书对干部作改造“八亩台子”的动员讲话时，他却捺不下心去，不等会开完，就跑去动员群众，结果因为“动员讲话”过于简单，大家都不明白他的意思，他只好带着七八个年轻人领头先干开了。对于虎子身上这种缺乏深思熟虑的弱点，作了适当的刻画，不但无损于虎子那种闪耀着光辉的英雄本色；而且使人物的性格更加真实、完整。

小说中的另外两个人物，作者虽然没有着力描绘，但是作风踏实稳重，工作细心老练的支书王云；思想保守，缺乏朝气的老队长“慢慢来”，也都给读者留下了比较深刻的印象。

总之，“八亩台子”是一篇好小说，它不仅有着较为紧凑的情节，切实有力的细节描写，更重要的是小说通过虎子这一鲜明、真实的人物形象，正确、突出的表现了我们这个时代的人们，饱满乐观的精神，热情洋溢的情绪，这对广大读者来说，是起着巨大鼓舞作用的；另外，作品中老支书那种稳重干练，深谋远虑的工作作风，对青年读者也有着积极的教育意义。

1959 年 11 月 24 日于济南

（本文选自 1959 年 12 月 17 日《天津日报》第 3966 号文艺周刊第 510 期）

1962 年

《黑掌柜》为什么好?

阎　纲

郭澄清同志的小说《黑掌柜》,在9月22日《群众文艺》上发表以后,大家都说它好;商业工作者尤其觉得好,而且感到亲切。经一位朋友的推荐,我也把这篇小说找来细细地读了,果然不错,在感动中受到教育。惊喜之余,就对着这短短篇幅的铅字琢磨:《黑掌柜》为什么写得这样好?

黑掌柜其人

当然,首先是黑掌柜这个老售货员的精神可嘉、风格高尚。他身兼四职,是售货员,也是会计、炊事员和经理。工作忙是可想而知的。但就在这十分繁重的工作中,他以自己的勤恳和才干,创造了优异的成绩。作为会计员,他从社员们购货情况掌握社员的需要和消费、节省和铺张,用记日记的方式记账,夹叙夹议,把一本会计的流水账目,变成社员的生活日志;作为售货员,他不但对柜台业务熟练到"手是钩子眼是秤,心眼儿就是定盘星"的程度,而且凭着敏锐的眼力,能够在买主未张口前推想到他们要买些什么:

"你怎么知道我买黑色的(布)?"

"嘿!老哥,你老两口因为没儿女,连孙子、外孙都耽误了,买别的颜色去给谁穿?"黑掌柜说着把布匹打开,"要多少?老哥!"

"七尺半!……"老汉话刚落地,只见黑掌柜一手抓住布头,一手拿尺量布,胳膊伸了几伸,"嘶啦"一声,布就撕开了。那个快劲,就像变魔术一样。

除此而外,他还在社员吃饭的时候,挑上个货郎担送货上门。

还借串乡送货之便,调剂农具的余缺。

还把钱分成把,把糖包成包,消除集日社员购货时的排队现象。

夜深了(尽管已经纯熟到"手是钩子眼是秤"的程度),仍然把盐"挖起一碗放在手里掂掂,然后又倒在秤盘里称称",再……又……无数次地倒腾着、"练习练习",因为"把式要常踢打,算盘要常拨拉,这一着一天不练也就摸不准!"。

黑掌柜的事迹还有吗?还有,不但有,而且很多;又可以说再没有了。这不太奇怪了?不奇怪,按作品里写的看,似乎主要就这么几件;可是按黑掌柜这样的人来看,我又敢肯定地说,他的模范事迹远不止这些。

《黑掌柜》的艺术

关于《黑掌柜》艺术表现方面,需要谈及的不少,这里只想说说它在故事安排上如何结构矛盾这一点。

乍一看《黑掌柜》这个题目,好像作者要在这篇小说中揭露一位"黑"心肠的商业人员似的;再接着看小说开门见山那封告状的信件,又好像这个预料有八九分的准头。其实,这完全吃了望文生义的大亏。

读者看了一个作品的标题和开头以后,不了解作品要说些什么,或者初步有个猜想,但读完作品证明这些猜想与作品所写的全然相反,并不证明读者就笨拙,却往往证明了作者的高明。一些善于"诱骗"读者兴趣的作者,经常来这么一手。

这一手,应该看成是《黑掌柜》的作者艺术构思的一个组成部分,凭着它,作者向读者单刀直入地提出了作品的主要矛盾,也就是提出了作品的戏剧性的冲突。小说创作离开矛盾冲突吸引不了人,这是人所共知的常识,但是作品的矛盾冲突提得是不是巧妙得当,展开得是不是引人入胜,处理得是不是合情合理,却不是每一个作者和每一篇作品都掌握得恰到好处的。《黑掌柜》到底怎样?我们研究一下它头尾的安排,就知道作者在这些方面所表现出来的组织才能了。

《黑掌柜》无疑是赞扬黑掌柜这个商业战线上的老把式的先进事迹,但是就作品选定了的具体材料和事情来看,较多的是些对黑掌柜怎样磨练自己的手艺、怎样通过购货情况掌握社员的生活情况等等的描写。作者意图很清楚,他是想使读者从这一系列描写中,看见一位勤勤恳恳地贯彻党的商业为农业生产、为农民生活服务的政策的商业人员。这些事情因为(按狭义的理解)只发生在黑掌柜一个人身上,所以在很大程度上造成了作者的困难:单纯地表述这些事迹,很容易变成不大好演的独角戏,事件孤立起来,读者感到单调、平板。写小说,只有在人与人关系中提出矛盾冲突和围绕矛盾冲突,才便于引起阅读的兴致,才便于克服单调、平板。正是在处理这个难题上,《黑掌柜》向我们提供了一个良好的例证。

作者是这样安排的:在没有展开对黑掌柜正面描写之前,作者先向读者布下一个疑团,开门见山地把社员检举他短斤缺两、黑手经商的信公布了。接着是群众对黑掌柜"做黑买卖"这件事两种截然相反的意见的反映。作者这一节描写,不但直截了当地提出了作品的主人公,巧妙地介绍了主人公的身世,而且提出了作品的基本矛盾,把读者陷入疑阵,使你欲罢不能。正是在这个时候,负责调查这件案情的"我",自自然然地被作者推出场来。案情这么严重,上级又派专人调查,这时,读者无论如何也要看个水落石出了。"我"在很大程度上,代表了读者的视线,所以读者不能不跟上"我"跑,通过"我"的眼睛去看看黑掌柜的所作所为了。

从这里开始,作者才展开了对黑掌柜的正面描写。"我"是黑掌柜举止动作的观察者,所以作者让黑掌柜(虽然仍旧是只身一人的)把他的模范事例(虽然看起来是零星细小的)当着这位客人的面目自我表演一番,在旁的这位客人又对此不时地"惊讶"、"懵头转向"、"好奇"、"赞叹"以至于"越看越笑",就不但不使读者感到单调、平板,反而觉得事出有因而美不胜收了。你看,这一招儿多妙!

还有妙处。矛盾(检举信的"疑团")的提出,为了服务于(引出)先进人物模范事迹的描写;一当先进人物模范事迹引人入胜地诉诸读者,应该说这个矛盾的服务任务已经完成;但是就作品艺术的完整性要求,这个矛盾的本身必须有个交代,也就是说疑团必须消除。矛盾的解决是出人意料的(甚至是出奇制胜的):并非黑掌柜有意要奸使滑、少给买主分量,而是丁芒种的老婆为了节约,把钱扣下来一部分积存起来,有意给丈夫少打了酒。等事情闹大到黑掌柜受屈蒙冤,好心的老婆把谜底揭破时,丁芒种主动来小店里认了错,至此,案情的真象大白。这个"误会法"的结局,不但起到首尾照应的作用,促成了作品的完整性,不但从侧面烘托了黑掌柜的大公无私,而且幽默地带出一个公社社员喜悦生活的小插曲,读来满有兴味。此乃"一石三鸟"之法。

一系列的艺术上的描写和安排,使黑掌柜这样一个人在读者心目中活了起来。当一个人物形象在读者心目中活起来以后，人们就会在作者对人物事迹有限的描绘中，想见出人物有限事迹背后无限的情景。因为“有限”是对“无限”提炼的结果；而这些个“有限”，却又经过了作者精心的安排。

用第一人称写的小说，读起来亲切，作者和读者感情上易于交流。但是用第一人称的方法写作品，作者不能够直接进入“我”以外其他任何人的心理描写，往往为作者的人物刻画造成一定的局限。《黑掌柜》同样受到这个局限，但是它弥补了这个局限带来的不足。《黑掌柜》通篇有关“黑掌柜”的刻画，采用了对人物的对话和行动的描写，人物的一切（包括心理活动），都从对话和动作中自然流露出来，从而也加强了读者的实感。对一般创作者说来，做到这一点并不容易。

作家欧阳山谈自己创作经验时说过：写小说无非是“人物的描写和故事的安排”两点。这两点委实是最基本的，缺一不可。我上面主要谈了《黑掌柜》的“故事安排”，虽然肤浅，却看得出这一点之不能忽视。

其它

读了《黑掌柜》，我很高兴。它向我们打开了另一个广阔的天地，这个天地是我国社会主义建设事业更广阔的天地中一个相当重要的方面。随着农业、工业的发展，作为农业、工业之间的桥梁的商业工作，会愈来愈发挥它巨大的社会作用，而且已经在发挥着巨大的作用；其中涌现出来的先进人物、先进事迹肯定是罄竹难书的。可惜我们的文学对它们反映得太不够了。去年以来，我们仅仅读到了骆宾基的《在山区收购站》和管桦的《葛梅》等有数的几篇。这种大不适应的现象，一定得设法改变才行。说到这里，我不能不提到《大公报》《群众文艺》版的工作。对于组织创作、培养作者及反映商业工作者这一方面军的先进事迹上，《群众文艺》版作了不少努力，也取得了不少成绩，经常出现较好的作品就是有力的说明。像郭澄清的这篇《黑掌柜》，即使放在今年全国的短篇小说中，也肯定在水平之上。因而，我在盼望作家们、作者们大力反映商业工作的同时，也盼望郭澄清和其他一些在这方面已经显露出才能来的作者们，运用自己实际工作中丰富的见闻，创作出更多的、比《黑掌柜》更好的作品来。

（本文原刊于1962年12月15日《大公报》）

1963 年

更好地反映当前农村的火热斗争

——谈一年来《山东文学》反映农村生活的短篇小说

孙昌熙　徐文斗　孟广来

近几年来,《山东文学》在配合党的方针政策、积极发挥文学的战斗性方面,起了很大的作用;在为农业服务、面向广大农民群众方面,更是有了显著的进步。以 1962 年 1 月份到今年 3 月份的短篇小说来看,这 15 期共发表了 33 篇,其中直接描写农村生活的,就有 17 篇之多,占半数以上。尽管这些作品的质量高低不同,也都或多或少地存在着一些有待改进的问题;但这种努力为农民服务的方向是正确的,作家们积极表现农民、歌颂农民的热情是可贵的;而且在这些小说中,有许多篇的水平较高,它们反映的生活面比以前广阔,也提出一些耐人寻味、发人深思的问题,在人物塑造和语言等方面,也都取得了可喜的成就。这些都是作家们积极深入生活、努力提高政治思想水平、刻苦磨砺艺术技巧的结果。我们想结合这些作品的优缺点,简单地谈几个有关创作的问题。

一

近几年来,领导上又进一步提出了作品题材的多样化问题。这对促进文学事业的发展,起了重大的作用。但有些作家对于这个问题却作了片面的理解。他们误认为,既然提倡题材的多样化,似乎题材就没有大小之分,重要和次要之分,可以不必去写重大题材,不必再深入工农生活去熟悉自己所不熟悉的东西,只要写自己熟悉的身边琐事就可以了。于是,出现了一部分描写毫无意义的生活琐事的作品;有的写比较严肃的题材,也要穿插上一些不健康的趣味,增加一些无聊的噱头。

其实,提倡题材的多样化,并不等于就不要重大题材了;相反地,还是要求首先反映生活中的重大问题,描绘当前生活中的火热斗争,特别是农村中两条道路的斗争。那种认为题材的大小,对作品的思想意义无关紧要的看法,是不正确的。有意义的日常生活固然可以写,但应该分清主次,注意先后,不能同等对待。茅盾同志曾这样说过:“蝶戏花丛,翩翩多姿,固然可以悦目忘劳,但何如鹰击长空,不但悦目忘劳,还令人心胸开阔,精神振发?斜阳、古道、寒鸦,使人有穷途衰飒之感,而旭日、洪波、海燕,却引起我们的昂扬慷慨的情绪。”①茅盾同志在这里正是形象地说明了题材在创作上的作用。

可喜的是,在近一年的《山东文学》上,我们没有发现那种醉心于描写生活琐事的小说。在这17篇作品中,作家们大都能根据党的方针政策,从不同的角度描绘了农村生活和斗争的几个重要方面。把这些作品联系起来,大体上可以看到一幅色彩比较鲜明的农村生活的巨幅画卷。这可以说是它的第一个特色。

有些作品反映了农村基层干部的远大理想和共产主义风格,他们怎样以身作则地带领广大群众改变了农村的落后面貌。曲延坤的《孙二牛的故事》②就是这样一篇较优秀的作品。孙二牛以顽强的战斗精神和坚决改变本村落后面貌的雄心壮志,带领青年们战胜硷咸地的威胁,终于给“无树庄”披上“新装”,使它成为“树成林,河水亮”的美丽村庄。这篇小说主要表现劳动人民在党的领导下,向大自然进军的胜利。向东的《一夜春风》③则为我们描绘了一幅民主生活的图画。当然,这篇小说仅仅写了一次整风会前后的片断,还不能更深刻地揭示出民主办社的全部意义;但由于作者的努力概括,通过一个开渠事件,生动地显示出党所提出的民主办社原则,是贯彻党的阶级路线、群众路线的一个重大措施,也是密切干部和群众的关系、发挥群众积极性的最主要的工作方法。正是这种工作方法,使干部们找到了打通渠道的钥匙。默津的《苗》④,直接描写了干部之间的两条路线、两种思想的斗争。队长刘长庚和支书刘刚,表面看来都是为社员打算,但实际上刘长庚只着眼在本小队的利益上,根本不考虑兄弟队的困难,而且单纯从营利观点出发,不顾集体生产,想采取个体分散经营的办法;刘刚却完全不同,他看得更深更远,他不但始终坚持维护集体经济,并且

---

① 茅盾:《反映社会主义跃进的时代,推动社会主义时代的跃进》。

② 《山东文学》1962年第2期。

③ 《山东文学》1962年第7期。

④ 《山东文学》1962年第1期。

把大集体的利益放在小集体之上，以共产主义的协作精神，首先帮助兄弟队解决困难。他们两个的不同思想，实际上是个人主义思想和集体主义思想的矛盾。作者把这两种思想作了明显的对比，并批判了那种只顾自己一个小单位的个人主义思想。牟崇光的《在大路上》①，批评了一个青年队长把生产看得过于简单，把前进道路看得过于平坦，以至于在取得一点胜利后，就骄傲自满、不愿帮落后生产队的思想。作者通过这位青年队长在大路上同女支书和铁队长的一段对话，揭示了一个真理：在任何情况下，领导干部都必须紧紧地注视着将来，兢兢业业、踏踏实实地前进；即使取得一些成绩，也不能有丝毫自满情绪，否则就要落在后面。

民主办社，勤俭办社；艰苦奋斗，自力更生；共同协作，互相帮助；这些都是我们办好人民公社、发展农业生产的重要问题。这些问题在上面提到的作品中得到不同程度的反映。但这些问题如何处理得好，关键在于提高广大社员的社会主义觉悟，发扬集体主义思想。这些作品都没有单纯地去写某个事件的过程，而是通过各种事件反映了人们思想面貌的不同变化，向广大社员进行了社会主义思想教育。从这个角度来看，这些作品都有较强的现实意义。

我们之所以能战胜几年来严重的自然灾害，人民公社之所以愈来愈巩固和发展，除了干部积极贯彻执行党的方针政策外，还有一个根本的原因，就是广大觉悟了的社员，都以主人公的态度去迎接困难、战胜困难，去对待公社的一切工作。而人民公社的巩固和发展，又使得更多的新人涌现出来。《山东文学》发表了几篇描写社员积极性的作品。浩然的《妻子》②，郭澄清的《"社迷"续传》③，就比较优秀。

这两篇作品里的人物，都是普普通通的劳动者，他们都没有担任什么特别的职务，也没有什么令人惊奇的惊天动地的行为；他们都是在踏踏实实地为集体工作着，他们所做的看来都是平凡的但对革命和集体却有深刻意义的工作。从这些工作中，我们看到他们高度的社会主义思想觉悟。妻子在工作中不声不响，只知默默地劳动；"社迷"是非分明，爱社如家，对生产队的一切事情都要操劳费心，为集体利益而坚决斗争。这两个形象虽然还不十分高大，但他们那种

---

① 《山东文学》1963 年第 1 期。
② 《山东文学》1962 年第 1 期。
③ 《山东文学》1963 年第 3 期。

社会主义觉悟,却反映了广大社员精神世界的主要方面;也正是这些基本群众,在党的领导下,克服了前进道路上的种种阻碍,正在信心百倍地改造着我国农村的落后面貌。

一方面,社员中的新人大量涌现;另方面,城市人口也来到农村安家落户。新的生活,新的人物,给作家们提供了新的题材,新的主题。梁兴晨的《婚礼》①,表现了知识分子和劳动人民的结合,这个题材十分新颖而且富有现实意义。这篇小说一方面反映了"知识下乡"对农业发展有很大意义;另方面也表明了知识分子只有与劳动结合、与劳动人民结合,才能彻底改造自己,也才能充分发挥他的才能。

值得提出的是林音频的《丹丹》②。在这篇作品里,作者写了一个军官家属同乡生产的故事。它比较细致深刻地描绘了农村中新旧思想的斗争和新思想的胜利。丹丹像革命的火种,点燃了山村群众的热情,使得这个山村变得热气腾腾;甚至连那位比较保守的老爷爷,也从丹丹身上受到启示,使他的思想提高了一步。这样一来,这篇作品就很好地表现了党的干部下放和家属还乡政策的巨大意义。

以上的简单介绍,自然是不够全面的,但从这里也可以看到《山东文学》在反映农村生活方面是有成就的。

但从这些作品中也可以看出:比起丰富多彩、蓬勃发展的农村现实生活来,我们的创作还是落在后面的。

从反映现实的广度来看,当前农村中还有许多重大问题没有得到反映或反映得很不够。我们知道,党提出的关于农村工作的各项具体政策,是我国农村迅速向前发展的根本原因,是我们战胜困难、调动广大农民群众积极性的最有力的武器。作家们有责任通过各种形式,从各方面反映在贯彻党的政策后所出现的新气象。但反映这方面的作品还太少,有的作品虽然从某个角度接触到这一问题,但开掘得还不够深广。

和这个问题有关的,是反映各种敌我斗争和人民内部矛盾的作品也不多。在我们建设社会主义的过程中,阶级敌人是不甘心于自己的灭亡,不甘心于我们进行建设的,他们经常利用我们暂时遇到的困难和工作中的缺点,进行破坏

① 《山东文学》1962 年第 1 期。

② 《山东文学》1962 年第 10 期。

活动。作家们有责任磨砺手中的武器,随时给阶级敌人以无情的揭露,以此来打击敌人,教育群众,提高群众的革命警惕性。另方面,在我们人民内部也还存在着各种矛盾。党的政策贯彻执行的过程,也是不断和各种错误思想、错误方法进行斗争的过程。在当前,反映两条道路的斗争,大力宣传集体经济的优越性,向群众进行共产主义思想教育,批判资本主义自发势力和各种形式的资产阶级思想,更是一项十分重要的任务。党的八届十中全会向我们提出:“在无产阶级革命和无产阶级专政的整个历史时期,在由资本主义过渡到共产主义的整个历史时期(这个时期需要几十年,甚至更多的时间)存在着无产阶级和资产阶级之间的阶级斗争,存在着社会主义和资本主义这两条道路的斗争。被推翻的反动统治阶级不甘心于灭亡,他们总是企图复辟。同时,社会上还存在着资产阶级的影响和旧社会的习惯势力,存在着一部分小生产者的自发的资本主义倾向,因此,在人民中,还有一些没有受到社会主义改造的人,他们人数不多,只占人口的百分之几,但一有机会,就企图离开社会主义道路,走资本主义道路。在这些情况下,阶级斗争是不可避免的”。这个指示是对全国人民发出的,也是党对文艺工作者提出的光荣的战斗任务。我们有必要通过富有战斗性的短篇小说,更多、更快、更好地反映当前生活中各种各样的火热斗争。

作家掌握了重大的题材之后,在创作过程中如何对这些题材进行提炼,使题材更充分地发挥它的作用,使作品的主题思想更深厚,更有意义,这也是创作上的一个重要问题。

我们前面提到的那些作品,大都注意到主题思想的提炼。但也有些作品,虽然提出了富有现实意义的主题,却未能通过尖锐的性格冲突去进一步深化它;有的作品触及到了生活中的一些重要问题,但由于矛盾解决得过于简单,收束得过于仓促,就不能不影响作品的深度。我们前面说过,《苗》是一篇比较好的作品。它触及当前干部中两种思想、两种矛盾的斗争,主题是有现实意义的。生产队长刘长庚的想法和做法,是与社会主义思想背道而驰的,他儿子、党支部书记刘刚也指出他的错误:“这明明是自发资本主义思想嘛!要都跟你这样,干脆,咱人民公社吹灯。”作者在这里提出的问题是尖锐而明确的,但对这个矛盾的解决,却失去了它原有的准确性,老队长的转变缺乏力量。因为结局所表现的是共产主义协作精神,这种协作精神虽然对老队长有教育作用,但他那种自发的资本主义思想并没有得到有力的批判。这就使作品在问题的提出和解决之间,存在着一段距离。

产生这种情况的原因是多方面的。这里有作者的艺术概括能力问题和情节的提炼等问题,但更主要的还是作者对矛盾的认识不深,掌握不准。作者从生活中发现了有意义的问题,但还没有深钻下去,还没有准确地把握住矛盾现象的内在本质,因而表现在作品中,就必然缺乏深度。

也有的作者选取了一个较好的题材,但表现在作品中的主题却模糊不清。在一篇题为《鱼》[①]的小说里,就比较明显地表现了这种情况。作者似乎要通过吃鱼的故事来对比新旧社会生活的变化,也想把人们相互间的关系作些对比:在旧社会里,两个人为了抢鱼吃互相打起来,并结成"仇人";到了新社会,他们不再抢鱼而是请吃鱼,他们也由"仇人"而成了好朋友。但这个意图不但没能得到充分、准确的表现,甚至有些地方还引起读者的误解。第一,在困难的生活情况下,为争一点"碎鱼崽子"而打了起来,以至于结成"仇人",这就有损于心地纯洁的守敬这个人物;在生活富裕的情况下请"仇人"吃鱼,这个行动无助于人物性格的提高。因为在困难中最能考验人物的品质,可是他们没经得起"考验";在生活富裕的情况下相互请客,不过是日常生活中的一种无足轻重的礼尚往来而已。第二,由此也会使人感到,似乎人们之间的关系仅仅是由生活中的物质条件决定的。过去生活困难,结为"仇人",今天生活富裕,"仇人"又变成"密友"。这就必然要损害人物性格,从而也损害了主题的积极意义。另外,作者还想用吃鱼来说明水库的优越性,来批判过去的保守派,所以用了不少篇幅去描写水库和鱼。但这样写也同样无力。因为水库的主要作用并不在这里。造成这些缺点的原因,主要是对题材所可能包含的主题思想没有充分的理解,因而也就不能深入而准确地挖掘它的思想意义。

此外,在不少比较成功的作品中,也还有待于继续深化它的主题。象《丹丹》,就完全可以继续加深冲突,使人物性格更加丰富,主题思想更深一些。我们在下面还将谈到这方面的问题,这里不再多谈。

二

反映我们的时代,表现当前农村的火热斗争,很重要的一点就是塑造我们时代的新人,歌颂战斗在农业战线上的英雄人物。英雄人物,这是时代精神的结晶,是新生活的创造者,在他们身上最能表现出时代精神来。因此,写英雄人

---

① 《山东文学》1962 年第 1 期。

物是作家的光荣任务。

塑造英雄形象,首先要求作家熟悉他们的工作情况和思想感情,只有掌握了他们的精神世界,才有可能创造出有血有肉的艺术形象来。

作家们由于生活情况、艺术修养、思想性格等各方面的不同,他们塑造人物的手法也各有特点;就是同一作家,在塑造各种不同的人物时,也有不同的方法。但这并不是说没有共同的规律。我们从这些作品中,也还是可以看到一些基本的共同点。

在这些作品中,作家们在塑造人物时,总是根据人物性格的特点和他们的特殊境遇而分别采用不同的手法。固然,同一人物也可以用不同的手法去表现,但其中只有某些基本的手法最适合于某一特定的性格。浩然的《妻子》和他的另一篇《彩霞》①,都是写农村普通妇女中的先进人物。林树珍(《妻子》)和彩霞都是没有担任什么职务的干部家属,她们都以主人公的态度,自觉地承担起种种社会义务,都是那样热情地关怀集体、关怀群众,但她们的性格却是那样不同。彩霞是刚健、粗犷、大说大笑、豪放爽朗,坦率得像水晶,使人一眼就看到她的内心;林树珍就是温柔、恬静、深沉、蕴藉,她的优美是深深藏在内心。从她们的不同特点出发,作家采取了情趣迥异的手法。前者是从动态中突出人物粗犷的性格,后者则是从静中探索人物的内心美;前者多用富有戏剧性的场面,后者更多的是用抒情的叙述;前者只选取了一个集中突出的生活片断,让人物性格直接突现在读者面前,后者则从性格发展的历史中,从容地去精雕细琢。这样,同一作者笔下两个不同性格的妇女形象,都鲜明地呈现在读者面前。

任何艺术手法都必须符合生活的客观规律,适应作品的思想内容。塑造人物性格,只有当艺术手法服从于人物性格的需要时,它才能充分发挥反映生活、体现思想的作用。这些优秀的作品,又一次证明了这一点。

既然艺术手法要符合生活的客观规律,那么,我们的现实生活是什么样的呢?我们的社会主义建设事业不是一帆风顺的,我们的生活也不是风平浪静的。在我们前进的道路上,还存在着种种困难和障碍。我们时代的英雄,正是在同各种困难的斗争中成长起来的。因此,紧紧扣住人物和环境的关系,通过错综复杂的矛盾斗争来塑造英雄人物,是由现实生活决定的。许多优秀的作品大都注意到这二点,为我们提供了一些有益的经验。

---

① 《人民文学》1962 年第 2 期。

林音频同志在塑造丹丹这个形象时,就是通过几个人物思想感情的几番波动,使他们之间的矛盾逐渐加深,性格逐渐鲜明。当丹丹回到山区,秦老爹第一次看到这个孙媳妇在自己面前无拘无束地笑出声时,他感到一种不高兴;可是丹丹轻轻地把一只柳条箱扛在肩上时,这位劳动了一生、对劳动有深厚感情的老人,第一次感到喜悦。几天后,丹丹送走爱人而毫无"离愁"之感,他又有点不快;但她要下地割豆子,又使他衷心称赞;可是他的教诲还没完,丹丹就飞一样跑下山去,又引起老人的叹息。秦老爹思想上的矛盾,正孕育着他和丹丹的冲突。我们透过这个矛盾,也看到丹丹的天真纯洁、热情直爽和对劳动的热爱。但这还只是矛盾的起点,人物性格的初步显露。直到丹丹大胆地打破了老人建立起来的家规,把一家人都鼓捣出了大门,使矛盾达到顶点时,这个形象才逐渐站立起来。但是,由于作者对这个"家庭革命"没有大胆放手去写,因而丹丹这个形象还不够丰满,她所掀起的那场"家庭革命"的声势也就不够大。

矛盾对立的双方,只有在势均力敌、甚至旧势力暂时占上风时,新生力量的最后胜利才具有更大的鼓舞作用。许多优秀的作品常常把人物放到最艰巨、最困难的环境中去,放到最尖锐、最复杂的斗争中去,原因就在这里。人物在突破重重难关过程中,也就表现了他们的英雄性格。在这方面,《孙二牛的故事》是值得注意的。

在这篇小说中,人物矛盾的对立面主要是极其艰苦的自然环境。在作品的开始,作者就尽力地渲染了环境的恶劣、困难。这就首先给读者一个强烈的印象:战胜这个对手,改变它的面貌,要经过艰苦的斗争,付出巨大的劳动。这并不是任何人都能做得到的。以后,甚至连孙二牛也几乎离开这块土地,就不是偶然的了。但作品没有停留在这里,在孙二牛每一次遭到失败后,党的领导都给他燃起新的希望,而新的希望又受到更沉重的打击。在一次次的沉重打击之下,跌倒,爬起,又跌倒,又爬起,最后终于取得了胜利,改变了孙家庄的落后面貌。孙二牛的勇敢顽强、坚韧不拔的性格,也充分地显示出来,深深地感染了读者。

短篇小说受到篇幅的限制,不可能容纳过多的内容。这就决定了它在塑造人物时,情节要高度集中和迅速发展;作品的主要人物也就要始终处于矛盾的中心,一刻不能离开矛盾的焦点。《孙二牛的故事》就是这样。因此,它的人物性格一直在发展着、丰富着。但《一夜春风》和《婚礼》,却因为在这方面处理得不好而受到影响。在《一夜春风》中,作者是要写生产队长赵拴柱的民主精神,但对他的描写过少,特别是没有很好地揭示出他的内心活动,因而这个人物的性格就比较平淡。那个陪衬人物赵德广,由于作者始终把他放在矛盾的中心展示他的内心活动,写得比较丰满。主要人物没有写好,就不能不影响到作品主题思想的深度。在《婚礼》中,作者把主要力量放在对婚礼的描写上,对两个主要人物的活动和他们结合的过程,只从侧面去写,因而他们的性格都没有给我们留下深刻的印象;作品的思想内容,也就未能很好地表现出来。

根据人物性格的特点和作品的中心思想,对情节进行充分的选择和提炼,是深化人物性格和反映现实生活的一个重要问题。通过人物的行动,从人物和人物之间的相互关系中,直接展示他们的精神世界,这就是情节提炼的意义。在这方面,《丹丹》和《"社迷"续传》写得较好。作者没有过多地去罗列生活现象,而是选择了几个有意义的情节加以描绘。像《丹丹》中丹丹和秦老爹的几次谈话,和她嫂子的谈话,她的劳动等,《"社迷"续传》中"社迷"所做的几件事情,在表现人物性格方面,都起了良好的作用。

有的作者把不同性格的人物,放置在同一个特殊的环境中,通过他们不同的思想和行动来对比和映衬,从而突现出英雄人物高尚的精神世界。在《孙二牛的故事》中,有许多地方处理得较好。孙二牛跳汽车那个场面,就很出色。孙二牛和几个青年都表示过坚决不离开贫困的家乡,但接二连三的打击,使他们也产生了动摇,他们怀着沉痛的心情决定出走。但是当他们乘坐的汽车开到中途,遇到党支书等人劝阻时,孙二牛不顾一切危险,跳下了正在飞驰着的汽车。应该说,另外几个青年也都是好青年,但在最严重的时刻却失去了信心。孙二牛则战胜了自己的动摇,终于留下了。这就显示出他更加顽强、坚韧。这个场面也表明了党的领导干部对孙二牛的关心。当他处在十字路口犹豫不决的时候,几个领导干部的出现,增强了他的力量,鼓舞了他的信心,使他毅然留下。由此可见,好的情节能起到多方面的作用。

《丹丹》的结尾,显示了作者构思的新颖。在作品前部分通过丹丹的一些活动和影响,已经表现出她的作用但在结尾处,作者又别出心裁地安排了支书讲故事的场面。它既是作为解决矛盾的手段,也是从历史的发展上进一步丰富丹丹的性格,使她的行动有了更充分的根据;这个场面在艺术上也收到了出奇制胜的效果。真是一举数得。

一个场面选择得好,提炼得深,可以使整个情节生辉,但是,如果对情节处理不当,即使有一处败笔,也会损害人物性格的完整。《"社迷"续传》就有这样的情况。如在选模会上有人没有选“社迷”,他就去问人家为什么不选他,他“哪儿不够条件”。对方误以为他是来找麻烦,他自己不但不加解释,反而说“以后咱们‘骑着驴看小说——走着瞧’吧!”虽然他是想要多了解一些自己的缺点,以便改正,但这种做法使人感到很不自然。这在一定程度上影响了人物的塑造。

三

这一时期《山东文学》的短篇小说,在语言艺术上,也同样表现了一些特色。

这些作品大都注意了语言的性格化。人物的特点,不仅表现在他的行动里,也渗透在他的语言里。作家应该让他的人物一开口,就能使读者听到他的心声。性格化的语言,是从现实生活中人物的语言提炼来的。在生活中,各种不同的人,各有其独特的语言习惯,作家必须充分熟悉和掌握他们的语言特色,并加以精心提炼,才能在作品中写出有色彩、有生命的人物语言。鲁迅说过:“如果删除了不必要之点,只摘出各人的有特色的谈话来,我想,就可以使别人从谈话里推见每个说话的人物。”①

秦老爹是个老年人,他一张口就显出了山区老农民的本色。从他几句话里就会看到这个“一家之主”所特有的质朴、固执、权威的性格。像他在村外遇到孙子和孙媳妇丹丹时的一段对话:

> “你家里的叫啥大号?”秦老爹似乎有些不相信自己的耳朵,尊严地询问孙子。
>
> “爷爷,她叫丹丹。”青年人稍微把声音提高了些。
>
> 秦老爹不满意地啧啧嘴:
>
> “多蹊跷的名:登登,登登!咱山里人可没人叫这号名!”
>
> 孙子试图纠正,温和地说:
>
> “爷爷,是丹丹,不是登登!是丹凤朝阳的丹。”
>
> “反正别扭、拗嘴。——晤,净在这站埝着干啥,还不家走!家贵,把你铺盖发给我。”爷爷老当益壮毫不示弱地拍拍肩膀。

秦老爹满怀欣喜地去迎接孙子和孙媳妇,但这个在山区里生活了一辈子的老人,对于外地人却怀着疑虑和戒心。丹丹的笑声触犯了老人的威严,更使他相信自己的顾虑不是多余的。他甚至连“丹丹”这个名字也觉得不顺耳,认为

---

① 《鲁迅全集》第5卷第429页。

“山里人”无人叫这种名字，孙媳妇也不应该有这种“别扭、拗嘴”的名。至于“你家里的”“大号”等词句，都很能表现他的特点。这段对话表现力很强，它充分表达了秦老爹在年青人面前保持自己的尊严的口气，也揭示了他的一些偏见。

对于小说来说，具有性格特征的对话，还只是塑造人物的一个方面，在许多情况下，小说还要借助于作者的描述，也就是用叙述、描写的语言去塑造人物。在上述作品中，也有一些较成功的人物描绘。

属于人物外形描绘的，孙二牛第一次的出场就写得很好。他刚进门时，身上的雪象铠甲一样，直到小吴给他扫掉雪后，人们才看到他的模样、衣着：“年纪十八九，紫杠脸，粗眉大眼，是个挺憨厚、挺浑实的小伙子。他穿的衣服的确很新，但在这件新的蓝制服褂子里面，是一件破得露着棉絮的小袄头子。……他的嘴唇冻得青紫，露在短袖外面的一双大手，冻肿得像两只气蛤蟆。”这段描写，虽然没有什么惊人之笔，但它一开始就把人物的主要特征突现出来。他刚从大雪里钻进屋子时，虽然还没有露出面目，但已使我们感受到这是一个憨厚、坚韧、能吃苦耐劳的人。他的衣着，显示了他对领导的尊重和对工作的认真严肃态度。

所谓外形描写，并不仅仅限于对人物声音笑貌和衣着，它还包括了人物的某些富有特征的行动和神态。这种写法运用得好，更能揭示人物的内心世界。《妻子》中有一段对妻子的介绍，就很精彩：

> 老杜要进城开会，老杜整理东西，她坐在一旁闷声不语地看着。老杜刚要迈门槛，她说：“里屋来，我跟你说句话儿。”老杜跟她进去了，等他出来再看，浑身上下打扮得干干净净，整整齐齐，连帽子、腿带都是新洗过的……老杜晚上出去工作，她坐在灯下补衣服或是学写字儿，给老杜压着热被窝，老杜回来多晚她等多晚，多晚到家也有热茶喝。客人们感动了：“老杜哇，你真是修来的福！”妻子听人家夸，只笑不语；她活儿干得多，话儿说得少，她的理想和乐趣，都是逐渐地显示在她那朴朴实实的行动里。

作者在这里虽然没写人物的外貌，但从这段富有抒情气息的介绍里，从妻子的那句“里屋来，我跟你说句话儿”，使我们直接感受到她对丈夫的亲切关怀，她的周到细致；甚至那句“只笑不说”，也蕴藏着人物的内心美，引起读者对人物内心世界的丰富想象。

属于人物内心刻画的，在林音频的《生命》①中，有几处写得相当深刻。杨天祥这个勤俭刻苦了一生，终于爬上了中农的地位的人，在就要死去前的一段内心活动；他当初与郝荣亮为打畦埂发生争吵时那种自私心理，都成功地揭示出中农的特点。他在医院里的复杂心情，更写得准确细致。他刚刚从死亡的边缘上挣扎过来，感到生活比任何时候都更加美好，更有希望；但是当他听到救了他这条生命的却是过去的“对头”郝荣亮时，他又感到一种无形的压力。就这样，他一会儿兴奋，一会儿又沉重。在这种思想情感的剧烈起伏中，作者揭开了人物内心的秘密，使我们看到他思想的变化过程。

有的作者也善于刻画诗的气氛，借着景物来抒发人物的内心活动。在《一夜春风》中，赵老汉怀着十分满意的心情欣赏着儿子为生产队辛勤工作的成绩，他满以为在整风会上会听到许多对他儿子的质疑，但人们提出了那么多尖锐的意见时，他感到了委曲，不公平。在愤怒之下，走出了会场。接着作者写他在不见一个人影的空荡荡的村子里，孤独地走着，在场园里，他看到“一个接一个的地瓜蔓垛，谷草垛，如同一座座小山似的，星光下，显得分外巍峨高大”，这时，高大的草垛变成了对儿子领导成绩的有力见证，他多么想嚷“这些无言的见证，去为儿子申诉、辩护”。当他走到一片篱笆前，又踟蹰起来。“篱笆内黑洞洞的窗眼里，不时地传出孩子睡梦中咂奶的声音。”这又使他联想起儿子过去为抢救一位难产的妇女，怎样顶着大雨，冒着生命的危险，背着医生泅水渡过波涛汹涌的白沙河的情景。那时节人们对他儿子曾发出过多少夸赞、感激的话语啊！“他想到这里，一股怒火直冲前胸。他想大喊一声，叫醒福山媳妇，不，把所有没到会的人都叫醒，让全村老老少少说句公道话：我的儿子赵拴柱，是不是个好队长？该不该朝他鸡一嘴、鸭一嘴地乱批评？”通过对赵老汉这几番触景生情的描写，既写出了他自己那种“含冤待申”，处处想要找人支持儿子的心情，同时也从侧面表现了他儿子赵拴柱平时勤勤恳恳工作的作风。

作者针对某些事件或某些人物，直接出来抒发自己的感情或发表谈论，也是深化作品主题思想、塑造人物的手法之一。这种手法也是多种多样的，有时是作者自己直接出面讲话，有时借助于作品中人物的嘴去说，有时则把这两者糅合在一起，很难分清究竟是作者讲的还是作品中的人物讲的。可惜这种写法在这些作品中还不多见。但在牟崇光的《在大路上》的结尾处，作者抒发了一段

① 《山东文学》1963年第3期。

令人深思的议论。这篇作品写一个青年队长在取得了一些成绩后，不但骄傲自满起来，而且产生了一种只顾本队、不管其他队的不健康思想。一次，他在进城的路上，遇到另一个穷队的女支部书记，在谈话中，他受到很多启发。作品将结束时，是这样写的："时间并不长。在人生的战斗道路上，这只是一刹那。但刚才女支部书记神神秘秘地到来，和出其不意地走，却在这个青年生产队长的心海里触起一波风浪。特别是她那尖尖利利的话，就像在他那热烘烘的心炉上喷射了一些清凉剂，唤起了他那么多清醒的、新鲜的感觉。明年！在这个秋收还未结束的时刻，他这还是第一次听到谈起明年：至于他，这位今年居于全社首位的生产队长，对于这个字眼更是渺茫！……然而，这一步，却被一个女人——一个女支部书记想到了，这不能不是对赵建明的一个向上的、积极的挑战！就连铁队长，对他也是个脚跟脚的威胁者了……这些，都迫使赵建明要重新估量一下自己了……哟！警惕呀！年轻的队长！"这种议论，实际上也是一种描写，而且是人物的心理描写，只不过作者的主观色彩较浓而已。

自然，在语言方面也都还存在着一些问题。最主要的是加工提炼不够，一些自然形态的语言在作品中经常可以看到，有的语言比较陈旧，有的不符合人物的性格，有的运用了过多的方言土语。这些，都在一定程度上影响了作品的艺术力量。

总的看来，一年来的《山东文学》，在面向农村、为广大农民服务方面，成绩是显著的。我们希望作家们坚持深入生活，提高思想水平，磨炼艺术技巧，把农村的火热斗争，把农村的新人描绘得更深刻，更完美！

1963 年 4 月

（本文原刊于《文史哲》1963 年第 3 期）

读《茶坊嫂》

孟　起

读着《茶坊嫂》,仿佛一位农村大嫂迎面急步走来,她的健壮的身材,愉快的面容,粗大结实的手脚,以及她那乐观的大说大笑,不能不引起你的注意,唤起你对她的好感;特别是她那洋溢的劳动热情,也会感染了你,使你感到这个人身上有一种处处为人着想的情怀,你和她一见面,就像是你的知心。

读着这篇作品,也像走进一个兴旺的喜气洋洋的村镇里,这里有繁荣的集市,热闹的小茶馆,来来往往全是些勤劳纯朴的农民,他们喜形于色,笑声朗朗,你置身其间,觉得沃土可亲,劳动可贵。作者就在这种充满着农村生活气息的背景上,用明晰的语言,较成功的写出了茶坊嫂这个崭新的农村妇女形象。

茶坊嫂是位普通的农村妇女,在公社开办的茶馆里做服务员。她热心快肠,关心着集体生活和周围的大小事情,愿意给大家办好事,为别人的事情操心,总是设法帮助别人解决困难。她热爱自己的服务员工作,把小茶馆料理得十分出色,处处为邻里乡亲的方便打算,只要人们感到舒适周到,她就得到了最大的安慰。从表面看来,茶坊嫂所做的一切,似乎是比较平凡的,然而从这些平凡事物里,却能发现许多可贵的东西,从她那心直口快的言谈,热诚对人的态度和忙碌敏捷的劳作中,你看到了劳动的美,人民群众前进奋发的精神面貌,闪耀着社会主义思想的光辉;你会觉得在这个普通农村妇女的身上,充满了革命的朝气,蕴藏着一种推动生活前进的力量。

作者在塑造茶坊嫂这个形象当中,表现了他的才能。作品在艺术上也是具有特点的。首先,作者对生活是作了此较集中地概括。他并没有正面地叙述茶坊嫂的出身、经历、以及她在做饲养员、保管员当中的先进事迹,她漫长的生活当中简短的一段,被作者择取了:她挑着一担甜水,走过了热闹的集市,回到茶馆里,就忙着给人们找座位倒开水等等。这个平凡的日常生活片断,确是经过作者严格地概括选择出来的,它具有较大的生活容量,提供出较丰富的内容,通过这个生活焦点,可以透视到这个人物的过去,她的成长,以及在党的教育下她所走的道路;也看到了她对现实生活的热烈态度;同时从她的过去和现在,又可以使人展望到她的未来。如果作者没有深厚的生活基础,没有对生活素材进行认真的概括和提炼,是选择不出这样能够充分展现人物精神面貌的生活横断面的。

其次,也表现了作者对生活的细致深刻的观察能力,他能够从平凡中看到不凡,从细小的事件上看到它的深刻意义。在这篇作品里,并没有重大的事件和激动人心的情节,作者让茶坊嫂置身于日常生活当中,只写了她身边遇到的一些细小事件。但这些细小的事件,都不是可有可无的,每个细小的事件情节,都是经过观察分析后精选出来的,都有它的意义,都与人物性格有关,都有助于挖掘人物精神上的美。通过这些细小的事件情节,我们看到她怎样工作,怎样对待周围的人和事,也逐渐地看清了她的性格和精神面貌,这个人物就是这样一点一滴的,由淡到浓的在我们面前高大起来。这种由平凡里看到雄伟,小中见大的手法,也给我们留下了广阔的想象余地,使你很自然地想象到:茶坊嫂这个人物,无论从事什么工作,都会做得十分出色,在任何困难面前,都会勇敢地走在前面,为了集体的利益,她完全能够忘掉自己牺牲个人。

除了以上谈的外,作者还注意了从行动中表现人物和运用侧面烘托的手法。作品通篇都在动的画面中,从茶坊嫂担着水走过集市起,至最后送走了"我"止,她始终是在热情地忙碌中。这种从动中来写人物,能够以行动补充叙述,用具体行动来突出人物的精神面貌;而在忙碌活动当中,也很适合表现茶坊嫂这样一个热心快肠人物的性格。在正面描写外,作者还采取了侧面烘托的手法,有意通过一些人对茶坊嫂的态度、谈论等等,来使这个人物形象更加丰满起来。

作者是位在农村工作的业余作者,他在业余时间里能够写出这样好的作品,是十分可喜的。希望他能够更积极地投入到生活的激流中去,以饱满的革命热情和勤奋的创作劳动,为我们写出更多的农村中的新人物新事物。

(本文原刊于《长江文艺》1963 年第 1 期)

1964 年

百尺竿头，更进一步

——评《山东文学》1963 年的短篇小说

徐文斗　孟广来

1963 年，《山东文学》共发表了 21 篇短篇小说（另外还有 5 篇习作）。这些作品多方面地、广泛地反映了我们伟大的现实，它既注意了题材的广阔性，又注意了使重点突出；既有革命历史的反映，更有现实生活的描绘；既有农村的广阔面貌，也有工厂的画面；既有部队的战斗生活，也有工农生产中的斗争；既有面对面的思想交锋，也有隐蔽进行的阶级斗争；既有对新人新事的歌颂，也有对旧思想意识的批判……这些作品的成就虽然不同，但这种努力的方向却是正确的，健康的。

在这 21 篇作品中，直接写农民生活的就有 10 篇。另外还有 7 篇也部分地接触到农村生活。这类作品不但数量多，而且水平也较高。

当前反映农村生活最主要的是写两条道路、两种思想的斗争。因为这是现实生活中的主要矛盾。描写这方面的作品，梁兴晨的《两家集》①和牟崇光的《在大路上》②是突出的两篇。此外，默津的《苗》③、亦石的《两个老人》④、于良志的《赵家兄弟》⑤和林音频的《生命》⑥，也都写了这方面的内容。

《两家集》表现了一个富有现实意义而又有战斗性的主题。它比较深刻地

---

① 载《山东文学》1963 年第 7 期。

② 载《山东文学》1963 年第 1 期。

③ 载《山东文学》1963 年第 1 期。

④ 载《山东文学》1963 年第 5 期。

⑤ 载《山东文学》1963 年第 8 期。

⑥ 载《山东文学》1963 年第 3 期。

反映了社会主义和资本主义两条道路的斗争问题。这个问题之所以重要,因为它关系到全体劳动农民跟着谁走、走什么样的道路问题。作者没有简单地表现这一斗争,而是把农民内部新旧思想的斗争与阶级敌人的破坏活动交织起来,较深刻地反映了这一斗争的尖锐性和复杂性。钱庆和本来是个贫苦农民,但他经济地位的变化,加上严重的不问政治,使他滋长了严重的资本主义思想倾向。这种思想在平时表现得还不太突出,但当他们生产队受到严重的自然灾害以后,就暴露出来了。他主张把土地按劳力分到各户去。这种做法,实际上就是要拆散集体经济。

问题的严重性在于,钱庆和的这种思想并不是绝对孤立的,有人随声附和,有人积极支持,而阶级敌人大洋钱更是从各方面怂恿他顺着这条道路滑下去。大洋钱把自己伪装成一副关心生产队的样子,实际上是在拉拢、挑拨干部,企图搞垮生产队,拆散集体经济。不但如此,他还盗窃生产队的东西,想从各方面去实现他的阴谋。

这篇小说使我们看到,农村中的阶级斗争还是十分激烈、复杂的,小农经济和旧习惯势力对一部分农民还有很大的影响;而阶级敌人更是无孔不入,他们往往要利用某些农民的弱点去搞阴谋活动。因此,教育、帮助农民走社会主义道路,仍然是一项严重的任务;提高革命警惕,随时击破阶级敌人的破坏活动,仍然是值得注意的问题。

生活中的思想斗争表现在各个方面,并以各种形式表现出来。生活向我们提出各种各样的考验,许多革命者能够经得起一个又一个的考验;但也有人能经得住这种考验,却在另一种考验面前倒下去;有人在这一阶段表现得较好,在另一阶段就会发生问题。因此,一个革命干部如何经常保持革命的情操,清醒的头脑,胜不骄,败不馁,在任何情况下,都能大踏步地前进,这是一个严肃的问题。牟崇光的《在大路上》,正是提出了这样一个令人深思的主题。

小王庄的生产队长赵建明,由于带头苦干,使生产队取得了丰收,他也博得了领导的表扬和社员的赞赏。这就使这位年青队长的脑子逐渐晕乎起来,使他"走动起来,有那么一股盛气!"作者正是从他这股盛气中看出了问题,提出了问题。

在赵建明的这股盛气中,蕴藏着一种骄傲自满的情绪,一种把前进道路看得过于平坦的情绪。这使他取得一点成绩后,就停步不前。但事实并不像赵建明所想象的那样简单。正像那位女支部书记所说的:“路也不都是平的!”当他正沉醉于自己的成绩中时,那些被他认为已经远远甩在后面的人们,却在向前飞奔,就连那位曾受到他嘲笑的铁队长,也在脚跟脚地努力赶来,成为他的“威胁者”了。这是一种无形的生产竞赛。赵建明如果不急起直追,仍然满足于那点成绩,很快就会被其他生产队赶上并且超过。

默津的《苗》也写了集体主义和本位主义的斗争。如果说,《在大路上》中的赵建明,是在胜利的考验中暴露出本位主义、个人主义思想的,那么《苗》中刘长庚的这种思想,则是在暂时困难的面前表现出来的。他对本小队的生产非常关心;但他仅仅关心自己的生产队,对兄弟队却不肯帮助。由于春旱,队里栽不上地瓜秧时,他宁肯把队上的瓜苗分给各户去栽到自留地上,或是拿到集上高价出卖,却不肯支援有水利条件的七里河生产队。因为在他看来:“到了实在走投无路,还顾得上什么‘集体’、‘个人’。”只要让大家“多增加收入”就行。然而,七里河的行动,和刘长庚的做法形成了鲜明的对比。他们不顾自己的困难,反而在雨后热情地支援了刘长庚那个生产队。这样做,既教育了他,也批评了他,使他认识到自己的错误。

《生命》《两个老人》和《赵家兄弟》,都写了社员群众以及社员和干部间两条道路、两种思想的斗争。《生命》所描写的矛盾比较尖锐,它揭示出了富裕中农杨天祥的资本主义思想,批判了这种思想给集体生产造成的危害。《赵家兄弟》也触及这个问题。它写了赵家两兄弟在不同阶级的影响下,经历了不同的道路,从而表现了阶级对人们的巨大影响。这篇作品对生活矛盾挖掘得虽然还不够深刻,但作者提出的问题,却是值得我们警惕的。《两个老人》对比了两种思想不同的老人,对集体事业的不同态度。春山大爷出于对集体的热爱,他不但给新队长鼓劲,而且以自己的实际行动支持他。明权大叔也在“关心”新队长,而且态度看来十分亲切和蔼,但他的“关心”是为了从中占些便宜。当生产队真正碰上困难时,他就撒手不管,自己睡大觉去了。这篇小说向干部提出了在工作中应该依靠哪些基本群众的问题;同时也向我们说明,像明权大叔这样的人物,如果不及时地提醒他们,也会发展到很严重的地步。

在反映农村生活的作品中,还有几篇是歌颂新人新事的。较好的是郭澄清的《“社迷”续传》[1]和曲延坤的《妹妹》[2]。“社迷”是老一代农民的代表，青枝是逐渐成长起来的年青一代的代表。他们的共同特点是关心集体，把自己的全部身心投入到集体事业中去。“社迷”虽然没有担任什么职务，但他以主人公的态度对待工作和生产，他什么事情都要过问，什么“闲事”都要管。他的行动表现了贫雇农的阶级本色。正是有了这样一部分群众，我们的革命事业才得到可靠的保证。

青枝是在参加农业劳动以后，逐渐成长起来的。她具有一种自我革命的要求，有一个为农业献身的愿望。这使她在工作中能严格要求自己，把全部力量放到工作和生产中去。即使因年轻幼稚而犯点错误，也勇于承认，坚决改正。因而在短短几年内，成了一个优秀的信贷员。

在反映战士生活的作品方面，有张扬的《战士》[3]，绥民的《风雨同舟》[4]等。这几篇作品写了不同时期的生活，但都表现了我们的军队是来自人民，并且为人民群众的革命事业而战斗。他们和人民群众有着血肉的联系，受到群众爱戴和拥护。《战士》通过一个新战士的成长过程，写了群众对战士的热爱和帮助。《风雨同舟》写了抗日战争时期军民之间的血肉关系。

写工人生活的作品，是比较薄弱的环节。《山东文学》虽然发表了这方面的三篇小说，但比起其他方面的作品来，在主题思想的提炼方面，就显得比较单薄。其中方晓的《站在东山顶》[5]写得较好。这篇作品把两种工人作了对比，批判了青年工人马家杰的个人主义思想，表彰了先进工人孙思民的集体主义思想。马家杰从个人主义思想出发，处处占便宜，图轻松，自以为很聪明，然而他的每一个行动都证明了个人主义思想的愚蠢和丑恶。最后在事实的教训中，使他清醒了过来，批判了这种丑恶的思想。可惜由于对先进工人孙思民的塑造不够鲜明，影响了作品的思想深度。

在描写其他方面的作品中，王火的《穆子和老耿》[6]，杨啸的《针医轶事》[7]写

---

① 载《山东文学》1963 年第 3 期。
② 载《山东文学》1963 年第 9 期。
③ 载《山东文学》1963 年第 8 期。
④ 载《山东文学》1963 年第 10—11 期。
⑤ 载《山东文学》1963 年第 9 期。
⑥ 载《山东文学》1963 年第 5 期。
⑦ 载《山东文学》1963 年第 6 期。

得较好。《穆子和老耿》,向我们提出了一个有意义的问题,那就是一个革命者如何保持革命本色的问题。老耿这位贫雇农出身的革命者,参加过抗日战争、解放战争。解放后,在上海、北京工作过,他一直保持着艰苦朴素的作风。更可贵的是他在任何情况下,都有敏锐的政治嗅觉,能识破一切阶级异己分子的阴谋诡计。不管是贪污分子,还是右派分子,都逃不过他明亮的眼睛。这是一个永远战斗在第一线上的人物。1960年我国农村受到严重的自然灾害,党提出大力支援农业的号召时,他又不顾自己的年纪大、身体弱,而积极投身到农业战线上去。老耿之所以能这样做,就在于他的饱满的政治热情,一切从党的利益出发。他谈到穆子的特点时说:"它珍贵的是不怕旱,不怕涝,不怕硷,不怕土质坏。天时气候再坏,它也不在乎。它栽到哪里都能保收。"这正是老耿那种永不衰退的革命情操的生动写照。

从以上的概括介绍中可以看出,一年来《山东文学》的短篇小说取得了可喜的成就;但也还存在着一些问题,特别是主题思想和情节的提炼方面,还有待作家们不断总结经验,逐步提高。

以上这些作品的题材,是富有积极意义的,有不少作品能引起我们的深思,使我们受到深刻的启发;但也有一部分作品写得比较平淡,它们有的是提出的问题没得到有力的回答,有的是题材中所包含着的深刻的思想意义没有得到充分的展示。造成这些缺点的主要原因,是作者对主题思想的挖掘提炼还不够。

选择具有现实意义的题材,无疑是非常重要的;但如何从中发现深刻的主题思想,同样是不可忽视的。作家无论选取什么样的题材,他进行创作时,总是为了要反映生活中的某种矛盾,回答生活中的某些问题。所以挖掘主题思想的工作,就是作家从生活中挖掘具有社会意义的矛盾和寻求答案的工作。这就要求作家必须站在无产阶级立场,用马克思主义的观点,对自己的题材进行深入的阶级分析。只有作家对现实生活具有准确的、深刻的、独到的理解,才有可能使自己的作品成为读者的生活教科书。

《在大路上》和《两家集》这两篇作品,在主题思想的挖掘上值得重视。《在大路上》的可贵之处,就在于作者敏锐地发现了人物刚刚露头的不健康思想,及时地提出了这个问题,并且通过艺术的描绘,作了准确而有力的回答。从作品中可以看出,作者不仅熟悉所写的生活,而且对这段生活的意义有较深透的理解。因此他才能透过这些表面看来比较平淡的对话,阐明了一些耐人寻味的生活哲理,使人感到寓意深远。就连赵建明与铁队长那段简短的对话,也使我们在幽默之中感受到其中比较深刻的含义。至于结束前作者的那段抒情描写,更深化了主题思想,使作品进一步闪出了思想的光辉。《两家集》所以写得比较深刻,在于它不但提出了问题,而且表现了产生问题的阶级的、思想的根源。作者把敌我矛盾和农民内部的思想斗争交织起来,揭示出其中的内在联系,表现了当前农村中两条道路斗争的重要特点,这就比一般同类题材的作品更进一步地接触到了这种斗争的实质,表现了斗争的尖锐性和复杂性。

但有的作品在处理同类题材时,却没能更深入地挖掘下去,使这一斗争的实质没能得到更充分的显露。例如《赵家兄弟》,从题材方面来看,是很有意义的。在兄弟两人成长的最初阶段,作者通过张老五这个人物,初步预示了不同的阶级给予这兄弟两人的不同影响。所以,他们两人间的矛盾,实质上应该是社会阶级斗争的一种反映。如果抓住这一主题继续深入挖掘下去,会使作品表现出更为深刻的思想意义。可惜作者把代表资产阶级势力的张老五这条重要线索轻轻放过去了,既没有让这个人物发展下去,对他的描绘又不明确,没有表现他为什么要认赵家兄弟为干儿子,也没有表现出他怎样引导老大走上资产阶级个人主义道路,因而影响了作品的深度,使它的主题没有很好地表现出来。

有些作品,提出了具有现实意义的问题,已经揭示出了生活中某种重要的矛盾,但对矛盾的解决却不够好。例如《生命》就是这样。《生命》中富裕中农杨天祥的自私思想本来是比较严重的,但是在作品中促使他转变的,主要是党支部书记郝荣亮对他生活上的照顾。他们两个过去有过斗争,这些斗争都带有集体主义和个人主义两条道路的性质。由于杨天祥一直站在富裕中农立场上,对郝荣亮成见很大。但杨天祥得了重病后,郝荣亮积极想办法把他送到医院去,并帮助他家解决生活困难问题,结果使他深受感动,并认识到过去的错误思想。杨天祥在医院时,虽然受到过一位劳动模范的一些教育,但这毕竟是次要的,也比较无力。郝荣亮对他的思想教育工作也写得很少。这就使他的思想转变显得过于简单。固然,生活上的关怀也可能促使一个人的思想变化,但这究竟不是主要的。此外我们还应该区分问题的不同性质。杨天祥的富裕中农立场,他的个人主义思想触动很少,单靠生活照顾怎么能够解决他那根本性的问题呢!

有了适当的题材,明确了主题,这还不够。小说创作还要求进行情节的提炼。情节提炼的过程,也是作品主题思想具体体现和深化的过程。有时一个闪光发亮的重要情节或细节,可以照亮通篇,使主题得到突出的表现。例如《苗》最后的那段情节:刘长庚冒着雨跑到白石桥头,一心想要把七里河生产队推走的瓜苗截回去。他怀着一种利己主义的思想站在桥上,从早晨一直等到日头偏西,好容易盼到了推瓜苗的小车,但当他突然了解了真相,知道七里河的人反而支援了他们队时,在这鲜明而又尖锐的对比下,使他感到了羞惭。这个情节有力地批判了刘长庚的本位主义、个人主义思想,成为他思想转变的重要契机,同时也使全篇小说的主题思想得到升华。《"社迷"续传》中的几组小故事,大部分突出了"社迷"的性格,给我们留下了难忘的印象。但"选模会后"就不够自然,在这里人物性格也显得比较模糊。

与情节的密切关系的细节,在作品中也起着重要的作用。一个好的细节,可以起到画龙点睛的作用,加深作品的主题思想,突出人物的性格。但细节如果运用不当,也会起相反的作用。如《穆子和老耿》,本来是篇比较优秀的作品,但由于作者对细节运用不当,对老耿这个形象有一定的损伤。作者本意在歌颂老耿的艰苦朴素,在任何情况下都保持革命的本色;但在老耿第一次出场时,却给人留下了一个不好的印象。作者写"我"和老耿第一次见面时,老耿从皮转椅上"不在意地站起来同我拉手","我伸出的是右手,他伸出的是左手"。于是握手成了"拉手",这还不够,还写"他显得毫不热情,就一言不发地坐下了"。他的肖像也给人一个不好的印象:"他大手大脚,剃个光头,脸黑黄黑黄的,两只眼睛像是缺乏睡眠……说话讷讷的……一件白衬衣的领子露在外面,上面沾了不少油垢。外面那套黄军衣,显得太小太紧,似乎绑不住他那粗壮的身材……"如果说这是为了表现他的艰苦朴素,那么把衬衣洗干净,也同样可以达到这一目的,现在这样写反而给人一种拖拉的印象;如果说为了写老耿以后的进步,也达不到目的,这样反而使人觉得从解放军或农村来的干部,就是那样拖拖拉拉,没有礼貌,只有到大城市以后,才会有所改变。这样写,无论从哪一方面来看,都是没有意义的。

另外,我们有些作品,从整个故事轮廓来看,的确不坏,但读起来就显得松散平淡。这其中原因很多,而不善于处理素材,是重要原因之一。这些作品往往把许多素材都堆到作品中去,缺乏剪裁制作的功夫。对应该突出的没有重点去写,对于次要的内容却写了很多。这种主次不分的写法,往往使作品成为一本流水账式的东西,冲淡了作品的主题,很难给人以鲜明的印象。

《山东文学》这一年的小说中,有几篇对素材处理得很好,有许多值得学习的地方。首先应该提到的是《在大路上》。作者巧妙地选取了两个主要人物在大路上的一段对话,从这段对话中,比较深刻地写出了这两个人物的思想性格特点,也写出了赵建明在这短短的时间内所经历的思想感情的变化。在谈话过程中,赵建明开始时是趾高气扬,目空一切,骄气十足;但他的这种气势越来越小,到了最后,甚至连自行车也蹬不动了。在这个过程中,赵建明在精神上一直处于被动防守的状态,而且是节节败退的。即使是在开始时,他的趾高气扬也是表面的,实际上他和女支书刚开始谈话,就感到一种心虚。因为女支书抓住了他的思想弱点,一开始就掌握了主动,并且步步逼近,终于攻破了赵建明的精神防线,解除了他骄傲自满和本位主义的思想武装。作者并没有枝蔓地去写一些别的东西,而是紧紧围绕着人物的主要特点,层层深入地加以挖掘。这就使情节结构严谨集中,主题思想鲜明突出。

此外,《苗》《战士》等,在这方面也都处理得较好。特别是《苗》,故事很完整,但情节却很紧凑精炼。过去人们要求独幕剧,开场就是高潮。其实,对于短篇小说,也应该要求高潮用最快的发展速度出现。《苗》的特点,就是从一开始,就把刘长庚这个主要人物放在矛盾焦点上去考验他,挖掘出他的思想动态,接着而来的是一场夜雨,使矛盾更加尖锐起来,也使他的本位主义思想得到充分的显露。只有这样,下面矛盾的解决才显得更加有力。

《针医轶事》是一篇较好的作品,但在素材的处理上却有着比较明显的缺点。这篇作品的许多故事都很动人,其中有的地方虽有些传说色彩,读来却真实可信。但由于情节提炼不足,显得过于拖沓,从而把原有的动人力量大大冲淡了。例如田先生买回自行车后和他老伴对话的那段情节,本来可以一笔带过,但作者也用了不少篇幅去描述。实际上这段描写并无助于人物性格的表现,反而变成了作品的累赘。类似的情况还有不少。

最后我们还要提到,有些作品的语言,还有待进一步加工提炼。目前看来,不少作品在语言方面还比较粗糙。有些较优秀的作品也还存在这个问题。有的语言不够朴实,过于花哨,有的语言不符合人物性格身份。像《两家集》中农村党支部书记钱庆和,就有这样的语言:

“嘿!当你出嫁的今天,我更想起民国二十一年!”

"假若果真让大洋钱把烟叶带走，自己将卷入一场不幸的犯罪灾渊！……"

其实这些都是知识分子腔，和农村干部的口语有很大的距离。

总之，《山东文学》一年来的短篇小说在各方面都取得了较好的成就，特别是作家们都响应了党的号召，积极反映生活中形形色色的阶级斗争，这对于帮助群众认识现实生活，提高群众的革命警惕性，都很有意义。我们热切希望作家们在现有的基础上，百尺竿头，更进一步，写出更多更好的作品来。

1963 年 12 月于济南

（本文原刊于《山东文学》1964 年第 1 期）

标准的老农

——《公社书记》

晨玉草

干部参加集体生产劳动，对于社会主义制度是带根本性的一件大事，也是当前文艺创作的重大课题。郭澄清同志在这方面作了新的尝试，他的新作《公社书记》(见1963年11月号《人民文学》)，是一篇思想隽永、引人入胜的短篇小说。

老项是作者着力刻画的人物。他既是全心全意为人民服务的好干部，又是道道地地的老农，保持着农民艰苦朴素的本色。由于老项把自己看作是群众中的一分子，由于他长期和社员一起劳动，同甘共苦；由于他平易近人，不摆架子，因而赢得了群众的爱戴。社员们把他当作是自己的"贴心人"，社员们亲热地叫他"老项"，老奶奶叫他"孩子"，"光棍猴子"叫他"项伯伯"。每到一个村，人们都争着要他"上我家去吃饭"；每到一处，满屋是人，男女老少一大群，有干部，也有社员，有的谈工作，有的叙家常，还有的把他家里孩子满月、亲娘生日的事都跟老项学舌，因此，他熟悉生产情况，获得了丰富的生产知识和经验，能及时发现生产问题，取得了指挥生产的主动权。他一到方庄，就能马上发现那里的劳动管理有问题，决定晚上住下，帮助他们仔细地研究解决的办法。这些都说明了，"参加了劳动，能看到，能听到，能做到，能说到，生产还能搞不好！"(见《红旗》杂志社论)

老项还是个"百发百中"的神枪手，"打鬼子的时候，三颗子弹打死过六个敌人。"如今，"南去准扛枪"，把猎物送给敬老院。他14岁就给地主扛活，旧社会只给了他赖以活命的锄杆子，为了活命，又迫着他拿起枪杆子，完全剥夺了他学文化的权利。解放后，他深知仅有锄杆子和枪杆子不够，还必须占有"笔杆子"！"三个杆子"缺一不可。

这一切都给读者留下深刻的印象。透过这个人物，我们看到了新农村里人们崭新的精神面貌和新型的人与人之间的关系。

作品描写人物的一个特点是，作者抓住了能表现人物的生活小事，加以集中，给读者一个总的印象。并运用了侧面描写来衬托人物。从“我”和秘书的简短对话里，可以知道老项勤勤恳恳、起早摸黑为社员忘我地工作；从“我”和项支书的对话里，可以了解到老项的身世和他是个“枪杆”、“锄杆”、“笔杆”都能行的多面手；从作者描写社员和老项关系可以知道他在群众中的威信……通过对老项的语言行动的具体描写，读者不但看到人物在做什么，也深刻体会到人物行动的思想根源与基础。

（本文原刊于1964年1月9日《羊城晚报》）

1965 年

《新人小说选》的几个特色

田　疆

处在我们英雄辈出的社会主义时代，文艺战线上的新人新作品像雨后春笋般地出现，最近，中国青年出版社编选、出版的《新人小说选》，就是其中的一个。

这部《新人小说选》，收集了近年来发表的文学新人新作 20 篇。尽管这些作品的思想和艺术成就并不一致，有的甚至还比较粗糙，但是，它们以全新的主题，先进的思想和先进的人物，兀现于短篇小说这一艺苑，开出了鲜艳的花朵。并且其中作者大多数直接来自用毛泽东思想武装起来的工农兵群众，他们都以沸腾的革命热情和浓厚的生活气息，不断地传奏我们时代前进的脚步声，唱出社会主义革命和建设新胜利的赞歌。

这部小说集是以迅速反映我国当前广大工农兵斗争生活而为人称赞的。在这个方面，它又有些什么值得我们注意的呢？

第一，作者探及社会生活的深处，本质地表现了中国人民强大的精神力量。

《开顶风船的角色》的作者任斌武同志着意刻画了一个永远向上、自强不息的鲁牛子形象。鲁牛子本是“一口气打落三只海鸭的快三枪”，一个“百次射击百次优秀”的神枪手。但是作为反抗侵略保卫祖国的人民战士，他远远不能满足一个或几个的“五枪五中”。为了练就全部、彻底地消灭来犯敌人的本领，这个性情急躁如烈马的“开顶风船的角色”，居然学起大姑娘缝针线来磨练自己的韧性和耐力。他孜孜以追求着几十个、几百个，乃至几千个五枪五中，而且还要达到心不跳、气不粗、手不颤的应对自如的境界。

这个敢于“开顶风船、撒迎头网”，不达到胜利决不罢休，“梆硬梆硬石头蛋子”的形象,不正是中国人民奋发图强、永远前进的英雄性格的生动写照吗?

文学新人们描写这些英雄形象总是把已获得的巨大成绩,看作是万里航程“刚刚离开码头”,因此,在我们作者的笔下,任何骄傲自满,故步自封永远不会得到一丝的同情。无论是富有经验的老劳模(《连根树》的陈育德),或者刚刚获得先进称号的年轻生产队长(《在大路上》的赵建明),当他们想要停下脚步的时候,我们的作者立即以犀利的政治眼光、满怀同志般的热情,大声疾呼:“别躺在红旗上睡大觉”!在这个你追我赶的社会主义大竞赛时代,文学新人们是如此激动地向广大读者提出了一个又一个“向上的、积极的挑战”。

奋发图强、不断革命,是当代中国人民精神面貌的集中表现,是毛泽东思想宝库中的锐利武器。它正在化为,或已经化为巨大的物质力量。今天,一个作家是否能深刻地揭示社会生活的本质,就在于他是否能在作品里表现促进时代发展的毛泽东思想。有的作家虽然也“深入”了工农兵,掌握了一些关于工农兵生活的“生动材料”,但是他们停留在生活的表面,即使一个新的英雄人物出现在面前,往往看不准,“吃”不透,无法把他表现好,写不出深刻的东西来。究其原因,就是在于思想上没有掌握,或者在实际生活中没有触及这些促使英雄行动的革命思想和革命精神。而我们的新人们尽管还有缺陷,但他们从生活中发现为群众掌握的毛泽东思想,并且把它表现了出来,这样也就发掘到生活的深处,表现了时代的本质。

第二,新人们在自己描绘的绚丽彩卷上,满怀热情地致力刻画完美的英雄形象,但对英雄人物在前进中的缺点也作了正确的描写。

郭澄清在《黑掌柜》中,笔饱墨酣地写出了一个全心全意为人民服务的农村商业工作者。他一身而数任,既是分销商店的经理、会计、售货员,又是一个挑担下农户的好货郎。他有一手好本领,货物在手上掂一掂,就知道它的分量。在他的奇特的账上不仅记载货金的收支,而且还记着每一买户的打算和用途。“黑掌柜”对生产队和农民的生产和生活上的需要,正像了解自己的指掌一样熟悉。他时时刻刻充当群众的好参谋。这样一个任劳任怨、兢兢业业为群众服务的形象,处处闪发出共产主义的光辉。虽然人物的性格写得肤浅了一些,但是作者饱满的政治热情激荡着读者,使人受到了教育。新人们致力于这样人物的描述,以尝试着塑造完美、崇高的英雄典型,这正显示出他们强烈的时代责任感。

当然，在生活前进的道路上，有时也难免要出现小小的漩涡。林雨的《五十大关》写虎山英雄连长缪东化，他对党的事业是忠心耿耿的，但在思想上缺了点政治挂帅，因此在对待争取荣誉上犯有锦标主义。我们看待先进人物不仅仅在于他是否完美无缺，而重要的还在于能否发现缺点，勇于改正。缪东化在指导员的帮助下，幡然改正自己的错误，这个形象仍然不失有教育意义的。

能不能写英雄的缺点，这是在文艺界有所争论的问题。从文学新人的这些新作看来，只要不是为了欣赏与鼓吹，或者嘲笑和打击，而是满怀革命热情地帮助人民群众改正缺点，推动他们前进，这是可以写的。相反，如果带着小资产阶级的思想感情，即使写得“完美无缺”也不见得就是无产阶级英雄。问题的关键还是取决于作者的立场和态度。

第三，在艺术构思上，这些作品也独具特色。有的作品善于抓住富有象征意义，而又发人深思的事物来开展故事情节。例如《路考》写青年司机的上路考试，以此来寓意于人生道路上的革命考验，从而展开故事情节，表述了年轻一代能把准老一辈交下来的方向盘，不仅要通过技术的合格考试，还必须进行政治思想上的锻炼。这种寓意深刻、联想自然的巧妙构思，可见作者是花费了一番功夫的。

《“财政部长”》在艺术手法上也别具一格。作者写这个被人赞为“财政部长”的生产队女会计，直到故事的完了才出场。整个情节的发展和人物性格的刻画都是通过别人口述来虚写的。这种以虚写实的手法显然借鉴了古典传统的方法。虽然在结尾处人物的性格表现得有些不足，但是用以描绘社会主义新人仍是令人感到浑然天成，新鲜别致。可见在艺术形式探索上，作者也敢于作大胆的尝试。

此外，不少短篇的语言也富有生动的表现力，充满生活气息。这些都显示出作者们在群众化民族化方面作出了努力。

当然，这部小说集还不完美。例如以阶级斗争和两条道路斗争为主题的作品，似乎略差一些。在较好的作品中，有的在思想和艺术上也似失于粗浅，人物性格还开掘得不深。尽管如此，瑕不掩瑜，《新人小说选》可以称得上是我国文艺百花园里的一个可喜收获。

（本文原刊于1965年6月7日《人民日报》）

为农村新人塑像

——短篇小说集《社迷》评介

任　冰

郭澄清同志是一位勤奋的青年业余作者。在数十个短篇作品里,作者紧紧配合现实斗争,以平易朴实、音韵铿锵的语言,为我们塑造了众多的农村新人形象。作者的第一部短篇集《社迷》(百花文艺出版社出版),就是从这数十篇作品中选编而成的。从这些作品里,可以明显地看出作者在艺术探索上的不懈努力,并且在近两年来有了新的成就。

在塑造人物形象上,多方探索艺术手法,不拘一格,并且通过人物表现了时代精神,是这部集子的一个比较显著的特色。

假如说,作者笔下的有些人物,是使他们在先进与后进的对比中站立起来的,则这个集子的第一篇《社迷》中的高大这个形象,确实在日常生产和生活中一系列普通行动上,坚实地树立起来的一个人物。这篇作品没有一个贯串始终的故事情节,而是别开生面地以写人物的外貌始,以写完外貌终,依外貌器官(嘴、腿、耳、眼、手)逐次介绍,貌似写表,实则写里,每一器官都引出感人的事迹。其所以有感染力,是因为他们表达了人物的优秀品质,高尚情操。作品通过几乎没有什么艺术铺排的叙述,塑造了一个热爱农村公社的普通农民的典型形象;并通过人物,表达了一个重大的主题——赞美热爱和维护社会主义集体的崇高风格。读过这篇作品,主人公高大那"往社里跑熟了"的腿,那"闲不住"的手,那不怕"招灾"、"惹祸"的耳朵,那村里人的"高大过眼,不长就短"的赞誉,都给人留下深刻的印象。

在社会主义事业中,我们需要那些面对困难主动进攻,在紧要关头奋不顾身的英雄人物,也同样需要在日常劳动中,兢兢业业,一丝不苟,浑身浸透革命精神的人。高大的形象属于后一种,他代表了农村中普通劳动者的优秀品格,是高大寓于平凡的新人物。

也许,《迷社》这一篇,在艺术结构上还带着“集锦”的性质,还有某些堆砌的痕迹,那么,《黑掌柜》这篇,则是故事完整、情节引人的,它具有完全不同的风格。这篇作品构思巧妙,布局也比较新颖,它由一封检举信写起,引人兴趣的推出人物,使读者在悬念中细细咀嚼人物的一举一动,并自浅而深、由表及里地深入人物内心世界,直到真相大白,读者不由地被这个农村基层商业工作者高尚品格深深感动,作品所汇集的材料是相当丰富的;但作者没有把他们罗列起来,而是经过认真的消化和概括,紧紧围绕人物性格组织起来,故事情节结合人物性格一气呵成,使得这个艺术形象比较完美地呈现在读者面前;那与人物相联系的种种情景:与顾客的风趣问答,深夜练艺的动人场面,货郎担里的“破烂”,日记一样的账簿……也都在读者脑际流连不去。

主人公王秋分这个形象的思想意义是深刻的:他只是一个普通劳动者,但是由于他具有勤勤恳恳为人民服务的精神,他就在人们生活中占据着重要位置,他充分发挥了环节作用,使社会主义农业生产和人们的日常生活,千百条头绪,通过他而联结起来,活动着,构成我们整个生活的激流,奔流不息。读这篇作品,在受到人物高尚风格感动的同时,也自然地感到:只有在我们的伟大时代,才会出现这样优秀的普通劳动者。

《茶坊嫂》是这篇集子中以农村妇女为主人公的作品之一。这篇作品,与其说是小说,不如说是一篇出色的人物速写。作品截取了主人公茶坊嫂从井台打水到茶棚招呼客人的活动片段,紧紧围绕主人公,笔不停挥,从正面、侧面,过去、今天,细加刻画,在人物不停息的活动中,一个精悍泼辣、不知疲倦,以关怀别人为最大满足的女共产党员形象,跃然纸上。她没有在田间挥锨举锄,但她同样是英勇战斗在农业第一线的人物,她那忘我的劳动姿态和对阶级弟兄的亲切关怀,温暖着多少人的心,鼓舞着多少人的干劲啊!这篇作品,语言干净,笔势遒劲,显示了作者的固有风格;这种速写形式,则是作者创作上的新尝试。

《社迷》这部短篇集,给我们带来一组农村新人形象,除去上面列举的几个人物以外,虎子、春儿、方方嫂、铁蛋哥、“憋拉气”、“老队长”等等不同个性的形象身上,都体现着我们社会主义时代新人的精神,都给人留下比较深刻的印象。可以期望,作者的勤奋耕耘,还将取得更为丰硕的果实。

(本文原刊于1964年5月15日《河北日报》)

我们是怎样组织群众业余创作和培养青年业余文学作者的

中共宁津县委员会

一

1958年以来，在党中央和毛主席的文艺方向的指引下，在上级党委的直接领导下，随着革命形势的发展和斗争任务的需要，我们不断发动和组织广大干部、群众，开展了群众性的业余创作活动。目前，我县开展业余创作活动较经常的俱乐部有620多个。长官、城关、双确、孟集等公社，还成立了创作指导站，在公社党委的直接领导下，辅导群众的创作活动。据初步统计，全县经常为俱乐部提供演唱材料，为黑板报、墙报写文艺稿件，并为省、全国性报刊、电台写稿的业余作者有500多人。这批业余作者，绝大部分是战斗在工农业生产第一线的工人和农民，他们立足本岗位，热爱本岗位的工作，歌唱本岗位的先进人物和先进事迹，积极为阶级斗争和生产斗争服务，起了很大的作用。如时集公社崔庄大队俱乐部，有36名业余作者，自1962年12月至1965年8月，就编写了戏曲22件，诗歌、快板505篇，村史1部，家史5部，这些作品大都通过演唱、黑板报、墙报与群众见了面。像崔庄这样文艺创作开展较好的俱乐部，我县已涌现了20多个。青年工人业余作者邢树枝，运用诗歌、快板、顺口溜的形式写了许多反映工人生活的作品登在本厂的黑板报上，对鼓舞工人的革命干劲和劳动热情起了积极的作用。青年社员曲连泉，写了一些及时配合政治任务的作品，其中反映阶级斗争的《许亲记》，在全县推广演出后，对反击资本主义势力的进攻、提高群众阶级觉悟等方面，起到了一定的作用。我们还经常把业余作者创作的小说、报告文学、故事、诗歌等文学作品，通过县广播站等宣传工具加以传播，也都起到了很好的作用。如郭澄清写了一篇表扬大柳公社庞家寺大队的模范社员的作品《好社员刘明月》，不仅教育了社员，对刘明月本人也是很大的鼓舞，他更积极更进步了，郭澄清又写了《一心为队》，对他又是一个大促进，以后郭澄清还在这两篇作品的基础上写了短篇小说《社迷》。这篇小说在全县流传很广，人们都习惯地称一心为集体的老汉为“社迷”。张长森等人写的故事，我们也在广播站组织了专题广播。

在群众性的文艺创作活动中，涌现和成长起来了20多名骨干业余作者，他们除积极为本单位写作外，还经常挑选其中较好的作品并经过提炼加工，送到省和全国性报刊上发表。如机关干部郭澄清，几年来共发表了100多个短篇小说，出版了3个短篇集和1个中篇。青年农民张长森，今年一年内就在《人民文学》《山东文学》等刊物上发表了6篇新故事。其他，如郭洪江、吕俊君、张彧、陈策等，也发表了不少作品。这批青年业余骨干作者，不但在文学创作上做出了一定的成绩，更可喜的是他们在政治上、工作上、劳动上都表现很好。有的是县里学习毛主席著作的积极分子，有的是先进工作者，有的是五好社员、五好青年，有的是先进团支部的书记。他们在毛泽东文艺思想的指导下，把根子深深扎在群众之中，扎在现实斗争生活之中。

我县群众业余创作所以取得这些成绩，主要是毛主席文艺方向的指引和上级党委的正确领导，我们只是在贯彻毛主席的文艺方向和上级党委的指示方面做了些具体工作。中央、省的报刊编辑部和出版社的同志，也经常深入我县，在辅导业余创作和培养作者方面，做了许多细致、具体的工作，对推动我县的群众业余创作，起了很大的促进作用。

二

回顾几年来我县群众业余创作活动的开展，感到我们对这项工作的认识，是经过了一个由不大明确到比较明确的过程的；我们对这项工作的领导，也是经过了由不大重视到比较重视、不大自觉到比较自觉的过程的。

1958年，我们开展了“歌颂大跃进、回忆革命史”的业余创作活动。但是，对群众业余创作的重要意义，对文艺在革命斗争中的地位和作用，认识还不明确，更缺乏深刻的体会。所以，对这项工作只限于一般的号召。当群众业余创作活动在广大农村以及机关、工厂、学校，蓬蓬勃勃地发展起来以后，诗、歌、画等各种形式的文艺作品大量涌现，充分反映了劳动人民改天换地的伟大气魄，对鼓舞群众的斗志，推动政治运动和生产斗争的开展，起了很大的作用。这才给了我们很大的教育,在实践中使我们对于文艺的作用的认识逐渐深化、逐渐明确了。我们开始认识到,文艺是整个革命工作的一个组成部分,为了使它更好地开展起来,发挥更大的作用,不仅业务部门要抓,县委也要亲自抓,我们开始把文艺工作列入了县委的议事日程。

在开展群众性的文艺创作活动的过程中,并不是一帆风顺的,遇到了不少的思想障碍。开始不少同志对文艺创作的意义是认识不足的,认为文艺是可有可无的,甚至有个别同志把搞创作和个人主义、追求名利等同起来。针对这些同志的思想认识,我们依据毛主席《在延安文艺座谈会上的讲话》的精神,在有关会议上反复地讲:文艺是整个革命事业的一部分,是阶级斗争的武器,搞创作也是干革命。我们坚决反对个人主义和名利思想,应当积极帮助作者端正创作态度,但是,不能因反对个人主义和名利思想而反对业余创作。还有的同志把业余创作和生产对立起来,认为创作影响生产,我们便教育业余作者认真做好本职工作,积极参加生产劳动,反映本单位的生产和斗争,为本单位的政治运动和生产斗争服务。肯定这些同志强调搞好生产是对的,同时指出把创作和生产对立起来是不对的。随着我县业余创作活动的开展,文艺创作在配合中心工作和生产斗争中发挥的作用日益明显,如崔庄大队的作者所写的村史、家史展览以后,大大提高了社员的阶级觉悟,他们在忆苦思甜大会上含着眼泪控诉了旧社会的罪恶,怀着感激的心情谈了对党和毛主席的热爱。他们还根据残废军人崔恩长热爱集体、忘我劳动的事迹编演了戏曲《"傻"带头》,使社员群众深受感动,大家都表示要向崔恩长那样为社会主义而积极劳动。现在,他们大队的生产发展很快,粮棉生产全面上升。今年棉花亩产将近一百斤,较 1963 年提高了 1 倍,全队估计可卖给国家 35000 多斤皮棉,这是历史上从来没有过的。粮食生产不仅能够自给,麦收以后还卖了 11000 斤余粮。当然,这些成绩的取得,主要是由于党的正确领导,和正确的贯彻执行了党的各项方针政策,调动了广大社员的生产积极性的结果,但是,文艺也起了一定的促进作用。这些生动事例,对不重视文艺工作的同志是一个实际的教育,我们也利用各种机会,把这样的典型事例广泛进行宣传,使人们正确地认识革命文艺对生产和工作的促进作用。可是,又出现了一种新的情况,有些单位的负责同志积极支持作者创作为本单位服务的作品,却不支持作者为报刊提供稿件。我们便强调文艺创作首先要普及,要为本单位服务,为本地区的各项政治运动服务,但同时,也要鼓励有条件的作者提高创作质量，争取在更大范围内为更多的人服务。这也是党的文艺工作的需要。

由于我们做了一些组织发动工作和思想工作，各公社、厂矿、学校、企业的领导干部的认识有了提高，一般地都比较支持业余创作了。如长官公社党委书记李长新同志，一直对业余创作热情支持，他经常对长官文艺创作组进行指导和帮助。时集公社崔庄大队党支部书记崔福亭，不仅积极支持创作，自己还动手创作，他向俱乐部创作组提出“时时依靠党的领导，紧紧配合中心工作”的要求，经常出题目、订任务、审稿、改稿。县直机关有个负责同志，原来对文艺也不够重视，现在也逐渐认识到了革命文艺的作用，在他的倡导下，成立了县直机关业余文工团，配合政治运动，自编自演，经过几次演出，效果很好。总之，现在越来越多的人，开始对文艺工作重视起来了。

当然，对革命文艺的地位和作用的认识，并不是所有的人都很明确了。我们感到，对任何一项任务、一种事物的认识，都必须在毛主席思想指导下，在实践中逐步提高，不能停留在原有的认识水平上，对文艺工作也是如此。因而，县委常委在有计划地、系统地学习毛主席著作中，把学习毛主席的文艺思想也作为一个重要方面。我们反复地学习了《在延安文艺座谈会上的讲话》，结合几年来组织群众业余创作的实践，来学习毛主席的著作，更加深刻地体会到毛主席教导的英明和正确。我们感到，作为一个县委领导机关，应当认真地学习、贯彻毛主席的文艺思想，摆正文艺工作的位置，正确地处理文艺工作和其他工作的关系，以正确地指导文艺活动的开展。

三

在组织群众业余创作、培养业余作者的过程中，我们把为三大革命运动服务，作为出发点和落脚点。这样做，不仅可以使文艺达到直接为革命斗争服务的目的，而且对业余作者也是一种创作目的的教育，创作方向的教育，使他们在斗争中锻炼成长。为了达到这个目的，我们的做法是：一、不断通过各种会议，向作者进行形势和任务的教育，使他们看清形势，明确任务；二、根据形势、任务的需要，通过业务部门，对作者提示写作重点和要求，具体发动和组织他们写出配合运动的作品；三、组织骨干作者，拿出一定时间，深入斗争，写出作品来。

1961 年，在农村连续遭到自然灾害的困难时期，有的人在困难面前思想上发生了动摇。有些业余作者也看不清生活的主流和本质,看不到新事物,看不到先进人物和先进事迹,在写作上缩手缩脚,情绪低落。在这种情况下,我们召开了由县、社领导干部、先进人物和先进单位代表,以及业余作者参加的会议。在会议上,我们大讲形势,大树红旗和标兵,宣传先进人物和先进事迹。这次大会,使先进人物和先进单位,鼓起了更大的干劲,表示要在困难面前艰苦奋斗,保持和发扬革命传统,继续创造出色的成绩;教育了领导干部,使他们感到越是困难的时候,越要加强领导,使群众在困难的时候看到光明的前景,意气风发地战斗;也对各方面的业余作者(包括通信报道、思想杂谈的作者和文艺爱好者)进行了形势教育,使他们在困难面前看到了胜利,看到了先进人物,看到了先进人物所创造的动人的事迹,大大鼓舞了他们学习先进人物、歌颂先进人物的热情,决心用文艺形式,把人民群众在困难面前敢于斗争、敢于胜利的精神,充分地表现出来。会后,我县农村在斗争中又涌现了不少先进人物,业余作者也写出了不少歌颂三面红旗和先进人物,反映抗灾斗争的作品。我县的模范妇女侯秀荣、模范饲养员刘明月、优秀青年李清江、好支书王玉升、刘汉臣等先进人物的先进事迹,都写成了报告文学或演唱材料。除了在本县广泛宣传外,并有100多篇发表在报刊上。郭澄清的《虎子》《灭荒日记》,郭洪江的《灾村的人》,黄萍的《生产自救靠集体》,刘春轩的《老来红》,也都是这时期出现的一些反映抗灾斗争较好的作品。

党的八届十中全会以后,我们通过学习八届十中全会公报,认识到社会主义时期阶级斗争的长期性、复杂性,感到迫切需要向干部、群众进行阶级和阶级斗争的教育。县委便让业务部门,组织业余作者,发动群众编写"四史",从而出现了一批较好的"四史"作品,如王庄村史、侯秀荣家史等。另外,还有长工史、奶妈史、丫鬟史、书童史、庞翰林院及何庄地主庄园的残酷剥削史等。除"四史"以外,还编写了我县先进人物不忘阶级苦、大鼓革命干劲的事迹。这些作品,有戏曲,有故事,有诗,有画,识字的人能看懂,不识字的人也能听懂。为了使这些作品和更多的群众见面,我们举办了展览室,组织群众参观,发动他们演出。

为了表彰先进人物,大树标兵,推动我县的比、学、赶、帮、超运动的开展,我们组织了一批业余作者,深入第一线,积极参加斗争,大写先进人物,但据我县的情况,我们还给一部分作者出了题目,分派了任务。重点反映我县粮棉全面丰产的京城张生产大队,搞水利建设取得突出成绩的八里塘大队,还有关庄大队支部书记关万坤、庞寺西大队支部书记刘庆和、模范民师黄秀兰等。在将近一个月的时间内写出30多篇作品，我们运用本县的宣传工具进行了宣传。《山东文学》还以“宁津青年文学作者作品选”的专栏，选发了其中的一部分作品。

除了组织这样比较大的配合政治运动和生产斗争的创作活动外，还配合各个时期的中心任务，搞小型创作活动。1960年春旱时节，我们曾经组织六七名作者，一面参加抗旱斗争，一面创作反映抗旱斗争的报告文学、速写、诗歌、杂文。《天津日报》用专版发表了这些作品。1960年的夏季，在突击灭草荒中，我们又组织业余作者写了一批反映灭荒的作品。天津人民广播电台曾用专题节目选播了其中一部分作品。1961年，为了宣传合理密植，制定切合实际的生产计划，县委出题目，组织业余作者创作了戏曲《五谷争功》。我们组织的这些活动，给报刊、电台提供了稿件，配合了政治运动，更重要的是通过及时组织阅读和收听，对我县人民群众起了很大的教育、鼓舞作用。

通过实践，我们体会到，使群众文艺创作紧密配合三大革命运动，组织业余作者为三大革命运动服务，能最有效地使文艺真正成为党的革命工作的一部分，能最有效地使广大业余作者和革命斗争紧密结合起来，和工农兵群众紧密结合起来，自觉地为工农兵服务，为社会主义服务。

四

要更好地开展群众业余文学创作活动，必须大力培养业余作者，特别是培养业余作者中的骨干。这也是培养无产阶级革命接班人的一个组成部分，必须从思想上加以重视，扎扎实实地去做细致的工作。我们在实际工作中，是从以下几方面着手的。

首先，培养业余作者，要坚持政治挂帅，就是坚持毛泽东思想挂帅，教育业余作者自觉地、经常地、认真地学习毛主席著作。我们要求业余作者重点学习《在延安文艺座谈会上的讲话》《为人民服务》《纪念白求恩》《中国社会各阶级的分析》《愚公移山》等文章。使他们通过学习，懂得要为革命而创作的道理。学习的形式可以多种多样，如我们在召开业余作者会议时，都安排了学习毛主席著作的内容。1962年为了纪念《在延安文艺座谈会上的讲话》发表20周年，曾组织业余作者集中学习了这篇文章，并写了座谈会纪要和一部分学习心得。为了提高业余作者学习毛主席著作的积极性，我们还吸收工人作者邢树枝、农民作者张长森,参加全县学习毛主席著作积极分子大会。县文化馆具体负责对青年作者学习毛主席著作的督促、检查、辅导工作,做到坚持三个同时,即:在召开业余作者会议的同时,督促、检查、辅导学习毛主席著作;在业余作者来交稿的同时,督促、检查、辅导作者学习毛主席著作;在派人下去辅导作者创作的同时,督促、检查、辅导作者学习毛主席著作。在学习中,强调遵照林彪同志提出的"带着问题学、活学活用、学用结合、急用先学、立竿见影"的原则,根据自己思想上、创作上存在的问题,有的放矢地进行学习。如农民业余作者张长森,开始写作热情很高,但在创作中往往抓不住生活的本质问题,存在着编造故事、追求华丽词句等偏向。我们便帮助他学习了《中国社会各阶级的分析》《湖南农民运动考察报告》和党的八届十中全会公报,集中地帮助他解决用阶级观点观察生活、分析生活、反映生活的问题。此后,他的创作有了很大的进步。

第二,有意识地组织业余作者深入工农兵斗争生活,使他们和工农兵保持密切的联系。对于干部、职工业余作者,经常组织他们下乡,深入第一线。1961年以前,郭澄清的作品生活气息不是很浓,反映了他生活基础不厚的弱点,这和他长期蹲机关、下乡较少有关系。于是,我们便安排他到时集公社兼任公社党委副书记半年。1963年又安排他跟县委副书记到张宅公社辛集大队蹲点一年。1964年又让他参加了农村社会主义教育运动。在斗争中提高了他的思想水平,积累了生活,写出了《公社书记》《黑掌柜》《社迷》等较好的作品,而且还写成了中篇《社迷传》。此外,我们还有意识地组织吕俊君、张彧、张宪恒、迟华轩、刘俊良等业余作者,经常去做中心工作,并让他们参加农村的社会主义教育运动。对于农民业余作者,教育他们积极参加农村的政治活动和集体生产,首先做一个好的劳动者。在召开业余作者会议,总结工作、检查工作、交流创作经验的时候,首先总结、检查、交流劳动情况。县委以及部门负责同志和他们交谈时,总要问到他们的劳动情况。因此,业余作者的工作和劳动情况都比较好,如郭洪江、张彧、宋长松、徐荣堂等曾被评为先进工作者。工人作者邢树枝,被评为先进生产者。农民作者张长森、韩成仁、孟吉庆、曲连泉、杨桂升等都是五好社员。张长森在1963年和1964年,除了外出开会外,每年参加实际劳动二百七八十天。同时,我们还提倡农民作者为本村的先进人物作小传,以检验他们的生活深度,督促他们去全面、细心、深刻地观察人物、熟悉人物。这些做法,都收到了较好的效果。

第三，摸清业余作者的政治思想情况及工作、劳动表现，根据不同情况，及时进行教育。我县的500多名业余作者，有百分之九十以上是贫下中农子弟，思想表现比较好。但是，在当前阶级斗争尖锐、复杂的情况下，不能不对他们产生影响。所以我们感到必须抓活的思想，抓思想动态，抓思想发展规律，帮助他们及时解决思想问题。有的作者刻苦学习几年，没有写出较好的作品来，信心不足，这时，我们就指出他们的进步和成绩，鼓励他们继续努力。有的作者在创作上摸到了一点门路，写了几篇较好的作品，又往往产生骄傲情绪，这时，我们就帮助他们用一分为二的观点总结自己的创作，看到自己的不足之处。并指出骄傲自满的危害性。有个青年作者有个时期不去积极反映三大革命运动，却把精力用在描写一些不健康的爱情故事上。我们便指出他的创作方向不对头。同时，在文化馆召开的作者座谈会上，让大家在学习毛主席著作的基础上，讨论他的作品，使他得到了集体的帮助。还有一个青年作者，曾一度因发表了一些诗歌，而流露出自滞情绪，我们就对他进行了教育，并向他提出谦虚、刻苦、服从领导做好本职工作的要求。由于抓紧了对作者的思想教育，就使他们的错误思想消灭在萌芽时期。但是，作者一个思想问题解决了，又会产生新的思想问题，而有的思想问题，又不是一下子就能解决的，可能会出现反复。因而对作者的政治思想工作，必须时时抓，处处抓，随时发现问题，随时加以解决。

在培养业余作者的工作中，我们还采用了抓典型，培养重点，带动一般的工作方法。业余作者很多，不能个个都管，更不能把个个都管得具体，因而，便在业余作者中选择出身成分好，政治思想好，工作劳动好，联系群众好，又有一定创作能力的作者，重点加以培养。通过抓典型，可以取得经验，指导开展群众业余创作和培养业余作者的工作，还可以为业余作者树榜样，起到插标立点的作用。

对于重点作者除首先抓他的创作方向，抓毛主席著作学习和深入生活以外，并在创作上进行具体帮助。县委经常给他们出题目，定任务，研究创作提纲。例如郭澄清的短篇小说《孟琢磨》，就是县委负责同志向他介绍了治碱状元孟繁信的先进事迹，帮助他组织提纲而写成的。他的中篇小说《社迷传》，县委的负责同志也帮助他反复地研究了作品的主题，安排了主要人物和主要情节。他发表的作品，我们还注意分工阅读，肯定优点，找出问题。教育他进一步加强毛主席著作的学习，扎扎实实地深入生活，提高作品质量。

对于张长森，我们也分工看了他的一些较好的作品，帮助他进行分析。为了扩大他的生活视野，吸收他参加学习毛主席著作积极分子会议，组织他到先进地区去深入生活，向先进人物学习。在他抓不住生活的本质的时候，县委和公社党委的同志，帮助他用阶级观点理解、分析现实；当他看不到生活里的先进人物时，我们让他注意发现社员和基层干部的优点，定期汇报；当他发表了一些作品以后，我们便在革命化、劳动化和创作方面对他提出了新的要求：一是树雄心，立大志，带动群众，改变家乡的自然面貌；二是戒骄戒躁，写出质量高的作品来。

我们在培养业余作者、开展群众性的业余创作活动方面，做了一些工作。但由于我们对毛主席的文艺思想和上级党委的指示理解得不深，领导水平不高，在工作中还存在着不少缺点，特别是距离党的要求，相差得很远。我县的业余作者，就数量来说不算太少，但是大多数作者的思想和创作水平还比较低，全县的业余创作活动，发展也不够平衡。今后，我们决心在上级党委的领导下，进一步高举毛泽东思想红旗，遵循着党的文艺方针，虚心学习兄弟地区的先进经验，把我县培养业余作者、开展群众业余创作的活动，向前推进一步。

（本文原刊于《文史哲》1965年第6期）

1966 年

一个崭新的贫农形象

——给《社迷传》的作者郭澄清同志

浩　然

前几年，我读了你的短篇小说《社迷》和它的续篇，曾被你那丰富的群众语言、生动的故事情节所打动，现在你又把“社迷”这个人物放进中篇小说《社迷传》里加以充分描写。书一出版，我就读了；最近又读了一遍。你这本小说引起我思考一个重要的问题，现在还没有想透，先通过这封信跟你交换看法吧。

说实话，第一遍读完《社迷传》，我没有得到满足，觉着“社迷”这个人物依然如故，好像还不如原来的短篇给我的印象集中和强烈；读完了第二遍，我才发现你这本书里有一个很值得注意的新的特点。这是因为，第一遍我是在书房里读的，当时只凭一点感性认识，就把书本合上了。读第二遍时，我正置身在农村新的斗争生活里，用我在生活里的新的感受再读你的书，才有了收获。

我认为，你的《社迷传》里一个值得肯定的特点，是创作了一个崭新的贫农形象高大虎。这个“新”字，表现在你给这个人物的精神世界注入了新的力量，这个力量，就是毛泽东思想。高大虎直接地学习毛泽东著作，而且是活学活用，把毛泽东的话作为他一言一行的最高指示。因为用毛泽东思想武装了他的头脑，使得贫下中农原有的品质升华了，成为一个具有共产主义思想觉悟的农民。也就是说，你不光写了这个贫农对社会主义的“迷”，而且写出了这种“迷”的来源，即读毛主席的书，听毛主席的话，照毛主席的指示办事的结果。这是最新的事物，也是最为真实的现实，这是作家应当大为鼓吹的东西。

当然，就高大虎这个人物形象作全面评论，它还存在许多缺欠。可是，你能追着时代的步伐，用新的眼光、从新的角度去认识他、表现他，这种敏感和热情，是十分教人高兴的。我们国家的贫下中农，紧紧地跟着党走，摆脱了长期的封建压迫和束缚，走上了社会主义的康庄大道，这是毛泽东思想指导的结果，这是精神变物质，又推动了精神升华的结果。我们都是写农民的，而贫下中农又是我们的主要歌颂对象，我们歌颂他们在斗争中前进，也就是歌颂毛泽东思想在农业战线上的伟大胜利。可是，过去我们写农民接受毛泽东思想的时候，多是写他们间接地接受；实际上，这种情况，随着革命事业的发展，正在起着剧烈的变化。我们的广大贫下中农从长期的革命斗争实践中，从修正主义者反面教员那里，进一步认识到：要想不让资本主义复辟，要想革命到底，最后实现共产主义理想，必须掌握马克思列宁主义这个武器；毛泽东思想就是当代马克思列宁主义的顶峰。所以，我们的农村跟部队、城市一样，到处是一片学习毛主席著作的热潮。这次在农村生活，给我的感觉最新鲜，对我的教育最大的是这一点。当我看到那些年老的和识字不多的人，请别人代念、一边干活一边背诵主席的语录的时候，心里就想：中国的农民将会越来越了不起啦！他们活学活用毛主席著作，学了就用，推动了他们的自我改造，反过来加速了改造客观世界的斗争。没有这个自觉地大学毛主席著作运动在农村广泛开展，我们就不可能很快地克服三年自然灾害给我们带来的困难，也就不可能到处出现"大寨式"的村庄和"大寨式"的农民。所以我觉得，描写今天的农民，特别是贫下中农，不注意毛泽东思想对农民的直接影响和推动，也就是说，不把他们活学活用毛主席著作，对他们自身改造和改造客观世界的伟大作用表现出来，也就不可能更有力地推动现实生活。

你身在农村的火热斗争里，看到了这个新的事物，并抓住了它，具体、生动地体现在《社迷传》那个贫农高大虎的形象和塑造上，所以，我热情地肯定你的这一点，并要向你学习。

比起你的短篇来，《社迷传》是你创作上的一个新发展。过去你歌颂过许多农村的新人物，特别是贫下中农。可是，你在写他们的时候，写出了他们的积极行为，但是没有很好地揭示他们的精神力量的来源，或者把这种来源局限在"回忆过去"上边。旧社会的痛苦遭遇，使得贫下中农。可是你在写他们的时候，写出了他们的积极行为，但是没有很好地揭示他们的精神力量的来源，或者把这种来源局限在"回忆过去"上边。旧社会的痛苦遭遇，使得贫下中农更热爱今天，这是推动他们前进的精神力量之一，但不是唯一的。今天，有了社会主义觉悟的农民，早已不是停留“感共产党恩”才“听共产党话”的水平线上了；他们正在解决的问题是怎样当好毛主席的学生，树立为社会主义奋斗的思想。你现在写高大虎，基本上摆脱了过去的方法。你写高大虎的先进思想和行动来自毛主席的著作和斗争实践，两者又互为作用，紧密地联系在一起，不论他处理家庭内部矛盾、个人和集体的矛盾，以及集体和国家的矛盾、个人和集体的矛盾，以及集体和国家的矛盾，都是从毛主席的著作里得到了思想和方向，又推动他更加热爱毛主席著作更加听毛主席的话，更加自觉自愿地按着毛主席的指示办事儿。你也写高大虎回忆过去，如第十一章和第十四章里。可是，这种回忆，已经不是仅使被教育者“感恩”，而是用毛泽东思想挂帅，成为促进被教育者提高社会主义觉悟的方式。例如高大虎想让自己的亲生儿子当一个“倒插门”的女婿，以便支援落后队。他的老伴想不通，他便跟老伴一起回忆起了旧社会的苦难，老伴掉了泪，觉得自己的想法不对。高大虎并没有以此为结束，而是进一步地启发老伴说：“我们不能忘了还在帝国主义压迫下的穷苦人，我们的最终目的，是解放全人类，把共产主义这面大旗，插遍全世界！”这样的思想是高大虎的自发吗？这是毛主席教给他的，是经过他用自己的过去和现在生活阅历证实后，才化为自己的思想的。贫下中农是我们建设社会主义新农村的中流砥柱，然而，只有当他们被毛泽东思想武装起来的时候，才能无限地发挥这种作用。高大虎做了那么多有利于人们的好事，不就是证明吗？

你塑造了高大虎这样一个形象，在创作思想上给了我们一些启发。这个形象，对于那些认为农民“文化水平低，看不懂毛主席的书”的论调，是一个有力地驳斥。高大虎读了毛主席的书，而且一读就懂，一懂就用，尤其用得好！例如，高大虎背熟了毛主席的这样一段话：“担子有轻有重，有的人拈轻怕重，把重担子推给别人，自己挑轻的。”他不仅读懂了这些话，而且，还能结合另一篇文章《为人民服务》加以思考，并跟他的同志们讨论；更可贵的，就在他背诵这篇文章的当天，一个重担子摆在他的面前了：原来的饲养员把饲养场搞糟了，要换一个新饲养员。当时，尽管他的老伴极力反对，连队长都给他列举了三条可以不担这副重担子的理由，他还是坚决地担起来了。难道这不比那些“文化很高”，自以为懂了毛主席的话，却不肯把毛主席的话见诸行动的人更为高尚吗？还有些人，一见作品里的新人物说一些理论性的话，就贬为不真实。我想，这些同志，不是因为轻视农民的思想没有根除，就是由于对于我们新农民应没有真正的理解。

你塑造出高大虎这样一个形象，在创作方法上，也给了我们一些启发。有些搞写作的朋友，看到了农民活学活用毛主席著作，也想在作品里加以表现，可是，由于理解表面，表现得也就形式化了。例如，有些人把新人物学习毛主席著作作了“道具”式的处理：让新人物手里拿着一本《毛泽东选集》，或让他们生硬地念上几句“语录”，这都不是本质的表现。在你描写高大虎领着社员跟暴雨洪水斗争的那几章里，主人公手里没有拿着毛主席著作，也没有跟人们背诵“语录”，可是，我却感受到：在这个贫农的英勇行为里，毛泽东思想在发光。

由此可见，我们写农村生活的人，不仅要追求着时代的脚步，捕捉新的故事、提炼新的主题，也得挖掘新的精神因素；跟着而来的，是相应的表现方法。我感到，你之所以写出了高大虎这样一个富有现实意义的、崭新的贫农形象，使自己的创作有了一个新的特点，这是和你本人努力学习毛主席著作，并有一定收获分不开的。很多事实告诉我们：一个搞写作的人，如果自己不努力学习毛主席著作，就不能理解用毛泽东思想武装起来的工农兵，也就无法表现他们。这是我们文艺工作者急需解决的根本问题。

刚才我说了，我没有能力给你的《社迷传》全面地提意见，只能就这个人物身上的一个新的特点，发表一得之见。依我看，这部小说在主题思想的挖掘、生活的概括、艺术的提炼等方面，还存在许多不足之处。就高大虎这个形象本身来全面分析，也有不少地方可以研究。除了我的水平限制，加上只想借题发挥，谈一点描写新人物的感想，跟你交换意见，别的，我不多说了。

（本文原刊于1966年4月6日《光明日报》）

1975 年

人民战争的绚丽画卷

——读长篇小说《大刀记》

赵耀堂

郭澄清同志经过几年的勤奋劳动，艰苦创作，终于完成了他的三卷本长篇小说《大刀记》。这部作品现在由人民文学出版社和山东人民出版社同时出版了。这是贯彻执行毛主席革命文艺路线的丰硕成果，是百花盛开的无产阶级文艺园地的又一朵灿烂新花。为此，我们感到由衷的高兴，热烈祝贺这部长篇小说的问世。

《大刀记》描写的是抗日战争相持阶段的冀鲁平原游击战。我八路军一支游击队（即大刀队）队长梁永生，奉命深入敌后，到具有重大战略意义的龙潭街——宁安寨一带开展工作，组织人民抗日武装，建立抗日政权，率领大刀队展开游击战，坚持敌后抗日。而敌寇石黑，为了割裂我河东、河西两地区抗日军民的联系，控制南北交通要道，掠夺粮食、棉花、油料、火硝，实现其“以战养战”的侵略方针，也极力争夺这一战略要地，妄图消灭这支抗日游击队。作品的矛盾冲突就围绕着这场控制与反控制的斗争而展开。作者遵照毛主席的教导，从历史唯物主义的观点出发，以饱蘸着无产阶级感情的彩笔，纵情讴歌了我党领导下的抗日游击战争，成功地塑造了梁永生这个我军基层指挥员的英雄形象，深刻地展现了人民是打不破的铜墙铁壁，“战争的伟力之最深厚的根源，存在于民众之中”这一伟大主题，从而热情地歌颂了毛主席关于人民战争的光辉思想，谱写了一曲人民战争的气壮山河的胜利凯歌。

当上级派梁永生到这一带开展工作，率领大刀队坚持游击战时，抗日战争正是处于敌强我弱的相持阶段，斗争的环境是莽莽平原，既没有丛山峻岭可作屏障,又没有河湖港汊借以掩蔽,“抬头见据点,低头是公路,我们活动的地盘越来越小,处境极端困难呀!”在这种情况下,梁永生及其率领的大刀队,在毛主席关于持久战的光辉思想指引下,扎根于群众之中,组织、发动群众挖地洞,修地道,拿起大刀、镢头、红缨枪,在莽莽平川上和暂时强大的敌人周旋,开展群众性的游击战争,终于由小到大,由弱到强,冲垮了敌寇的“铁壁合围”,和全国人民一道,粉碎了日本帝国主义“征服中国,征服亚洲”的狂妄野心,赢得了抗日战争的伟大胜利。

中国人民在中国共产党和伟大领袖毛主席的英明领导下,在艰苦卓绝的八年抗日战争中,用简陋的武器——步枪、土炮、大刀、长矛,打败了用飞机、坦克等现代化武器武装到牙齿的日本帝国主义,这一震惊中外的伟大壮举,用铁的事实,戳穿了日本帝国主义者自吹自擂不可战胜的神话,再一次证明了被压迫人民不靠什么救世主、全靠自己救自己的伟大真理。《大刀记》主题的深刻现实意义正在于此。

人民群众是历史的主人。社会主义文艺的根本任务就是要塑造千百万人民群众的优秀代表——无产阶级英雄典型。无产阶级文艺只有努力塑造好无产阶级英雄典型,才能成为“团结人民、教育人民、打击敌人、消灭敌人”的有力武器,发挥帮助群众推动历史前进的战斗作用。革命样板戏在这方面做出了光辉的榜样,它所实践、积累的塑造无产阶级英雄典型形象的“三突出”创作原则,已成为无产阶级一切文学艺术形式所必须遵循的原则。《大刀记》遵照毛主席的教导,正确地把握了抗日战争时期党所领导的抗日军民和日本侵略者之间的生死搏斗这一主要矛盾,运用革命现实主义和革命浪漫主义相结合的创作方法,努力学习革命样板戏“三突出”的创作经验,全力地塑造了我八路军大刀队队长梁永生这一光彩照人的英雄形象。作品深刻的主题思想,也正是通过塑造这一英雄形象体现出来的。

无产阶级英雄人物,是在革命斗争中熔铸出来的。离开革命斗争的实践,英雄人物的聪明才智就成了无源之水,无本之木。那种所谓英雄人物是“天生”的、“非凡”的“超人”,是“未卜先知”的“圣贤”,其实是地道的唯心论的先验论,是骗人的鬼话。《大刀记》中梁永生的英雄性格和革命才干,是在长期的革命斗争实践中冶炼出来的,又是在同敌人的尖锐斗争中得到充分展示的。作品通过一系列生动、感人的情节,描写了梁永生的革命实践,正确地反映了这一英雄人物的成长过程。

树有根,水有源。梁永生出生在一个苦大仇深的贫农家庭,在万恶的旧社会里,他祖祖辈辈一贫如洗,世世代代给地主当牛作马,父亲梁宝成被外号叫白眼狼的大财主恶霸贾永贵害死,母亲被逼投河,这一切都使他对豺狼当道的旧社会产生不共戴天的仇,翻江倒海的恨!作者在《开篇》部分用简叙、倒叙、插叙等手法,描写了苦大仇深的梁永生在少年时期、青年时期不畏强暴、富于斗争精神的性格,点明了梁永生的思想基础,揭示了梁永生朴素的阶级本质的来源,并突出了梁永生这条硬汉子对穷人无限的爱、对地主恶霸强烈的恨,为这一英雄人物的成长打下了扎实的思想基础。

是党给了梁永生智慧和力量!是毛主席的无产阶级革命路线,给梁永生和千百万劳苦大众指出了一条正确的方向。在梁永生带着朴素的阶级感情自发地与财主恶霸斗争阶段,他曾怀有单纯的复仇思想,不畏强暴,手挥单刀,大闹黄家镇,虎口拔牙、火中救人,匹马单枪夜进龙潭,放火烧毁白眼狼的粮仓、草垛。但是,复仇并没有成功,他所想象的"杀尽不平方太平"的理想并没有实现,穷苦人也没有摆脱自己身上的枷锁。只有找到了党,才会有正确的方向。在他奔延安寻求革命真理的途中,遇到了毛主席领导的队伍某部连指导员方延彬。方延彬对他说:"老梁,你这二十多年,多么像那只乱撞笼子的鸟儿呀!你拿着一口大刀,从冀鲁平原撞到兴安岭,又从兴安岭撞回冀鲁平原!你要过饭,锔过碗,打过铁,打过猎,开过荒,种过地,拉过洋车,干过零工……活没少干,路没少跑,苦没少吃,气没少生,结果怎么样呢?"方延彬这一席发人深思的语言,深深地打动了梁永生的心坎,他全神贯注地倾听着方延彬的讲述。是啊!乱撞乱碰二十多年,结果是家破人亡,原因在哪?方延彬一针见血地指出:"旧社会,就很像一个老大老大的铁笼子;你,拿着一口大刀,在这个大铁笼子里东碰西撞,一直扑棱了二十多年……""老梁呀,照你过去这么个扑棱法,别说是再扑棱二十年,你就算扑棱到老死,也是白扑棱呀!""要想不受穷,要想不受气,那非得把这个大铁笼子砸个稀巴烂才行"。方延彬进而向梁永生指出,靠一个人、一家人、一庄人是砸不烂旧社会这个穷人的大牢笼的,只有"全世界无产者,联合起来!"才能够彻底做到。方延彬对梁永生指出的《共产党宣言》中的"全世界无产者,联合起来"这句话,就像春雨洒落在已经播种的土地上,点点滴滴渗进梁永生的心窝里。终于使梁永生明白了:只要普天下穷苦人一条心,凝聚成一股力量,劲往一处使,血往一处流,就一定能彻底砸烂旧世界这个穷人的大牢笼。在方延彬的指引下,梁永生穿上军装,拿起武器,走上了革命的道路。当他刚参加八路军时,方延彬发觉他存有狭隘的报家仇思想,便及时地对他进行了教育:"老梁啊,你准备了几十年,奔走了几千里,为啥呢?为了报仇,为了报你的家仇!是吧?共产党和毛主席,领导全国人民闹革命,出生入死,南征北战,又是为了啥呢?是为了全国的广大劳动群众都翻个身,为了我们的民族得到解放,也就是说,把那些侵略人、剥削人、压迫人的家伙们,打倒在地,并建立一个由人民当家作主的新中国!""今后,你应该让你的家仇,加入阶级仇、民族恨这个'大集体',就像你由一个个体农民加入到咱八路军这个'大集体'中来一样,别让它在你的头脑中乱冲乱撞了!"方延彬的话,在梁永生的心中产生了强烈的共鸣,他心中犹如一把火,熊熊地燃烧起来。梁永生在党的阳光雨露滋润下,在革命斗争的实践中,阶级觉悟迅速提高,很快地加入了中国共产党,从一个具有朴素的阶级感情和狭隘复仇思想的普通农民,变成自觉的无产阶级战士。作品通过一系列生动情节的描绘,形象地揭示出党育英雄、实践出真知的伟大真理。

毛主席指出:"我们不许可任何一个红军指挥员变为乱撞乱碰的鲁莽家;我们必须提倡每个红军指挥员变为勇敢而明智的英雄"。梁永生正是这样一个勇敢而明智的指挥员。他面对敌众我寡,敌强我弱的斗争局势,遵循毛主席的教导,根据上级的指示,在敌后深入发动群众,坚持游击战,胜利地组织了一次又一次的战斗,诸如龙潭街东口打伏击,巧夺黄家镇,夜战水泊,或声东击西、神出鬼没袭扰敌人,或化装改扮深入虎穴掏敌肝胆,等等,终于,牢牢地控制住了龙潭街——宁安寨这一带军事要地,最后配合主力部队,歼灭了石黑这股敌人,取得了这场斗争的胜利,有力地支援了前线,充分显示了梁永生在战略上藐视敌人,在战术上重视敌人,敢于斗争、善于斗争的大无畏的革命精神与无产阶级英雄胆略。梁永生这种无产阶级革命胆略来自毛泽东思想,他每前进一步都靠毛泽东思想导航,他与敌人进行的每一场战斗,都闪耀着毛泽东思想的胜利光辉。作品描绘他刻苦读毛主席的书以及他倾听上级指示的情节,给广大读者留下深刻的印象。他"在读毛主席书的时候,蚊子咬他他不觉,烟灭了他还在抽……他在听县委领导人向他作指示的时候,他连窗外的雷声、雨声都听不见"。

梁永生敢于斗争、敢于胜利的大无畏革命精神,在他正确地执行毛主席的军事路线,在莽莽平川上与敌寇展开游击战中得到了充分的体现。毛主席指出:抗日战争相持阶段“我之作战形式主要的是游击战”,而“游击战争是一般地用袭击的形式表现其进攻的”。梁永生十分清楚:要和暂时强大的日寇周旋并取得胜利,就必须开展群众性的游击战争。没有这种游击战争,就不可能很好地保存自己,消灭敌人,实现由小到大,由弱到强的转化。梁永生紧紧依靠人民群众,遵照毛主席的战略战术原则,高度发挥了游击战争这种灵活、巧妙的特点,和各村民兵紧密配合,协同作战,采取敌进我退、敌驻我扰、敌疲我打、敌退我进、敌变我变,跟敌人进行迂回周旋的灵活打法,在汪洋大海般的辽阔平原上,神出鬼没,声东击西,变化莫测,紧紧地牵着敌寇的“牛鼻子”,兜圈圈,“捉迷藏”,“得空就打,打了就走,使得敌人天天兵有伤亡,枪有损失,可又干着急没有办法”,直搅得敌人草木皆兵,坐卧不安。在如此辽阔的人民战争图景里,使敌寇像一匹耳聋眼瞎的野牛冲入火阵,晕头转向,寸步难行。

梁永生敢于斗争、敢于胜利的革命气概,其最深厚的根源是人民群众。梁永生及其率领的大刀队,牢记毛主席的教导:“革命战争是群众的战争,只有动员群众才能进行战争,只有依靠群众才能进行战争。”所以,他们深入敌后,不是光打仗,还主动地做好宣传群众,组织群众,建立抗日武装,发展农村党组织,开展民兵工作,热心地帮助群众搞生产、挖地道。梁永生“从心眼里和劳动人民亲近。他每到一处,只要和人家谈上一阵,就很快熟起来。要在谁家住上几天,就跟那家成了一家人。”他深刻懂得“要不是人民群众支援我们,我们这些‘神八路’呀,不得光着膀子喝西北风呀!”正因为梁永生及其率领的大刀队时刻把人民群众的安危冷暖挂在心上,人民才把子弟兵放在心坎上,并积极地参加抗日活动。他们领路、送信、拆桥、破路、站岗、放哨、挑道沟、割电线、送公粮、藏八路、救伤员、抬担架、埋地雷、挖地道……全力地支援人民军队同敌寇进行斗争。军民团结战斗,筑成了一道坚如磐石的铜墙铁壁,生动地描绘了在抗日战争的艰苦岁月里,敌后我军民生死与共的战斗情谊,体现了人民群众是真正的铜墙铁壁的伟大真理,有力地显示了人民战争的无穷威力。

《大刀记》除塑造了梁永生这一气贯长虹、叱咤风云的英雄形象外,还塑造了方延彬、沈万泉、王锁柱、梁志勇、赵水生、秦海城、杨大虎等众多的英雄群像,都给读者留下深刻的印象。作品所塑造的这些英雄人物均从不同的角度为主要英雄人物梁永生作铺垫和烘托,使梁永生这一英雄形象更丰满,更感人。

《大刀记》的语言也写得比较质朴、生动,生活气息较浓,说明作者在向群众学习语言方面下了功夫。尽管作品的结构在某些地方还不够紧凑，某些章节的文字也显得有点拖沓，但是瑕不掩瑜，《大刀记》仍不愧为一部充满革命激情，热情赞颂党和毛主席领导的伟大的抗日战争的好作品。

（本文原刊于《文史哲》1975 年第 3 期）

伟大抗日战争的一曲凯歌

——评郭澄清同志的长篇小说《大刀记》

齐铸文

伟大的中国抗日民族解放战争,“这是战争史上的奇观,中华民族的壮举,惊天动地的伟业”。已在第二次世界反法西斯战争史上写下了极其光荣的一页。在纪念中国抗日战争胜利30周年的日子里,郭澄清同志的三卷本长篇小说《大刀记》同读者见面了,这是我国社会主义文艺创作的新收获。作者以强烈的无产阶级革命激情,生动、朴实、群众化的艺术语言,描绘了冀鲁平原、运河两岸的革命人民在毛主席和共产党领导下,反对日本帝国主义侵略的火热斗争生活,塑造了梁永生这个工农子弟兵的英雄形象,热情歌颂了毛主席革命路线和人民战争战略战术的伟大胜利,为我们谱写了一曲伟大抗日战争的胜利凯歌。它对于那些歪曲历史、颠倒黑白,极力诋毁中国抗日战争的反华小丑们,是一个有力的回击。

一

中日战争是半殖民地半封建的中国和帝国主义日本之间在20世纪30至40年代进行的一场决死的战争。面对着当时号称东方头号帝国主义的日本,手持大刀的中国人民为什么能取得战争的胜利?《大刀记》作者郭澄清同志,努力以毛主席的理论、路线和政策为指导,将现实的矛盾和斗争加以典型化,进行了可贵的探索。

毛主席指出:“中国人民,百年以来,不屈不挠、再接再厉的英勇斗争,使得帝国主义至今不能灭亡中国,也永远不能灭亡中国。”《大刀记》的“开篇”是作者的一个创造。它在整个作品中有着特殊的地位。它不仅为作品的主要英雄人物梁永生的成长,提供了阶级的肥沃的土壤,而且为作品所描写的抗日战争生活,提供了一个广阔而深远的历史背景,从中国农民的革命传统和阶级根源上，为我抗日民族解放战争的正义性和胜利的必然性作了很好的铺垫。

小说的“开篇”是从辛亥革命的前夕1910年写起的。作者怀着满腔的激愤，以辛辣讽刺的笔触，描绘了半封建、半殖民地旧中国的血迹斑斑的图画。长工的儿子梁永生的血泪家史，实际上是几千年来，特别是近百年来中国广大穷苦农民悲惨生活的一个缩影。广大贫下中农祖祖辈辈受着地主阶级残酷的摧残和剥削。清朝末年，梁永生的曾祖父，只因为不肯改名而触犯了地主老爷，结果被装进麻袋扔下运河。他爷爷被逼得推着年迈的母亲、生病的妻子，背着三岁的孩子，从杭州城里逃到冀鲁平原、运河岸边的龙潭街头。恶霸地主白眼狼为了霸占梁家的宅基，达到他“无本生利”的罪恶目的，大要阴谋，“灵堂栽赃”。疤瘌四、乔光祖、阚乐因一类大地主、大奸商，同白眼狼一样，都是些“杀人不见血的魔鬼，吃人不吐骨头的豺狼”。在“闯衙喊冤”一节里，作者无情地戳穿了封建社会的“官府”“衙门”维护地主阶级利益、实行反革命专政的假面具。辛亥革命，“民国”成立了，广大农民的痛苦与灾难依然没有改变。运河决口，大批群众，淹死的淹死，被水围困的围困。而人们盼来的不是救生船，而是地主的“买地船”，军阀的“招兵船”，买办资本家的“招工船”。梁永生为生活所迫，忍痛卖掉了自己十来岁的孩子。残酷的阶级压迫的现实，促进了农民的觉醒，使他们认识到“官家也罢，富家也罢”，都是穿着一条裤子，“他们的私利，都是通过农民的苦难取得的”。如果不推翻压在中国人民头上的帝国主义、封建主义的大山，广大农民是永远不能翻身解放的。

哪里有压迫，哪里就有反抗，压迫力愈大，反抗力愈强。中国的广大农民，由于长期的帝国主义、封建主义的压迫和剥削，心中聚积着无穷的怒火。他们“憋着一口气来到人间”，又憋着一口气要闯出一条生路，捣毁这人间地狱。他们不怕压，不怕死，从未屈服过，决心与自己的敌人血战到底。“铁经千锤百炼生出坚强的韧性，人历千辛万苦生出非凡的勇气和毅力”。他们前仆后继，英勇不屈，进行过各种不同形式的斗争，反抗地主阶级的黑暗统治，并且用反抗的手段来解除外来民族的压迫。梁永生对阶级敌人的无比仇恨和不屈的反抗精神，不仅滋生于现实生活的土壤，而且也是我国农民革命传统的继承和发扬。列宁指出：“被压迫被剥削群众的代表所表达的这种憎恨，实在是‘一切智慧之本’，一切社会主义运动和共产主义运动及其成功的基础。”《大刀记》中对于这个“基础”，挖得深，打得好。从这个基础上发展下去，农民必然是抗日民族解放战争的主力军。特别应提出的是作者以大刀来题名自己的作品,艺术地体现了作品的主题。大刀,凝聚着我国农民祖祖辈辈的仇和恨,血和泪,智慧和力量,它是我们中华民族的传家宝;在新的历史时代,它又闪耀着“枪杆子里面出政权”的伟大真理。梁永生手中拿着的那口大刀,不是一把普通的大刀。它是八国联军进攻中国时,义和团英雄高黑塔曾经使用过的那口大刀。高黑塔就是举着它,巍然屹立在“皇龙桥”头,奋起砍杀了无数洋鬼子,为反侵略战争立下了不朽的功勋。高黑塔虽然英勇牺牲了,但是义和团的反帝斗争精神是扑不灭的火焰。这口刀落在一个长工手里,“后来,长工传给月工,月工传给佃户,佃户传给小摊贩,小摊贩传给穷店员,店员传给木匠”,木匠传给门大爷,门大爷亲自用这口刀砍死了地主朱玉祥。梁永生从门大爷手上接过这口刀,实际就是接过了革命的传家宝。梁永生要“杀尽不平”的“愣葱精神”,就是中国农民反抗斗争精神的集中表现,就是在这革命传统精神土壤上培育起来的鲜花。

毛主席指出:“劳动人民几千年来上了反动统治阶级的欺骗和恐吓的老当,很不容易觉悟到自己掌握枪杆子的重要性。”只有在中国共产党的教育下,中国农民才真正找到了自己的大救星,懂得了“枪杆子里面出政权”的伟大真理,走上了真正翻身解放的道路。中华民族的解放运动,发展到抗日战争,已经不同于任何历史时期,跨进了历史上进步的时代。中国共产党及其领导下的军队,就是这种进步因素的代表。中国抗日民族解放战争就是在这种进步的基础上得到了持久战和最后胜利的可能性。抗日战争的进步性,产生了抗日战争的正义性。战争的进步性,正义性,就必然唤起人民的团结和觉醒。我国农民的先进代表梁永生,从门大爷中接过那口大刀,从冀鲁平原奔到兴安岭,又从兴安岭撞回冀鲁平原,他虽然“敢拿命换理”,“结果还是脱不了家破人亡”。就是在他去延安找毛主席的路上,碰上了从毛主席身边来的八路军,在指导员方延彬同志的亲切教育下才走上了真正革命的道路。是党把梁永生“心里那把锈住的锁头给捅开了”,认识到“认命”,不行;“拼命”,也不行;只有跟着毛主席干革命,才是“劳苦大众唯一的,真正的生路!”并且决心“今后,无论碰到什么艰难险阻,也无论出现什么惊涛骇浪,我梁永生只要还有一口气,就要在这条革命大道上走到底!”《大刀记》通过梁永生形象的塑造,通过杨翠花、魏基珂大爷等革命群众思想发展的描绘,充分反映出我国农民的觉醒。几亿农民,冲决一切束缚他们的罗网,同传统的孔孟之道实行彻底决裂,不信“天命”干革命,自觉投入党所领导的抗日民族解放战争的革命洪流,挥舞起闪闪发光的大刀,向鬼子们的头上砍去,这就必然使日本帝国主义陷入灭顶之灾,把中华民族的解放运动推向一个崭新的阶段。

二

中国抗日民族解放战争的正义性、进步性和持久性,规定了游击战在抗日战争的全过程中占有极其重要的战略地位。对待中国共产党领导的抗日游击战争的态度,这是区别真抗日还是假抗日、马克思主义还是修正主义的重要分界。毛主席指出:"抗日而忽视游击战争,无疑是非常错误的。""中国抗日战争中的游击战,决不是可有可无的。它将在人类战争史上演出空前伟大的一幕。"革命文艺是人民的社会生活在革命作家头脑中反映的产物。《大刀记》通过大刀队的成长过程和战斗经历的生动描写,从一个侧面再现了中国抗日游击战争这一人类战争史上威武雄壮、"空前伟大的一幕"。它真实地反映了我国抗日战争中出现的内线和外线、包围和反包围的犬牙交错的战争奇观,揭示了抗日战争从战略防御、战略相持到战略反攻的发展规律,充分显示了游击战在抗日民族解放战争中的伟大战略作用。

《大刀记》从第一章"风火燎原"到第十九章"刀铣河山",层次清楚地反映出了我抗日战争曾经经历过的上升、下降、再上升三个阶段的历史面貌。"风火燎原"写的是抗战第一阶段后期的情况。我们看到,在那民族危亡的时刻,我国革命的主力军——农民群众的抗日情绪是何等高涨,他们"像狂风一样猛,像暴雨一样急",男女老幼,热血沸腾,奋起抗战。在党的领导下,他们建起了"大刀炉",组成大刀队,高唱着《大刀向鬼子们的头上砍去》的嘹亮战歌,广泛展开了游击战争,革命形势一日千里的向前发展。由于我党领导的敌后抗日游击战争的蓬勃开展,沉重地打击了日本侵略者。随之敌人更加集中其主力来对付共产党、八路军,向我根据地进行连续的大规模的"扫荡",实行烧光、杀光、抢光的"三光政策",使我们伟大的抗日战争,进入了一个最困难的时期。《大刀记》从第二章"夜行人"开始,重点描写了梁永生领导的大刀队,是怎样在毛主席持久战的光辉思想指导下,顽强地坚持敌后抗日游击战争的;大刀队又是怎样在这场犬牙交错的持久战中,不断保存自己、发展自己、打击敌人、消灭敌人的。作者依据革命战争的辩证法,通过一个局部的战场,形象地展示了"中国由劣势到平衡到优势，日本由优势到平衡到劣势，中国由防御到相持到反攻，日本由进攻到保守到退却”的中日战争发展的必然趋势。

战争是敌我双方“互争优势和主动的主观能力的竞赛”。游击战争的主动权问题，是一个更加严重的问题。《大刀记》就是以梁永生为代表的大刀队同以石黑、白眼狼为代表的敌伪军互争优势和主动为主线而结构情节的。梁永生从八路军主力部队重新回到宁安寨、龙潭街一带开展工作时，面临着的形势是：日寇[1]集中主要兵力，实行“拉网合围”，采取“囚笼战术”，开展“强化治安”运动，鬼子、汉奸气焰嚣张，腥风血雨笼罩着冀鲁平原；八路军主力部队在打了许多胜仗之后，暂时作了战略转移，处于内线作战的地位；大刀队人员减少了四分之一，指导员徐志武、代理队长高树青、分队长杨长岭等同志英勇牺牲，物质生活困难，叛徒、特务告密，使大刀队的行动处于被动地位。在敌我力量对比十比一的情况下，如何夺取主动权，是一个关键问题。这里最重要的条件，就是坚持“党指挥枪”的原则，坚定不移地执行毛主席的无产阶级军事路线和人民战争的战略战术，“方法就是人工地造成我们许多的局部优势和局部的主动地位，把它抛入劣势和被动”。梁永生找到大刀队后的第一件事，就是迅速召开了“战火中的支委会”，传达党中央毛主席的声音和县委的具体指示，加强党对游击战争的统一领导。他依据毛主席的教导，从抗日战争的战略全局出发，全面地分析了敌我形势，指出大刀队前段虽然遭到一些挫折，但是经过顽强英勇的战斗，锻炼了群众，教育了人民，已将全县敌军的将近一半兵力拖住了，从而为我主力与地方武装、民兵配合，夺取临河战役的胜利创造了有利的战机。“困难是教科书，斗争是基础课”，要从困难中看到胜利的曙光，坚定抗战必胜的信念。为了夺取战争的主动权，梁永生和他的战友们，采取“外线的速决的进攻战”的作战方针，运用“敌进我退，敌驻我扰，敌疲我打，敌退我追”的十六字诀，在各村民兵的配合下，进行迂回周旋，使敌人疲于奔命，到处挨打。并在周密调查研究的基础上，制订了“虎口拔牙”的作战方案，出敌不意，攻其不备，用夜间袭击的方法，打入高城固垒、戒备森严的柴胡店，处死了石黑的忠实爪牙、铁心汉奸阙八贵。从而使我军民受到圾大鼓舞，加深了敌人之间的矛盾。以后又经过“茶馆训敌”、“城下训敌”、“枪口训敌”和一些漂亮的伏击战，使敌我力量对比逐渐向有利于

① 原文为“冠”。

我、不利于敌的方面转化。

“灵活地使用兵力，是转变敌我形势争取主动地位的最重要的手段。”《大刀记》在这方面，作了许多精心的处理和描绘，突出地刻画了梁永生高度的军事素养的性格侧面。梁永生和他们战友们，为了发动普遍的游击战争，完成扰敌、钳制、破坏和民众运动的任务，经常采取“化整为零”、分散兵力的原则。他们又像渔人撒网一样，既撒得开，又收得拢。为了打破敌人的围剿、消灭敌人一部或全部，又能及时迅速地“化零为整”，集中使用兵力。这种兵力使用的分散、集中和变换，在小说第十章“巷战奇观”中，表现得十分出色。开始根据部队侦察和地下工作人员提供的情况，石黑要亲自率领敌伪来围攻龙潭街，妄图一举消灭大刀队，梁永生集中大家的智慧，主动安排了“道口伏击”，集中兵力在村头湾崖上准备打埋伏。当着一百多号敌人摆成一溜长蛇阵，直扑龙潭街，进入我伏击圈时，敌军又像一条盘起来的毒蛇似的，迅速拉起来一个很大的包围圈，就在狡猾的敌军开始变换队形的一瞬间，具有丰富战斗经验的梁永生，明察秋毫，及时识破了敌人的“迷魂阵”，立即果断地决定“撤退”，像流水和疾风一样，迅速将兵力转移到运河岸边的一片枣林中，从而使石黑精心策划的阴谋宣告破产，为大刀队摆脱被动恢复主动，保存自己，麻痹敌人，打破敌人的“围剿”，创造了有利的条件。敌人进入龙潭街后，梁永生又决定主动冲进村去，给趾高气扬、麻痹大意的敌人，来个突然袭击，打他个措手不及，然后再主动迅速撤出战斗，避免与敌人决战。于是，他便将大刀队分成突击组，迂回策应组，并派人出去和附近的民兵取上联系，巧妙地把分散和集中、突击和钳制，包围和迂回、前进和后退结合起来。结果突击小组仅仅用了廿分钟就杀伤了大量的敌人，取得了龙潭巷战的胜利。最后并且给敌人制造了错觉，使日寇误认为伪军“起义反正”了，牵着一群狗与一帮狼打了起来，完全粉碎了敌人对龙潭的反革命“围剿”。

集中优势兵力打歼灭战是毛主席战略战术思想的核心。只有歼灭战，才能从根本上改变敌我力量的对比。《大刀记》作者遵照毛主席关于“我们的战略是‘以一当十’，我们的战术‘以十当一’，这是我们制胜敌人的根本法则之一”的教导，描写了一系列歼灭战。突出的如第十二章“重返宁安寨”，大刀队 20 个人，根据县委指示，经过长途奔袭打埋伏，一次就全歼了日寇的一个加强班 16 人。这场我们只放了一声发令枪的伏击战，没用一袋烟的工夫，便胜利结束了。随着时间的推移，小说所描写的临河区敌我斗争形势发生了重大变化。在第十五章“龙潭的早晨”中，我们看到，乡村包围据点的局面已初步形成，日伪已从进攻转为保守和退却。为了配合主力部队的战略行动，为战略反攻作准备，县委及时提出有计划地逐步拔除敌人据点的任务。究竟先拔哪一个据点？作者描写了大刀队内部关于先拔黄家镇还是先拔水泊洼的争论，这是打歼灭战还是打消耗战的两种战略思想的斗争。在梁永生的正确引导和启发下，大家在毛主席战略思想上统一了认识，决定先打黄家镇。这样就可以在这个地区完成关门打狗、全歼盘踞在柴胡店的石黑、白眼狼等顽敌的战略部署。小说描写的巧夺黄家镇、夜战水泊洼、围剿柴胡店，尽管打法不同，但是无不闪耀着歼灭战的光辉。

“知己知彼，百战不殆”。要自觉地执行毛主席游击战争的战略战术，掌握战争的生动权，作为游击战的指挥员，必须“熟识敌我双方各方面的情况，并且应用这些规律于自己的行动”，做到主客观的一致。《大刀记》全力塑造的梁永生就是一个知己知彼、智勇双全的工农子弟兵典型，作者不仅有声有色地描绘了他的军事素养和英勇无畏的革命胆略，而且特别注意从思想路线上表现他的沉着、冷静而又机智果断的指挥才能。在任何情况下，都能够用马克思主义认识路线指导自己的行动，这是梁永生思想发展上的重大飞跃，也是他在八路军这座革命大熔炉里逐步树立了无产阶级世界观的一个重要标志。作者从“夜行人”一章开始，就以浓墨重笔描写了梁永生在旅途中，在车马店里，随时随地都注意调查研究敌我各方面的情况。无论在什么地方，也无论在干着什么，他都是以高度的敏感，注意着周密的侦察敌情，充分发扬军事民主，走群众路线，通过“去粗取精、去伪存真、由此及彼、由表及里”的思索，订出切实可行的作战方案。第十七章“夜战水泊洼”时，由于梁永生对疤瘌四的反动性和狡猾性有长期的了解和科学的分析，因此没有被他的假谈判、假投降所迷惑，毅然决定对水泊洼由“佯攻”改为“真攻”，对柴胡店的援兵采取刀枪实战，对疤瘌四采取心理战。在战斗进行过程中，及时解决了我军中出现的麻痹轻敌、凭老经验办事的思想苗头，进而又通过前沿侦察、截取敌人电话，充分利用敌人之间的矛盾，采取“围点打援”，集中优势兵力，四面包围敌人，主动把贾立义的援兵放进“口袋”，引到水泊洼的南门下，迫使“鬼难拿”的疤瘌四在无路可走的情况下，不得不弄假成真，同敌援兵打了起来，使整个战役完全达到了预定的目的。这是毛主席游击战争战略战术的胜利，也是马克思主义认识路线的胜利。

梁水生和他的战友们，在开辟临河区根据地的斗争中，创造了许多适合于平原开展游击战的作战形式,书中重点写的是“道沟战”。这种作战形式同地道战一样,是一平原地区军民在抗日游击战争中的伟大创造。我抗日军民,在一望无际的漫洼平原里,将那些横三竖四的大道全挑成错综交织的深沟,既可以破坏敌人的交通运输,又便于我军民,特别是在“青纱帐”干枯的秋冬季节开展游击活动。纵横交错的道沟,便于游击队掩护自己,忽东忽西,神出鬼没,袭击敌人。小说中我们不止一次地看到大刀队指战员,利用道沟牵着敌人的鼻子,在辽阔的大平原上进行“武装大游行”;利用道沟召开“战火中的支委会”;利用道沟在夜间向敌伪“训话”,发动政治攻势;利用道沟,与深挖地道相配合,炸开了解放柴胡店的大门……第二十章“斗争还在继续”中,作者还意味深长地写了梁水生与梁志勇关于要不要填道沟的对话。它概述了道沟在抗日游击战争中立下的汗马功劳,指出它在解放了的新中国对于保卫祖国、防止反革命复辟、建设社会主义还有大用处。“道沟战”的创造和利用,不论过去和将来,对于那些敢于入侵我们伟大祖国的侵略者,对于那些迷信武器、迷信“乌龟壳”的蠢猪们,都是当头棒喝,它已经发挥和必将继续发挥其巨大的威力。

三

“兵民是胜利之本”。“战争的伟力之最深厚的根源,存在于民众之中”。《大刀记》通过大刀队这支人民武装和人民群众的鱼水关系的生动描写,深刻地揭示了梁永生和他的战友们之所以能够在茫茫的平原上坚持持久的抗日游击战争并取得胜利的“最深厚的根源”。

热爱人民,和民众打成一片,使军队在民众的眼睛中看成是自己的军队,这个军队便无敌于天下。大刀队队长梁永生善于把强大的政治思想工作灌注于部队之中,用毛主席的光辉思想教育战士,“首先是把战争的政治目的告诉军队和人民。必须使每个士兵每个人民都明白为什么要打仗,打仗和他们有什么关系”,使他们看到了人民的力量,只要遵循毛主席关于人民战争的一整套战略方针,依靠人民,坚持斗争,就一定能驱逐侵略者出中国。大刀队的指战员们深深懂得,我军是为着广大人民群众的利益,为着全民民族的利益而结合而战斗的队伍,仗是为人民打,也要靠人民打,人民战争是克敌制胜的法宝。他们时刻把人民的安危冷暖挂心上。在宁安寨人民群众将遭残杀的危急关头,梁永生想的是“我有义务为人民而死,我没有权力让阶级弟兄们为了我而牺牲”,高呼“我就是八路军”挺身而出，在人民群众备受敌人蹂躏的苦难岁月，子弟兵入虎穴打击危害军民的汉奸卖国贼，保护人民；在执行任务的过程中，梁永生派战士为冯奶奶挑水送药，解除病痛；在人民群众生活困难时，黄二愣勒紧腰带吃野菜，减轻人民的经济负担……大刀队每到一地，都严格执行“三大纪律八项注意”，帮助群众生产劳动，打水扫院，问寒问暖，军民团结，鱼水深情。

八路军大刀队既是战斗人，又是工作队，他们个个不但会打仗，而且会做群众工作。他们经常用毛主席持久战的光辉思想和人民战争的战略战术，宣传群众、组织群众、武装群众，协助各村建立党的组织和群众团体，帮助民兵进行军事训练，建立区域联防，发动瓦解敌军的政治攻势，等等。“如此伟大的民族革命战争，没有普遍和深入的政治动员，是不能胜利的。……动员了全国的老百姓，就造成了陷敌于灭顶之灾的汪洋大海，造成了弥补武器等等缺陷的补救条件，造成了克服一切战争困难的前提。”小说中有这样一段对话是发人深思的。刚刚从伪军反正过来的田宝宝，建议大刀队将夺下的水泊洼据点作为“大本营”，梁永生回答有：“大本营。”田宝宝问：“早就有大本营？”“对！”“在哪里？”“在人民群众之中！在广大农村之中！”人民群众是八路军大刀队的“大本营”，这是敌人永远也不会理解的，刚从敌人阵营过来的田宝宝当然要迷惑不解，但这正是我军无往而不胜的根源之一。大刀队正是有了这样的“大本营”，因而能在“五里一个据点，三里一个岗楼”，被敌人占领的冀鲁平原上纵横驰骋，主动灵活，以弱胜强。

“伟大的人民啊，是革命者伟大的母亲”。小说满腔热情地歌颂了人民军队对人民的无限热爱和忠诚，同时又以饱满的激情，讴歌了人民热爱子弟兵、拥护人民军队的深情厚谊。冒着生命危险掩护大刀队伤员梁志勇的二愣娘，对志勇说过这样一句话：“你就是我的孩子，我就是你的老娘……”在人民群众的眼里，八路军大刀队比自己的亲人还亲。在那长期的艰苦斗争中，多少次，乡亲们为子弟兵的安危担心，彻夜不眠；多少次，乡亲们省吃俭用，做干粮，做军鞋送给子弟兵，又有多少次，乡亲们冒着枪林弹雨，支援子弟兵。秦海城咬破手指流干血水救志勇，杨翠花挺身迎敌掩护锁柱。这些感人肺腑、可歌可泣的英雄事迹，生动地表现了人民群众和子弟兵血肉相连、肝胆相照的阶级深情。更感人至深的是，梁永生为救乡亲们挺身而出时，宁安寨一千多男女老幼，一个又一个地站起来，发出了气吞山河的巨吼：“我就是八路！”“我就是八路！”“我就是八路!”……这一批批站起来的人民群众,用身体挡住了梁永生,组成了一道坚不可摧的铜墙铁壁。这样的铜墙铁壁是什么力量也打不破的,完全打不破的。侵略者打不破我们,我们却要打破侵略者。在小说中,我们可以看到,广大人民群众,为了夺取抗日战争的胜利,除了积极拥军支前,还在党的领导下,直接投入了消灭侵略者的战斗。他们“领路、送信、拆桥、破路、站岗、放哨、挑道沟、割电线、送军粮、藏八路、救伤员、抬担架、埋地雷、挖地道”,在抗日战争中立下了伟大的功勋。小说中有很多篇幅描写了民兵的活动。大刀队的每次军事行动,都是在民兵的配合下进行的。随着形势的发展,优秀的民兵还不断地补充到八路军地方武装和主力部队中去。广大民兵和子弟兵紧密配合,村村寨寨成了战斗的堡垒,这就使大刀队如鱼得水,自由往来,牢牢掌握了对敌斗争的主动权,而凶狠残暴的故人,却像聋子、瞎子一样晕头转向,如同野牛陷入火阵,焦头烂额,寸步难行。小说情节发展到十八、十九两章,作者在我们面前展示出了一幅威武雄壮的人民战争画图。为配合我军主力部队作战,已发展壮大的大刀队与南八村、北八村的广大民兵进行了大反攻,将困守柴胡店的敌军包围得水泄不通。战士们的决心书、请战书,雪片一样,一张接一张,纷纷飞向部队。各村的民兵及广大群众,接连不断地举行解放柴胡店的誓师大会,一阵阵气壮山河的口号声,此起彼落。农救会、妇救会、儿童团、男男女女、老老少少组成了支前队、慰问团,奔向前沿阵地。军民并肩战斗,群策群力,挖通地道,填好炸药,柴胡店据点的“土围子”炸开了缺口。战士、民兵奋起冲杀,挥枪舞刀,宛如猛虎下山,犹如离弦之箭,一齐冲进了“土围子”,一场激烈的“肉搏战”过后,强攻柴胡店的歼灭战胜利结束了。一面鲜红鲜红的大旗,在那高高的旗杆上升起来。“红旗映刀刀更亮,刀映红旗旗更艳!”这是人民战争的壮丽画卷,毛主席军事思想的胜利凯歌。小说最后一章,梁永生在和梁志勇谈话中,对抗日战争作了这样的总结:“总之,在刚刚过去的八年抗日战争中,人民群众是我们的铜墙铁壁,是我们真正的最可靠的大后方。不是吗?我们,不正是遵照毛主席的教导,充分地依靠人民群众这个铜墙铁壁,这个大后方,才打败了日本鬼子,才取得抗日战争的彻底胜利吗?”是的,只要我们坚决执行毛主席的无产阶级革命路线,发挥人民战争的威力,大刀片就能打败机关枪,手持简陋武器的中国人民就能战胜当时世界上横行霸道、不可一世的日本帝国主义。《大刀记》所要告诉我们的,正是这条被历史所证明了的真理。

究竟谁是历史的创造者？这历来是毛主席无产阶级革命路线和反革命修正主义路线斗争的焦点之一。“人民，只有人民，才是创造世界历史的动力。”《大刀记》从历史唯物主义观点出发，描绘的这幅人民战争的画卷，是对林彪一类骗子诬蔑人民群众只知“妻子儿女”、“恭喜发财”等反动谬论的有力回击，是对苏修社会帝国主义攻击我抗日游击战争是什么“消极防御”的谬论的深刻批判。《大刀记》为我们进行革命传统教育、反修防修，提供了一部有益的教材。

《大刀记》作为一部反映抗日战争全过程的三卷本长篇小说，取得了可喜的成就，对作者所进行的新的探索，我们应当认真地加以总结。同时，对于作品在反映伟大抗日战争生活的深度和广度上，我们还应提出更高的要求。作者在反映毛主席提出的抗日民族统一战线的巨大威力，和错综复杂的阶级关系及其变化，以及党内两条路线斗争等方面，都还不足。另外，“开篇”结束得也过于突然，党的阳光雨露是怎样随着时代的前进而逐步射入梁永生的心田的，展示得也不够充分。在艺术描写上，缺少变化。我们相信，作者在今后执行毛主席革命文艺路线的过程中，一定能够继续前进，为我国社会主义文艺的发展和繁荣作出新的贡献。

（本文原刊于《山东师院（社会科学版）》1975 年第 5 期）

阶级苦水里生　革命烈火中长

——评长篇小说《大刀记》中梁永生的形象

中文系学员评论组

郭澄清同志的长篇小说《大刀记》以伟大的抗日战争为背景,通过对冀鲁平原一支农民抗日武装力量战斗历程的描绘,歌颂了我国人民八年抗日战争的光辉业绩,展示了我国劳动农民走向革命道路的艰苦历程。小说通过真实感人的情节和一组组鲜明的斗争画面,比较好地塑造了梁永生这一无产阶级的英雄形象,深刻地揭示了受压迫受剥削的人民,只有在马列主义、毛泽东思想的指引下,在中国共产党的领导下,投身于推翻三座大山的斗争,才能获得翻身解放这一伟大真理。

梁永生为什么能由一个普通农民成长为一个无产阶级革命战士呢?首先一点,就在于他有着深厚的阶级基础。伟大领袖毛主席指出:"中国无产阶级身受三种压迫(帝国主义的压迫、资产阶级的压迫、封建势力的压迫),而这些压迫的严重性和残酷性,是世界各民族中少见的,因此,他们在革命斗争中,比任何别的阶级来得坚决和彻底。"未走上革命道路前的梁永生,不是无产阶级的一分子。但是,他的特殊的生活经历,使他遭受着中国工人阶级所身受的种种压迫和苦难,因而,他也就具备了无产阶级的某些素质。他常年生活在水深火热之中,对地主阶级、资产阶级和日本帝国主义都有着深仇大恨,对整个旧世界充满着强烈的反抗精神,这就使他最容易接受革命的真理,走上革命的道路。

梁永生出生于20世纪初一个贫苦农民的家庭里。这一特定的历史环境和阶级地位,决定了他必然要同自己的父辈一样,从一来到世间,就承受着阶级压迫和民族压迫的凄风苦雨。《开篇》描述了梁永生青少年时代的苦难经历。它用蘸满血和泪的事实告诉我们,在那暗无天日的旧社会里,不仅梁永生一家受苦受难,而且普天下的穷人都在受苦受难,不仅龙潭街的地主白眼狼吃人,而且天下所有的剥削者都吃人。小说通过许多动人的情节,把梁永生的苦难身世和整个无产阶级、劳动人民的苦难联系起来,步步深入、层层递进地揭示了梁永生思想发展的进程。梁永生在幼年时,父母就被白眼狼用阴谋手段逼死。他怀着对地主白眼狼不共戴天的深仇大恨,在那荆棘满地、豺狼当道的漫漫长夜里,开始了流浪生活。他愤恨不平,寻求真理,渴望解放,盼望光明。梁永生曾先后投入到三家贫苦农民的怀抱,每一次都由于地主阶级的残酷迫害,遭到血肉难割的离别。所以在梁永生的心灵上,不是刻着一本血泪家史,而是刻着四本血泪家史。他的生身父母,被旧世界夺去了生命,先后收养过他的赵奶奶、雒大爷夫妇以及门大爷,也都惨遭不幸。以后,他又不得不背井离乡,去闯关东,目睹了日本帝国主义的滔天罪行。这就使得阶级仇、民族恨,像一团烈火一样,燃烧在他的心头。在流浪的过程中,他走遍了大半个中国,广泛地接触了长工、铁匠、店员等社会最底层的穷人,看到了各个阶级、阶层在那个动乱的时代的政治地位和处世态度。剥削阶级的残酷迫害,反动政府的无比腐败,日本侵略者的凶暴恣肆,以及无产阶级给他的友爱,都对他的成长发生了重要的影响。因此,他"一年就像长了十几岁"一样,觉得自己顿时长成了人。当地主、资本家和反动政府趁闹水灾向农民榨取血汗的时候,梁永生面对那"招工船"、"买地船"、"招兵船",已经深深懂得:"穷人一见分外亲,是让一个穷字把心连在一起","官家也罢,富家也罢,他们的私利,都是通过穷人的苦难取得的,穷人的苦难越大,他们得到的好处越大,穷人的苦难越多,他们谋财取利的机会就越多"。这种思想认识,充分表现了梁永生朴素的阶级意识。而这正是他能够接受马列主义、走上革命道路的一个重要因素。

阶级压迫使梁永生懂得了阶级仇恨,阶级仇恨激发了他强烈的反抗精神。在幼年时期,他就敢于蔑视豪门大户。随着年龄的增长,他那宁折不弯的反抗精神,也就越来越突出。在我国历史上,由于"地主阶级对于农民的残酷的经济剥削和政治压迫,迫使农民多次地举行起义,以反抗地主阶级的统治"。到了20世纪初,我国已是一个半封建半殖民地的社会。帝国主义和中华民族的矛盾日趋尖锐,封建主义和人民大众的矛盾也更加深化。这些矛盾的斗争及其尖锐化,就不能不造成日益发展的革命运动。生活在这一历史环境中的梁永生,面对阶级压迫和民族苦难,也就必然会接受我国历史上农民革命的优良传统。在他接触了门大爷这位正直刚强的铁匠之后,更是深深地受到了这种光荣传统的影响。门大爷在授艺传刀前对他的谆谆叮嘱,使他认识到只有大刀能替穷人说话。因此,应当保持大刀的骨气。通过教书先生房兆祥的讲述,使梁永生深受太平天国“杀尽不平方太平”那种革命精神的感染。从他大闹黄家镇、夜进龙潭的一系列行动中,可以看到这种革命传统的影响。

梁永生的反抗精神还和他能够冲破孔孟之道的网罗有着密切的联系。在那暗无天日的旧中国,吃人肉喝人血的地主阶级,一方面对劳动人民实行血腥的镇压和残酷的剥削,另一方面却又扯起孔孟之道的破旗进行欺骗宣传。他们竭力鼓吹什么“仁政”、“仁者爱人”,用以维护本阶级的反动统治。年青的梁永生从实践中对这一点有着切身的认识。小时候他就看到了那标榜“忠厚传家远,诗书继世长”的地主白眼狼,那以精通孔孟经典自居的“仁义之士”马铁德,那打着“清官”招牌的县官,那假仁假义的疤瘌四,以及那人面兽心的人贩子苏元秋,实际上都是笑里藏刀、两手沾满劳动人民鲜血的刽子手。正是他们,用巧取豪夺,无本取利的手段,在那挂着“积善堂”的魔窟里,策划着强占穷人财产的阴谋。正是他们,串通一气,互相勾结,在那名为“为民”、实则害民的公堂上,残害了无数穷苦人的性命。也正是他们,在“行善”和“替朋友抚养遗孤”的名义下,拐骗了穷苦人的儿女去当作商品出卖……这一幕幕在“仁义”的名义下演出的丑剧,使梁永生看清了孔孟之道就是吃人之道,“《论语》上讲的净些歪门邪道,不是为穷人说理的”。因此,他理直气壮地说:“连孔圣人也叫我们信天命,可是我这个硬汉子,一不信天,二不信命,更不盼来世的好运气,我要靠两条腿闯出一条活路来!”这种对孔孟之道深恶痛绝的认识,就使梁永生强烈的反抗性格增添了新的光彩。梁永生的这种不屈不挠的斗争精神,和他以后作为一个无产阶级战士所具有的那种敢于斗争、敢于胜利的革命品质,二者之间有着不可分割的联系。

深厚的阶级基础,突出的反抗性格,是梁永生能够成长为一个无产阶级革命战士的重要条件。但是,只有当他找到了共产党的领导,接受了马克思主义的革命学说、在革命大熔炉中经过千锤百炼,他才逐步具备了为共产主义而英勇献身的高贵品质,加入了无产阶级先进分子的行列,成了自觉执行和捍卫毛主席革命路线的英雄。在未找到党之前,梁永生开始觉得魏大叔劝他“认命”,那是一条死路。继而门大爷又教他“拼命”,结果也没拼出条活路来,穷人到底如何得解放?这长时解不开的疙瘩,就像一个“没头没尾的乱线蛋子”,“滚不出名堂来”。后来,在梁永生去延安的路途中,遇到了八路军的指导员方延彬。梁永生向方指导员倾吐了他那血泪的家史和苦难的遭遇，讲述了自己贫困、苦难、反抗的半生和自己思想上无法解决的问题。方延彬告诉他：“只有革命，才是咱们劳苦大众唯一、真正的生路！”“革命”这个火把似的字眼，“冲进梁永生的心房，使得他的心里豁然亮堂起来”。接着，方延彬和他共同学习了《共产党宣言》里“全世界无产者，联合起来”的真理，使他懂得了要翻身，要解放，就得跟着共产党干革命。梁永生这个长工的儿子听了方延彬的一席话，按捺不住满腔的激情，“穿上了军装，拿起了枪，走上了革命的道路”。在抗日战争的烽火硝烟中，他又很快完成了由一个贫苦农民向一个无产阶级革命战士转化的过程，光荣地加入了中国共产党，成了一支英勇善战的抗日队伍的优秀指挥员。

梁永生所以能迅速成长起来，是党的教育的结果。他从狭小的个人恩仇的圈子里解脱出来，把目光转向普天下受苦的人，把那种只知报家仇的思想熔化成了为革命而战斗的烈火。在“夜袭柴胡店”的斗争中，这位曾经立志把汉奸疤瘌四剁成肉酱的梁永生，为了革命和人民的利益，站在阶级和民族的立场上，对疤瘌四作出既利用又提防的决断。这不仅表现了他执行党的政策的自觉性，而且显示了他远大的政治眼光和宽广的革命胸襟。

梁永生所以能迅速成长起来，又由于群众给了他智慧和力量。梁永生从斗争的经历中深深体会到：一个人的力量是很有限的。因而他总是自觉地同人民群众保持着血肉般的联系。在抗日战争最困难的时期，党派梁永生重新到地方组织领导大刀队的工作。途中，他听到的、看到的是人民群众对抗日战争的必胜信心，对大刀队的关心和期望。这些激动人心的情景，使梁永生倍觉有一股不可遏制的力量。他“明知山有虎，偏向虎山行，风尘仆仆地走在风沙骚动的漫洼里”。在秦海城、高大婶等人的掩护下，梁永生躲过敌人的层层盘查，冲破重重困难，重新把大刀队组织起来，向敌人展开了英勇顽强的斗争。正由于梁永生紧紧依靠了人民群众，从群众中吸取了智慧和力量，所以才取得了龙潭巷战、荒野斗智、巧夺黄家镇、夜战水泊洼、刀铣河山等战斗的胜利。

梁永生所以能迅速成长起来，还由于他能够刻苦地学习马列主义、毛泽东思想，“大地明亮，全靠太阳的光芒”。作者怀着革命的激情，多次描绘了梁永生刻苦学习毛主席著作的感人场面。梁永生不论在任何艰难困苦的场合，都抓紧点滴时间学习。他不但自己抓好学习，而且还经常教育干部战士刻苦学习。他曾用油灯作比喻，教育梁志勇说：“要让灯不灭，就得常添油”，要求志勇在学习政治上,"还得再加点油!"这样做的结果,就使得梁志勇也迅速成长为一个优秀的指挥员。梁永生为了帮助二楞,手把手教会了他识字、写字、学习毛主席的书,使二楞很快地成了一个优秀的共产党员。

梁永生走过的道路,就是中国革命农民走过的道路;梁永生成长的过程,就是中国农民在中国共产党领导下,从觉醒到走向革命的过程。作者运用了革命现实主义和革命浪漫主义相结合的创作方法,并吸取了革命样板戏的创作经验,因而梁永生的形象是鲜明的。

小说在内容上和艺术上都是好的,取得了可喜的成绩。不足之处是,由于作者仅是把英雄人物放到对敌斗争的广阔背景上表现其英雄品质,而没有把他放到两条路线的激烈斗争中进行更深刻地展示,致使梁永生这一形象,还缺乏应有的政治高度和思想深度。

(本文原刊于《破与立》1975 年第 5 期)

1979 年

麦苗青青迎春来

——评郭澄清的短篇小说集《麦苗返青》

慕　山

郭澄清的短篇小说集《麦苗返青》，以浓郁的生活气息，清新的艺术风格，生动的群众语言，吸引着读者。本文想就读了这个短篇集的一些感受，谈谈郭澄清短篇小说的特点。

一

读着郭澄清的短篇小说，像走进了社会主义农村，琳琅满目的新事物，迎面扑来。它像一串串晶莹的露珠，从不同的角度，映照出时代的面影。

郭澄清在回忆自己的创作生活时说："我开始习作的时候，正是农业合作化的初期。那时节，英雄的劳动人民，在党的领导下，大闹革命。农村面貌日新月异，英雄人物风起云涌，动人事迹层出不穷。当时，我正在农村工作，这数不尽的新人新事新气象，时刻感染着我，激励着我，使我精神振奋，心血沸腾，午不能休，夜不能眠，于是我便抓紧工作之余，提笔展纸，学写文章。"的确，郭澄清生在农村，长在农村，他和自己的父兄、乡亲们饱尝了旧世界的辛酸，是怀着对党的无限爱戴和感激之情，踏进了光明的社会主义时代。新旧对比，使他对新时代无限热爱，抑制不住内心的喜悦，因而，唱出了新时代的颂歌。

我们从郭澄清的作品里，正是深深地感受到了这种激越的情怀，充沛的爱憎感情。郭澄清在农业合作化前后所写的作品还比较幼稚，他还不善于对生活进行提炼和概括，也还没有创造出鲜明的艺术典型，他还仅仅是从自己对生活的实感出发，在新农村撷摘生活的花朵。但是，从这些比较朴实的作品里，看到作者创作的第一步是走得正的，他是忠于生活的，是以朴实无华的笔触，真实地反映了广大贫下中农走社会主义道路的积极性。如《万灵册》中的青年媳妇秋香，是以高度的革命热情，迎接迅速到来的社会主义的春天的，对在她面前展示的朝气蓬勃的农业合作化的图景，充满由衷的喜悦，对社会主义的前景，具有强烈的信念。为了多生产粮食，支援社会主义建设，显示农业合作社的优越性，刻苦钻研技术，大胆进行创造，促进了生产，增产了粮食，并以这些事实，教育了自己有保守思想的男人。《郭大强》等作品也是如此。这些作品反映了人民群众在社会主义建设新高潮到来时的精神面貌，反映了他们所创造的新的生活。

1958 年前后写的几篇作品虽然使人感到热浪滚滚，但总感到反映生活还比较表面化，在艺术上还比较粗糙。而到了 60 年代初，我们才看到了作者创作旺盛期的到来，这个时期，他的作品无论从思想还是从艺术上都有显著的提高，这是与作者生活的积累和对生活认识的加深分不开的。像《社迷》《公社的人们》《公社书记》《小八将》等作品，就以生动的笔触，描绘了总路线、大跃进、人民公社给农村带来的深刻变化，这里不仅有热烈的生产斗争场面，而且有生产斗争中人们思想的矛盾和变化，不仅有工农的群像，而且有精心雕刻的典型人物。

从郭澄清的创作，我们可以认识到，一个作者应当和自己的时代和人民同着命运，同着呼吸，作者的血管里应当跳动着时代的脉搏，应当善于思考，提出和回答人民关心的问题。只有这样，作品才能在广大读者中得到呼应，才能产生应有的教育作用。郭澄清的作品，还未能达到这个水平，但他是在积极地朝这个方向努力的。

二

郭澄清短篇小说中的人物，都在从农业合作化到人民公社化的道路上展现自己的思想、感情和性格。作者特别擅长给先进人物画像。这些人物都生活在激流中，时代的发展、变化影响了他们，推动着他们不断进步。这里有时刻不脱离群众、不脱离劳动的公社书记、支部书记；有以社为家、爱社至深的老贫农；有助人为乐、勤勤恳恳甘当人民服务员的劳动妇女；有一尘不染、廉洁奉公的财贸干部；还有大量的沐浴着党的阳光雨露茁壮成长的年青一代。他们几乎都没有什么豪言壮语和惊人之举，但是，当作者打开他们的心扉，使我们看到他们在想什么的时候，当作者通过生动的描绘，使我们看到他们是在如何工作和劳动的时候,就不能不产生由衷的热爱和崇敬之情。如《黑掌柜》中的主人公王秋分,作者对他没有一句空泛的赞誉之词,而是把褒扬完全体现在生动的细节描绘中。作品采取欲扬先抑的手法,从一封检举王秋分贪污丁芒种酒钱的信开篇,造成了强烈的悬念,然后从容地在情节的发展中刻画了王秋分廉洁公正、一丝不苟、勤学苦练、钻研业务的思想和行动,一个社会主义老黄牛、踏踏实实的实干家的形象,鲜明地展现在我们面前。正是像王秋分这样的人,在平凡的岗位上进行着平凡的劳动,用他们的汗水积成涓涓细流,汇成江河,使我们的社会主义事业,奔腾不息地前进。

郭澄清短篇小说中最引人注目的人物是那些"社迷"们。自古以来,生活中有各种各样的"迷",但有些"迷",如"财迷"等等,却是丑恶的象征,而"社迷",这是社会主义时期特有的产物,是农民在走向集体化的伟大变革中先进人物性格的重要特征。《社迷》中那个老社迷,作者并没有给他全面作传,而是巧妙地通过介绍他的外貌,着意刻画其爱社如家的思想性格,使人物栩栩如生地展示在读者面前。"社迷"的性格得到进一步展示,是中篇小说《社迷传》,作者重笔浓墨,塑造了老社迷高大虎的形象。作者不仅写了这个贫农对社会主义如何"迷",而且写出了这种"迷"的来源。通过具有典型性的情节,表现了他在党的教育下,经过革命斗争实践的锻炼,所具有的高贵的思想品格。

还有那些忠于职守、辛勤劳动的人们,像《助手的助手》中的方方嫂,《茶坊嫂》中的茶坊嫂,《赶车大嫂》中的大脚嫂。这些平凡的劳动妇女,具有北方农村劳动妇女的鲜明特色。他们坦率、爽朗,对同志像春风一样温暖,他们大胆泼辣,勤勤恳恳,对工作有高度的热忱。就是在他们所烧的那一碗碗茶水里,也溶化着他们对同志、对社会主义的深情。

老一代经历着现实的变革和自己思想的变化,年青一代则在茁壮成长。他们生气勃勃,干劲十足,不仅有使不完的劲,而且有丰富的思想。《春儿》中的春儿,她不仅出色地完成当日的工作,而且天天在思索着一个问题:"明天的工作,怎样让它比今天更强一些呢?"这种善于思考、积极进取的精神,是社会主义年青一代最可贵的品格。只要有这种精神,就能够把我们的事业不断推向前进。

三

每种艺术形式都有自己的特点。短篇小说则以截取生活的横断面、深入开掘、以小见大地体现出深刻的思想意义而见长。郭澄清吸取了古典小说的艺术表现方法,从民间文艺中吸收了丰富的营养,结合所要反映的生活,很好地掌握、运用了短篇小说特有的性能。他往往抓住瞬息万变的现实生活中的具有典型意义的人和事,或者撷取沸腾生活中的一朵朵浪花,朴素、自然地集中反映出来,使作品简洁明快、清澈透底而又丰富多彩、耐人寻味。

《篱墙两边》别开生面地描绘了李三哥和寡妇王二嫂的爱情故事。作者为人物所设计的特定环境是颇具匠心的。一个原来是地主住的槐树大院,土改后分给贫下中农,丁字形的篱笆将大院一分为三,分别住了五保户张大婶、寡妇王二嫂、独身汉子李三哥。他们三家,土改后翻了身,住上了好房子,是幸福的,但又使人感到他们的生活有明显的不足之处。随着合作化事业的发展,他们全身心地投入到集体事业中去,这种不足所造成的困难也就愈加明显。张大婶看在眼里,记在心里,出面撮合,成全了李三哥和王二嫂的婚事。在这对男女之间的爱情纠葛中,或深情的注视,或亲密的互助,或羞涩的谈话,都描绘得很真切,饶有生活情趣。这是生活中的一个浪花,但却多么逗人喜爱啊!作者曾经听到过一个五保户撮合一个光棍和一个寡妇成亲的故事,但开始仅仅看作一般的故事,并没有找准将这个生活浪花摄制下来的焦距。只有当作者和那个五保户大娘"亲如一家,心心相印"时,才从大娘的深刻体验中找到了打开这个库藏的钥匙。老大娘说:"要不,再待三十年以后,他们又得和我一样吃五保,给队上添麻烦"。这朴实无华的思想,赋予这个平常的故事以不平常的意义。

男婚女嫁,这是司空见惯的事,似乎不值得入书,但作者却能以锐敏的观察力,看到了其中值得提出和解决的社会问题。结婚,就是男娶女,这似乎已经成了千百年来无可置疑的成规。但是,社会的发展,往往要冲破旧的陈规陋俗的羁绊,而这个男娶女的成规也在新生活的激流中显得不那么和谐,需要加以改变。正是从生活实践出发,使作者抓住了人们所关心的这个切身利益问题,写出了《男婚女嫁》这篇具有现实意义的作品。作品中的文华,是个好后生,他在帮助邻近的穷队维修机械的过程中,和刘村的女会计相爱了,女方是个独生女,又是刘村的好会计,她嫁给文华,就会使刘村失去一个好会计,多了一个"五保户"。这时,生产能手文华,在移风易俗上当了闯将,他不顾家庭的阻挠,不怕社会上的非议,毅然决定"倒过门",到刘庄女方那里去安家。不仅使自己的婚姻得到了圆满解决,而且解决了刘庄的困难。作者正是这样把平常的生活与社会主义事业很自然地联系起来,使作品具有不平常的意义,表现了老一代农民如何摆脱旧思想的束缚,使思想跟上形势的发展,而新的一代,则努力冲破旧思想、旧传统,勇往直前。

短篇小说,贵在提炼、概括。郭澄清的短篇小说正是从生活中提炼具有典型意义的人物和事件,把所描绘的生活、事件与我们的人民所关心的问题有机地结合起来,做到以小见大,使作品的真实性和思想性统一起来,产生强烈的艺术魅力和思想教育意义。

郭澄清的短篇小说在艺术结构等方面,与所反映的多方面的生活相适应,呈现出多样化的特点。即使是在表现相近的题材时,也尽力做到在表现方法上不拘一格。如同是写"社迷"的三篇小说,《社迷》是从人物的外部特征着笔,由表及里地揭示人物性格;《社迷续传》则是通过生动的、彼此互相关联的故事来表现人物性格;《社迷传》则采取正面描绘的手法,从不同的角度雕镂人物的性格,展示较广阔的生活场景。同是表现农村的青年男女的作品,《虎子》是正面铺叙,逐渐把人物介绍给读者,《春儿》则首先造成悬念,先声夺人,把读者吸引到作品所描绘的环境,使人物活灵活现地出现在我们的面前。

在叙事方法上,郭澄清的作品,有一种明显的同人民群众喜闻乐见的口头文学进一步结合的趋向。他酷爱故乡所流传的口头文学,他爱听乡亲们所讲述的故事,从中吸取营养,丰富自己的表现手段。他生活在群众中,了解群众的艺术趣味,在构思作品时,就能想群众之所想,使自己的作品适应群众的需要,使群众喜闻乐见。他的作品完成初稿后,往往先在群众中诵读,吸取群众意见,经过反复修改后,才拿出来发表。这是他的作品具有群众化特点的一个重要原因。

郭澄清的小说,有浓郁的地方色彩和乡土气息,这就是作者所追求的"乡土味"、"庄户味儿"。这种"味",不是外加的作料,而是和人物、情节融为一体的,是在场景的描绘、人物性格刻画、环境的渲染和烘托中体现出来的。他的作品中的人物,只有北方农村的劳动人民的鲜明特征,他的笔下的社会环境和自然环境,也是北方农村所特有的,我们仿佛从中嗅到了华北平原泥土的馨香。

四

郭澄清的短篇小说,也有一些明显的不足之处。他最初所写的一些作品,还往往限于就事论事上，只是把自己所听到或遇到的故事，原原本本地写出来，没能够深入开掘故事的思想意义，没能细致地刻画人物。如《红旗飘飘》《麦梢黄了》《虎子》等，写了一些轰轰烈烈的场面，但缺乏艺术感染力，就是因为艺术提炼不够的缘故。

郭澄清在写人物方面，有些人物比较平面化。作者往往习惯于抓住人物的某些特征，运用典型事例加以表现，读来感到亲切、自然，但缺乏对人物性格的深入的探索，使读者感到这些人物的思想深度不够。还有一些人物，性格特征上有不少共同之处，给人以雷同之感。如《茶坊嫂》中的茶坊嫂和《赶车大嫂》中的大脚嫂的性格特点就比较相似，几篇作品中的"社迷"，也有一些近似之处。作者笔下出现了不少生动的基层群众的形象，但在写领导干部的形象时，还比较概括，不能给人留下较深刻的印象。

郭澄清的小说有的是围绕一个人物来写，有的是围绕一个事件来写，这样，头绪单纯，线条清晰，使作品简洁、明快。但也带来一个弱点，就是还缺少那种将复杂纷纭的矛盾斗争和几个各具性格的人物熔铸一炉的作品。我们很希望作者在继续创作出明快的作品的同时，再在展示生活的复杂性方面进行探索，更加有力地、深刻地反映现实斗争生活。

作者现在仍重病缠身，他将自己新出版的短篇集取名《麦苗返青》，蕴含着他急切地希望恢复健康、继续为党的文学事业而战斗的强烈愿望。我们殷切地盼望作者重新上阵，展纸挥笔，描绘新的长征路上的英雄谱，为实现"四个现代化"贡献自己的一分力量。

（本文原刊于《破与立》1979 年第 6 期）

1986 年

简论《龙潭记》的主题与艺术特色

李克让

《龙潭记》是当代作家郭澄清同志 1985 年 5 月出版的一部长篇小说。它和多卷本百万字的巨著《大刀记》是姊妹篇。

一

这本书题名《龙潭记》,寓意何在呢?作者在《后记》中作了交代:"'龙'者,炎黄子孙之象征也;'潭',乃'龙'之故乡者也。或者说,'龙',即我中华民族;'潭',即我万里神州。总之,一句话:"龙潭'者,祖国也。"这说明,"龙潭",就是我们伟大祖国和中华民族的象征。《龙潭记》,就是写以梁永生为代表的中华民族在旧时代的斗争历史。据我所知,作家还正在精心构制其它以"龙"为题的长篇小说,像《龙裔谱》《东方巨龙正在腾飞》等。这证明,作者喜欢从民族的角度考虑问题和反映生活。《龙潭记》只是其成果之一。

民族问题,说到底是一个阶级斗争问题。民族史,实际上是一个阶级斗争史。因此,反映阶级斗争就是这部作品的重要内容之一。它不但揭示了阶级斗争的长期性,而且充分表现了阶级斗争的普遍性;它不但写了经济、政治领域的阶级斗争,而且写了思想、文化领域里的阶级斗争。

首先,它反映了三座大山对广大群众的残酷压迫。旧社会,劳苦大众过着暗无天日的生活,受着非人的待遇。他们不但得不到幸福和自由,甚至连做人的权利都被剥夺了。梁永生的祖籍在大江以南的杭州府。有一年稻子因天旱歉收,恶霸地主苏振坡,硬说是梁喜汉的名字犯碍,立逼着梁永生的曾祖父梁喜汉改名字,老人家不改,他就喝令狗腿子将其装进麻袋扔下运河淹死了。门大爷原籍在山西太原。他父亲是个铁匠,为人刚直,好主持公道。有一回大财主朱玉祥逼死一家佃户,还要霸占人家的妻子。他父亲提着铁锤闯进朱家质问了两句,当天晚上就被打死在屈死的佃户门口。通过这两个事例,充分体现了地主阶级对农民压迫的普遍性和残酷性。农民没有说话的权利,就连取个名字也要受到干涉。真是"有强权,没公理"！这是怎样一个世道呀?

为什么财主能够为所欲为、肆无忌惮地欺压穷人呢?就因为他们有反动政权作为靠山,旧的国家机器保护着他们的利益。因此,白眼狼贾永贵谋财害命,杀死了常明义,却逍遥法外,悠然自得;为穷人喊冤、闯衙告状的梁宝成,却被活活打死。正如群众说的:"前清家、北洋军阀、国民党一个样,都是捉弄穷人,换汤不换药!"反动政权都是一脉相承的,它们都是为反动统治阶级的利益服务的。财主的横行霸道,在他们看来完全是合理的。因此,向反动衙门去告财主,怎能不吃亏呢?只能是自投罗网而已!

反动政府为了维持自己的黑暗统治,还和帝国主义勾结在一起,共同欺压穷人。日本兵坐上汽车在闹市横冲直撞,轧死人而不负任何责任。帝国主义办的"广善堂",名为慈善机构,实为残害中国幼儿生命的魔窟。这一幅幅血淋淋的阶级压迫的悲惨图画,真使人触目惊心,目不忍睹,耳不忍闻!正如鲁迅先生说的:"所谓中国的文明者,其实不过是安排给阔人享用的人肉的筵宴。所谓中国者,其实不过是安排这人肉筵宴的厨房。"作者以上的艺术描写,就是对鲁迅先生这段话的一个很好的注脚。

哪里有压迫,哪里就有反抗。这是阶级斗争的必然规律。作者在描写阶级压迫的同时,还描写了人民的反抗斗争。门大爷和他弟弟为了报杀父之仇,每人拿着一口刀,冷不防闯进朱家,杀死了财主朱玉祥。梁永生父子血染龙潭,杀了白眼狼的三个儿子、军师马铁德和保镖方巾,白眼狼身受重伤,几乎丧命。这些动天地、泣鬼神的斗争故事,都使人读后感到痛快淋漓、精神振奋,受到极大的鼓舞。我们中华民族,是一个富有革命斗争传统的民族。从陈涉、吴广领导的农民起义,到义和团的反对外国侵略者,反抗斗争从来就没有停止过。《龙潭记》中的这些生动描写,就是对中国人民斗争历史的艺术概括。

但是,中华民族走了一条艰难曲折的反抗斗争道路。梁永生"从龙潭到德州,以后又雒家庄、宁安寨、杨柳青、大津卫、徐家屯……跑了一周遭儿,又回到宁安寨，杀进龙潭街"，以后奔赴革命圣地延安。他这漫长而曲折的生活道路，充满了反抗和斗争，深深印着为穷人报仇、寻求革命真理的足迹。这实际上也体现了中华民族寻求革命道路的艰难历程。梁永生说的："认命不如拼命，拼命不如革命"。这是他的亲身体会，也是中华民族几千年来斗争经验的总结。"认命—拼命—革命"，就标志着中华民族反抗斗争的三个历史阶段。这个概括是准确而深刻的！它是郭澄清同志对民族命运问题思考的结晶。认命，就是处于蒙昧阶段。他们只感到生活很苦，但并不了解痛苦的根源，因此受命运的摆布而无能为力。魏大叔、雒大娘就是这个类型的人物。他们把受苦看成是命运注定的，认为人力是无法改变的，所以对统治阶级的压迫和摧残只能默默忍受，不敢反抗和斗争。拼命，就是自发斗争阶段。他们只看到某个人的飞扬跋扈、蛮横无理，因此只向个人复仇，自发地进行斗争。他们没有认识到这是阶级压迫的结果，这是旧制度的罪恶；没有认识到团结起来、进行武装斗争的重要性；也没有找到党的正确领导。像门大爷、梁永生所作的斗争，都属于此类。革命，就是在党的领导下自觉地进行斗争。他们懂得了团结起来，有组织、有领导地进行斗争的重要性。他们斗争的目标，再不是向个人复仇，而是以推翻统治阶级和剥削制度为目的。他们要建立工农劳苦大众当家作主的新政权。进而，还要为实现人类最理想、最美好的共产主义社会而奋斗。"只有革命，才是咱穷人的出路。"这是梁永生的结论，也是多少代人前仆后继，流血牺牲，才换来的真理！我们世世代代都要牢记这个用血换来的真理！

《龙潭记》还淋漓尽致地描写了穷人的阶级友爱。其中有讨饭的赵奶奶将无家可归夜宿庙台的梁永生领进自己的窑洞，使他有了家；佃户雒大娘收留了梁永生这个无人抚养的孤儿，使他感到了母爱的温暖；人力车夫周义林冒着生命危险，帮助梁永生一家躲过了灭顶之灾……这一幕幕情深义浓的场景，都给人留下了难忘的印象。团结就是力量。只有普天下的穷人都团结起来，才能铲除旧社会吃人的牢狱，砸碎穷人脖子上的枷锁。作者这些阶级友爱的描写，就从正面说明了团结的重要性。同时，他又从梁永生失败的教训中，从反面说明了这个道理。梁永生的反抗斗争，不能说不勇敢，但为什么一次又一次失败、得不到理想的效果呢？就因为他是单枪匹马的个人反抗。个人的力量再大，究竟是有限的，同强大而顽固的旧制度相比，就显得弱小。因此，斗争是不会取得胜利的。作者通过艺术描写对个人反抗的道路作了深刻的批判。他这样写道：

“眼时下这个世道儿,不是很像个老大老大的鸟笼子吗?我梁永生拿着这口大刀,在这个大笼子里东碰西撞,扑棱了二十多年,扑棱出个啥结果呢?唉——!照这个扑棱法儿,别说是再扑棱二十多年,就算扑棱到老死,也是白搭黄花菜呀!”这是梁永生对他前半生所走过的道路的反思,也表示他从实践中逐渐觉醒。最后,他认识到:“只有普天下的穷人们‘团结起来,到明天’,像流水那样,万众一心聚成一股力量,劲往一处使,血往一处流,才能砸烂旧世道儿——这个穷人的牢笼!”怎样才能使普天下的穷人团结起来呢?只有在共产党的领导下,用马列主义思想唤醒广大劳苦群众的阶级觉悟,使他们由“自在的阶级”变成“自为的阶级”。这样,才使他们能够由分散的、自发的斗争,而变成有组织、有领导的自觉的斗争。只有在党的领导下,组成浩浩荡荡的革命大军,拿起枪杆子,走武装斗争的道路,才能取得革命的胜利。作品的最后一章是《走延安》,作者之所以这样安排是有其深刻寓意的。《走延安》就是走向革命,投入党的怀抱。这是由个人反抗到走上在党的领导下的集体革命斗争道路的标志。这是一个革命者应有的归宿,同时也是一个新的起点。“卒彰显其志”。这正是作者的点睛之笔。《走延安》这在30年代是人心所向、众望所归的一股强大的不可抗拒的革命洪流。作者真实地反映了这个时代潮流,反映了历史发展的必然趋势。他给在黑暗中摸索的人物指出了正确的方向和道路。同时,还为《大刀记》中梁永生成为八路军大刀队长以后,同日本帝国主义的英勇斗争,作了准备和铺垫。

总之,《龙潭记》这部长篇小说,既真实地反映了旧社会尖锐、激烈的阶级斗争,又反映了中国人民寻找革命道路的艰难历程。同时,还热情洋溢地歌颂了以梁永生为代表的革命人民英勇、顽强的斗争精神。

二

中国现代文学的发展,是从两条渠道吸取营养的:一条是外国文学,它帮助中国文学走上了现代化的道路;一条是古代文学和民间文学,它是现代文学深深扎根在中国的土地上,更加具有地方特色,更加民族化。郭澄清同志走的是后一条道路。所以,他的作品具有浓郁的乡土气息和民族特色。

《龙潭记》在艺术上也取得了比较高的成就,主要表现在它对民族文学传统的继承和发展方面。它给人的突出印象,就是个“奇”字。

本来《龙潭记》写的题材并不新鲜,写的人物也是大家所熟悉的。但经过作者独具匠心的艺术处理,却使平凡的题材和人物出了新意。从时间跨度来说,它从清朝末年一直写到抗日战争,近半个世纪之久;它写了梁永生一家五代人的遭遇,这就大大增加了历史纵深感,从地域来说,也比其他小说开阔得多。一般小说都是以某一地区为中心进行描写的,而它却从长江以南的杭州,写到华北的天津,东北的兴安岭,西北的延安,在祖国万里神州上写了一个大大的"人"字。从人物来说,也比其他小说复杂广泛得多。它写的有农民、工人、店员、教师、手工业者、人力车夫、地主、恶霸、军阀、牧师、人贩子、日本兵、资本家、狗腿子等等,真是三教九流,五行八作,色色俱全。这部小说仅 27 万多字,就写了有名有姓的 70 多个人物。而且,主人公梁永生,精通武术,身背大刀,就更具有中国英雄人物的风貌。

尤其在情节安排上更是吸取了中国古典小说的长处,富有浓郁的传奇色彩。这部小说,采用了白描的写法。运用了单线结构和章回体的形式,使人感到结构单纯,脉络清楚,文字干净利落。读起来很有《水浒传》的韵味。茅盾同志指出:"从全书看来,《水浒》的结构不是有机的结构。我们可以把若干主要人物的故事分别编为各自独立的短篇或中篇而无割裂之感。但是,从一个人物的故事看来,《水浒》的结构是严密的,甚至,也是有机的。"《龙潭记》也是这样,统观全局,好像结构不那么紧凑;但从每个故事看,却安排得紧张有序,摇曳多姿,极尽错综变化之能事。譬如《卖子救夫》一章,就写得波澜起伏,曲折动人。这个故事,有头有尾,交代清楚,前后照应,结构完整。而且三起三伏,情节既在预料之外,又在情理之中,非常生动,紧紧抓着读者的心,能够引人入胜。又像《打虎遇险》一章,就更富有传奇色彩。梁永生一家住在兴安岭的深山老林里,冰天雪地,杳无人迹。只有"虎洞熊窝,野猪鹿群",整天与野兽为伍。为了防御狼虫的糟害,他们在树上搭起了窝棚。以后,又住在山洞里。在 20 世纪 30 年代,还过着原始人一样的生活,这景致就非常奇特。而且,一个 10 多岁的小孩,居然敢和凶猛的老虎拼搏,这事情也是奇特的。尤其情节的描写,犹如汪洋大海,波涛滚滚,一波未平,一波又起,而且回环曲折,变幻莫测,更使人感到奇特。这真是景奇、事奇、情节更奇的"三奇"文章。阅读时使人始终处在激动和兴奋之中,完全被书中的情节所陶醉。

在景物描写方面也是很有特色的。

首先,作者通过景物描写给人物的活动安排了一个典型的环境。像对贾家庄院的描写,不仅和白眼狼、马铁德阴险狡诈的性格相协调,而且还创造了一种氛围,使他们所干的罪恶勾当,显得更加阴森恐怖。

其次,借景抒情,情景交融,创造了诗的意境。像《古庙许亲》一章,写杨翠花的母亲贫病交加死在荒凉的古庙里。梁永生和杨翠花泣不成声,悲痛欲绝。这时,作者写道:"屋外。雨,正然越下越大,越下越急。先是像瓢泼,继而如盆倾,后来就像天河脱了底,千万条雨线连起来,天地之间一片白。风,也愈刮愈烈,愈刮愈狂。庙院中的树木有的被捋去枝丫,有的拦腰而断,有的连根拔起……"这一段风狂雨猛的描写象征着黑暗势力对劳苦群众的打击,越来越沉重,越来越厉害,甚至成为无法躲避的灭顶之灾。这里的狂风暴雨又代表了人民愤懑的呼声,抒发了对旧社会的强烈控诉之情。同时,它还创造了一种奔腾激越的艺术气氛,一种诗的意境。这既是写景,又是抒情,真是"一切景语,皆情语也"。这段写景,简直是一首含蓄、隽永、寓意深刻的诗!又如《新婚喜日》一章,写梁永生和杨翠花在新婚喜庆的日子里,过着亲热、甜美、和睦的生活。全家都沉浸在幸福之中。作者在最后写道:"西天上,展开一幅五色缤纷的画卷。啊,多么美丽的晚霞呀!可惜!这晚霞的美景,是短暂的。而且,晚霞不是黎明的预报。在晚霞和黎明之间,还有一个漫长的、难熬的黑夜。"这多像一首优美的抒情诗,又多像一幅色彩淡雅的水墨画!在这里景和情完全水乳交融在一起了。而且还带着深刻的哲理性。作者既为人物的幸福纵情歌唱,又替人物的命运担心,预示主人公还有一段艰难曲折、坎坷不平的漫长的生活道路。

再次,作者采用了电影文学剧本的写法,景物描写既简练、含蓄,又像电影镜头一样映现了逼真的生活画面,还给读者留下了广阔的想象空间。《杨柳青投亲》一章开头写道:"深秋。风沙骚动的荒野里,走动着永生一家人。梁永生背着志勇、抱着志坚,艰辛地蹒跚着。"这里写景只用了两个字,可谓精练!但它包含着多么丰富的内容呀!作者让读者通过自己的想象去补充。同时,这三句话又多么像电影镜头,由远到近,越来越清晰地把主人公的影像推到了读者面前。又像《风雪关东路》一章中写道:"残秋漫漫野,苍苍凉凉。风吹草哭,雀飞枝抖。"这三句话写了远、中、近三个画面。第一句是全景,最后一句是特写镜头。不但写出了景物,而且写出了气氛。特别是"哭"和"抖"这两个动词,运用了拟人的修辞手法,不但把静景写成了动景,增加了声音,使人有了立体感,而且还把景和情巧妙地结合在一起,使内蕴更加丰富。

此外,郭澄清同志在语言方面也特别讲究。不管人物对话,还是叙述语言,都采用经过加工的山东方言。这不但使作品充满了强烈的生活气息和浓郁的地方色彩,而且生动形象,亲切自然,更加口语化,丰富了语言的表现力。同时,也使郭澄清的作品,富有自己独特的语言个性。

作品中还运用了许多民谚和歇后语,使人感到清新活泼,言简意丰。像"县令县令,听钱调用"、"衙门口朝南开,有理没钱别进来"、"穷煞别扛活,屈煞别告状"、"穷人见穷人,非亲胜似亲;富人见穷人,是亲不认亲"这些谚语,都是人们经验的结晶,包含着深刻的哲理。用在作品中都恰到好处地表现了人物的思想感情,体现了当时的时代特色。又如用歇后语:"王八吃西瓜——滚的滚爬的爬"来形容狗腿子抱头鼠窜的狼狈相,既生动形象,又很风趣幽默,收到了特殊的语言效果。唐韬同志说过:"这些谚语俗话,大都烫刺着产生它们的社会环境的烙印,表现出现实的机智,它刚健、清新,是文章最好的养料,一经吸取,就使所描绘的情景更为灵活和生动起来。"看来,郭澄清同志是深通此道的。他收集了大量的民间谚语和歇后语,整理起来,装订成册的就有几大本。由于他非常注意从广大人民群众中吸取活的语言营养,因此读他的著作,总感到有一股虎虎生气。

在句式上,作者特别喜欢运用排比和对偶句。读起来使人感到节奏鲜明,音韵铿锵,有一种音乐美。这说明作者在古文方面有比较深的造诣。他吸收了我国古代散文的长处,造句比较讲究对仗,因此他的小说不但耐看,而且耐读。

但是白璧微瑕。我认为这部小说人物性格比较单一,没有充分体现现实生活的复杂性。有些人物也出现得比较突兀。此外,在更深层次上挖掘人物的心理活动不够;人物的语言也应更加个性化一些。

虽然这部作品未臻完美,但总的来说还是很好的,值得一读。无论从思想内容或艺术表现来说,都体现了作家的新追求。特别在民族化的道路上,又向前迈进了一步。

(本文原刊于《渭南师专学报》1986年第2期)

2002 年

可资借鉴的短篇小说创作技巧

——重读著名作家郭澄清的短篇小说

吴开晋

以《大刀记》闻名于世的郭澄清先生已辞世10余年了，对这部影响甚广的长篇巨著，过去已有不少文章论及，但对他数量众多而优秀的短篇小说佳作却评价不多，只有60年代我在吉林大学工作时，读过阎纲、浩然等先生对郭先生短篇小说专论的文章，如阎纲：《黑掌柜为什么好》，见《大公报》1962年12月15日；浩然：《一个崭新的贫农形象——给〈社迷传〉的作者郭澄清同志》，见《光明日报》1966年4月26日。其实，在当代文学史上，郭澄清先生的短篇小说成就，从文学与艺术的多个角度论证，都是极为优秀的，应该占有重要的一席之地。近来读了发表于2001年第3期《山东文学》"故文新读"栏目中郭先生的《社迷续传》时，更是深深打动了我的心灵，先生的短篇小说在创作技巧上有许多独特的、可资借鉴的语言艺术、结构情节艺术、风格形式；至今仍有其不可忽视的现实价值。尽管囿于当时的社会背景，作品的某些内容打上了当时的时代烙印，但其描写农村农民的艺术成就，从文学角度来衡量，其生命力和影响力是深远的。郭先生在创作技巧上的成熟，语言艺术的独特，对今天的青年作者，还会有许多启发。大致翻一下时下文学期刊的短篇小说，虽说有不少生动的新颖的内容，有些作者也重视创作技巧，但不可否认，也有不少篇章拖沓冗长，许多短篇近乎中篇，甚至轻视对人物的刻画和情节结构的简练紧凑，语言也乏特色，令人读后留不下深刻印象。郭澄清先生的短篇，恰恰在这方面作出了有益的成功的尝试。

首先，郭先生重视对人物形象的精雕细刻。茅盾先生在谈到长篇小说与短篇小说区别时说过："短篇小说主要是抓住一个富有典型意义的生活片断来说明一个问题或表现比它本身广阔得多、也复杂得多的社会现象的。”因此，“短篇小说的人物不一定有性格的发展，长篇小说的人物却大都有性格的发展”（见《鼓吹集》）。这并非说，它不重视人物形象的塑造，而是说，它有独特的塑造人物的方式，就是抓住典型的情节或细节，突出人物性格的某一点，这样，也就达到了如鲁迅先生所说的“借一斑略知全貌，以一目尽传精神”①。由于郭澄清先生长期在农村生活和工作，对各种人物非常熟悉，便能成功地抓住某些极富典型性的情节和细节、抓取到一个或几个精彩片断，把人物形象突现出来，如他的很多代表作《黑掌柜》《茶坊嫂》《马家店》《孟琢磨》等，都有此特点。先以《黑掌柜》为例，作者写那位受到误告的村供销社工作人员，是以第一人称的“我”目睹他熟练准确的剪布、称盐以及串乡卖货并为各村串通有无农具等细节表现的，他不用尺量，用手一扯就是顾客要的尺码，不用秤称，用碗一舀就够顾客所要的斤两。这当然不是天生的本事，而是深夜不睡，不断练习达到的。这种敬业精神，在今天不是仍值得许多人学习吗？至于他被社员误告，说他打酒克扣斤两的事，原是告状人的妻子为给不会持家的丈夫偷偷攒钱存在信用社造成的。最后告状人当面道歉终于真相大白。通过这些细节描写，这一人物简直活灵活现。其他如《茶坊嫂》中的女主人公担井水穿过人挤人的闹市，并在卖茶水之余帮人捎药、洗衣，多一分钱也不要的描写；《马家店》中店主人从客人身上沾的沙土能判定其来往的方向，宁肯自己睡桌子也叫投宿人住下，并能预测大风雪的描写；《孟琢磨》中的主人公为治盐碱地几年的琢磨思考终于找出根治的方法等描写，都生动地把这些普通人的独特性格，展示在读者面前，给人留下了深刻的印象。

其次是引人入胜的情节和简洁的风格。短篇小说要想引人入胜，除了生动的人物描写之外，就是要在情节的出奇制胜上下功夫，那就需要悬念。我国传统的小说创作和时下某些通俗小说，都重视这一点。当然，一些侧重心理分析和意识流的小说另当别论。老舍先生说：“短篇小说是后起的文艺最需要技巧，它差不多是仗着技巧而成为独立的一个体裁”②。而设置悬念，即是短篇小说创作中一项重要的技巧。郭澄清先生的作品就很重视此道。所说悬念，和相声中的“包袱”差不多。也如同猜谜，作者先说出谜面，引导读者去猜，最后才能把答

① 《近代世界短篇小说集·小引》。

② 《我怎样写短篇小说》，见《老舍论创作》。

案——谜底亮出来，给读者一个合理的交代。如《万灵丹》中写秋香用科学方法种玉米时故意留出两垅地不搞，说是做“药材”，人们不禁要问，她要种什么药材，治什么病呢？最后大家才明白，应用科学方法种的玉米获得大丰收，而留下的那两垅庄稼却长得不好，从而使她丈夫长清心服口服之后，谜底也就揭开了。再如写革命战争题材的《老人》，篇中的“我”接待上访的叫何老六的老人，突然发现老人的手指少了半截，引起了作者的回忆，这老人的手指为什么少半截？“我”又为什么觉得他很熟悉？这也是悬念。经过“我”对战争年代一段生活的回忆，人们明白了，原来老人为救当了子弟兵的“我”用镰刀砍去一节指头往地上滴血，以便把敌人引开而造成，这就增加了小说的传奇色彩，耐人读下去。其它如《老邮差》《嘟嘟奶奶》《三访某大娘》等篇，也设置了一些带悬念的情节，增加了故事性和吸引力。

郭澄清先生的短篇所以具有耐读性，和简洁的风格也分不开。风格之简洁，除了篇幅不可过长外，还要求剪裁得当，叙述和描写不能拖泥带水。茅盾先生说：“在我看来，短篇小说太长的原因之一，是缺乏剪裁。作者对于自己所掌握的材料，过分地溺爱，一视同仁，不肯割爱。我们知道，园艺家常常把太多的蓓蕾摘去，只留下二三个，这样就得到了特别大的花朵，这个比喻，大致可以说明创作过程中剪裁的必要。”①的确如此，作者如果对自己掌握的素材什么也舍不得丢弃，必然会造成面面俱到，平铺直叙，而且会把篇幅拉长。“不会删除什么，就不能突出什么”。郭澄清先生的很多佳作，大都简练，剪裁得当，在时间的跨度上还常常采用跳跃式，这样就省略掉了许多次要的事件甚至是某些过程。再以《黑掌柜》为例，无非是选择了几个人物的亮点加以描绘，许多过程都剪掉了。开头是县供销社接到告状信后对黑掌柜历史的简要概括及人们的两种截然相反的看法；其次是调查人员见到他后，见他熟练的业务能力及一心为群众的作风引起的惊讶；再就是告状人丁芒种得知老婆扣他的酒钱存起来，因错怪了黑掌柜前来道歉。通过这三大块的叙说、描写，人物便赫然立起来，其它一些多余的过程叙述都省略了，这就显得非常简洁生动。又如写老保管员的《蹩拉气》、写在乡优秀知青的《铁蛋哥》以及《老邮差》《孟琢磨》等，也有这些特点，是剪裁得当、风格简洁的佳作。

---

① 《试读短篇小说》，见《鼓吹集》。

再次是郭先生非常生活化和性格化的语言,独具风格,为作品增色不少。由于作者熟悉农村生活,当然也熟悉不同人物的语言习惯,所以在作品中大多采用了非常生活化、口语化的语言,极少用文绉绉的书面语言,就像和读者拉家常一样。至于不同的人物,又由于年龄、经历、职业的不同,其对话又各具特色,非常符合人物的性格要求。老舍先生说:"要把语言写好,不只是'说什么'的问题,而是'怎么说'的问题。创作是个人的工作,'怎么说'就表现了个人的风格与语言创造力。我这么说,说的与众不同,特别好,就表现了个人的风格与语言创造力。"①这是说得十分到位的,郭澄清先生也正是一位有自己独特语言风格的作家。比如他的叙述语言:"'蚕老一时,麦熟一晌',这句农谚真灵验;刮了两天旱风,满洼麦子,说黄就黄成一片了。"(《麦梢黄了》)写得自然而朴实,季节、时令的变化也包含在其中;再如对丰收景象的描写:"这时,满洼遍野,一片丰收景象——玉米'卖花线',谷子正'挑旗',高粱'扛了枪',棉花'噘着嘴'……"(《虎子》)真是绘声绘色,像这样的描写还有很多。又如人物的个性化语言:"我连连赞叹他的本事。他说:'买卖人嘛,手是戥子眼是称,心眼儿就是定盘星'"(《黑掌柜》),把人物的身份和内心的自信感都写出来了。还有《茶坊嫂》对人物外貌特征的刻画:"大嫂真不简单。她担着水桶,穿大街,越小巷,拐弯抹角,风快地走着。一路上,她总是一股劲——背挺得直,气喘得不粗,用力地甩着手臂,大摇大摆,踏着均匀的步子;她那对大脚片——长有七八寸,宽有五六指,就像两只大铁锤,蹬得大地咯咯响;那个小发髻,垂在脑后勺上,随着她这大脚女人特有的脚步,有规律的颤动着。"②一位劳动妇女的生动形象活画出来了,类似这样的描写还有许多。从上述作品中可以得出一个合理的结论,那就是郭澄清先生以他丰厚的生活底蕴和精益求精的探索精神,在短篇小说创作方面,为人们留下宝贵的经验和财富,值得从事短篇小说创作的作者们借鉴。

2001 年 3 月草于山东大学文学院

2002 年 4 月改定于听云轩

(本文原刊于《山东文学》2002 年第 7 期)

---

① 《关于文学的语言问题》,载《出口成章》一书。

② 《茶坊嫂》,以上所引作品皆收入《麦苗返青》一书中,山东人民出版社 1978 年 9 月版。

2005 年

人民的作家为人民

——写在郭澄清同志新版《大刀记》出版之际

张全景

今年是抗日战争胜利60周年,也是著名作家郭澄清同志从事文学创作50周年。在这一值得我们纪念的时刻,人民文学出版社再版郭澄清同志的《大刀记》,将这一反映我党领导人民群众浴血奋战抗击日本侵略者题材的传世佳作奉献给广大读者,很有意义。

邓小平同志在全国第四次文代会上的《祝词》中说:"人民是文艺工作者的母亲。一切进步文艺工作者的艺术生命,就在于他们同人民之间的血肉联系。忘记、忽略或是割断这种联系,艺术生命就会枯竭。人民需要艺术,艺术更需要人民。"今天重温这一教诲,重读《大刀记》,就会更加深刻的认识人民与艺术的关系。作者只有生活在人民的火热生活之中,只有和时代的脉搏相结合,才能保持旺盛的生命力,才能写出永葆青春的作品。

郭澄清同志是沿着毛主席《在延安文艺座谈会上的讲话》指引的道路,终生不渝地吸取党和人民的乳汁成长起来的优秀作家,也正因为他始终不脱离生活,不脱离人民,所以,他才具有坚强的革命意志,有旺盛的创作力。他不论处在顺境或者逆境的何种政治景况下,仍然坚持为党写作;不论文坛上有什么风云变幻,仍然坚持为人民的利益写作。熟知郭澄清的人都知道,《大刀记》第一部早在1971年完稿,并由人民文学出版社印刷了内部征求意见本,但在"四人帮"的干扰阻挠下,《大刀记》一直未能通过审查,不准出版,这一压就是3年。直至1975年,在毛泽东同志对文艺工作作出重要批示,邓小平同志主持中央工作,全面展开整顿(包括文艺整顿)的情况下,才改变了郭澄清和他的《大刀记》

的命运。郭澄清多次和我谈起，当年人民文学出版社的领导严文井、屠岸、王致远及责编谢永旺，文化部副部长贺敬之等一批老同志硬是顶着“四人帮”的压力，冲破文化禁锢的封锁，抓住纪念抗日战争胜利30周年的时机，把《大刀记》奉献给全国人民。《大刀记》出版后，中共山东省委、德州地委都非常重视，我到作家的故乡宁津县郭皋村看望他。当我迈进长篇小说《大刀记》的“分娩产房”时，感到愕然。三间小土屋，里面只有一个土炕，一张很破旧的八仙桌，桌上一盏煤油灯，灯下一摞一摞的手稿，小小的糊着纸的木格窗户透过一点微弱的光，昏暗的煤油灯下，郭澄清正低头握笔书写……我的突然到来，使他异常激动，他忽地站起来，双手用力攥紧了我的手，双眼似乎涌出泪水。郭澄清穿着一身很旧的布衣裤，脸色黄瘦。我说：“省委和地委的领导都十分关心你，让你多保重，注意身体。谢谢你写了对人民有益的《大刀记》。”郭澄清连连点头，说：“谢谢领导的支持，谢谢党的培养！谢谢大家。”当时，郭澄清已任山东省文化厅党委成员，山东省创作办公室主任，省委在省城济南给他安排了较好的住房。我看到他身体不好，当即果断地说：“澄清啊，休息休息吧！跟我回济南查查身体。抓抓全省创作，疗养疗养，省委领导也是这个意思！”但郭澄清却说：“我是写农村生活的，只有在农村与农民共命运，才能写出真实的好作品，若离开了农村，就等于鱼儿离开了水，若忘记了农民，就等于忘了我党的历史与传统，忘记了党员作家的责任。毛主席他老人家在延安文艺座谈会上的讲话，就是要求我们作家要时时刻刻深入人民群众。”我一时无话可说，心中的敬意油然而生。当郭澄清双手捧送给我他亲手签名的《大刀记》一套三卷时，心中十分激动。那是我国唯一一部描绘我的家乡鲁北平原抗日战争的长篇小说。当年《大刀记》出版时广大读者争相阅读，争相传诵的动人情景历历在目，作者所歌颂的鲁北平原人民在抗日战争中气贯长虹的英雄气概和辉映千秋的历史功勋，已深深烙刻在人民的心中。毋庸置疑，《大刀记》这部三卷本的长篇巨著以及改编的电影《大刀记》、话剧《大刀记》、评书《大刀记》和连环画册《大刀记》，当时看过的读者和观众，在全国无计其数。郭澄清的读者和观众至今怀念他，我就是其中之一。我为我的家乡鲁北有郭澄清这样优秀的作家感到自豪。

由于创作《大刀记》的曲折和艰难过程，更由于“反击右倾翻案风”邓小平同志的再次被打倒，“四人帮”控制的文化部特派专人到山东调查《大刀记》创作背景，是否有“走资派”支持，并在会上强令他写一部歌颂“文革”的小说，澄清心中极为气愤和痛苦,加之长期的艰苦创作和极左的政治压力,于1976年5月突然病倒了。山东省、地各级党委极为重视,奋力抢救,终于保下了他的生命,但他偏瘫了,我多次到医院看望他。转眼到了1984年,想不到他的儿子给我送来了他新出版的长篇小说《龙潭记》,我这才知道郭澄清又回了故乡,仍然居住在宁津县郭皋村"分娩"《大刀记》的那间土屋里。听到这些,我感到很不是滋味,非常惦念他,当即请宁津县有关部门给他在县城安排了住房,并具体批办了郭澄清的省直"干部保健医疗证",享受厅级干部保健医疗(郭澄清时任山东省作家协会副主席)。转眼至1987年的春节,郭澄清的儿子又给我送来了他新出版的长篇小说《决斗》,我了解到他的夫人刘宝莲同志因长期护理照顾澄清同志,已患重病在北京住院治疗。这时,我很着急,立即派人把他接到济南千佛山医院干部保健病房静养。这期间关心郭澄清同志的报刊领导派记者写了《内参》上报,中共中央书记处书记邓力群,中宣部副部长贺敬之及山东省委主要领导都作了具体批示。我几次到千佛山医院看他时,见他用嘴叼着笔写字的情景,感佩不已,至今仍时时浮现在我的脑海。

郭澄清不仅在年富力强时创作出版了《大刀记》《社迷》《黑掌柜》《公社书记》等名篇佳作,使他闻名遐迩,而且在他身患重病以后,并没有躺在病榻上呻吟,在病痛中消磨时日,而是以惊人的毅力和拼搏精神,克服了令人难以想象的困难,顽强地为党为人民写作。先后又创作出版了《决斗》《龙潭记》《历史悲壮的回声》等。他为什么能够做到这样?归根结底,就是他坚持了毛泽东同志提出的文艺工作者的方向,就是因为他以自己的实际行动,去实践邓小平同志对文艺工作者所提出的要求。是人民群众丰富多彩的实践生活,为他提供了创作的源泉,是人民群众精神的感召,使他获得了无坚不摧的力量。

时代在发展,我国已经进入了一个新的历史时期。毛泽东、邓小平、江泽民、胡锦涛同志关于作家和人民、作家和生活的关系的论断,是完全符合文学艺术的规律的。一个有志于人民文艺事业的人,应当矢志不移地走同人民群众相结合的道路,像郭澄清那样,满怀激情地投入人民生活的洪流中,反映我们伟大的时代,歌颂我们伟大的党、伟大的人民。

2005年3月于北京

(本文作为序言,原刊于人民文学出版社2005年版《郭澄清短篇小说选》)

在历史的缝隙中发现诗与美[①]

——序《郭澄清短篇小说选》

吴义勤

郭澄清先生第一篇引起我注目的小说是发表于2001年第3期《山东文学》"故文新读"栏目中的《社迷续传》，作品以拉家常式的纯朴、生动的口语，把妙笔生花的几个小故事串联在一起，成功塑造了一个栩栩如生的"社迷"形象，小说的魅力深深打动了我。为此，我几经周折借到了郭澄清先生的短篇小说集《麦苗返青》一读为快，《黑掌柜》《公社书记》《篱墙两边》《蹩拉气》《茶坊嫂》《助手的助手》等等，几十个短篇佳作扑面而来，郭澄清小说质朴、浑厚、凝重、深刻的风格给我留下了深刻的印象。众所周知，20世纪50—60年代的中国文学，曾经因为意识形态和政治因素的影响而陷入了艺术的低谷，但郭澄清先生的短篇小说创作，却让我看到了作家在历史话语和政治话语的缝隙中开掘文学性的能力，他对生活的诗性和人物的美感的艺术呈现极大地突破了意识形态的桎梏，直接面对现实主义的本质和本源意义，还原了人性美，杰出地代表了他生活的那个时代中国短篇小说创作的成就。

郭澄清先生的《黑掌柜》1985年至今一直作为范文入选复旦大学教材《大学写作》一书。该教材选读范文共20篇，在小说方面只选了《黑掌柜》和鲁迅的《药》两篇。这足可见郭澄清小说的独特性与不俗魅力。他的小说多取材农村的日常生活，聚焦平凡而普通的农民，描绘他们的言行、气质与精神品格。他致力于在人物的形象中反映、探求生活的真理，概括深厚的历史与社会内容。这种探求既是清醒、严谨的，同时又是丰富多彩、充满激情的。

郭澄清先生笔下的农村生活从来不是"江南春色浓于酒"的田园诗，他总是站在时代的制高点上，观察、审视、思考当时的社会，力求从总体上塑造时代人

① 本文经作者精简后，以《在历史缝隙中发现美》为题，发表于2005年12月6日《文艺报》。

物，概括社会生活风貌，用大手笔艺术地描绘时代。这使每一位读了郭澄清短篇小说系列的人，都会深深对五六十年代的中国有一个抹不去的、烙刻在心中的回忆或记忆。但同时，他又是一个在时代的氛围中能够始终尊重艺术规律的作家，他总是力求在对时代素描中把艺术上的流失降到最低点。为此，他对现实主义倾注了特别真实而清醒的热情。在短篇集《社迷》后记中，他写道："我的家乡是抗日根据地。我参加革命时，还是个十几岁的孩子。党像母亲一般，哺育我成长，并使我有了文化。我正式学习写作，开始于农业合作化的初期。那时节，形势发展一日千里，新人新事层出不穷，祖国的一切，都在发生着深刻的变化。此情此景，使我的心不能平静。我愿把亲眼看见的新人新事写出来，希望曾经教育了自己的事迹，能再感染别人。社迷、虎子、春儿、茶坊嫂、黑掌柜、方方嫂、老队长……众多的意气风发的先进人物形象，在我的脑子里行动着，活跃着。于是，我怀着激动的心情，提笔展纸，在灯光下写，在膝盖上写……"郭澄清忠实于现实，以"文学是语言学"、是艺术与美学结合的创作理念，真实地刻画了那个年代的农民和党的血肉联系，展现着那个年代人民群众从不动摇的对社会主义的信心，栩栩如生的人性本质描绘，使作品中人物的美感、诗性处处可见。毋庸置疑，作家是有时代性的，作品是时代的产物，研究和评价一个作家、一部作品必须与所反映的时代相结合。新中国的诞生，是中国几百年历史上最光辉的一页，歌颂新中国，歌颂共产党可以说正是那一代作家共同的、必然的选择。

郭澄清先生的《黑掌柜》《公社书记》《蹩拉气》《社迷》《高七》《孟琢磨》《老人》等小说都以人物"命名"，塑造了几十个栩栩如生的社会主义新（美）人形象。这些人物都扎根在历史和现实的沃土之中，并成了那个时代的标志。他们不是作家灵感所至的即兴创作，也不是对农村生活的表面现象的描摹，而是郭澄清先生在对中国农村社会深刻解剖的基础上所结出的硕果。茅盾曾经说过："我们相信一个民族既有了几千年的历史，他们民族性里一定藏着善美的特点；把他发挥光大起来，是该民族义不容辞的神圣职责。中华这么一个民族，其国民岂逐无一美点？"（《新文学研究者的责任与努力》）郭澄清先生是农民身上优秀品格的有力发掘者，他对农民主人公品格美、精神美以及勤劳、勇敢、正直、诚恳、无私等性格特质的表现，赋予小说积极而温暖的力量。在这方面，《篱墙两边》是一篇值得特别推荐的作品。作家把张大婶灵魂的美升华到了极致，全篇闪耀着诗意的强烈光彩。与那种“莺歌燕舞”式的粉饰爱情绝然不同,这篇婚姻小说郭澄清先生写得别开生面,独具匠心。李三哥和王二嫂相爱并结合的故事,在张大嫂的导演下,细节层层展开,情节环环相扣,一切水到渠成。而张大婶导演这个爱情故事的乐与愁,也得到了充分的揭示。在当代爱情小说中,这篇作品风格独具,在五六十年代的文坛上绽放出了璀璨的艺术光彩。

已故诗人、理论家何其芳曾有一个精辟论断:“那些最能激动人的作品常常是不仅描写了残酷的现实,而且同时也放射着诗的光辉。这种诗的光辉或者表现在作品中的正面的人物和行为上,或者是同某些人物和行为结合在一起的作家的理想的闪耀,或者来自从平凡而卑微的生活的深处发现了崇高的事物,或者就是从对于消极的否定的现象的深刻而热情的揭露中也可以透射出……总之,这是生活中本来存在的东西。这也是文学艺术里面不可缺少的因素。这并不是虚伪的美化生活,而是有理想的作家,在心里燃烧着火一样的爱和憎的作家,必然会在生活中发现,感到,并且非把他们表现出来不可的东西。所以,我们说一个作品没有诗,几乎就是没有深刻的内容的同义语。”(《论〈红楼梦〉》)我赞成这样的美学观点。郭澄清先生正是这样一位有理想,能从平凡的生活深处发现崇高事物,而不给生活廉价的赞美和虚伪的粉饰的作家。他的《黑掌柜》没有一句赞美话,但作品动人的情景和故事,诗情画意的描写,饱含着王秋分(即黑掌柜)灵魂深处的芳香,读后久久难以忘怀。《高七》,《孟琢磨》,《马家店》,《石再仁》,《公社书记》,《老队长》,《老邮差》等等,篇篇栩栩如生,诗情美感触手可见。

郭澄清先生的小说文笔朴素,内容浑厚,没有华丽的铺陈,没有夸张的饰词,能以极为简洁的语言,自然生动的故事,刻画人物的美,很有《聊斋志异》的特点。作为继赵树理、孙犁之后,60年代中国短篇小说创作的杰出代表,郭澄清的小说提供了认识那个时代中国小说艺术的重要范本,我们理应对他的小说进行认真而系统的研究,以还原文学史的真相。

郭澄清先生已离开我们16个年头了,但他留给我们的作品,永远不会磨灭。

是为序。

（作者为：山东师范大学文学院副院长、教授、博士生导师，中国小说学会副会长，山东省作家协会副主席，山东省当代文学学会副会长。）

（本文作为序言，原刊于人民文学出版社2005年版《郭澄清短篇小说选》）

一部具有民族文化特色的小说

——序《大刀记》

吴义勤

一

《大刀记》第一部在人物形象的塑造上具有鲜明的民族特色，小说继承并发扬了中国古典小说在行动中刻画人物性格的艺术传统，把人物安置在典型的矛盾冲突的漩涡里，着重从人物的言与行两个方面，展现人物性格及其精神面貌。作品以主要人物梁永生等形象的性格刻画为中心，展开细腻描绘，但这种"细"不是单纯的静态描写或依靠作者的大段介绍，而是在行动中去展现人物独特的性格，是在"形似"的基础上做到"神似"，使人物形象十分醒目，跃然纸上。

《大刀记》第一部通过"德州内外"、"苦上加苦"、"难中遇难"等章节，用如泣如诉的血泪文字，描绘了"闯衙喊冤"而被打屈死的长工梁宝成的儿子梁永生苦难的童年，并通过与地主白眼狼一伙的尖锐冲突，集中、具体地描写了少年时代梁永生那种"疾恶如仇、见义勇为"的"脾性"；然后又通过"大闹黄家镇"、"夜袭龙潭街"、"怒打日本兵"、"血染龙潭"等篇章集中、具体描绘了青年时代的梁永生"怕狼怕虎别在山上住，怕死就活着"的农民自发斗争的"愣葱精神"。同时又在"古庙许亲"、"新婚喜日"、"姓'穷'的人们"、"杨柳青投亲"、"风雪关东路"、"下山找党"等章节中，在更广阔的中华大地上，展现了我中华民族的文化底蕴和中华民族的苦难史，热情讴歌了中华儿女不屈不挠的精神。不仅如此，作家还通过"血染龙潭"悲剧后的"夜奔"、"村野小店"、"三岔路口"等章节，解读了中华民族悲剧的根源，即"认命论"和"拼命论"。

《大刀记》第一部故事性、情节性强，传奇色彩浓，在全书结构中也占有相当重要的地位。作品在中华民族沉重、悲剧的历史中探求光明，寻求出路，小说以巧妙的构思为主人公梁永生从《大刀记》第一部走入第二部作了铺陈，以强有力的事实对比了同是一把大刀,在没有中国共产党的正确领导以前,梁永生握着它是捅不开旧社会的"大铁笼子"的,也说明没有千千万万个已经握着大刀的广大人民群众,我们中国共产党领导抗日战争也是不可能取得胜利的。《大刀记》第一部与第二部对比、照应的艺术手法在古典文学的艺术结构中是经常运用的,《大刀记》整部作品的构思在这方面又作了成功的借鉴。

二

《大刀记》第二部围绕着梁永生率领的大刀队在冀鲁平原、运河两岸的龙潭、宁安寨一带开展敌后游击战争的战斗历程,巧妙地安排情节和生动的斗争画面,做到了故事完整,有头有尾,头绪不繁,首尾照应。故事情节顺序式发展,脉络清楚,既紧凑又有起伏。作家吸取了中国古典文学艺术结构的特点,使《大刀记》第二部全书分而成章,合而成篇,每章具有相对的独立性和完整性,并且各章之间又能环环相扣。作家还特意不安排常见的所谓"过渡性章节",把全书矛盾冲突的主线中属于过渡性的内容,糅进各章节中间去写,为推进情节发展、塑造人物形象提供了平台。

《大刀记》第二部开头第二章"夜行人"别开生面地从抗日战争最困难的时期起笔,小说写道:"乌云低空翻滚,阴影笼罩着荒原,冀鲁平原这块辽阔壮丽的沃野,带着遍体鳞伤,含着悲愤的泪水,仰卧在茫茫苍苍的暮色中,空空荡荡的旷野,被日寇控制的象死蛇似的公路上"。"有位彪形大汉,如同从天而降,出现在这硝烟弥漫,白雪似毯的旷野里"……作家以景托人,用景物烘托出当时抗战之惨苦,日寇之残暴,显示了作家景物描写的巧妙和驾驭语言的能力。《大刀记》第二部第三章"战火中的支委会"构思别有特色,布局上寓静于动,动静结合,生动地描写了大刀队的支委们冲破日寇多次围追,牵着敌人的鼻子进行"武装大游行",在野外召开支委会的情景。

《大刀记》第二部抓住中国抗日战场的特性,即毛泽东"打一场人民战争"的指导思想,充分描绘了中国抗日战争是一场人民战争,军民关系是鱼水关系的抗战实景,在"风火燎原"、"春天来了"、"打集"、"'我就是八路!'"等章节中,集中、细腻地描绘了群众抗战气氛、拥军活动和梁永生用毛泽东抗战思想武装群众的生动情景,并且几乎在所有章节的情节发展中都融进了军民关系的场景。同时,作者还从中国抗日游击战争的特殊规律出发,在整个布局上注意动与静相结合。在“夜战水泊洼”一章,前半部写梁永生同伪军小队长疤拉四在谈判桌上的斗智;后半部则通过水泊洼攻坚战,逼使疤瘌四向前来增援的柴胡店据点的日伪军开火,最后大刀队奇取水泊洼据点的战争场面。

语言上,《大刀记》第二部较好地运用了抒情、议论相结合的语言。作者以抒情散文、杂文、政论文的文笔,结合朴实生动的群众成语、谚语,酣畅地抒发了内心的激情。如“刀铣河山”一章中,作者用诗一样的语言描绘了攻克柴胡店的激战:“漫空中硝烟滚滚,战场上杀声如潮;一身军衣一身汗,一片脚印一片血;一支匣枪一条火龙,一口大刀一道白光!”

三

一个成熟的文学家,在创作小说时要有足够的小说创作技巧来解决基本的叙事问题,譬如细节如何展开,情节如何推动,视觉如何处理,对话如何解决,高潮怎样结束。在《大刀记》中,作家从容地把握基本的叙事技巧,情节步步展开,故事环环相扣,一把“大刀史”融贯《大刀记》全书,显示了驾驭长篇小说的不俗能力。全书从“灵堂栽赃”说起,经过“龙潭桥别妻”、“德州内外”、“苦上加苦”、“难中遇难”的民族苦难事件,到“授刀传艺”讲述“大刀史”的民族苦难历史,把中华民族不屈不挠的抗争精神、民族气质凝聚到大刀上。然后,作家巧妙地通过不以大刀为武器的“大闹黄家镇”,到以大刀为武器的“夜袭龙潭街”,更进一步说明了大刀更是精神,而不是单纯的武器的含义。在以后的“‘公审’闹剧”、“三条船”、“怒打日本兵”、“打虎遇险”等章节,无不闪耀着我中华民族“大刀史”的精神和威力,《大刀记》第一部通过“龙潭卖艺”、“月下磨刀”、“坟前忆苦”、“血染龙潭”等章节,把“大刀史”这个“悲剧”写入了高潮,似乎再现着义和团悲剧、太平天国悲剧,让读者解读着中华民族近代悲剧史的社会根源。

《大刀记》第二部在描绘抗日战争画卷时,也是不拘一格,别开生面,是一部追求中国味儿、中国生活、中国民族精神的具有“中国风格”、“中国气派”的作品。小说的主线不仅是惨烈的战场场面,更是战争中的人物,作家把战争中人的美与丑、善与恶、生与死、爱与恨、是与非的选择,把鲁北抗日战争时期的各种人物生活状态、社会氛围栩栩如生地呈现在读者面前。正如黑格尔说的:“一般地说,战争情况中的冲突提供最适宜的史诗情境,因为在战争中整个民族都被动员起来,在集体情况中经历着一种新鲜的激情和活动,因为这里的动因是全民族作为整体去保卫自己。”(《美学》第3卷下册126页)郭澄清先生是现实主义与浪漫主义相结合的优秀作家,《大刀记》第二部真实地反映了抗战时期全民族都被动员起来所经历的血与火的激情和死与生的岁月。作家刻画侵略与反侵略、抗战与投降、光明与黑暗、新生与腐朽的搏斗,独特而不是老套地、丰富而不是单一地描绘了中国抗日战争的风貌,塑造了各种各样的抗战的人物。梁永生、王锁柱、二楞、梁志勇、魏大爷、翠花、二愣娘等的性格描绘,最为出色。

四

中国现代文学,自五四以来从未间断古典与现代、东方与西方的融合。郭澄清先生的《大刀记》也可看出这种艺术上的努力。作品写生活和写人物,总是透发出文化的韵味。作家博观细察,心灵神通,酣然铺写,在《大刀记》中融进了中国文化、中国诗学。

(一)结构的完整和构思的巧妙。长篇小说的难点是结构的艺术,结构是长篇小说反映生活、揭示社会的平台。《大刀记》的贯穿主线,一是“大刀史”与大刀精神所饱含的民族诗史,二是主要人物梁永生在不同时代的经历,及其所处时代的社会矛盾、人际关系、习俗风尚、自然景观。“大刀史”与梁永生的人生这两条主线使整部作品结构环环相扣,步步走来。另外,作者不轻易放过每一个到手的描写领域,且总是写得淋漓尽致,给人以深刻印象。即使是短暂的流离逃难,也能适时展开笔墨,写得充实丰满。

(二)心理描写细腻生动。《大刀记》中的人物,时时面临着人生的选择,无论是主动、自觉的选择,还是被动的、不得不做的选择,都伴随着细腻的心理描写。作家着重描绘的是人物在“做什么”和“怎么做”之前、之中、之后的内心依据、内心矛盾及内心的回应反响,不是孤立地展示内心的意识流向,而是把内心的一切活动作为时代风云、社会动荡和个人家庭处境的投影。像巨石击入人物内心的湖水,湖面和湖底都引发波澜激荡。《大刀记》第一部抗战前的农民自发反抗旧中国的斗争,是“大刀史”民族悲剧的写照,梁永生的心理描写是悲怒、疾恶如仇、见义勇为的“愣葱”心理,“拚命”心理,此时中国的命运似乎在梁永生心中踌躇徘徊,暗无天日。当进入《大刀记》第二部时,抗战时期的梁永生,在党的领导下,认真学习毛泽东的《论持久战》等军事战略思想,已从一个“拚命”的“愣葱”式的中国青年农民,成熟为一个革命者,这时他的心理思绪发生了质的飞跃，一个革命者的气质、品格、精神的心理描写，在郭澄清先生笔下已栩栩如生了。郭澄清先生在《大刀记》中描写人物，技巧成熟老到，心理过程层层铺展，心理思绪环环深入。

需要说明的是，《大刀记》是一部特定历史年代的小说文本，对它的认识和评价需要历史的眼光和审美的眼光的结合。而且更重要的是，随着时代的发展，小说艺术、小说观念都已有了巨大的发展，在当下的时代也许只有对《大刀记》的“重读”才能更有助于认清这部小说的文学史地位。但在这篇序言里，我遵照郭洪志先生的意见，主要是对小说做导读性的介绍，并以那个时代的艺术标准对这部作品作了简单的介绍，粗疏不当之处在所难免，唯希望真正的研究者能关注这部作品，对其进行深入的研究和在今天高度上的“重读”。

是为序。

（本文作为序言，原刊于人民文学出版社2005年版《大刀记》）

2006 年

论郭澄清的短篇小说创作

任孚先

一

20 世纪 60 年代中期，宁津县由河北省划归山东省，当时贫瘠的宁津县并未在经济上给山东带来什么效益，但宁津的到来，却给山东文坛增了光添了彩；这是因为宁津县有一位著名作家郭澄清。当时他的短篇小说创作已取得了丰硕的成果，在中国文坛上是一颗非常耀眼的明星。我记得当时的山东省文联党组书记，著名老诗人燕遇明见到郭澄清时的第一句话就是："你给我们山东文坛带来了光彩。"的确，郭澄清来了，带着他的文学珍品《黑掌柜》《社迷》《公社书记》《篱墙两边》《茶坊嫂》来了，带来了一股强劲的文学艺术生命力，给山东文坛以新的生机。那时山东文坛上刘知侠和他的《铁道游击队》已闻名遐迩。但毋庸讳言，还没有在全国文坛占有席位的短篇小说创作的代表人物，而郭澄清的出现，使山东短篇小说创作有了领军人物，提升了山东文学界在全国文坛的地位。

我曾有幸受省文联党组的委派数次到宁津县考察文学创作。那时的宁津县是一个不折不扣的文学之乡。上至县委书记下至普通的干部、工人、农民，都可以谈文学，几乎人人都知道郭澄清，并以郭澄清而自豪。这种浓重的文学氛围，会使任何一个文学工作者都兴奋不已，无可争辩地证实着郭澄清的文学创作是深深地植根于人民群众之中的；他的文学创作是为人民而创作的，是传达的人民和时代的呼声，这种血肉之情是达到了文学的极致。我正是在这种深刻的感受中认识了郭澄清，从而敬佩郭澄清先生，并结交为知己朋友的。

郭澄清先生的小说创作是现实主义的胜利，他的作品跳动着时代的脉搏，有着一种在深层的民族历史文化土壤中凝聚的灵魂，一种对苍茫大地和勤劳朴实的人民的深情依恋的赤子之情。他的作品总离不开这块充满苦难和希望的土地，总离不开与他血肉相连的人民，总离不开希望谋求生活更加美好的崇高责任感和使命感。这种强烈的精神促使他在创作中旨在使世界变得更加美好，人们的思想品格和心灵更加高尚，人与人之间更加真诚与和谐。郭澄清先生是时代之子，是人民之子。他的作品是一个时代的标志。

走进郭澄清的艺术世界，感到时代的潮流奔涌而来，飞溅的璀璨的浪花，映照出现实生活的逼真的画影。

郭澄清在回忆自己的创作生活时说："我开始习作的时候，正是农业合作化初期。那时节，英雄的劳动人民，在党的领导下，大闹革命。农村面貌日新月异，英雄人物风起云涌，动人事迹层出不穷。当时，我正在农村工作，这数不尽的新人新事新气象，时刻感染着我，激励着我，使我精神振奋，心血沸腾，午不能休，夜不能眠，于是我便抓紧工作之余，提笔展纸，学写文章。"郭澄清对社会主义新农村的由衷喜悦是来自深层次的亲身感受，关于这个问题，我们只要读了他的《大刀记》那如泣如诉的血泪文字，就明白他何以对社会主义充溢着如此澎湃的激情，只有饱尝了旧社会的辛酸而又懂得社会历史发展大趋向的人，才能写出如此精彩的歌颂社会主义新生活的闪闪发光的文字，唱出如此嘹亮的时代颂歌。

当他在20世纪50年代初期迈开创作步伐的时候，他的脚跟就是扎实的，步伐就是稳健的。激越的情怀，爱憎分明的情感，充溢在作品中。他从日新月异的生活中采撷提炼着生活的真谛和艺术的绚丽。如《万灵丹》中的青年媳妇秋香，她以一个年轻女性的敏锐和善良纯洁的心灵感受着时代的雨露阳光，向往和亲手创造着自己美好的新生活，在感动教育丈夫后夫妻比翼齐飞。《郭大强》则从更深的社会层面提示人们社会主义激情的源泉，使人物的劳动热情和创造力的发挥有了更深的现实依据和推动力。

进入20世纪60年代，他的创作有了超常的发展，进入了旺盛期和成熟期，这是他的短篇小说创作最辉煌的年代，也使他进入了全国优秀作家的行列。在我亲自参加的1965年的全国青年作家创作会上，我目睹了郭澄清备受关注的盛况。作为山东团的组织者之一，曾接待过一批批访问郭澄清的各种媒体的记者和青年文学爱好者。郭澄清和李准、茹志鹃等人的发言,受到与会者的称赞。他这个时期的作品,严格信守坚持着现实主义原则,追求着对人物和事件的细节性描绘及对典型环境中典型人物的塑造,同时又探索、深化、发展着现实主义。他把对现实生活、对社会问题的关注与对文学艺术美的追求结合起来,注重对新的表现手法的吸取和融会,而不去表层的猎奇逐异。他站在时代的制高点上,观察、审视、烛照、把握自己生活于其中的社会整体,从总体上概括社会生活风貌,塑造典型形象,他的短篇小说创作成就是中国文坛上的一道亮丽的风景线。40 年后的今天,我重读郭澄清的短篇小说,更是感佩不已。

二

郭澄清笔下的人物多是平凡的普通人,他将自己的激情和关注放在农民身上,他对农民有难以割舍的亲情,他体味到农民昔日的深重灾难,更描绘着农民在新时代的新的步伐、新的品格、新的感情。他们在时代的激流中搏击风浪、奋勇前进。他们之中有时刻不脱离群众,清正廉洁、踏踏实实为人民服务的党的基层干部;有纯朴、勤劳、热心于公众事业的老农民;有热情似火、柔情似水的劳动妇女;有一尘不染、两袖清风的财贸干部;有沐浴着党的阳光雨露茁壮成长的生机勃勃的新一代……这些人都在平凡的岗位上干着平凡的事,但他们却有着不平凡的精神和思想境界。他们似乎没有什么豪言壮语,但他们的行动却深深地感染着读者,作者以生花的艺术妙笔,启开人物的心扉,使读者领略人物的心灵美。郭澄清善于把人物外在形态的描绘和内心的揭示有机结合起来,把人物的心理发展过程放在环境变化、事件发展过程之中,在社会动态系统中表现人物心态。

《黑掌柜》中的王秋分,是郭澄清短篇小说人物系列中引人注目的形象。这个人物在当时中国农村是家喻户晓的人物,成为财贸战线职工的学习楷模。改编成广播剧,广为流传。作者对黑掌柜没有一句赞誉之词,但对人物的挚爱和赞扬寓于生动的细节描绘之中。作品从有人检举黑掌柜贪污了芒种的酒钱开篇,造成强烈的悬念,然后从容不迫地在情节发展中刻画了黑掌柜廉洁公正、一丝不苟、勤勤恳恳、精于业务的思想品德。以黑掌柜为代表的人物形象,体现了作者的道德观念和价值取向。作者继承中华民族的传统美德,又对这种美德在新时代的体现有深刻的研究。这种审视生活的道德角度,决定了他对美好道德负载者的热情讴歌和对其境遇的表现。这些大都是“重义轻利”、“公而忘私”的善良质朴的农民,他们的生活方式和价值观念表现出一种执着的崇高。在这里体现着文学的特性和意义,因为文学在某种意义上说就是提高人们的道德境界,使人们的灵魂趋于完善和美好。郭澄清的这种传统的“民本精神”和新时代新思想在人物形象塑造中的体现,显示出他思想的深邃、高度责任感和崇高的人格力量。这正是他的人物感动人、激励人、催人奋进的力量所在。

在谈到郭澄清的人物画廊中的形象时,不能回避那些“社迷”们。随着时代的发展,人民公社在农村中消失了,但这不能削弱那些“社迷”们的价值和意义。一是郭澄清是坚持了现实主义,忠实地展示了那个时代的面貌和人物;二是人物形象的核心是其气质、精神、品格,作品中的事件环境只是气质、精神、品格的载体,事过境迁并不影响人物形象的精神力量的继续发挥。这些“社迷”们会在另外的环境和条件下迷着社会主义事业,依然是人们学习的榜样,从他们身上吸取着前进的力量。

在郭澄清塑造的人物序列中,还行走着形形色色的女性形象。《助手的助手》中的方方嫂,《茶坊嫂》中的茶坊嫂,《赶车大嫂》中的大脚嫂,《嘟嘟奶奶》中的嘟嘟奶奶。她们普通得不能再普通了,平常得不能再平常了,但她们却都有一颗美的心灵,对人们有一种纯真的仁爱之心。作者善于在细微之处见精神,在精细的描摹刻画中,展示人物的思想脉络和心律跳动,使读者感到亲切、自然。澄清有深厚的古典文学造诣,在古典短篇小说的妇女形象塑造中他对《聊斋志异》推崇尤加,在他的短篇小说的妇女形象塑造中有聊斋的神韵,以极为简洁的语言勾勒女性最富特征的部分,使人物跃然纸上。

三

每种艺术形式都有自己的特点,短篇小说是以截取生活的横断面、深入开掘、以小见大地体现出深刻的思想意义,塑造出鲜活的人物形象而见长,郭澄清是短篇小说创作的大家,他创作短篇小说,驾驭自如,游刃有余,精于构思的剪裁,但不留斧凿痕迹,浑然天成。他深谙古典小说之三昧,又从民间艺术中吸取营养,从所反映的现实生活出发,充分运用短篇小说的创作技巧,抓住瞬息万变的现实生活中的具有典型意义的人和事,深刻地反映出现实生活的真味,作品简洁明快,清澈透底,犹如行云流水,扣人心弦。

《篱墙两边》从艺术构思到人物设置描绘、叙述方式、语言运用,都堪称短篇小说的范本。这是一个独身男人李三哥和寡妇王二嫂的相爱并结合的故事。作者独具匠心地为他们安排了一个非常特殊的环境。一个丁字形的篱笆将地主的槐树大院一分为三,分别住上了李三哥、王二嫂和五保户张大婶。他们都过上了幸福生活,但都有美中不足。他们的内心都涌动着一种难以明言的情感。作者就是抓住男女双方的情感脉络,加以惟妙惟肖地刻画;或深情的注视,或亲密的互助,或羞涩的交谈,都亲切自然,饶有情趣。而五保户张大婶并不是等闲之人,她对男女二人的行动观察很细,对男女二人的心理体察得很透。她出面说合而成全了他们。而张大婶出面成全他们的动力则是:"要不,再待三十年以后,他们又得和我一样吃五保,给队上添麻烦。"多么朴实的思想,多么崇高的感情。这朴实无华的思想,提升了这个爱情故事的思想意义。

同样是爱情婚姻题材的《男婚女嫁》,作者也将平凡的故事妙笔生花。在青年男女的爱情婚姻中注入了鲜明的时代色彩。

郭澄清的短篇小说制作是相当"规范"性的,但他又善于匠心独运,别出心裁,使他的短篇小说多彩多姿,琳琅满目。即使是表现相近题材时,也力求别开生面,各放异彩。如同是写"社迷"的三篇小说,《社迷》是从人物的外形刻画着笔,然后一波三折由表及里地提示人物的性格;《社迷续传》则主要通过波澜起伏的生动故事组合完成人物塑造的;《社迷传》则多方位地展示广阔的生活场景,为人物提供更大的空间,从不同角度精雕细刻人物性格。同是表现农村青年男女生活的作品,《虎子》是采取正面铺设,缓缓描绘,娓娓动听地将人物介绍给读者,给人"细雨润无声"之感;《春儿》则奇峰突起,造成先声夺人的气势,把读者吸引到作品所描绘的特定环境中,使人物活灵活现地出现在我们的面前。

文学的解读可以千差万别,仁者见仁,智者见智。但写人,却是文学的根本。郭澄清正是基于对文学的精髓的深刻理解和体验,使他的作品都是围绕人物来构思创作的。形势变了,环境变了,但郭澄清所塑造的人物仍然活在读者的心中,具有强烈的艺术生命力,这就赋予了郭澄清作品的艺术价值,确立了他在中国文学史上的地位。

四

一个成熟的优秀的作家的重要标志就是看他有没有形成自己的独立风格。

郭澄清就是一个有自己成熟的独立风格的大作家。

郭澄清所敬佩的当代短篇小说大作家是赵树理、孙犁。敬佩他们始终关注农村、关注农民,满腔热忱地体察他们生活的艰辛和不幸,他们的斗争、翻身、新生活;敬佩他们树立自己的独立风格。赵树理与时代结合得更近一些,往往提出时代和农民生活中的紧迫问题,并寻求解决这些问题的途径。孙犁似乎与时代的发展保持着一定距离,他更多关注人物和人物的情感。郭澄清敬佩他们,但不模仿他们,他所追求的是自己的新的艺术天地,他所努力的是创立自己的独特风格。他同赵树理一样,紧紧关注着时代的发展,与时代同步,但他不太关注生活中的问题而是更多地关注人物。他也同孙犁一样,关注现实生活中的人物,但他不太注重对人物的单纯的心理描写,而更多的是在波澜壮阔的生活进程中表现人物。他们的语言都追求大众化,都是妇孺皆知的。郭澄清在提炼群众语言的同时,也吸收中国古典文学的语言特点,言简意赅,酣畅明快,掷地有声。郭澄清以他独特的艺术风格,丰富了中国当代文学宝库,影响了一代青年作家。但由于作家英年早病早逝,人们缺乏研究和了解。

郭澄清离我们远去了,但他留给我们的丰富文学遗产却永远不会磨灭。他和他的作品所体现出的崇高品格和精神,永远激励着后人。

1980 年 9 月初稿

2005 年 6 月修改

(本文原刊于《山东文学》2006 年第 1 期)

按照"美的规律"构建小说艺术王国

——读《郭澄清短篇小说选》有感

朱德发

马克思在《1844 年经济学—哲学手稿》中提出的"按照美的规律塑造物体"的命题,具有丰富而深刻的含义。对于文学创作来说,"按照美的规律"创造各种样态的艺术作品,既是时代赋予作家的崇高使命又是创作主体的审美追求,也是衡量作家在人类文化史或文学史上具有何等地位的价值尺度。所谓"美的规律",以我的理解就是真善美和谐统一的规律,凡是有出息的文学家都"渴望通过美的形式来反映自己的感觉、感情和思想,是人的固有的天性"①;即使那些崇尚"审丑"的作家也要在物化的文本中将丑转化为美,否则它就失去了审美价值。

体察一个作家的文学创作是否按照美的规律建构的,可以通过各种渠道,或直接访问作家并与之倾心交谈,或查阅背景材料以了解其创作语境心境与潜在动机;然而最重要的渠道莫过于走进其文本世界,以自己的艺术灵感去触摸去发现作品里所蕴含的真善美及其以何种美的形式表现的,随后作出接受主体的或肯定或否定的审美判断。我是通过阅读郭澄清的短篇小说这条途径,走近了作家的心灵,进入他创造的艺术世界,并与小说中一个个鲜活人物进行近距离的对话;以我对农村生活的亲身体验去对照小说所反映出的农村生活经验,既产生了一定的审美对位效应又生发出一些陌生感。当我从小说艺术世界走出来,对郭澄清其人其文则形成这样一个总体认识:作家富有强烈的人道主义情怀和崇高的真善美理想以及深沉的乡土情结,并能按照美的规律将其人文情怀、理想和情结物化为小说审美文本;正是通过小说审美形式营构了作家想象的以农村为舞台的艺术王国,描绘出以农民为主体的具有真善美特点的人物谱

① 高尔基:《论新闻和科学》,新华出版社 1981 年版,第 151 页。

系，所体现出的“艺术的精神就是力求用词句、色彩、声音把您心中所有的美好东西，把人身上所有的最珍贵的东西——高尚的、自豪的、优美的东西”①，都刻画出来。这应是郭澄清短篇小说取得的不朽美学价值所在。

二

郭澄清并非“风派”作家，东风来了跟着东风走，西风来了随着西风跑，而是有着坚定政治方向、独立思想意识、独特审美取向，故而面对极左思潮的浪起浪涌的猛烈冲击，依然遵循美的规律创造小说，没有使自己的文学变成所谓的阶级斗争、路线斗争的武器，成为播扬以阶级斗争为纲的时代精神的传声筒，这是难能可贵的也是极不容易的。从历史背景察之，郭澄清的短篇小说几乎都创作于 1962 年到 1965 年之间，那时的主流意识形态话语是围绕 1962 年提出的“千万不要忘记阶级斗争”的政治命题形成的，但是创作并发表于这种极左政治思潮为主导的文化语境下的郭澄清短篇小说，却呈现出另一番现实的又是审美的境界，似乎与主流意识形态话语构成了异质相对的农村叙事话语。在郭澄清营造的小说世界里，既嗅不到农村的两条道路、两条路线、两个阶级激烈搏斗的所谓“阶级斗争”气息，又见不到“地富反坏右”各号敌人疯狂捣乱的气焰，也觉不到“走资本主义道路当权派”的蠢蠢欲动，更察不出所谓的在意识形态领域资产阶级与无产阶级谁胜谁负的问题还没有解决；我们所感受到的小说再现的鲁北平原的广大农村，虽然不是“莺歌燕舞”、“万象更新”的繁荣局面，但至少被所谓“三面红旗”毁坏的生产力有所恢复、农业生产有所发展、农民生活有所改善、社员精神面貌有所改观，总之初显“安居乐业”的新气象，人与人之间的关系诚善而友好。如果承认郭澄清对农村形势的认识与把握是正确的，他对农民人生的感受和体察是深切的，他的小说反映了农村的本质真实，那么就应该肯定郭澄清小说的农村叙事在客观上反拨了主流阶级话语对当时农村形势和阶级关系的错误估量和主观判断，是缺乏客观根据的妄说，弄得是非颠倒人妖混淆。这并非说郭澄清当时已具有明辨秋毫的政治敏锐和颇具远见的政治卓识，不过可以看出作家富有忠于现实、忠于生活、忠于艺术的良知，不仅敢于坚持对农村生态环境和农民人际关系的独特感知和乐观思考，并且勇于拒斥错误潮流的干

① 高尔基：《文学书简》第 133 页，见童庆炳主编《文学理论教程》第 85 页。

扰而遵循"美的规律"去表现对家乡的深情感受和人文关怀，这也许就是作家不同寻常的政治智慧和高明的创作策略。

进入作家审美视野的鲁北农村经过调整后的大跃进刮起的"共产风"似乎已止息，"一大二公"的人民公社已变为以生产队为核算单位的集体所有制，自留地的存在表明已照顾到农民个人利益；体制的调整带来了生产关系的变化，也带来了农村人际关系的变化，除了描写历史记忆的土地改革运动以争取阶级解放和民族记忆的抗日战争、以争取民族解放的小说（如《三访某大娘》1965.8），尚可嗅到阶级斗争气息和见到刀光剑影以外，大部分小说的农村叙事则表现了人与人之间的和睦共处、友好相待的新型关系。而这种新型关系中则充满了乡情、亲情乃至爱情的人情味，透露出作家以人文情怀对农村人际关系的深切感受和以人道原则对人际关怀的新理解。小说《篱墙两边》（1963.7）、《马家店》（1963.2）、《公社书记》（1963.11）等就是这种人际关系的缩影。颇具象征意味的《篱墙两边》，描写槐树大院土改后分给三户贫农，北屋分给张大婶，东屋分给王嫂，西屋分给李三哥，刚入社时这所宽敞的大院被一道"丁"字篱笆分开，三户人家各走各的道，而这种分隔是各自想法所决定的，不同的想法有不同的心理选择取向；但是随着入社后人际关系和各自思想的变化，"就是高山大海，都截不断人们的情谊，何况这小小的篱笆墙呢！"作者通过农村生产关系的生动叙述，深入细致地揭示了"绝户"张大婶、"寡妇"王嫂、"光棍"李三哥的心灵演变及其相互关系的由疏而亲的变化，经过好心的张大婶的牵线，王嫂与李三哥的爱情由萌动走向成熟，"办喜事"那天"丁"字篱笆墙终于被拆除了。这不仅象征着王嫂与三哥的恋情已达到心心相印、情投意合的境界，三户人家已建立起相互信任、相互扶持、同心协力、共谋生产、友好相处的新型关系；而且也意味着农村人与人之间的关系洋溢着一种亲情、友情、恋情相混合的人文精神，而向往真善美的和谐统一则成为人们不自觉的内在欲求。《马家店》写一个"乡村小店"，南来北往的旅客会聚于此，这是窥视农村变化的绝佳窗口，既可以见到农民精神面貌向善向美的特征；又可以发现人与人之间的关系不只是功利的而更重要的是助人为乐、为他人解忧排难，使人人各司其职各得其安，莫算小账谋小利，急他人之急，忧他人之忧。一言以蔽之，"马家店"虽小，却寄寓着一种源于乡土儒家文化传统的"仁者，爱人"的朴素的人道主义精神。《公社书记》叙事所展示的不是"救世主"与教民的关系，而是"公仆"与社员之间的服务与被服务的关系，透射出一种质朴浓厚的诚心诚意为人民服务并与人民心贴心、心连心的人文关爱；《黑掌柜》(1962.8)描绘的人生图画所显示的是一种互尊互信、爱人爱己的人际关系；《茶坊嫂》(1962.11)以茶坊为活动中心，在农民的相互交往的言谈行为中，揭示出友爱和谐的农村人际关系；《借兵》(1961.12)通过修水渠到邻村“借兵”所引起“误会”的叙说，表现出村帮村、队帮队的相互支持共谋发展的友好关系；《老邮差》(1963.6)通过老邮差与群众百姓广泛接触和深入联系的描写，从中可以感受到鲁北农村人与人之间充满了真挚淳朴的感情。总之，郭澄清以简洁精巧的彩笔所描绘的鲁北农村，是一个洋溢着诚与爱人文精神的富有和谐美的艺术王国。

这个艺术王国既是现实的又是想象的，是生活真实与艺术真实的完美统一。说它是现实的，是因为作家的确以写实的笔触忠诚地描绘出他对家乡农村现实的真实感受和独特认知，也许这就是他深入农村现场所获得的实感真知。正如他所说的：“当时，我正在农村工作，这数不尽的新人新事新气象，时刻感染着我，激励着我，使我精神振奋，心血沸腾，午不能休，夜不能眠，于是我便抓紧工作之余，提笔展纸，学写文章。”读其小说足可印证作家这种创作心态的表述是极其真诚的，而这种真诚的感受反过来又印证了小说艺术王国的构成是有客观真实作为根据的。正是从这个意义说，郭澄清小说具有强烈的现实感和严正的现实风格。说它是想象的，是因为作家在体验现实感受现实时糅进了自己的价值理想和审美追求，借助丰富的想象力对现实人生进行了审美选择，将那些吻合创作主体审美理想的生活形象或现实真相纳入艺术构思，这就使作家描绘的农村家园富有鲜明的理想色彩，没有这种贴近现实又超越现实的想象，哪有郭澄清小说的艺术魅力？况且，“‘五四’以来写实文学的真精神就在它有一定的政治思想为基础，有一定的政治目标为指针。”因为“写实之中，包含有理想(不是空想，幻想，妄想)的成分”①，这就是现代文学的写实主义文本不同于“五四”以前写实作品的“根源”所在。诚然，在人生现实里既有真善美也藏有假恶丑，郭澄清所面对的合作化后的农村现实概莫能外；然而作家却有权利根据自己的审美价值取向既可选择生活的真善美又可以选择假恶丑进行描写，这是创作的起码自由。郭澄清却着重选择了前者而舍弃了后者，这是无可非议的；即

① 茅盾：《浪漫的与写实的》，《文艺阵地》1938年5月第2期。

使郭氏有的小说把两者合起来写也是“把优美的东西和庸俗的东西并列在一起，把高深的东西和卑下的东西并列在一起，把柔和的东西和粗野的东西并列在一起”，并通过两厢对照以前者“嘲笑”或“消灭”后者[1]。这就是郭澄清短篇小说所富有的现实主义艺术精神。

二

在郭澄清以鲁北农村为活动平台所营构的艺术王国里，通过人与社会关系或生产关系或自然关系乃至自身的关系，来发掘人性美、人情美和心灵美，塑造了一个生动鲜活的人物形象谱系。而进入这个谱系的人物既没有浩然小说中那类“高大全”的英雄形象，又没有赵树理笔下的“中间人物”，乃是一群扎根于鲁北大地的质朴而平实、诚信而善良的普通人，尽管他(她)们在公社或生产队这种体制里扮演着不同角色，但都处于没有贵贱高低之分的平等地位，都要通过诚实的劳动来获取物质的或精神的生存发展需求，既没有不劳而获的寄生者也没有贪污腐化的蛀虫，在新的生产关系或人际关系中所表现出的我为人人人人为我、我为集体集体为我则是其共有的精神特征。

作者笔下的公社书记或村支部书记，没有依据主流话语的指导将其写成“走资本主义道路当权派”(现实并不存在这种莫须有的人物)，也没有把他们写成站在高坡上挥手指方向的小官僚，更没有把他们写成只会“突出政治”不能实干的“空头政治家”；所刻画出的基层干部都是些脚踏实地、真抓苦干的“人民公仆”形象，与广大社员在生产劳动中完全打成一片，急社员之所急，想社员之所想，没有丝毫的特权和官架子，真正是老百姓信得过的带头人。公社项书记就是这样的踏踏实实为百姓服务的公仆形象。小说以“我”的所见所闻所思所感，抓住一些生动细节，既从正面又从侧面，由外貌到内心由隐到显地刻画了项书记的感人形象：他忙得连衣服也没有时间洗，成天价与全社百姓吃住在一起，劳动在一起，向实践学习向百姓学习，在劳动中研究生产指导生产，深入工作第一线深入基层从不闲着，“南去准扛猎枪，北去准背粪筐”，用猎枪顺手打兔子送给敬老院，拾满粪筐倒进生产队大田里。这不仅表现出他是个勤政廉洁、真抓实干的好干部；论本事老项“锄杆”、“枪杆”、“笔杆”全能行，既能言传身教地带

---

① 高尔基：《文学书简》第133页，见董庆炳主编《文学理论教程》第85页。

领社员切切实实地搞生产，又能虚心拜老农为师遵循规律指导农业生产，他走到哪里就劳动到哪里，与百姓从作风到感情交融在一起，群众见他不论大人小孩都直呼“老项”而不称“项书记”。这虽然是个称呼却反映出“书记”与百姓心系心，均是平等的“人”。只有这样的铁肩担生产、笑颜对百姓，勤俭奉公从不唱高调、务实较真的好干部，才不愧为“人民公仆”的光荣称号。这样的优秀基层干部，现在的农村也许找不到了，只能说郭澄清的小说世界是在特定的环境中为我们塑造了一个感人的典型形象。《黑掌柜》(1962.8)以巧妙的构思即借用检举黑掌柜贪污而组织派“我”去查实所造成的悬念及我在调查中的感受，用丰富的细节塑造一个令人尊敬的经济困难时期工作在农村供销社的基层财贸干部。虽然他的职责范围与公社项书记不同，但性格内涵同样溢满了诚爱美的素质，业务熟练，勤勤恳恳，认真务实，一丝不苟，忠诚坦荡，爱民敬业，廉洁奉公，不计得失，虽与钱财打交道却一尘不染；而这些优秀品格完全溶解于典型细节的描写中，活灵活现，亲切感人。这是郭澄清为当代文学人物画廊奉献的至今仍有思想价值和美学意义的动人形象。

老一代农民在郭澄清的精心打造下，闪烁出新的性格光辉，焕发出诱人的人性美。从他们身上再也见不到阿Q式的国民劣根性和精神奴役创伤，也见不到《吕梁英雄传》和《新儿女英雄传》老一代农民面对凶残日寇亮剑出鞘的英雄壮举；所见到的是在和平时期的日常叙事中表现出的人性美和人性爱。不论有着火热心肠的马五爷(《马家店》)、凡事想琢磨的孟琢磨(《孟琢磨》,1964.9)、“面冷腹热”的方方爷(《鳖拉气》1932.4)、“只认共产党这门亲”的石再仁(《石再仁》,1963.9)、爱社如家的李二叔(《李二叔》1963.5)、“社迷”高大(《社迷》,1963.2)等，都是生于这片土地长于这片土地，性格像土地一样的朴素厚实，既有乡土儒家传统文化积淀其心底又有现代文化渗透于灵魂而焕发出的新思想，即传统文化与现代文化的交融更新了老一代农民的性格风貌。给财主当过雇工的马五爷在农村路开家小店，不分白天黑夜也不管刮风下雨都是自主经营，照当时的极左观点像马五爷这种人应是“冒资本主义小尖”的单干暴发户，必须批判之；然而他在作家视野里却是一个真心实意为旅客着想的店主。为了替旅客服好务，“木匠活、铁匠活、修车子、钉马掌、给牲口治病、摸胳臂拿腿”他都会；凡是出门爱闹的病，如“中暑啦、伤风啦、闹痢疾啦、冰伤啦、肚疼啦、腿上起了血泡啦”等，“他都用偏方给你治”，既不收小费又不额外索取，这是一位好心实意、仔细周到为旅客服务的老店主。开小店本属私人经营,店主没有谋利之心在当下人眼里是不可理解的,但马五爷却以爱人之心抵制或克服了私欲发作,并以爱人利人之心对待广大旅客,使思想境界升华了,心灵崇高了,这正体现了作家特有的审美取向,也让马五爷的形象闪烁出人文之光。方方爷是个"貌冷腹热,面黑心红,不声不响"只知埋头实干的"老保管",虽然是"军属,有功之臣"却从不爱听"奉承"话,更不张张扬扬,总是少语寡言,兢兢业业、踏踏实实,认认真真地做好保管工作,勤俭节约则是他坚信不疑的保管原则。小说通过"我"的眼光以大量感人的细节表现了方方爷这些优秀品格,突现了他鲜明的个性。如同他做保管工作所表现出的貌冷腹热的性格特征一样,他对人也是如此,正如作家所描写的:"桌旁有个'蹩拉气',它把那旺盛的火焰包藏在腹内,在人不知不觉中,悄悄地散发着烤人的热力。"这正是方方爷的性格隐喻,贴切而蕴藉。石再仁是个实在的人,作家抓住"实在"这一个性特征刻画出栩栩如生的生产队饲养员的动人形象。虽然小说所运用的是当时习见的新旧社会对比的叙事模式,但重心却将石再仁这个人物置于"时代变了,世道变了,天地间一切的一切都变了"的现实语境下进行刻画,把他塑造为"人越老,觉悟越高,爱社、爱队、爱集体,成了全村人人尊敬的人物","唯独他那脾性,一如既往,还是个实在人"。他的"实在"不只表现在喂养牲口、使用牲口以及对待队里的一切事情的格外较真,丝毫也马虎不得、迁就不得上;更表现在他的心眼太"实在",只要见到谁"和集体三心二意,处处想占队的便宜"即使"姐夫"也是"六亲不认"上,原则归原则,亲情归亲情。这并非说石再仁这个人物没有"人情味",而他表现出的人情不是那种去讨好或姑息损害集体利益人的"人情",而是视集体利益如命的"人情"。这种人情比那种不讲原则的人情要高尚得多,正展示出石再仁这个人物的精神境界已接近至善至美的高度。"社迷"高大是个"五十挂零"的老农民,用他老伴的话来说"是个地地道道的死庄稼汉子"。作家以社迷的"嘴"、"腿"、"耳"、"眼"、"手"作为章目从不同的角度来刻画"社迷"这个栩栩如生的人物,既展示他朴实厚道、幽默风趣的面貌又揭示出他一心扑在集体上、爱社如命的思想灵魂,艺术细节的成功运用把"社迷"的性格美与人性善以及鲜明个性烘托得淋漓尽致。

郭澄清小说的人物谱系中的女性形象也刻画得相当生动感人。《茶坊嫂》(1962.11)以农村集场为背景把人物的所作所为举止言谈都聚焦于"茶坊"这一典型环境,使茶坊嫂的性格放射出了耀目的光彩。她在集场开茶坊并非以赢利为目的,今天的茶馆里或茶社里,哪里还有汗流浃背地担水煮茶只为群众消暑解渴而自己什么回报也不要的人?茶坊嫂就是这样一位众口赞颂的"好心人"。这应是特定环境中的典型人物,不论她的外貌美或内心美都极为真切地打上那个地域那个年代的烙印;不过茶坊嫂那颗金子般的心及其所呈现出的勤劳、善良、热情、好客、开朗、豁达的性格特征,既是对我国农村劳动妇女传统优秀品格的弘扬又是超越时代、地域限制而散发出的人性美。也许在女权主义者眼里,她不是个值得称道的真正现代女性,因为她尚未从男人世界里走出来,没有获得女人的性别意识;但是在我看来,郭澄清笔下的茶坊嫂是个"军嫂",在自由洒脱的劳动中充分显示出人的本质力量,也体现出一个农村妇女获得政治、经济解放后的自身价值和尊严,见不出"男权"对她的束缚更看不到对她的伤害。《嘟嘟奶奶》(1964.6)的"嘟嘟奶奶"是个可敬可爱的头发刚白的农村妇女,作家也是在彼时常见的新旧对比的叙事模式中刻画她的生动形象的。"她大事要嘟嘟,小事也要嘟嘟;该嘟嘟的嘟嘟,不该嘟嘟的也嘟嘟。"可见"嘟嘟"是她习惯性的性格表征,不过从其"嘟嘟史"中既揭示出她过去曾受过苦,"给财主扛活"而"落下了一身病";又展现出她今天以主人翁的姿态关爱家人,关爱社员,关爱队里的人、物、事的高度责任感,即使上了年纪解除了喂猪"职务",像"嘟嘟奶奶这样的人,脚勤,手勤,嘴勤,又怎能安安生生地养老呢?"这表明翻身解放了的农村妇女从不衰退的勤劳本色和旺盛的生命力,难怪村里人们赞扬"嘟嘟奶奶!你人越老,心越美"。老一代女性的善美心灵得到作家饱含挚情笔触的勾画,那么青年一代的女性形象经过作家的润色也是生气勃勃、鲜美灵动的,她们从言语到行为都透露出一种锐意进取、积极向上的性格美。作家并没有像当时有些小说故意编造一种虚假的"阶级斗争大风大浪",将农村女青年放在"风口浪尖"上来刻画其性格;而是通过实实在在的抗旱抗洪与大自然搏斗或农业上的技术革新来塑造女青年的动人形象。女青年燕子(《虎子》,1962.8)是生产队长,她性格中的真善美的素质是在抗旱、抗洪的实践中锻造并表现的;女青年春儿(《春儿》,1962.11)是生产队的技术员,她的虚心好学、苦钻技术,不断追求、积极进取的精神,是以"言传身教"的叙事方式和在农业技术变革实践中刻画并展示出来的。虽然这些女青年形象并不是很丰满,但却是具有新思想风貌的女性形象,是那个年代罕见的只顾埋头苦干、学技术搞生产而不知"抬头看路”(所谓迷失路线斗争政治方向)的优秀女青年,作家没有无故地给她们身上涂抹“阶级斗争,一抓就灵”的政治色彩。

郭澄清遵循“美的规律”在小说文本中所塑造的人物谱系,表现了在历史的特定时期的特定区域的中国农民对真、善、美的向往和追求,从而反映了中华民族自强不息、勤劳勇敢的优秀传统和锐意进取、务实求新的现代精神,尤其以人性美、人情美为特征的新人文精神在小说中得到较充分的显现。小说通过刻画各种普通人的形象,所追求的真善美既是“人的一般本性”也是马克思所说的“人的本质”的深层次的人性,而“人的本质”则是人性的最集中的表现,是人追求真善美的生命活动的本质特征。郭澄清短篇小说的最可贵的最有价值的就是:笔下的主要人物都是乡村农业战线、财贸战线、科技战线的普通劳动者,不论公社书记、生产队长、饲养员、保管员、技术员或者财贸干部、客店店主、男男女女、婶婶嫂嫂甚至少年儿童,无不热爱劳动忠诚劳动,他(她)们身上蕴含的真善美品格及其深层的“本质力量”几乎都是通过诚实的生产劳动活动体现出来的,使“人的本质是劳动”、劳动创造了真善美的真理在人物形象谱系中得到生动有力的印证。尤其值得重视的是,郭澄清小说王国所有的社会关系网络都与生产劳动关系联系在一起,虽然个别小说写历史记忆或战争记忆只是触及阶级的民族的敌对斗争,但绝大部分反映现实社会关系的小说则见不到主流话语所臆断的“千万不要忘记阶级斗争”的现实阶级关系,而所有的社会关系都是围绕“劳动生产”展开的,是在劳动中形成了干部与群众、人与生产、人与科技、人与人化自然、队长与社员、男人与女人、年长的与年轻的、进步的与落后的等错综交叉的关系;而这些社会关系既在劳动中发生冲突又通过生产劳动实践或科技劳动实践得到和谐解决,每个人物形象身上的真善美特点几乎都是在这种种关系中得以刻画与突现,所谓的现实上人是“社会关系的总和”也是“人的本质是劳动”这一真理判断的逻辑演绎,同样亦从劳动实践中呈示出来。正是从这个意义上说,郭澄清的短篇小说是现代“人学”的佳构。

任何富有典型审美意义的人物形象既有现实性又有超越性,所谓现实性是源于人物生存发展的现实生态环境,其性格特征或精神风貌甚至行为模式都深深烙上现实的印记或带上浓重的现场色彩;所谓超越性主要指人物性格内涵里蕴含的与人类本质特征相通的东西,如对形下或形上真善美的欲求和渴望。郭澄清小说中的形象可以说是现实性与超越性兼而具之的,上述已对其性格中的真善美的超越性有所涉及，这里着重探讨一下人物身上的现实性。因为小说中的主要人物都是公社里的人，他(她)们都与人民公社体制联系在一起，即均是公社体制内培养成长或生存活动的人物；所以肯定这些人物形象是否也是在肯定人民公社的优越性，赞美这些人物形象是否也是在赞美人民公社的历史呢?这是不可回避也难以说清楚的问题。我是这样理解的：其一，人民公社体制已成了历史，不少人也许从记忆中将其抹掉，其实人民公社作为社会主义特定阶段的一种农村经济变革的生产关系、生产方式和生存体制是有一定的历史合理性和一定社会发展的必然性的，把它作为一个遗留历史问题将进行长期研究；这里我所要强调的是郭澄清创作小说的20世纪60年代初的“人民公社”进行了不少调整，那股乌托邦的“共产风”已遭到强烈抵制，与“千万不要忘记阶级斗争”主流意识形态话语相伴随的另一种声音“农业本身的问题，现在看来，主要还得从生产关系上解决，这就是要调动农民的积极性”即“猫论”①(1962年提出的)在农村起了切实的指导作用，使调整后的人民公社制在一定程度上有利于生产力的发展，有利于农村人与人之间关系的改善，有利于人的“本质力量”的显现，有利于人对真善美理想的追求。也许这就是郭澄清所感受到的农村社会的新语境新景观，并把它作为人物形象刻画的特定的典型环境。其二，没有虚构想象就没有艺术真实，郭澄清进入创作状态过程在其艺术构思中所出现的公社、生产队及其生存于其中的百姓群众是经过审美选择和艺术化处理的，既不是现场已有的原生态又不是主观化的编造，应是公社生产队这个实有与虚拟的人文环境亦虚亦实的各种人物，是创作主体想象中来自原生态又超出原生态的艺术形象，使人物身上既富有强烈的现实真实感又具有浓烈的审美艺术感。所以作家笔下的人物形象，已突破乌托邦人民公社或调整后人民公社这一客体环境下的局限，而在营造的艺术王国里获得了更多的人性美、人情美的超越性，致使我们当下人与小说人物对话也能产生一种亲切的心灵感应。

三

郭澄清的短篇小说在现代中国小说史上，虽然缺乏鲁迅短篇小说的难以逾越的人性深度和高超艺术，也缺乏赵树理短篇小说的“政治问题意识”；但他的

① 邓小平：《怎样恢复农业生产》，《邓小平文选》第1卷，人民出版社1994年版，第323页。

小说却在语言艺术上承传了鲁迅小说语言的精炼简洁风格以及赵树理小说语言的流畅明快，即使鲁迅《阿 Q 正传》、赵树理《小二黑结婚》所戏仿的章回小说体也在郭澄清小说体式上得到运用（如《小八将》《铁头和骆驼的故事》《社迷》等）。直接对郭澄清短篇小说的美学风格和艺术精神产生深刻影响的也许是孙犁。郭澄清的小说创作不仅弘扬了孙犁追求真善美的文学传统，而且也承续了孙犁小说所蕴含的中华民族艺术的乐感精神传统。民族传统文化心理结构中的乐感精神源于道家的“天人合一”哲学和儒家的中庸思想，主要表现为乐天知命、静虚达观、中庸温和，孔子的“乐而不淫，哀而不伤”的诗教、钟嵘的“滋味说”、司空图的“韵味说”、王士祯的“神韵说”以及王国维的“境界说”等，大都体现了乐感艺术精神。孙犁对传统文化乐感精神的继承是建立在批判其乐天知命、逃避现实等消极思想因素的基础上，着重汲取其积极因素与革命乐观主义精神相融合，以期达到对现实生活中真善美的发掘与播扬。郭澄清短篇小说所体现出的明朗乐观基调和浓郁乐感精神是与孙犁小说的乐感艺术精神一脉相承的。因此，当下的文学评论者或文学史家，在肯定孙犁小说的美学价值时切莫忘记山东文坛曾有位小说名家郭澄清，在确立郭澄清小说在现代中国文学史上的应有地位时切莫忘记回观河北文苑独具丰姿的文学家孙犁，两者比较更容易显示出他们独特的文学史价位与艺术风貌。上述是我初读《郭澄清短篇小说选》的感受与体悟，贻笑大方。

草于 2006 年元月 15 日

（本文原刊于《山东社会科学》2006 年第 4 期）

严密·巧妙·特殊

余新明

在长篇小说创作中,结构安排向来都是难点。的确,要把众多的人物、纷繁的事件组织成一个如生物有机体般严密的艺术品,是很不容易的一件事。弄不好,要么结构散乱,要么比例不恰当,要么不能很好地表达出作者的主观意图,就成了一个失败的艺术结构了。郭澄清先生的长篇小说《大刀记》,两部三卷,洋洋100多万言,小说中的时间长达三四十年(从晚清到抗日战争胜利),空间跨度几千里(从冀鲁平原到关东的兴安岭),人物、事件多而复杂,我们读来人们没有丝毫凌乱的感觉,反倒觉得好像被作者引入了一个布局巧妙而精美的建筑物内,他带我们一个房间一个房间的参观,每个房间景象各异,却一样地优雅精致。当我们走出来,再回望这座建筑物时,不由感叹:“好一座奇妙的艺术之宫!”相信每一个阅读过《大刀记》并有所思考的人都有这种感觉。《大刀记》是一个结构谨严的艺术作品,表现出了高超的结构艺术。下面我就从整体布局、情节勾连和文字分配三个方面来对它的结构艺术作点分析。

严密的整体框架

1.经纬交织的基本骨架。

任何一部长篇小说,要形成一个整体性的框架,就必须有一些能贯穿小说前后的东西,以形成小说发展的基本脉络,或者说是一个基本的骨架,有了这么一个骨架,它才能在其上生长出丰富的血肉来,并最终形成一个有形有款的艺术品。《大刀记》就通过经纬两条线搭起了它的基本骨架:它以梁永生曲折坎坷并最终走上革命道路的人生经历作为故事发展的经线,以尖锐残酷的“敌我斗争”(以梁永生为代表的农民阶级与以白眼狼为代表的地主阶级以及后来的日本侵略者之间的斗争)作为推动故事发展的纬线,经纬交织,构成以梁永生为中心人物的整体框架。所有的人、事都从这个基本骨架上生发出来，并服务于这个基本骨架。

《大刀记》从梁永生的少年时代写起，写白眼狼如何弄得他家破人亡，他怎样到处流浪，为了复仇又怎样刻苦学艺，写到带着家人逃亡关外，“拼命”报仇不成功，最后终于找到共产党参加革命，回到家乡建立抗日武装——大刀队，一直到经过艰苦的战斗取得抗日战争的胜利，这时，他已是一个四十多岁、比较成熟的革命者了。而在梁永生人生经历的每一阶段，“敌我斗争”总是其中心主题，推动梁永生的故事不断向前发展，小说中的人物也很自然地分成“敌”“我”两派。在龙潭街，地主白眼狼及其狗腿子欺压以梁宝成（梁永生的父亲）、常明义为代表的穷苦农民，直接造成梁家逃到坊子镇，常明义被打死；在坊子镇，梁宝成为常明义鸣不平到县衙告状，结果被与白眼狼串通的官府的酷刑活活打死，梁永生的娘被白眼狼追遇跳了运河，梁永生也被迫逃走；在雒家庄，收养梁永生的雒金坡因保护家里仅有的一块地而被时主疤痢四打死，梁永生又被迫和雒大娘到处讨饭；在天津，梁永生打死了欺负中国人的日本兵，只得在天寒地冻之际逃往东北；在东北兴安岭下，梁永生一家与前来剥削的财主阙七荣、阙八贵发生了冲突，被迫逃入深山老林；后来，白眼狼、疤痢四、阙七荣、阙八贵等成了汉奸走狗，与日本侵略者勾结在一起，又成了以梁永生为代表的中国军民的不共戴天的敌人，敌我斗争直接构成故事的中心，所以，以梁永生的人生经历构成的经线，和以“敌我斗争”构成的纬线，就形成一种张力，你推我拥，共同使小说不断向前发展。同时，它还产生一种“张力场”的效应，把各种人、事都包容进去，使《大刀记》形成一个有自己内在逻辑的结构整体。

2. 首尾圆合的整体布局。

《大刀记》在首尾的布局上也别其匠心，它以带有节庆狂欢的“闹元宵”，开篇，也以节庆狂欢式的“扭秧歌”庆祝抗战胜利结尾，在总体上形成遥相呼应的圆合式结构。“闹元宵”是开，它写龙潭街的农民在灾荒年月故意在元宵节以社火的形式来表达对地主的愤怒——白眼狼家里死了人，不许百姓闹元宵，这么一来，就直接导致了梁宝成被陷害，成为整个《大刀记》的起点，它引发了后来的一系列故事；“扭秧歌”是合，它写的是我抗日军民在经过艰苦的斗争后，终于迎来了抗战胜利而从心底爆发出来的喜悦，是共产党领导下的中国农民革命由低谷走向胜利的必然结果，是《大刀记》的合。从苦难的悲剧出发，到胜利的喜剧结束,一恶一喜,遥遥相对,使《大刀记》形成一个有头有尾、首尾圆合的完整故事,这之间的众多人、事,都被嵌入包括梁永生在内的中国农民的革命斗争必然会从低谷到高潮的逻辑结构之中,从而它也能起到一种加强整体联系的作用。

3. 集中突出的人物事件。

前面谈过,《大刀记》时间跨度长达三四十年,空间跨度广达几千里,人物、事件多而复杂,但在驳杂的材料中,郭澄清却用巧妙的结构艺术,集中突出几个人物,集中突出一些典型事件,而与这些主要人物、典型事件关系不大的枝蔓,则略去不写。如梁永生婚后几年的生活,就根本没提到,小说直接从他结婚写到他是四个孩子的父亲,“一夜之间”①,就从青年人变成中年人,当他再次面对生活时,与敌对阶级的斗争依然是他人生的主题。这就有效地避免了材料的散乱。在写敌我矛盾中的抗日斗争时,就通过“虎口拔牙”、“荒野斗智”、“巧夺黄家镇”、“夜战水泊洼”、“围困柴胡店”等几个有代表性的战斗,来表现我抗日军民的英勇顽强、机智豪迈的精神,也突出了大刀队队长梁永生的高大形象。

再比如因地域辽阔造成的笔墨分散,作者也巧妙地把这种不利因素降到最低限度。就整部小说来说,他始终把大部分笔墨集中到冀鲁平原、运河岸边的龙潭街、坊子镇、宁安寨、黄家镇等方圆不大的一块地面上,又通过亲戚、朋友等社会关系把这块地面的人们联成一个整体,从而增强小说的整体感。需要说明的是,这种在方圆很小的地面上,在过去是极易形成亲戚、朋友等社会关系的,因为那时人们的生活相对固定,流动范围很小,人们通婚交往往往局限在附近几个村庄。当然,在交通发达、人口极易流动的今天,情形已大不相同了。所以,解读这部小说,还需要我们能够回到历史的情境中去。

也许有人会认为,小说第一部写梁永生闯关东的几个章节伤害了这部小说的整体性。从地域相对分散来看,这种看法有一定的根据。但我认为,这无损于小说的整体性,因为:(一)闯关东,也就是离开斗争的中心龙潭街一带,只有8章,只占《大刀记》第一部33章的四分之一弱,相对于整部小说的百万言来说,更是一个极小的局部;(二)闯关东遇到的人和事,几乎还是在龙潭街发生的故事的继续,如在天津遇到杨大虎、怒打日本兵,在关东遇到唐春山、秦海城以及与阙七荣、阙八贵的冲突,都与闯关东前后的故事有密切的联系;(三)闯关东

① 原文为“一页之间”。

在塑造梁永生的性格、推动故事向前发展中起了重大作用，它使梁永生意识到，农民的敌人不仅有地主老财官府，还有日寇土匪，而在兴安岭下得到中国共产党的消息，则直接促使梁永生重返宁安寨，以及后来“走延安”的行动，这也是小说第二部大刀队开展抗日武装斗争的一个起点。所以，写“闯关东”的八章也是整部小说的一个有机组成部分。

巧妙的情节勾连

《大刀记》不仅有严密的整体框架，在局部的情节安排上它也注意到了上下文的过渡、照应，形成了比较巧妙的情节勾连。

1. 采用特殊的过渡形式——回头交代。

一般的长篇小说，在这一章(回)的结尾与下一章(回)的开头，必然有一个自然的过渡，如《红楼梦》第三十二回的结尾是“(宝钗)于是将衣服交明王夫人，王夫人便将金钏儿的母亲叫来拿去了”，第三十三回的开头是“却说王夫人唤上金钏儿的母亲来，拿了几件簪环当面赏了，又吩咐：‘请几众僧人超度他。’金钏儿的母亲磕了头，谢了出去”，这就是一种自然过渡。《大刀记》除了采用这种形式外，更多的是一种“回头交代”的特殊过渡形式。什么叫“回头交代”呢？就是这一章的开头不交代与上一章的关联，而是在这一章的情节发展中再回过头去交代它与上一章的联系。如《大刀记》第一部第二章结尾写梁宝成在白眼狼逼迫下提刀来到常明义家门口，第二章开头却写到德州县衙大唐上，在写到县衙升堂的咋咋呼呼和县令的丑态后，才写到受刑后被拖进大唐又马上昏死过去的梁宝成，然后来了一笔：“梁宝成是怎么来到大堂上的呢？这得先从白眼狼那里说起——”这才回过头去交代白眼狼为什么要害梁宝成、常明义，梁宝成来到常明义家报信让他们赶快逃走，自己一家则到河西坊子镇投亲，又听说白眼狼追上了常明义并把他打死，梁宝成为给他报仇，就到德州县衙连递两状都没下落，只好“闯衙喊冤”，不想被已与白眼狼勾结的县令打了四十大板……这才与这章开头连起来。再如第一部第六章结尾写到梁永生看到雒大爷被疤瘌四打死，就想拼命，被雒大娘拦住，第七章开头却写到梁永生和杨翠花被人贩子带到了边临镇的岳王庙，小说在写了人贩子的狠毒和杨翠花对他的同情之后，才借梁永生之口，把这当中的缺口连起来：他与雒大娘无法度日，只好到处乞讨，不料在柴胡店落入人贬子手中，被拐卖到这儿来了……

这种“回头交代”的过渡形式,使《大刀记》的大部分章节的开头给读者带来了一种突兀的感觉,有力地刺激了读者的探究欲望。由于“回头交代”一般是概略叙述,所以它既能贯通小说的内在脉络,又因为简化了一些不太重要的细节而使小说的结构显得紧凑。

2. 利用巧遇贯通情节。

由于《大刀记》的中心人物梁永生坎坷的命运,他在小说中一直处于漂泊动荡之中,那时的通讯又不发达,这使他与其他人物的联络成了问题。为了解决这个问题,作者来用了“巧遇”的办法——即在相遇几率很小的情况下让人物相遇。如第一部第十九章,在天津拉车的梁永生“偶然遇见了”龙潭街上的杨大虎,杨大虎告诉他他的儿子梁志强的下落,还有白眼狼准备到天津来“拾掇”他的情况;还是在这一章中,梁永生打死了一个轧死中国人的日本兵,准备到关东投奔秦海城,他是怎么知道秦海城的具体位置的呢?小说中交代:半年前,梁永生拉过一位关东老客儿,他是兴安岭下徐家屯的,梁永生在与他的闲扯中知道秦海城和他住在一个屯里。梁永生带着一家人到关东寻找秦海城时,秦家父女失踪,却又巧遇以前见了一面,现在梁永生又救了他儿子的唐春山。后来离开兴安岭时,又奇遇被梁志强救了的何大哥,何大哥告诉他共产党的情况,这才促使他急速重返宁安寨。在梁永生奔延安的路上,在一户人家投宿时,又意外遇见了在东北就已失散的儿子梁志勇。正是这些“巧遇”、“奇遇”推动了故事一步一步地向前发展,有力地把前后情节连起来。

3. 巧用伏笔千里的照应。

《大刀记》还非常注意细节上的前后照应,务期使任何一个故事的来龙去脉都清楚,做到渊有所流,流有其渊。这种渊、流有的间隔很大,形成一种不太明显的勾连、照应,就像脂砚斋评点《红楼梦》所说的“草蛇灰线,在千里之外”一样。如《大刀记》第一部第八章写门大爷回忆家史时,向梁永生谈起“他们兄弟二人,把‘闫’字一分两下,兄姓‘门’,弟姓‘王’,兄与弟两分了手。后来门大爷听说他的弟弟向西逃过黄河,到西安一带去了”,作者在这儿埋下了伏笔,直到第一部第三十二章,才写到梁永生在彷徨找不到方向之际,遇上了门大爷的弟弟王生和,因为他到过“西安一带”,所以他了解中国共产党和革命的情况,他把这些都向梁永生作了介绍,便有了第二十三章梁永生“走延安”的行动。

再如小说中梁志勇和秦玉兰的爱情,作者写得十分委婉隐蔽,却又多次点染,也形成一个前后跨度很大的照应。第一次是在小说第一部第二十二章,在兴安岭的老林里,“头顶着头的志勇和玉兰”跟着梁永生学识字(P238);第二次在第二部上第五章,梁志勇参加“虎口拔牙”的战斗回来了,秦玉兰“两条视线一遭儿一遭儿地在梁志勇的身上兜圈子,仿佛生怕他身上少了什么似的”(P251);第三次在第二部上第九章,梁志勇受伤在黄二愣家养伤,“秦玉兰将黄二愣家的天井都踩洼了”,为他煎汤熬药洗衣服(P467);第四次在第二部下第十五章,大刀队来到龙潭街,当秦玉兰看见队伍里的梁志勇时,“心窝里像突然发生了地震似的,立刻颤动起来”(P234);第五次在第二部下第十九章,在攻克柴胡店据点的前夕,树林里的梁志勇和秦玉兰“肩并肩地走着,谈着,谈着,走着……(P475)可以看出,每两次之间的距离基本上都在 200 页书以上,间隔很大,却还是形成一种前呼后应、你呼我应的密切联系。

4.“重复中的反重复”形成另一种照应。

《水浒传》里有众多“逼上梁山”的故事,但施耐庵在结局相同的前提下却把它们的过程写得是各不相同,表现出了高超的“同中求异”的写作技巧。《大刀记》也写了许多农民遭受地主老财官府欺压剥削而家破人亡的故事,郭澄清先生写来也是个个不同。常明义被白眼狼活活打死,儿子常秋生逃亡;梁宝成受官府酷刑死去,妻子跳了运河,儿子梁永生逃亡;和梁永生萍水相逢的赵奶奶,儿子惹了财主,被活活打死在牲口棚里,孙子放火烧了牲口棚后也逃走了;还有雄金坡、门大爷的父亲闰铁匠、教书先生房兆祥的父亲……都惨死在地主恶霸手里。这些同中有异、异中有同的故事,就构成了“重复中的反重复”,形成一种潜在的照应关系,它们共同揭示了那个时代尖锐的阶级对立,为在这一环境中成长起来的梁永生能够走上革命道路,为后文的穷苦农民积极参加革命,作了充分的思想铺垫。

特殊的文字分配

任何一部长篇小说,恰到好处的文字比例分配,会使小说形成一种参差变化而又波澜曲折的节奏感、韵律感,在一种富有魅力的生命形式中更好地表达出作者的写作意图。由于《大刀记》诞生于一个特殊的年代里,它的创作主旨必须符合那个年代的特殊的政治要求,所以它的文字的比例分配就呈现出一种特殊的不太对称的状态,既“冷”少“热”多,“敌”少“我”多。

1.“冷”少“热”多。

所谓“冷”“热”，在这儿指两种不同的情感色调，作品呈现出压抑、悲凉、痛苦、忧愁的情绪我们就把它称之为“冷”，相反的，如果作品呈现出快乐、积权向上、乐观的情绪我们就把它称之为“热”。以此来衡量，《大刀记》的第一部大致上是“冷”，第二部大致上是“热”，形成一种“冷”“热”对比的关系。

《大刀记》第一部写的是梁永生走上革命道路以前的人生经历，以他为代表的农民尽管有反抗的怒火，但由于没有共产党的领导，这股怒火只能变成盲目的“认命”或“拼命”，所以在与敌对阶级的斗争中总是不断遭受失败。人祸加上天灾（洪水、饥荒、寒冷），导致的是农民阶级的痛苦、屈辱、疾病、贫穷、死亡，使整个第一部《大刀记》充满了压抑、悲壮、凄冷的情感色调。我们来看看第一部部分章的题目，“苦上加苦”（第六章）、“难中遇难”（第七章）、“卖子救夫”（第十七章）、“风雪关东路”（第二十章）、“逼近兴安岭”（第二十一章）、“血染龙潭”（第二十九章），从这些题目我们就很容易发现这种“冷”，的基调。《大刀记》第二部写梁永生走上革命道路以后，又被党派到自己的家乡，组织起大刀队进行抗日武装斗争。由于有了党的指引，所以无论是打仗还是生产自救，都充满一种明朗、热情、奋发向上的革命乐观主义情绪。我们也来看看第二部部分章的题目，“风火燎原”（第一章）、“雪后初晴”（第三章）、“虎口拔牙”（第五章）、“春天来了”（第六章）、“荒野斗志”（第十三章）、“巧夺黄家镇”（第十六章），我们也能明确地感受到一种“热”的情绪。

但这种“冷”“热”只是大体上的概括，并不能说第一部就全部是“冷”，第二部就全部是“热”。实际上，第一部是“冷中有热”，如它在压抑的氛围中还写到了使人欢快的“大闹黄家镇”。“新婚喜日”等章节；第二部也是“热中有冷”，它在一片革命乐观主义的情绪中也写到了抗日斗争的残酷性，如在“我就是八路”一章中就写到了梁永生的被俘与越狱，还写到我抗日军民几次遭到敌人围困等等。这种第一部“冷”，第二部“热”以及“冷中有热”、“热中有冷”的情感搭配，使小说在内部形成一种结构上的张力，这种张力给予小说一种跳跃的动感。

2.“敌”少“我”多。

前面说过，《大刀记》以“敌我斗争”构成故事发展的纬线，所以它就不能不描写、刻画“敌”“我”两类人（尽管它也写到了可算作“中间派”的人，如田金玉等极少的人，但田金玉最后在事实的教育下还是参加到革命、抗日的队伍里来，所以此类文字可忽略不计)。在刻画这两类人的文字分此配上,《大刀记》也呈现出一种明显的失衡状态:“敌”少“我”多,描写敌人的篇幅极少,刻画我方的篇幅极多。“极”到了什么程度呢?作出精确的统计是很困难的,但我们可以进行一个大概的推算。我们先把小说里的文字分成三类:只有我方出场的,敌我双方同时出场的,只有敌人出场的。按此分类标准,《大刀记》的第一部共33章,只有我方出场的有25章,敌我一起出场的有8章(第一、二、三、九、十四、十五、二十一、二十九章),只有敌人出场的章没有。即使在敌我一起出场的章中,也以我为主,敌方所占的篇幅很少。如“第十五章”,共11页(P155—166),写到敌方的只有4页(P158—160、163),而这4页中,敌方“三条船”上敌人的丑态还主要是通过梁永生的眼睛观察得来的,因而,描写敌人的实际篇幅就更少。

第二部共有19章,每一章都有很长的篇幅,只有我方出场的有3章(第一、六、十五章),敌我一起出场的有16章,只有敌人出场的章没有。看起来,敌人“出场”的次数多了,但实际上,在敌我一起出场的章中,表现敌人的文字是非常少的,而且这些地方对敌人的描写也始终是从陪衬我方的英勇、机智等角度去写的。在第二部长达1087页的文字中,对敌人进行直接表现的只有19页(第二部上册P240—248的8页,加上P252—263的11页),19对1068,这的确是一个非常悬殊的对比。

所以,相对于“冷”少“热”多来说,“敌”少“我”多是一个更加不成比例的完全一边倒的失衡结构。

一般说来,长篇小说在文字的比例分配上是会考虑它的平衡性的,即使不是一种绝对的平衡,也不会采取一种严重的失衡结构,因为中国人向来喜欢对称、平衡的东西(如《红楼梦》它的前半部表现贾府的富贵奢华,后半部表现它的衰落败亡,就是一种大体上的平衡)。像《大刀记》这样的文字分配,应该是非常特殊的。那么,郭澄清为什么要安排这种不对称的失衡结构呢?

我想,这与那个特殊的年代、特殊的政治要求,以及特殊年代里由特殊的政治要求形成的特殊审美风尚密切相关,那就是,革命历史题材的文学作品,必须鲜明地表现出一种革命的倾向性,要树立革命英雄的高大形象。

所以在这个框内创作,实际上要作家“戴着镣铐跳舞”。郭澄清却能在这种严格限制中施展妙手,始终以“我”为主,在对“我”的刻画描写中巧妙地融进“敌”的行为,如从“我”方的视角、心理活动、谈话以及行动中来写敌人。这样就取得了一石二鸟的功效:既避免了直接的大量的描写敌人,又能有力地正面表现革命者的机智、勇敢、坚强、不怕困难、不怕牺牲的精神。《大刀记》既符合当时的这种美学要求,又具有较强的艺术感染力。这种特殊的文字分配,尽管有它不足的地方,但它依然体现出郭澄清高超的结构技巧。

通过以上的分析,我们可以明确地说,《大刀记》具有高超的结构艺术,无论是整体的框架安排,还是局部的情节勾连,乃至文字的比例分配,都倾注了作家大量的心血。《大刀记》是郭澄清先生用智慧和汗水培育出来的一朵艺术之花,它不但有醉人的芬芳,还有迷人的漂亮外形,是当得起我们读者的注目和欣赏的。

(本文原刊于《时代文学》2006 年第 2 期)

政治伦理化的可能性及其限度

——论当代著名作家郭澄清的短篇小说

杨学民

一

郭澄清是中国当代著名作家,创作了长篇小说《大刀记》和一系列乡土气息浓郁的短篇小说。在小说集《社迷》后记中,他曾写道:"我的家乡是抗日根据地。我参加革命时,还是个十几岁的孩子。党像母亲一般,哺育我成长,并使我有了文化。我正式学习写作,开始于农业合作化的初期。那时节,形势发展一日千里,新人新事层出不穷,祖国的一切,都在发生着深刻的变化。此情此景,使我的心不能平静。我愿把亲眼看见的新人新事写出来,希望曾经教育了我的事迹,能再感染别人。社迷、虎子、春儿、茶坊嫂、黑掌柜、方方嫂、老队长……众多的意气风发的先进人物形象,在我的脑子里行动着,活跃着。于是,我怀着激动的心情,提笔展纸,在灯光下写,在膝盖上写……"从这段话语中,一方面可以领悟到,郭澄清的小说创作有着坚实、丰富的现实生活基础,冀鲁平原给了他丰厚、鲜活的生命体验;另一方面,也能深深体味到他的小说创作有着严肃而热切的道德承诺和政治关怀。这种道德承诺和政治关怀不仅表现在小说集《社迷》当中,也贯穿于《小八将》《公社的人们》《铁头和骆驼的故事》《麦苗返青》等短篇小说集的始终。感恩的情怀和入世的激情一直是他小说叙述的重要原动力。故此,从伦理、政治的视角来阐释郭澄清的短篇小说,也许不失为一条更能把握其独特性的路径。

如果同样从伦理、政治的视角来审视中国当代小说,特别是"十七年小说"和"'文革'小说"的话,这一时期的小说创作几乎都在伦理与政治的张力中做着奋力的挣扎。在时代风潮的挟裹之下,郭澄清的短篇小说创作同样难以抹去时代的政治色彩,但在处理伦理与政治的张力关系方面,显示出了自己的独特性。这突出地表现在他善于在政治氛围里，开掘人性的深度和多样性，从伦理的角度描绘人性美、人情美以及人与人之间的和谐关系，给政治以伦理学的根基和伦理化解释。小说创作表现出了明显的政治伦理化倾向，在伦理与政治的张力中偏向了伦理重心。在中国当代小说史上，孙犁、茹志鹃、刘真、萧也牧、邓友梅、高缨等人的小说都具有这种偏离政治主流的政治伦理化倾向，甚至可以说他们的小说创作形成了一股边缘化的潮流。有学者也认为，孙犁的文学作品就“不那么典型地体现主流革命文学的特征，在文学的情致乃至文学的话语方式上，它都常常与主流文学的政治主旋律有所偏离。主流文学追求文学的政治效应，崇尚力量（暴力）、冲突（阶级斗争）和社会政治叙事；孙犁的创作，则惯于在社会政治冲突之外表现人性之善、人情之美、人伦之和谐”①。与“政治伦理化”小说创作潮流相对的是作为主流的“伦理政治化”小说潮流，它以政治意识形态话语作为元话语，伦理政治化小说发展到“文化大革命”当中的《虹南作战史》之类的作品就到了极致，也到了终结。在政治与伦理的张力中，政治伦理化小说与伦理政治化小说潮流的分合、对话、流变，共同描画了中国当代小说史的变化、发展脉络。

二

郭澄清的短篇小说自然可以纳入政治伦理化小说潮流中进行考察和评价，与孙犁、茹志鹃等人的小说相比，既有共性又有其独特性。从切入生活世界的视角来看，其小说本着现实主义精神，主要关注的是人性、人情等属于伦理道德层面的东西，努力寻找生活的诗意美，政治生活、政治意识形态等往往只是其小说叙述展开的背景、小说的表层话语。在有些作品当中，作家也会有意或无意地对人物进行政治性的拔高，或者接续上一个政治性尾巴，但叙述的重心却一直在对人性、人情的开掘和描绘上，从人道主义的伦理角度来观照人以及人与人、人与集体的关系等，努力将以人为本的伦理价值观念和价值理想推广到政治领域中，使政治生活也充满了人情味。这一特点充分地显示在了小说《公社书记》《茶坊嫂》《篱墙两边》《男婚女嫁》等作品之中。常言道，寡妇门前是非

① 杨联芬：《孙犁：革命文学中的“多余人”》，《中国现代文学研究丛刊》1998 年第 4 期。

多。而对小说家来说则是，寡妇门前故事多。《篱墙两边》叙述的就是一对孤男寡女在好心人的撮合下相亲相爱的故事。故事发生的环境设计得非常特别，也很有象征意味。一个丁字形的篱笆墙将槐树大院一分为三，“北屋，分给了张大婶；东屋，分给了王二嫂；西屋分给了李三哥。”这道篱笆墙已经有十年的历史了，可“就是高山大海，都截不断人们的情谊，何况这小小的篱笆墙呢！”作者在这里实际上就点出了叙事的重心所在。接下来的叙述则沿着男女之情的心理历程一环扣一环地展开了。首先是热心人张大婶暗中撮合，让王二嫂和李三哥互生怜爱之情，继而深情地注视，暗暗地互助，羞涩地交流、时刻地惦念，最后瓜熟蒂落，拜堂成亲。在婚礼上，大伙七嘴八舌，有的说，“他们结婚，对他俩都好，对集体也好”，有的说，这“多亏毛主席”。乍看起来，作者通过大伙的言谈，阐释、提升了这桩婚姻的政治意义，但这种“卒彰显其志”的艺术手法，却并没有扭转乾坤，没有将伦理叙事转变成政治叙事，这篇小说最吸引人的地方依然是对张大婶古道热肠以及一对新人恋爱心绪的艺术演绎。

《茶坊嫂》《男婚女嫁》《铁头和骆驼的故事》等作品初读下来，与《篱墙两边》一样都飞扬着一股浓郁的政治气息，但这种气息在郭澄清的小说里却总是给人以飘忽不定、游移无根的感觉，它与作者着力叙述的部分似乎分离开来。小说的这种内在分裂从理论上讲可以说是一种缺陷，但也正是这一“缺陷”使他的小说保持住了政治话语与伦理话语之间的张力，让他的叙述视角一直没有脱离开那充满人性光辉和人情温暖的日常生活。《茶坊嫂》也不乏那个时代流行的政治口号，但作者写得最顺畅、最真切的却还是茶坊嫂与乡亲们的那种看似平常却又不平常的相互关照、惦念的生活碎片。《茶坊嫂》没有曲折的故事情节，作者仅叙述了茶坊嫂在小刘集集日这一天的忙碌生活，甚至可以说作品就是茶坊嫂一天生活的剪影。它让人在这些细节中，深切地体验到人与人之间的那种不经意间的关怀，感受到那种平淡如水，而又温暖如春的友善之情。《茶坊嫂》中有这样一段话：

> 我和小英子谈话的同时，茶坊嫂那粗大嗓门儿，也在各个桌边响着：
>
> “周大爷，光顾说话，茶凉啦，倒它吧！……凑合着喝可不行，倒它！”
>
> “陈大嫂，别把茶碗放在桌边上……不要紧？要碰倒了，不烫了孩子吗?!”

"刘队长,你队不是缺夏薯秧吗?……我怎么不知道,上个集,你在这儿闲唠嗑说的嘛!我给你拉一个关系,用玉米到黄庄队去换吧,他们还缺夏玉米种哩!"

细细咂摸茶坊嫂的那几乎不容人争辩的话语,其中既有批评、劝阻、理解、责怪,又有关心、疼爱以及助人为乐的快乐,而这一切话语都是那样自然,毫无造作之感,都是她那仁爱之心的自然流露。

在政治与伦理的张力中,注重从伦理道德的视角,发掘人性的光辉,赞颂人情之美。这一特点不仅表现在小说的取材方面,也更具体地表现在郭澄清对人物形象的塑造过程当中。在塑造人物形象时,郭澄清一方面紧贴时代精神,注意发现人物的社会主义新品德,另一方面他又不忘光大人物身上的中华民族的传统美德,开掘传统文化心理结构中的闪光点。《男婚女嫁》《借兵》《社迷》等小说中的主人公就让人看到了男女平等、自由恋爱、热爱集体等社会主义新道德的魅力,而《黑掌柜》《马家店》《孟琢磨》《石再仁》等作品的人物性格中更突出的却是中华民族的优秀品德,这些生活在冀鲁平原上的人们,其言谈举止颇有"圣人"遗风。《马家店》的老店主虽然时刻不忘"在政治上要有根弦",但小说的叙述却没有在这个方向上展开情节,而是聚焦在了他治病救人、修车补胎、让人以暖被窝,自己睡冷桌子、反对假公济私等情节上,突出表现其舍己为人、公正正直、疾恶如仇的品性。《黑掌柜》的主人公王秋分同样也是传统美德的体现者,"仁、义、礼、智、信"、"温、良、恭、俭、让"等儒家道德伦理规范基本上是黑掌柜的做人之本和经营之道。这是作者以传统的人格理想为参照而塑造的一个典型人物。孟琢磨这个人物虽然没有黑掌柜更丰满、复杂,性格比较单一。相对于黑掌柜这一典型人物而言,可以说是一个类型化人物,也许正因为作者没有想把人物性格复杂化,他才更能专注地将这一人物的主要性格特征凸现出来,给人以铭心的印象。《孟琢磨》这篇小说表面上看起来是写孟老汉的苦难家史以及到了新社会以后坚持试验改造盐碱地的故事。其中有地主王麻子霸占孟家赖以生存的"仿印地"、孟老汉的父亲被地主活活打死、孟老汉爱社如家、种试验田等情节,这很容易被看作是一篇宣扬阶级意识形态的政治性作品,但透过这些表面情节,在小说叙事的深层发现的却是对人物面对各种苦难所表现出来的那种直面现实、不畏艰难、自强不息精神的揭示和褒扬。如此来理解这篇作品的话,小说的情节就成为人物内在性格和精神的试金石。因此,从上面的分析来看,政治伦理化在郭澄清小说人物塑造方面就表现为两种方式:一是在平列的诸多性格因素中突出伦理范畴的道德品质,同时也不排斥人物的政治素质;二是在深层次上注重对人物的那种更具普遍性的道德品性的挖掘和艺术塑造。后者多用在塑造那些从旧社会过来的老人形象身上,这些老人历经了新旧社会的变迁后,仍然保持着的那种对生命的热爱、执着,对土地和大众的挚爱、对美好未来的向往、勤劳勇敢等是这些人物性格的厚重底色,是燃烧着的地火。

三

进一步来说,郭澄清小说的政治伦理化倾向还表现在,伦理话语是其小说叙述的元话语,是其小说意义生成的土壤。其小说人物性格的塑造、叙事结构和叙事场面的设计等大都是建立在伦理话语之上的,小说的叙事声音主要也是一些伦理价值观。具体而言,首先在塑造政治人物形象时,作者往往以人物的道德品行作为基础和重点,这些人物首先是好人、然后才是清官。"内圣"乃"外王"之本。当然,清官形象在现代民主法制社会的价值观念中有它的局限性,不过其以德为官、以德为政的价值取向也不能完全抹杀。特别是作为文学形象,其激发伦理情感的功能尤其值得重视。当下主流文艺走下政治神坛,追求人性化、人情化的艺术倾向与郭澄清、孙犁、刘真等人所坚持的政治伦理化文学价值取向不无关系。郭澄清的短篇小说创设了一个基层干部人物形象画廊,其中包括项书记(《公社书记》)、支书高树屏(《铁头和骆驼的故事》)、耿书记(《小八将》)、虎子(《虎子》)等,他们是社会主义基层政权的领导者,虽然不是党和国家大政方针的决策者,但都是以"内圣—外王"这一传统清官原型而塑造的。当然,到了社会主义时期,"内圣"和"外王"的含义有了很大的变化。在这些基层干部形象中,《公社书记》的主人公项书记的塑造更具有代表性。这篇小说以第一人称"我"来叙述,"我"被分配到公社做宣传干事,可到了公社办公室后却不见项书记的人影,"我"只好到处寻找。秘书说,"只要你一问,庄庄村村,不论大人小孩,没有不认识他的!""我"想找到他肯定不难,可是在方庄找到一个姓项的干部,却是副社长。在人们的指引下,又来到了黄土岗,仍然不见项书记,却碰到了一个推车送化肥的老汉。"我"一边帮着老汉拉车,一边与老汉唠嗑。一到了村里，村里人都围拢过来，这个孩子要求老汉讲故事，那位大娘请老汉到家里去吃饭，还有问生产问题的……而老汉也不见外，像回到了老家一样。“我”被这情景迷住了。当一个中年人问“同志，项书记在哪里”时，“我”才醒过神来，原来这老汉就是自己要找的项书记。在接下来的叙述中，作者又借乡亲们的言谈，叙述了项书记的许多感人故事。在阅读过程当中，我们发现了一个有趣的问题，“项书记”是对基层干部的称谓，“书记”是职务名称或者叫“官名”，但这个称谓在小说中却几乎消失了，而代之以“老汉”、“老乡”、“老项”、“项伯伯”等。另一方面，项书记对作为行政上的下属——“社员”的称谓也变成了“大娘”、“大爷”、“小伙子”或“孩子”。这一系列称谓转化，实际上是一种人与人之间关系的转化标志，它意味着干部与百姓的关系由政治关系转化成了伦理关系，由政治的上下级关系变成了以血缘亲情为纽带的家庭关系。项书记是百姓的父母官，百姓乃项书记的父老乡亲。通过称谓的转化，小说就实现了政治人物形象伦理化的第一步。

仅仅指出这一点是不够的，小说叙述的重点还是落实到了“项书记”的言谈行为上。这更能显示其性格特征。项书记有个习惯：南去准抗猎枪，北去准背粪筐；只要群众需要，他可以推车运肥，教人种庄稼，给孩童讲故事，与社员共同研究劳动管理问题；“论本事可不简单啦，是锄杆，是枪杆，是笔杆”。从小说对项书记这些事迹的叙述中，看到的是一个德才兼备、德慧双修、勤政爱民、尽职尽责、以民为本、艰苦朴素的父母官形象。传统美德成为社会主义时期人民公仆官德的有机组成部分，项书记等人物形象以及小说所描绘的社会状态体现了作者伦理化政治的美好理想。

其次，道德伦理话语作为小说叙述的元话语，还表现在深层叙述结构的组织上，深层叙述结构实际上是一种意义结构，依格雷玛斯的结构语义学来说，小说意义的生成是独立性的，自我生成的，但在创作过程之中，意义的建构和阐释却离不开结构系统以外的文化背景，依赖于政治、经济、文化权力的抉择，受制于一定的意识形态。郭澄清在建构小说意义结构时，也同样不能脱离时代的文化背景，他大部分小说的意义都是在伦理道德话语的基地上建构起来的，善与恶的对立统一是作品的主意义轴。“美”或“丑”也是以善恶为价值准则的。“善”和“恶”的含义在小说中具体展开时，具有泛道德主义的倾向。个人主义与集体主义、诚信与欺诈或专制与自由等价值观念则成为小说的主要思想内容，不过中国传统的伦理观念像“温、良、恭、俭、让”、“仁、义、礼、智、信”等还是制约其小说表层叙述的深层叙述结构的主要伦理价值观，是深层叙述结构的主要意义项。小说《黑掌柜》《老人》《高七》等都是根植于这些价值观来组织故事情节的，情节的展开过程就是“善”战胜“恶”的过程，是“善”与“恶”的一个辩证统一过程，同时也是注入对“善”和“恶”的赞美和针砭的过程。这一过程是受制于社会主义时代的主流意识形态的。有时作者为了表达自己的这种伦理价值取向，叙述声音还直接以“好人”、“有良心”、“真是菩萨心肠”等伦理价值来评论人物或故事。

此外，在叙述策略层面上，郭澄清小说的节奏、场面、高潮等方面的安排也往往是以伦理情感为中心，旨在焕发出读者的强烈共鸣。在小说《铁头和骆驼的故事》中，作者精心安排了一个场面——支书高树屏在支部办公室给孤儿铁头和骆驼发奖品。支书把两个孩子揽在怀里，他拿出一支钢笔要奖励给考试得了100分的铁头，可骆驼不同意，就嚷嚷着也要奖品，并骑上支书的膝盖，一手拽着支书的胡子说，“你偏心眼，我不干！”可高书记并不生气，还答应他，以后他考了100分也给奖品。“我”看到这种场面后，还真以为这两个孩子就是支书的亲儿子呢。其实，他们是孤儿。高书记在这时就具有了两种身份，一是支书——我党的基层干部，一是“父亲”，而从场面中所看到的却是二者的统一。“父子”之间的亲情让读者感动，同时也让读者进一步理解政权与人民群众之间的血肉联系这一意识形态命题。从而完成了以情动人，在情感的感染中为主流政治意识形态的合法化进行论证的功能。这类以伦理情感为中心的场面在郭澄清的小说中不胜枚举，他们的功能是双重的，既有实现政治伦理化的功能，又具有使伦理和政治美学化，增强艺术感染力的功能。

综上论述，郭澄清小说政治伦理化的艺术取向，打开了指向人性、人情、诗意的一扇门，给开掘人性的多面性和人情的丰富性以多种可能性，为增强小说的艺术魅力提供了有力的支撑。小说政治伦理化这一艺术追求是在伦理话语与政治话语的张力中展开的，郭澄清的政治参与冲动也时时与道德承诺争抢着话语空间，小说时常会让政治口号作为点睛之笔或提升政治意义的策略。有时候，郭澄清也以政治意识形态裁剪生活，使小说滑向了伦理政治化的一极。这就超越了政治伦理化的限度。另外,小说在进行政治伦理化努力时,由于是以某种公共道德话语为基础的,而非以多样性的个人道德为基础,这同样也限制了其小说政治伦理化的更多可能性。无论是小说的政治伦理化还是伦理政治化,艺术美都应是小说的导向和最终目的。当下主流文艺创作,在郭澄清小说政治伦理化的艺术追求中可以获得许多启示。

(本文原刊于《德州学院学报》2006 年第 5 期)

民族化的艺术创造

——《大刀记》艺术论

张学军

一

在纪念抗日战争胜利60周年之际,2005年8月,人民文学出版社再版了郭澄清的长篇小说《大刀记》。这部30年前出版的小说仍以鲜明生动的艺术形象、紧张曲折的故事情节吸引着广大读者,充分显示出难以磨灭的艺术魅力。这种艺术魅力来自中国老百姓所喜闻乐见的民族化的艺术创造。

《大刀记》是一部由共产党领导的反抗阶级压迫、抗击日寇侵略的农民革命斗争的壮丽史诗。英雄主义和乐观主义是小说的基调。小说通过冀鲁平原龙潭镇梁宝成、常明义两家三代与地主贾永贵的尖锐矛盾和斗争的描写,对20世纪上半叶中国北方农村的阶级斗争和抗日战争进行了历史性的艺术概括。小说按照历史发展的线索,从梁宝成元宵节被贾永贵灵堂栽赃陷害、家破人亡起笔,以梁永生的生活经历为线索,写出了以梁家为代表的农民阶级前仆后继的曲折斗争,写出了梁永生如何由一个自发反抗的青年农民走上抗日英雄的成长道路,也写出了党领导的抗日武装"大刀队"如何由弱变强的战斗历程,从而绘制出一幅人民战争的壮阔的艺术画面。

《大刀记》的艺术成就,最为突出的是塑造了一个深为中国老百姓所喜爱的英雄人物——梁永生。

梁永生出生于雇工家庭,从小就强烈地感受到了阶级的对立,苦难的生活赋予了他爱憎分明、疾恶如仇、见义勇为的性格特征。当父亲梁宝成被地主白眼狼勾结官府害死之后,他就把仇恨的种子埋在心底,立志要报这份深仇大恨。在以后的岁月里,他对于欺压良善的行为总是义愤填膺、拔刀相助。他曾大闹黄家镇,痛打抢夺民女的民国"委员";在洪水滔天的灾难中,他刀劈趁火打劫的地主狗腿子独眼龙；天津街头，他怒打横行霸道的日本兵；为了报仇并救出被困的杨长岭，他又率领子侄奋力攻打贾家大院。梁永生并非一个只知蛮干的“愣葱”，他有勇有谋，懂得斗争策略。在东北，当阙七荣带领着十几个打手气势汹汹地赶来时，梁永生并没有硬拼，而是让子侄们拉开练武的架势，给敌人以威慑，然后虚与委蛇，赢得了时间；在攻打贾家大院时，他对首先冲出来的乌合之众采取了分化瓦解的策略，削弱了敌人的力量。这些都充分显示了他的斗争智慧。

梁永生的另一性格特征是具有扶危济困的侠肝义胆。朴素的阶级感情使他对劳动人民——“姓穷的人们”义重如山、情深似海。他把逃难的穷人带到自己家中，倾其所有做了一锅菜粥；他脱下自己的新棉鞋送给闯关东的秦大哥，并收留了常秋生两岁的儿子志刚；在去东北逃难的路上，尽管自己饥寒交迫，仍然收留了孤苦无依的孤儿唐志清。这种正直无私、慷慨仗义的品质是他在自己的生活经历中形成的。梁永生十几岁时父母双亡，在四处流浪时，受到了雒大娘、门大爷等的帮助和照应；杨柳青投亲受到冷遇，李老汉夫妇收留了他们一家；在天津走投无路时，周义林给他安排住处、介绍他去拉洋车，才免除了露宿街头之苦；到东北去找秦大哥不遇，在唐春山热情的关怀下他才落下了脚。他所遇到的这些好心人都与他素不相识，但都向他伸出了援助之手。由此，他也深深地懂得天下穷人是一家的道理，并尽可能地去帮助那些需要救助的人们。

梁永生形象的鲜活生动，还表现在他的思想性格的发展变化上。虽然梁永生身上几乎集中了中国农民英雄所具备的一切优良品质和性格特点，但是在他没有走向革命道路之前，他自身的弱点和不足也很明显，像目光短浅、心存幻想、鲁莽幼稚等。小说并没有回避这一点，而是以现实主义的笔触写出了这些缺陷。如，他在民国后曾企图通过打官司赢得胜利，想通过一家一户的个人反抗，斗倒地主白眼狼。结果，这一铁骨铮铮的硬汉，虽竭尽全力，仍无法摆脱同前辈一样的悲惨命运。当他在东北的林海雪原听到共产党是穷人的党的消息之后，向往之情油然而生，他千里跋涉回到家乡就是为了寻找共产党。在攻打贾家大院失败后，梁永生不顾山高路远，毅然奔赴延安，路上他巧遇八路军，终于实现了参军、入党的愿望。此后，在革命队伍中，在党的教育下，梁永生成长为了一个无产阶级革命战士。

小说的第二部，从政治工作、军事指挥和与人民群众的关系等三个方面来塑造大刀队队长兼指导员的梁永生。在敌强我弱的形势下，梁永生遵照党的指示，化整为零，把大刀队变为政治工作队，放手发动群众，依靠群众开展人民战争，破公路、割电线、不断削弱敌伪实力，壮大抗日力量。他严格掌握党的政策，除了严厉打击罪大恶极、死心塌地的汉奸之外，对于一般的伪军则采用了分化瓦解的策略，表现了较高的政治工作水平。在军事斗争上，梁永生在敌强我弱时深入虎穴，击毙汉奸阙八贵，沉重地打击了敌人的嚣张气焰，鼓舞了人民群众的斗志。在抗日形势好转的情况下，他利用敌伪急于与我军建立联系的机会，巧夺黄家镇据点，利用敌人内部矛盾，夜战水泊洼，不仅攻占了水泊洼据点，还全歼了增援之敌，最后围困柴胡店，刀劈日寇头目石黑。这些都显示出了梁永生高超的军事指挥艺术。小说还用了较大的篇幅，写出了人民群众对人民军队的关爱之恩、梁永生对人民群众的反哺之情，展示出军队和人民群众的鱼水关系。

《大刀记》描绘了从宣统年间到抗日战争胜利近 40 年的历史风云，在较长的时间跨度内塑造出了不断成长着的人物形象。在这种纵深展示的结构中，人物的成长历程得以充分展现，人物的思想性格得以充分发展。在党的教育和革命的队伍中，梁永生早年的报仇心愿已升华到为阶级、民族的解放而献身的志向，见义勇为的性格特征转化为在任何困难面前都永不低头、一往无前的英雄气概，早期扶危济困的侠义心肠也升华为与人民群众同甘苦、共命运的崇高革命精神。这样，这位带有民族特色的英雄形象，就高于那些旧时的农民英雄：一方面，这位在民族文化的沃土中成长起来的英雄战士，联系着我国广大人民群众的民族情感和审美心理；另一方面，可以说梁永生的形象高度概括了民主革命时期中国农民的战斗历程和革命精神，具有重要的历史意义。梁永生那豪爽的性格、粗犷的气质、不向命运屈服的刚勇精神，既与我国古代的英雄豪杰一脉相承，又闪耀着新的时代光辉。

小说中的其他人物，如雒大娘、门大爷、杨大虎、梁志勇、王锁柱、黄二愣，还有儿童团员高小勇等，也都性格鲜明、栩栩如生、跃然纸上，给人以深刻的印象。他们也都是植根于民族土壤中土生土长的人物，在他们身上显示出浓郁的民族传统色彩。

二

郭澄清是一个善于进行艺术创新的作家。在创作《大刀记》之前，他已经有了几十篇短篇小说的创作积累，在艺术形式上，几乎每一篇都有不同的艺术创造。《社迷传》用一个个小故事连缀成篇，与赵树理的《小二黑结婚》颇为相似；《社迷续传》则采用了一个故事引发出另一个故事的手法，环环相扣；《黑掌柜》采用了先抑后扬的手法，与马烽的《我的第一个上级》相仿佛等等。这充分说明郭澄清是一个不愿意重复自己、不甘平庸、勇于探索的作家。

《大刀记》充分调动了他的艺术积累，在民族化的艺术形式上作出了新的探索。小说分为两部，第一部主要写梁永生苦难的家史和他在个人生活道路上的挣扎和反抗，第二部写的是梁永生率领大刀队抗击日寇侵略者的故事。作者采用了我国纪传体的传统笔法，写出了梁永生的生活史和成长史，而“大刀”作为贯穿全书的道具，也可以说这是一部“大刀”的历史。《史记》的纪传笔法是我国叙事文学作品的优良传统，也是老百姓所喜闻乐见的艺术形式。郭澄清深受传统文学的影响，有意识地从传统文学中汲取艺术营养。他的短篇小说大都是以人物的名字来作为题目的，如《黑掌柜》《公社书记》《茶坊嫂》《孟琢磨》《老队长》《铁蛋哥》《石在仁》等等，一部《郭澄清短篇小说选》，29 篇小说就有 22 篇是以人物的名字或是绰号作为小说题目的，可见郭澄清对这种纪传体情有独钟，也得心应手。《大刀记》第一部同《红旗谱》的情节结构非常相似，都是从父辈人物同地主老财的仇恨开始写起，都写出了两家农民同一家地主的阶级对立和矛盾斗争。但《大刀记》对于常明义一家的叙写比较简略，不像《红旗谱》那样始终把严志和一家作为主要描写对象；《红旗谱》省略了朱老忠在外的流浪岁月，而《大刀记》则详细地写出了父母双亡后梁永生到处漂泊的苦难生活，用一系列的故事，展示了梁永生性格的成长。他尝尽了人世的悲苦，也在穷百姓那儿感受到人间的温情，在 20 多年的漂泊生活中，他成长为一个敢作敢为、勇敢坚毅的中年汉子。当他携全家回到故乡时，就像《红旗谱》中的朱老忠重返锁井镇一样，怀着报仇雪恨的强烈愿望。阶级的对立、两世的家仇成为梁永生走向革命队伍的思想基础。在第二部中，虽然是以大刀队抗击日寇来展开故事情节的，但主要人物依然是梁永生，这就使梁永生的命运得以完整的展现。作品以纪传体的形式展现出梁永生思想性格的发展变化，并总是把他放在矛盾冲突的漩涡中心来揭示其思想性格特征，富有强烈的艺术感染力。

以展示人物命运、刻画人物性格为中心，来设置引人入胜的故事，让作品富有传奇色彩，是《大刀记》民族化艺术创造的另一特点。“文似看山喜不平”，这道出了读者的阅读心理。阅读过程就犹如名山探胜，所以故事情节的险奇曲折无疑会增强作品的艺术感染力。在《大刀记》第一部中，梁永生早年父母双亡，少年时漂泊流浪，拜师习武，大闹黄家镇，刀劈独眼龙，远走他乡，闯荡关东，攻打贾家大院等事件都写得曲折生动、引人入胜。梁永生的父亲梁宝成被灵堂栽赃陷害，有着《水浒传》中林冲误入白虎堂的艺术效果；门大爷授刀传艺，也与武侠小说中武林宗师收徒传艺相类似；还有杨柳青投亲，也同古代的世情小说所写的世态炎凉相仿佛。这样的情节都有着古典小说的艺术基因，迎合了中国民间的审美心理，富有传奇性。在我国小说发展史上，唐传奇占有重要的位置。唐传奇吸收了《史记》以来的传记文学的经验，在六朝志怪小说的基础上，“施之藻绘，扩其波澜”，创立了记叙婉曲的传奇体。《大刀记》也汲取了唐传奇的艺术经验，情节波澜起伏、曲折多变。在第二部中，虎口拔牙，茶馆训敌，巧夺黄家镇，夜战水泊洼等都写得有声有色、跌宕起伏。尤其是梁永生为掩护民兵运送物资，果断地将敌人引到自己身边，在宁安寨杀了个两进两出的描写，有着浓烈的传奇色彩，在危险关头，充分显示出梁永生孤胆英雄的大智大勇。这种紧张多变的情节安排，扣人心弦，具有强烈的审美快感。金圣叹早就注意到奇险的情节能使读者获得审美快感的作用，他在《水浒传》宋江浔阳楼遇险一回的夹批中写道：“不险则不快，险极则快极也”，从审美心理的角度道出了读者对情节的接受要求。丰厚的艺术积淀，使郭澄清在设置情节上游刃有余，其故事情节既紧扣读者心弦，又符合了刻画人物性格的需要。

小说真实地描写出冀鲁平原农村的生活、斗争和风俗民情，具有浓厚的地方色彩，这是《大刀记》民族化艺术创造的又一突出特点。梁家三代人同地主贾永贵的斗争和斗争方式，都带有民族传统中农民革命的特点。如小说开篇的第一章闹元宵，细致具体地描写了社火队的情景：“散灯老人”走在前面，一对摇头摆尾的狮子紧随其后，高跷、秧歌、鼓乐、龙灯、旱船、太平车等依次排开，塞满了半截街，在贾家大院门前闹得更是热火朝天。这个热闹红火的生活场面不仅反映出农民的生活情趣，而且还蕴涵着阶级斗争的内容。因为贾永贵的“大哥爹”贾永富刚刚死去，正停灵在家，所以社火队才在贾家门前奏起高亢的喜调，洋溢着欢快的情绪。此外，运河两岸的风光，茶馆门前席棚子里的摆设，黄面枣泥团子的吃食等生活画面，也都具有独特的地方色彩，显示出民族生活风貌。另外，小说在语言运用上，采用了丰富精彩的农民语言，并对这种语言进行了提炼加工,使之既具有鲜明的地方色彩,又成为感情丰富、富有表现力的文学语言。叙事写景也都以农民的口吻写出,整部作品充满了浓郁的乡土气息。

总之,经过作者的苦心经营,《大刀记》形成了富有民族气魄的艺术风格,在中国新文学民族化的探索上作出了可贵的贡献。不可否认,《大刀记》也打有“文革”时期的某些印记,尤其是在第二部中,当年突出政治的影响较为明显。由此可见“文革”时期的语境对作家艺术创作的束缚和限制。另外,在创作中,小说多采用从场面描写和人物对话交代事件发展的手法,而叙述则较少,这就显得有些冗赘,缺乏凝练。但由于作者丰厚的生活积累和多姿多彩的艺术表达,《大刀记》仍不失为一部具有中国作风和中国气派的杰出之作。

(本文原刊于《理论学刊》2006年第12期)

2006年·郭澄清文学创作研讨会专辑

在郭澄清文学创作研讨会上的讲话

张全景[①]

同志们：

郭澄清文学创作研讨会今天开幕了，这是一件很有意义的事情。在德州的历史上，专门为一位作家召开创作研讨会，可能是第一次。这是德州文坛上的一件盛事，对于繁荣德州的文学创作，落实科学发展观，促进经济和社会发展，构建社会主义和谐社会，加强社会主义精神文明建设，都将产生巨大的推动作用。因此，我对会议的召开，表示热烈祝贺，对各位学者、专家莅临我的家乡指导表示衷心感谢！

郭澄清同志是德州市宁津县人，能够在这里产生这样一位优秀作家，是全县人民的光荣和骄傲，是德州市人民的光荣和骄傲，也是我们党和国家的光荣和骄傲。

郭澄清同志的作品源于生活，高于生活，来自人民，服务人民。我对他比较了解，有较深的交往。他虽然去世多年，但他的音容笑貌至今萦绕在我的心间，对他的刻苦创作的精神，我曾誉为“保尔”，作为学习楷模。他的作品从短篇到长篇，我曾多次拜读。他所写的都是家乡事，使用的语言都是家乡话，歌颂的是家乡的人民群众。掩卷深思，一个个生动的故事，大多耳闻目睹，甚至是亲身经历，记忆犹新；那些栩栩如生的人物，大都似曾相识；描写的风情景物，虽无大山名川之美，但鲁北平原的土地、河流、城市、小镇、村庄、田园却历历在目，倍感亲切；句句乡音，从日常生活用语到俏皮话、歇后语，都曾听过说过，甚至至今还在应用。这些家乡

① 本文系中共中央组织部原部长、全国党建研究会顾问张全景同志在2006年郭澄清文学创作研讨会上的讲话，标题系本书编选者所加。

人、家乡事在郭澄清的五彩笔下,活灵活现。郭澄清的作品乡土气息浓厚,农村干部、农民群众,形形色色。抒怀写景,淋漓尽致;故事构思,奇巧多变;言情叙事,起伏跌宕,语言鲜活。这些既可引人入胜,又很值得我们学习。

去年郭澄清的《大刀记》再版时我写了一篇序言:《人民作家为人民》。一个作家只有站在历史的高度,时代的高度,为人民大众写作,受人民大众欢迎,才配称人民作家。郭澄清的作品,经受了历史的检验,是成功的。他的作品不仅是文学,而且是历史、政治、经济、党的建设的缩影。从历史来说,他的作品反映了德州的时代变迁与社会的进步,见证了中华民族从灾难沉重、任人宰割的旧时代,经过浴血奋战,反压迫、反侵略,走向新中国、新生活的历程。他的短篇写于上世纪五六十年代,忠实记录了德州人民在共产党的领导下建设社会主义新农村的满腔热情,60 年代的作品则赞颂了德州人民战胜三年困难、经济复苏的新局面。从经济上看,充分反映了德州农村解放前后的深刻变化,粮棉产量日增,人民群众生活水平提高。从政治和党的建设上看,反映了德州人民群众心地善良、忠厚淳朴、热爱集体、勤奋向上、诚信互助等优秀品质,反映了良好的干部作风、密切的党群关系。因此,我们研究郭澄清的作品,既要从文学创作的角度研究,繁荣德州的文学创作,又要把它作为落实科学发展观,构建社会主义和谐社会,加强党的建设和精神文明建设的生动教材。这些不仅在《大刀记》《决斗》中有充分反映,而且在短篇《黑掌柜》《篱墙两边》《公社书记》《社迷》等篇章中一一展现。这也是我们召开这次座谈会的现实意义。

当年在郭澄清同志的影响下,直接带动了宁津县的文化建设,宁津县被国务院命名为"全国文化先进县",受到周恩来总理、陈毅副总理等党和国家领导人的表扬。《人民日报》《光明日报》《大众日报》介绍了宁津县群众文学创作的经验。郭澄清同志的作品可谓影响深远,《大刀记》初版于 1975 年,不仅曾拍电影,改编成话剧、连环画、评书,而且在抗日战争胜利 50 周年之际,贵州人民出版社重印出版,抗日战争胜利 60 周年之际,人民文学出版社重印出版。有的短篇收入了大学语言教材,由此可见一斑。

郭澄清同志之所以能够写出很多好的作品,受到学者、专家、广大群众的喜爱和赞扬,从根本上来说,首先是他树立了正确的世界观,始终沿着毛主席的文艺思想前进,坚持正确的政治方向,为人民服务,为社会主义建设服务。第二,是他热爱生活,深入生活,热爱群众,深入群众。我们从郭澄清作品创作的时代背景分析,可以看到他政治立场的坚定,政治方向的正确。一个作家要写出好的作品,必须熟悉他所要写的对象,吃得透,看得准,从现象到本质。第三,是他刻苦学习的精神,既向书本学习,又向群众学习,向生活和实践学习,掌握知识,提高创作本领。第四,是他的勤奋精神。上世纪五六十年代他就住在农村的小黑屋里,靠着小油灯写作。当患病之后,手无持笔之力,就用嘴衔笔写作,这不就是中国的奥斯特洛夫斯基吗?总之,他值得我们学习的地方很多,我们要深入研究他,学习他,繁荣德州的文学创作,为德州的经济和各项事业的发展服务。

这里我还想说一说文化建设与经济建设的关系。经济是基础,文化是上层建筑,两者是辩证的统一。基础决定上层建筑,而上层建筑又反作用于基础。适应则促进,不适应则迟滞。因此,从这个意义上说,文学也是经济,也是政治,没有脱离经济基础和政治而独立的文学。没有先进文化引领,不可能有先进的经济。作为各级领导干部要妥善处理两者关系,一手抓经济,一手抓文化,使之比翼齐飞。我们可以从社会上看到一种现象,各地基本相同的一段历史、一件事情、一个建筑物,有的蜚声中外,有的默默无闻,或者知名度不高。其中一个重要原因,就是有无好的文学作品予以鼓吹。岳阳楼有《岳阳楼记》,滕王阁有《滕王阁序》,渣滓洞、白公馆有小说《红岩》,枣庄的铁道游击队,有小说、电影、电视剧,等等。

我们德州,历史悠久,人文荟萃,不乏崇文尚武忠烈之士。汉有东方朔、祢衡、管辂诸公。董仲舒曾在德州读书。唐有中国第一个状元孙伏伽,还有高适、孟郊、孟迟等著名诗人。宋、元也有享誉华夏的文人学士。明朝邢侗,万历二年(1574)进士,曾在南宫县当过县令,颇有政绩,后任陕西行太仆卿,因不满朝廷腐败,辞官回家。他是明末四大书法家之一,素有“北邢南董”之称,《齐鲁文化通史》评论其书法“笔力矫健,沉着圆浑”,“别开生面,自成一家”,“蝇头小楷,如舞女低腰,仙人啸树,别有韵味。行书则紧劲,用笔开张;大草书则又专务浑遒,园而能转”。清初德州有几位名士在齐鲁乃至全国文坛都有一定影响。田雯,康熙三年进士,官至江苏、贵州巡抚,户部侍郎,著述颇丰,被称为“德州先生”。《德县志》称其“主文苑骚坛者数十载,诗名并驾于阮亭,海内望之于泰山北斗”。这些话,虽有溢美之词,但他在文坛确有重要地位。他的弟弟田需以及孙子田同之都有诗作,成为德州地区的诗文家族。另一位是冯廷,康熙二十一年进士,曾任内阁中书舍人,湖广乡试同考官,长于诗歌创作,有诗集多部,但大多失传。其孙冯德培搜集辑成《冯舍人遗诗》6卷传世。再一位是卢见曾,康熙六十年进士，曾任知州、知府，后任两淮盐运使，因盐商提引案被逮入狱。此人极有干才，又雅好接纳文士，在扬州盐运使任上，广结名流，与当时士林300多人过从甚密，皆为上宾，编有《国朝山左诗抄》，收录清初山左诗人620余家，诗歌6000余首，对保存乡邦诗歌文献，弘扬地方诗文化，居功甚伟，本人诗作收入《雅雨堂诗集》。他的先辈卢世亦有诗名，堪称地方仕宦、文化世族。在现代作家中，可以说，郭澄清是德州地区最为突出的一位。今天我们学习、研究、宣传、弘扬郭澄清创作精神，就是为了促进德州地区经济建设、文化建设，做好各项工作，争取出现更多的郭澄清，乃至后来居上者。

大家知道，我是德州市平原县人，土生土长。从小在这里生活、学习、工作了40年，1971年离开德州，至今已经35年了。咱们这里有一句话："孩不嫌娘丑，狗不嫌家贫"，"谁不说俺家乡好"，我也是如此。虽然我出门在外，对家乡没有什么帮助，但乡音未变，乡情未改，乡俗依旧，心系德州。很多知识，工作方法，领导经验是从老乡亲、老同志那里学来的，没有最早的几十年，不会有后来的几十年。因此，不论走到什么地方，不管担任什么工作，不论是在职还是离休，永远不会忘记德州，永远眷恋德州，永远思念德州的土地和人民。这次回到德州，又一次看到了美丽的城市和农村，看到了经济繁荣，社会发展，人民群众物质文化生活的日益提高。与几十年前相比，天翻地覆，与几年前、十几年前相比，日新月异，发展更快，变化更大。城市面貌大变、农村面貌大变、群众生活大变，越变越新越好。党的建设进一步加强，党的干部和广大群众精神振奋，热情饱满，正在为社会主义新农村建设而奋斗。看到这些，心潮澎湃，热血沸腾，非常激动，十分高兴。在这里，我向为建设德州、发展德州的老干部、老党员，向历任市委、市政府和各级领导班子的同志，向广大党员干部群众表示最衷心的感谢！

当前，德州地区形势喜人，发展前景广阔美好，但在前进的道路上还面临许多困难，任重道远。希望同志们紧密团结在以胡锦涛同志为总书记的党中央周围，在省委、市委的直接领导下，认真贯彻落实科学发展观，构建社会主义和谐社会，建设社会主义新农村，加强党的先进性建设等重大战略思想，把各项工作做得更好，取得更大发展、更大成绩、更大胜利！

对与会的学者专家再次表示衷心的感谢，祝会议圆满成功！

（2006年7月10日，未刊稿）

热情描写农村新人　弘扬正确价值观

——郭澄清文学创作研讨会召开

刘　颋

郭澄清以数十篇表现农业合作化时期农村社会变革的短篇精品让后人铭记，三卷本的反映鲁北战争风云的长篇小说《大刀记》至今仍受到人们的关注。为纪念郭澄清文学创作50周年，近日，由山东省委宣传部、中国小说学会、中共德州市委、德州市政府联合主办、德州市委宣传部承办的郭澄清文学创作研讨会在山东德州召开。原中组部部长张全景，中国作协副主席张炯，山东省委宣传部副部长、山东省文联主席王凤胜，中共德州市委副书记、市长吴翠云以及来自全国各地的作家、评论家雷达、梁鸿鹰、任孚先、吴义勤、毕四海、李光鼐、陈晓明、孟繁华、程光炜、栾梅键、昌切、曾绍义等60余人参加了研讨会。贺敬之给研讨会发来了贺信，山东省委常委、省委宣传部部长王敏、山东省作协主席张炜向会议提交了书面发言。研讨会开幕式由中共德州市委副书记刘焕立主持。

郭澄清上世纪50年代初期开始文学创作，进入60年代，他的创作有了很大的发展，成为当时优秀的短篇小说作家之一。凭借着短篇小说《黑掌柜》《篱墙两边》《公社书记》《社迷续传》以及长篇小说《大刀记》等，郭澄清奠定了他在当代文学史上的地位。与会者认为，郭澄清的创作，始终立足农村，写农民，为农民而写，写给农民看。在风格气质上贴近农民，语言用字都很符合农民的生活阅读习惯。他的创作实践了中国当代文学在五四传统下如何建构本土化的社会主义文学，并提供了宝贵的叙事想象和情感内涵。郭澄清先做人再做文，自觉向人民学习，不图名利，长期扎根在人民群众中的创作态度和对文学的坚韧的信念，对今天都有着重要的启示意义。郭澄清因病于1989年去世，与会者表示，这既是一个迟到的研讨会，也是一个恰逢其时的研讨会。对于郭澄清文学创作的全面研讨，可以启发当下人们思考，今天的文学究竟该怎样正面表现当下的生活、弘扬正确价值观？今天的文学作品该如何塑造当下新农村建设中涌现出来的新人形象，并真正创作出为农民所喜爱的文学作品？

（本文原刊于2006年7月13日《文艺报》）

郭澄清创作的成就和特色

张　炯

郭澄清同志是我尊敬的一位已故作家，也是在当代文学史上没有得到充分评价的一位作家。今天，当人们以更冷静的态度、更科学的价值标准来反思共和国初期红色写作年代所产生的系列作品时，对郭澄清的创作成就和特色给予更公允的评价，应该说是很需要做的一件工作。

在上世纪60年代我就读过郭澄清的一些短篇小说。1975年人民文学出版社出版他的长篇小说《大刀记》，当时为他当责任编辑的谢永旺同志找我们几位搞文学评论工作的同志在家里会见郭澄清同志，与他座谈过这部长篇小说。那是我第一次认识这位作家。他谈到自己创作《大刀记》的经过。特别是他说，为了写作这部作品，他曾经搬到一位大刀队老战士的家里，同睡一个炕，白天一起劳动，晚上便听他讲当年抗日的故事，历时半年之久。郭澄清同志为人的质朴和深入生活的执着，给我留下深刻的印象。

齐鲁作家群在我国现当代文学的发展中，是个曾经作出卓越贡献的地域作家群体。小说家中从王统照到刘知侠、峻青、王希坚、王愿坚、冯德英、王安友，又到后来崛起的李存葆、莫言、张炜、尤凤伟、李贯通、毕四海、刘玉民、刘玉堂等，不愧是才人辈出、猛将如云。他们大多或是以书写农村而见称，或是以描绘战争显所长。生于山东德州市宁津县的郭澄清，于上世纪50年代中期登上文坛，至1989年去世。中间经历了10年“文化大革命”的文坛荒芜岁月，后来又病卧在床，实际能够创作的时间不过20多年。他除了写出短篇小说四集，还创作了长篇小说《大刀记》《龙潭记》《决斗》《历史悲壮的回声》以及长诗《黑妻》等作品，还有未完成的历史人物小说《纪晓岚演义》，从中足见他创作的勤奋。后面儿部作品就是他卧病期间写作的。其坚韧的敬业精神令人感佩！他既写解放后的农村新生活,又写解放前的人民革命战争,是我国能够在这两个领域都写出成功作品的少数作家之一,也是在那个时代创作相当丰硕的作家之一。

《大刀记》无疑是郭澄清自己带有里程碑性的作品,也是我国文坛上反映抗日战争的具有史诗性的作品。它通过梁永生从草莽英雄到投身革命、率领大刀队在共产党领导下英勇抗日的传奇性故事,生动地反映了我国人民从被迫奋起抗日,到夺取战争最后胜利的过程。作品除细节的真实外,还真实地表现了当时的典型环境和许多典型的人物性格,把读者带进了充满特定时代气息的人际关系和生活氛围中,感受到那段历史的悲愤和昂扬奋发的时代精神。这部小说构思宏阔,情节引人入胜,人物形象鲜明生动,语言质朴、明爽、清新,不仅再现了当时我国社会面临的矛盾和冲突,而且广泛地描写了富于民族和地方特色的民情风俗。作为政治小说、军事小说来读,固然惊心动魄,而从文化的角度去读,也每见赏心悦目。更为可贵的是,《大刀记》创作于"文化大革命"的困难岁月里,是作家避开现实,以革命历史题材的写作来与当时控制文坛的"四人帮"相对抗的作品。因而,在出版社几经删改,方在1975年邓小平同志复出主持国务院工作期间才得以问世。反映抗日战争的长篇小说很多,在山东,刘知侠的《铁道游击队》便是名作。而《大刀记》在思想内涵和艺术表现上都有自己的独到之处,其传奇性也不下于《铁道游击队》。但当年由于出版在"四人帮"诬蔑的所谓"右倾翻案风"之时,不仅没有得到应有的评价,反而蒙受种种迫害。这自然是历史一时的不公。今天,人民文学出版社重新出版了《大刀记》共三卷,把过去删去的章节都恢复了,使读者能够从这个新的文本去认识郭澄清,实在是做了件大好事!

郭澄清同志的短篇小说过去也没有得到充分的评价。实际上,他当时短篇小说创作的成就,在描写农村的作家中也为很多读者称道。上世纪50年代到60年代,赵树理、孙犁、沙汀、康濯、周立波、柳青、王汶石、马烽等固是农村题材创作的名手,而新起的李準、浩然、郭澄清等正是这方面年富力强的新秀。而郭澄清大批描写农村的短篇小说多发表于1962年至1966年。那正是大跃进"浮夸风"和三年困难时期之后,国民经济实行"调整、巩固、充实、提高"八字方针的年代,农村人民公社改为三级所有制,生产队为基础的阶段。虽有"以阶级斗争为纲"的"左"倾错误,但城乡经济迅速恢复和发展,社会安定,人民精神状态比较健康。郭澄清短篇小说写的多是这一时期农村的新人新事，而且都是于平凡中见新颖，于普通劳动者中发掘新人品质的作品。他笔下的《黑掌柜》《公社书记》《马家店》《茶坊嫂》《孟琢磨》《鳖拉气》《嘟嘟奶奶》等作品中所写的主人公，莫不是爱社爱公、关心群众、努力把自己的工作做好、尽心为大家服务的具有或多或少社会主义新人品格的人物。郭澄清的短篇仿佛信笔写来，如生活本身那么朴实、鲜活和自然，实际上构思剪裁精当，叙事多姿多彩，语言充满泥土气息，却又精练而流畅，从中正足以见出作家的匠心。他的农村题材小说的可贵还在于他几乎没有写什么“阶级斗争”和“路线斗争”。这说明作家从生活出发，而非从当时流行的思潮和创作模式出发。

当然，新时期以来我国文学产生了很大的变化。小说的题材、主题、形式和风格都日益多样化。正如古人所说，“时运交移，质文代变”。人们的审美趣味和批评标准也都出现新变。比较起那些深受现代主义和后现代主义影响的作品，郭澄清的创作无疑属于传统的现实主义。新时期文坛有人曾极力贬低上世纪五六十年代产生的作品，不加分析地认为那时的作品都不真实、都是表现所谓“乌托邦”；他们把写英雄人物与写普通人对立起来，认为那时作家笔下的英雄和社会主义新人形象也不真实，都是人为地“拔高”的，是所谓“伪浪漫主义”。在他们的眼中，像郭澄清笔下《大刀记》中的革命英雄形象和新中国农村的新人新品质新思想，自然也不真实了。实际上，这样去评价历史上的文学作品，在认识上完全陷入了误区。

优秀的作家总是忠实于自己所感知的生活，而历史生活是不会重复的，总是变动不居的。评价历史上出现的文学作品，就必须了解产生这种作品的时代，而不是根据自己先验的观念或后来的生活认识去要求前人。《大刀记》中的英雄梁永生是有生活原型的，大刀队英勇抗日的故事就发生在作家的故乡一带。上世纪 50 至 60 年代的社会主义改造和建设的进程当然有过许多错误和曲折，但除了人民公社和大跃进曾一度造成生产力的破坏外，大多时间还是促进了生产力的发展的。农民为支援国家的社会主义工业建设作出了重大的贡献。在农村合作化过程中也确实教育和成长起许多社会主义新人，包括新的英雄模范人物。郭澄清自己说过：“那时节，英雄的劳动人民，在党的领导下，大闹革命。农村面貌日新月异，英雄人物风起云涌，动人事迹层出不穷。当时，我正在农村工作,这数不尽的新人新事新气象,时刻感染着我,激励着我,使我精神振奋,心血沸腾,午不能休,夜不能眠,于是我便抓紧工作之余,提笔展纸,学写文章。”他笔下的人物正是那时的生活所提供的,凡是经历过那个时代的人都可以证明。那个时代虽然生活中也有阴暗面,也有各种各样的人,但人民群众和干部中确实涌现出许多酷似郭澄清笔下的人物。他们身上继承了我们民族的传统美德,他们相信社会主义好,也相信为人民服务是崇高的。他们觉得像张思德、白求恩那样毫不利己、专门利人的人是好样的。在那个年代,这样的人不但农村有、军队有,城市的工人、知识分子中也有。雷锋、王铁人固然是这样的人,像邓稼先那样为两弹一星作出贡献的大批知识分子又何尝不是那样的人。而且这样的人物在今天仍然很多,在社会主义现代化建设的各条战线上都有。如果从极端个人主义、拜金主义和享乐主义的立场和观点去看他们,就会认为他们不可思议,甚至认为他们肯定是假的。有人认为在今天市场经济的时代,那样的人物已经过时,即使有也不应肯定。这又是一个认识的误区。早在民主革命时期,毛泽东同志就批判过那些认为在那个年代不需要宣传共产主义思想的人,指出当时虽然还不曾进到社会主义革命阶段,仍然需要宣传共产主义思想,只有这样做,才有利于将来过渡到社会主义革命。这说明某一时期具体的经济政策与我们党在意识形态方面要提倡什么,并非总是一致的。那么,为什么今天我们已经到了社会主义初级阶段,反而就得否定那些具有共产主义思想的社会主义新人呢?!社会主义初级阶段允许多种经济成分,实行社会主义市场经济,允许一部分人先富起来,但这不是我们的终极目的。邓小平同志说,只有共同富裕,才是社会主义。作为社会主义者,我们就不能不看到未来的历史前景,也不能不看到郭澄清笔下人物的强大生命力。因此,无论从产生这些人物的历史土壤看,还是从今天我们应当奋斗的目标看,郭澄清笔下的革命英雄人物和农村社会主义新人的形象,不仅是符合历史真实的,而且在今天和未来仍然具有很高的思想价值和审美价值。也许人们可以批评作家对那时生活中的负面现象反映不够,却不能认为作家所写的人物不真实。何况作家是歌颂还是暴露,完全依作家的美学信仰而定,有的作家完全可以以歌颂为主,另个作家则可以以暴露为主。

总之,今天我们重新讨论郭澄清同志的创作成就和特色,就应当尊重历史,尊重历史进步的价值选择，很可能在今天的农村中像他笔下的那些人物已不那么多见，但那些人物的思想光辉仍然是不朽的，因为他们传承着中华民族的优秀品德和精神，并且代表着社会主义广阔的未来。我们应当充分肯定郭澄清同志这样的作家在描写和塑造那些人物艺术形象方面的贡献，并对郭澄清的全部创作加以认真研究和梳理，给予实事求是的应有评价。

（本文发表于2006年7月20日《文艺报》）

2006年·《文艺报》郭澄清小说创作评论专辑[①]

郭澄清(1929—1989),中国当代文学史上一位风格独特、成就显著的作家。他的短篇小说格调高雅,文体上相当成熟,长篇小说《大刀记》更是在革命历史题材长篇小说创作中具有重要的不可替代的地位。但是由于时代的原因,他的作品的艺术价值还没有得到充分的重视与阐释,文学史对他的研究与评价还很不充分、很不到位。在某种意义上,他是一个与时代"错位"了的作家,是一个被文学史遗忘和忽略了的作家。2005年人民文学出版社重新出版了他的《大刀记》和《郭澄清短篇小说集》,2006年7月中国小说学会与山东省委宣传部又联合在德州召开了郭澄清作品研讨会,全国60余位知名专家学者到会,大家对郭澄清的创作给予了高度的评价,并呼吁对其文学史价值进行认真的重评、重估。本报特选发5篇文章,以期对郭澄清的研究切实起到推动作用。

——编者

一位不能遗忘的好作家

雷　达

看人文社新出的《大刀记》,感慨良多。

郭澄清先生是我这一代人比较熟悉的一位作家,现在的年轻人几乎没有人

① 2006年10月14日,《文艺报》第5版刊发了雷达、陈晓明、孟繁华、梁鸿鹰、李宗刚五位作者的评论文章,并专门加了编者按。

知道他了。然而，他的成名作《大刀记》（初版于 1975 年）在发表其时曾引起过很大反响，恰巧那时《大刀向鬼子们的头上砍去》一歌，经过整理后广为传唱，与这部小说的出现可谓相得益彰，使之更加声名远扬。我知道谢永旺先生在“文革”后期，花费过很大精力做这部书的责任编辑，帮着作者一块儿“磨”稿，那也许是他在没有文学的年里代借此寻觅文学的梦吧。《大刀记》出来后，相继被改编为电影、话剧、评书、连环画，读者不计其数，说明了它的受欢迎程度。我认为，它与“四人帮”鼓吹的极左文艺是完全不同的，它的出版甚至受够了阻挠。在那个精神食粮极端匮乏的年代，《大刀记》多少给读者带来了精神享受。时隔 30 余年后，人民文学出版社再版《大刀记》，不由引发了我的感想：对于郭澄清这样一位特定时代的作家、他所在场的那样一段特定历史和他笔下的那一种文学，我们有必要站在文学史的高度对之重新认识和梳理，而不是回避。现在大量的文学史在“‘文革’文学”一章中，几乎都没提到郭澄清。所以，我们今天重提郭澄清，也不应该仅仅是出于一种纪念和仪式的需要。

郭澄清先生作为一个作家，其作品与新中国成立前后的一长段历史紧密相连。先说说郭先生创作于 60 年代的一系列短篇小说。郭先生是一位关注现实的严肃作家，他这一时期的作品贴近当时的社会现实，笔下人物也都是“人民公社”的普通人物。关于人民公社的历史评价，以及用今天的眼光如何看待那个年月的人们的生活和行为，对郭先生已无从要求。所幸郭先生的短篇小说以塑造人物见长，一篇里少则重点写一个人物，多则两三个。在《公社书记》中，写了个备受群众拥护的项书记，形象跃然；在《黑掌柜》中，深夜不睡、苦练业务技能的“黑掌柜”王秋分让许多人难忘；《篱墙两边》中的张大婶一心成全他人，而王二嫂、李三哥们则有点叫人想起《边城》里的人物的憨厚淳朴；《男婚女嫁》中聪明能干的文华通过自己的智慧得到了父辈的理解和支持。郭先生文笔朴实，叙述从容，大多采用全知全能的叙述视角，使用最能让读者明了的方法和带土风的语言。于是，读他的短篇，犹如晚饭后在田间地头听一位善言的老者讲古经。

今天，回过头看郭先生的短篇小说，有一个很有意思的现象，那就是“人民公社”时期的生活，已离我们十分遥远且隔膜了，人们早已失却兴趣，但普通人的人性却依然活着，读来仍然有趣。与今天相比，那个年代的物质是贫乏的，政治生活极不稳定，但是与今天的人相比，他们似乎倒更加善良淳朴，有一说一，有二说二，彼此之间也非常坦诚。即使出现了小矛盾，也是通过一种简单的传统方法解决,显示了宽容、古朴的一面。比如《黑掌柜》中丁芒种误会了王秋分后主动道歉,而王秋分也就一笑了之。郭先生作品中人与人之间友善、体恤的较为单纯的人际关系令人向往。我以为这并非虚饰和美化,那个时代可能充满了极左情绪,但劳动者之间的人情人性之美却是不灭的,成为让人们活下去的精神寄托。今天读郭先生的短篇小说,需要拨开特定的意识形态之外衣,多多欣赏他笔下美好单纯的人性,这有助于冲淡一下烦乱的心绪。从这一点上说,郭先生的短篇小说对于今天的读者也并非完全无益。

郭澄清最重要的作品《大刀记》是 1975 年出版的。按照出版时间来说,应该属于"'文革'文学"的范畴,而且属"文革"中的公开出版物。时下某些论者,一提起这类文学作品,一概打入非文学、非艺术行列,未免有点简单化,要把这种"定论"放在《大刀记》头上,更不恰当。一时代有一时代的艺术风尚,"文革"固然是中国文学最黑暗的年代,但并不能说,没有任何可取之处。我甚至认为,左翼文艺经历了漫长的发展过程,它的某些精品的艺术性不是那么容易超越的,比如样板戏。

《大刀记》明显继承了中国古典小说的艺术手法,它构架庞大,气势恢宏,环环相扣;它重动作,重情节,重白描,重传奇色彩。三卷本的《大刀记》第一卷的《开篇》(旧版),分出来即可成为一部独立的小说,在新版中它是第一部的主要内容,集中写了主人公梁永生的苦难童年,以及他的"愣葱精神",他在走上革命道路之前"认命"、"拼命"的艰难历程。随之展开"大刀史"。而在这样宏大的框架之中,人物之众多也是叙事的一大难点,所以作者选择让各色人物在中国传统的节日——元宵节这天同时登场。对于这样的一部长篇小说来说,第一节"闹元宵"其实就是一个再好不过的人物亮相的背景设置。

《大刀记》强烈吸引过一代人的原因不仅仅因为它的抗战主题,更多的因素是主人公梁永生身上的不凡气质,也即"平民英雄"气质。梁永生出身贫寒,饱受磨难,在革命者的指引下走上革命道路,成为革命组织大刀队队长。艺术在很大程度上是圆梦的,梁永生的经历满足了很大一部人的英雄梦。现实生活中许多不能实现的梦想,人们通过艺术把它实现。在审美上,梁永生这个人物的成功之处就在于他对象化地表达了普通人潜藏的英雄梦,给读者带来了一种心理上的满足感。这与今天人们观看好莱坞英雄大片的情形极相似,人们通过艺术世界中的英雄来实现自己的英雄梦,哪怕只是梦,很短暂。依我看,若有高人,《大刀记》不是不可以改编成一部今天的大众喜闻乐见的大片的。

郭澄清先生在《大刀记》中表现了强烈的政治激情,这成就了这部作品,但同时也因作品中人物大都被划分到了好与坏、敌与我、革命与反动等等二元对立的营垒,过于直露,在某种程度上削弱了作品的含蓄性和丰厚性。这当然不是郭澄清个人的得失,而是一代文学风气使然。但是,毫无疑问,在整个“文革”文学的公开创作中,郭澄清的《大刀记》属于一个重要的、有特色的文本,尤其是他对于中国传统小说艺术手法的继承和发挥,他对于中华民族精神的张扬和美好人性的展现,他在那样一个迷狂年代里,带给我们一种难得的清醒和艺术享受,它理应引起我们的重视和重新思考。在当时的历史条件下,郭澄清是一位扎扎实实深入生活的作家,是一位认定了人民是文学创作的母亲的作家,是一个坚持了中国文学的“工农兵方向”的作家,是一个具有民族文化特色的作家,因而也是一位不能遗忘的好作家。

(本文原刊于2006年10月14日《文艺报》)

革命叙事中的人伦价值建构

陈晓明

郭澄清离开我们已近20年,这个在1962年以《黑掌柜》享誉文坛的作家,1975年,他的《大刀记》作为抗战胜利30周年的献礼作品风行一时。这部作品在当时的政治氛围中得以出版,据说得益于邓小平主持中央工作的短暂时期,文艺界也开展工作整顿,这部作品才能冲破文化禁锢面世。现在研究上世纪五六十年代以及"文革"时期的文学,一方面被政治记忆所遮蔽,所有的作品都与那个时期的政治意识形态等同,而被指认为政治的衍生产品。不管是反对者还是肯定者,都从那个时期的政治的正当性和非正当性去寻求全部解释。另一方面,那个时期的文学作品基本上是被"三红一创,保山青林"所替代,其他作品都难以见天日。实际上,这并不是历史主义的态度。我们应该回到历史的语境中,去看在那样的历史条件下,作家是如何在政治与文学的紧张关系中,来展开文学叙事的。不能只是看到政治意识形态如何压制了文学;同时也要看到文学是如何以它自身的方式从政治的缝隙中透示出它的存在的倔强性,文学有自己对历史的记忆方式。

在这一意义上,郭澄清的作品提供了一种经验,那就是在强大的政治语境中文学依然具有自身的坚韧性。郭澄清当然不可能与那个时期的政治氛围有明显疏离,但他的落笔不在于契合主导意识形态倡导的阶级斗争,而是在于写出乡土中国依然保持的人伦价值。他的那些中短篇小说,如《黑掌柜》《公社书记》《茶坊嫂》《男婚女嫁》《社迷》《社迷续传》等等在当时脍炙人口的作品,并没有写阶级斗争,作者倾注笔力描写的是人的正直善良品性,邻里乡亲的习性和人际关系,贯穿于其中的根本是乡土中国农民做人处世的伦理价值。郭澄清这些中短篇小说都写得精练朴素,重在讲故事,语言简洁明朗,刻画人物栩栩如生,写出浓郁的生活气息。当时,他的作品一度与赵树理相媲美而别有趣味。

赵树理的作品倾向于揭示社会问题，而郭澄清的作品则更重乡村伦理的保持和建构。

郭澄清的代表作当推《大刀记》，这部长达115万字的长篇小说，描写了20世纪上半叶中国社会经历的种种劫难和动荡。小说以主人公梁永生为叙事线索，以抗日战争为故事主体，展现了中华儿女不屈不挠、反抗压迫，抗击侵略的民族精神和人格气节。我以为这部作品最突出的意义就在于它在革命历史的叙事中深刻而充分地表现了人伦价值。当然，我们从作品的主题来说，这部小说表现了梁永生如何在“三座大山”压迫下经受了无数苦难，即使手中握有大刀，个人反抗也无济于事，只有走上革命道路，在共产党领导下，梁永生带领他的家人英勇奋战，才成为革命战士。这一主题无疑是非常鲜明的，在上世纪五六十年代的革命历史题材的作品中的大部分作品中也都有表现。但什么是《大刀记》这部作品在当时的贡献呢？或者说从文学史的角度来看，它在今天依然有何突出的意义？我认为那就是它在革命历史叙事中非常生动而深刻地表现了人伦价值。

小说实际上是以家庭、亲情、友爱伦理为纽带来展开叙事，非常鲜明地表现了齐鲁文化传统中的那种正义的道德观，阶级情感与传统的善恶伦理观念相得益彰，充分表现出梁永生及其儿子梁志刚、梁志强、梁志坚的爱憎分明、忠勇可嘉的人物性格。在《大刀记》中，那些亲情友爱的场面写得最为生动，也最为感人。它显示出文学对历史的记忆方式所具有的那种无法阻断的延续性，同时也表明了文学记忆方式在任何语境中都存在复杂性。

革命历史题材的长篇小说无疑要以阶级斗争和民族解放为叙事的主导线索，郭澄清当然不能脱离这个主导模式。但同时，郭澄清选择一个家庭如何被卷入历史巨大的冲突中，如何从个人的仇恨向着阶级和民族仇恨延伸，他把握住历史矛盾的同时，倾注大量笔力去描写那个时期的家庭伦理生活，描写处于历史动荡中和苦难仇恨中的人们所结下的阶级友情以及人伦兄弟情谊。这些都使这部作品显得生动丰满，充满了生活气息，展示出齐鲁大地风土人情、人伦世故和不可磨灭的精神底蕴。因而郭澄清的作品为我们重新认识上世纪五六十年代的文学作品的审美价值提示了丰富的可能性。

描写革命历史的作品无疑构成社会主义革命文化建构的有机部分，也是为革命历史的合法化建立一套文化象征体系。但革命文学并不能从天而降，革命的思想意识也不可能脱离原有的文化传统，正如革命生活也具有日常生活形态一样，革命文学需要有传统伦理价值作为底蕴，这些伦理价值构成革命文学叙事的丰富资源，同时也是一种基础和补充，革命的阶级仇恨与传统的家庭伦理相互渗透，它们形成一种有机的情感结构，使小说叙事也具有多元的情感因素。另外，革命文学也有必要容忍和需要这些家庭伦理价值，它们也构成阶级和民族斗争解放的情感补充。“阶级兄弟”这种说法就是对家庭伦理的模仿和挪用，在革命队伍中，一切都采取了家庭伦理的形式，家庭伦理使革命的斗争形式和过程获得个人的认同，而革命斗争与家庭伦理相互诠释，也使这些传统的伦理价值得以在文学作品中充分保留和表现。即使在那样的时期，文学不仅仅是斗争的武器，也是一个民族伦理价值记忆和重新建构的最重要的形式。

（本文原刊于2006年10月14日《文艺报》）

重新评价红色历史的书写

孟繁华

红色革命,是20世纪席卷全球的伟大事件,它创造了人类历史上伟大奇迹的同时,也创造了与之相适应的意识形态和文学艺术。这场革命终结之后,它为我们留下的文化遗产却没有成为过去。我们发现,在当代文学研究界,对50年代文学的研究业已成为显学,对"红色写作"的重新认识和再解读,正郑重地开展,在大众文化市场,"红色旋风"风头正健。在全球化的语境中,在强势文化试图建立霸权宰制的情况下,这个源于本土的文化现象,显然值得我们密切关注。

当然,值得我们关注的还有上世纪50年代在毛泽东文艺思想指导下的红色写作。红色写作——或称作革命历史题材的创作,在那个时代达到了前所未有的高潮,50年代的文学经典"三红一创,保山青林"8部长篇小说,有5部是革命历史题材的创作。任何一种文学现象,或者说值得关注或有价值的文学现象,总是处在不断地重新评价和建构的过程中。人们试图在那里总结历史教训的同时,也总是希望在那里发现有价值的文学和思想遗产。红色写作再度被关注,就与这样潜在的诉求有关。

老作家郭澄清先生的《大刀记》,是红色写作时代的一部重要作品。皇皇百万言的小说,生动地描述了鲁北、鲁冀交界地区人民革命的历史。第一卷可以称为鲁北人民的苦情史,因此也可以称为"苦情文学"。梁永生苦难的童年和疾恶如仇的性格,在阶级冲突中得以塑造和体现。这一方法是红色写作普遍使用的方法,压迫越深反抗越烈。但在具体的写作上,郭澄清特别注重对民族文学传统的汲取。这是文学史上一个特别值得注意的创作现象。或者说,作家在叙述最为现代的革命历史的时候,恰恰采取了一种较为传统的表达形式。这个"症候"式的现象从一个方面告知我们传统无处不在的伟力。当然,这也与郭澄清对民族文学传统的钟情有关。

《大刀记》第二部从抗战最艰难的时期写起，梁永生率领大刀队在冀鲁平原、运河一带的龙潭、宁安寨展开了敌后的游击战争。故事跌宕起伏情节张弛有致，塑造了梁永生、锁柱、梁志勇、二楞、魏大爷、翠花等许多性格迥异的普通人的形象。可以说《大刀记》相当充分地实现了当时主流话语对再现革命历史的期待，也实现了普通读者对革命历史大众化的表达要求。一部描述革命历史的长篇小说，在那个时代能够得到读者如此热烈的欢迎，本身就是一种巨大的成功。人民记住了郭澄清，文学史留下了郭澄清的名字。

毋庸讳言，《大刀记》是那个时代的产物，它是在毛泽东新文化想象思想指导下的红色写作。关于毛泽东的新文化想象，是一个相当复杂的问题。对这个问题的研究、检讨至今没有成为过去。在以往的研究和批评中，对这个想象造成的文学"一体化"、单一化和实用主义的文学功能观以及文学的政治化的分析，已经相当充分。但是，任何事物都有两面性。当经济生活被确立为社会生活主体之后，国家的经济面貌发生了根本性的变化，这个奇迹震惊了世界。我们在感到富强和尊严的同时，也不能不为今天关于意义、价值观等问题的迷惘而深感困惑。这个时候，我想我们是否也可以从红色写作的历史遗产中发掘可资借鉴的伟大资源。在现代性的过程中，关于理想、正义、批判精神以及诗意或浪漫等心灵或精神世界的丰富性，正在跌落或消失，一种实用的价值取向正在走向普遍。这时，我们重读红色写作的时候，视角和看法肯定会大不相同。没有人会认为这个看法将会导致重返过去或者是怀旧病。因为历史永远是只可想象而不能重临的。当我重读包括《大刀记》在内的红色作品的时候，我对其中贯穿始终的理想、激情和浪漫的精神、情怀依然深深感动。因为那里有可以皈依的精神宿地和关怀。

在中国传统的历史叙事中，英雄文化是哺育我们的主流文化。从岳飞到谭嗣同，再到毛泽东，及至"三红一创"作品塑造的美化人物，他们都是英雄文化哺育的文化英雄。对于那些名不见经传的、被遮蔽了的普通人的英雄行为该如何理解？我们在《大刀记》的创作中得到了肯定的回答。郭澄清所理解和讲述的战争，充满了血雨腥风、血流成河的战争暴力场景，但他更注重对"人"和人性的书写。在创作《大刀记》的时代，作家能够最大限度地坚持文学性的立场实属难能可贵。郭澄清以文学的方式重返了历史，在想象中重新建构了历史。于是我们发现,历史并没有成为过去,它仍然以不同的方式对我们施加着影响。特别在消费主义意识形态盛行的今天,历史在想象中曾经拥有的纯粹、明丽和诗意;或者像《大刀记》呈现出来的苦难、绝望与抗争,与我们今日生活构成了一种强烈的比照。没有人要回到过去,但过去并没有死亡,它仍然在我们的重构中活着。在这样的意义上,包括《大刀记》在内的红色写作,确实有重新评价的必要。

(本文原刊于2006年10月14日《文艺报》)

郭澄清的启示

梁鸿鹰

读到郭澄清的作品，我的心灵深深受到震撼，我惊奇于作家写作技巧的成熟、感叹于作家思想情感的高尚，由此想到郭先生的作品和他的创作道路对我们文学创作提供的诸多有益养分。我想先从他的短篇小说入手，谈几点认识。

首先，我们有责任认真研究、发掘郭澄清同志作品中蕴含的、张扬的思想价值。郭先生毕生赞美传统道德与时代精神，作品所体现的思想内涵在当前和今后都是值得大力弘扬和记取的，这也是郭先生创作最核心最可贵的品格。在他笔下，他鲜明地、反复地、不遗余力地张扬着这样一些价值观：劳动最光荣（《公社书记》）、勤俭最高尚（《鳖拉气》）、互助最可贵（《篱墙两边》）、诚实最难得、急公好义最可敬（《社迷》《社迷续传》）、实在人不吃亏（《石再仁》）。他由衷赞美和谐的人际关系、邻里关系、上下级关系、夫妻关系，在他的作品里吵架斗嘴、争执分歧，都是小误会、小矛盾，人们的心劲就是让日子更好，让集体更红火，让社会主义的路越走越宽广。这些思想内涵在我们当前的创作中是亟须加强的。我们的文学创作最缺什么？雷达说过，最缺正面价值观的弘扬和树立。郭澄清先生的创作给我的多方面的启示最核心的就是这一条，在他的创作中，能看到生活中的矛盾，但不让人觉着观念的压抑、无望；能发现几个有缺点有毛病的人，但不让人觉着人性是丑恶的、污浊的，相反让我们觉着日子有奔头，社会前景是一天更比一天好。当然，我们不能回避当时创作思潮中极左的东西对郭先生的影响。但总体上说，他树立社会正气这一点是可贵的、值得学习和弘扬的。

第二，我们应该很好地学习郭先生写农民、爱农民、为农民的高尚精神。农民和乡土是中国作家钟爱的题材，在当代仍然人气很旺。如何写好农民，历来有不同的路子，在风雨如晦的旧时代，鲁迅、茅盾笔下的农民是被压迫者、被迫害者，他们善良勤劳淳朴，但麻木逆来顺受。在新社会，在郭先生的笔下，农民是扬眉吐气的国家主人，他即使写解放前的农民也是挺起腰杆子、有反抗精神的；他浓墨重彩地写农民自觉为建设新社会贡献力量；农民最懂得先集体后个人；农民最能发扬中华民族的传统美德……这是因为他爱他们，了解他们，是用自己的创作实践为他们的前行提供动力，鼓劲呐喊。出于这样的动机，他以独特的风格、创作方法实现了写农民、为农民写、写给农民看的追求。如果我们的农村题材文学作品在风格上、气质上，与农民隔着很大的距离，不打算给农民看，不打算得到农民的认可，就必然丧失艺术的生命力。郭先生的作品，处处照顾到农民的欣赏习惯、接受水平，语言是农民的语言，用字是老百姓熟悉的字，没有大篇议论，没有长篇说教，而是以拉家常、说书的方式来写，自然有广泛的读者，也就获得了长久的魅力。

第三，郭先生的人格和创作道路对我们当前文学创作具有可贵的价值和多方面的意义。一是他先做人再作文的追求。郭先生自觉向人民学习，向时代学习，在火热生活中接受新思想新潮流的洗礼，不断锻炼情操，打磨艺术的精神。二是他把自己融入基层融入时代生活中，不计名利的精神。解放后郭澄清先生可以到省城做官的，但他没有这样做，他深信生活是创作的唯一源泉，愿意到基层，把自己的家安在乡村的“老屋”里，与泥土为伴，与乡亲为友，观察他们，描写他们。如果作家艺术家只满足于靠作协、文联安排深入生活，恐怕是很不够的。我们的文化领导部门为作家艺术家成长想了各种办法，往往一个作家艺术家有了名气，从县里调到市里，由市里调到省城，甚至由省城调到北京，经常是创作生命也就基本失去了血色。赵树理、柳青、浩然、郭澄清这样的作家具有的意义，不应该只是成为标本，供在博物馆里，让人们在开会时说起，在领导讲话时提到，我们在人才培养的机制中，可不可以结合现实、结合创作也树立起几个来？否则，我们纪念过了他们，还是接着涌现出更多日益脱离创作泥土的“人才”，创作枯竭的“人才”，我们今天在这里说的任何纪念郭先生、学习郭先生的话就是苍白的。三是他对文学的坚定信念，敢于克服各种困难，对创作万死不辞的精神。他说他一天也离不开文学，文学是他的生命，他的自觉的使命感，高度的责任感，他的不计名利，勤奋踏实的作风，这在当前也都是弥足珍贵的。

（本文原刊于2006年10月14日《文艺报》）

郭澄清的史诗性追求

李宗刚

郭澄清的《大刀记》创作于20世纪的60年代末期到70年代初期。该书较为正式的版本出版于1975年。然而,《大刀记》的最初版本应该是在1972年人民文学出版社出版的内部征求意见本(以下简称初稿本)。但由于特定的历史原因,《大刀记》的1972年版未能正式出版,1975年版的《大刀记》(以下简称删改本),对初稿本进行了全面的置换和删节。这样一来,《大刀记》这样一部侧重于对历史发展规律的切近、具有"史诗"文化品格的小说,就被部分地置换成了满足主流意识形态话语要求的小说。当初稿本的《大刀记》在2005年重印中得以还原其本来面目时,我们便不能不惊诧于郭澄清在创作《大刀记》时对历史发展规律切近的历史关怀和现实叩问的勇气了。

初稿本《大刀记》,其"开篇"本来就是独立的一部英雄叙事小说,但因为在总体上不符合当时主流意识形态的话语要求,所以,这个征求意见本无疾而终,不仅一拖就是几年,而且整个英雄叙事的内在逻辑也被大大地置换了,这就出现了我们所看到的一个被中断了英雄叙事的标本——删改本中的"开篇"还没有顺理成章地开展下去,就迅疾地落了帷幕,中断了郭澄清既有的英雄叙事的路径。这样的中断和割裂,使郭澄清深感痛苦。

郭澄清最早的文学创作是以当下正在变异着的社会风俗人情为对象的。他从自己所意识和经验到的现实出发,顽强地坚守着自己的现实主义创作道路。但是,郭澄清的创作并没有循着这样的轨迹继续向前延伸,而是在60年代后期和70年代初期这样一个特殊的历史时期,转向了以革命历史为对象的英雄叙事。随之而来的一个问题便是,郭澄清这样一个已经引起了广泛关注的作家,为什么会在"文革"时期,没有按照主流意识形态的话语要求,继续"写十三年",而是转向了对革命历史的英雄叙事?并且,这种革命历史的英雄叙事还突破了“十七年文学”惯用的英雄叙事路径，径直地把其英雄叙事延伸到了晚清社会，还为此不惜动用了大量的篇幅当作“开篇”？

从《大刀记》的创作年代来看，正是“文革”达到了极点的特殊时期。这一时期，那些有关革命历史的英雄叙事，已经不再像“十七年文学”创作的兴盛期那样，处于一种持续的井喷状态。这一方面固然是中华人民共和国在取代了中华民国后，那些激动并激励着作者们的历史动因已经随着时间的流逝，呈现出一种弱化的态势；另一方面，那些具有经典意义的故事也开始处于“枯竭”的状态，再加上主流意识形态已经开始倡导“大写十三年”，革命历史英雄叙事则开始处于边缘的位置。在这样的文化语境下，郭澄清开始从60年代所习惯的对当下社会的文学叙事转向革命历史的英雄叙事，便隐含了作者对历史的关怀和对现实的叩问。这主要体现在郭澄清在创作《大刀记》时，努力地把自己的艺术触角清醒而冷峻地指向了历史的发展规律：在一个社会的秩序和法度失范时，以大刀为代表的暴力式符号就会成为人们诉求自己愿望的唯一实现方式，从而成为对既有的社会秩序进行解构的主要力量。正是从这样的意义上，我们可以这样说，《大刀记》获得了“史诗”的某些基本文化品格。然而，删改本中的“开篇”只开了一半，极大地限制了初稿本既有的“史诗”中的某些文化品格，遮蔽了郭澄清所希冀传达的历史关怀和现实叩问。

（本文原刊于2006年10月14日《文艺报》）

2007 年

不该被遗忘的乡村记忆

——论郭澄清的短篇小说创作

郑丽娜

面对一部喧嚣躁动的当代文学史，我们往往会发出这样的感慨，为什么我们总是在它的重构之后才发现治史的匆忙和草率？为什么我们总是在它的提升之后才认识当初的浅薄和偏见？这原因，我想正如马克思所说的，因为时代离我们太近，人物和事件还没有在历史的时空中发酵沉淀、汰滤筛选；或者正像许多学者所坦言的，由于身在“庐山”，当代人不宜写当代史。想来，这确是至理名言。如果我们检视一下1958年、1978年匆匆成书的当代文学史，回望一下当代文学那苍黄变幻的评估，就不能不承认，当代人写当代文学史的确很难避免疏漏，容易走进思想的盲区和艺术的误区；就不能不看到，在历史阴影的遮蔽下，还有许多我们没有发现的文学富矿，还有许多我们没有认识到的作家精英，说走入盲区和误区并非虚妄。这里，我要说的是被我们冷落了的著名作家郭澄清。众所周知，在对当代十七年农村短篇小说的描述中，我们给予了赵树理、孙犁以重要的文学地位，对李准、王汶石的创作也浓墨重笔，这当然是正确的。但是，我们却发生了一个不小的疏忽，将和他们一起在现实主义道路上驱驰，并取得辉煌成就的郭澄清忘却了。这显然是应该急需修正的。事实上，在当时的农村短篇小说创作中，郭澄清的作品无论是在现实主义的深化上，还是在对农民群众美德的升华上，无论是其对民俗风情的渲染上，还是它对乡村话语的构建上，都具有不可忽视的创新意义。

一、在历史曲折中洞见时代真髓

上个世纪的60年代，是中国当代史上一个极其复杂的时代。我们既有过狂热消退后的颓唐和极左孕育的偏激，也有过许多冷静地反思和审美的探寻，既有过今天令我们为之汗颜的历史荒诞，也有过令人景仰的无私奉献。当时，受政治文化情势的制约，一些作家出自真诚的信赖，以意气风发的激越情感追踪时代，向那个政治高涨的年月献上了一篇篇赞辞，成为那个时代的当红作家。然而，难以预料的是，他们的作品此后却被铁的艺术规律大浪淘沙。也有一些作家，虽然也皈依主流话语，但不忘对艺术的执着忠诚，始终恪守现实主义的创作准则，努力在历史的隧道中扫描时代的面影，在纷纭万状的生活中开掘民间的真美。他们虽然不能被称为是清醒的反潮流的作家，但却用美学的辩证法战胜了艺术的虚假的浮夸，让自己的作品迥别于过眼烟云和明日黄花，应该说，郭澄清先生就是这样的一位作家。然而，面对中国小说艺术陷入低迷，小说创作走上了一元化的乡间小道，艺术特质迅速滑坡的严峻态势，要坚持自己的文学追求，守望崇高的艺术“麦田”，绝不是一件容易的事情。那么，郭澄清先生是怎样在历史的曲折中洞见时代的真髓呢？

首先，着力歌颂实事求是的光荣传统，以曲笔来反照不正之风。郭澄清登上文坛的年代，是中国农村刚刚告别激情燃烧的岁月，从灾难的泥淖中挣脱出来的年代。对于有责任感、义务感的作家来说，他必须要梳理扭曲的现实，总结历史的教训，以振奋民族精神，弘扬优良传统。和赵树理等作家一样，郭澄清先生在遵循现实主义的原则下，也以自己含蓄的小说之笔来针砭时事、激浊扬清。在他的《公社书记》《老队长》《黑掌柜》《社迷》等小说中，注意以各种巧妙的艺术形式来呼唤党的实事求是的光荣传统，号召在调整、巩固、充实、提高的八字方针指引下，与给我们的事业造成巨大损失的浮夸风、共产风等彻底决裂。《公社书记》中的那位项书记以及他带出来的干部群体，挟带着田野的希望和泥土的质朴风风火火向我们走来，晴天一身汗，雨天一身泥，和百姓血肉相连、休戚与共，丝毫看不出是当官的模样……我想，他不只是作家审美理想中的典型形象，更是作家对一度甚嚣尘上的不良作风的反拨和矫正。通过他，作家倾吐了自己对干部队伍建设的精神诉求，婉讽了那种高高在上的官僚主义作风，告诉我们，只要我们党的干部都像老项这样，就没有我们过不去的火焰山。《黑掌柜》中那位与群众痛痒相关，日理千金但一尘不染的供销干部，也是别有深意的典型。心系千家万户冷暖，苦练过硬服务本领，黑掌柜岂止是商业战线的榜样，他的优良作风是我们每一个党员都该学习和继承的啊！还有《篸拉气》中那位一分钱掰两半花的老保管,《石再仁》里不会说假话的"实在人",无一不是作家对生活真谛的发现。窃以为,对这些作品,我们都不应该从文本的浅表层面上去进行观照,而应该联系时代背影和作家创作的初衷,去感悟他的弦外音,音外之旨,去解读它潜隐在叙述当中的复调意蕴。因为我认定,郭澄清先生的这些作品,和赵树理的《锻炼锻炼》《实干家潘永福》《套不住的手》,西戎的《赖大嫂》等有异曲同工之妙,都有一个不容忽视的隐性主题,是那个特殊时代语境中,坚持现实主义的作家的另类作品和创作高端,值得学界重视。

其次,皴染和营造干群团结的氛围,表达对社会和谐的期盼。研读郭澄清的作品,我们发现这样一个值得深思的美学现象,那就是作家几乎在所有的小说中,都毫无例外的描写了干部与群众同甘共苦、打成一片,互相关爱,彼此不分。《公社书记》中几位领导的社员的喜剧性关系,就堪称干群团结的样板。在地里,大家心往一处想,劲往一处使,你分不出谁是官,谁是民。《老队长》也是这样,《社迷》等也都如此,那其中描写的融洽和谐的干群关系都叫人神往。熟悉作家的人都知道,郭先生是个秉笔直言、铮铮铁骨的硬汉,从来不会趋时赴尚、粉饰人生;了解历史的人都明白,60 年代阶级斗争尖锐、政治运动频仍,农村的干群关系远非其乐融融。那么,作家为什么要叙写如此密切的干群关系,描摹出那么和谐的动人图画呢?这里,当然不能无视作家真诚的主体意愿,作为一个党培养起来的人民作家,他不能对现实生活有任何的疑虑,他必须参与主流话语的光明颂;但是,恪守现实主义的艺术良心,又使他不能在生活的某些真实面前闭上眼睛,他又必须在滔滔而来的浪潮面前保持自己清醒的头脑,选择合适的手法表达对生活的见地。这样,在两难抉择中的作家就不得不"暗度陈仓",以平和的理想来消解斗争的气氛,以团结的希望来反照严酷的形势,力图通过这种迂回的曲笔,在现实主义大面积失真中隐含对社会和谐的期盼和呼喊。用心良苦的作家只能如此。同赵树理他们一样,不能戳破理论的嬉戏所制造的荒唐幻像,不能怀疑和解构理想坚执的乌托邦,那还能怎么做呢?这些,大概就是他意味深长的小说修辞策略吧。

二、在人物塑造中呼唤传统美德

郭澄清出身于农民家庭,在中国传统美德的濡染中长大,自幼就对农民有着极其深厚的感情。可以说,在精神站位上,他是属于农村的,属于农民的。因此，从学习写作那天起，他就钟情于哺育他成长的那块热土和那些质朴的庄稼人，自觉担负起农村书记员的角色，以民间的独特视角，观照农村生活的嬗变，把握农村变革的脉息，勾勒农民行进的轨迹，塑造社会主义新人形象。

塑造出一批鲜活生动、风趣幽默、豪爽耿直、朴实中正的农民新人形象，以及带有农民性格特点的基层干部形象，丰富升华了当代文学的人物画廊，是郭澄清先生对中国文学的重要贡献。为农民代言，为农民立传，不是他追求的时髦和时尚，而是他创作的出发点和归宿点。郭澄清正是以这种庄严的使命感、义务感走近他的父老乡亲的。今天在作家可能很难理解郭澄清先生的创作的原动力，但你不能不钦佩作家对新生活的执着和挚爱；今天的读者可能对那些新人形象感到隔膜和疏离，但你不能不服膺他们崇高的精神境界和人性美质。时代的巨波湮没了一代一代英雄，但中华民族的传统美德却永远闪烁光芒。郭澄清笔下的人物，虽然都生于垄亩之中，土头土脑，远非亮丽，但都禀赋着中华民族的精魂，攀缘着传统美德的标高。这可能就是他们能抗击岁月的打磨和风雨的淘洗，不同于当时那些批量生产的、旋生旋灭的政治理念化新人，而永远葆有艺术青春的主要原因吧。

急公好义、重义轻利，是这些人物最感人的品格。可以说，郭澄清塑造的人物，身上都承传着炎黄子孙仁义道德的基因，血管里都流淌着孔孟义薄云天的高尚血脉，天下为公，舍生取义的古训，在他们这里得到了光大发扬。黑掌柜王秋分(《黑掌柜》)是一个供销社分销点的负责人，这个在当下不起眼的芝麻官，当年可有着不得了的权力。何士光的《乡场上》曾淋漓尽致地书写了他们的八面威风。然而，并非所有的人都像那位颐指气使的卖肉者那样。同样处在物质极度匮乏的上个世纪60年代，王秋分严格律己、秉公办事，心系千家冷暖，不忘万户油盐，整天和商品金钱打交道，却始终一尘不染。他不考虑自己的名誉地位，思谋的是集体的生产和群众的生活。为了帮助丁芒种改掉铺张浪费的坏毛病，他甚至不怕背上被人误会的黑锅。这是多么可宝贵的品格，多么可敬的黑脸包公啊。无疑，这些人物都不是简单的做好人好事，而是从人性上体现了民族的价值观念和道德水准，因而具有崇高的人格魅力。

勤劳正直、热情诚恳，是这些人物最突出的美德。吴义勤先生在谈到这些美德时指出："郭澄清先生是农民身上优秀品格的有力发掘者，他对农民主人公品格美、精神美以及勤劳、勇敢、正直、诚恳、无私等性格特质的表现，赋予了小说以积极而温暖的力量。”[①]虽然,同时下的小说相比,我们不能说郭先生在人物的刻画上有着很深邃的人性剖析,在表现人的心灵世界上达到比较高的层面,但是,他推出的那个腾挪跳跃的农民群体,塑造的那些血肉鲜活的人物性格,却久久占据着你的心房,让你激动不已,郭澄清小说之所以能够经得住岁月风雨的剥蚀,不是因为别人,而是因为他书写的民族传统道德生发的巨大穿透力和感染力所致。

三、在乡土叙述中创新小说文本

著名评论家吴开晋先生在论及郭澄清的小说时,曾经说过这样一段话:“在中国当代文史上,郭澄清先生的短篇小说成就,从文学与艺术的多个角度论证都非常杰出,占有十分重要的一席之地。个人认为,中国当代文学短篇小说中,在不同时期最杰出、最具特色的三位作家,那就应该是赵树理、孙犁、郭澄清。”[②]吴先生还详细地论述了郭澄清小说珍贵独特的、可资借鉴的语言艺术,结构情节艺术,别具一格的风格形式等方面的美学特色,我不敢说吴先生的观点已经得到了普遍认同,但我注意到,一些专家在著文中越来越注意到郭澄清一定会被重新认识和定位。在我看来,正如吴先生所说,郭澄清的贡献主要在于对上个世纪60年代的乡土小说进行了大幅度的文本创新,使农村小说的体式在非常困难的生产环境中得以正常发展并日臻完善,其创新的表征在于:

第一,乡土小说的意识不断强化。在郭澄清看来,乡土小说是为农民写的,因此必须要投其所好,适合农民的阅读习惯。这种文体意识主要体现在情节的建构上。他大力加强小说的故事性,做到故事情节有头有尾,首尾贯穿;同时,注意在情节的开展中刻画人物性格,让人物起到线索作用,并勾连起一个个动人的生活场景。郭澄清的小说几乎每一篇都是一个情趣盎然、乐趣横生的故事,是标准的短篇小说范本。《篱墙两边》把拆感情的篱墙与拆真实的篱墙对照起来写,在明暗两条线索的演进中,将三个人物的性格刻画得栩栩如生,简直是入木三分、呼之欲出。整篇小说中没有单纯孤立的性格描写,人物的个性都是在讲故事中突现的,情节的生动性和性格的鲜明性紧密结合在一起,让农民群

① 吴义勤:《郭澄清短篇小说选序》,见《郭澄清短篇小说选》,人民文学出版社2005年版,第7页。

② 吴开晋:《论郭澄清短篇小说的艺术成就》,见王科主编:《2004中国小说评论》,高等教育出版社2004年版,第48页。

众看得进，讲得出，记得住，传得开。郭澄清渲染情节的手法是多样的。有时他从横的方面结构故事，围绕中心情节，截取生活素材，穿插趣味横生的细节，加大作品的容量。此外，在乡风民俗的渲染上，郭澄清也用力颇多，为乡土小说探索了新的书写模式。

第二，人物塑造的手法斑斓多姿。郭澄清先生的小说多以人物来命名，这无疑透露了他对人物在小说中重要地位的清醒认识。众所周知，人物是小说塑造的重心。无论是传统的小说理念，还是新潮的文学观点，都没有轻视塑造鲜明的人物形象。郭澄清塑造的系列人物形象，不但为当代小说增加了亮点，而且还为我们积累了弥足珍贵的写人经验。在人物描写上，郭澄清虽然特别青睐传统的小说技法，但也不排斥西方小说的写人优长。他是用多元多维、中西合璧的手法，使其作品中的人物栩栩如生，并打上鲜明的中国作风和中国气派的印记。在郭澄清的笔下，你看不到风花雪月式的渲染，也看不到冗长烦琐的细描。他往往用寥寥几十个字，即将人物性格活灵活现。这之中，白描手法是他最常运用的技术，人物的举止、言谈、情态则是他进行白描的重要手段。

第三，小说语言的运用炉火纯青。应该承认，在那个年代的作家中，在农村题材小说的创作中，郭澄清小说的语言是最有工力的。他的语言既是民族化的，大众化的，又带着浓厚的鲁北乡土特色。那清新、刚健、浑朴、通俗、新鲜、生动、形象、利落的语言，如诗如画，有声有色，令人心折。他写景，宏观微观，让山川增色；他抒情，情影相融，令大河天来。他把小说、诗歌和散文创作结合为一，进行高难度的跨文体写作。他的小说完全可以当作诗歌散文来欣赏。无怪乎有的语言学家认为，郭澄清的小说语言是当代作家中最合乎汉语规范的语言，郭澄清是当时作家中不多的没有语病的作家之一。

告别了他挚爱的故乡和亲人，告别了他奋斗拼搏过的当代文坛，郭澄清先生已离开我们多年。斯人虽逝，宏文长存。他给我们留下的那些珍贵的、虽然是带着岁月锈斑的乡村记忆，将永远为当代文学史所铭记——即便是若干个世纪以后，即便是浩瀚的当代文学史凝缩成为薄薄的几页之时。

（本文原刊于《小说评论》2007 年第 2 期）

构建"新国民性"

——郭澄清的文学史位置

王学谦

一

郭澄清是20世纪50—70年代主流文学的典型性高端作家。所谓典型性高端作家，就是最具有那个时代主流文学气质、特征，并具有一定文学影响的作家。由于意识形态的严格要求和规训，这类作家总是充满激情地寻求自我和时代的共鸣，最大程度将自己的感受融入时代普遍认同的价值规范之中。或者说，这类作家对"自我"这个词根本就无法接受，他们具有一种近乎天赋性的才华，能够压抑自己，并将自己的生活体验无间隔地转化为意识形态的象征系统。这正如贺敬之区分"大我"与"小我"的关系一样。他们能够使"小我"变成"大我"。这种转化的能力也许和这类作家经历及其心理特征有关。另一方面，从文学上看，这种主流高端作家具有较高的文学性，在意识形态严格限制之下，他们达到了他们所能够达到的美感，并在他所属的那个时代获得巨大的成功。即使在今天我们也不能完全忽略这种美感。郭澄清就属于这类作家。

郭澄清是上世纪50年代初开始写作的，大体上可以算作是1949以后的作家。在60年代郭澄清便已经成为文坛上令人瞩目的青年小说家了。在"文革"前，他已经出版短篇集4部。当时全国性的短篇小说选集几乎没有不选他的小说的。据吴开晋回忆，1965年11月，中国文联、中国作协、团中央、文化部召开"全国青年作家积极分子代表大会"时，郭澄清与李准、浩然、胡万春、王汶石、茹志鹃等7人作为特邀代表参加大会，受到大会的表彰①。他的《社迷》《社迷传》《黑掌柜》等受到广泛的好评。《黑掌柜》被复旦大学出版的《文学写作》(胡裕

① 吴开晋：《披肝沥胆 翰墨春秋——记著名作家郭澄清》，《〈大刀记〉附录》(第二部下)，人民文学出版社2005年版，第508页。

树主编,1985 年)列为范文。1975 年郭澄清发表的长篇小说《大刀记》是“文革”后期革命历史题材小说中的佼佼者,在当时具有广泛的社会影响。当时全国许多电台播放《大刀记》。即使在今天,《大刀记》仍然在许多人的心中存有深刻的印记。

郭澄清擅长于乡村题材的写作。在上世纪 50—60 年代,书写乡村生活最具有影响的是两大创作群体:一是赵树理为代表的山药蛋派作家群,一是柳青为代表的陕西作家群。赵树理等山西山药蛋派作家群,以民间和传统文艺为资源,以社会某一时段的焦点问题为归依,其创作常常触及社会问题。赵树理创作的直接灵感往往来自于他在基层工作遇到的实际问题。这种问题意识决定了他们的书写对象,他们虽然也愿意书写新时代新事物、先进人物,甚至也能够创造出饱满的性格,如马烽的《我的第一个上级》,但是,他们无法回避“中间人物”,甚至落后人物。既然喜欢触及问题,就必然关注问题人物。同时,这里面似乎也潜藏着他们对乡村日常生活、风俗人情的浓厚的审美兴趣。只有进入这种领域,他们的才华才能充分地展示出来。他们几乎是刻意追求能够满足普通民众审美心理的文体形式,将民间文艺和古典白话通俗小说看作是更具有价值的文体。因而,赵树理等山药蛋派作家在当时是公认的民族化、大众化的典范。但是,随着时间的推移,他们的文学旨趣往往无法到达日益激进化的文学精神所要达到的指标。

柳青、王汶石为代表的陕西作家,其艺术资源和新文学传统有关,和 19 世纪经典现实主义尤其是俄罗斯的现实主义有关,但是,他们已经完全抛弃了批判意识,只是昂扬着一种宏大叙事的强烈欲望。这种现实主义实际上是 1949 年以后的社会主义现实主义。其创作往往把笔力集中在时代精神的前端,并以此作为观察生活、理解事物的基本原则。这种宏大叙事有两种不同的方式:第一,编织复杂的无所不包的现实图案,以一种广度和深度照亮“历史规律”。这几乎是长篇小说所追求的唯一的最高境界。当时人们用“史诗性”评价《创业史》,是对这部作品的最高肯定,而更资深的赵树理的《三里湾》却没有获得这样的荣誉。河北作家孙犁似乎存在着类似赵树理的情况。他的《铁木前传》,也触及新现实之下的日常生活及其伦理变动,诸如贫富分化、阶级分化等,但是,他对往昔岁月怀有着无法割舍的情感,这种裹挟着比较强烈的个人体验的抒情小说,无可避免地缺少一种宏大的历史气魄。所以《铁木前传》无法获得当时文坛的更高评价，倒是为80年代的再阐释提供了可能性。第二，以小见大，以点带面，将普通而琐细的日常生活进行提纯，即所谓“典型化”加工，让普通的日常生活和人物折射整个时代精神的动向，以达到最高的“典型性”境界。尽管这种叙述方式与严格意义上的宏大叙事有隔阂，但是，这无疑是短篇小说进行宏大叙事的最好方式。茹志鹃、王汶石在这方面显示了他们的长处。这是中国文学历来强调的历史使命感的高额呈现。只要历史正确，文学价值就毋庸置疑。因此，他们对现实更敏锐，更喜欢思考，着意寻求时代动向和变革，和赵树理等山西作家比较，他们喜欢新时代与新事物，并擅长塑造社会主义新人。《创业史》的成就之一就是塑造了梁生宝这个人物。

在郭澄清的成长过程中，这两大作家群左右着整个小说创作审美趣味，因而也对他构成了重要影响。他的小说的审美构成就是在这样两种风格的影响下完成的。无论从哪个角度上看，都显示出这两大作家群在他身上留下的痕迹。

二

就叙述内容而言，他倾向于陕西作家群体。立足于日常性乡土生活，根植于泥土之中，但是，对于长久积淀的乡土习俗、人情世态却表现出非常慎重的态度，他并不如山西作家那样沉入带有相当的个人色彩的传统、民俗之中，而是不断净化、提纯，只有那些传统习俗、美德与新现实要求完全吻合的时候，他才能打开大门将它们置于自己的审美意识之中，否则，就会永远压抑在无意识之中。所以，他不触及问题，也不“干预生活”，甚至连由后进变先进的人物都没有出现过。但是，他似乎对宏大叙事缺乏兴趣或能力，也许是因为他过于朴实，无法将现实图景充分纳入一个巨大的历史框架或规律之中，并没有进行长篇写作。他后来《大刀记》走的是传统通俗白话小说的路子。他似乎更像王汶石，带着微笑看生活，把自己的笔尖朝向朝气蓬勃的新生活、新气象，聚焦于那个时代风口浪尖上的先进人物，即所谓社会主义新人或者英雄人物，挖掘他们心灵的集体主义闪光。郭澄清说：“我开始习作的时候，正是农业合作化初期。那时节，英雄的劳动人民，在党的领导下，大闹革命。农村面貌日新月异，英雄人物风起云涌，动人事迹层出不穷。当时，我正在农村工作，这数不尽的新人新气象，时刻感染着我，激励着我，使我精神振奋，心血沸腾，午不能休，夜不能眠，于是我便抓紧工作之余,提笔展纸,学写文章。"①

1949年以来意识形态不断要求书写欣欣向荣、日新月异的社会主义新生活和新人物。周扬在第一次文代会上,将解放区文艺作为"新的人民的文艺"。诚然,这种"新"还一定程度上容含着旧的因素,但是,"新"与"旧"之间的界线和等级,也同样是非常分明的。"新"具有高于"旧"的绝对优势,并代表着一种正在成长的历史力量。"中国新文化运动的最伟大的启蒙主义者鲁迅曾经痛切地鞭挞了我们民族的所谓国民性,这种国民性正是帝国主义、封建主义在中国长期统治在人民身上所造成的一种落后精神状态。……现在中国人民经过了三年的斗争,已经开始挣脱了帝国主义、封建主义所加在我们身上的精神枷锁,发展了中国民族固有的勤劳勇敢及其他一切的优良品性,新的国民性正在形成过程之中。我们的作品就反映着与推动着新的国民性的成长的过程。……我们应当更多地在人民身上看到光明,这是我们所处的这个新的群众的时代不同于过去一切时代的特点,也是新的人民的文艺不同于过去一切文艺的特点。"②50年代中期昙花一现的文学解冻的结果,使"干预生活"的问题小说和书写"中间人物"受到质疑和批评。曾经被作为方向性的作家赵树理虽然仍然被高度肯定,但是,不断有人批评他无法紧随新的社会主义现实。在《三里湾》发表以后,赵树理的问题意识和缺乏塑造新人物的能力不断遭受批评。在《锻炼锻炼》发表之后,批评的呼声更加尖锐。赵树理50年代末期对"大跃进"的质疑也受到内部批判。因而,作为方向性的作家地位已经动摇,代替他的是更善于发现新事物、新气象、新人物的柳青、王汶石等作家。当时作为青年作家的郭澄清,显然对这种新体验带有浓厚的兴趣。在50年代,由于公有制及其价值观念的建构,集体化、公有制、社会主义代表着毫无疑问的正确历史道路,它要求人们必须与私有制及其价值观念,与一切与集体化相悖的思想、品质进行彻底的断裂,将自身全部献给集体。这种以"集体"为核心的价值重构具有无可争议的正确性。它既是一种历史方向,又是一种道德伦理的诉求,它承诺引导人们走上正确的历史道路,也能够保证为所有的人创造最大的幸福和快乐,因而,也具有最普遍最崇高的价值。这种思想、伦理的重建,规定了郭澄清小说的基本母题:对

① 任孚先:《论郭澄清先生的短篇小说创作》,《郭澄清短篇小说选》,人民文学出版社2005年版,第325—326页。

② 周扬:《新的人民的文艺》,《文学运动史料(五)》,上海教育出版社1979年版,第688—689页。

集体的忠诚、热爱和奉献。同时这也是他的小说人物的基本品格。无论是干部还是普通农民，无论是社会主义英雄人物还是先进人物，他们都以自己的方式，呈现着这些集体主义、社会主义的绝对价值。郭澄清似乎更乐于或善于发掘那个时代主流的绝对价值。他似乎在告诉我们，他只要把小说主题和人物品质推向这个绝对价值，就达到了这个时代的峰顶，其文学也就获得了巨大价值。不要说《黑掌柜》《社迷传》《公社书记》等这样以先进人物为原型的小说，就是那些以平凡的日常生活、普通的乡村人物为对象作品，也无不最大限度表现出这种“新国民性”。如《马家店》《篱墙两边》《男婚女嫁》等等。但是，个别作品也流露出一点暧昧不清的东西。比如《社迷传》中的社迷高大的秉性似乎总有些不透明的东西。

三

郭澄清在叙述内容、人物塑造上倾向于陕西作家群，但是，在叙事方式上却更宽阔、自由一些。这种叙事方式当然也跳不出这两大作家群，但是，这种“两边跨”总比“一边倒”具有更大的空间。他可以根据不同的叙述对象选择叙事方式，并创造属于自己的叙事方式。大体上看，郭澄清的叙事方式是以赵树理式叙事方式为主，兼容了一些王汶石式的叙事方式。赵树理的叙述方式具有更为鲜明的大众化、民族化特征。这是源于“说话”的中国传统白话小说和民间艺术的传统，也是赵树理一再强调的能够适合大众阅读欲望和口味的小说叙事方式。这种叙述方式在抗战爆发以后，经由40年代的讨论、扩张，经过赵树理的示范性，在1949以后业已成为权威叙述方式。它以讲述生动的故事和写人物性格为重要元素结构小说。环境描写被压缩到最低限度，而且要通过人物的眼睛看出来，而不是叙述者专门进行描写。因为这样会影响故事情节的速度。故事情节在叙述中居于绝对重要的位置。注重小说故事情节的完整性、连续性。故事情节有起始，发展、高潮和结束。最大限度克服影响故事情节的明确性和顺畅性的“中断”、“跳跃”，因为这无疑会影响情节的清晰明确，让读者失去对事件进程的了解。一些故事情节会被特殊处理，就是所谓古典白话小说讲究的“悬念”。这可以在很大程度上增加小说的可读性，也可以提升情节表现力，对读者造成一种强烈的效果。情节的重要性还不仅仅是吸引读者眼球，也不仅仅是事件的组织，而且还在于表现人物性格。虽然故事情节和人物纠缠在一起，但是,能否使人物和情节一体化,仍然是这类小说成败的关键。所谓情节与人物的一体化就是事件及其进程能够显示人物性格。笔者以为优秀的传统小说情节与性格是浑然一体,性格即情节,情节即性格,两者是一体两面。因为人的行为是情节及其动力,情节能够显示人物性格,甚至一定情况下触及灵魂的深度。情节与人物的分裂就是有情节而无性格,这往往是由于过度追求情节效果而忽略人物性格所造成的。《社迷传》《社迷续传》是非常极端的赵树理式的叙事方式。这两部作品都可以看作是社迷高大的故事。而这个高大的故事又是由一系列小故事连环起来。叙述者是一个说书人,其语言也明显带有讲故事的姿态。《篱墙两边》没上述两部作品极端,但也明显地属于这种叙述方式。作品开头的语言,就酷似赵树理的某些作品:

城南有个朱家河。河边有个王家庄。庄上有个槐树大院。

这槐树大院,原是地主的财产。土改时,分给了三户贫农。

北屋,分给了张大婶;

东屋,分给了王二嫂;

西屋,分给了李三哥。

更富有创造性的也许是那种兼容性的叙述。这类作品的语言仍然带有说书人讲给听众听的姿态,那种流畅的,甚至是带有押韵性的语言明显带有"说"的特征。但是,郭澄清经常把这个说书人身份转换为第一人称的外来观察者,让一个亲临现场的观察者讲述故事。这种叙述视角会带来亲近感和真实感。"我"不是一个局外人在说故事,而是现场亲历者在讲述自己亲身经历的事情。这种外来观察者由远及近的观察,也有利于造成一种阅读效果。郭澄清有不少这种第一人称的作品。如《黑掌柜》《马家店》《公社书记》《茶房嫂》《老人》《接班》等。《黑掌柜》是郭澄清这类作品中非常突出的作品。这种叙述方式可以看作是经过改造的赵树理式叙述方式。第一人称的外来观察者讲述故事。小说开始,便是一封群众来信,使黑掌柜变成了一种有争议的人物,吸引着读者的阅读兴趣,迫使读者去思考、判断。这个观察者又充当着调查黑掌柜"真相"的具体使命,因而,关于黑掌柜的真相,又成为小说的一个悬念。观察者的观察不断接近真相,但是,仍然无法全部揭示真相。最后,一个人终于说出了真相。造成一种出人意料,又合乎情理的叙述力量。这种情节的设置,就有些类似欧·亨利那种现实主义小说了。《公社书记》也有些类似。如果这种第一人称叙述的戏剧性再降低一点，一些小说则比较接近于那种以横断面为结构的小说了。《马家店》《茶房嫂》等等，就属于这样的作品。不过，其语言的说书人讲述的痕迹仍然是明显的。

（本文原刊于《齐齐哈尔大学学报》2007 年第 2 期）

对《大刀记》的两个版本的对比性解读

李宗刚

郭澄清(1929—1989)的《大刀记》创作开始于“文化大革命”时期,具体的时间为20世纪的60年代末期到70年代初期。该书较为正式的版本出版于1975年。事实上,“《大刀记》第一部早在1971年完稿,并交由人民文学出版社印刷了内部征求意见本,但在‘四人帮’的干扰阻挠下,《大刀记》一直未能通过审查,不准出版,这一压就是三年”①。这就是说,《大刀记》的最初版本应该是1972年人民文学出版社出版的内部征求意见本(在以下行文中简称初稿本)。由于特定的历史原因,致使《大刀记》的1972年版未能顺利出版,即便是1975年版的《大刀记》(在以下行文中简称删改本),也对初稿本进行了全面的置换和删节。这样一来,《大刀记》这样一部侧重于对历史发展规律的切近、具有“史诗”文化品格的小说,就被部分地置换成了满足主流意识形态话语要求的小说。这正如在删改本《大刀记》的“内容说明”中所宣示的那样:“《大刀记》是部三卷本长篇小说,写的是伟大抗日民族解放战争生活”,“作品通过对八路军一支游击部队和人民群众战斗经历的生动描述,通过对抗日战争从相持阶段到大反攻胜利这一历史时期的艺术概括,以广阔的生活画面再现了我军民的鱼水关系,以众多的英雄形象体现了群众是真正的铜墙铁壁的真理”②。正是从这样的意识形态话语需求出发,我们可以发现,那些不能体现“党和毛主席的英明领导和毛主席革命路线的伟大胜利”的部分,则被无情地删除了。

经过删改后的1975年版的《大刀记》,“开篇”部分过长,特别是从“开篇”进入“正文”显得过于突兀。本文正是想通过对《大刀记》的开篇部分(也就是第一部分)的解读,对郭澄清原作中史诗性文化品格以及由此彰显出来的意识

① 张全景:《人民作家为人民》,见《大刀记》,人民文学出版社2005年版,第1页。

② 郭澄清:《大刀记》,人民文学出版社1975年版,“扉页”。

形态特质予以还原。

1975年删改本的《大刀记》，将原作中独立的一部分当成了“开篇”。它那240个页码的巨幅“开篇”，还是隐约地传达了作者希冀《大刀记》所传达的另一种文化意蕴，即郭澄清是把《大刀记》当作对中国近代历史发展规律予以艺术阐释的“史诗”来构建的。实际情形也是这样，当“初稿本”的《大刀记》在2005年的重印中得以还原其文本的本来面目时，我们便不能不惊诧于郭澄清在创作《大刀记》时具有的对历史发展规律切近的那种历史关怀和现实扣问的勇气了。

一

郭澄清最早刊行于人民文学出版社征求意见稿的《大刀记》，其“开篇”本来就是独立的一部历史叙事小说，但因在总体上不符合当时主流意识形态的话语要求，没有很好地聚焦于共产党领导这一根本点上，所以，“征求意见本”无疾而终，这一延宕不仅一拖就是几年，而且在这一拖之后，整个的文学叙事的内在逻辑也被大大地置换了，这就出现了我们所看到的一个被中断了文学叙事的标本——删改本中的“开篇”还没有顺理成章地开下去，就迅疾地落了它的帷幕。从“下关东”到第一章的“烽火燎原”，这样一个文学叙事上的迅即突转，彻底颠覆了作家既有的文学叙事路径，这样的中断和割裂，使郭澄清深感痛苦。这正如郭洪志在回忆其父亲从北京遵命修改初稿本并获得出版后的情形时说过的那样，郭澄清不仅没有因为《大刀记》的出版而感到丝毫的欣慰，反而因为这样的修改彻底置换了既有的文学叙事路径而陷入更大的痛苦中。这实际上从另一个向度上说明了郭澄清非常看重其既有的文学叙事的路径，隐含着作家已经切实地感受到了这样的中断从根本上颠覆了自己既有的文学叙事的目的。

在删改本《大刀记》中，开篇部分共16节，其主要顺承的是1972年版的前17章。其中的第十四章“‘公审’闹剧”则被删除了。我们如果把1972年版和1975年版加以对比还可以发现，这16节中的题目也有了一些微小的变动。如第四章的“龙潭桥别妻”改成了“运河岸边”，第五章的“德州内外”改成了“云城内外”，第六章的“苦上加苦”改成了“雒家庄上”，第十章的“夜袭龙潭街”改成了“夜进龙潭”，第十一章的“古庙许亲”改成了“荒洼古庙”，第十二章的“新婚喜日”改成了“新婚之日”，第十五章中的“三条船”改成了“水灾”，第十五章的“杨柳青投亲”则改成了“投亲”，第十六章“卖子救夫”则改成了“下关东”。

在删改本《大刀记》中，不仅删除了1972年版的第十四章，而且还删除了初稿本中的天津街头、怒打日本兵、风雪关东路、逼近兴安岭、打虎遇险、下山找党、重返宁安寨、杨家遭劫、龙潭卖艺、月下磨刀、坟前叙旧、血染龙潭、夜奔、村野小店、三岔路口和走延安等十六章，这如果加上前面被删除的第十四章，就有17章之多。

其实，在删改本《大刀记》中不仅删除了1972年版中的大量篇幅，而且还把初稿本中的文学叙事给予了充分的意识形态化，从而最大限度地使删改本《大刀记》符合了主流意识形态的话语要求。

如在初稿本的第十六章中，其本题是"杨柳青投亲"，在1975年版中，则成了第十五章，题目径直地以"投亲"命名了。这就是说，修改后作为"开篇"的《大刀记》淡化了投亲的地域限定。这一淡化，一方面，使人感到和"正文"的部分在地理空间上更为接近；另一方面，也宣示了对"杨柳青"这一地名的避讳，从而使那个"出年画儿的杨柳青"[①]变成了没有任何意义指代的"青柳镇"[②]。本来，"杨柳青"作为一个区域的地名，无所谓什么政治内容的，但在"文化大革命"中，"杨柳青"还是具有一定的政治指代意义的。特别重要的是，在对客观对象的叙事中，也从当初的客观再现修正为哲理底蕴的直接宣示。如在初稿本的"杨柳青投亲"中的起首是这样独立成段的："深秋。"[③]在删改本的"投亲"中的起首则是这样独立成段的："道路漫长而又昏暗。"[④]如此一来，前者属于对自然季节的叙述，后者则是一种政治符号的宣示。这样的修正，在随后的叙事中，还加上了对"道路漫长而又昏暗"的一段哲理发掘："劳累只能削弱人的体力，可它并不能削弱穷人的意志。直到这时，梁永生望着茫茫大地，还在愤愤不平地想着：'我就不信——天底下这么大的地面儿，难道真就没有穷人站脚的地方？'"[⑤]这不仅凸现了梁永生已经具有了共产党员的某些文化品格，而且还在冥冥之中已经参悟到共产党所认同的穷人才具有的钢铁般的意志。

这样的一种认同，不仅在梁永生那里获得了确立，而且在投亲无着的翠花那里也获得了确立。在修改后的删改本中，就从原来版本的基础上增加了这样

---

① 郭澄清：《大刀记》，人民文学出版社2005年版，第170页。
② 郭澄清：《大刀记》，人民文学出版社1975年版，第213页。
③ 郭澄清：《大刀记》，人民文学出版社2005年版，第167页。
④ 郭澄清：《大刀记》，人民文学出版社1975年版，第209页。
⑤ 郭澄清：《大刀记》，人民文学出版社1975年版，第209页。

的一段作为结尾:“天近黄昏了。青柳镇的街道,呈现着一种蒙羞受辱的态势,仰躺在行路人的面前。这时候,被失望伴随着徐徐降落的夜幕笼罩住心头的杨翠花,正迎着寒风走在这青柳镇的大街上。她,通过今天投亲这桩事,对社会人情,又有了更深一层的理解……”[①]如此一来,就为以后的杨翠花成长为革命者预留了一定的空间。

成长起来的不仅有梁永生和杨翠花,而且还有他们的儿子。如在他们住进李大叔家中时,初稿本中是这样写的:“中间的北山墙上,挂着一张画儿。画儿上画着一只虎。志勇一进屋,就虎视鹰瞵地盯上了这张画儿:嘿,这猫可真大呀!”[②]本来,志勇把老虎当成了自己所熟知的“猫”,这正是一个孩子必不可少的认知成长过程,但在这删改本中,则完全扭转了原来的叙事路径,一下子就把志勇推到了成熟的境地:“中间的北山墙上,挂着一张画儿。画儿上画着一只虎。志勇有这么一个特点:他总爱从他周围的环境中吸取精神上的营养。今天他一进屋,就盯上了这张画儿。”[③]当然,“总爱从他周围的环境中吸取精神上的营养”的志勇,就不可能再出现把老虎当作猫这样的“误读”了。

梁家的成员不仅在走向成熟,甚至作为穷人的李大叔也由此获得了走向成熟的契机。如在李大叔把翠花卖掉的儿子又领了回来时,永生很感到激动,李大叔见此情景也很不安。初稿本是这样写的:“过了一阵,翠花说:‘大叔,叫我们怎么报答你老人家呀!’”[④]而删改本则又加上这样一句“点睛”之笔:“这时节,相同的命运,把全屋人的精神紧紧地凝聚在一起。”[⑤]此时的梁永生也开始焕发出了生机:“这时,他那双豁亮的眼睛,久久地注视着这位对穷人的未来满怀希望的李大叔,好像把他的面容和言语都深深地印在自己的脑子里。”[⑥]这就使得本来还要在“黑暗”中成长更长时间的梁永生,迅即中断了自己的成长之路,甚至连时节的转换也中断了。如在初稿本中是这样叙述的:“按季节,已交霜降。辽阔的华北平原,已经铺上一层薄薄的白霜。这白霜向逃难的穷人预示

① 郭澄清:《大刀记》,人民文学出版社 1975 年版,第 221 页。
② 郭澄清:《大刀记》,人民文学出版社 2005 年版,第 179—180 页。
③ 郭澄清:《大刀记》,人民文学出版社 2005 年版,第 224 页。
④ 郭澄清:《大刀记》,人民文学出版社 2005 年版,第 188 页。
⑤ 郭澄清:《大刀记》,人民文学出版社 1975 年版,第 236 页。
⑥ 郭澄清:《大刀记》,人民文学出版社 1975 年版,第 236 页。

着:一场新的灾难将伴随着残酷无情的严冬降临在他们的身上……”[①]而在删改本中,则为了适应“革命”形势迅猛发展的需要,季节也不得不加快了转换的节奏:“按季节已交‘霜降’。辽阔的华北平原,已经铺上一层薄薄的霜花。青柳镇的杨柳树全是白的,好像戴上了一头银质的首饰。一只早起的鸟儿,骄傲地站在枯枝的梢头。一群勇敢的大雁,展翅飘翔,正在飞回它南方的故乡。在风霜中挣扎着的野草,将它那成熟了的种子随风播撒,准备迎接那必将到来的春天。”[②]

这样一种修正,在删改本中,还有很多方面。如“下关东”一节,和初稿本的第十七章“卖子救夫”相对应。在初稿本的客观叙事中是这样写“天黑下来了”的情景:“朦胧的月色笼罩着杨柳青。”[③]而在删改本中,则在这一话语前又追加了这样的限定性叙述:“阴沉的天空,像睁开眼睛似的,裂开了一道缝隙。下弦的月亮从云缝里钻了出来。”[④]这里的“阴沉的天空”和“睁开眼睛”,实际上已经隐喻了黑暗的社会即将随着一个新的政党的出现而出现不可逆转的变化了。这也是他们走在“千里河山,全被冰雪覆盖着”时,依然还坚守着“越冷离春天就越近了”的信念的重要根据。正是由此出发,梁永生才会像诗人那样说:“不管这严冬多么冷,也不管这严冬多么长,那风和日丽万物兴隆的春天,总是要到来的!”[⑤]在这一信念的支撑下,天气也不得不做着让步:“他们说话间,风停了,天晴了,太阳出来了。太阳给穷苦而又刚强的永生一家送来了光明,送来了温暖,使他们顿然感到胸怀豁亮,周身舒坦。”[⑥]如此一来,作家在自然状态下展开的文学叙事不得不戛然而止。自然进程中的文学叙事,只用一句“后来”就轻轻地抹过去了。到此为止,为“十七年文学”作品所罕见,也为新时期的文学作品所没有的“‘开篇’就‘开’到这里”,随之而来的才是“书归正传——”[⑦]。这里的“书归正传”,其实还从另一个向度上标明了作家被迫把“开篇”的地位揖让给了“正文”,也就是梁永生“终于幸福地投入了中国共产党的怀抱,并在党和毛主席

① 郭澄清:《大刀记》,人民文学出版社 2005 年版,第 189 页。
② 郭澄清:《大刀记》,人民文学出版社 1975 年版,第 238 页。
③ 郭澄清:《大刀记》,人民文学出版社 2005 年版,第 178 页。
④ 郭澄清:《大刀记》,人民文学出版社 1975 年版,第 222 页。
⑤ 郭澄清:《大刀记》,人民文学出版社 1975 年版,第 238—239 页。
⑥ 郭澄清:《大刀记》,人民文学出版社 1975 年版,第 239 页。
⑦ 郭澄清:《大刀记》,人民文学出版社 1975 年版,第 239 页。

的领导下，用战斗的刀枪迎来了祖国的春天”①。这就是说，“开篇”如果不是把其价值的归宿点揖让给后者，其存在的合法性便必然受到质疑。然而，这样的揖让，极大地削弱了初稿本《大刀记》的史诗文化品格。这恐怕也正是郭澄清在遵命修改的《大刀记》出版后依然感到痛楚的重要原因。

二

中国20世纪的历史，一个使历史学家和文学家无法回避的基本事件是中国共产党的出现。在中国共产党从一个处于边缘的政党走向中心的执政党的过程中，便隐含着这样一个基本的问题：中国共产党为什么会以短短的28年就神奇地完成了从边缘向中心的跃进？这样的基本的问题不仅受到历史学家特别追询，而且也为那些在文学叙事中追求史诗性文化品格的作家所关注。

郭澄清最早的文学创作就是以正在变异着的社会风俗人情的为对象的，他从自己所意识和经验到的现实出发，坚守着自己的现实主义创作道路②。但是，郭澄清的创作后来并没有循着这样的轨迹继续向前延伸，在20世纪60年代后期和70年代初期这样一个特殊的历史时期，转向了以革命历史为对象的文学叙事。随之而来的一个问题便是，郭澄清这样一个已经引起了广泛关注的作家，为什么会在“文化大革命”时期，没有按照主流意识形态的话语要求，继续“写十三年”，而是转向了对革命历史的文学叙事呢？并且，这种革命历史的文学叙事还进一步地突破了“十七年文学”惯用的文学叙事路径，径直地将其文学叙事延伸到了晚清社会，为此不惜动用大量的篇幅作“开篇”。

从《大刀记》的创作年代来看，正是“文化大革命”达到了极点的特殊时期。这一时期，那些有关革命历史的文学叙事，已经不再像“十七年文学”创作的兴盛期那样，处于一种持续的井喷状态。这一方面固然是中华人民共和国在取代了中华民国后，那些激动并激励着作者们的历史动因已经随着时间的流逝，呈现出一种弱化的态势；另一方面，那些具有经典意义的故事也开始处于“枯竭”的状态，再加上主流意识形态已经开始倡导“大写十三年”，革命历史题材的文学叙事则开始处于边缘的位置。在这样的文化语境下，郭澄清开始从20世纪60年代所习惯的对现实社会的文学叙事转向革命历史的文学叙事，便隐含了作

① 郭澄清：《大刀记》，人民文学出版社1975年版，第239页。
② 朱德发：《按照“美的规律”构建小说艺术王国》，《山东社会科学》2006年第3期。

者对历史的关怀和对现实的叩问。这主要体现在郭澄清创作《大刀记》时，努力地把自己的艺术触角清醒而冷峻地指向了历史的发展规律：在一个社会的秩序和法度失范时，以大刀为代表的暴力式符号就会成为人们诉求自己愿望的唯一实现方式，从而成为对既有的社会秩序进行解构的主要力量。正是从这样的意义上，我们可以说，《大刀记》获得了"史诗"的某些基本文化品格。然而，删改本中的"开篇"只开了一半，这就极大地限制了初稿本既有的"史诗"中的某些文化品格。至于另一半没有被"开"出的"开篇"，更是遮蔽了郭澄清所希望传达的历史关怀和现实叩问。

经过遮蔽和凸显后的删改本，固然满足了主流意识形态的话语要求，但随之而来的另一个问题则是，这对初稿本的"史诗"的某些文化品格的遮蔽便不可避免。这种遮蔽主要体现在以下两个方面：

其一，对初稿本所蕴涵的历史规律的巨大遮蔽。在《大刀记》中，它所发现和回答的主要问题与"十七年文学"所发现和回答的问题的不同在于，它不是回答中国共产党是如何发动并领导着人民从一个胜利走向另一个胜利的，而是要回答民间对中国共产党这样一个政党为什么会去找寻和认同，从而凸现了民间找寻认同中国共产党的主要动因是对既定的社会秩序的失范下对公平与合理原则的绝望。他们希冀通过一个能够代表着被社会边缘化了的"穷人"的愿望与要求的组织或个人来实现自我的诉求。从这样的意义上来加以审视，我们甚至可以说《大刀记》是对民间既有的诉求和理想的一次成功衔接。然而，他们从自我朴素的理想和信念出发，执着地追寻着一种"大同"的社会理想的基本诉求，却在删改本中被完全遮蔽了。这种情形在已经被删除的"'公审'闹剧"一章中，有着较为充分的体现。

"'公审'闹剧"一章和其他章节相比，在篇幅上确实不是太长，似乎是可以随意删除的一个内容。然而，这篇幅不长的一章，却隐含着作者想借此传达的一种文化理念，即中华民国刚刚确立起来的新的社会秩序依然处于失范的状态，这迫使人们放弃了对这一社会秩序的公平和正义的诉求。"公审"本来是中华民国确立了自我合法性后的一种依据法律而进行的审判。清朝的"衙门"已经被法庭所取代，并且还有了现代意义上的辩护律师，但这刚刚确立起来的法庭，人们抱着"瞧瞧"的心态，希冀实现自我诉求时，却发现这样一桩贫富之间的土地之争，依然无法实现被边缘化了的穷人的愿望。这样的一桩案子，事实清楚，法官的宣判也煞有介事："被告霸人土地，又假造地契，真是目无我'民国法律'……本院将马上把他扣押起来，待查清之后，定当严惩不贷！"[1]但最终的结果是，被告人白眼狼被押了三天，"坐了三天席，又放啦"，原因就是"白眼狼花上了钱"，而原告则"被判成'诬赖罪'，扣起来了！"证人则被诬以"借机煽动群众闹事"，不得不奔走他乡[2]。这样一来，民国政府在民间对它寄予希望时，却用实际的结果，告诉了他们，穷人们希望的公平和正义的社会秩序还没有到来。这最终导致了穷人对这种社会秩序的绝望："我算看透啦——前清家、北洋军阀、国民党一个样，都是捉弄穷人，换汤不换药"，这迫使人们产生了诸如此类的意识："反正是没盼头了，早晚也脱不了鬼门关走一遭，我豁上这百十斤儿了"。也正是在这样的现实面前，梁永生在心里更加坚定了"甭管它是啥字号的官府，都是财主的'护身符'，都是穷人的死对头"的信念。这还进一步促使他从小就被种植下的复仇种子，继续寻找着既有社会秩序之外的实现方式："报仇不靠官府的信念，比以前更坚定了"。这样带有闹剧式的公审，再次错失了凝聚人们对社会公平和正义秩序的机缘。从这样的意义上说，并不是梁永生愿意去找共产党，而是不去找共产党，他的家仇就无法找寻到实现的方式。正是由此出发，梁永生面对着永不复返的滔滔河水，才会发出了这样的感喟："大刀哇大刀！穷人的血仇，还得靠你给报哇！"[3]在这里，大刀便具有了暴力符号的指代功能了。

其二，民间的力量和政党力量的交融整合，在另一个向度上标示出了历史的结果正是诸多合力共同作用的结果。

在十七年的文学叙事中，固然也发掘了民间力量对中国革命的促进作用，但除了像《红旗谱》触及了民间的力量和政党力量的结合之外，其它的文学叙事都没有很好地深化这一主题。不过，需要指出的是，在《红旗谱》中，即便涉及了这一点，但它没有像《大刀记》那样，作为一个重要的方面予以彰显。这就是说，郭澄清在对历史规律的把握中，进一步强化了历史的结果正是诸多合力的共同作用下的结果，特别是民间对公平和正义的社会秩序的向往所带来的巨大推力，它在一定程度上促成了政党力量的发展与壮大。从这样的意义上说，《大刀记》为我们展示了民间欲望和政党主张是怎样有机地叠加并最终有机地融合在

① 郭澄清：《大刀记》，人民文学出版社 2005 年版，第 149 页。
② 郭澄清：《大刀记》，人民文学出版社 2005 年版，第 152—153 页。
③ 郭澄清：《大刀记》，人民文学出版社 2005 年版，第 154 页。

一起的。然而，郭澄清的这种努力，却在1975年删改后的版本中给突然中断了。

在初稿本中，郭澄清在他的文学叙事中为我们展示的是一幅以民间为代表的个体在实现自我欲望的过程中，为什么会最终认同中国共产党的历史画卷。自然，这也从另一个向度上标示了中国共产党的发展，不仅来自政党本身的努力，而且还来自民间的诉求。当秩序失范后的社会无法满足个人对正义和公平的追求目标时，人们一般都是通过依恃其他政治势力或集团势力的方式来找寻实现自我的目标。这也是对中国文学叙事中一再宣示的"官逼民反"主题的自然承继。

然而，"官逼民反"的真正情形是，如果不是到了万般无奈的境地，人们还不会放弃通过现有秩序来予以调节的努力。鲁迅在《灯下漫笔》一文中曾经对中国的历史作过这样的概括："一，想做奴隶而不得的时代；二，暂时做稳了奴隶的时代。"在《大刀记》中，郭澄清着力为我们展现的正是这样一个失却了法度和秩序的社会，如在其开头，作家就为我们这样宣示："这无声无息的大雪呀，淹没了世上的一切，它却淹没不了人间的不平。"[①]本来，像梁宝成这样的一个"向来是'有毒的不吃，犯法的不做'，杀人害命这号事儿，咱干不出来"的老实巴交、安分守己的人，在遭受到诬陷后，希冀依靠社会既有的调节秩序，对受到冤枉的常明义还其清白，但梁宝成"托人写了张呈子，递到县衙门告了状"后，却落了个"呈子如石沉大海，音讯全无"，哪怕是再"递上一张，还是没有回声"，这使得梁宝成被迫"闯衙喊冤"，其结果却是原来的冤枉不仅没有昭雪，反而还要"按照当时的规矩，'闯堂喊冤'，要先打四十大板"[②]。如此一来，展现给我们的便是晚清已经腐化堕落到极致的社会秩序，这正从另一个向度上说明了晚清社会在失却既有的秩序后，为什么会面临着分崩离析局面的根本原因。

在"想做奴隶而不得的时代"，社会秩序的失范还进一步强化了人们对民间流行话语和信念的认同。像"衙门口朝南开，有理没钱别进来"[③]，"穷煞别扛活，屈煞别告状"[④]等，便是在民间长期流行的常识。不仅如此，作者还在其文学

① 郭澄清：《大刀记》，人民文学出版社1975年版，第33页。
② 郭澄清：《大刀记》，人民文学出版社1975年版，第37页。
③ 郭澄清：《大刀记》，人民文学出版社1975年版，第41页。
④ 郭澄清：《大刀记》，人民文学出版社1975年版，第61页。

叙事中强化了这种常识:“是多么普通的常识,多么浅显的道理,而又是多么深刻的经验教训啊！在那暗无天日的旧社会里,曾有多少穷苦人不止一次地说过这句话?”[①]在一个失却了法度和秩序的社会里,人们依靠正常的社会调节机制无法满足其对正义和公平的追求时,那随之而来的就是原来的仇恨进一步促成了新的仇恨的孕育和发酵,这也正是梁永生在父亲复仇无望的情景下,重新孕育其复仇心理的重要根据:“你远走高飞,长大成人,要记住财主的仇和恨,莫忘了穷人的情和恩,将来要给穷爷们儿报仇,给你爷爷、奶奶报仇,给我报,报,报仇!”[②]在这种冤冤相报中,梁永生在其幼小的心理中确立了自己的复仇情结:“梁永生握紧拳头压住气,咬紧牙关忍住泪,斩钉截铁地回答道:‘爹,我全记下了!’”正是在得到了这样的一种承诺后,作为父亲的梁宝成才会在“一挺脖子咽了气”之前“满意地微笑了”[③]。而父亲的死,则又反转过来使“梁永生那幼小的心灵里,也深深地埋下了一颗仇恨的种子。这颗仇恨的种子,正在膨胀、扎根,并且必将迎着春风发芽、出土”[④]。

中华民国的成立结束了封建专制政体。然而,中华民国的成立,并没有真正地确立起新的社会秩序和法度来,因之出现的一个不容回避的新问题便是原来的把总摇身一变又成了新把总。如在李大叔对财主耳熟能详的记忆中,“人家在前清家的时候,就是官宦户儿;成了‘民国’以后,也是官宦户儿;来了国民党,还是官宦户儿”[⑤]。政治体制上的变革,并没有相应地建立起一种有效的社会秩序,在城头变幻大王旗的过程中,现实已经使人们越来越失望于所谓的政体称号:“咱们这些穷百姓啊,帝制时盼民国,‘民国’真的来了,而且换了好儿回派头,你看怎么样？还是……唉!”[⑥]在这样的一声“唉”的叹息中,正形象地宣示着人们对民国政体未能建立起一种新的社会秩序和法度的巨大失望。

梁永生正在“满清时,盼‘民国’”,然而,“盼来的‘民国’,还是光向着财主不向穷人”,几乎处于无路可走的情形下,共产党出现了,这才使梁永生切实地

① 郭澄清:《大刀记》,人民文学出版社 1975 年版,第 61 页。
② 郭澄清:《大刀记》,人民文学出版社 1975 年版,第 63 页。
③ 郭澄清:《大刀记》,人民文学出版社 1975 年版,第 63 页。
④ 郭澄清:《大刀记》,人民文学出版社 1975 年版,第 63 页。
⑤ 郭澄清:《大刀记》,人民文学出版社 2005 年版,第 181 页。
⑥ 郭澄清:《大刀记》,人民文学出版社 2005 年版,第 182 页。

感到“我的血仇,穷爷们儿的血仇,就都能报了”①。这样的话语起码具有这样两个方面的内涵:其一是梁永生作为颠覆民国政体的主体性力量,并不是一开始就要颠覆民国政体,而是民国政体没有建立起有效的社会秩序,从而使梁永生们对公平与正义的诉求获得体制内的实现;其二是梁永生之所以认同并找寻共产党,与其说是来自对共产主义的认同,不如说是来自对公平与正义以及由此而来的复仇的欲望实现方式的诉求。从这样的意义说,民间的力量即是政党可以依赖的力量,也是颠覆政党的主导力量。只有当政党力量和个人力量获得了有机地交融和整合后,才会演变成推动历史向前挪进的重要动因。

通过以上分析可以看出,1975 年删改本的《大刀记》,不仅遮蔽了郭澄清的文化诉求,而且也遮蔽了《大刀记》本来具有的某些“史诗”性的文化品格。因此,我们通过对郭澄清两个版本的《大刀记》的比较分析,不仅使我们能够看到作家个体在社会的缝隙中如何找寻自我表达方式的,而且还使我们意识形态话语对作家所意识到的历史内涵和现实关怀如何中断与删除的。从这样的意义上说,对两个版本的《大刀记》进行对比解读,便具有了超越其本体的意义和价值。

(本文原刊于《山东师范大学学报》2007 年第 5 期,后被“复印报刊资料”《中国现代、当代文学研究》2008 年第 2 期全文转载。本研究资料依据作者在 2014 年山东人民出版社出版的《中国当代文学史论》2014 年版收入)

① 郭澄清:《大刀记》,人民文学出版社 1975 年版,第 251—252 页。

2008 年

重新解读被当代文学史书写遗忘的名家精品

——郭澄清现象论

李　钧　朱德发

郭澄清(1929—1989)的创作旺盛期出现在 1962—1976 年间。这正是八届十中全会之后到"文革"十年期间。这一阶段后来常被看作当代文学史的"空白"或"断裂"期,因此"重写文学史"反而使此时期优秀的作家作品被遮蔽或误读。

郭澄清就是被遗忘或误读的一位有卓越成就的著名文学家。虽然有严肃的史家认为《大刀记》"有较多的生活实感,作者也有较强的处理材料的结构能力,而处于当时创作的普遍水平之上"[①],但毫无疑问,这是被遮蔽下的模糊话语。因此,在当代文学史上,研究"郭澄清现象"和郭澄清的作品富有现实意义。

郭澄清短篇小说的艺术成就在当代文学史上具有重要的地位。比如:(1) 1965 年 11 月,中国文联与中国作协、团中央、文化部联合召开"全国青年作家积极分子代表大会",李准、郭澄清、浩然、王汶石、茹志鹃等 7 人作为特邀代表参加了大会,受到大会表彰并作典型发言[②]。(2)从 1985 年至今,郭澄清的《黑掌柜》与鲁迅的《药》作为范文一直入选复旦大学胡裕树主编的《大学写作》教材,尤其需要说明的是短篇小说仅选了《药》与《黑掌柜》两篇。另外《黑掌柜》入选中国文学大系、入选《建国以来短篇小说选》[③]。(3)有论者称:"中国当代文学

① 洪子诚:《中国当代文学史》,北京大学出版社 1999 版,第 210 页。

② 吴开晋:《披肝沥胆　翰墨春秋——记著名作家郭澄清》,《大刀记》(第 1 部),人民文学出版社 2005 版,第 508 页。

③ 吴开晋:《〈郭澄清短篇小说选〉的艺术成就》,见《郭澄清短篇小说选》,人民文学出版社 2005 年版,第 316 页。

短篇小说中，在不同时期最杰出、最具特色的三位作家，那就应该是赵树理、孙犁、郭澄清。"[①]所有这些，都证明了郭澄清短篇小说的艺术价值和文学史地位。

"《大刀记》更是在革命历史题材长篇小说创作中具有重要的不可替代的地位。"[②]一是因为《大刀记》两部三卷、煌煌百万言、惊人的发行量和广泛的影响力，"在约30年的时间内，《大刀记》已累计印数280余万册"[③]。二是近年有学者提出，"《大刀记》第一部是当代文坛艺术价值很高的一部长篇小说，值得青年作者很好的借鉴。它是同时期出版的反映旧中国农民苦难生活和进行自发反抗的作品中最为出色的一部"[④]；"经过作者的苦心经营，《大刀记》形成了富有民族气魄的艺术风格，在中国新文学民族化的探索上，作出了可贵的贡献。由于作者丰厚的生活积累和多姿多彩的艺术表达，《大刀记》仍不失为一部具有中国作风和中国气派的杰出之作"[⑤]；"作者偶然有幸读到了郭先生的新版《大刀记》，心灵深刻感受到震撼，从作家创作技巧的独特和高超，《大刀记》第一部是完全足以和《创业史》《红旗谱》并论的杰作"[⑥]。

郭澄清的写作态度更值得后人缅怀。在他创作旺盛期的1962—1975年，在咄咄逼人的以"阶级斗争为纲"和"文革"政治话语桎梏下，郭澄清没有走某些作家的跟风路，而总是坚守作家的良知、人文情怀，老老实实地"作为农民的写作者"。在当代文学史上，郭澄清与柳青一样，不以清高文人自居，不以革命功臣自居，也不以"为人民"而写作的启蒙者自居，而是时刻把自己当作农民的一员；他们的根扎在泥土里，与百姓共呼吸，与生活的真实同步。郭澄清的宁津郭皋村与柳青的皇甫村，共同成为中国当代文学史值得铭记的两个村落……

因此，无论是作为一个文学现象，还是作为当代文学史上的一个重要作家，郭澄清都值得认真研究。

---

① 郑丽娜：《不该被遗忘的乡村记忆——论郭澄清的短篇小说创作》，《小说评论》2007年第4期。

② 雷达：《郭澄清小说创作评论专辑》，《文艺报》2006年10月14日。

③ 苗得雨：《郭澄清，1975——怀念18年前辞世的郭澄清同志》，《文艺报》2007年3月29日。

④ 吴开晋：《评〈大刀记〉第一部的艺术特色》，见《听云轩拾墨》，大众文艺出版社2007年版，第389页。

⑤ 张学军：《〈大刀记〉艺术论》，见《人文述林》，山东大学出版社2006年版，第230页。

⑥ 张学军：《〈大刀记〉艺术论》，见《人文述林》，山东大学出版社2006年版，第239页。

一、乡土诗性的短篇小说

郭澄清是短篇小说创作的大家高手。他自1955年在《河北文艺》发表短篇小说《郭大强》引起文坛关注,从学习和借鉴,到寻找和探索自己的创作风格,在短篇格式和人物塑造,在乡土意识和乡土抒情方面大有突破创新,短短时间内就形成了成熟的文体,达到了相当的艺术高度。有人认为他的短篇“与赵树理媲美而别有趣味”①。

郭澄清的短篇小说虽然是在“模仿”中成熟起来的,但最难能可贵的是他能不拘泥于某一家或某种流派,而是转宜多师,并进行了整合与超越。首先,他对农村生活的了解、他给笔下人物取的绰号、他对生活细节的摩画以及对传统小说结构体式的娴熟运用,都让人想起了赵树理的“细节现实主义”;但他又不像赵树理那样执着于“中间人物”和“问题小说”,而更像沈从文那样善于探询人性美、品德性。其次,“直接对郭澄清小说的美学风格和艺术精神产生深刻影响的也许是孙犁。郭澄清的小说创作不仅弘扬了孙犁追求真善美的文学传统,而且也承续了孙犁小说所蕴含的中华民族艺术的乐感精神传统。……孙犁对传统文化乐感精神的继承是建立在批判其乐天知命、逃避现实等消极思想因素的基础上,着重汲取其积极因素与革命乐观主义精神相融合,以期达到对现实生活中真善美的发掘与播扬。郭澄清短篇小说所体现出的明朗乐观基调和浓郁乐感精神是与孙犁小说的乐感艺术精神一脉相承的”②。但是,郭澄清又不像孙犁那样只从侧面介入生活、对描写对象作诗化的观照,而是热烈地拥抱生活,真情地直抒胸臆。这种“转宜多师”的学习,使郭澄清很快超越了他最初模仿的对象;而深入的生活实践和敏锐的慧眼发现则使他成为当代文学史上独特的“这一个”。他就像蒲松龄一样热爱民间故事,深入民间体察民情,并借鉴蒲松龄的艺术经验和语言风格。他不仅拒绝山东省创作办公室主任等文化领导工作,并且拒绝担任县委宣传部长,而是回到他的民间老屋,生活在人民中间。“这就使他取得了源源不断的创作素材。他不但向群众广泛了解村史、社史,观察各种

---

① 陈晓明:《革命叙事中的人伦价值建构》,《文艺报》2006年10月14日。

② 朱德发:《按照“美的规律”构建小说艺术王国——读〈郭澄清短篇小说选〉有感》,《山东社会科学》2006年第4期。

人物，参加各种农村劳动，还用心学习农民的语言，以使自己的作品让农民喜欢。"[①]这让人想起柳青为写《创业史》而扎根皇甫村，梁斌为创作《红旗谱》而三辞官，想起孙犁一直自甘于"边缘化"状态……他们都是为了文学而舍弃浮名功利的人，他们为当代文学史留下许多温情记忆。如果以崇尚艺术的审美心态细细研读作品文本，不牵强附会地考虑作品的时代背景，毫无疑问郭澄清是足以和柳青、孙犁、赵树理并论的重要作家，况且郭澄清还传承了沈从文乡土小说的人文性和高雅文风。最难能可贵的是，郭澄清是在中国文坛20世纪60—70年代政治夹隙下生存并取得卓越成就的作家，在政治遮蔽了作家文本几十年后的今天，静下心来阅读郭澄清小说文本，不仅由衷地敬佩他作为党员作家能够在狂风恶浪中持有独立的思想意识美学理想和勇于探索的艺术精神，并且会深深感到郭澄清现象的独特重要价值。也许，臧克家的一段话更适用于描述热爱农村和泥土的郭澄清："我昵爱、偏爱中国的乡村，爱得心痴、心痛，爱得要死，就像拜伦爱他的祖国的大地一样。我知道，我最合适于唱这样一支歌，竟或许也只能唱这样一支歌。"[②]

在我们看来，郭澄清的"乡土诗性小说"具有如下艺术特征和创新性。

首先，鲜明的历史诗性容量。《黑掌柜》《公社书记》《万灵丹》《嘟嘟奶奶》等都描写了具有时代性格的人物或事件，为人们理解那个时代尤其为认识那个时代的社会经济、文化、风俗、人的生存方式、道德形态、人格气质等，提供了杰出的诗性范本。郭澄清保持着孙犁的诗性，又融入了赵树理的写实本质和沈从文的人性美。郭澄清在小说里向人们展示了生活在新社会的公民形象：与百姓打成一片、"塌下腰"为群众办事的人民公仆（《公社书记》），"手是戥子眼是秤，心眼儿就是定盘星"、全心全意为人民服务的"黑掌柜"（《黑掌柜》），善于观察分析、处处为顾客着想的"马家店"老板（《马家店》），亲身感受到新社会的新风气并促成王二嫂跨越封建樊篱、走向新的人生的张大婶（《篱笆两边》），以及那个琢磨着改造盐碱地的孟琢磨（《孟琢磨》）等等，无不折射着时代的光彩和人性的光辉，同时在塑造着新的国民性："由于公有制及其价值观念的建构，集体化、公有制、社会主义代表着毫无疑问的正确历史道路，它要求人们必须与私有

① 吴开晋：《披肝沥胆 翰墨春秋——记著名作家郭澄清》，见《大刀记》（第1部），人民文学出版社2005年版，第509页。

② 《臧克家文集》（第1卷），山东文艺出版社1985年版，第586页。

制及其价值观念，与一切与集体化相悖的思想、品质进行彻底的断裂，将自身全部献给集体。这种以‘集体’为核心的价值重构具有无可争议的正确性。它既是一种历史方向，又是一种道德伦理的诉求，它承诺引导人们走上正确的历史道路，也能够保证为所有的人创造最大的幸福和快乐，因而，也具有最普遍最崇高的价值。这种思想、伦理的重建，规定了郭澄清小说的基本母题：对集体的忠诚、热爱和奉献。同时这也是他的小说人物的基本品格。”①综观《郭澄清短篇小说选》中的29篇小说，共为读者刻画了几十个活泼泼的时代画廊式人物，描写了新社会、新农村和新风尚，也赞颂了新的人性美和人情美，堪称那个年代的典型的诗性乡土小说。

其次，务实求真的艺术风范。作为一个由战士而作家的革命者，郭澄清心中有着坚定的理想和信念，他要歌颂新社会，但他却不搞跟风写作，而是忠于自己的美学理想且把艺术追求置于首位。下笔为艺术，一心营造美，即使政治追求也是含而不露，显示了大手笔的艺术功力。他没有像同时代的浩然、张永枚等那样在小说中书写“大跃进”、“千万不要忘记阶级斗争”主题，甚至把文学变成政治的传声筒、现实政策的注释和图解。相反，郭澄清坚持了艺术标准第一、务实求真的原则：真实地描写“公社书记”反浮夸的踏实作风（《公社书记》）；共青团员秋香围绕着人工授粉、科学种田而与队长兼团支书的丈夫发生冲突，最后以实际证明了科学种田的好处（《万灵丹》）；以及孟琢磨治理盐碱地的故事等等，这些宣传“唯生产力论”的作品与当时“以阶级斗争为纲”的氛围相去甚远。郭澄清正是凭借追求小说艺术的痴心和天赋，在“以阶级斗争为纲”的政治夹隙下，成功地创作了几十篇在当代文学史上难得的短篇精品，成为中国当代文学上的一个“奇迹”。

再次，乡土文本的创新完善。乡土文学的首要任务是农民喜欢，而只有采取本土化、大众化形式才能使农民喜欢。郭澄清的小说善于运用老百姓喜闻乐见的评书、相声等民间艺术，娓娓而谈，如叙家长，不时让人莞尔开颜。比如《篱笆两边》开头写道：

> 城南有个朱家河。河边有个王家庄。庄上有个槐树大院。
>
> 这槐树大院，原是地主的财产。土改时，分给了三户贫农。

---

① 王学谦：《构筑“新国民性”——郭澄清的文学史位置》，《齐齐哈尔大学学报（哲社版）》2007年第1期。

北屋,分给了张大婶;

东屋,分给了王二嫂;

西屋,分给了李三哥。

读者立即从中读出了赵树理《登记》和《三里湾》的开篇来。不妨说,郭澄清与赵树理都注意到了利用民间艺术形式来为老百姓创作喜闻乐见的故事。《万灵丹》则以一个农村老汉讲述家庭纠纷的方式展开了一个轻喜剧:

"噢噢,你问'万灵丹'是怎么回事?这事说起来就罗嗦啦。有耐心听的话,我就从头至尾跟你说个明白。……"

郭澄清的大部分短篇小说,都以说书人的身份慢慢道来;有时开篇即设置一个关结点,然后抽丝剥蚕般地层层展开,引人入胜,诱人思索。比如《黑掌柜》开头就写到县供销社接到一封群众举报信,那么王秋分是不是个"嘴巧行艺,黑手经商"的"黑掌柜"呢?这个套子吸引着读者继续阅读。《李二叔》开头一句"李二叔把老婆打了!",如同说书人的醒木一拍,令人为之一振。《社迷续传》则是一个连环套,从"春播时节"、"文阁借粮"、"推粪风波"到"选模会后",一波未平一波又起,用足了传统评书的"延宕"方式,借用小说中的民谚来说,真是"灶王卷门神——画(话)中有画(话)"。在语言方面,郭澄清可以说毫不逊色于赵树理。

二、史诗性文化品格的长篇小说《大刀记》

毫无疑问,《大刀记》第一部是新中国成立后当代小说史上带有开创性的塑造民间英雄的长篇小说,它的英雄平民化叙述,使英雄人物在当代文学史上第一次由超人的"神性"回到了世俗的"凡性",冲破了"高大全"的英雄叙述模式,在艺术审美视角上向常规人性回归,从根本上改写了当代文学史上"英雄传奇"的政治思想色彩,把英雄的本质回归了民间、回归了平民。如果说鲁迅的《铸剑》、李劼人的《死水微澜》、艾芜的《南行记》是现代文学史上侠文化铸成的杰作,那么在当代文学史上的《大刀记》第一部则是侠文化的稀有珍本,文学价值十分厚重。原因是《大刀记》第一部的创作者从民间历史观出发,以历史小说的个人化追求,以写实小说的创作理念,描绘了中国农村从清朝到民国、到抗日战争的40年变迁,展示了中国社会发展的规律特性和真实风貌,体现出对历史的独特感受、认知和把握。作品所达到的历史的深广度和艺术造诣决定了这部作品的重要价值,可以说这是中国当代文学史上的丰碑性作品之一。

《大刀记》生不逢时,来之不易,《大刀记》的出版并非一帆风顺。人民文学出版社1972年发行《大刀记》第一部内部征求意见本,立即受到主管文化部的"四人帮"干将的干预,认为它"没有写党的领导",不符合"文革"路线,因此应从《大刀记》整体中删去。幸有人民文学出版社严文井、屠岸、王致远及责任编辑谢永旺从中斡旋,建议作者大量增加第二部的内容,才得以借纪念抗战胜利30周年的名义出版,但随后即受到批判①。只要人们对比一下这两部分,就能明显感觉到其中的变化:在第二部《大刀记》中已没有《大刀记》第一部里的民间叙述笔调,而增加了大量的政治抒情段落,这种话语显然来自主流意识形态的需要,不符合老百姓的身份,也非作者所愿,这使得郭澄清的史诗性现实主义风格在《大刀记》第二部打了折扣。作者对此深为不满却又无能为力——强大的政治压力与艺术良心的巨大冲突所造成的抑郁,终于使45岁的郭澄清于1976年5月迸发心梗进而脑血栓,瘫痪在床。

虽然郭澄清的《大刀记》创作于"文革"的特殊年代,但是他追求艺术的痴心,特殊的创作题材、独特的历史感受以及为生活的真实而创作的忠诚态度依然为中国当代文学走民族化道路提供了范本和路标。

郭澄清善于吸收古今优秀作品的各种艺术手法为我所用。比如《大刀记》第一部给人物立小传的手法来自《水浒传》;梁宝成的形象让人想起《红旗谱》中的朱老巩,而"灵堂栽赃"则绝似林冲误入白虎堂;梁志勇"打虎遇险"让人同时想到《林海雪原》中的杨子荣与《水浒传》中的武松;小说的传奇性则有《铁道游击队》与《林海雪原》的韵味……加之郭澄清短篇小说创作训练和艺术积累,都为他创作《大刀记》第一部这样的堪与《创业史》《红旗谱》媲美的优秀长篇小说做好了准备。

从原型理论上说,《大刀记》第一部有三个原型。一是"流浪小说"原型。革命文学中首先提供这一模式的是蒋光慈的《少年漂泊者》:小说讲述主人公父母被害,寻求复仇,经历种种磨难,最终遇到"奇理斯玛人物",从而走向了革命。同时期的作品中如欧阳山的《一代风流》也采用了这一模式。《大刀记》第一部中的梁永生的流浪悲苦之长之多,文学史上少见。梁永生的路是悲剧中的悲

---

① 吴开晋:《披肝沥胆 翰墨春秋——记著名作家郭澄清》,见《大刀记》(第1部),人民文学出版社2005年版,第509页。

剧，人物经历了清朝、民国，自发斗争了几十年而以悲剧告终。二是“成长小说”原型。成长小说是启蒙时代诞生的现代小说的一种，也称为性格小说。与传统的以故事、事件为中心的小说结构不同，成长小说以主人公性格的发展为主要线索，具有鲜明的目的论色彩；主人公性格的发展和设定与历史理性的方向相一致；主人公象征了新的人类主体性的生长，主人公的成长也表达出普遍的历史理性的生长过程。梁永生由最初的“家仇”，到流浪中滋生的“阶级意识”，再到在天津遇到日本鬼子而产生的“国恨”，直到在王生和的启发下，唱着《国际歌》奔赴延安，下决心一定要“见到咱穷人的大救星——共产党和毛主席！”可以说这是一部典型的“性格小说”或成长小说。曹文轩说，小说由古典到现代，经历了一个由情节（故事）小说、性格（人物）小说、心理小说再到印象小说的过程①。那么，与同时代的情节小说相比，《大刀记》第一部作为一部成长小说在艺术上是较为现代的，心理描写细腻，性格描写突出，感染力浑厚。三是《老残游记》式的“政治小说”。《老残游记》作为“中国的第一本政治小说”②，旨在通过作者的所思、所遇、所见、所闻、所言、所行，从而以“四海之内，无安身之处”、“人间处处有虎狼”的现实来印证革命的必要性和必然性。在此意义上说，《大刀记》第一部是类似《老残游记》式的政治小说，又是一部诠释农民自发斗争和新政权合法性的史诗性小说。

从民族艺术的完善和创新上说，《大刀记》十分突出。艺术的民族特征、民族风格最容易从艺术的民族形式上表现出来。所谓民族形式主要包括民族语言、民族喜闻乐见的体裁、叙事抒情方式和艺术技巧等。

语言是民族形式的第一要素。民族的文学语言，是在民族民间语言的基础上，经过作家加工、提炼，因而是比民间语言更精炼、更丰富、更有表现力的民族语言。郭澄清是第一个将鲁北方言艺术化而引入文学创作的作家，读者仅从字里行间的音韵中就能听到鲁北人的精气神儿：

“你忒软和儿。我不能济着他抟糅！”

“宁饿死，不愁死。”

“咱除了这罐子血还称啥？穷到了这步田地还怕个屁？大不了把这罐子血也倒给他到头儿了！”

---

① 曹文轩：《二十世纪末中国文学现象研究》，作家出版社2003年版，第72—74页。

② 夏志清：《文学的前途》，生活·读书·生活三联书店2002年版，第55页。

“嗬,想打架吗?是身上刺挠了?还是活腻味啦?”

《大刀记》第一章“闹元宵”中,梁家父子出场这几句话,是纯净地道的德州方言,爽朗硬扎,平易晓畅,透露着强悍的民风,也生动地刻画出了梁氏父子的“愣葱精神”——这是一种民间的革命精神,它糅合了传统的侠义观念,也折射着时代和阶级意识,从而奠定了小说整体上的悲壮基调。再比如梁永生教育志刚时的一段话:

“志刚啊,你的爷爷常明义,你的亲爹常秋生,都是一咬咯嘣嘣响的硬汉子。他们生前,在歹毒的财主面前,向来是宁流血,不流泪。孩子呵,泪水报不了你爷爷的仇,泪水淹不死白眼狼。让这泪水流进肚子去吧!眼泪入心化为恨。仇恨埋在心中,它将变成一团火。一旦爆发出来,它能把我们的仇人烧成灰!”

此类语言并不就是阶级话语,而是民间话语。郭澄清的故乡宁津一度属于河北(新中国建立后调整区划才划归山东省),那是“自古多慷慨悲歌之士”的燕赵之地,快意恩仇正是这里的民风,郭澄清的语言反映了这种民族精神风貌。

民族喜闻乐见的体裁、叙事抒情方式和艺术技巧等,也是民族化的重要因素。《大刀记》发扬了中国传统小说的“说书”风格,注重情节性和故事性,叙事有头有尾,顺时展开,环环相扣,首尾呼应;写人多用粗线条勾勒,把人物放在情节当中刻画,以人物的对话、行动推动情节的发展。评论家称,“明朝人用说白念诵形式用宣讲口气作的短篇小说”,它在20世纪50年代作为重要的“民族形式”问题提了出来,作家们努力“将自己化身为艺人,面向大众说话”,写出有完整故事的短篇,在这方面已经有了赵树理这样的成功典范,并代表着一种中国文学本土化的新方向①。其实《大刀记》也是民族形式探索方面的典范:比如开头与结尾都是“闹元宵”,形成了结构上的前后呼应;梁永生的游历和见闻既是他生理成长的过程,更是他精神上的成长历程;小说除了梁氏父子以外,其他人物都用了写意手法,三言两语简述其生平小传,辨析其阶级立场。另外,《大刀记》中还有《水浒》之英雄传奇、《聊斋》之民间话语、《老残游记》之游历见闻,以及山东评书、山东快书的乐感精神等等,这些都是《大刀记》对于民族艺术技巧的整合运用。

① 孙楷第:《中国短篇白话小说的发展与艺术上的特点》,《文艺报》1951年第3期。

实际上，艺术民族化的决定性因素是内容，即作品所表现的生活是否是地地道道的民族生活，所塑造的人物是否具有民族性格特征和民族文化心理结构，整部作品是否浸透和高扬着民族精神。民族生活、自然风光、地方色彩、乡土风俗、道德观念、婚丧嫁娶、节庆礼仪、服饰饮食等等，都是民族文化传统和文化心理的具体表现，写出了这些就写出了民族的特征和民族的精魂。《大刀记》在这方面取得了成功，比如第五章"德州内外"开头有一段对民国初年德州风俗的描写：

……道边上净些小摊子。葱篓靠着盐箱，肉案连着鱼筐，五金兼营木器，杂货带卖鲜姜。卖馃子的孩子，穿着油衣裳，携着竹篮子，在摊案空间，跑来窜去，高声叫卖：

"香油馃子，又酥又脆，好吃不贵……"

卖糖葫芦的老人扛着杆子，抱着签子，也是边走嚷：

"冰糖葫芦仨子儿俩，抽签赢了俩子儿仨……"

那少年走进城隍庙，又是一番景象——

东边是卖艺的。周遭儿的观众，围了个人圈儿。……

西边儿是说书的。说的段子是《三打祝家庄》。说书人嗓音挺豁亮，吐出字来嘎崩儿脆，发出音来熬口甜。……所以这些人的眼珠子，仿佛都被说书人用一根看不见的细线系住了——他那里轻轻一馃，全场的眼珠子都跟着他的手指头骨碌碌地转。……

类似的风俗人情描写，在作者写天津卫、写东北老林时都有，让读者从紧张的情节叙事中荡开去，缓释一下紧张的氛围，但这些"闲笔"又是随后展开的故事的"伏笔"。郭澄清之所以有这样从容生动的描述，是与他的前期准备即其短篇小说创作以及对鲁北民风的切身体验有关。比如短篇小说《马家店》中对店主人的描写就在《大刀记》第334页中又有化用，堪称描写民间智慧的妙笔。

艺术民族化的另一决定因素是看作品是否塑造了具有民族性格特征和民族文化心理结构的人物形象和艺术典型。《大刀记》中的梁永生既是中国传统侠义农民如水浒好汉般的形象，同时又有着"燕赵多慷慨悲歌之士"的文化精魂；他既有杀富济贫、疾恶如仇的血性，又有心细如发、深思远虑的智谋。"授刀学艺"一节通过太平天国、义和团直到20世纪初的大刀持有者的描写，揭示了中华民族不屈不挠的抗争精神和民族气节。正是由于梁永生性格的多重内涵，才使他得以在时代风云变幻中不断成长，最终把个人遭际、家族仇恨与国家命运紧密地连接在一起，从而使这部长篇小说具有了史诗性，梁永生也成为当代文学人物画廊中血肉丰满的美学典型。最为重要的是，郭澄清通过《大刀记》书写了一种自强不息的民族精神，具体表现在梁永生身上，就是一种"怕死就别活着"的"愣葱精神"。这正是我们民族生生不息的精神之根。

当然，传统文化与地域文化也并非没有负面影响。比如郭澄清的道德感和担当精神显然来自"儒"与"墨"的传统：无论是"儒以文乱法"，还是"侠以武犯禁"，都是源于中国历史轴心期的文化创造，这些创造的核心就是道义担当。因此，郭澄清在塑造深负着家仇国恨的梁永生时，为深厚的道德感所驱使，对笔下人物做了某些脸谱化处理，甚至将善恶的标签分别贴在了人物身上。比如："贾永富与贾永贵这对异母兄弟，实质上是父子关系。"（第 10 页）这就将乱伦忤逆的原罪加在"富人"身上；再如："阙乐因这个色鬼，明牌的姨太太就有六个，下了十几个崽子，大的是酒包，二的是赌棍，三的是财迷，四的是个气虫子，五的甩大鞋，六的抽大烟，七的是鬼难拿，八的是个臭嘴子……"（第 181 页）这种描写固然与当时主流意识形态的影响有关，但恐怕也与作者的道德观念有关。其实这并不是郭澄清独有的弱点，山东作家从王统照直到张炜等人都有这种道德感，只不过表现程度和形式有所不同而已。

三、郭澄清现象在文学史上的意义

其一，郭澄清现象为夹缝下的当代作家提供了路标和范本。

中国当代文学在先后经历了"革命文学"、"社会主义文学"、"阶级斗争文学"、"'文革'文学"及新时期以来的"反思文学"、"现代主义热"、"先锋文学运动"、"新写实主义"后，很多作家似乎失去了"五四"以来的新文学的路标。但郭澄清的创作实践和取得的卓越成就启示当代作家，无论文坛上有什么风云变幻，无论处在顺境或逆境的何种政治背景下，文学艺术创作追求艺术标准第一，即追求艺术的完善、技巧的成熟、语言表达的精当，并以"人"为中心，使情节、故事为人物描写服务，则是作家创作的第一要务。郭澄清数十个短篇之所以至今读来仍魅力浑厚，还因为作家以强烈的人文精神和人性情感在作品中尽力表达了人生美的一面和人性善的一面，既阐述着人与人之间的矛盾、仇恨、人自身遇到的诸多痛苦；又表现出人与人之间的善良、诚意、互助和友谊，从而使不少冲突隔阂都得以用“博爱”精神去化解。《黑掌柜》《篱墙两边》等几十个短篇大都是对这种“爱的哲学”的阐发和传播，希望“爱”与“美”能化解现实人生的“丑”与“恶”。这是与“以阶级斗争为纲”唱反调的，表现了作家大智大勇的创作策略。

其二，郭澄清现象对文学批评和研究的启示。

多年以来受“文艺从属于政治”的影响，文学批评曾产生过不少歧误。有些较好的作品，由于只着眼于挖掘它的“社会价值”、“时代精神”、“创作背景”，而对作品在艺术上取得的成就和作家的艺术营构，往往忽略或触及不多。这必然影响对一部作品更深入的认识，也无助于作家本人艺术素质的提高。更有甚者，如果有人对某一部作品产生歧义或误解，往往又从影射、比附的角度去找它的毛病，弄得空气紧张，人人自危，必然影响作家创作的积极性，对“解放文学艺术的生产力”极为不利。实践早已经充分证明，随着经济建设高潮的到来，一个文化建设的高潮也必将到来。但是，如果不清理文学批评中的一些错误认识或糊涂观念，那么对新的文学艺术创作的高潮的到来，将会起到阻碍作用。当然对文学作品进行外部研究或进行社会学探索，也是必要的，但这必须是实事求是的科学研究，既不能否定一切也不能以偏概全，具体问题具体分析方是唯物辩证法的活灵魂。由于长期在极左思潮下形成的“路线错了一切皆错”的“彻底否定思维”模式，至今仍影响我们对郭澄清这样的名家名作进行正本清源的科学评价。

《文学理论》的作者韦勒克和沃伦早在40年代就说过：“文学研究的合情合理的出发点是解释和文学作品本身。无论怎么说，毕竟只有作品能够判断我们对作家生平、社会环境及其文学创作的全过程所产生的兴趣是否正确。然而，奇怪的是，过去的文学史却过分地关注文学的背景，对于作品本身的分析极不重视，反而把大量的精力消耗在对环境及背景的研究上。”这两位作者并不排斥对文学作品外部环境的研究，而是更强调对文学作品的内部规律进行深入的剖析，这一见解是值得我们重视的。

总之，郭澄清在特殊的甚至恶劣的政治生态中，始终坚持崇高的审美理念和追求艺术为第一标准的写作姿态，开启了作家的创造智慧，打开了艺术之门，在历史夹缝中挥发艺术潜能，创新并完善了乡土小说文本，通过对乡土文学写实与抒情两大基本类型的融合，形成了自成一家的乡土小说格调。在长篇小说的艺术营造中，作家匠心独具地对民族艺术风格作了继承和发扬、对传统文化和地域文化作了书写，对中国社会发展规律作了史诗性的描述，这都使他具有了成为著名文学家的风范和资格，也当之无愧地使他在齐鲁文学史乃至中国当代文学史上赢得重要位置。

（本文原刊于《山东师范大学学报》2008年第2期）

2009 年

对《大刀记》从小说到电影的再解读

李宗刚

郭澄清的《大刀记》于“1971 年完稿，并交由人民文学出版社印刷了内部征求意见本，但在‘四人帮’的干扰阻挠下，《大刀记》一直未能通过审查，不准出版，这一压就是三年”[①]。人民文学出版社迫于意识形态话语的规范性，不得不让作者重新“编码”，这才在 1975 年借着邓小平整顿的历史性机缘，得以公开出版发行。尽管本书出版后的修改本和体现着著者本意的征求意见本有了很大的不同，但出版后依然引起了广泛的社会影响。在出版后不到半年的时间里，小说《大刀记》获得了门槛极高的上海电影制片厂的青睐（影片由曲延坤、邱勋改编，由汤化达、王秀文执导，著名演员杨在葆饰演主人公梁永生），并在 1975 年底被正式确定改编拍摄成电影。在“改编期间，‘四人帮’被粉碎。但是文艺界‘高大全’的思想还很有市场”[②]，而更多的困扰还在于小说《大刀记》作为一部追求史诗性的鸿篇巨制，要想通过影像传达出来，本身就面临着一个难以逾越的门槛。应该肯定的是，电影《大刀记》在时代所许可的范畴之内，在一定程度上完成了对小说《大刀记》的史诗性的影像化凸现。

电影《大刀记》对小说《大刀记》的史诗性品格的凸显，首先体现在它保持了原作的基本结构模式，这确保了原作所蕴含的历史发展的脉络得以清晰地凸显出来。对此，对小说进行改编的邱勋曾经这样回忆道：“《大刀记》是我省作家郭澄清写的长篇小说，100 万字。一开始改编，先成立了改编 3 人小组，曲延坤

① 张全景：《人民作家为人民》，《大刀记》，人民文学出版社 2005 年版，第 1 页。

② 逄春阶、周瑾：《大刀，向鬼子们头上砍去》，2005 年 8 月 5 日《大众日报》。

为组长，我并不在其中。第一稿出来后，不理想。后来，我也加入进来，完成第二稿，上海电影制片厂仍不满意。1976年正月初六，上海电影制片厂通知我去改本子，结果一改改了一年半，最后改到第七稿还是第八稿，我记不清了。从100万字，改到6万字，不好改。”①这说明在由小说《大刀记》向电影《大刀记》“转换”的过程中，还是遇到了非常多的挑战。

尽管我们已经无法复原上海电影制片厂的编剧和导演所经历的“八易其稿”的具体情形，也无法知晓其中的那“七稿”都是凸现和遮蔽了哪些内容，但就“八易其稿”后的电影《大刀记》来说，还是最大限度地保持了原作的这一基本结构模式。为此，编剧和导演甚至精心设计了在时间上占到一半的“倒叙”结构模式，从而确保了小说《大刀记》对历史发展脉络在电影中的影像呈现。编剧邱勋对此回忆道：“当年，上海电影制片厂一年也就拍一两部片子，所以搞得很精。对每一个场景、每一个台词都要仔细推敲，从电影厂厂长到文学部主任，到导演，一个个都提意见。然后，编剧再整合大家的意见，再加工”②。从这样的回忆中，我们可以看到，编剧、导演、剧组等对小说《大刀记》不仅有着深刻的体味，而且还在小说向电影“转化”的过程中，对每一个场景和台词都有着精益求精的追求。这恐怕是在电影中能够确保《大刀记》的基本结构模式的最为重要的动因。

编剧和导演在《大刀记》从小说向电影转化的过程中，应该说在基本的结构模式上还是花费了巨大的心血，这主要体现在其成功使用的“倒叙”手法上，从而使整部影片的“倒叙”和“顺叙”形成了半对半的格局。这样一来，就调节了“中国共产党的领导”和“农民报仇动因”的紧张关系，把二者巧妙地融会贯通于整个影片中，从而使“农民报仇动因”被整合到中国社会的伦理范畴下，通过地主贾永贵的“大哥爹”贾永富的死亡，一方面把其“名义上的异母兄弟，实质上的父子关系”置于悖逆伦理道德的方面，另一方面，又通过贾家死人后要求全村“一律披麻戴孝”，使地主的霸道和无良的悖逆社会良俗的一面得到了凸现，这就使农民的报仇获得了存在的合法性。影片的前一部分重点凸现了梁永生为了自己的家仇这一动因而上下求索。梁永生为了报仇，甚至单身闯入贾府，在报仇不得的情况下不惜放火以解心头之恨。但这样的农民的个人的抗争，无法和既有社会秩序所代表的强大力量相抗衡，其结果是进一步强化了恶恶相报的

① 逄春阶、周瑾：《大刀，向鬼子们头上砍去》，2005年8月5日《大众日报》。
② 逄春阶、周瑾：《大刀，向鬼子们头上砍去》，2005年8月5日《大众日报》。

这一历史循环怪圈。从电影的实际的影像呈现来看,其尽管站在梁永生的立场上,充分肯定了其报仇的合法性和合理性,但客观的结果依然向我们传达了小说《大刀记》所传达的那种史诗性品格。特别是在影像的处理上,前半部分处于自发状态下的个人复仇在色调上更趋于暗淡,音乐也在极力地渲染着凄惨和抗争的氛围;后半部分则从梁永生参加革命后的回忆苦难的家史和自我抗争的历程为契机,光线一下子从暗淡转为明亮,并且这样的亮色一直贯穿到影片的结束,音乐也显得发奋而有为,给人精神上以极大的感召。因此,在完成"回忆"这样一个"倒叙"之后,其影像的呈现还是较好地完成了对其所要宣示的史诗性的凸现这一中心点。在影片中,导演使用了一个拉镜头之后,再使用推镜头,凸现了梁永生眼里满含着夺眶而出的泪水,逐渐地把大刀这一意象更进一步地凸现了出来,标示出他终于找到个人报仇之路:"从前,我一直拿着这把大刀,东拼西杀,到头来,还是落了个家破人亡,妻离子散,在我逃离家乡的那一天晚上,乡亲们都盼着我能给穷人找到一条活路,可是,活路在哪里呢?"在这一台词说完之后,紧接着是一个蒙太奇的转换,把镜头对准挂在墙上的毛泽东那神采奕奕的照片,然后再一个拉镜头回到了现场。其实,这样的电影镜头,在过去的电影中也经常出现,但没有本片使用得那样深刻与贴切。因为,在这里它更好地向我们清晰地标示出了"农民复仇动因"和"中国共产党的领导"之间的同构与契合。事实上,中国革命正是在这样的"合力"作用下才最终获得了胜利。

如此说来,电影《大刀记》能够用倒叙的手法,巧妙地完成了小说《大刀记》所蕴含的社会发展动因的宣示,是值得肯定且获得了成功的艺术冒险,进而使影片本身也获得了某些史诗性的文化品格。因为,如果影片真的像当时的宣传《大刀记》时所说的那样,主要"写的是伟大抗日民族解放战争生活","作品通过对八路军一支游击部队和人民群众战斗经历的生动描述,通过对抗日战争从相持阶段到大反攻胜利这一历史时期的艺术概括,以广阔的生活画面再现了我军民的鱼水关系,以众多的英雄形象体现了群众是真正的铜墙铁壁的真理",那不仅无法完成对郭澄清原著中历史发展脉络的清晰凸显,而且也将使电影《大刀记》陷入既有的战争影片的范式中(如1974年汤化达与汤晓丹合作导演的《渡江侦察记》那种单纯的战争故事片),所以,影片以临河区大刀队的成立作为结束,而没有以大刀队在成立以后作为故事叙述的起点,这就确保了电影《大刀记》和小说《大刀记》一样,获得了对历史发展脉络的梳理所蕴含的独立文化品格。

电影《大刀记》对小说《大刀记》的史诗性品格的凸现，其次体现在它保持了原作对社会发展内在规律的展现，这确保了原作所蕴含的历史发展的“合力”的凸显。

作为一位非常严谨的现实主义小说作家，郭澄清在创作《大刀记》的过程中，可以说是到了呕心沥血的程度。他在极其艰难的环境下，尽管在体制内身居高位，却回到家乡老屋，一个土炕、一张破桌子和一盏煤油灯开始了文学跋涉之路，其艰辛程度可想而知。本来，郭澄清在从事《大刀记》创作之前，已经因为其短篇小说《黑掌柜》《篱墙两边》《公社书记》和《社迷续传》获得了优秀短篇小说作家的称号，属于和浩然一同崛起的文坛新秀。如果，郭澄清像浩然那样，继续从事对正在发生的历史的书写，他会更早地获得主流意识形态的认同，但那样的结果却可能使其文学创作转向对主流意识形态话语的诠释。作为具有独立思想和艺术追求的郭澄清，显然不甘心写那些与自己的认知相违背的小说。从这样的意义上说，郭澄清从事革命历史题材的长篇小说《大刀记》的创作，就具有了对自我独立的文化立场和史诗追求的宣示意义了，这自然与其所遭遇的现实困惑有着极大的关系。当郭澄清从亲历的现实中感受到当下的历史正在越来越背离其历史的起点时，他在对历史的再次回眸和反思中，探询的是历史之所以如此发展过来的内在缘由，进而找寻到社会发展的内在规律，这就构成了郭澄清创作《大刀记》时自觉的价值追求：艺术地展示中国共产党所领导的中国革命之所以获得胜利的内在缘由，恰好在于中国共产党代表了那一时期人民的内在要求，正是如此才有了中国革命的胜利。对这样的反思，我们如果从一切历史都是当代史的视点加以观照的话，就可以发现《大刀记》这样的历史题材中所蕴含的现实意义和价值所在，这是对当下正在背离的历史发展规律的镜鉴。然而，这样的一种意义和价值，却一直被长期湮没在它表层的革命历史故事之下。

在《大刀记》从小说改编为电影的过程中，不管是编剧还是导演，抑或是剧组的演员是否充分地意识到了这一点，但从客观呈现出来的影像来看，还是较好地传达了郭澄清的《大刀记》所蕴含的历史发展是“合力”共同作用下的结果这一发展规律的。这主要得力于以下几个方面：

其一，是编剧、导演对小说《大刀记》的现实主义精神的皈依。这一点正如邱勋在回忆中所说的那样:“改编的时候,就小心翼翼地,尽量突出一些生活气息。比如,影片一开始,是正月十五闹花灯,有一个踩高跷的画面,就这么一点儿民间的东西,能保留着都很难。‘文革’期间这样的东西,是属于扫除之列的。但电影还是这样拍了。结果放映的时候,老百姓看了非常喜欢啊!”[①]因为,在《大刀记》中,开篇的第一章就是“闹元宵”。如果把这个能够展现人物性格和命运转折的部分删减了,那人物性格和命运不仅失却了展现的平台,而且也从结构上背离了原作的基本叙述顺序。不仅如此,在整个影片中,它深刻地展现了农民和地主之间的矛盾,在一个失却了法度和秩序的社会里,如何一步一步地走向了无法调和的程度,以至于最终演变为无法相包容的程度,只能在“你死我活”或者“我死你活”的二元对立中找寻到解决问题的办法。因此,电影中不仅有了地主是如何逼死穷人的,也有穷人为了复仇而怎样地向地主讨还血债的。正是在这样的历史作用下,中国革命才具有了其存在的价值和意义。因此,从这样的影像表现上看,影片《大刀记》可以说触目惊心地展示了这一点。

其二,编剧曲延坤、邱勋本身就是山东人,他们对自我浸润其中的文化和乡土风情有着更为切身的体味,这是确保电影《大刀记》能够最大限度地保持的原作精神的一个重要方面。曲延坤,1933 年 1 月生于莱州市,1949 年 1 月在参军热潮中离开家乡,1956 年出席全国青年文学创作积极分子代表大会,并被选送到中国作家协会文学讲习所学习;邱勋,1933 年生于昌乐县农村,曾任中小学教师,1953 年开始儿童文学创作。如果我们把他们和郭澄清加以对比的话可以发现,他们的年龄相差不大,所走的道路也有很大的相似点,特别是对山东文化和风土人情的感知,都有着极为接近的感受和体验。这恐怕是电影《大刀记》拍摄出来后获得了浓郁的地域文化色彩的重要根据。如电影中对过年时家家所贴的对联的大红色和贾家办丧事时的白色的比照,都极大地还原了山东地域的文化特色,使其现实主义的基本精神得到了有力的凸现。

其三,剧组成立后,深入到山东德州体验生活,对当地的文化和人文风情有了进一步的切身体味,这对确保《大刀记》遵循着现实主义的道路有着不可忽视的作用。剧组成立后来到德州宁津县布置外景并体验生活,演员们被分开住进农户中,了解当地的风俗民情,体会《大刀记》剧本中的情节内容。甚至还要武

---

① 逄春阶、周瑾:《大刀,向鬼子们头上砍去》,2005 年 8 月 5 日《大众日报》。

术师傅教一些大刀武术套路,就这样一住就是30多天。无疑,这对包括杨在葆在内的演员塑造好银幕形象有着积极的作用。例如,在梁永生参加了八路军后回到家和翠花见面的场景中,导演较好地拿捏了鲁北人民那种含蓄素朴的情感表现方式,在特写镜头中,通过人物的眼神展现了人物的内在激动喜悦中还夹杂着无限的思念委屈等复杂的情感。

其四,从整个时代来看,电影在拍摄阶段,尽管还受"四人帮"的一些余毒的影响,但总体上来讲,框在编剧和导演头上的紧箍咒已经有所松动,如邱勋为了更好地完成对原著的改编,进行了必要的艺术加工,并从自己所熟悉的儿童文学创作出发,对原作进行了必要的生活化处理:"对一些台词,采用的是儿童视角,比如从一个七八岁的小孩嘴里说出'等你长小了以后'的话来,得到了厂长、导演的认可。电影放映后,好多人都记得这句话。"[①]这说明剧组在总体上已经初步地摆脱了政治话语的束缚,开启了向现实生活进行靠拢的新方向,从而确保了《大刀记》在从小说改编为电影时,没有遗失其基本的史诗品格。

总的来说,在既有的中国当代文学史和中国电影史中,《大刀记》作为过渡期的一个重要文学现象和电影现象,一直没有进入到执掌着历史书写话语权的学者们的视野中,如果说我们没有在前人垫高了的平台上来审视历史还可以理解的话,那么,我们站在当下的文化立场上,就很有必要对《大刀记》从小说到电影给予必要的历史还原,从而对中国当代文学史和中国电影史中应该占有重要地位的《大刀记》予以重新解读和评价。

(本文原刊于《商丘师范学院学报》2009年第2期,本研究资料依据作者在2014年山东人民出版社出版的《中国当代文学史论》2014年版收入)

① 逄春阶、周瑾:《大刀,向鬼子们头上砍去》,2005年8月5日《大众日报》。

《大刀记》与《红高粱》的主要艺术形象的对比性解读[①]

吉瑞霞　周　亮

郭澄清先生的长篇小说《大刀记》,"创作者从民间历史观出发,以历史小说的个人化追求,以写实小说的创作理念,描绘了中国农村从清朝到民国、到抗日战争的40年变迁,展示了中国社会发展的规律特性和真实风貌,体现出对历史的独特感受、认知和把握"[②],是中国当代文学史上的丰碑性作品之一。作品以主人公梁永生为叙事主体,展现了中华儿女不屈不挠、求生存的民族精神。小说1975年发表后,立即被改编拍摄为同名电影,著名演员杨在葆塑造的主人公梁永生的英雄形象令人印象深刻。梁永生这一形象,秉承了小说中的梁永生这一形象的特质,凸现了其疾恶如仇、伸张正义的侠肝义胆的民间精神,是我们民族千百年来自强不息、反抗压迫的民族精神之魂的一个缩影。

时间过了十年,从文学作品改编的电影中,同样是描写山东人民的抗日战争的另一部产生广泛社会影响的是《红高粱》,影片给观众也塑造了一位独具个性的英雄形象——余占鳌。有趣的是,原作作家莫言与郭澄清先生有着诸多的相同特征,同是山东籍贯,大多数作品中均是鲁地风俗,而这两部由文学作品改编的影片中塑造的男主人公都是有着疾恶如仇、伸张正义的侠肝义胆的民间精神,只不过一个最终走上了革命的道路,一个依然徘徊在革命的门外;两位作家的两部作品在1975年和1984年出版发行后,均立即风靡全国,反应热烈。然后,相继而来的作品的电影版,同样产生不同凡响。而梁永生与余占鳌这样的两个人物形象的塑造,更是将两种不同文化意蕴的英雄形象充分显现,组成了

① 本组刊发于2008年第9期《城色》的电影《大刀记》评论文章,系李宗刚组织其研究生撰写。兹收入本研究资料,旨在从另一维度呈现郭澄清的长篇小说《大刀记》的影响。

② 李钧、朱德发:《重新解读被当代文学史书写遗忘的名家精品——郭澄清现象论》,《山东师范大学学报》2008年第2期。

山东抗日民族英雄谱的图像,具有典型的意义。

首先,从两者的典型意义上看,梁永生与余占鳌都是个性鲜明的英雄,代表了抗日民众的两种不同典型。

从影片中可看出在人物外形上,各有特色。"《大刀记》中的梁永生既是中国传统侠义农民如水浒好汉般的形象,同时又有着'燕赵多慷慨悲歌之士'的文化精魂;他既有杀富济贫、疾恶如仇的血性,又有心细如发、深思远虑的智谋。"①梁永生是有文化意蕴和传统意义的民间英雄形象,人物造型比较符合中国文化传统电影中的正面人物,演员杨在葆脸型方正,浓眉大眼,天生一副大义凛然、抱打不平的好汉形象。而在影片《红高粱》中,余占鳌却是一个中国电影人物谱中少见的一个形象,属于较少文化意蕴但个性突出的另类的英雄。演员的造型比较夸张,酷暑天穿着肥大笨拙的棉裤,光溜溜的脑袋,眼睛中带有狡猾而玩世不恭的神情。

显然,这样的两种外形的人物必然是具有截然不同的生活经历。梁永生出身于贫苦的农民家庭,父亲是地主贾家的佃户,深受地主剥削之苦。另一方面,他与地主有着杀父的血海深仇。少年时的梁永生,因为父亲率众到龙潭大闹元宵节遭到贾家报复被杀,落得家破人亡只得离家乡去流浪,幸亏遇到门大海才有了归宿。这种颠沛流离的生活和他看到的天下的穷人受苦受难受压迫的情形,迫使他寻找光明的道路。经过了盲目的只身持大刀闯贾府为父报仇,以及自组农民大刀队对抗地主的失败后,他终于找到中国共产党这颗穷人的救星。梁永生经历了由报小家之仇到打倒所有的地主恶霸和侵略者替天下老百姓说话的思想转变。通过梁永生的个人经历,影片要传达的是中华民族是如何在沉重、艰难的历史中探求光明,寻找出路的。影片中有着强烈的对比,同是一把大刀,在没有中国共产党的正确领导以前,梁永生握着它是捅不开旧社会的"大铁笼子"的,也说明没有千千万万个已经握着大刀的广大人民群众,我们中国共产党领导抗日战争也是不可能取得胜利。在这里梁永生已经不是单纯的一个人,而是千千万万的梁永生,乃至整个中华民族的象征。他的探求之路曲折反复,充满了艰难困苦,同时又具有传奇色彩。这与文本本身不可分割,《大刀记》是一部中华民族的苦难史和奋斗史,是中华民族魂的叙述。

---

① 李钧、朱德发:《重新解读被当代文学史书写遗忘的名家精品——郭澄清现象论》,《山东师范大学学报》2008 年第 2 期。

影片《红高粱》中，余占鳌在原著中身份是土匪，在影片中定位为农民，但没有种地，干的是轿把式的活计。如果说梁永生是现实中的人物，那么余占鳌则是传说中的英雄，在他身上有着太多的传奇色彩。在影片中，他是一个处于自由自在的生活状态下的人物，尤其是在前半部分。他的祖宗如何不得而知，但这个人物却是来去自由，毫无羁绊。他活得就是自由，无拘无束，想爱就爱，想恨就恨。他不受传统舆论牵制，爱"我奶奶"就在高粱地里与她"野合"。他杀人越货，想"我奶奶"就杀了李大头，卷起铺盖到十八里坡找她过日子。他胆大包天，赤手空拳就去找秃三炮为"我奶奶"报仇。所以，不难解释，电影中讲到抗击日本人进犯时，只出现了我爷爷和几个伙计抱了燃火的酒坛子，炸掉了一辆日本鬼子的汽车的战斗场面。可以说，影片《红高粱》借余占鳌这个人物，要讲的只是一种处于自在状态下的民间英雄主义的精神面貌，抗日只不过是个为突现人物而出现的一段故事背景，其典型意义在于它还原了处于自在状态下的人民的原始的强劲的生命力与无拘无束精神。余占鳌绝不是现实中的民族英雄，只是民间英雄主义的一个精神闪现，是一个艺术审美的英雄。

其次，从作品的创作背景(包括原作与改变后的电影)上，可找到梁永生与余占鳌形象差异的深层根源。

《大刀记》与《红高粱》中描述的故事都是发生在抗日战争时期，即20世纪三四十年代，都是反映当时的农民的生存状况，并反映了农民们的如火如荼的抗日斗争，但在人物塑造上却相差很大，这在很大程度上可追溯到作品中为人物设置的生活背景上。

从电影《大刀记》中，可以看到梁永生生活的社会时代是暗无天日的:地主恶霸横行霸道，穷人遭受压迫，生活在水深火热中。在影片中，贾家的人死了，就要求穷人们为死者披麻戴孝，不准闹元宵节。一旦梁永生之父梁宝成率众反抗，结局就是惨遭暗算，家破人亡。贾家也不仅仅是那一家地主，而是当时社会中压迫者与剥削者的代表，他们内通军阀，外勾日本鬼子，为非作歹，祸害百姓，不管国家危亡，甘心做日本人的走狗来换取自身的私利，这正是作者所鞭挞与痛恨的。地主阶级与农民阶级，广大民众组成的抗日大军与日本侵略者，是影片中的对立的两对矛盾。正是在这种尖锐的矛盾对立中，梁永生的人物形象才得以丰厚起来。

在影片中出现了多次大刀的特写，刀身虽历经沧桑依然发出闪闪逼人的光亮。大刀与人物是休戚与共的关系，大刀的遭遇也是人物的遭遇。大刀是太平天国的一位英雄留下来的，长工传给短工，短工传给佃户，直到传到了被逼得四处躲藏生活的门大海家。可以说，这把大刀，不仅仅是前辈留下的一把武器，还是前辈留下的一种不屈不挠、勇于反抗、永不屈服的太平军精神，这种精神已经深入到中华民族的精神骨髓中了。

不管是作品中人物生活的社会背景还是在道具利用，《大刀记》中都有中国传统影片中所固有的国仇家恨的融合，而个人的生存境遇又和国家命运休戚与共的，这样就不难理解为何梁永生这个人物所带有中国传统文化意蕴的英雄特征了。

在影片《红高粱》中，余占鳌的生活时代隐约可见，但人物活动的环境却被精简，可见的只是长满了红高粱的青纱口，和周围无人烟的烧酒灶。人物活在与现实相隔绝的十八里坡，人物之间的关系简单化了，仅有掌柜的（九儿）与伙计的关系，人与人之间相处时并没有高低之分，人们的关系是和谐而平等的，没有什么深仇大恨，没有所谓的阶级压迫。在影片中没有所谓的地主恶霸，也没有贯穿全剧始终的反面人物形象，仅仅是一开头出现了李大头这样一个麻风病人，但很快就消失了。在精神上，人物都是自由自在，无拘无束的。在影片中，歌曲配衬出人物的精神，无论是色胆包天的《妹妹你大胆地往前走》，还是充满了慷慨豪迈意味的《酒神歌》都显示出人物的这种肆意妄为的精神状态。

影片中呈现的生存环境，在某种程度上，反映了导演张艺谋心目中理想的人间桃花源。因此，影片后半部分在缺少必要的交代下，侵华的日本军队仿佛是从天而降，让人感觉突兀。添加的抗日内容与前部分脱离，使得影片的整个节奏显得不和谐，出现了杂音。但是，对于完成人物形象来说，却是不可缺少的。余占鳌这个英雄形象，首先是以其不同凡响的特质立于银幕之上，是与天俱来的比较原始的性格，这样的一个人还只是单纯的一个人。而一旦起来抗日，人物走出了个人的小牢笼，走进了时代之中，从而添加了人物性格的丰富性。当然，与梁永生相比，他的抗日的原因显得单纯无力，更像是基于义与情，缺少启蒙者与启蒙思想。

第三，从创作者上看，由于创作者（包括原著作者与导演）本身的文化素养、时代氛围等影响，所塑造的人物显现为不同的性格特征。

郭澄清祖籍山东宁津县，宁津县旧属燕赵之地，“自古多慷慨悲歌之士”，在他的作品中的正面人物是战争时代活跃在山东大地上的英雄，他们多是正气凌然、慷慨悲壮，颇有山东好汉的特征。在其史诗性代表作《大刀记》中，梁宝成与梁永生父子具有这种性格特征，二楞等人身上也带有此种性格。在影片中，观众也可充分体验到这种革命英雄主义情怀。郭澄清说过："要把主人公梁永生，作为炎黄子孙的代表、劳苦大众那种可歌可泣的斗争生活的写照；并通过展现其一段较长的人生道路，以说明历史由旧时代过渡到新时代的必然趋势。"而梁永生这个人物，在一定程度上正是缘于作者的对于祖国的热爱，缘于对中华民族的血浓于水的深厚感情。影片正是忠实于原作的这种精神，把梁永生在这里"作为炎黄子孙的代表"。

中篇小说《红高粱》的作者莫言，在接受日本作家大江健三郎的采访时说到创作这部作品的初衷："战争无非是小说家借用的一个外壳，小说家应该利用这个环境来表现人在这个环境中感情发生的变化"。小说的写作年代正是1984年，改革开放后的人们思想解放，"恰好是因为这部作品表达了当时中国人一种共同的心态：中国在长时期的个人自由受压抑之后，《红高粱》恰好张扬了个性解放的精神——敢说，敢想，敢做"①。

影片《红高粱》的导演张艺谋曾说，初看到小说时，便被其中洋溢的热烈的旺盛的生命力所吸引。就整部影片来说，所突出的正是人物的自由自在的生活方式，自由自在的精神状态。余占鳌正是这部分人的突出代表，他性格鲜明，想爱就爱，想恨就恨。这是创作者虚构出来的一个单纯世界中的纯粹形象，余占鳌这一人物是处于原始状态下的中国农民自发斗争中涌现出来的民间英雄代表。

总结起来，虽然这两个人物个性迥异，文化意蕴不同，但他们都是抗日战争中涌现出的英雄人物。梁永生代表了中华民族传统意义上的英雄，血肉丰富，传承了民族；余占鳌则是不自由毋宁死的草莽英雄形象，这种英雄虽然不具有传统文化意蕴，但个性鲜明突出，有审美价值。在历史上，抗击外来民族侵略、反抗异族压迫的战争都是为保卫本族的繁衍生息，历史英雄层出不穷。这两种迥异的人物形象，丰富了中国银幕上的人物形象，是民族英雄谱中的个性色彩鲜明的两种。这两种英雄在中国电影史和文学史上都应该得到合理的评价。

（本文原刊于《城色》2008年第9期）

① ［日］大江健三郎：《二十一世纪的对话》（下），见《我在暧昧的日本》，王中枕、庄焰等译，南海出版公司2005年版。

对电影《大刀记》造型艺术的解析

周爱华

郭澄清先生的原著《大刀记》改编的同名电影《大刀记》，形象地展现了山东人民奋起抗击日本帝国主义侵略的英雄事迹，影片影响和鼓舞了几代人。但是在中国电影史上一直没有得到应有的评价。同样由于"'文革'空白论"对郭澄清的小说《大刀记》也在中国当代文学史上产生了遮蔽与误读。幸运的是，近年有权威学者提出："郭澄清以自成一家，成就卓越的短篇小说和史诗性的《大刀记》而跻身中国当代文学著名作家行列。通过对郭澄清小说的解读，可以发现其对中国当代小说史的独特贡献，认识'郭澄清现象'的文学史价值，恢复其历史的本真面貌。"①本文单从影片《大刀记》的造型艺术方面对整部影片做一下具体的分析。

影片原作《大刀记》的作者郭澄清先生在人物塑造上本身具有独创性。"《大刀记》是第一部建国后当代小说史上带有开创性的塑造民间英雄的长篇小说，它的平民化叙述，使英雄人物在当代文学史上第一次由超人的'神性'回到了世俗的'凡性'，冲破了'高大全'的英雄叙述模式，在艺术审美上向常规人性回归，从根本上改写了当代文学史上'英雄传奇'的政治思想色彩，把英雄的本质回归到了民间、回归到了平民。"②这在根本上就为小说《大刀记》改编成电影奠定了基础。正是以这些为基础，通过电影这种造型艺术，使《大刀记》造型的表现力进一步彰显。

① 李钧、朱德发：《重新解读被当代文学史书写遗忘的名家精品——郭澄清现象论》，《山东师范大学学报》2008年第2期。

② 李钧、朱德发：《重新解读被当代文学史书写遗忘的名家精品——郭澄清现象论》，《山东师范大学学报》2008年第2期。

一、人物造型生活化

“毫无疑问，在整个‘文革’文学的公开创作中，郭澄清的《大刀记》属于一个重要的、有特色的文本，尤其是他对于中国传统小说艺术手法的继承和发挥，他对于中华民族精神的张扬和美好人性的展现，他在那样一个迷狂年代里，带给我们一种难得清醒和艺术享受，它理应引起我们的重视和重新思考。在当时的历史条件下，郭澄清是一位扎扎实实深入生活的作家，是一位认定了人民是文学创作的母亲的作家，是一个坚持了中国文学的‘工农兵方向’的作家”①。正是因为郭澄清先生的平民化追求，使《大刀记》摆脱了样板戏的窠臼。《大刀记》上映之前的十年“文革”期间的拍摄的样板戏中的人物形象往往成为符号化形象的替身——这既因为历史照片本身的模糊，更是因为宣传机器本身有意的概括。影片《大刀记》里的人物造型摆脱了以往电影的戏剧化模式，从化妆到服饰都趋于生活化，更接近日常生活。人物的外部形象的塑造主要是由化妆和服饰承担的。服装是演员身上的台词，是营造电影风格的元素。影片开始部分，贾家的管家在对穷人宣布“三不准”时候的造型，耳朵上戴着棉耳套，身穿棉坎肩，既点明了当时故事发生的季节，也点明了人物身份是压迫穷人的地主走狗。而接下来出场的农民则是穿着带有补丁的破棉袄，头上裹着白头巾。这样的人物造型既有生活化的特征，而且能很好地点明人物各自的身份，体现当时的阶级对立。梁永生父亲的造型更是具有生活特色。他身披打着补丁的棉袄，手里拿着烟杆跟烟袋，把当时下层农民的生活状态很好地展示了出来。而且电影要想准确地将故事中的所有人物介绍给观众，就应该掌握不同年龄、不同性别人物的刻画方法。小时候的梁永生的造型，头上剪着齐刘海，一脸的稚气。跟长大后的梁永生判若两人。主人公梁永生成年的造型，则更能体现人物的身份。尤其是在影片下半部分，梁永生回忆完往事时候的造型，是一身新四军的打扮，而且在一身军装的包装下，人物的面部轮廓更加刚毅，这样的造型不单揭示了人物身份的变化，而且也很好地反映了人物内心的心理历程与心理转变——梁永生已经由一个稚气少年成长为一名成熟稳重的八路军战士。

---

① 雷达:《一位不能遗忘的好作家》,《文艺报》2006 年 10 月 14 日。

二、环境造型的多样化

郭澄清的小说《大刀记》塑造了许多典型环境，这些典型环境成为影片《大刀记》的编导们重要的创作元素。电影创造中最重要的戏剧元素和造型元素是场景(环境)，它的存在不仅能表达叙事本体，还可以对人物形象的塑造、情节的发展起着重要的作用。环境上升到能够破译和读解的地步，甚至连作为被记录的言语声音与自然音响的人物对白和杂音也环境化了，被赋予一定的概念。环境成为一种剧作语言，担负着独立的意义，甚或是主题直接的表意。《大刀记》的环境造型则突破了原来单一的局面而变得多样与丰富。

善于运用典型环境刻画人物性格，推动剧情发展是影片《大刀记》取得成功的诸多要素中的一项因素。在影片《大刀记》当中，环境造型已经成为创作的主要表现手段，它为影片提供人物活动的场所，成为剧中人物内心景象的象征，并最终完成剧中的人物艺术形象塑造。任何艺术作品都不能只是对生活简单地复原，而应当是艺术家对生活高度理解、概括、总结的结果。影片《大刀记》里的美术设计，在视觉领域内正确地把握了历史真实与艺术真实，准确地重塑了历史空间内消逝的视觉形象，参与了对人物命运的解释。

影片《大刀记》涉及的环境有两类。一类是社会环境，一类是生活环境。梁永生的家，他所生活的村子，地主贾家的布局等具体环境对于刻画人物性格、推动剧情发展起着至关重要的作用。在梁永生的父亲被杀一段，影片展现的是漫天的雪花以及雪花覆盖下萧瑟的村庄，这样的自然环境既揭示了人物的悲剧命运，也揭示了人物的痛苦心理，同时暗示中国农村的广大农民的生活状态。看不到春天，看不到希望。然后是悠扬的二胡声响起，童年的梁永生独自一人走在白雪覆盖的荒郊小路上，将人物置身于这样的自然环境中，让观众看了不禁心生悲悯，潸然泪下。《大刀记》这样的环境造型与人物的心理相得益彰，并且能够推动故事情节的发展。

影片下半部，场景便转移到了延安，新四军在巍巍青山下唱着军歌操练，这样的造型给人以积极向上的感觉，并且让人产生希望。镜头由远及近，然后转到屋子里。梁永生与战友们回忆他的童年不幸的遭遇。室内的环境造型也很能体现当时的时代特色。墙上挂的是毛主席像，墙角摆着一排机枪，暗示红军的革命力量。然后透过窗户，可以看到外面青山的远景，象征红军前途的无限光明。在梁永生与门大江散步的那一个远景镜头里，环境造型更是运用得恰到好处。影片在展现他们携手共进的时候，时间选择在黄昏时分，此时光线从他们的背后射来，整个环境处于暖红色的基调当中，既象征了红军的力量，也展示了人物当时见到亲人后那种温暖的心理。不仅推动剧情发展，而且以其情景交融的特点引起人们的联想和思索，深化或升华了影片的主题思想。

三、道具造型的象征化

郭澄清的小说《大刀记》的名字就具有典型的象征意义，而这种象征意义被影片《大刀记》的编导们很好地应用在影片当中。影片《大刀记》不仅人物造型与环境造型较之以前有很大的突破，而且还有突出的一点，就是增加了影片中道具的象征意义。这在以前的影片中可以说是难得一见。最突出的要算梁家的那把大刀，大刀在影片《大刀记》中，已经不仅仅是单纯的一把大刀，而是被赋予了更丰富的内涵与象征意义。这把大刀是太平天国英雄传下来的一把宝刀，它的来历本身就象征了农民起义的一种革命力量，同时也象征了农民的反抗精神。

大刀第一次正式作为道具造型出现是在童年的梁永生火烧地主贾家之后，梁永生的养父把刀拿出来，说道："孩子，天底下没有咱穷人说话的地方，也没有帮咱说话的人，只有它，能帮咱穷人把那一肚子苦水倒出来，能把那人情事理儿正过来呀！"从此时大刀的造型来看，刀柄上系着黄绸带，与后半部分成年梁永生使用时所系的红绸带形成对比。因为此时的大刀，还仅仅只是农民力量的一种象征，此时农民的反抗意识，也只是自发的一种反抗，还没有意识到红军跟毛主席领导的重要性。这一点从大刀的来历上更能体现出来。

而梁永生回到家乡宁安寨成立大刀队，此时的大刀已经由原先的农民自发的力量上升为一种党领导下的革命力量的化身。此时的大刀造型，闪闪发光，刀柄上由原来所系的黄绸子换成了红绸子。此时的大刀象征的是红军领导下强大的革命力量，并且暗示只有在毛主席红色政权的领导下，农民革命才能取得最终的胜利。

总之，《大刀记》这部影片在造型艺术方面较之以前有很大的突破与创新，无论是人物造型、环境造型还是道具造型，都运用的非常成功。这一切除了显然与郭澄清的小说《大刀记》的非常出色有着内在的关联。就电影艺术成就来讲，应恢复在中国电影史上的重要位置。

（本文原刊于《城色》2008 年第 9 期）

民族传统的传承与创新

——浅析《大刀记》的叙事策略

邵　燕　张宪席

郭澄清先生的长篇小说《大刀记》具有史诗性文化品格和现实主义的人文精神，曾相继被改编为电影、话剧、连环画、读者不计其数。有其改编的影片《大刀记》现在也已成为历史影像。然而，我们重新欣赏影片《大刀记》不仅使我们感到震撼，20 世纪上半叶的社会生活犹如就在眼前，还领略影片对民族传统传承，而这些传承正是基于郭澄清小说《大刀记》深厚的文化底蕴。电影《大刀记》，作为一部反映冀鲁平原上农民自发斗争和抗日武装斗争的优秀故事片，借助影像还原了原著的现实主义人文精神和道德人伦情感，继承和运用了“影戏”电影传统的叙事手法，成为十年“文革”期间在小说和电影上都获得了较大成功的一个典范。

一、现实主义人文精神的高扬

关注社会大众生活、真实再现历史的沧桑巨变、批判社会中的黑暗现实，是现实主义人文精神的基本内涵。《大刀记》中的表意元素就对这部影片的现实主义精神的表达起到了揭示内涵的作用，例如影片的开始，天空乌云密布，黑压压的似乎要令人窒息，观众由此能够感受到一场农民战争的暴风雨即将来临；再如农民运动的传统武器大刀，在此片中被赋予了革命的现代意义：大刀中流淌着的不仅是“天下兴亡，匹夫有责”的传统理念，还有“认命不如拼命，拼命不如革命”的现代精神；至此，大刀将革命话语与民间声音有机地结合起来；大刀之上寓含的是整个中华民族的觉醒与抗争历程，是中华民族不屈不挠的抗争精神和民族气质，是大刀精神所饱含的民族史诗。

作为郭澄清先生代表作的《大刀记》，“描写了 20 世纪上半叶中国社会经历的种种劫难和动荡。小说以主人公梁永生的成长为叙事线索，以抗日战争为故事主体，展现了中华儿女不屈不挠、反抗压迫、抗击侵略的民族精神和人格气节。我以为这部作品最突出的意义就在于它在革命历史的叙事中深刻而充分地表现了人伦价值"①。诞生于"文革"结束之际的影片《大刀记》传承了郭澄清小说《大刀记》的叙事策略。这部现实主义作品首先运用回忆的方式将主人公梁永生走上革命道路前所受的深重苦难和乡亲们的斗争情况予以展现交代，然后用历史的、具体的人生图画和革命历史的叙事方法来反映主人公的成长进步以及战争年代里人民的反抗精神与贫苦生活状况。影片一开始就体现出强烈的现实主义人文精神。当贾家要办丧事时，竟然要求宁安寨人都不得闹元宵，家家户户的门上都被贴上白纸；梁宝成带领乡亲们反抗却遭到暗算而死去，以及年少的梁永生在贾家门口点鞭炮等细节，作为重要影像表达方法，体现了现实主义的要求。

二、"影戏"叙事传统的继承

中国电影从一开始诞生就和戏剧产生了不解之缘，并且从戏剧艺术中吸取了大量精华。中国戏剧在叙事方式上建构了多层次的、系统化的叙事文化格局，主要体现在：在特定情景和人生命运中塑造性格化形象；融戏剧角色与生活形象于一体的形象构成模式；情节结构注意机巧、悬念跌宕，充满了动作性等。中国电影在初创期和成熟期都自觉地对戏剧艺术进行借鉴，从而形成了以叙事为主的影戏传统。

"革命历史题材的长篇小说无疑要以阶级斗争和民族解放为叙事的主导线索，郭澄清当然不能脱离这个主导模式。但同时，郭澄清选择一个家庭如何被卷入历史巨大的冲突中，如何从个人的仇恨向着阶级和民族仇恨延伸，他把握住历史矛盾的同时，倾注大量笔力去描写那个时期的家庭伦理生活，描写处于历史动荡中和苦难仇恨中的人们所结下的阶级友情以及人伦兄弟情谊。这些都使这部作品显得生动丰满，充满了生活气息，展示出齐鲁大地风土人情、人伦事故和不可磨灭的精神底蕴。"②影片《大刀记》正是传承了小说的精髓，多用动态构图，充分运用人物的形体动作表现情绪情感，以利于塑造鲜活的形象和推动故事情节的进展。这是本片成功地借鉴中国戏剧文化的叙事精髓、继承中国

① 陈晓明：《革命叙事中的人伦价值建构》，《文艺报》2006年10月14日。
② 陈晓明：《革命叙事中的人伦价值建构》，《文艺报》2006年10月14日。

电影以叙事为主的影戏传统的表现之一。《大刀记》以冀北平原上运河河畔的宁安寨为人物的基本活动地点，集中展现了一个农民斗争的故事，手无寸铁的农民和残暴霸道的财主及其狗腿子们之间有着反抗与压迫的激烈矛盾。影片中动态画面给人的舞台感觉很重，门大叔和众乡亲切西瓜、梁永生带领农民兄弟闯进贾家取粮食、门大叔和乡亲们愤怒之下要与贾家拼命、梁永生成为八路军后回家与翠华相见等场面中，人物的动作设计极富舞台化倾向，或有意夸张，或有意激烈，或有意含蓄，或有意温婉，力求形象地展现抗战年代里贫苦人民的生活状态和斗争场景。影片中的静态画面虽少，但也为突出表现人物形象作了铺垫，例如梁永生自小就有不凡的气质和为父亲报仇的信念，片中用了数次的面部特写来展现，小时候当他和铁匠门大叔打铁时看到财主贾宝轩横行霸道于街市的场面，成人后当他面对贾玉圭收缴抗日捐时的义正辞严的有力反驳场面，等等。影片先用推镜头接近人物，然后定格在梁永生的面部，展现出他的内在志气和为家族复仇的坚定信念，同时也是创作者对那个年代里农民所遭受的压迫进行控诉的静默式表达。

“影戏”传统电影是以戏剧化冲突原则为基础的，情节的曲折生动是衡量影片叙事成功的标准。注重影片中的传奇性，并且常常利用巧合等因素形成故事的严密节奏和情节的跌宕起伏。电影《大刀记》讲述农民梁永生在“三座大山”的压迫下经受了无数苦难，即使手中握有大刀，个人反抗也无济于事。于是他怀着复仇的信念、为穷人找出一条活路的信念走上革命道路，在中国共产党的领导和指引下，梁永生成长为合格的革命战士，并带领他的家人及乡亲们英勇奋战，在冀北平原上抗击侵略、反抗压迫。影片中含有褒善惩恶之旨，人物明显分为善恶两方，在双方的冲突和撞击中展开对农民反抗压迫的斗争故事的叙述。当然，人物被划分为好与坏、敌与我、革命与反动等等二元对立的营垒，在某种程度上削弱了作品的含蓄性和丰厚性。但是，影片中的节奏剪辑非常严密，善恶对立冲突的激烈与展现家庭伦理情感的沉缓有机地组合在一起，恰恰弥补了影片在这方面的不足。农民遭受洪灾，贾家财主却要低价掠夺农民土地，这时片中运用甩镜头表现人们的愤怒和反抗激情，高树青和梁永生、门大海、二愣和玉兰、锁柱，依次表达了他们的抗争怒气。而表现梁永生参加革命后回到家里的镜头剪辑很缓慢，他站在屋里，观众跟着他的主观视角、用一个拉镜头展现了主人公久别的家，并能够与他产生感受家庭温暖的共鸣。在表现农民斗争时不忘表达人们的伦理情感，描写处于历史动荡和苦难仇恨中的人们所结下的阶级友情以及兄弟情谊，使这部作品显得生动丰满，充满了生活气息和人性美、人情美，一定程度上反映出《大刀记》这部故事片所具有的人文关怀，呈现出鲜明的民族特色和现代精神。

由史诗性长篇小说《大刀记》改编的电影《大刀记》，呈现给了我们宏观的农民抗争的历史故事，充满现实主义人文情怀精神。尽管电影本身在运用艺术手法等方面还不完善，但是在“文革”结束时期已经有对现代独特新颖的电影手法的初步尝试，影片更进一步发挥了中国“影戏”传统的合理部分，对民族电影的叙事策略进行了有力的探索。

（本文原刊于《城色》2008年第9期）

电影《大刀记》的记忆机制

——“十七年”电影记忆的延续

万　静

电影《大刀记》由具有史诗性文化品格的长篇小说《大刀记》改编而成，我们现在再回顾30年前的这部历史题材的影片，不仅是重温遗忘的历史事件，而且因为它本身被人们记住而具有了重新解读的价值和重大意义。电影的记忆性在中国各个时期的影片里面都有所呈现，尤其是书写毛泽东时代（“十七年”和“文革”）的电影，大多是表现革命历史与个人成长的过程。电影《大刀记》游离了时代的主流意识思想，或许这种“离轨”的记忆对于我们解读电影会有所新发现。

著名作家郭澄清是伴随着“九一八”和卢沟桥的枪炮声成长起来的，他的童年和少年，看到了日本人的惨无人道，也看到了中国老百姓反抗的长矛大刀。写小说《大刀记》，源于他对家乡、对家乡人民惨痛现实的记忆和人民的英勇反抗精神的崇敬和挚爱。电影继承了原著英雄人物的灵魂，“《大刀记》第一部是建国后当代小说史上带有开创性的塑造民间英雄的长篇小说”①。这部电影沿用了小说的“英雄平民化叙述，使英雄人物在当代文学史上第一次由超人的‘神性’回到世俗的凡性，冲破了‘高大全’的英雄叙述模式，在艺术审美视角上向常规人性回归，从根本上改写了当代文学史上‘英雄传奇’的政治思想色彩，把英雄的本质回归了民间、回归了平民”②。

1975年该小说由上海电影制片厂拍摄故事片，电影在拍摄中，面对极左思潮的风卷残云般地猛烈冲击，编导者依然能遵循原著作者对美的规律的感受和

---

① 李钧、朱德发：《重新解读被当代文学史书写遗忘的名家精品——郭澄清现象论》，《山东师范大学学报》2008年第2期。

② 李钧、朱德发：《重新解读被当代文学史书写遗忘的名家精品——郭澄清现象论》，《山东师范大学学报》2008年第2期。

领悟,尽可能地还原原著本有的精神,而没有跪倒在主流意识的权杖下成为阶级斗争的传声筒,这实在是难能可贵的。

人们经常把记忆与历史对照,二者之间的差异就在于:历史是选择性的官方话语的叙述,记忆则是民间自然原态的纪录。

在1970年代的文化荒漠里,《大刀记》杀出重围,横空出世,立即被拍成电影、话剧、全国二十几家电台小说联播,可谓一枝独秀,拨开了阶级斗争的路障,它点燃了文化的火种,在文学和艺术依然是千疮百空的上世纪70年代末,犹如黑夜里的一颗启明星,照亮艺术家追求艺术真知的前程。

在这里我们需要指出,电影《大刀记》是由电影故事的后辈们制作完成的。记忆总是在当亲历者慢慢变老的时候得到最热情的改写,因此传播记忆是极其重要的,因为这种传播是对不曾经历的人作出的记忆建构,目的在于为后辈建立记忆的参与感,从而保证对社会身份、团体和传统的统一认识。它探讨了在"文革"即将结束时以人民为主角的民间话语和主流官方话语的对抗。这部电影是类似于《水浒》的"官逼民反"式的个人成长历程的展示。其实,对于人物的成长,我们在《红色娘子军》里吴琼花的身上就可以找到《大刀记》梁永生的原型。《大刀记》作为通俗剧,他与《红色娘子军》的叙事存在内在的一致性。《大刀记》不只是"革命战争片",也是一部"男性化的革命武侠片",而《红色娘子军》被影评家认为是一部"女性革命类型片",也是通俗剧的一种,它们两者都包括动作、冒险等故事情节,也有诉苦、哭泣的内容,这种表达的效果就在于以感情和感官相结合的身体来协调现实与银幕的距离,唤起观众的记忆经验,引发内心的同感。从新中国成立以来的电影和诉苦大会等实践中,很多电影以记忆之名得以呈现。旨在以哀婉动情打动观众,同时让观众认识到受害者的纯洁无辜,其作用就在于把观众与作者建立在共同历史经验的基础上,观众的同情和悲悯发自他们对自身经历这种共同经验的体认,也就是以记忆为名的认同。这种对记忆的体认在《大刀记》里面不只通过一次诉苦场景得以显现,《大刀记》是一部个人与民族的革命史。这场革命首先是"仇富爱贫"的,"穷"作为一种资本,成为婚姻爱情的基础,成为亲情的纽带,成为革命的先决条件。电影中推动情节发展的不可或缺的一环就是"痛诉血泪家史",几乎每一个出场的正面人物一见面都要痛诉血泪家史。例如永生向门大爷概述了自己那多灾多难的家史,后又经过一番推心置腹的促膝长谈,永生这才知道原来门大爷全家也是死于恶人之手;梁永生参加八路军后,又把自己的苦难生涯告诉给部队的八路军们,催人泪下。接受任务返回家乡的梁永生在魏大爷家听取他走后,乡亲们的不幸遭遇等,诸多故事都是通过记忆来呈现。在电影之外郭澄清先生的《大刀记》另一部里还有李大叔向永生夫妇述说了自己艰辛的半生,梁永生向两位老人倾诉了自己的苦难家史。于是,血泪家史成为革命的身份条件,痛诉则成为寻找同路人的革命诉求。痛诉在电影里面中起到了将记忆机制——家破人亡妻离子散的惨痛的家族遭遇呈现在世人眼前的作用。在对苦难的频频展现与强调中,革命人物的革命身份得以确认。

在影片中,导演通过梁永生的血泪家史及背井离乡的颠沛生活以及与门大爷父女的相遇,展示出中华大地民不聊生处处遭殃的苦难图景。主人公在地主家做过长工,在工厂做过劳工,当过车夫、掌炉,逃到深山做猎人,可是哪里都容不得他安身。一路上遇到的那些穷苦佃户、矿工们也是个个走投无路。我们清晰地看到穷人的死对头包括财主、官府、土匪、外国鬼子横行全国。在这样严酷的生存条件下,穷人们举起大刀就具有了历史的必然性。与此同时对旧社会的谴责也被重新导向对革命的赞美了。从这种通俗剧叙事的角度来看,《大刀记》继续承继了"十七年"期间电影的记忆机制,主要人物梁永生在成长过程当中,也曾经犯了许多错误。比如说他起初只凭匹夫之勇二闯龙潭,但是遭到宪兵队镇压,结果造成家破人亡妻离子散的悲惨景象,比如说他虽然把个人的仇恨牢记心间,但是却意识不到唯有将个人家庭仇怨和人民的集体的仇恨结合起来共同抗争才能找到人民解放的出路。那么在一次次的反抗遭到失败后,他只能投奔延安,寻找党的领导,在党的教导指挥下,从此他的斗争才有了明确的方向和正确的策略,于是才逐渐成长成熟担当起领导人民群众抗击日军及其反动走狗的斗争。在逐渐成长以后,这个时候的梁永生,在故事事件当中就逐步完成了自我的革命,成为一个真正的革命者和领导者了。

从这部影片里面,我们应当不难联想到"十七年"时期的许多电影也带有类似的诉苦记忆,最典型的一部红色经典影片当属前面提到过的《红色娘子军》,主要人物吴琼花在影片中三次痛诉苦难的个人记忆,而这三个场景划分了吴琼花从奴隶到个人解放、从个人报仇到集体阶级斗争、从听从指挥到自己有力指挥群众战斗的成长历程。同时影片中也有几个补充性的场景进一步强调人物的成长轨迹:一是其他人物同样诉说个人苦难记忆,主要是红莲和洪常青,他们在不同层面上构成了琼花在象征意义上的部分替身，前者成为母亲和妻子留在家中，而后者则是精神导师；其次，另一个反面镜像是南霸天，他则是和琼花的进步构成了对称性比较，是与之相反的倒退性的轨迹。尤其是琼花要求入伍一场中，导演对她的露伤疤诉苦和纵情痛斥很好地体现了"诉苦"，而且采用了社会主义现实主义对英雄的表现手法，以仰角镜头对准人物，将图像定格为典型。而1960年凌子风导演的《红旗谱》在反映人民斗争生活时对朱老忠形象的塑造也有颇相似的地方。

由上面把吴琼花与梁永生的个人成长历程作一下比较，很容易发现两部电影内在记忆机制的贯通性，这说明了记忆可以把与过去息息相关的场景、权力、欲望连接起来。原著作者郭澄清先生"在特殊的甚至是恶劣的政治生态中，始终坚持崇高的审美理念和追求艺术为第一标准的写作姿态，开启了作家的创造智慧，打开了艺术之门，在历史夹隙中发挥艺术潜能，创新并完善了乡土小说"①。在"文革"那个不写人性的时代里，电影《大刀记》闪耀着郭澄清先生忠实于现实美的光芒。现如今，革命历史叙述和丰富的纪念活动提醒我们普及和增添为解放而斗争的记忆在过去和现在都至关重要，在记忆的宏大叙事里不论巨大的跳跃还是突变都必然地从过去向前前进。不论是"红色经典"、"文革"回忆录还是当下的怀旧，记忆都有其深层的和未竟的历史，然而最重要的是我们在这样的时代里还能使电影唤起人们久已沉睡的记忆，让人们重读经典。

（本文原刊于《城色》2008年第9期）

---

① 李钧、朱德发：《重新解读被当代文学史书写遗忘的名家精品——郭澄清现象论》，《山东师范大学学报》2008年第2期。

电影《大刀记》意象群浅析

张宪席　邵　燕

影片《大刀记》是根据郭澄清先生同名小说《大刀记》改编而成的。郭澄清先生的长篇小说《大刀记》具有史诗性文化品格和现实主义的人文情怀,同时也具有浓郁的乡土诗性。近年有权威学者撰文提出:"《大刀记》第一部的创作者从民间历史观出发,以历史小说的个人化追求,以写实小说的创作理念,描绘了中国农村从清朝到民国、到抗日战争的40年变迁,展示了中国社会发展的规律性和真实风貌,体现出对历史的独特感受、认知和把握。作品所达到的历史的深广度和艺术造诣决定了这部作品的重要价值,可以说这是中国当代文学史上的丰碑性的作品之一。"①郭澄清先生《大刀记》的史诗性品格和浓郁的乡土诗性早已毋庸置疑,现在很多学者还仅仅从这几个方面解读和分析《大刀记》。意象作为中国首创的一个审美范畴,人们很少从意象的方面解读《大刀记》。本文着力于从意象方面,重新发掘其小说中的意象,并研究其意象是如何被影片《大刀记》的编导所传承的。

作为中国当代文学史上丰碑性的作品之一,《大刀记》中作家创造了一系列的审美意象,这些审美意象被影片《大刀记》的编导成功的传承到电影当中,生成了影片《大刀记》的意象群。影片《大刀记》正是通过这丰富的意象群,来表现穷人的情感和展现他们追求理想"家园"世界的途径。下面就《大刀记》意象群进行分类研究,探讨其意义的表达。

一、《大刀记》中的人文景观意象

人文景观意象强调的是视觉化的、空间性的物化的意象形态。空间化的景

① 李钧、朱德发:《重新解读被当代文学史书写遗忘的名家精品——郭澄清现象论》,《山东师范大学学报》2008年第2期。

观既有特定的文化意义，也有丰富的社会意义作为一个价值观念的象征体系。“郭澄清的小说《大刀记》是我国唯一一部描绘鲁北平原抗日战争的长篇小说，她歌颂了鲁北平原人民在抗日战争中气贯长虹的英雄气概和辉映千秋的历史功勋。”小说《大刀记》描绘的是鲁北平原抗日战争，鲁北平原是一个区域，它存在于一个特定的空间里，它包含着区域、标志性建筑、接触点等空间元素。这些空间元素就构成了小说特有的鲁北人文景观意象，使其具有了丰富的人文性。据原著郭澄清先生之子，郭洪志教授回忆，在电影《大刀记》的改编和执导过程中，原著郭澄清先生与编导汤化达、王秀文、邱勋、曲延坤均有较深入沟通，他们彻夜长谈。影片《大刀记》传承了郭澄清小说《大刀记》中的区域意象，影片中的鲁北和小说中的鲁北是同一个区域，它同样存在于一个特定的空间里，同样包含着区域、标志性建筑、接触点等空间元素，和小说《大刀记》不同的是影片恰好通过画面视觉化地再现这些空间元素，同时通过拍摄角度、拍摄距离的调整或者不同画面的结构，来重新结构这些视觉元素的关系，表现出来的景观元素是为电影的叙事、主题、人物服务，所以，影片中的空间元素，不再是一个单纯的视觉存在，而变成了一个有意义的文化单元，从意象的结构特点看，乡村里特定的空间也是一个需要感知、需要理解的景观意象。如影片对鲁北的土坯房、破旧的残墙、门前悬挂着的玉米、室内花格布的门帘表现十分着迷。

区域性意象。影片中那衰败的土房、那相对豪华的贾家院落、那简陋的拳房、那看西瓜的瓜棚……鲁北地区的这些质感的区域意象已经深深镌刻在我们的脑海里，成为我们记忆的一部分。鲁北是影片中人物生存的环境，也是人物活动的场景，它也用来负载思想、抒发情感，并且和文化联系在一起。

自然环境包括地形、地貌、水文、河流等许多方面，它在影片中不再是主要表现的元素，而成为表现人物生存环境和生存状态的一种符号了，它负载着意义、情感和思想，也成为影片景观意象群的一个重要部分。影片《大刀记》中有许多表现自然环境的镜头：光秃的枯树、滔滔的运河水、生机勃勃的西瓜地、受灾后的积水区等，这些镜头不再是单纯的自然再现，而是将自然环境的恶劣、人的生命的坚硬与抗争融入于自然景观中。

接触点意象。接触点是人汇集的、交流信息的地方，村头、地旁、河边、会场上多是乡亲聚集的地方，也就是人们的接触点。《大刀记》里社火集合地龙潭街、拳房、贾家大院、城隍庙、黄家镇庙等地点就是接触点，而这些接触点具有典型的山东民俗文化和地域风情色彩，展现了广阔的社会场景。

应该说，无论是对日常生活的表现，还是对风俗的表现都寄予在诸如房屋、围墙、大门等形象的背后。由此可以看出社会意象与景观意象在影片中是有机统一，也正因为如此，影片在充满意象的画面中，给人以心灵的震颤的同时，也给观众以诗性的审美想象。

二、影片《大刀记》中的社会意象

影片《大刀记》中不仅传承了郭澄清小说《大刀记》中丰富的人文景观意象，还再现了小说《大刀记》中深刻的社会意象。社会意象是内隐的，是通过人的行为表现出来的，体现的是文化的观念和内在价值，并且具有地域性、传承性等的特点。郭澄清小说《大刀记》不仅有鲁北的自然风光、地方色彩，还有其乡土风俗、婚丧嫁娶、节庆礼仪等等，这些都是民族文化的具体表现，具有社会性。电影《大刀记》的编导们成功地传承了这些民族化的意象特征，在影片中呈现了大量的社会意象，这些社会意象不仅丰富了电影背景，而且可以表现人物、事件的文化内涵，给观众以诗意的想象空间。

影片《大刀记》具有典型的山东民俗文化和地域风情色彩。由于民俗在带有区域性的表现最为突出，所以，影片《大刀记》就是通过表现鲁北地区的民俗，来表现鲁北农村的真实的生活状态，而更重要的是通过民俗表现影片的主题。由于民俗的历史、文化和“仪式化”的特点，又决定了习俗在电影中是以意象化方式加以呈现。

影片中冀鲁平原传统习俗风尚有多处表现，影片开头就是介绍性镜头，接着一个大全景，展现了元宵节夜里的闹社火的场面，将山东的传统元宵盛会描绘的细致入微，有声有色，极尽现场感地展示生产性、消费性的意象。生产和消费是人类生活中两个主要环节，在历史的积淀中，生产和消费也会成为一种文化性的意象。

影片《大刀记》传承了郭澄清小说《大刀记》的史诗品格，从而使其同样具有史诗风格，在展现这种风格时，并没有采用字母或画外音等常规的表现方式，而是采用飞舞的大雪、盘在头上的鞭子、挥舞的大刀、国民党军队的军服、八路军的军服等具有社会意义的意象来用以时空的转换。而这种转换流畅自然，毫无生硬之感。这种意象的运用在推进故事的发展、更好的表现主题等方面都具有积极的作用。

郭澄清以自成一家,成就卓越的短篇小说和史诗性的《大刀记》而跻身中国当代文学著名作家行列。但是由于所谓"'文革'文学空白论",重写文学史反而对郭澄清产生了某种遮蔽和误读。作为革命历史题材改编的影片的代表作品《大刀记》经过"文革"十年的断裂之后,又重新连接起了"十七年"期间的现实主义创作,不仅标志着中国电影得以继续传统、开始复兴,而且使郭澄清《大刀记》这部小说重新进入阅读者的视野。影片不仅传承了郭澄清小说《大刀记》的意象系统,而且非常成功地创造了自己的意象群。影片中不仅有丰富的人文景观意象,还具有深刻的社会意象,而影片最具特色的还是"大刀"这一意象巧妙地运用。然而,相对于这部小说和这部影片的价值,我们对于它的关注实在是太少了。我们要恢复它在中国当代文学史和电影史的本真面貌,发现它对中国当代小说史的独特贡献,还需要更多的研究者继续努力。

(本文原刊于《城色》2008 年第 9 期)

2010 年

审美愉悦与时代光影记录的范本

——论郭澄清短篇小说创作

李　刚　周锁英

小说是一种叙事性文体,“叙事”的关键点在于“叙”和“事”。对于“叙事”范畴界定的争论在叙事学界曾经一度是派别划分的分水岭。托多洛夫强调对“叙事”的研究是对故事的研究,也就是集中于小说的内容,而法国叙事学家热奈特则认为对“叙事”的研究侧重的是话语,也就是小说的语言和形式。其实故事和话语都是小说构成的两个关键要素。关于小说文本的理论不计其数,究其根底,都是在表、里这两个层面上进行建构。一名优秀的小说作者从来都是兼而顾之。郭澄清的小说创作就是这样的一种范本。

郭澄清的短篇小说创作集中在1956—1963年,这个年代在中国历史上的意义无须多言。郭澄清的小说以热诚的笔触、幽默的语言和杂糅后创新的形式,真实地记录了时代的光影,带给一代代读者审美的愉悦,在物质生活并不富裕的年代为广大读者提供了丰富的精神食粮。

一、“满堂彩”的话语策略

阅读一篇小说,尤其是短篇小说这样的文体,首先吸引读者眼球的就是作者的叙述话语。郭澄清的短篇小说创作在这方面做得尤为出色。在他的小说中,读者时时可以看到令人好奇不止的标题,让人忍俊不禁的俏皮话语,引人步步紧跟的形式圈套,于不知不觉中接受文学和思想的洗礼。

在2005年3月出版的《郭澄清短篇小说选》中,选了29篇小说。翻到目录页,最引人注目的,就是一个个标题。这29篇作品中,直接以人物的名号为标题的就有21篇,如《黑掌柜》《公社书记》《茶房嫂》《孟琢磨》《憋拉气》《嘟嘟奶奶》……在小说形式美学中,标题其实是最具有海明威"冰山原则"意义的一个部分。一个优秀的题目可以使人对整个小说产生阅读的欲望。郭澄清便很好地利用了这一点。《黑掌柜》这"黑"是面相黑还是心灵黑?这个带有贬义色彩的字眼在那个不容许负面人格的年代无疑具有吸引公众的力量;《孟琢磨》琢磨什么,是为私还是为公?《社迷》又是怎么回事?标题的陌生化和歧义色彩都使读者不由自主地保持了阅读的兴趣和弄个明白的耐心。标题的人物化倾向显示出了郭澄清创作思想的一个侧面,即在那个追求宏大叙事的年代,诸多作家的笔墨都关注具有重大历史意义和教育作用的事件上,而郭澄清在这个时候坚持讲述平常角色的琐碎故事,这不仅是一种创作勇气,也是作者的焦点始终对准"人",追求文学是"人学"创作理念的一种体现。文学以"小"见"大",郭澄清小说创作在标题上的特点是持评论姿态的读者首先不能忽视的。

如果说小说家是魔术师,能把不为人注意的生活细节幻化得如此多姿,那么语言就是魔棒。郭澄清小说的语言是未经提炼的原汁原味的乡土语言。简短而不简单、平白而不平庸,三言两语说清楚,符合人物的性格感知方式。在这方面,他的语言功底可以说不输于赵树理,在反映中国乡村生态景观方面记录下了鲜活的影像。阅读郭澄清的小说在感官上的直接反应就是笑。作品中人物的形态、语言、性格,都让人对人物生发一种喜爱之情。黑掌柜干脆利落,边抓货边和买货人打趣生风(《黑掌柜》);大粪不叫大粪,叫"粮食的粮食",懒小孩身上的泥变红糖,"一搓一把,一搓一把"(《公社书记》);"咱笨手笨脚的,一百下里,九十八下不行;再没这两下,凭啥吃饭呀!"(《助手的助手》),一句话,就扭转了方方嫂严肃的形象,反映出这位农家妇女办事认真的古道热肠。直白的语言,豪爽的举止,甚至羞涩的两性感情,这些数量不多的基本农村生活事实和公共事业联系在一起,虽然目的意旨仍在时代主流意识形态的范围内,却使文本保持了清新的田园诗色彩。

二、悬念迭起的故事情节

在表层的话语链条背后,郭澄清的小说创作还有深层的叙事话语策略,大体上说,即善于设置悬念和误会。悬念和误会不同。悬念是一种类似于倒叙的结构,在一开始就给出结论或提出疑问,随着情节的发展再一步步揭开事情本末，产生一种如释重负的效果；误会的设置使读者和人物对故事的突转同时感到意外，产生一种惊奇效果。在郭澄清的小说创作中，两者经常同时存在并共同服务于一个叙事目的，即形成皆大欢喜的团圆场面，并强化人物的正面形象。《黑掌柜》开篇就是一封检举信，检举黑掌柜缺斤短两，悬念出现。紧接下来的就是黑掌柜卖货不用任何度量工具却没有招致顾客怀疑，加班加点为民服务，进一步加深了悬念，到底检举信是怎么回事？随着对黑掌柜日常生活描写的展开，悬念越来越大，最后几句话揭开真相，原来是一场误会。读者印证了自我的价值判断，松了一口气，重新回想小说情节，对黑掌柜的行为更是钦佩不已。《篱墙两边》也是使用的这种策略。张大婶为什么一再提出不合理的要求？这个人物是不是带有反面色彩？有情人到底能不能终成眷属？情节越发展，读者对结局的圆满性就越期待，最后的成亲场面毫无疑问地使读者的阅读期待得到了双重的满足。类似的场景设置在《茶房嫂》《嘟嘟奶奶》《借兵》等篇目中也不乏出现。值得一提的是《社迷续传》，结构上采用了连环套式的安排，一个故事讲完后紧接着引出另一个悬念，形成故事中套故事的局面，悬念跌宕，情节起伏。这一传统最早可追溯到古印度的《五卷书》，很难说郭先生是否从中获取了借鉴，但是可以肯定的是郭澄清对中国农村生活和老百姓话语的熟悉。每一段的结尾都以拉家常的语气，你一句我一句，仿佛整篇小说是大家一个段子一个段子续出来的，感觉不到一点生拉硬套的色彩。

三、时代光影的真实记录

一时代有一时代的文学。时代酿就文学，文学也反映时代意识和人情风貌。郭澄清的小说创作是特定年代的精神产品，从生活场景、人物形象到思想意识，他的小说为逝去的时光留下了具有化石价值的范本。

首先，就是生活场景的逼真。郭澄清的短篇小说创作中很少出现类于文学考古似的精确地点，但这并不影响其生活场景描述的逼真性。在郭澄清的作品中，随时可以感到扑面而来的乡村气息。语言上的功力前面已经有论述，这里不再赘述。单说对生活的体验。作品中处处可以见到生活的智慧和幽默。比如对拉车技术的描写："塌下腰，挺起胸来……再把膀子晃开，把胳膊甩开，甩上点劲儿"（《公社书记》）；对盐碱地改造曲折过程（《孟琢磨》），文华用激将法说服爹接受"倒插门"的婚姻形式（《男婚女嫁》）等，无不洋溢着农民的机智和幽默。这得益于郭先生对农民语言的谙熟和对农村生活的深刻体验。他多次放弃在政府任职的机会，到农村与群众接触，50年代还到公社做兼职，利用零碎时间收集老百姓的娱乐、观察老百姓的生活，这些都为他文学上的成就奠定了坚实的生活基石。

其次，是人物形象刻画细腻。这来源于作者观察的细致和丰富的语言积累。“售货员五十来岁，粗高个儿，黑脸盘，高颧骨，妈妈嘴”（《黑掌柜》），一个有经验，能劳动，爱说话的掌柜形象就勾勒出来了；“这老汉，标准的老农打扮，头上戴着一顶破草帽，露在帽圈外边的头发已经斑白了。肩上搭着一件灰不灰黄不黄的褂子，整个脊背一个色，又黑又亮，闪闪发光，好像涂上了一层油”（《公社书记》），将堂堂公社书记的形象一次定在了深入群众，平易近人，没有一点特殊色彩的位置上；“她那对大脚片儿——长有七八寸，宽有五六指，就像两只大铁锤，蹬得大地咚咚响”（《茶房嫂》），酣畅淋漓地描写了一位摆脱封建束缚和压迫后解放了的妇女形象。

郭澄清的小说人物有一个最突出的特点就是大都纯真朴实，勤劳为公。正是这一点，最真切地反映了时代特征。“要教育人民，必须自己先受教育。要给人民以营养，必须自己先吸收营养。由谁来教育文艺工作者，给他们以营养呢？马克思主义的回答只能是：人民。人民是文艺工作者的母亲。一切进步文艺工作者的艺术生命，就在于他们同人民之间的血肉联系。忘记、忽略或是割断这种联系，艺术生命就会枯萎。”①郭澄清的小说创作集中体现了这一点。作品中的冲突、误会都来源于对集体事业和他人的关心。茶房嫂一脚踢翻了刚打上来的水，是为了避免“我”喝生水坏了身体（《茶房嫂》）；某大娘为了让受伤的“我”吃上精粮，竟然去讨饭（《三访某大娘》）；大海和小兰为了更好地完成社里的工作差点错过了好姻缘（《借兵》）。值得一提的是作品中的女性形象，大都大大咧咧，说话干脆，做起事情来不输于男子，但却并不失温存。方方嫂家务活和社里的工作之外，还担任着爱人的医疗助手（《助手的助手》）；秋香风风火火的办事作风和背着爱人和公公暗里实行人工授粉计划（《万灵丹》），这些描写都一改过去作品中对妇女形象的羞涩、顺从，充分展现了妇女在新生活下扬眉吐气、不让须眉的干劲儿。

---

① 邓小平：《邓小平论文艺》，人民文学出版社1989年版，第8页。

当然，提倡描写先进人物和事迹本来是作品创作年代的主旋律，但是正如黑格尔所说："外在的方面并不足以使一个作品成为美的艺术作品，只有从心灵生发的，仍继续在心灵土壤中生长着的，受过心灵洗礼的东西，只有符合心灵的创造品，才是艺术作品。"①郭澄清的小说创作看不出刻意迎合时代意识的痕迹。从标题选择的简单化——也就是几乎不带任何形容色彩，到对人物性格缺陷的不偏激描述，如大海对小兰的武断认识，李二叔老伴儿的自私倾向（《李二叔》），甚至语言和形象描写与人物性格的吻合，郭澄清的小说创作透露的是对生活的入微观察和如实反映，以及作者本人对和谐社会和进取人格的赞同和渴望。如果说有刻意的地方，那不过是作者在遣词立意上的用心良苦罢了。

"艺术的精神就是力求用词句、色彩、声音把您心中所有的美好东西，把人身上所有的最珍贵的东西——高尚的、自豪的、优美的东西"②都刻画出来。无可否认，由于时代意识的局限等因素，郭澄清的小说创作在艺术上有不尽如人意的方面。在设置悬念和冲突的模式上不免单调重复，人物的性格塑造上也稍显平面化。瑕不掩瑜，郭澄清在时代文学的发展中留下的诸多宝贵遗产和其朴实的文笔所塑造的多彩生活，我们却不能视而不见，其固有的文学史价值不容忽视。

（本文原刊于《山东教育学院学报》2010 年第 5 期）

① 黑格尔：《美学》，朱光潜译，商务印书馆 1979 年版，第 36—37 页。
② 高尔基：《文学书简》，曹葆华、渠建明译，人民文学出版社 1965 年版，第 133 页。

2013年

在文学观念与现实生活之间

——评郭澄清的短篇小说

柴 莹 孟繁华

中国当代小说,最成熟或成就最大的,普遍的看法是以乡土中国为题材的作品。在这个共识中,评价诸如“山药蛋”派、“荷花淀”派的作家作品大概是不困难的。困难的是我们如何评价诸如柳青、浩然、郭澄清等作家的创作。《创业史》《艳阳天》《金光大道》《大刀记》等作品,已经写进了文学史,但对这些被称为“红色经典”的作品的评价并没有完成,或者说对他们评价的分歧一直存在。而这些作家,是最忠实践行毛泽东《在延安文艺座谈会上的讲话》思想的作家。但是,他们的创作在文学观念上一直受到诟病。另一方面,我们发现这些作家的创作,如果剥离其文学观念,他们小说中的乡土气息、生活细节以及边缘性的人物,都栩栩如生跃然纸上,甚至同样可以与“山药蛋”派、“荷花淀”派的作家作品相媲美。这就是生活大于文学观念导致的结果。如果是这样的话,郭澄清的小说创作就可以在这个认识中重新评价。

郭澄清最著名的作品是长篇小说《大刀记》。小说出版后,先后被改编成电影、连环画、评书、话剧等。但是由于《大刀记》写作于特殊的历史时期,出版过程一波三折,有些观念并非出于作家本意等原因,对其评价并不完全一致。但肯定的评价仍然是主流。如果说对《大刀记》的评价不尽相同的话,那么,对郭澄清短篇小说的评价则基本是肯定的。在“文革”前,他已经出版短篇集4部。当时全国性的短篇小说选集几乎都选他的小说。他曾与李准、浩然、胡万春、王汶石、茹志鹃等作为特邀代表参加了1965年1月由中国文联、中国作协、团中央、文化部召开的“全国青年作家积极分子代表大会”,并受到大会的表彰。《黑掌柜》还被复旦大学出版的、胡裕树主编的《文学写作》列为范文。但是，我们在评价郭澄清短篇小说的时候，仍然要考虑那个时代的历史语境，仍然要有一点历史感。这样做的目的不再仅仅追溯他作品中反映的生活和事件，也不是单纯地从社会的抑或政治的角度来梳理和批判小说所持的社会、政治立场。因为对于他这样一位以严肃的现实主义笔法写作，兼有战斗者和作者双重身份的作家来讲，贴近并反映当时的社会现实是他的习惯和义不容辞的责任，也是当时大多数作家的主动选择。本文所关心的是更为“文学性”的问题，如果“抹去”或“搁置”作品的政治动机，他如何把表面看似很“主流”的主题和现象写得如此生活化。

郭澄清小说的所有人物都是农民，即便如公社项书记(《公社书记》)、客店掌柜马五爷(《马家店》)、供销社售货员王秋分(《黑掌柜》)等并非十分纯粹的农民形象，也一定出身于农民，身上有着与生俱来无法抹掉的农民气质和生活习惯。这完全取决作家的农民出身、农民气质和他对农村生活的热爱：郭澄清解放前参加过济南战役，解放后本可以做官，却为了圆自己的文学梦，主动要求回老家山东宁津做基层工作，历任小学教员、校领导、县委宣传部副部长、公社副书记、县委办公室副主任。为了写作，不难看出，作者的生活与农民的生活是融为一体，无法分割的，熟悉才能真实，熟悉才能热爱。就此而言，他的写作风格属于以赵树理、柳青、马烽、西戎一类，完全没有“客居”他乡的焦虑，而是一种强烈的主人翁意识。无论是第一人称还是第三人称，我们始终感受到的是故事中人物的生活和经历，很难察觉“作者”、叙述者与角色之间的疏离，他完全把自己融合在小说情节之中，自己消失得无影无踪却又合情合理。

“农民”是郭澄清短篇小说的永恒主题，各种各样的农民形象足以构成乡土人物形象系列。这些人物并没有如当下乡土小说那样把人物置于剧烈动荡的环境，人物也没有精神世界的震荡和裂变。无论现在是人民公社抑或其它特殊的政治时期，他们的生活已经回归平静，表现出来的是幽远宁静、平和自然的状态。在历史的“罪人”——地主、财主等被消灭之后，人性的美好一面成为唯一的存在而被张扬，没有富人(坏人)的世界是完美无缺的，“历史在想象中曾经拥有的纯粹、明丽和诗意”，郭澄清小说人物就生活在这里。即使生活中有矛盾，这种矛盾也是由善意而来的家庭、邻里、上下级之间误会，比如社迷与文阁的矛盾(《社迷续传》)，文华与文华爹的矛盾(《男婚女嫁》)……从这个意义来讲，郭澄清小说人物与沈从文小说人物有相通之处。小说的历史、时代、时间是停滞的，停滞在美好的现在，未来是不会变化的，不过是现在的更美好而已。尽管人物生活在刘庄、方庄、黄庄、丁庄等不同的村庄，但其实哪个村、哪个庄并不重要，这些人物就是冀鲁地区普通、平凡却又典型的农民，推而广之，他们不过是全中国农民的浓缩而已。

当然，不可否认郭澄清短篇小说仍然是一种政治性写作，人物的语言、性格，乃至性格气质都与政治意识形态关系密切，或者可以说，作者往往有意识地把人物的性格气质与行为品性与政治联系起来。但与其长篇小说《大刀记》等相比，或许由于写作年代和题材的差异，他的短篇小说很少有政治性写作所带来的紧张和焦灼。作家的写作状态相当放松。这种放松状态使作家积极调动了所有的生活经验，因此，他的人物都是那样的鲜活、动人，富有生活的质感，即使有明显的政治诉求，却没有成为政治传声筒。

在塑造人物上，郭澄清抓住人物最重要的特征来表现。嘟嘟奶奶最大的毛病是爱嘟嘟，早上一睁眼她就开始嘟嘟，对人嘟嘟，对猪嘟嘟，走路的时候嘟嘟，干活的时候也得嘟嘟，无论走到哪，碰到任何事任何人，她都会嘟个不停。《嘟嘟奶奶》全文都是嘟嘟奶奶嘟嘟的话，幽默、风趣，又生活气息十足，嘟嘟奶奶那种爱唠叨、爱劳动、热心、直爽的性格跃然纸上，她就是我们熟知的见人自来熟、爱管闲事爱唠叨的农村老太太。

茶坊嫂是乡间茶馆的老板娘，她高大黑壮，性格特征就是直爽、助人为乐。口干舌燥的“我”见到担水的茶坊嫂，却要水未果，还被抓来当差。当我问起她的名字，她说起话来像开机关枪，毫不保留全盘交代：又是“王桂香”，又是“猪菩萨”，又是“保险柜”，又是“茶坊嫂”的，这些名字又都与她的经历有关。从这些细节可以看出，她性格耿直，能干，从不拿人当外人。茶坊嫂为来喝茶的乡民们准备象棋、扑克，坚持让周大爷喝热茶，提醒陈大嫂不要让茶烫了孩子，帮助刘庄和黄庄交换夏薯秧和玉米种，给吵架的两口子说和关系，给光棍小伙洗衣裳……只要力所能及，她总是热心地去帮助别人解决难题，这种可贵品质也得到乡亲们的交口称赞。她不就是乡间田头常见的风风火火，啥事都少不了的农村大嫂形象吗？（《茶坊嫂》）

不难看出，郭澄清笔下新社会的人们对生活、对未来洋溢着十足的自信与豪迈，充满乐观主义精神，无论年轻或是年老，都激情四溢，不知疲倦地劳动着。

对民族文学形式的虚心吸取是那个时代作家的主动选择，郭澄清也不例外，在写作形式上，他积极向传统文学手法学习，为了最大限度地突出人物的性格气质，他一般采用传统小说描述人物时常用的虚写、实写、虚实相结合的手法来塑造人物形象。

"第三人称的叙事话语通常致力于故事的再现。由于叙述者与角色'他'的分离，人们可以察觉到，角色的性格通常在叙事开始之前已经完成——文本更像是一次事后的追认。"[①]《嘟嘟奶奶》《男婚女嫁》《篱墙两边》《社迷续传》就是"第三人称"的写作方法。在叙述人物故事之间，人物的体态样貌、性格气质作者全都了然于心，所有的叙述内容都是为了突出人物的性格特征，用正面实写的方式全方位的展示人物形象。

《男婚女嫁》中富队社员文华和穷队刘庄的会计小兰恋爱即将结婚，小兰的出嫁不仅使刘庄少了一个骨干劳动力，而且就剩一个女儿的小兰娘也因此成为刘庄的"五保户"，大公无私的文华为了帮助刘庄解决困难，毅然决定到刘庄"倒过门"。文华的决定引起了他爹的激烈反对：小兰嫁到他家后可以增加劳力、增加工分，随之改善家里的生活。对结婚的不同态度，使文华和爹产生了摩擦，由此发生了许多微妙而有趣的事。作为一个全知叙述者，作者先描述了文华和爹对文华结婚的不同想法，然后，文华和爹发生了激烈的正面冲撞，接着，为了教育爹，使之转变思想，文华巧妙地借着给桂兰娘做思想工作，让桂兰娘从大局出发，不要存留私心，其实也是为自己的爹做工作。自此，文华爹对自己的行为产生疑问，同时也开始在意周围人对自己的看法。这个段落通过文华爹的心理活动揭示了他的疑心和焦虑，他时刻担心周围人会看不起他的私心和小算盘，应该说，这段文华爹的心理描述相当精彩，彰显了全知型叙述方式的优点。最终，在老支书和文华的耐心教育下，文华爹彻底转变思想，所有问题都迎刃而解。故事的每个细节，人物的每句话、每个行为都是对文华无私性格的一次展示和证明。

《社迷续传》也采用第三人称的实写手法。作者开篇就在"引子"中介绍了"社迷"的三大特点：首先他说话很有意思，直来直去，从不拐弯抹角；第二，他处理矛盾和问题不是光说不干，而是用实际行动教育别人，再来摆事实讲道理；第

① 南帆：《文学的维度》，中国人民大学出版社2009年版，第114页。

三，他好管闲事，不管是否该他管，只要他认为是对的，他就决不拿自己当外人，一管到底。之后的“春播时节”、“文阁借粮”、“推粪风波”、“选模会后”等几个小故事中，他的这些性格特征通过语言、行为、动作、心理有了更生动、更风趣、更形象的描述和证明。这种先总结性格特征、再具体举事例证明的写法淋漓尽致地显示了第三人称“全知视角”的特质。更有意思的是，文本借鉴古典说书技法，每个小故事相互关联，前一个故事都引出下一个故事，彼此之间环环相扣，层层深入。这种递进式写法容易引起人的阅读欲望，再加之作者语言风趣幽默，轻松明快，与生活密切相关，相当引人入胜。

郭澄清还有相当一部分短篇小说采用第一人称视角。第一人称的叙事话语将叙述者与角色合而为一，即使郭澄清作品中“我”通常都是作为见证者出现，很少成为故事主角，但是因为第一人称并非全知视角，他的主角性格仍然要在叙事话语结束之后方才得到完整的塑造。“在这个意义上，第一人称叙事话语的节奏、口吻、腔调更多地介入了故事，汇入故事的内在部分。叙事话语与故事之间的张力将使角色产生多重影像。”①但是，郭澄清又要用第一人称来表达主角的正面气质，这往往就会形成“我”与主角之间的误会，那么，如何解决这个矛盾，郭澄清采用了由第二者介入叙述的方式，“我”的亲眼所见与“第二者的热心描述”（即“我”的所闻）共同塑造人物。《茶坊嫂》《公社书记》《马家店》《黑掌柜》等就采用了这种叙述模式。

《茶坊嫂》的“我”根本不认识也没有听说过茶坊嫂，通过“我”偶遇茶坊嫂，然后和她之间发生了一些有趣的故事，表现了茶坊嫂的直爽、敢想敢干、乐于助人的性格。但作者仍然觉得这样还不足以说明茶坊嫂的崇高品质，他专门插入一段，通过茶客们的议论来说明为何所有人都喜欢茶坊嫂：茶坊嫂帮人寻找治癣的偏方、雨中背老奶奶回家、解决夫妻矛盾、帮人到城里买煤，“有一回，我也亏了人家茶坊嫂，那一天……”诸如此类的话不绝于耳。以实写为主，插入虚写是为补充说明，使茶坊嫂这个形象更加高大。

《公社书记》是一个“寻找”、“确认”的主题，这种模式更加容易动用第一人称叙事话语的潜力。“我”下乡去找公社书记，偶然遇见却并不认识，通过“我”对“陌生人”（其实就是公社书记）的逐渐认识和在寻找书记的过程中别人的热

---

① 南帆：《文学的维度》，中国人民大学出版社 2009 年版，第 114 页。

情介绍,“我”对项书记由完全陌生到深入了解,真相的揭示强化了“我”对项书记的了解。虽然“我”贯穿于故事始终,但“我”的叙述至少在表面看来显得更加客观公正:当官就要了解人民疾苦,就要为民做主的光辉形象跃然纸上。如果说《茶坊嫂》是以实为主、虚为辅的话,那么本文则是真正的虚虚实实、虚实结合。

相比而言,《黑掌柜》中的“我”则承担了更多,“我”其实是作为一个辨伪者和目击者出现的。因为一封群众来信,大家对刘集分销店店员黑掌柜的人品和职业道德产生了疑问。“我”作为一个刚来供销社工作的人,一个外来者,被认为是不会产生成见而派去调查真相。“我”隐瞒了真实身份,以接近黑掌柜。“我”看到了黑掌柜与买货乡亲之间的交往,这一段更像是第三人称的“全知视角”来彰显黑掌柜的特征。与黑掌柜之间的距离使“我”的叙述真实可信,黑掌柜的高尚的职业道德和高超的业务技术令我佩服与崇敬,也得到了读者的认可。

不可否认,郭澄清小说致力于塑造敢想敢干、雄心壮志、具有无私奉献精神的理想人物,如果说长篇小说《大刀记》是在塑造革命英雄形象,那么,郭澄清短篇小说则在歌颂和平年代的“平凡”英雄。尽管限于当时的政治语境,作者刻意回避现实生活的矛盾,但是他的落笔中却依然保有由深厚的生活经验而来的对乡土中国的真实描述,“中间人物”文华爹的出现使作者构建的乡村更加真实,复杂,与《创业史》中的梁三老汉有异曲同工之妙。

《男婚女嫁》中的文华爹其实隐含着对已有政治秩序与权威的颠覆。文华爹之所以非常支持公社化,是因为他家在富裕的生产队,家里劳动力多,挣得工分比别家多,分的粮食也多,生活过得越来越好,是公社化的受益者。而为实现共产主义和共同富裕的宏大理想对他而言并没有实质的意义,还不如给自家修个新门楼更让他激动兴奋。为了自家生活得更好,他满心欢喜地期盼着文华的婚礼。同一件事,因为立场不同,自然会有不同的想法,事事从集体利益出发,具有无私奉献精神的先进社员儿子文华为是否“倒过门”与文华爹产生了矛盾。文华爹那种与时代气质有些格格不入、患得患失、疑神疑鬼,既想为集体又不愿舍弃小家利益的精神气质,非常真实地体现了“中间人物”的性格特征,他是农村相当一部分农民形象的代表。郭澄清多数小说中对人民内部矛盾的反面形象没有进行细腻的性格刻画,往往仅承担着符号作用,意在烘托正面人物,这也更加证明文华爹形象的可贵。诚然,最终文华爹成为“被教育”对象,儿子文华的巧妙说教和刘支书的忆苦思甜使得矛盾至少在表面被圆满解决。当然,这个解决方法并不能令人满意,这也是政治作用于文学所产生的无奈。然而,反过来说,当作者自觉地维护那个时代既定的文学规范时,却也由这个中间人物身上看到了文学与政治的紧张博弈,看到了作者的某种坚持。

“我们常常感慨,今天真正了解农民,并以新的眼光和手法描写农民的作家太少了。因为有一种难以抗拒的力量在把人的注意力拉向城市,价值的中心在潜移,成熟的作家大多生活在中等以上城市,现在要深入乡间生活,也确实存在诸多主客观上的‘梗阻’。”①就此而言,郭澄清因对农村生活的熟悉,对农民的热爱显得难能可贵,才使他的作品在张扬理想、奉献、激情、浪漫主义精神的同时,又有坚实的现实生活的质感。我们这样评价郭澄清的短篇小说,并不完全出于对那个时代作家所受到规约的同情,更重要的是,包括郭澄清在内的那个时代作家的创作表明,在文学观念与现实生活之间,生活不会因观念而被改写。

(本文原刊于《当代文坛》2013年第2期)

① 雷达:《当前文学症候分析》,作家出版社2009年版,第273页。

2014 年

《大刀记》出版:冲破黎明前的黑暗

黄书恺　高艳国

经过多年的酝酿,《大刀记》在郭澄清的心中逐渐清晰起来。这部影响了20世纪70年代后期至80年代初期的长篇小说,他在老家郭皋庄动笔了。王金铎回忆说:

“郭澄清老师1971年开始写《大刀记》,最初是先形成了一个写作计划,要上报。只有计划批准了,才能写,否则写了也白写,还有可能受到连累。他写《大刀记》的最初想法,主要是觉得写短篇小说写了这么多年,也该尝试着写个长篇了。可我们这老同志都反对他写长篇,觉得他应该在短篇小说方面多努力一些。可他不同意大家的看法,他说想写一部史诗性的小说,像《静静的顿河》那样的小说。他写的《大刀记》跟我们现在见到的不太一样。比如第一部,出版时就没通过,说小说里穷人闹革命,没有党的领导哪行?出版社就让他改。他就按照出版社的意思进行了大面积修改,第一部的开篇,也就是后来出版的《龙潭记》,改动的内容还是比较大的。第一部《血染龙潭》在1972年先出了一个征求意见本,征求意见本比较接近郭老师的意思,跟后来的《龙潭记》也没有太大的区别。他本意并不想按出版社的意见改,可没办法。不改,就无法出版。他计划用五年时间完成《大刀记》,写一部出一部,可上面和出版社不同意。1975年,是世界反法西斯战争,暨中国人民抗日战争胜利30周年,这部书要向这个纪念日献礼。出版社就逼进度,逼得他没黑没白地写。1972年6月完成了第一部的初稿,人民文学出版社的谢永旺老师来了,就拿走了。那时书店的架子上只有浩然的书,缺少更多的好书。第一部,上面的意见是描写党的领导的篇幅少,让他修改。你想想,第一部写的是清末民国初年农民自发地闹革命的故事,那时中国共产党还没成立呢,哪里有党的领导呢?郭老师的想法是农民的自发革命活动由小到大,由弱到强,在艰苦卓绝斗争的过程中,经过失败探索,再失败再探索,最终才找到了"只有中国共产党才是中国劳苦大众闹革命求解放的领导力量"这条真理。党的产生是需要过程的,要水到渠成。出版社不让他这样写,就让他修改构思,不加强小说里党领导的篇幅,书就无法出版。你想想,这是多大的精神压力呀!

"《大刀记》当初计划是三部曲,第一部是《血染龙潭》,第二部是《烽火燎原》,第三部是《光满人间》,出版时都改了。那时,郭老师每写一篇,都让我看,有时还多叫几个人看。几个人讨论写法,他原计划采取中国最传统的章回体小说方式。由于上面谈到的原因,第一部33章只用了15章。到后来,只能改变写法。我印象中《大刀记》是在他办《宁津日报》的时候就开始构思、搜集材料了。开始是在车站新村动笔的,第一部完成于车站新村①,后面的两部写于郭皋庄。他写作的屋子很小,你们可以去看看,一张床,一张桌子。郭老师有四个儿子,那时老二在机械厂当翻砂工,老四和老三是双胞胎,也就十四五岁。上有老父,还有一个瘫子叔叔需要他赡养。就那点工资,生活极其清苦。郭老师有一个嗜好,就是每顿必须吃肉,一小碗肥肉,端上桌子,他自己吃,有时剩一点,估计是他故意剩一点,他一推,就说'放风了',就是让孩子们随便了的意思,孩子们才敢动筷子。生活那么清苦,郭老师又成天打夜作(加夜班的意思),吃点肉实际上是为了补补身子。老二上班,头一个月开工资,买了双胶鞋。郭老师发现了,训斥他,问他:'买这个干吗?不知道家里生活困难吗?'老二说:'爸爸,这是工作需要,我是翻砂工,工作需要这样的鞋。'郭老师就没再言语。郭老师的生活很不容易,虽然他那时当那么大的官,要我看比一般人家还不容易。"

郭澄清先生写完《大刀记》第一部后,曾经寄给他的朋友、那个年代最红的作家浩然先生看过。浩然回信说:"小说写得很好,是一部难得的小说佳作。"郭

① 关于这种说法,我们也只好采用,作为存疑。因为王金铎先生就曾经和郭澄清一起住在车站新村的那处四合院里。即使那时写的不是称之为《大刀记》的作品,我们认为也为后来的《大刀记》打了基础。

澄清得到老朋友的嘉许，就又给他去信，询问出版的事情。浩然回信说："虽然小说很好，但是在目前出版还是有着极大的困难的。"那时，正直林彪事件发生不久，全国上下人心惶惶，遑论一部小说的出版呢？即使如浩然先生这样的人，想出版一部大部头的小说，在那时也是很困难的。

直到林彪事件有了定性，国家又开始步入相对正常的秩序。当人民文学出版社小说组南组的组稿编辑来到山东组稿时，这部小说才有了拨云见日的机会。

作为一名共产党员，作为毛泽东思想的忠诚捍卫者，一名曾经在宁津县县委宣传部、县委办公室担任主要领导职务的干部，他深深地懂得出版社要求这样改动的理由，也明白谢永旺先生的苦衷，于是采取了与出版社合作的态度，着手按照出版社的构思规划进行修改，并加快了写作进度，以使《大刀记》能够在1975年9月15日中国人民抗日战争胜利30周年前得以出版。为此，郭澄清耗尽了自己的心血！

郭洪林在忆及父亲创作《大刀记》那段艰难的时日时，一度哽咽，他说：

"平常过日子、我们的学习，父亲都顾不上，或者说根本就不管不问。他也没时间管，也舍不得腾出时间管这些杂事。写累了，也就是傍晚时围着村子遛遛弯，就算是休息了。每次都是我陪着父亲，他跟我讲文学讲人生，这些对我后来的成长影响很大。那几年，他就两件正事，一是写《大刀记》，二就是吃饭。《大刀记》的初稿全部是在郭皋庄完成的。那几年，父亲睡觉很少，饭量也小，但每顿必须吃猪肉，父亲还爱吃肥肉。那时家里生活很困难，每顿也只是一小碗。1974年底至1975年春，父亲去北京改稿，7月份，《大刀记》就正式出版了。写《大刀记》时生活条件和居住条件极其艰苦。由于要赶中国人民抗日战争胜利30周年（世界反法西斯战争胜利30周年），父亲拼劲十足，夜以继日，夜里有时刚刚躺下想打会儿眸葸（打一会儿盹、睡一小会儿的意思），想起小说的细节了，就又呼一下子爬起来，继续写。父亲抽烟太厉害了，一支接一支地抽，弄得屋子里乌烟瘴气。父亲早就有陈旧性心肌梗塞，身上经常备着小炸弹（速效救心丸），觉得不舒服了，就吃一粒。母亲怕他累坏了，身体垮掉，就只给他自己改善生活。那时改善生活也没啥吃的，都穷，改善生活无非就是让他顿顿有一小碗肉吃，外加让他喝奶粉。"

郭澄清的妻子刘宝莲为郭澄清的文学事业可谓是鞍前马后。虽然对丈夫这么拼命有所不解,对比他职务还小的人过的日子反而比自己家还好,心存不快,有时也发一些牢骚,可是她以一个女人的家庭责任心,护持着老少三代人的生活。王志广在谈到刘宝莲时,近乎是央求我们说道:

"刘宝莲为郭老师写《大刀记》付出了汗马功劳,夏天大热的天,刘宝莲自己汗流浃背的,还要给郭老师打扇子,湿毛巾擦汗。他就是在郭皋庄那三间平房里写的《大刀记》,房子小,那时又没有制冷取暖设备,白天写,晚上还要打夜作,刘宝莲没黑没白地陪着他。你们一定要去看看他那三间房子,感受一下当时他写《大刀记》时的艰苦境况。他写《大刀记》就是为了赶任务,刘宝莲为《大刀记》是付出了大心血的,怎么说都不为过。可《大刀记》博物馆里没有一句提到刘宝莲的话,这不公平,真的有些不公平!你们在写这本书时,一定要写上刘宝莲一笔,否则,就太不公允了。"

面对《大刀记》出版前所遇到的不公正待遇,我们专程去北京采访了《大刀记》出版时的责任编辑谢永旺先生和屠岸先生。他们透露的消息,让我们感受到了当时政治对文学的干预和肢解究竟到了什么程度。在谢永旺先生为纪念郭澄清创作生活50周年而写的文章《〈大刀记〉的写作与出版》里有这样的话:

1972年夏天,澄清写出了《血染龙潭》,邀我到济南看稿。这次阅读,给我很大的喜悦。作品厚实,有独到的特色。语言尤见功力,以北方农村的日常口语为主加以提炼,又融入了古典文化和民间文化的韵味。农村生活场景和习俗同样具有浓厚的平原气息,显得爽朗开阔。农民的贫穷困苦和坚毅的斗争精神,以及人群之间的人情之美,一个个生龙活虎,形神兼备。像梁永生、杨翠花"新婚喜日"那样生动的描写,随处可见,犹如一阵阵和煦的风为人送暖。在1971、1972那个年代,"五四"以至中华人民共和国成立以来的优秀作品,除了鲁迅,几乎没有再版。新的出版物,受到推荐的,大多为《虹南作战史》《牛田洋》一类低劣恶浊的所谓"三结合"之作。真正称得上文学创作的,实属凤毛麟角。在这种近乎窒息的文学氛围下,读到一部有个人特色的长篇小说稿,愉悦之情可想而知。也有隐忧,忧的是在当时一片"万岁"声中,一部描写农村生活的新小说,不写党的领导——而且是正确路线的领导,行吗?当然希望顺利出版,出版后得到好评(起码要平安无事),但总是有些担心。

按照当时重点文稿的通常做法，先印若干本征求意见本，在出版社内外广泛听取意见。大约同年秋天，《血染龙潭》征求意见本印出，果然分歧意见也随之出现。

应该说，关于作品的艺术特色，多数人是肯定的，但提出的两大问题却涉及对作品的基本评价。一个问题是，表现现代农村生活，不写党领导下的斗争，不能反映生活的本质；一个问题是，作品的结局虽然表明了自发斗争必定失败，但对自发斗争的每一次描写都洋溢着赞美之情，是思想上崇拜自发性的表现，而崇拜自发性当然是反马克思主义的。坚持此种意见的，主要为从部队调来的年轻人和从别的行政岗位调来的干部们，他们个人未必有意扼杀新作品，但他们不熟不懂文学创作和文学编辑工作的特点，他们用以考量文学书稿的唯一标准是“四人帮”解释的所谓“革命文艺路线”及“样板戏经验”。这一套咒语般的东西，在“革命高调”的掩盖下，绝对是扼杀文学艺术上的任何生机与特色的。而刚从劳动锻炼场地归来的老编辑们，对于如何做好这种局势下的文学工作还缺乏思想准备与经验。在“四人帮”文化专制主义的统治下，只有思想管制，没有百花齐放，更何论尊重作家的创作个性与自由。文化人，包括文学编辑们，虽然陆续返京工作了，但实际动辄得咎，心怀惊悸，不知在什么时候、什么问题上触犯了忌讳，惹得权势者发怒动威。私下里有句话叫作“千万别撞在枪口上”，因此，即使心里不以为然，行动上却不能也不敢理直气壮地坚持。何况，说实在话，我们这些多年从事文学编辑工作的所谓“旧人”，也或多或少地受到“左”的理论影响，难于完全地坚持合乎文学艺术规律的正确意见。我自己就是如此。但我和出版社的领导者，都不愿意放弃《大刀记》，于是要求作者修改。

1973 年初，请澄清同志再一次来京，一起寻求修改途径。在严酷的政治与文化专制情势下，所谓修改，实际使作者和编者都处于两难境地。没写党的领导，不行；写了就行了吗？更不行。依照当时的说法，20 至 30 年代前期，北方的党组织施行的是“错误路线”。有位社领导特意请教了一位已经出面工作的老干部，回答也很干脆：“山东有党，但是王明路线。”如此说来，歌颂错误路线，岂不成了一项“罪行”？记忆犹新，曾有多少反映二三十年代城市工人斗争或乡村农民斗争的优秀作品，被打成所谓“歌颂错误路线”的大毒草,其作者受到极其残酷的迫害。那么,寻求修改方案,只能是继续写下去,写出第二部,即写出冀鲁平原地区以八路军为主力的伟大抗日战争。澄清同志调动他的生活积累,顽强拼搏,用不到两年的时间,写了80万字,完成了《大刀记》的全部文稿。

在郭澄清创作《大刀记》期间,山东省决定在省文艺创作小组的基础上成立省文艺创作办公室,隶属省文化局。蓝澄任党支部书记,郭澄清任主任,张云凤任党组副书记,任孚先任副主任。郭澄清将办公室的日常工作交给其他同志,全力以赴投入到《大刀记》的创作与修改工作,至1975年初就基本完成了。

谢永旺先生说:“恰逢其时,1975年初,中国政治形势出现春暖,时值邓小平同志主持国务院工作,科学与文化事业以至文学的创作与出版都一度出现较为宽松的局面。《大刀记》既然是以党领导下的抗日斗争为主体展开描写的,出版不再存在障碍;但‘赞美自发斗争’的责难依然悬在头上,《血染龙潭》终于没有能够成为独立的一部,而只作为‘开篇’保留了主要部分。这是尽快出版《大刀记》并保留其主体内容的一种选择,虽然不无遗憾,却也无奈。书的出版,获得好评,尤其得到广大读者的认可与欢迎。今日看来,仍然不失为具有历史价值与审美价值的优秀之作,应该在当代文学史上占有一个重要的位置。历史地看待‘文化大革命’时期的文学,总体上荒芜寂寥,却也不能忽略黯淡长夜中若干耀眼的星光。”

“1975年的春夏之交,是我和澄清同志接触最多的时期。一经决定出版,我们就处于高度兴奋的状态。当时一般书稿,每天发稿大约一万字,《大刀记》发稿,每天两万字。一有会议之类活动耽搁了,我们就会加班赶工,流水作业,最多时一天发稿三四万字。我工作八小时,澄清推敲定稿,不会少于十二小时,可谓日夜兼程。那时没有稿费,更没有预支稿费的事。他写稿,在家乡的小土屋里;他改稿,住在出版社的小平房里,三餐吃在食堂,吃得节俭,为了熬夜,有时还从食堂里多拿出两个馒头。写稿和改稿,都很艰苦,但他不以为苦。写作是他最大的快乐,是他的生命支柱。他爱文学,爱到极至,视文学为神圣的事业。他爱家乡,爱父老乡亲,爱得深沉,他坚定不移地认为,文学属于人民群众,应该把人民生活中的美好事物用完美的文学形式展现出来。他的作品重在写人,贯穿着人民英雄主义精神。冀鲁平原的辽阔与美丽,即如春、夏、秋、冬,风雨、阴晴,晨、午、晚、夜,动与静,有声与无声,一一写来,写得细密动人。我说:‘你是有意把家乡的美都写出来吧?’他颔首而笑。他对出版社的难处给予充分的体谅与配合,他对编辑的劳动也给予真诚的理解与尊重。他的稿子总是抄得清清爽爽,一丝不苟,免得我们再用红笔勾画。有时夜里补写的部分没来得及誊抄,他一定歉意说明。这一段合作过程中,他的刚毅与忍让,他的才华与功力,他的人格魅力与情谊,让我非常感动与敬佩。《大刀记》出版后,他告诉我,《大刀记》既然把原计划中的《血染龙潭》与《火燎荒原》合为一部以抗日战争生活为主体的独立作品,原来设想的《千秋大业》[①]就改名《千秋业》,调整思路,设想为另一部独立作品,规模也是百万字,以便与《大刀记》形成相应的对照与组合。贯穿的总主题,仍是农民的解放,尤其着重于精神世界的解放。书出版后,他就返回山东,后又回到宁津郭皋庄。我过了春节,收拾行囊,第二次下放干校劳动锻炼。在干校期间,得知他突然发病,以后恐怕难以再执笔为文的消息,不禁感叹惋惜。我想他是太累了,他把他笔下农民的拼命精神用于他自己的笔墨劳作了。”

作为《大刀记》终审编辑的屠岸先生,在谈到郭澄清修改书稿时,也是感慨良多:

“我1973年调到人民文学社担任副主任,当时没有正主任,只有三个副主任,我是第一个副主任。当年我们拿到《大刀记》稿子以后,非常重视。像这样有分量的长篇在那个时代几乎没有!它写普通人民群众当中的英雄人物抵抗日本侵略者,这样的题材我们就很重视。英雄就是从人民群众中成长起来的。当然,党是人民群众的代表,但是党成立以前呢?中国从古到今,出了多少英雄豪杰?那个时候没有党的领导,那时候难道就没有英雄人物了吗?就没有抵抗外国侵略者的英雄了吗?那岳飞、文天祥是共产党领导的吗?

“因为第一部里没有大篇幅地写党的领导,社里‘四人帮’那条线上的人就对《大刀记》进行百般刁难、抵制。当时遇到的阻力主要是在这个问题上面,问题的关键就在这里。我们很尊重郭澄清,但那个时候压力很大啊,没有办法了,就请他来修改修改。我们知道郭澄清心里憋了很大一股气,

① 应为郭澄清先生《大刀记》构思中的第三部《光满人间》。

但是没办法,为了争取出版,就做了适当让步。当年还有一个问题,《大刀记》出版以后,山东人民广播电台很快就联播了,好多个省台也进行了联播,中央台就是不广播。这个是'四人帮'控制文艺创作的时候,究竟是'四人帮'的什么人具体操办的,我已经记不清了。但我记得于会泳那时是文化部部长,他干预了此事,我是记得很清楚的。

"关于《大刀记》,现在我脑子里面不太清楚了,我记得《龙潭记》①是很好的。这部小说,我觉得他坚持了他的创作原则,就是忠实于人民群众斗争的现实,在这一点上他还是有所坚持的,实际上是跟'四人帮'的极左文艺思潮作了斗争的。'四人帮'祸国殃民啊。出版《大刀记》时,有一股逆流,这个逆流的力量太大了。因为'文革'的极左文艺思潮在当时处于统治地位,这与毛主席是有关的。毛主席是一个伟人,对新中国建立,他有很大的功劳,但他发动'文革'是一个极大的错误,而且他把权力给了'四人帮',这又是个极大的错误。在这个历史的悲剧面前,作为一个作家,他要忠于自己的良知(忠于良知就是忠于人民)是多么难啊!在逆流当中,他要进行斗争,但斗争是有一定限度的,再过一点,你自己就被粉碎了。把你抓起来把你给枪毙了,在那时可不是一句笑话,那时候'四人帮'枪毙人不少啊。他就是在这样一个很困难的状况下,又要保护自己,又要坚持自己。

"《大刀记》的责任编辑是谢永旺同志,他是个非常负责任、非常优秀的编辑,《大刀记》如果当时没有遇上他,可能还会经历更大的曲折。

"2005 年人民文学出版社终于出版了他的原稿《大刀记》,总算了了我们的一桩心愿。要不然的话,我们总觉得欠着他一笔账。新版本出版前,我就跟社里的领导打招呼,我说:'《大刀记》是郭澄清一辈子最重要的作品,倾注了他大半生的心血,虽然当时出版的《大刀记》也产生了很大影响,可那不完全是郭澄清自己的想法,是在不得已的情况下,在'四人帮'极左文艺思想的控制下,违心地进行修改的版本,当时虽然出版了,但是他是不满意的。'虽说 1975 年能够出版《大刀记》,算是为郭澄清先生做了一件好事,因为受'四人帮'的影响,没能按照作家自己的意愿出版,总归是挺大的遗憾。虽说账不能算到我们出版社的身上,该算在'四人帮'的身上,但是

① 即《大刀记》第一部《血染龙潭》征求意见本。本书作者注(即《风雨大刀魂·郭澄清评传》作者——本研究资料编选者)。

呢，书毕竟是通过我们出版社出版的，我们心里总觉得像压了块石头。

“《大刀记》出版以后，大概是76年，我去过郭澄清老家一回。他那个屋子非常简陋摆设也非常简单。那个大土炕，我印象还是很深的。大土炕上摆一张小桌子，他就在桌子上写东西。他非常热情，黑黑的脸膛，一身地道的农民装束。感觉他就是一个纯粹的农民，脸可能是太阳晒的，耕地，晒黑了，就这感觉。还有一个感觉，就是病容，身体有明显的病态。但他握手时力度很强，握得很用力，手上很热。我们关心他的生活和身体，但是他不跟我们说这些问题。对于个人的生活问题，他从来没有刻意的要求。我们还问了他的医疗条件啊什么的，他都很少谈。要谈就谈作品，这个他有兴趣谈，好像除了谈他写长篇创作以外，也谈过一些他的短篇创作。我觉得郭澄清同志啊，有一点土。土不是一个贬义词，是正面词。他受西方小说的影响比较小，也比较少。在他身上和作品上体现的就是一个中国风，就是农民味儿。他的语言非常干净利落，从不拖泥带水。”

在人民文学出版社修改《大刀记》的日子，除了与“四人帮”极左文艺思潮作斗争的不快和日夜笔耕的劳累，郭澄清还是有自己的快乐的。在此期间，他结交了可谓知交的一批朋友，除了出版社的总编辑王志远、副总编辑屠岸、《大刀记》的责任编辑谢永旺以外，还结交了一批文人朋友，比如诗人、书法家王绶青，东北作家方波，文艺评论家张炯等。在此期间，他和老乡兼文友、原《诗刊》副主编杨金亭过从甚密，经常引友唤朋到他家小聚，畅谈文学，倾诉友情。

当时，王绶青正在人民文学出版社创作修改长诗《斗天图》，与郭澄清成了好朋友，他回忆说：

“《大刀记》开始时给退稿了，是王志远又硬硬地给追回来的。追回来，就换了责编谢永旺。要不是王志远，《大刀记》在当时就出不来了。

“我跟老郭是好朋友，《大刀记》这个书名就是我给题写的。我们无话不谈，记得那时他跟我说‘文革’开始时，经常有人喊‘打倒反动权威郭澄清！’他就说：‘反动我是够了，权威还算不上。’他就是这样的人，口才极好，又很幽默，人又忠厚老实。他有自己对三种人的划分标准，他说：‘第一种人：为了别人活得好，宁愿牺牲自己，这种人是最伟大的人，这样的人极少；第二种人：我不能什么人都管，自己吃喝都顾不上，哪有能力再管别人？不管你死你活，我只管我自己，这也是好人，这种人属于大多数；还有一种人：

为了自己活得好,专门去害别人。不害别人,自己活不成。不害别人,自己不能过。这种人有害人的瘾。'郭澄清恨的就是这第三种人,就是专门治人整人的人。不光他恨这第三种人,谁又能不恨呢?

"他从来不洗衣服。说好听点是没时间。说不好听了,就是邋遢。换下来就往那里一扔,晾着。我老伴就给他收起来,给他洗。他吸烟很厉害,有时衣服上让烟灰烫个洞,她也给他补上。她手巧,衣服上的洞都让她绣成花瓣儿了。很少有人敢去他屋子里串门,怕打搅他。我不管这个,我没事了就去,劝他别光写,累坏了身体可不是闹着玩的。有时还硬拽着他出去走走。那时他吸恒大的烟,他吸得很凶,我知道谁那里没烟他那里也得有。半夜,我没烟抽了,我推门进去,说:'别写了,歇会吧。'他就知道我是来要烟抽。就向着放烟的地方瞄一眼,我就自己拿了。

"那时,方波也在那里改一个小说,他和郭澄清不一样,很活跃。我就给他任命了个方团长。郭澄清呢,除了吃晚饭散散步以外,成天几乎不出门,就显得特别稳重,我就给他任命了个郭政委。有一次可能是国庆节①,方波黏着王志远,非得让他弄辆车子拉着大家在北京到处转转。郭澄清原不想去,杨金亭一听他不出去,当时就急了,说:'不行不行,你整天写得这么累,得去北京转转。'说着,我们就把他硬架出了屋子。车是辆大卡车,大家就把他塞进了驾驶室里,其他人坐在后面。一卡车,载了得有三十几个人。我印象中,他就参加了那么一次集体活动。"

那时的政治气候还非常严峻,说错一句话,做错一件事,找错一个人,都有可能被打成现行反革命,揪出来进行批判。在这方面,诗人苗得雨深有体会。多次运动中受到批判的他,在郭澄清修改《大刀记》期间,他代表山东省委文化局进京汇报山东省委对《大刀记》的意见。那次,他就差一点又一次被打成反革命分子。据苗得雨写的《怀念18年前辞世的郭澄清同志》一文记载:

作品清样打出后②,寄来山东征求意见。那时出版一部作品,出版社定了还不行,还得由当地领导审批。省委分管文艺工作的常委、宣传部长王众音同志亲自阅读,然后责成省文化局组成阅读小组审读。阅读小组有我、任孚先、牟崇光、刘小衡等,由我作召集人。大家夜以继日地阅读。我

① 按郭澄清在京修改《大刀记》的时间推算,应该是元旦。

② 指《大刀记》,本文(即《风雨大刀魂·郭澄清评传》一书)作者注。

用一天20万字的速度看了近一周，为这部不多见的有水平的作品而兴奋不已。阅读意见集中后，由省委主管领导拍板，派我为代表进京汇报。两次汇报，各一上午。我讲了作品反映革命历史的波澜壮阔，表现生活的深度，人物形象塑造怎样得鲜明，以及由语言、文字等表现出的艺术风格独有特色等等。并讲省里领导特别交待要向出版社表达谢意："《大刀记》的出版，既是出版社的一件重要工作，也是山东文艺界的一件不小的喜事。"汇报后，到老郭住的小屋，老郭说："效果很好。他们都表示十分满意。让我按省里的意见稍加修改，书就可以出了。老苗，你这次任务完成得很好。"我说："你这部书有两个稀罕，一是100余万字的3卷本长篇，是建国以来不多见的；二是这几年人们已读不到一部好长篇了，你这是第一部。你一直没有离开生活，作品中不光生活气息浓厚，而且挖掘得深，我读农村革命历史题材的作品不少，但都没有这一次读得过瘾。"老郭说："可以说是我大半生的心血！没拿出的还约有四分之三，它的总名叫《龙潭记》。"我说："我估计，书出来以后会有不小的轰动。"老郭说："出版社也这样想。"

在北京的几天，我抽空去看望了几位老师。十几年没来北京了，又经过了一次大劫难，十分想念他们。先去看了臧克家，待去田间处时，我向老郭请假。他听了稍有些犹豫，声音很小地说："好吧。田间也是我的老师，代问好！"说罢走开。我觉出他有些担心。在当时的气候下，做事不能不慎重。我若不同他说，他可以装不知道；说了，明确支持或反对，都不好说。我让诗友戈缨（另一位高平）陪着去看了田间老师，顺便看了王亚平。待打听清了陶钝地址（芳草地）准备去看时，一场政治风波在北京与山东之间发生了。省里李寿山带曲艺队参加全国调演，排练时请老乡、老领导陶钝去作指导，这下闯了祸，引起了"新政权"——国务院文化组权贵们的大发雷霆，说这是重大政治事件，"不拜红线拜黑线，不拜红色权威拜黑线老头子"。李寿山被押回山东批斗。此时，省文化局给老郭打来电话，说李寿山的问题性质严重，正在开千人大会批判，"老苗北京的熟人更多，去看谁了吗？"我正在跟前，见老郭脸色刷地变白，朝我会意了一下，镇定了语气说："老苗……哪里也没有去。光工作的事就够他忙的了！"电话那边没再追问。可是，我心中一直揣个小兔，克家、田间的名气比陶钝大，"新政权"若知道我拜了更大的"老头子"，那我会比李寿山更"黑"。我是"文革"第一批就抛出来的12名“黑帮”之一,“文革”前就挨过报纸点名批判,“文革”中又反复以不同名义折腾,是最后一个“解放”的,再发生了新事可是不得了。我感谢老郭替我保了密。老郭放下电话,什么没说,回到了自己屋。意思是,我给你保了密,你要是自己透了风可是连我也得牵上。此时,我绝对不敢再去看别的什么“老”了,也怕已看过的会不会从侧面透风?我想了一下,田间处没别人,可是克家处,在场的有程光锐、方殷等,他们能否无意中透出,被有意人听到?直到以后什么动静没有,我心中的“小兔”才放下了。我越想越敬佩澄清同志,在那种气候下难有的一种勇气,甚至来不及多想的一种当机立断,其危险程度不次于战争时期在鬼子面前的“两面村长”。我回济时,批陶、李大会还在开着,我赶上参加了一次,心想“寿山老李,我差一点也遭你这样一下子!”人生有好多不幸,那时躲过批判不仅是一次庆幸,内中的含义却值得久久回味。

正如屠岸所言:“像这样有分量的长篇在那个时代几乎没有!”“无产阶级文化大革命”的十年,整个中国大地百业凋零,物质文明和精神文明,都已经到了山穷水尽的地步。也有的学者将“文革”文化称为一片沙漠,当然在这片沙漠里却一直盛开着八朵“奇葩”——八大样板戏——成为当时人民的精神食粮。有人曾说过,样板戏看得久了,连平常说话走路,都带着一种样板戏做派——女人不像女人,男人不像男人。如今回看,前后十年,所有的眼睛只能一起盯着8个样板戏。那种精神世界的空虚和焦渴,是一个多么恐怖和绝望的场景呀!

尽管历尽艰辛,郭澄清和他的《大刀记》还算是生逢其时的。1975年7月至8月,三卷本长篇小说《大刀记》的第一版由人民文学出版社和山东人民出版社同时出版发行,震惊了中国文坛!

《大刀记》的出版距离“四人帮”倒台的1976年10月,还有14个月。在这14个月里,中国又经历了很多灾难——1975年11月,标志邓小平再次被打倒的“反击右倾翻案风”;因周总理逝世,导致天安门广场上的掀起“四五”运动;唐山大地震;毛泽东逝世——这一年可称得上是共和国一个漆黑夜晚……

这一版《大刀记》,郭澄清没有得到一分钱的稿费。

我们在采访作家章永顺时,他说郭澄清跟他说过一句话:

“我呀,是党的儿子,我要为党做贡献。我是党的儿子,作出我应有的奉献!那么我就靠我这支笔!”

章永顺说:“他用这支笔写出了《大刀记》,他无愧于人民和他的时代!《大刀记》一出来,势不可挡! 电影、话剧、评书、连环画等等等等。那是全面开花啊! 所以呢,那时候‘四人帮’也就挡不住了! 这朵奇葩冲破黎明前的黑暗,在那时绽放出来!”

(本文选自黄书恺、高艳国:《风雨大刀魂·郭澄清评传》,山东画报出版社2014年版)

乡土情结与现实关怀

——郭澄清乡情短篇小说创作论

周海波

在中国当代文学史上,农村题材的创作成为主流,农村题材的作家也是广泛受到关注的,诸如赵树理、孙犁、周立波、柳青、马烽、康濯、李准、王汶石、浩然等,农村题材的创作几乎就是新中国成立后"十七年文学"的最高成就。但是,无论是在文学史的叙述中,还是在批评家的视野中,人们似乎忘记了一位不应该被忘记的作家,这就是曾以《大刀记》闻名于世的郭澄清。

郭澄清的文学创作开始于20世纪50年代初期,到60年代初,在小说创作上取得了重要成就,尤其是短篇小说达到创作的高峰,短篇小说名篇《黑掌柜》《公社书记》《孟琢磨》《茶坊嫂》《社迷》等都是这个时期创作完成的。

郭澄清扎根于山东这片大地上,他有一颗平常人纯朴的心,也有一双发现美的眼睛。他的小说展现了鲁北平原的自然风貌和农村生活等场景,栩栩如生的农民形象,淳朴厚道的乡风民俗,审美与现实关怀的创作风格,还原了上世纪50—60年代农业化建设下的历史风貌,让我们重拾那一段几乎被人们所遗忘的岁月,为我们重新认识当时那个时代打开了另一扇窗户。

一、发现平凡生活之美

郭澄清生活和创作的年代正是我国农村合作社运动的时代,在20世纪五六十年代特殊的历史时期,因其特殊的社会和政治环境,郭澄清与同时代的其他作家一样,作品中不可避免地带有那个时代的印记。但是,郭澄清的作品又不拘囿于那个特殊时代的政治背景,而是立足于现实关怀,在对农村生活的叙事中,表现平凡琐碎的日常生活之美。

与郭澄清同时期,也出现了一批从政治层面展示新时代、新农村的作品,具有鲜明的意识形态特征,这些作品的价值意义已经得到时代的认同,也得到文学史的认可。赵树理关注的是农村社会的重大矛盾,在作品中旗帜鲜明地阐释自己的政治评价和道德倾向,小说中始终贯穿着相互冲突、矛盾对立的正反两种力量。孙犁以抒情诗画的风格为基础,把人物放在一个优美的画面之中,小说中散发着唯美、清新之气。周立波乡土风俗画面之中被重大题材的内容所笼罩,其人物和场景置于先验的理论框架之中。生于那个时代的他们当然无法回避时代所提出的问题,难以摆脱历史的局限,只能在时代所提供的舞台上表演。但是,这一代作家的历史贡献同样是无法否认的。这些作家的作品在叙事风格、叙事方式等方面呈现出来的美学意义,仍然值得文学史家进行探索讨论。郭澄清在特定的历史语境中,既表现出时代的背景下农村生活的巨大变化,又很少涉及重大的社会问题,也没有虚构激烈的阶级斗争矛盾,而是独辟蹊径,关注生活现象、社会现象之美,从农民的平凡生活中提炼出具有典型意义的情节、场景。"不仅仅表现在或者主要不表现在某些历史关头他们受某种信仰、观念、主义鼓舞所激发出来的狂热或激情,所成就的事业如革命、起义、造反、暴乱等等;更重要的是体现在他们琐细平淡的日常生活中的行为和观念,决定历史和制约历史的力量归根到底源自于这些尽乎本能的和无意识的生存活动之中"①。郭澄清描绘的正是这些平凡琐碎的农村人物的生存活动,努力在平凡生活中寻找美的现实,在现实中发现美的存在。他的小说主要写的是 20 世纪六七十年代中国农村社会的现实,如何认识那个年代,表现时代背景下农村的生活面貌,是对作家提出的一个重要课题,也是当代作家创作中的理论焦点之一。郭澄清也涉及了农业合作化、人民公社等影响中国农村的一系列重大事件,但他并不把精力放在表现重大事件本身,而是把农业合作化、人民公社作为透视农村生活的背景,他所要写的是在这一背景下的农村社会,以及农村社会应有的美,因为无论怎样的社会条件下,生活之美都是存在的,也都是人们共同的追求。

在这里,必须要回答的一个问题是,文学创作对生活之美的表现与粉饰现实有怎样的关系与区别。相当长一个时期,人们对上世纪五六十年代一些文学作品所表现的生活表示了应有的疑问,一些作品存在着粉饰现实,随意拔高人物形象的问题。对一些倾向于表现社会的重大题材,带有鲜明政治性色彩的作品来说,时代的因素是非常明显的。但是,我们在郭澄清的小说中所看到的,是

① 刘昶:《人心中的历史》,四川人民出版社 1987 年版,第 381—382 页。

作家对生活的切身感受和真实把握,那些具有浓郁生活气息的作品,来源于作家对生活的发现和体验,也是对生活的凝练和提高。

任何作品都是时代的产物,作家的作品当然离不开作家所生活的时代背景。郭澄清的创作也不例外,他尊重历史,展现了农村合作社建设中农民的集体主义精神,但并没有将当时的生活诠释成一部政治史,孕育典型人物的典型环境也没有被意识形态所同化。他没有刻意放大历史事件的背景,而是将家长里短的人物和事件,编织成农民平凡生活的画卷,在这幅生活画卷中,蕴涵了农民更为深刻的个体生命体验。《公社书记》《茶坊嫂》《铁蛋哥》《马家店》《老队长》《石再仁》等作品,所截取的都是农村中司空见惯的一些琐碎事情。《马家店》就是由马家店的老店长和住店的农民组成的日常化、大众化的生活画面,小说中人物的生活在这一幅画面中还原,是被浓缩了的农村生活。他将现实主义的创作方法融入文学审美中去,现实主义的本质之一,便是按照生活的本来面目反映生活,正如别林斯基所说的:"艺术的任务不是修改,不是美化生活,而是显示生活的实际存在的样子。""真实的人物,真实的场景"是郭澄清短篇小说的一大特色,他深深地植根于鲁北平原的沃土中,他小说中的场景在生活中大都能找到,是作家生活的亲身经历和感受。他的小说大多数采用第一人称进行叙述,第一人称的叙述视角使故事本身显得更加真实,小说中的许多情节、场景都是"我"的亲眼所见、亲耳所闻,如《黑掌柜》中,"我"接到任务,去调查供销社的"黑掌柜","我"亲眼看见"黑掌柜"拿尺量布、称盐的熟练手法,并发现原来这"本领"是"黑掌柜"怕顾客在烈日下排队等着,夜间无数次倒腾练出来的。这样,"黑掌柜"的人格品质和工作作风就在"我"的视线中一一展现给了读者。写《社迷》的出发点,作者在"开场白"中就表露得很清楚——村里人们都想给"社迷"作个传,这类问题,当然要找"我"这"写稿迷"。这些作品中都有"我"的影子,融进了"我"的真情实感,正是因为"我"融入乡村生活之中,并通过细微的观察、切身的感受,才发现这些平凡生活中所蕴含的美。

郭澄清的创作始终关注着农村、农民生活,通过一桩桩平凡的琐事为我们构织了一幅真实的农村生活景象,富有生活实感。综观其小说,处处可见农民的日常生活、劳动场景,他为我们展现了一幅日常化、大众化的生活画面,平凡、琐细,不带强烈的政治色彩,视野中呈现更多的是平淡无奇而又有滋有味的平凡生活之美。《公社书记》中项书记教育"我"如何拉车时说道:"塌下腰,挺起胸来,再挺挺。把头抬起来,眼向前看。瞅脚尖干啥呀?没人偷你的!……还不行,再把膀子晃开,把胳膊甩开,甩上点劲儿……练'基本功'嘛,姿势不对头就练不到好处!"《茶坊嫂》中担着水桶的茶坊嫂"穿大街,越小巷,拐弯抹角,风快地走着。一路上,她总是一股劲——背挺得很直,气喘得不粗,用力地甩着手臂,大摇大摆,跨着均匀的步子;她那对大脚片儿——长有七、八寸,宽有五、六指,就像两只大铁锤,蹬得大地咚咚"。《铁蛋哥》里面,铁蛋哥用头号大水车浇地,"两腿一叉,右手握住水车柄。左手把着腰。膀子一晃,水车哗哗地响起来。井水顺着链条。窜出一尺来高,活像喷泉一样"。这些场景都是平常的生活和普通的劳动场景,然而透过这些场景的书写,郭澄清将平凡生活之美展现得淋漓尽致,并可以看出他对乡村生活的熟悉与热爱。

"真诚是作家的人格力量和伦理情感的真实,是主体的真实态度和真实感觉。真实性存在于对人的丰富性和复杂性、对人的历史过程的审美把握之中。"①在文学领域中,日常生活也越来越成为作家与评论家关注的焦点。在当时时代语境下,郭澄清的小说对平凡生活之美的表现,折射出一种无意识的颇具现代性的审美意识与人文关怀。

二、发现普通人物之美

郭澄清的乡情小说中有一个显著特征,就是努力塑造新农村的美人形象。他塑造的人物形象不是像有些作品中"高、大、全"的那一类,他笔下的人物也不是英雄,也没有豪言壮语,更没有什么丰功伟绩,而是一个个平凡而普通的人物。在他的作品中没有拔高所塑造的人物形象,而是真实地展现、还原他们的形象。

艾略特曾指出:"用艺术形式表现情感的唯一途径是发现一个'客观对应物',换言之,发现构成那种特殊情感的一组客体,一个情境,一连串事件,这样,一旦有了归源于感觉经验的外部事实,情感便立即被唤起了。"②郭澄清对农村人物艺术形象的塑造,正是他被活生生的现实所唤起的亲身感受,是被那些生活在身边的人物激发起来的情感书写,是一种压抑不住的感情的自然外露。在《虎子》中,人们面对"风刮着,雨下着,电在闪,雷在鸣"的恶劣天气,为保护庄稼毅然决定排水,在虎子的带动下,"大家只觉得:心头有一团火在燃烧;身上的

---

① 洪子诚、孟繁华:《当代文学关键词》,广西师范大学出版社2002年版,第262—264页。
② 卫姆塞特:《西洋文学批评史》,中国人民大学出版社1987年版,第614页。

力量在扩张,自己已成了一个顶天立地的巨人,世界上的事,没有不敢做的,也没有做不到的!”“挑沟顺水的工程动工了”,“工地上,一片人海。大镐、铁锨,七上八下,铿铿锵锵”……郭澄清被这种与恶劣天气作斗争的“众人拾柴火焰高”的群众精神所感动,激发他用笔写下这些普通人物。正如郭澄清在短篇集《社迷》后记中写道:“我正式学习写作,开始于农业合作化的初期。那时节,形势发展一日千里,新人新事层出不穷,祖国的一切,都在发生着深刻的变化。此情此景,使我的心不能平静。我愿把亲眼看见的新人新事写出来,希望曾经教育了自己的事迹,能再感染别人。社迷、虎子、春儿、茶坊嫂、黑掌柜、方方嫂、老队长……众多的意气风发的先进人物形象,在我的脑子里行动着,活跃着。于是,我怀着激动的心情,提笔展纸,在灯光下写,在膝盖上写。”

郭澄清短篇小说中所塑造的都是既平凡又普通的人物形象,也可以说是农村中最具有生活实感的人物。他植根于人民群众的沃土中,热情地讴歌在新农村建设中涌现出来的新人。他的短篇小说很多都以人物来命名,如《黑掌柜》《公社书记》《茶坊嫂》《孟琢磨》《嘟嘟奶奶》等,富有生活气息,让读者很容易就抓住人物的性格特点。郭澄清的小说中没有英雄或英雄崇拜情结,就算是塑造乡村干部的形象,也是把他们作为群众中的普通一员来刻画的。他通过形象描写和行为描写的方式,让他笔下的普通人物身上闪耀出人性美的光芒。《公社书记》的项书记,就是郭澄清刻画的“群众干部”代表之一。文章着力透过项书记的形象刻画,来展现群众干部的朴实、亲切。小说以“我”去找项书记为线索,“我”走了一里多路时,遇到“鞋帮上、裤腿上沾了些泥土,显然是刚刚干完了活……蹲在那儿正对着一棵棉花出神”的看样子是项书记的人,问过后知道他也姓项,是公社的副社长,不是“我”要找的项书记。告别了副社长,“我”看见前面有一个推车的老汉,老汉“戴着一顶破草帽,标准的老农打扮”,“我”被老汉抓了差拉车,到了方庄,“我”向身边的一位中年人打听项书记,得知这位中年人也姓项,是支部书记,刚才推车的那一位正是“公社书记”项书记。文章巧妙地设置了多个姓项的干部,无论是从外貌还是行为举止上,我们早已经分不清谁是干部,谁是群众,干部和群众一家亲。他们没有官架子,思想上先进,干活比普通群众干得多,在他们身上找不到传统意义上的“官本位”思想,这些干部都是真正意义上的人民公仆。这些踏踏实实为群众办事的干部形象,包含着郭澄清对这种乡村政治的认同,同时也让我们看到了理想的人性。

20世纪五六十年代，中国的农业合作化、人民公社运动，改变了中国人的生活方式和生活观念。那是集体主义盛行的年代，提倡公而忘私、以社为家、爱社如家的品德。郭澄清小说中的人物形象带有时代的鲜明特点，也带着那个时代的某些局限性。他们都是中国千千万万个普通劳动人民中的一员，这些人物身上充分体现了中国劳动人民勤劳、勇敢、善良、坚韧不拔的优秀品质。他们识大体顾大局，热爱土地和家乡，有着建设社会主义新农村的责任感和使命感，即便是取得了一些成绩，也仍然保持着平常心，依然淳朴、勤勉。《孟琢磨》篇中的孟琢磨爱社如命，时刻都在为集体着想，就连在病势严重的情况下，仍然惦记着生产队的碱地，在他"琢磨琢磨"的功夫下，终于成功地把碱地改造好，使各种产物增产一倍。试验成功后，引起了各方的关注，"可是，只有孟琢磨与众不同，他就好像根本不知道这些事似的，言语，行动，依然如故，就连脸上的表情，也看不出什么变化来"。这就是生活在农村的普普通通的劳动人民啊！中国大地上又何止一个孟琢磨！还有《小八将》中善于钻研、勤学技术的社会主义新青年张泉。张泉不仅自己谦虚好学，而且还耐心细致地教村里的人学技术。此外，郭澄清的作品中还行走着劳动妇女的形象，她们淳朴、善良、勤劳、智慧，承传着中华民族的优良传统。《万灵丹》中的秋香积极推广人工授粉技术，《春儿》中干一样会一样、会一样通一样的春儿，《茶坊嫂》里不收茶叶费、忙里抽闲给人洗了褂子的茶坊嫂，《助手的助手》里称职的助手方方嫂等。诚如王蒙所言："即使在那不幸的年代，我们的边陲，我们的农村，我们的各族人民竟蕴含着那样炽热的火焰。那些普通人竟是这样可爱、可亲、可敬，有时候亦复可惊、可笑、可叹！即使在我们的生活变得沉重的岁月，生活仍然是那样强大、丰富、充满希望和勃勃的生气……太值得了，生活，到人民里边去，到广阔而坚实的地面上去！"[①]这些普普通通的人物身上散发着生活的气息和人性美，今天读来仍给人以温暖的感受。

三、重构短篇小说叙事之美

与西方19世纪以来的小说相比，中国传统短篇小说的叙事美学主要通过一定的场景、人物构造曲折的故事，在画面中包含故事，在故事中创造美的画面，追求小说叙事的和谐完美。篇幅短小和故事性强是短篇小说叙事的篇制特

① 王蒙：《浅灰色的眼珠》，作家出版社1984年版，第323页。

点，因此也决定了它的叙事结构不可能像长篇小说那样描述人物曲折繁复的人生历程，而是集中笔墨描写精彩之处，如同中国画一样，通过一定的构图，点染人物，叙述故事。劳动场景是农村日常生活的一个重要组成部分。在我国古典诗词中，亦有不少对日常生活画面的描绘。东晋诗人陶渊明作为田园诗的代表人物之一，一生写下了大量的田园农事诗，特别是归隐后，他融入农村生活，其诗作散发着农村的乡土气息和日常生活的纯朴之情，呈现出一幅幅的农作图。如《归园田居》第三首："种豆南山下，草盛豆苗稀。晨兴理荒秽，戴月荷锄归。道狭草木长，夕露沾我衣。衣沾不足惜，但使愿无违。"诗中刻画了一幅荷锄归来的劳动者的画面，既有诗情画意，又有丰富的现实生活内容。从这一点来看，郭澄清的小说正是从古典诗词中得到浸润。

此外，郭澄清小说在叙事结构上也有突出的特点。"结构之所以为结构，就在于它给人物故事以特定形式的时间和空间的安排，使各种叙事成分在某种秩序中获得恰如其分的时间和空间的编排配置。因此顺序性要素，是结构得以成形的要素。"①以战争为题材的短篇《老人》中，小说中的"我"从接过一张写着"何老六，六十二岁，农民……"的会客单后，就开始凝视、沉思，直到发现老人"那粗糙的左手上，少着半截食指"后，顿时勾起了"我"的回忆，继而把叙述的视线从现实转移到1947年敌人向解放区大举进攻的时候，讲述了战争年代"我"和老人的故事。

生活中的偶然现象我们一般无法预料，然而在艺术创作中，小说家运用偶然的事件使得故事情节的设置更加富有悬念。《小哥俩》中，讲述了发生在15年前的事，在一次遭遇战中，战友牺牲前托付给"我"两件事——一件是将枪交给党，另一件就是将一个小小的口哨交给他的孩子。"我"逃出敌区，进入解放区后，正好到了20天前曾住过的村庄，不禁勾起了"我"对房东大嫂和她的两个孩——金柱、铁柱的回忆。然而，当"我"望见曾经住过的那所房子时，得知这儿发生过战斗，房子空了，人也不知去向。在"我"和敌人的周旋中，竟巧遇金柱和铁柱，在"小哥俩"的协助下，"我"甩掉了敌人，在得知两个孩子是孤儿后，"我"决定把他们带到解放区。当"我"把口哨拿出来后，发现战友托付"我"转交的人恰巧就是这两个孩子——金柱和铁柱。偶然巧合在小说中的运用，使故事生动有致。

---

① 杨义：《中国叙事学》，人民文学出版社1997年版，第61页。

作为叙事作品重要组成部分之一的语言，也是郭澄清小说中的一大特色。通俗化、口语化语言风格的运用为文章增色不少，作家非常熟悉农村生活，《郭澄清短篇小说选》中的作品，无论是外貌描写，还是对话描写，都十分贴近人物形象。

郭澄清的小说是写给农民看的，因此作家自觉地建立起写作目的和与之相应的审美追求，使用的语言通俗易懂，口语、方言贯穿其中，并运用民间流行的谚语。《马家店》中，当"我"问到老店主还会手艺时，老店主答："朱砂缺少，红土为贵。会不会的胡叮当呗！"《高七》中王山向高七借牲口时说："种麦急如火，一晚三分薄。麦子种晚了，明年的丰收指什么？……"《男婚女嫁》中，桂兰娘说："你可不能瞎子拉耙一起抿，我才比你爹小三岁，我就没有这号老思想！"这些语言都来自于民间，用在文中能够恰到好处地表现出当时人物的心理。

《嘟嘟奶奶》中，有一段关于嘟嘟奶奶的语言描写："眼下这年轻的呀，我看是越惯越懒，天到啥时候啦？还睡！就不怕压塌那炕坯！你爹像你们这般岁数的时候，整年整月地给财主扛活，五冬六夏，不论下雨刮风，多咱也是看不见屋梁就起来；要像你们似的，仰在炕上睡觉呀，早叫东家打成肉饼子啦！……"这一段口语式的语言，又融合了当地的方言，把一位"爱嘟嘟"的农村老太太的形象写活了。郭澄清的作品中，类似这样的句子俯拾即是。

当然，受历史的局限和时代的影响，郭澄清的小说不可避免地带有时代的烙印，然而，在那个"公而忘私"的集体主义盛行的年代，他忠实于现实主义，但并没有将集体主义和个人主义对立起来，上升到你死我活的阶级斗争论，也没有传统小说中矛盾对立的双方，他的小说从文学性和艺术性的角度结构全篇，构筑了文学的尊严，这一点正是郭澄清作品值得推崇的地方。今天重读郭澄清的小说，为我们对那个特殊年代文艺作品的多重探索开辟了另一条途径。

（本文原刊于《齐鲁师范学院学报》2014 年第 1 期）

2015 年

《大刀记》与德州文化

刘东方

一方水土孕育一方文化，一方文化孕育一方文人。运用自己独特的笔墨书写家乡文化的作家在中国现当代文学中占有很大的比重，其中有描写江南鲁镇的鲁迅，有描绘北京风俗画卷的老舍，有展现湘西独特民风习俗的沈从文；当代文学中，有讲述上海生活的王安忆，有书写商州系列的贾平凹，有关注武汉市井生活的池莉；山东文学中有描写胶东半岛的张炜，有叙述高密东北乡的莫言，有描摹鲁南抗日烽火的知侠，有回忆鲁西生活的季羡林……当然，还有以书写德州文化而著名的郭澄清。

德州自古就有“九达天衢，神京门户”的美誉，悠久的历史、优越的位置，孕育了德州独特的文化，这种文化影响了一代又一代德州人，更滋养了一批又一批的作家，其中的代表当属郭澄清，朱德发曾这样评价：“中国当代文学短篇小说中，在不同时期最杰出、最具特色的三位作家，那就应该是赵树理、孙犁、郭澄清。”他创作的长篇小说《大刀记》《龙潭记》《决斗》《历史悲壮的回声》，中短篇小说集《麦苗返青》短篇小说集《社迷》《公社的人们》《小八将》等作品，脍炙人口，广为流传，其中于 1975 年出版和 2005 年再版的《大刀记》尤为突出，该小说曾被全国 20 余家省市电台连播，后被改编成话剧、电影、连环画、评书，2015 年又被改编为电视连续剧。这部出版于 40 年前的长篇小说，今天仍然能够以生动的人物形象，曲折的故事情节，缜密的叙事结构，不屈的抗日精神，特别是浓郁的德州文化，深深地吸引读者，显示出穿越时空的艺术魅力，在隆重纪念抗日战争胜利 70 周年前夕，我们重新体认其价值，当具重要的意义。

一、描绘故乡土

郭澄清出生在德州市宁津县时集镇郭皋村，少年时便从事革命工作，这种成长经历给郭澄清的创作带来十分深远的影响。他的小说创作基本上没有离开德州冀鲁平原这片乡土，小说中发生的故事，多取材农村，甚至使用实际地名。在《大刀记》中，德州地名遍布每个角落，作品本身描写的是德州市宁津县大队的抗日斗争史，像德州、龙潭镇、柴胡店、边临镇、坊子镇……这些地名尽显作品中，通晓德州地理的读者，思绪完全可以随着这些地点的变换，头脑中闪现出故事的发生实际场景，呈现出地域性和亲切感。除了熟知的地名，穿越德州境内、对德州影响深远的大运河，更是流淌在该作品中。《大刀记》开始就介绍主人公梁永生一家是从杭州沿着运河一路来到龙潭街的，龙潭街有了梁永生才有了第一卷“开篇”的故事，其中第四节就为“运河岸边”，《大刀记》中很多令人难忘的故事都发生在大运河边，使读者感到特别的亲切、真实。老舍认为“地理条件是形成地域文化的重要因素。在地理条件大致相同区域的人们，往往会形成较为相同的文化习俗和习性”。因此，仅仅局限于地理特色的描写对郭澄清来说是远远不够的，要表现地域文化，更要呈现地域中独特的人文景观、风情民俗。德州是一座历史悠久的古城，几千年来流传下来的民风习俗丰富多样，其中关于四时节令、婚丧嫁娶、人际往来等方面的民俗描写，在《大刀记》中描写得尤为生动具体。第一卷“开篇”就为我们描述了龙潭街一带在元宵节闹社火的风俗，先是舞狮子，狮子之后是高跷，高跷后头是秧歌，秧歌后头是鼓乐，鼓乐后头，还有龙灯、旱船、太平车……对当时的热闹场面进行了生动的描写；另外还有地主恶霸贾永富的葬礼、灵堂的摆设等，故事也由此展开。再如第五章《德州内外》开头有一段对民国初年德州风俗的描写：“道边上净些小摊子。葱篓靠着盐箱，肉案连着鱼筐，五金兼营木器，杂货带卖鲜姜。卖馃子的孩子，穿着油衣裳，携着竹篮子，在摊案空间，跑来窜去，高声叫卖：‘香油馃，又酥又脆，好吃不贵……’卖糖葫芦的老人扛着杆子，抱着签子，也是边走边嚷：‘冰糖葫芦仨子儿俩，抽签赢了俩子儿仨……’那少年走进城隍庙，又是一番景象——东边是卖艺的。周遭儿的观众，围了个人圈儿。西边儿是说书的。说的段子是《三打祝家庄》。说书人嗓音挺豁亮，吐出字来嘎崩儿脆，发出音来煞口甜……”这些对于民风民俗、生活场景、活动场所淋漓尽致的描述，让读者眼前浮现出一幅幅丰富多彩的德州文化的风俗画卷。

二、赞美故乡人

德州地势平坦，幅员辽阔，无环山相拥，有流水围绕，德州人的性格没有环山带来的闭塞与落后，却有流水带来的温和与包容；又由于齐鲁文化与燕赵文化在这里的交汇，使得德州人既有齐鲁文化的质朴厚重，又有燕赵文化的慷慨豪放。正如季桂起概括的那样，“德州人温和、淳朴、厚重又慷慨仗义，像‘水’一样具有博大的包容性。许多外地人到德州，都能够感受到德州人诚实、容忍、不排外的性格”。此言绝非虚语，明朝时期位于菲律宾群岛的苏禄国王来中国访问，在返回途中，不幸于德州“遭疾殒殁”，德州人以博大的胸襟接纳了这些留下来为国王守陵的外籍人，从不因他们是外籍人而对其排挤或欺压。随后，苏禄王的后人在清朝雍正年间，以温、安二姓被批准入籍德州，成为名副其实的德州人，在这里他们组成了一个独特的守陵部落——北营村，至今一直与这个城市的其他居民和睦相处。

在郭澄清的创作中，德州人的乐于助人、慷慨仗义，更是被刻画得淋漓尽致。《大刀记》的主人公梁永生祖籍是在大江以南的杭州府一带，父亲梁宝成由于恶霸地主的欺压来到了龙潭街，龙潭街的乡亲收留了他们一家，虽说这里不是他们的本乡本土，但龙潭街的人们从来没拿梁家当外乡人，并给了他们很大的帮助。梁永生被地主逼得不得不背井离乡，一路上也得到了不少好心人的收留、接济。小说以梁宝成、常明义两家三代与地主贾永贵的尖锐矛盾为线索，对鲁北农村的阶级斗争和抗日战争进行了历史性的书写和展现。在他的短篇小说中，郭澄清塑造了不少新社会中的德州人形象，譬如与百姓打成一片，“塌下腰”为群众办事的人民公仆（《公社书记》）；“手是戥子眼是秤，心眼儿就是定盘星”、全心全意为人民服务的“黑掌柜”（《黑掌柜》）；善于观察分析、处处为顾客着想的“马家店”老板（《马家店》）；以及卖茶水之余帮人捎药、洗衣，多一分钱也不要茶坊嫂（《茶坊嫂》）等。通过梁永生等人物形象，郭澄清为我们表现了德州人的性格特征，也为我们展示了形成这种“地域性格”的德州文化。

三、妙用家乡话

郭澄清是第一个将鲁北方言运用到文学创作中的当代作家。他的小说创作运用了丰富精彩的德州农民语言，并对这种语言进行了提炼加工，使之既具有鲜明的地方色彩，又成为感情丰富、富有表现力的文学语言，因而使整部作品充满了浓郁的德州文化气息。在《大刀记》第一章“闹元宵”中，我们从梁家父子出场的几句话中就能感受到鲁北人的精气神儿，如“你忒软和儿。我不能济着他抟糅！”“叫我说趁早甭搭那种瞎仗功夫！”“咱除了这罐子血还称啥？穷到了这步田地还怕个屁？大不了把这罐子血也倒给他到头儿了！”“嗬，想打架吗？是身上刺挠了？还是活腻歪啦？”上述小说语言为纯净地道的德州方言，语气干脆爽朗，不卑不亢，语言平易晓畅，通俗易懂，生动地刻画出了梁氏父子面对地主恶霸时的那种“愣葱精神”。另如梁永生教育志刚时的一段话：“志刚啊，你的爷爷常明义，你的亲爹常秋生，都是一咬咯嘣嘣响的硬汉子。他们生前，在歹毒的财主面前，向来是宁流血，不流泪。孩子呵，泪水报不了你爷爷的仇，泪水淹不死白眼狼。让这泪水流进肚子去吧！眼泪入心化为恨。仇恨埋在心中，它将变成一团火。一旦爆发出来，它能把我们的仇人烧成灰！”这就是一位德州民间的革命者所独有的语言，既没有上纲上线的大道理，也没有现代文学中部分革命文学那样的知识分子腔，它准确到位、铿锵有力，感人至深，给人力量，能够引发读者的强烈共鸣。郭澄清将语言的文学性与地域文化较为成功的融合在一起，形成了自己独特的风格，也受到广大读者的喜爱，并对其他的山东作家产生了影响。

郭澄清一生都在致力于文学创作，笔耕不辍，书写着他深爱的家乡，弘扬他引以为豪的德州文化，正如任孚先在《论郭澄清的短篇小说创作》一文中说：“他的作品总离不开这块充满苦难和希望的土地，总离不开与他血肉相连的人民，总离不开希望谋求生活更加美好的崇高责任感和使命感。”作为德州作家的代表，郭澄清为德州文化的发扬光大，为山东的文学创作和文化建设，为纪念鲁北波澜壮阔的抗日战争作出了自己独特的贡献。

（本文原刊于《百家评论》2015 年第 5 期）

《大刀记》的接受史与当代意义

张永峰

2015年初抗日剧《大刀记》的播出，重新唤起人们对于小说原作的历史记忆。长篇小说《大刀记》由德州宁津籍作家郭澄清于1970年代初创作完成，1972年人民文学出版社印了第一部的内部征求意见稿，未获通过，出版搁置，后经出版社争取、作者删改，于1975年以纪念抗日战争胜利30周年的名义出版三卷本①。小说一经出版，就在全国产生广泛影响，接连被改编成电影、评书、戏剧、连环画册等艺术形式，观众、读者无数，一时间《大刀记》家喻户晓，小说发行量超过百万册。2005年在纪念抗日战争胜利60周年之际，人民文学出版社根据未删改本再版《大刀记》两部三卷本。

小说《大刀记》从最初的脍炙人口到新世纪再度受到青睐，中间沉寂了30年。这30年中国的历史语境和文学观念发生了巨变，因而梳理分析《大刀记》的接受史，可以窥探这30年间文学观念都发生了哪些变化，在此基础上，可以重新认识《大刀记》的当代意义。

一、《大刀记》的接受史

1975年小说出版不久，即有多篇评论文章在不同刊物发表，形成了《大刀记》接受史上的初次评议高潮。其中，《人民战争的绚丽画卷——读长篇小说〈大刀记〉》一文首先申明"社会主义文艺的根本任务就是要塑造千百万人民群众的优秀代表——无产阶级英雄典型"，在此前提下，文章认为《大刀记》"运用革命现实主义和革命浪漫主义相结合的创作方法，努力学习革命样板戏'三突出'的创作经验，全力地塑造了我八路军大刀队队长梁永生这一光彩照人的英

① 吴开晋：《披肝沥胆翰墨春秋——记著名作家郭澄清》，见《大刀记》(第2部)，人民文学出版社2005年版，第509页。

雄形象”[①]。接下来,对于梁永生这个英雄典型形象的塑造,文章从三个方面展开分析:第一,苦大仇深的梁永生从“一个具有朴素的阶级感情和狭隘复仇思想的普通农民”经由党的教育和革命斗争实践“变成自觉的无产阶级战士”的成长过程;第二,梁永生领导大刀队“敢于斗争、敢于胜利”与他刻苦学习毛泽东思想、“正确地执行毛主席的军事路线”之间的因果关系;第三,梁永生“敢于斗争、敢于胜利的革命气概”如何植根于人民群众,如何体现了“人民群众是真正的铜墙铁壁的伟大真理”。在此基础上,文章称赞这部小说“歌颂了毛主席关于人民战争的光辉思想,谱写了一曲人民战争的气壮山河的胜利凯歌”。

这时期发表的另一篇文章《伟大抗日战争的一曲凯歌——评郭澄清同志的长篇小说〈大刀记〉》,同样从以上三个方面分析梁永生这个“工农子弟兵英雄形象”的成功塑造[②]。不过,文章更明确地道出了梁永生的血泪家史、反抗斗争与百年来的阶级压迫史、农民革命传统之间的同构关系;更详尽地分析了梁永生领导大刀队不断取得胜利的过程与毛主席关于持久战、游击战、歼灭战的战略战术论断之间的对应关系;更热情地赞扬了梁永生领导军民团结战斗所彰显的人民子弟兵和人民群众的鱼水深情。而文章《阶级苦水里生,革命烈火中长——评长篇小说〈大刀记〉中梁永生的形象》同样聚焦于梁永生的形象塑造,从“深厚的阶级基础”、“突出的反抗性格”、党和毛主席的教导、与人民群众保持血肉联系等方面,梳理分析了梁永生“由一个普通农民成长为一个无产阶级革命战士”的过程和原因[③]。不过,与前一篇文章相比,以上两篇文章都指出了作品没有反映“党内两条路线斗争”这个“不足”之处。

以上三篇评论文章传达出“文革”时期具有普遍性的文学观念,即认为文学的根本任务是塑造“无产阶级英雄形象”;文学作品是阶级斗争的“教科书”,作品的主题思想和评判尺度来自权威政治理论;不同阶级身份的人物形象等同于其阶级本质;人物安排、情节结构、叙述方法等遵循“主要英雄人物”、“英雄人物”、“正面人物”的等级序列(“三突出”创作原则)及其与对立面(阶级敌人)的斗争原则,作品对于不同人物的情感态度归结为其政治观点和阶级立场。这

① 赵耀堂:《人民战争的绚丽画卷——读长篇小说〈大刀记〉》,《文史哲》,1975年第3期。

② 齐铸文:《伟大抗日战争的一曲凯歌——评郭澄清同志的长篇小说〈大刀记〉》,《山东师院(社会科学版)》1975年第5期。

③ 中文系学员评论组:《阶级苦水里生,革命烈火中长——评长篇小说〈大刀记〉中梁永生的形象》,《破与立》1975年第5期。

样说来，当时出版的《大刀记》的确在一定程度上分享了这样的文学观念。比如，通过塑造梁永生这个无产阶级英雄形象来表现阶级压迫和阶级解放，讴歌“毛主席的革命路线”；梁永生这个主要英雄人物和王锁住、梁志勇、沈万泉、赵生水、黄二愣等众多英雄群像以及普通群众（正面人物）的安排设计大致符合“三突出”创作原则；不同阶级身份的人物形象都从属于其阶级本质。但是，与当时的文学观念明显不同的是，如上所述，《大刀记》并未表现“文革”时期的“党内两条路线斗争”。

《大刀记》没有表现“党内两条路线斗争”在当时被认为是缺陷和不足，而在时过境迁之后则具有了完全不同的含义。2002 年前后，吴开晋在《披肝沥胆翰墨春秋——记著名作家郭澄清》一文中回顾了《大刀记》出版遇到的障碍以及作者受到的压制逼迫。文章介绍说，“当时主管文化部的‘四人帮’的干将，直接插手审查出版计划”，“硬说《大刀记》第一部‘没有写党的领导’，更不符合‘文革’路线”，实际上，“所谓‘没有党的领导’只是一个借口，关键还是像这样的革命历史题材作品‘没有写反走资派’”。此后“‘四人帮’控制下的文化部曾派专人到山东调查《大刀记》创作背景，是否有‘走资派’、黑线人物支持”；而后还逼迫郭澄清写一部“反走资派”的中篇，遭到郭澄清的抵制。因此文章认为，《大刀记》是在“大批特批所谓民主派——走资派的时候”，“对‘民主派’们艰难曲折革命历程的热情讴歌，对民族、民主革命战争的讴歌”，是通过“歌颂老革命家们流血牺牲”，与“文革”极左路线唱反调①。这篇文章在新的历史语境中把《大刀记》从“文革”文学中剥离出来，赋予其相反的政治含义。不过，这篇文章还是从文学与政治的关系来强调《大刀记》的意义，这样的视角在新的历史语境中不再具有普遍性。

2006 年，“郭澄清创作研讨会”在德州召开，《文艺报》报道了研讨会的情况，后来发表了部分与会学者的文章，文章大都论及《大刀记》。这可算作《大刀记》接受史上的另一次评议高潮。其中，《一位不能遗忘的好作家》一文首先申明，《大刀记》虽然从出版时间上看属于“‘文革’文学”的范畴，但“它与‘四人帮’鼓吹的极左文艺是完全不同的，它的出版甚至受够了阻挠”。在此前提下，文章认为尽管《大刀记》在人物设置方面遵循好与坏、敌与我、革命与反动的二

---

① 吴开晋：《披肝沥胆翰墨春秋——记著名作家郭澄清》，《大刀记》（第 2 部）（下部），人民文学出版社 2005 年版，第 507—509 页。

元对立逻辑,但这是时代风气使然,在那个时代这部作品的特色在于:"对于中国传统小说艺术手法的继承和发挥","对于中华民族精神的张扬和美好人性的展现"[①]。这篇文章在新的历史语境中肯定小说采用的传统小说艺术手法以及对于民族精神和美好人性的表现,小说中阶级革命的思想内容则被淡化处理。

另一篇文章《重新评价红色历史的书写》,从"红色写作"可资发掘的精神资源的视角来认识《大刀记》的价值。文章认为,虽然"郭澄清所理解和讲述的战争,充满了血雨腥风、血流成河的战争暴力场景,但他更注重对'人'和人性的书写。在创作《大刀记》的时代,作家能够最大限度地坚持文学性的立场实属难能可贵"[②]。这篇文章同样强调小说对于"人性"的表现以及由此而彰显出的"文学性"立场。

以上两文都肯定《大刀记》的"人性"书写,但并未阐明其所谓"人性"的具体内涵。对于这个问题,《革命叙事中的人伦价值建构》一文给出了回答。文章认为,《大刀记》这部作品在当时的贡献,或者说从文学史的角度来看在今天的突出意义,就在于"它在革命历史叙事中非常生动而深刻地表现了人伦价值"。围绕这个观点,文章分析"家庭、亲情、友爱"等伦理纽带以及传统的善恶伦理观念在小说叙事中的重要作用,认为小说中"革命的阶级仇恨与传统的家庭伦理相互渗透",且"'阶级兄弟'这种说法就是对家庭伦理的模仿和挪用","家庭伦理使革命的斗争形式和过程获得个人的认同"[③]。从这篇文章中可以见出,与"阶级仇恨"相对的"家庭、亲情、友爱"等家庭伦理和传统的善恶伦理,是小说表现的人伦价值,这些当是"人性"内涵的一部分。

以上三篇评论文章都是在新的历史语境中从新的视角寻找《大刀记》的价值,都肯定小说对于"人性"的表现。新时期以来,人们对"人性"的理解实际上是基于对"阶级性"的反思,也就是说,人性的内涵是与阶级性相对而言的。关于人性与阶级性的论争在20世纪中国历史上多次出现,30年代鲁迅与梁实秋的论争,广为人知,自那时起,在"左翼"阵营看来,宣扬普遍人性会掩盖阶级矛盾和阶级压迫,人性论是为统治阶级服务的意识形态,因此无论是在当时解放区还是新中国成立后,人性论都作为阶级斗争学说的对立面而被批判,"文革"

---

① 雷达:《一位不能遗忘的好作家》,《文艺报》2006年10月14日。
② 孟繁华:《重新评价红色历史的书写》,《文艺报》2006年10月14日。
③ 陈晓明:《革命叙事中的人伦价值建构》,《文艺报》2006年10月14日。

时期更是大加挞伐。也正是如此,新时期以来随着对“文革”的批判、对阶级斗争的反思,人们转变了对待人性论的态度。这也正是上述文章从人性论的角度来肯定《大刀记》的原因。

实际上,对待人性论的态度转变同时意味着文学观念的转变。比如,依据《重新评价红色历史的书写》一文的逻辑,《大刀记》中的人性书写同时意味着“文学性”立场的坚持。一般认为,“文学性”这个概念是在20世纪初由俄国形式主义理论家罗曼·雅各布森提出,他说:“文学科学的对象并非文学,而是‘文学性’,即使一部既定作品成为文学作品的特性”。当时雅各布森提倡“文学性”是为了反拨“俄国历史文化学派将文学研究从属于社会学”,“而无视文学艺术的审美特征和艺术规律”①,因而强调文学的独立性和本体特征。新时期以来,中国大陆对于“文学性”的提倡则是基于对文学工具论的批判,因而“文学性”就是与政治性以及社会功利性相对立的文学的独立自主性和审美自足性。从这种意义上说,对于非政治性、非阶级性的“人性”书写,就是对“文学性”立场的坚持。

正是因为新的文学观念强调文学的独立自主性和审美自足性,强调“怎么写”比“写什么”更重要,所以,新世纪初发表的多篇文章着重讨论《大刀记》的艺术形式,而不是像早先那样认为形式从属于思想内容。比如,《民族化的艺术创造——〈大刀记〉艺术论》(《理论学刊》2006年第12期)一文从纪传体笔法、民间传奇、古典小说艺术基因、风俗民情、地方色彩等方面分析《大刀记》富有民族特色的艺术风格。而《重新解读被当代文学史书写遗忘的名家精品——郭澄清现象论》(《山东师范大学学报(人文社会科学版)》2008年第2期)一文则从常规人性回归、艺术原型、民间语言提炼、中国传统小说技巧等方面阐释《大刀记》的艺术民族化。这些都是新的文学观念基于形式自觉而带来的新发现。

二、《大刀记》的当代意义

如上所述,《大刀记》两次评议高潮之间相隔30年,中间这30年几乎是研究的空白。这是什么原因造成的呢? 不言而喻,正是新的文学观念使然。关于这个问题,上述《革命叙事中的人伦价值建构》和《一位不能遗忘的好作家》两

① 姚文放:《“文学性”问题与文学本质再认识——以两种“文学性”为例》,《中国社会科学》2006年第5期。

篇文章给出了部分答案。前者说,“现在研究五六十年代以及‘文革’时期的文学”,“被政治记忆所遮蔽,所有的作品都与那个时期的政治意识形态等同,而被指认为政治的衍生产品”①;后者说,“时下某些论者,一提起这类文学作品,一概打入非文学、非艺术行列,未免有点简单化,要把这种‘定论’放在《大刀记》头上,更不恰当”②。这两种说法实际上道出了新时期以来越来越强调“文学性”的“纯文学”观念所具有的狭隘性和排斥性。正因为新时期“纯文学”在中国大陆的产生建立在批判“文革”、颠覆“文学从属于政治”等文学陈规的基础之上,其倡导文学的独立自主性和审美自足性,所以当“纯文学”观念确立之后,人们会以此为标准指认五六十年代以及“文革”时期的文学是“政治的衍生产品”,将其“一概打入非文学、非艺术行列”。换句话说,“纯文学”正是通过排斥包括《大刀记》在内的传统现实主义文学而为自己开辟道路的,“纯文学”取得支配地位的过程就是把这类异质性作品打入冷宫的过程。

本来,“纯文学”是伴随思想解放运动和改革开放的历史进程,在纷至沓来的乞灵于西方现代主义的文学思潮、文学流派更迭流变中孕育形成。其原初的任务是将文学从以往时代的政治束缚、陈规教条中解放出来,其背后是作家(知识分子)的精神独立、创作自由、个性发挥、介入公共生活的权利要求等,所以,“纯文学”产生之初具有强烈的现实关怀和“文化政治”色彩。但是,随着历史语境的改变和“纯文学”获得合法性的先决条件(文学成为某种政治主张的“宣传机器”、官方意识形态的虚假图像等)的瓦解,“纯文学”就显示出固步自封的保守性。正如南帆所言:“一些理论家与作家力图借用‘纯文学’的名义将文学形式或者‘私人写作’奉为新的文学教条。他们坚信,这就是文学之为文学的特征。这个时候,‘纯文学’远离了历史语境而开始精心地维护某种所谓的文学‘本质’。……种种新型的权力体系已经诞生。历史正在向所有的人提出一系列重大的问题。然而这时的‘纯文学’拒绝进入公共领域。文学放弃了尖锐的批判与反抗,自愿退出历史文化网络。‘纯文学’的拥护者不惮于承认,文学就是书斋里的一种语言工艺品,一个语言构造的世外桃源。”③

的确,当与西方接轨的现代化并未像 1980 年代所期许的那样理想和乐观,

① 陈晓明:《革命叙事中的人伦价值建构》,《文艺报》2006 年 10 月 14 日。

② 雷达:《一位不能遗忘的好作家》,《文艺报》2006 年 10 月 14 日。

③ 南帆:《空洞的理念——“纯文学”之辩》,《上海文学》2001 年第 6 期。

而是在经济迅猛发展的同时生产出贫富两极分化和新型权力体系以及其它种种社会问题的时候,“纯文学”却拒绝进入公共领域,放弃批判与反抗,从而丧失了锐气与活力,成为一套新的陈规教条。的确,审美幻象的刻意营造、沉迷于个人感性世界、卖弄形式实验,某种形而上意味的装饰,这些陈规教条使得“纯文学”远离了社会生活的激流和漩涡。

正是在“纯文学”丧失介入社会生活的能力,同时逃避现实的消费主义文化大行其道的背景下,《大刀记》这样的作品就焕发出新的意义。正如有的论者指出,《大刀记》是一部“对中国近现代历史发展规律予以艺术阐释”的“史诗”性作品,但是《大刀记》对于“历史规律”的诠释不仅如论者所说——“对既定的社会秩序失范和对公平与合理原则的绝望”促使民间力量与共产党结合,从而“标示出了历史正是诸多合力共同作用的结果”①,此外还有更深广的含义。

总的来看,《大刀记》分为两部分,第一部分(三卷本的《开篇》、两部三卷本的第一部)主要描写在“三座大山”压迫下梁永生的苦难家史和在苦难生活历程中的挣扎反抗,表现了梁永生从个人反抗屡屡失败到找到党、参加八路军,成长为自觉的革命战士的过程。这个过程是梁永生为家人、为乡亲、为“姓穷的人们”找到活路儿的过程,小说之所以用了那么大篇幅描写梁永生的流浪闯荡史,就是为了让梁永生获得最广大的代表性,让梁永生的家乡成为整个中国的缩影。因此,梁永生为穷人找到活路的过程就是中国找到活路儿的过程,而后者正是小说第二部分着力描写的内容。第二部分描写梁永生率领大刀队、依靠人民群众打败日本侵略者,迎来了民族独立和人民解放的曙光。整部作品中,作为革命斗争象征符号的“大刀”,贯穿了从太平天国起义、义和团斗争到门大爷、梁永生代表的农民自发反抗再到党领导的革命斗争等各个历史阶段,“大刀”的历史既是穷人找到活路儿的历史,也是近现代苦难深重的中国找到活路儿的历史,穷人的活路儿和国家活路儿具有同构关系。因此,梁永生的成长过程(同时也是梁永生带领大刀队成员和家乡人民群众一起成长的过程)实际上就是新中国主体形象的生成过程。

既然梁永生的家乡是整个中国的缩影,梁永生以及大刀队英雄群像和革命群众代表着新中国的主体形象,那么梁永生与大刀队成员及革命群众的关系就

① 李宗刚:《对〈大刀记〉两个版本的对比性解读》,《山东师范大学学报》2007 年第 5 期。

代表着新中国主体的内部关系。从作品中可以见出,梁永生与大刀队成员及革命群众之间既是党的领导干部和革命战士和革命群众的关系,又是亲人关系。具体地说,梁永生和大刀队成员之间具有上下级关系,但梁永生从不用“服从命令听指挥”的方式对待这种关系,而是靠启发引导大家提高思想觉悟。小说中,在每一次确定军事行动方案之前,都用大量篇幅描写梁永生与大家的民主讨论,讨论过程中,梁永生很少直接发表意见,经常是通过倾听大家的想法发现问题、然后想方设法把大家引领到正确的思路上来。这种工作方式,梁永生是从县委书记方延彬那里得来,又传递给王锁住等新一代。小说浓墨重彩地描写这种工作方式意在表明,新中国主体内部的上下级关系不能等同于现代社会的官僚制和科层制!

更进一步说,梁永生的工作方式植根于新中国主体内部的另一层关系,即革命队伍与人民群众的关系。小说中,梁永生率领的大刀队战时是英勇的战士,平时又是普通劳动者,和乡亲们一道劳动生产,亲如一家。小说多次描写梁永生在战斗间隙替乡亲们干各种活计,即使是在和县委书记方延彬商讨重大军事行动时,村里的老大娘来让梁永生修锁,梁永生也毫不怠慢,赶紧接下这习惯性的“外差”(方延彬笑语)。小说亦多次描写梁永生虽然是大刀队的领导,可一旦面对群众,就马上变成兄弟、叔伯、晚辈,甚至是儿子。小说就是要借此揭示只有革命队伍与人民群众保持亲人般的血肉联系,才能避免新中国主体内部关系沦为现代社会所依赖的官僚制和科层制。

在新中国的社会主义建设经受了种种挫折的“文革”末期,《大刀记》上述对于“历史规律”的诠释有着特别重要的意义。中国这种饱经帝国主义殖民掠夺的落后国家,通过反帝反封建的新民主主义革命,最终走上了社会主义道路。但是,历史的辩证法同时显示出另一面:在中国这种并不具备经典马克思主义所设想的种种历史条件的落后国家建设社会主义,会遇到极大的困难。首先,正因为社会主义在国内并未成为大多数社会成员的自觉意识(甚至很多人反对社会主义),在国外无产阶级革命并未同时在发达资本主义国家爆发并取得胜利(像经典马克思主义设想的那样),所以在“冷战”的世界格局中,新中国不但不能像社会主义所预期的那样逐步消灭国家机器,反而要更加强化国家机器。再者,新中国还须实现原本是在资本主义阶段完成的现代化(亦是由资本主义所定义的现代化),把落后的农业国变成发达的工业国,而在落后的农业国实现工业化和现代化，只能靠国家主义的方式通过工农业产品价格“剪刀差”积累原始资本（中国又不可能像西方列强那样去殖民掠夺），而这不仅带来农村的贫困，而且更需要加强国家控制。因此，无论是强化国家机器还是实现现代化，都会使背离社会主义目标的官僚制和科层制成为普遍的社会现实。也正是如此，就会激起革命政治的强烈反弹，新中国成立后不断掀起的群众运动以及“文革”正是革命政治强烈反弹的体现。

正如论者指出，郭澄清是在创作了大量反映新中国成立后社会生活的短篇小说并获得广泛赞誉之后转向革命历史题材小说创作，这“隐含了作者对历史的关怀和对现实的叩问”①，但郭澄清的“关怀”和“叩问”，并不仅是论者所谓“在一个社会的秩序和法度失范时”暴力反抗的合理性的问题，而是在官僚制和科层制已经成为普遍现实的情况下，“新中国主体内部关系”该如何重建的问题，尽管小说作者是通过重述革命历史的方式，尽管小说作者对自己所揭示的问题未必完全自觉。

如今，中国经过30多年改革开放，经济建设取得了辉煌的成就，但“新中国主体内部关系”如何重建的课题也更加触目地摆在人民面前。实际上，“新中国主体内部关系”如何重建同时意味着新中国将成为一个什么样的国家，意味着中国未来的理想蓝图。而这也止是“中国梦”思想内在包含着的重大课题。因此，《大刀记》这样的作品通过中国革命历史的重述而对这一课题的呈现，其意义远远超出了当代文学自身的利弊得失。

（本文原刊于《德州学院学报》2015年第5期）

---

① 李宗刚：《郭澄清的史诗性追求》，《文艺报》2006年10月14日。

农村六〇后可怜的文学启蒙①

钱振文

小时候家里穷困,除了学校的课本外,基本上没有多余的钱买现在孩子们可以可着劲看的课外书。写作业写累了的时候,就到我家后边的山坡上跑步,或者坐在门前的石头上看天上的云朵。后来,甚至直到现在,我都在疑惑一个问题,就是在那个没有书读的年代,我小学、初中、高中阶段的作文是怎么学到手的。只是看天上变幻的云彩和家乡四周神秘的远山,肯定不能学会怎么遣词造句。记得当时父亲经常从他工作的单位往家带一些单位订阅的报纸如《河北日报》,用于贴炕围子、糊窗户棂子和包裹各种东西等,模模糊糊能记得,小时候常常在炕上不睡觉的时候就歪着脑袋(因为经常报纸是躺着贴的)看报纸。也许这就是我和其他更加穷困的孩子们相比仅有的一点优势。

但大概从我上初中的时候,家里经常会出现一些比课本好看的书。这些书都是属于比我年长六岁的大哥的。1977 年恢复高考的时候,大哥也考过一次或者两次,但没有考上,因为他早在 1977 年之前的两三年就离开学校上班工作了。尽管没能考上大学,但大哥是个爱好读书的人,经常会把一些不知道从哪里弄到的好书带回家里,但他不可能老是守着他的东西,于是,当他不在家的时候,我就拿他的书来解馋。有一阵子,我迷上了他的一本比普通书本窄一条的《唐诗三百首》,快看到一半的时候,被大哥发现了,说:"你现在看这个有用吗?"他肯定是觉得《唐诗三百首》和学校的学习无关,但我当时也不能确切地说明《唐诗三百首》和学习有关,只是觉得享受到了文字的盛宴,非常过瘾。

但看的更多的还是小说。大哥有个小木箱,里边放着他的各种宝物。我就从里边翻出来过《西沙儿女》《大刀记》《红岩》《第二次握手》等神秘的小说。

---

① 本文尽管并不是专门研究郭澄清的长篇小说《大刀记》的学术论文,但钱振文博士有关阅读《大刀记》的叙述,对我们了解《大刀记》的文学接受活动具有一定的帮助。

《大刀记》是在我家平房的房顶上偷着看的,基本上是一口气看完了那本像砖头一样厚的大书,看到一半的时候,母亲在院子里喊叫吃饭,我装作没听见,当时的感觉是《大刀记》里头的故事比饭菜可要过瘾得多。前些日子山东卫视播出电视连续剧《大刀记》,我像见到了好久不见的儿时伙伴,颇有一些兴奋,但当一集不拉地看下来才知道,《大刀记》中的情节其实我早忘光了。也许,当我们真的见到了几十年不见的儿时伙伴时,也会有同样的感觉,开始以为是很熟络的老友,但慢慢就会发现,坐在面前的其实是个陌生的新朋。和《大刀记》相比,《西沙儿女》和《红岩》当时的感觉并不好,《西沙儿女》只是翻了翻,《红岩》也并没有看完。也许是年岁太小了,感觉《红岩》当中的革命工作和特务们对革命者的剿杀充满着神秘和恐怖,看到那些刑罚和审讯的情节的时候,身上就会一阵阵发麻。但即便如此,《红岩》还是给我留下了深深的印象。20 多年后我在人大中文系读博士,导师建议我做的博士论文竟然就是关于《红岩》的,当时我毫不犹豫地接受了导师的建议,也许潜意识中有着少年时期阅读经验的影响。

再后来,就读到了一些更时兴的读物。

80 年代初,我应该是读高中的时候了,大哥经常从外边往家带一些也许是他正在看的文学杂志。这个时候,我从这些杂志上看到了路遥的《人生》和李存葆的《高山下的花环》。我不知道这些作品给我大哥带来了什么样的感受和影响,但我知道,这些小说给正处在青春萌动期的我带来的冲击和震撼是巨大的。对高远理想的追求和美好爱情的向往,就是从这些现在看来也许很平常的小说中得到启蒙的。尤其是《人生》中对高加林和巧珍凄美的爱情、高加林面对理想和爱情的矛盾时的惶惑的描写,深深地契合了同样正在梦想跳出祖祖辈辈耕作的土地的像我一样的农村子弟的内在心灵。路遥后来更大型的作品《平凡的世界》我直到现在也还没有看过。前段时间电视台热播《平凡的世界》改编的电视剧,我得空的时候看过几集,感觉其中的主人公很像是《人生》中的高加林。当然,那个时候,我也读到了谌容的中篇小说《人到中年》,不过不是在首发的《收获》杂志上看到的,而是后来出版的单行本。《人到中年》对于还在读高中的心境单纯的年轻人来说不是太适合的作品,我当时对主人公眼科大夫陆文婷遭遇的人生的复杂和疲累还只是同情,而很难产生切身的感受。

印象中,在高中之前的读书时光,真正属于我自己买的书只有两本。一本是初中时候向北京的一家出版社邮购的,书名和作者都记不太清了,书名大概是《勤奋与成才》或者《和青年朋友谈理想》之类，作者好像是王通讯。印象深刻的是邮购地址中有“柳荫公园”这样一个雅致的地名。这是我第一次通过邮局汇款和购买东西，只是抱着姑且一试的心情，但当这本散发着清新墨香的崭新的书真的从祖国的心脏北京跨越不可想象的千山万水到达我的手上时，喜悦之情真是难以言表。另一本就是厚厚的《现代汉语词典》，是高中语文老师指令我们必须人手一册的必备工具书，书价好像是 5 元钱，这对一个月伙食费才不过 8 元钱的我们来说也是一笔巨款，自然一下子拿不出来，记得当时还是从在县城上班的伯父那里借来的。这两本书都不是文学书，但却是重要的工具书。第一本书是后来很流行的励志书的早期版本，它让一个十三四岁的少年获得了最宝贵的前进的动力和成功的信心。第二本书是进入文学世界的密码本，不管是学习朱自清的《荷塘月色》还是鲁迅的《药》，它都帮助我破解其中遇到的任何疑窦。看书的时候在旁边放本字典、随时查阅的习惯就是从这个时候建立的，直到今天。

后来，考上了大学中文系，大一的时候开始系统学习中国现代文学，好像是一条蝌蚪从小河沟一下子进入了大海。

但一切，都是从那个提起来令人羞涩而又可怜的过去开始的。

（本文原刊于《博览群书》2015 年第 6 期）

2016 年

论郭澄清的小说创作

杨守森

一、超越时代的精神意绪

郭澄清的短篇小说,主要描写的是中国合作化至公社化时期的乡村生活。郭澄清的那些看起来亦是在顺应时势,亦不无那个时代鲜明印记的乡村题材小说,却不仅未因时世变迁而失去光彩,相反,至今读来,竟有益觉亲切之感。某些篇什,因其独到的艺术魅力,仍能为文学界所看重。如他创作于 1962 年的那篇《黑掌柜》,自 1985 年至今,一直作为小说范文,入选复旦大学的《大学写作》教材。在他作品的字里行间,在那些活跃于时代背景中的人物背后,实际上,潜隐着另外一些打动人心,与轰轰烈烈的时代主潮没多少必然关联的精神意绪。

一是对纯真质朴的人性的赞美,以及对相互关爱的人间温情的向往。郭澄清的小说中出现的诸如供销社售货员、乡村旅店老板、邮差及普通社员等各色人物身上,虽亦不无"关心集体"、"热爱社会主义"之类的意识形态色调,但真正动人心弦之处是:那些人物的纯真与善良,真诚与质朴,那些人物身上体现出来的人与人之间相互关爱的温馨。如在《黑掌柜》中,那位被人怀疑有贪污及其他不法行为的售货员王秋分,实际上,不仅业务精到,且时刻在真诚地为顾客着想,走村下乡时,除了卖货之外,还自找麻烦,兼收犁钩、耙齿之类破烂,为农民调剂余缺提供方便;与时下市场经济环境中常见的许多不顾一切,唯利是图的经营者不同,在郭澄清笔下,《马家店》中那位"精明"的店主马五爷,表现出的则是另一种"精明":他不仅自己摸索着掌握了敲敲打打的修车技艺,不时无偿为旅客服务，还随时注意从来往客人那儿收集医药偏方，及时为旅客治病。在作者笔下，我们看见的多是这样一些既非时代英雄，亦没什么惊人之举的普通人的可亲可爱之处。

在郭澄清的这类作品中，觉得特别值得推崇的是《篱墙两边》。在这篇小说中，作者选取的是僻处乡村一角，隔篱而居的三个人物之间的日常生活故事："五保"老人张大婶，看见光棍李三哥与寡妇王二嫂各自生活不易，便很想将两人撮合到一起。为了唤起王二嫂对李三哥的情感，她不时寻机拿话撩拨。当李二哥一人烧火做饭，在烟呛火熏的屋子里不时大声咳嗽时，她会趁机道："他二嫂，你看他三哥自己过日子是不容易吧?"当李三哥进城买农药很晚了还没回来时，会故意让王二嫂听见她隔着篱笆传来的自言自语："他三哥，他三哥呀！唉，还没回来!""这就是家里没有人，有人还不知道怎么挂着呐……"她以自己请求帮忙的名义，让王二嫂在不知情的情况下为李三哥拆洗了被子，又让李三哥为王二嫂浇了丝瓜。事后，再私下里传话给双方，让他们互生好感。正是在张大婶的暗中撮合下，李、王二人，竟在不知不觉中相互牵挂起来，终于走到了一起。在这位农村老人身上体现出来的关爱他人的情怀，既疏离于当时的政治意识形态，亦不属于某一时代，某一国度，而是有着永恒魅力的人性美。

二是对勤劳、实在、正直之类传统民族美德的歌颂。如在《嘟嘟奶奶》中，作者为我们塑造了一位从早到晚，嘴巴不闲，手脚更是闲不住的农村老太太形象："窗纸刚发白，嘟嘟奶奶就起来了。她一溜下炕沿，还是像往常一样，端尿盆，撒鸡窝，扒锅灰，抱柴火……咚咚咚，里间跑到外间，屋里跑到屋外，一趟又一趟，忙呀忙，忙个不了。"她不仅自己一大早就开始忙活，还冲着西屋喊儿子儿媳，冲着东屋喊女儿，要他们下地干活。在《春儿》中，那位大队支书，为了让毕业回村的女儿能够养成吃苦耐劳的品性，眼看着娇嫩的春儿扛着行李，提着包袱，热得头发打成绺，自己仍狠着心甩手跟在身后。作家所赞扬的这些人物身上体现出来的崇尚勤劳实在、正派耿直之类的人格风范，自然也不只见之于我们的社会主义时代，而是有着悠久历史传承的中华民族的优秀文化精神。

三是反对特权、向往民主平等之类的现代意识。这儿特别值得提及的是《公社书记》《石再仁》等篇。在郭澄清的《公社书记》中，我们看到一位可亲可敬而又可信的基层领导人形象：那位公社项书记，从衣着服饰到言行举止，都在极力抹除自己的官员身份：他不允许任何人称他为"书记"，故而不仅秘书称他

“老项”，村支书称他“老项”，连乡下的老老少少，也都直称他“老项”；他在下乡的路上，戴一顶破草帽，光着脚板，卷着裤腿，赤着上身，肩上搭一件灰不灰黄不黄的褂子，与普通老农没什么区别；不论走到哪个村子，到了谁家，他都会都像到了自己家一样随意，都会有男女老少、干部社员凑上来，谈工作，叙家常。在这篇小说中体现了作者对官民平等的社会理想的向往。即使在今天，这类向往民主平等，富有现代意识的作品，无疑仍会具有动人心弦的力量。

郭澄清的乡村小说，其精神意绪，并未局限于当时作为主流意识形态的关心集体、公而忘私、为社会主义而奋斗之类，其中，既充盈着具有普适价值意义的崇尚纯真善良的人性，赞美勤劳正直的人格之类内涵，亦不乏反对特权、向往民主平等之类的现代意识。郭澄清的作品，之所以能够保有艺术生命力，与这样一些不只属于某一时代，乃至某一国度的精神意绪，是有重要关联的。

二、切近真正现实主义的创作视角

在我国文学界，一直特别尊崇现实主义的创作传统，但遗憾的是，我们长期尊崇的“现实主义”，是被政治化了的、扭曲了的现实主义；是被附加了严明的政治前提的现实主义。联系到这样一种被扭曲了的现实主义思潮，我们会意识到郭澄清小说具有生命活力的另一重要原因：体现出切近真正现实主义的创作视角，即能够立足于本原性的生活真实，能够以更为真切的目光与笔力，把握与表现他所熟悉的农村现实生活与芸芸众生。

郭澄清似乎有意识地回避了宏大叙事的政治视角，而将目光透向了普通人的日常生活。在他笔下，我们更多看到的是在人来人往的乡村供销社里，王秋分与顾客们之间的说说笑笑(《黑掌柜》)；篱墙院落中，张大婶这样的“月老”在想方设法撮合光棍李三哥与寡妇王二嫂的婚事《篱墙两边》；农家小院里，从早到晚，嘟嘟奶奶都在不停地呼儿唤女，说鸡道狗(《嘟嘟奶奶》)；下雨天，周老大家里成了“闲人馆”，聚拢来的“闲人们”嘴巴不闲，在七嘴八舌地谈论着农活经验(《虎子》)。在这样一些散射着寻常人间烟火气息的生活场景中，活跃着的是一些没什么惊天动地之举，也没多少时代的豪言壮语，却能够奉行人之为人的基本准则，能够从朴素的良知出发为人处事的普通民众。茶坊嫂之所以舍近求远，去集市的另一端挑水，也只是出于门口那井的水硬，“本村人们喝习惯了，倒没什么；今儿是集日，外村的茶客多，喝了肯闹肚子哩！”这样一种做人的基本良知。如果按当时的政治时尚衡量,这样一些人物的所思所想,所作所为,说不上有多伟大,有多崇高;与当时作为主流意识形态的"集体主义"、"阶级斗争"之类的关联亦并不密切。

他的小说中,也写及一些农民的自私自利,但他的着眼点,主要是人的本原性的私欲及品行问题,而不是什么"反集体化"、"反社会主义"之类的政治立场问题。如《马家店》中,那位天不黑就要住店的中年汉子,不过是为了沾点集体的小便宜,多记半天工分,多领半天的差旅补助费而已。《高七》中,那位外号"工分迷"的福顺,锄起地来"草上飞",间起苗来只留单棵,不留壮苗,也只是为了图快多挣点工分而已。正是基于人性的而非政治性的视角,他在《李二叔》中描写的李二叔的那位处处为自己打算的老伴,不只爱沾集体的便宜,偷过集体的猪饲料,连她娘家的东西,也是"今儿一袋粮,明儿一车草,明送暗捎"地往自己家里填。在这样一个虽亦不乏"破坏集体"行为,但与"反集体化"之类的政治问题更是毫无关联的人物身上,亦可见出作者超越政治化的写实视野。而又恰是缘于这样的写实视野,使郭澄清的这些作品,别具意蕴的厚重与深度,写出了人性的复杂;更为重要的是,亦在更深层次上触及了当时中国农村社会中存在的矛盾:人性的自私与集体化的体制之间必然会产生的对立与冲突,而这冲突,或许才是社会主义道路遭遇诸多挫折的深层原因。

郭澄清的小说文本中,不仅蕴含着更深层次的真实性,客观上,已在一定程度上预示了存在体制弊端与管理缺陷的集体化道路的隐患与危机。

即以创作于"文革"期间的长篇小说《大刀记》来看,郭澄清亦仍在尽力坚守着更为切近真正现实主义的创作追求,应当算是不多见的一个异数。2005 年人民文学出版社已重版印行;今年 45 集同名电视连续剧已在山东卫视播放,可见这部曾在上世纪 70 年代的中国文坛上产生了巨大影响的长篇小说,至今仍具有的艺术生命力。与同时代的其他一些"风云之作"相比,《大刀记》的不同寻常之处亦正在于:作者尽力避开了时代的政治思潮的干扰,能够最大限度地坚守了忠实于生活的原则。

《大刀记》与中国当代文学史上立足于主流意识形态的阶级斗争观念描写革命斗争的某些"红色经典"有所不同。小说中虽也时见"阶级仇恨"、"阶级情义"之类用语,但从整体上来看,尤其是由第一部中所展示的人物命运与历史画卷来看,郭澄清是以更为深邃的目光把握历史的。如梁永生一家的悲惨遭遇,以及赵奶奶、雒金坡、周义林等其他许多穷人的苦难，以及由此引发的仇杀与纷争等等，如果仅用“阶级压迫”之类简单化的革命斗争理论，恐是难以解释的。正如小说所呈现的，实际上另有其他一些复杂的原因，如国家政治的失控，社会秩序的失范，以及在此状况下人类社会生活中极易出现的弱肉强食、强取豪夺、为富不仁的人性沦落等等。小说中的梁永生，由自己的痛切经历感觉到的即是：不仅乡村地主、官府、外国鬼子，就连城市里的店铺老板、深山老林中的土匪，都是危害了他生存的死敌。梁永生的奋起反抗，其本原动力也不是出于推翻现存社会制度的阶级觉悟，以及建立新社会的远大理想，而不过是走投无路时的无奈之举，以及个人的复仇意识。正如他自己不断慨叹与发誓的：“大刀哇大刀！穷人的血仇，还得靠你给报哇！”“我就是要靠我这一口大刀两条腿，闯出一条活路来！”[①]小说中的这类内容，无疑更为广阔，也更为真实地再现了中华民族的苦难历程与源于生命本能的自发反抗历程。

从人物刻画来看，作为小说中一号人物的梁永生，亦不像当时的“三突出”原则所要求的那样“高、大、全”。他曾出于个人复仇动机，凭着一股血性，打打杀杀。他后来投身共产党领导的革命队伍，亦并非是因对共产党在政治上的先进性有多少了解，只因在他看来，共产党总是与富人作对，与自己的意愿一致，只有依靠这样一个政党，才能实现个人复仇的目的。当他成为抗日游击队的大刀队队长之后，也不像在许多同类题材的作品中塑造的英雄人物那样，气宇轩昂，智慧过人，相反，在决定行动计划，当队友们要他拿主意时，他常常会实实在在地回答“我也说不准”，然后，让大家一起出主意，想办法。他有时甚至会向年龄最小的新兵求策问计。他相信的是：“星多夜空亮，人多智慧广”；“一人心里主意少，众人一凑计千条”。即使在亲眼见过梁永生的敌人眼中，竟也完全不是他们原来想象中的样子，而是一个普普通通的平常人，长相没什么出奇的地方，说话的声音是柔和的。正因如此，作者笔下的这位主要人物，才更为鲜活，也更为生动。

《大刀记》的真实性还表现在，即使某些着墨不多，仅出现于个别章节中的人物，也缘其本源于生活真实而令读者过目难忘。如收留了孤苦伶仃的梁永生的赵奶奶、因逮住梁永生偷地瓜而认识了梁永生的雒家庄农民雒金坡、帮助梁

① 《大刀记》（第一部），人民文学出版社2005年版，第182页。

永生一家在天津落脚的周义林等等。相信读过《大刀记》的读者，对于这些出场不多，却真实生动，个性鲜明，又可亲可敬的人物，也都会在脑子里留下深刻印象。

三、丰富多彩的艺术笔墨

在“前十七年”的中国当代文学史上，郭澄清无疑是一位卓具艺术才华的作家。在人物刻画、环境描写、叙事结构，尤其是在语言的文学性方面，都已达到了很高的艺术水准，并形成了自己鲜明的艺术个性。

郭澄清的艺术才华之一在于，其小说语言是颇具引人入胜的文学性的，既纯净质朴，又丰富多彩；既生动简洁，又富有诗性张力。

他往往只用极为简约的文字，就能激活读者的想象，就能传神地描绘出鲜活的人物与场景。如他这样写茶坊嫂：“她一边说一边走，时而有些砖头瓦片，在她的脚下骨碌碌地翻滚着。”“茶坊嫂走过去了。人群像刚开过一只大船的河水，又迅速合拢过来，恢复了原来的样儿。”读着这类文字，你会忘掉是在读小说，会感到自己已置身于小说所描写的那个喧闹的集市之中，那位风风火火的茶坊嫂，就是从自己的身边走过去的。在《黑掌柜》中，他以看起来并不经意的闲笔，这样写一位受到别人打趣的顾客：“买盐人一缩脖子，笑咧咧地走了。”这位神态笑貌鲜活，在小说中原本无关紧要的买盐者形象的出现，不仅活化了乡村供销社的场景与氛围，也为这篇小说增添了一个绚丽的艺术亮点。

他往往只以寥寥数语，就将一幅富有诗情画意的图景展现在读者眼前。如他这样写麦熟时节的农村黎明风光：“我走在路上，远处的景物还看不清楚，只有眼前的麦田被黎明的曙光一映，金黄一片，荡漾着水一样的光波。在麦田边上，时而出现一堆堆的黑丘，那是人们为夏播备下的肥料。”（《黑掌柜》）读着这类文字，我们会感到曾与作家结伴而行，不仅亦历历在目地领略了他所看到的乡村风光，同时亦曾为其中的诗情画意所陶醉。

他尤其擅长于通过个性化的人物语言来表现人物。如在《篱墙两边》中写道：月亮出来了，对李三哥已经生出牵挂之情的王二嫂见进城买农药的李三哥还没有回来，忍不住去村头张望。李三哥回来了，当拉车子的小青年笑哈哈地问她深更晚夜的，在这儿做啥时，她随口应道：“我，我找找鸡！”李二嫂这略显犹疑却又不失机灵的几个字的简单应对之语,便是恰到好处,又极富表现力的。其中,既透露出一个农村寡妇对自己举止的羞愧,又隐含着她看见李三哥顺利回来之后的欣慰与喜悦。这些生动活泼,既切合人物个性与身份,又具有丰富心理内含的语言,亦使作家笔下的人物更为鲜明生动地活跃在我们眼前。

从格调、韵致与形态来看,郭澄清的小说语言,又是丰富多彩的,即既大量吸取了率真与鲜活的地域性的民间口语,又继承了简洁明快、铿锵有力的古典文学传统,亦借鉴了外国文学语言的浑厚与凝重。在《大刀记》中,我们就可常见以下三类语言:

A:

"他要买,也就是给你仨瓜俩枣儿,落个'买'名就是了……"①

"咱是蚂蚱打食紧跟嘴,住了辘轳便干畦;一天挣不着钱,肚子就歇工。"②

"你这整天耍刀摸枪的人,别在这里多手多脚地乱抓挠了,这锅头灶脑的事儿,用不着你这一号儿的。"③

B:

正在这时.从人空子里霍地闪出一位少年。

这少年,细腰杆儿,扎膀头儿,既魁梧,又英俊;一张上宽下窄的漫长四方脸上,两道又黑又浓的眉梢向上翘着,再配上那对豁豁亮亮、水水汪汪的大眼睛,显得楞楞的精神。

他,就是秋生的好朋友、宝成的独生子——梁永生④。

C:

无边无际的愁云惨雾,布满天空,扣住大地,压得人们喘不过气来。天地之间,像扯起一道灰纱,使这冀鲁平原,推动了它辽阔的气派⑤。

---

① 《大刀记》(第一部),人民文学出版社 2005 年版,第 4 页。
② 《大刀记》(第一部),人民文学出版社 2005 年版,第 194 页。
③ 《大刀记》(第二部,下),人民文学出版社 2005 年版,第 123 页。
④ 《大刀记》(第一部),人民文学出版社 2005 年版,第 7 页。
⑤ 《大刀记》(第一部),人民文学出版社 2005 年版,第 37 页。

飕飕的西北风滚过荒原，圈圈打旋，嗷嗷怪叫。黄灿灿的月光，透过枣林的枯枝洒在地面，昏昏沉沉，花花点点。由于风吹树摇，那花花点点的月光在雪地上不安地移动着①。

很明显，第一类即是对民间语言的吸取；第二类继承的是《三国演义》《水浒传》之类中国古典小说的语言传统；第三类语言，会令人感受到肖洛霍夫《静静的顿河》中的那样一种风采与神韵，或许正是得益于这类语言，加之题材的相近，使得我们在阅读《大刀记》时，亦不时会感受到《静静的顿河》那样一种雄浑、苍凉而又悲壮的风格与气势。

通过精当的细节与直接的心理呈现刻画人物性格，是郭澄清艺术个性的另一重要特征。如他这样写那位下乡路上的项书记：他“脚上没有穿鞋，脚板上的老皮怕有一指厚，有时扎上点什么，只见他稍一停，脚板在地上搓一下，又走开了”（《公社书记》）。作者仅通过“脚板上扎刺”这样一个细节描写，就让我们看到了这位公社书记不怕吃苦，不注重外在形象，能够与普通农民打成一片的“官德”。在《茶坊嫂》中，作者写道：当“我”对茶坊嫂说应当起个大号时，“大嫂把垂在眼边的一缕头发撩上去，干咳了一声，又打开了话匣子”。读者仅由茶坊嫂的“撩发”、“干咳”这样的细微动作，就会清楚这个人物风风火火，爽快利落的个性特点。在《篱墙两边》中，作者这样捕捉呈现了王二嫂与李三哥微妙的内心世界：王二嫂一边牵挂天黑未归的李三哥，“又责备起自己来：咱这不是闲操心吗？咱是人家的什么人？可是，她总是管不住自己，过一会儿，不知不觉地又想到那上边去了。”当李三哥意识到王二嫂的话语中满含深情时，也在责备起自己：“你为啥一同她说话就脸红？你为啥这么憨？憨得像块木头！”小说正是通过这样一类人物心理动态的揭示，将身为寡妇的王二嫂面对爱情时的谨慎羞怯，以及李三哥的老实厚道，淋漓尽致地表现了出来。

在叙事结构方面，郭澄清常常是由景入事，缘景及人，从而使环境氛围与人物故事融为一体。小说开篇，常见他这样落笔：“六月。晴空万里，烈日当头……”（《茶坊嫂》）；“春天。姜家洼里，泛起一片片盐霜……”（《孟琢磨》）；“早晨。浑浊的四女寺河……”（《虎子》）。这一特点，尤其见于长篇小说《大刀

① 《大刀记》（第二部，上），人民文学出版社2005年版，第211页。

记》。《大刀记》中的各章，大多也是由于季节或地点相关的景物开始的，如"又是一个灾难的冬日。飕飕的北风……"、"苍苍茫茫的夜色，笼罩着宁安寨。刚下过雨的地皮……"等等。之后，让人物活动与故事情节展现于相关背景之中。这样的叙事结构，既清晰自然，又体现出大朴若拙之美，亦增强了小说浓郁的抒情意味与诗性张力。

四、历史的困厄与重负

读着郭澄清的小说，在领略其所达到的艺术境界的同时，也会产生这样的遗憾：如果是在不受外力干扰，完全自由正常的文学生态环境中，凭依把握生活的独到眼光，出众的艺术才华，以及丰厚的生活积累，与已经形成的艺术个性，我们现在看到的，应该会是另外一种面貌的《大刀记》，应该会是另外的一位郭澄清：在中国当代文学史上有着更高文学地位，创造了更为辉煌的文学成就的郭澄清。

遗憾的是，作家的才华未能得以充分的发挥。尤其是在"文革"期间，他虽有幸仍能得允创作，但他原有的把握社会现实、透视人性与人生的目光，被强行逼进了一个不利于文学创作的狭窄空间；他的力图切近真正现实主义的创作追求，在一定程度上，也还是被硬性地扭到了服务于政治的轨道；他的艺术灵感之火，也就不能不遭到压抑与遏制了。他虽然清楚："要想做一名好的文学家，才能、秘诀是需要的，但更重要的是要有做人的风骨。"①他亦曾尽力坚守其风骨，顶住过来自上边的催逼与利诱，坚决地拒绝过要他歌颂"文化大革命"的指令。但作为一名党员作家，终于还是无法抗拒对他的《血染龙潭》(《大刀记》前一部)"写的农民的自发斗争，没有突出党的领导"之类的政治性指责，而不得不对原稿本进行了大幅度的修改。山东师范大学李宗刚教授曾对1975年出版的这部小说的删改本与2005年重版的原稿本进行过仔细比较，发现与原稿本大为不同的是：修改本添加了不少诸如梁永生"终于幸福地投入了中国共产党的怀抱，并在党和毛主席的领导下，用战斗的刀枪迎来了祖国的春天"之类空泛的政治化概念化的文字。李宗刚得出的如下结论是切合实际的：小说原有的民间对

① 张志鹏：《郭澄清的路》，《春秋》1995年第2期。

民国之后由于“社会秩序失范和对公平与合理原则的绝望”而奋起反抗，继续“执着地追寻着一种‘大同’的社会理想”之类意旨，也就遭到了颠覆。本是“一部侧重于对历史发展规律的切近、具有‘史诗’文化品格的小说，就被部分地置换成了满足主流意识形态话语要求的小说”①。这自然也就从整体上损伤了这部小说的价值。

事实上，在郭澄清的创作历程中，因外力干预而影响了其艺术成就的不只是《大刀记》，他早期的一些短篇小说的问世，亦往往伴随着这样的损伤。比如那篇原本精妙纯粹的《篱墙两边》，当写至李三哥与王二嫂结婚那天，一个小伙子即兴编了一幅喜联“咱队上少了两个困难户，新中国又添一对好夫妻”，横联是“多亏张大婶”时，便该恰到好处地作结了，但在小说中，又出现了下面一段画蛇添足的文字：张大婶不同意横联，一定要改成“多亏毛主席”。张大婶的提议，当然是得到了大家的齐声响应。另如在《铁头和骆驼的故事》中，也来了这样一个结尾：“啊！党……伟大的母亲！在您温暖的怀抱里，有多少个鳏、寡、孤儿，在幸福地度着他们的晚年和童年啊！”据知，这类过于外在直露，影响了艺术品位的政治性拔高，有的并非出于作者的本意，或不是原文所有，而是受到了与时代相关的某些外力支配的结果。

除了外在的政治性干预之外，郭澄清小说中的局限，亦与可以理解的作家本人所受到的时代思潮的影响有关。对于郭澄清这样一位少年时代就曾参加过地下革命工作，有着多年党龄的党员作家来说，对于新中国成立以来的主流意识形态，不可能不具有主观方面的亲和性。与之相关，在他早期的乡村题材小说中，也已不乏“资本主义思想”、“有了党咱才有了命”、“建成社会主义”（《男婚女嫁》），“要不是毛主席他老人家……”、“打从学毛主席的书……”（《嘟嘟奶奶》），“为社会主义建设服务”（《助手的助手》）这样一些缺乏文学艺术旨趣的空泛政治用语。由 2005 年版的《大刀记》可知，在他未经后来按照政治指令删改的这部小说的原稿中，也已时见诸如“毛泽东思想放光辉”、“奇功归于毛主席”、“时刻不忘毛主席的指示”、“执行了毛主席的军事路线”之类高调的政治用语。此外，由小说中对于敌对人物维度比较单一的描写，以及所使用

---

① 李宗刚：《对〈大刀记〉两个版本的对比性解读》，《山东师范大学学报》2007 年第 5 期。

的诸如“白眼狼”、“疤痢四”、“狼羔子”、“田狗腚”之类外在化、标签化的人物名号中，亦可见出作家曾经受到的有损于艺术效果的时代思潮的影响。

如果不是时代思潮的影响与某些外在因素的制约，郭澄清必会取得更为辉煌的文学成就。这其中的教训，是值得我们进一步深长思之的。

（本文原刊于《中国现代文学研究丛刊》2016 年第 2 期）

一部从特定时代走来的小说文本

——重读长篇小说《大刀记》

房 默

郭澄清的长篇小说《大刀记》出版于1975年,是中国抗日战争暨世界反法西斯战争胜利30周年时,中国大陆出版的唯一一部反映共产党抗战的长篇小说。小说出版后,很快就被改编为电影、戏剧、评书、连环画等各种艺术形式,产生了广泛的影响。1995年与2005年,为纪念中国抗日战争暨世界反法西斯战争胜利50周年与60周年,贵州人民出版社与人民文学出版社分别重新出版了《大刀记》。2015年,62集电视剧《大刀记》又在中国抗日战争暨世界反法西斯战争胜利70周年之际隆重推出,成为本年度影视界中的重头戏。由于历史的原因,生成于"文革"中的文学作品大多被人遗忘了,而同样是那个时代的产物,《大刀记》不仅能够再版,而且还以更有影响力的视觉艺术进入寻常百姓家,两种不同的命运不能不令人深思。诚如评论家雷达所说:"对于郭澄清这样一位特定时代的作家、他所在场的那样一段特定历史和他笔下的那一种文学,我们有必要站在文学史的高度对之重新认识和梳理,而不是回避。"①

一

作为一部特定历史年代的小说文本,《大刀记》不仅在社会政治巨变中生存下来,并在新的时代中依然保持了强大的艺术再生能力,一个重要的原因就在于它不是攀附于时代政治之树上的寄生物,而是深深扎根于民族土壤,吸取着富有活力的艺术之水而成长起来的生命体。用当下流行的一句话来说,就是它接地气。

《大刀记》讲述的是一个现代农民革命的故事,但是,无论是它的人物,还是

① 雷达:《一位不能遗忘的好作家》,《文艺报》2006年10月14日。

它的叙事方式，都与《水浒传》有着密切的联系。《水浒传》写了不同人物被"逼"上梁山的故事，描绘了上中下层统治者的腐败与邪恶，用"官逼民反"串起不同英雄人物的经历，而《大刀记》中的梁永生等人又何尝不是这样。梁氏一家三代遭到地主恶霸的残害，梁永生和他的儿子也难逃厄运。"龙潭街—柴胡店—宁安寨—水泊洼—杨柳青—天津卫—兴安岭"这条长长的路线就是梁永生被逼无奈四处流落的道路，也是他成长的位移空间。在流落异乡的人生旅程中，梁永生逐渐成长，并在性格上不断发展。小说将穷人与富人的世界对立起来固然有其时代政治的影响，但梁永生与白眼狼的家仇却并非是简单的阶级斗争。梁永生反抗白眼狼为代表的邪恶势力并伸张正义，其实也是底层人民追求自由平等权利的具体体现。梁永生的道路也正如林冲一样是被邪恶势力逼迫的抗暴道路，所不同的是，梁永生在矿工何大哥与王生和老汉的启发下，最终认识到共产党的领导及穷人需要团结，并决定奔向革命圣地延安。梁永生的自发反抗道路由此引向了现代革命道路。

为了使当下的现代故事更深入地扎入民族文化的土壤，《大刀记》第一部巧妙地借鉴了《水浒传》英雄人物"逼"上梁山的叙事模式，以梁永生背井离乡的生活和反抗仇人的迫害组织情节推进。《水浒传》梁山英雄们聚义后则四处征战，打祝家庄、曾头市、大名府直至后来的征辽国、平方腊。这种以事为顺序，连环勾锁，层层推进的结构为《大刀记》第二部所吸收。第二部中，梁永生领导地方武装，组织八路军大刀队，在鲁北临河区开展抗日游击战争。在梁永生的带领和指导下，梁志勇、王锁柱、黄二愣等八路军战士迅速成长，大刀队成为地方重要的抗日武装。梁永生指挥大刀队与敌人斗智斗勇，他们"巧夺黄家镇、夜战水泊洼、围困柴胡店"，消灭了本地区的日伪军，获得最后胜利，这与《水浒传》后半部分的英雄悲剧基调完全不同。无论是第一部梁永生父子的抗暴斗争还是第二部大刀队群体的英勇奋战，小说的描写都是干脆利索、酣畅淋漓的，充满英雄气概。

《大刀记》还借鉴了传统小说用浓墨重彩描绘惊心动魄的故事，在细节真实上精雕细刻、在语言行动中刻画人物性格等手法，将传奇性与真实性结合起来，增强了小说的生活气息。可以说，《大刀记》很好地继承了《水浒传》的文学资源，并以新的时代观念和意识加以改造，重新演绎了山东英雄叙事的传统。英雄性格，反抗邪恶，伸张正义，机智勇敢，战无不胜……这些正是理想化的民间文化形态的具体体现,同时也是一种激情洋溢,乐观向上,顽强不屈精神的体现。《大刀记》吸收了这种传奇性和理想性的反抗斗争的书写方式,将其引入共产党领导的抗日军民的生活斗争中,赋予战争文学一种新的氛围和基调,这与小说所描写的英雄人物——卡里斯玛型人物是相互依赖的。

郭澄清将《大刀记》的艺术之根深扎于《水浒传》中,显然是有着自己的认识的。小说创作于"文革"时期,受当时政治文化的影响,郭澄清也不能不按照当时的文学要求突出其意识形态性。但是,他也深知,活动于他的小说世界中的主要人物,是一群来自于底层的中国农民。他们饱受农村黑恶势力的欺压与日本军国主义的侵略,自身就有着敢于反抗压迫的种子与展开斗争的因素。这种敢于抗暴的斗争精神,与《水浒传》中的梁山英雄是一致的。而且,《水浒传》作为英雄传奇成熟的叙事模式,不但对中国的英雄传奇小说产生重大影响,而且对整个小说文化和国民精神起到了一定的影响。作为生活于"水浒文化圈"中心的郭澄清,以其自身丰富的人生体验,深知《水浒传》在民众中的影响力,比如他在小说第一部写到主人公梁永生被迫逃到德州城时,就专门描写了他听人说书的情景。来听《三打祝家庄》的人不仅多,而且公开议论:"梁山将真是好样的!""脚下这世道就该有这么一伙儿人!"而梁永生也听上了瘾,"方才,他的肚子里还肠子碰得肝花响,可一听入了迷,连饿也忘了。"特别值得指出的是,《大刀记》出版的年代,曾经进行过一场声势很大的"评《水浒》,批宋江"的政治活动,并将矛头直接指向了当时主持中央工作的周恩来与邓小平。而《大刀记》对梁山英雄精神的肯定与继承,与当时甚嚣尘上的"批宋江"的论调是不一致的。但是,也正是因为有了这样的不同寻常,《大刀记》才能冲破时代政治的藩篱,扎根于真实的历史土壤,成为至今也不曾被历史遗忘的抗战文学经典。

二

继承《水浒传》的艺术传统,努力写出中国农民身上那种不屈的反抗精神,不仅使《大刀记》在特定的历史时期产生出了强烈的艺术效果,也使它在今天依然有着强大的生命力。但《大刀记》显然不是对古典文学资源的单一继承,它同时也非常注重在世界文学的视野上进行广泛的借鉴与创造,新型的卡里斯玛型人物的塑造,就是小说的一个新的创造。

"卡里斯玛"一词,出自《新约·哥林多后书》,本意为因蒙受神恩而获得的天赋,后经西方社会学家韦伯、希尔斯等人的不断引申,泛指具有神圣性、原创性和感召力的特殊力量。在文学艺术中,“卡里斯玛”是指“艺术符号系统创造的位于人物结构中心的、与神圣历史动力源相接触的、富于原创性和感召力的人物”①。卡里斯玛型人物大致相当于所谓“圣人、英雄、先知、伟大人物、杰出人物、领袖”等等,具有象征性、中心性、神圣性、原创性、感召力等特征。梁永生正是《大刀记》中体现的卡里斯玛型人物。他处于整个小说的中心,其他人物围绕在他周围,形成“众星拱月”的人物结构类型。由于被置于结构的中心,卡里斯玛型人物似乎总能与深厚的历史动力源相接触,显出超常的敏感、活跃甚至远见卓识。梁永生成为卡里斯玛型人物而区别于草莽英雄的必不可少的条件是他对革命理论的坚信不疑,对远大理想的神圣追求,接受新的意识形态。在这个过程中,各种“启蒙者”的角色非常重要,他们实际代表了新的革命理论的“中介”,通过他们将新的思想意识传递给梁永生,逐渐改变了梁永生的性格。其中县委书记方延彬是梁永生的入党介绍人,他指导梁永生组织大刀队,并经常利用各种机会与梁永生交流思想,从而使梁永生认识到个人解放必须与阶级解放、群众解放相结合。革命斗争理论和阶级解放的理想既是梁永生心目中神圣的强大历史动力,也为他提供了行为的依据和前进的方向。梁永生因此找到了自我的历史位置,走上了团结群众的革命斗争之路。他建立了地方武装大刀队,把革命理论付诸实践,开辟了新的历史活动,在临河区建立了新的规范和秩序。

更为重要的一点是卡里斯玛型人物的感召力或感染性。卡里斯玛人物具有使周围群众对自己倾心服膺的个人魅力,这种超凡的个人魅力不依靠强制而是凭借情感去建立和维持。这种情感上的巨大感染力是其他种种特征的总体的和直接的呈现方式。在小说《大刀记》中,梁永生制定行动计划及指挥作战时,并不使用强制性的命令,而是采用一种“苏格拉底对话”的方式,也就是以对话的手法把对同一问题的不同意见加以对比的比照法,是以对话激活引发对方发表意见的引发法。梁永生把队员们的意见汇聚到一起,通过大家友好地互相“争辩”显现各种方案的优劣,最终选出一致认可的意见。梁永生比较注重“开锁”式的思想工作,以具体生动的比喻或者现身说法的方式引导纠正群众和战

---

① 王一川:《中国现代卡里斯马典型——二十世纪小说人物的修辞论阐释》,云南人民出版社 1994 年版,第 12 页。

士们的思想问题，使他们心服口服，从而促成行动上的统一。大刀队队员都盼望时刻与梁永生在一起，聆听他的教诲；群众把梁永生当成自家人，在他身陷困境时不惜生命保护他；甚至连敌人也在他的感化之下弃暗投明。以上种种皆表明了梁永生作为卡里斯玛型人物对周围人物的超常的征服力和巨大的感染力。他在卡里斯玛帮手和次卡里斯玛人物的协助下，教育征服非卡里斯玛人物，胜利征服作为对立面或敌人的反卡里斯玛人物。

在20世纪抗战小说中，这种富有巨大感召力的卡里斯玛型人物并不少见，比如《敌后武工队》中的魏强、《铁道游击队》中的刘洪、《野火春风斗古城》中的杨晓东，等等。他们既具有传统英雄人物的勇敢、豪爽、富于反抗等个性，又接受了革命斗争理论的洗礼，成为那一时代传统与现代相结合的新型的卡里斯玛型人物。他们禀赋超凡的魅力，象征历史的进步方向，带领群众进行革命实践，是抗战文本世界中熠熠生辉的形象。卡里斯玛人物往往出现在历史的转折关头，每个时代都有自己的卡里斯玛型人物，他们比普通人更敏锐、更深刻地认识现实历史条件，以非凡的想象力和原创力去改变历史。马克思曾说过："每一个社会时代都需要有自己的伟大人物，如果没有这样的人物，它就要创造出这样的人物来。"①当下的中国正是一个处于转型期中的社会，旧的价值体系崩溃，新的价值体系尚未建立，我们的时代也需要自己的卡里斯玛型人物来支撑新价值体系的建构。但是，"90年代以来，对于'大历史'的强迫性遗忘在所谓的'新写实小说'和'个人化写作'等为代表的文学潮流中愈演愈烈，到了今天，人们已经很难见到中国作家对于'大历史'的有力见证或深刻反思，相反的倒是，'大历史'冲动的严重受挫使得中国作家纷纷逃遁或龟缩于'小历史'的把玩，犬儒主义蔓延国中，根本上支配着我们的'大历史'力量一直被我们强迫性地遗忘"②。在解构英雄、反英雄成为潮流的文学时代，《大刀记》所留下的卡里斯玛型人物资源仍然有着重要的启示意义，它启发我们重新寻找自己时代的英雄，建造现代的卡里斯玛，比如人文英雄、平民英雄等文学形象，从而整理混乱的价值体系，赋予现实更为积极合理的新的规范和秩序。

---

① 马克思：《1848年至1850年的法兰西阶级斗争》，《马克思恩格斯选集》，第1卷，人民出版社1972年版，第450页。

② 何言宏：《王安忆的精神局限》，《当代文学六国论》（贾梦玮主编），江苏文艺出版社2009年版，第181页。

三

毫无疑问,《大刀记》是一部有着明显的意识形态追求的作品,但对大多数读者来说,其阅读过程并不乏味,事实上,人们经常会体验到一种会心的阅读快感与审美愉悦。产生这种现象的一个重要原因,就在于郭澄清长期扎根于民间,深受民间的诙谐文化影响,制造了一种游戏性的抗战文学想象方式。

民间诙谐文化是一种重要的文学创作资源,俄国文论家巴赫金在谈到拉伯雷小说创作成就时,就特别强调了拉伯雷的小说与中世纪和文艺复兴时期民间诙谐文化的内在联系,说其怪诞的现实主义特征“是由过去民间笑文化决定的,而这种文化的雄伟轮廓是由拉伯雷的全部艺术形象勾画出来的”①。事实上,不仅是拉伯雷等西方作家和思想家,中国作家与思想家与民间诙谐文化也就是民间狂欢节所体现的民间狂欢化文化也有着很深的渊源,例如《西游记》《儒林外史》《二十年目睹之怪现状》《故事新编》和“陈奂生系列”等作品中都有浓厚的民间诙谐文化色彩。《大刀记》也非常重视对这种民间文化资源的灵活运用,民间文化中那些有着特殊艺术效果的表现方式如夸张、讽刺、幽默等特征,经过作者的精心加工改造,被合理地吸收到小说文本中,让小说渗透出狂欢节式的世界感受。以这种狂欢化的方式来描写抗日战争,即使不是首创,也是对历史富有新意的解读。

《大刀记》对民间诙谐文化资料的借鉴吸收首先表现在反差形象的塑造上。梁永生及其所领导的大刀队,深受群众支持,他们智勇双全,与敌伪军进行游击战。大刀队利用多种方法与敌人周旋,将日伪军玩弄于股掌之中,他们战无不胜,令敌人闻风丧胆。正是卡里斯玛型人物的建构显示了正面形象的不可战胜性。梁永生所具有的神圣性、原创性和感召力使身边的抗日军民感受到革命源泉的巨大力量,同时也使读者自然而然地认同卡里斯玛型人物所代表的历史方向,感受到胜利最终的归属。卡里斯玛形象的建立离不开反面形象的刻画。对于日伪军形象作者写出了他们的凶残狡猾,更重要的是运用诙谐性的语言,将他们“丑角”的一面暴露无遗。特别是汉奸伪军色厉内荏、懦弱无能、胆小爱财的特性,他们在与大刀队战斗时丑态百出,作者以讽刺的笔调描绘了这群丑恶

① 巴赫金:《巴赫金全集》第6卷,河北教育出版社1998年版,第550页。

的形象，将他们滑稽可笑的一面展现出来。例如小说第二部第十七章“夜战水泊洼”，八路军和民兵将一伙伪军包围聚歼，小说这样描绘伪军的各种丑态：“还有的，把脑袋瓜子钻进了兔子窝，囫囵个儿的身子舍在外头不要了！不过，人家的大脑并没失灵！你听，他的嘴还在兔子窝里嗡嗡地叫哩，‘八路军饶命啊！八路军饶命啊！……’也有的，好像一匹受了惊的大叫驴，一面狼嗥鬼叫地乱吱外，一面连滚带爬地乱蹿跶！”①驴脸、蛇形身子、母狗眼、草鸡样、稀泥样等动物性、粗俗性词语的使用将敌人戏拟为物，这正是民间诙谐文化中常用的降格，即贬低化和世俗化。把凶狠残酷的敌人形象彻底颠倒过来，这种形象的瞬间急剧变化，正是一种狂欢气氛的体现。巴赫金指出狂欢节上的脱冕、加冕礼仪形式会赋予事物深刻的象征意义和两重性，赋予它们令人发笑的相对性。对敌人的这种戏谑化、漫画化描写，正类似于脱冕的仪式，它会产生一种狂欢式的笑的特征，这种笑既冷嘲热讽了敌人，又肯定了抗日军民的英勇神武。

其次是广场式的狂欢化描写。巴赫金认为狂欢化是把狂欢节的一整套形式以及它所体现的世界感受转化为文学的语言，他说：“狂欢节转化为文学语言，这就是我们所谓的狂欢化。”②民间诙谐文化的一个基本形式就是各种仪式——演出形式，如愚人节、复活节游戏等。小说中类似于广场狂欢节的场景和形象传达出狂欢式的世界感受，具有节庆性、再生更新和自由平等的精神。在《大刀记》中我们可以发现这种广场式的描写及其背后的狂欢化精神。小说中多次写到了这种广场狂欢的场景，例如开头和尾声。第一部开头是“闹元宵”，元宵节梁宝成等穷人们组织灶火队，舞狮、高跷、秧歌、龙灯……穷人们异常兴奋，因为为富不仁的白眼狼家里正在办丧事。穷人们正是借助这样一个普通的节日，表达了对地主的仇恨，他们在日常秩序中无法抒发心中渴求“解放”的精神，但在类似狂欢节的诸多仪式中可以尽情发泄心中的不满和愤恨。狂欢节象征性地表达了民众对生活现状和社会制度的不满和潜在的反抗情绪，以及他们的变更精神和自由向往。第二部第七章“训敌”，是一个典型的群众性的狂欢场面。大刀队在坊子镇抓住伪军疤痢四一伙，游击队员们命令伪军站成一排接受梁永生训话。周围群众听到这个消息，从四面八方围过来，人人兴高采烈，像过节一样开心大笑，高小勇等孩子们还开起了伪军的玩笑。在这样一个狂欢

① 郭澄清：《大刀记》（第二部下），人民文学出版社2005年版，第384页。

② 巴赫金：《陀思妥耶夫斯基诗学问题》，三联书店1988年版，第175页。

广场中,民众从战争的恐怖气氛中解放出来,当看到平日里作威作福的伪军如此狼狈,人们真正感受到了摆脱压抑的自由气息。此外,小说对战斗场面也进行了狂欢化的描写。大刀队充满昂扬的战斗激情,群众以能成为八路军战士而自豪,战争没有带给他们惊疑和恐惧,在卡里斯玛人物的带领下,他们充满了革命斗争和翻身解放的激情,以饱满乐观的精神投入抗战的洪流中。正如巴赫金所指出的:“在伟大转折时代,在对真理重新评价和更替的时代,整个生活在一定意义上都具有了狂欢性。”①

运用夸张的手法塑造诙谐的反面人物形象以及广场式的狂欢化描写,是《大刀记》对战争描写的一种方式。小说当然不是仅从这一个维度展开战争叙事,比如也写到了战争的残酷和血腥,战争的恐怖等,但小说与民间诙谐文化的内在联系无疑是一种重要的文学资源。从阅读接受来说,我们会体会到战争的游戏性、诙谐性和乐观的基调。实际上,此类作品伴随了几代人的成长,比如上文提到的《敌后武工队》等,还有《地道战》《地雷战》《小兵张嘎》以及法国的《虎口脱险》等影视作品。类似的作品在残酷紧张的战争描写中给我们提供了快乐的感受,让我们看到了战争的另一面,并被其中的乐观和激情所感动,为我方的胜利而欢欣,为敌人的狼狈而捧腹,这种阅读快感是区别于其他战争小说的。卡里斯玛型人物与民间诙谐文化在小说中的相互依赖,为战争的书写制造出一种狂欢化的文化氛围,这正是《大刀记》留下的宝贵的文学资源。

也许《大刀记》提供给我们的还不止这些,有待于我们继续探究,但它对《水浒传》的英雄叙事模式的继承,对新的卡里斯玛型人物的创造,以及对民间诙谐文化精髓的吸收,都为今天乃至以后的抗战文学创作提供了宝贵的艺术经验,它必将为后人所吸收利用,再创新时代的文学精品。

(本文原刊于《海南师范大学学报》2016 年第 3 期,后被 2016 年第 7 期“复印报刊资料”《中国现代、当代文学研究》全文转载)

---

① 巴赫金:《巴赫金全集》,第 6 卷,河北教育出版社 1998 年版,第 588 页。

父亲浩然与郭澄清[1]

梁秋川

新中国成立后，在20世纪50年代成长起一大批工农出身的作家。浩然与郭澄清就是这支浩浩荡荡文艺大军里的一员。

按照年头说，浩然比郭澄清小一岁，若按月份算，只小5个月，可以说他们是同龄人。浩然的原籍是河北省宝坻县，现在已属于天津市的一个区；郭澄清的原籍是山东省宁津县，这个县在解放后曾分别隶属于河北省和天津，把浩然与郭澄清认为是老乡也是有依据的。

浩然与郭澄清一样，都出生在农家，从小就参加革命工作，经历了战争的锻炼和考验，十几岁时就加入了中国共产党，有着多年的农村基层工作经历，为他们日后的文学创作，积累了丰厚的生活素材。

浩然是冀东人，始终生活、工作在燕赵沃土上，以三卷本的长篇小说《艳阳天》奠定了在文坛的地位。郭澄清是山东人，始终生活、工作在齐鲁大地上，以三卷本的长篇小说《大刀记》而闻名于文坛。《艳阳天》和《大刀记》发表、出版后都在社会上引起较大的反响，受到读者的广泛好评。

浩然与郭澄清从50年代初期就开始发表作品，都以歌颂新人新事，歌颂新的生活起步，根据现有资料，两个人第一次见面时，已经是1965年了。

为给中国青年出版社“扩编”《社迷传》，这一年郭澄清从山东来到北京，住了很长一段时间。6月26日晚，浩然到北京东城区的炒豆胡同看望暂居在此的郭澄清。这是两个人的第一次见面，谈到了近12点浩然才回家。

① 2016年8月17日，《文艺报》专门刊发了有关郭澄清其人其文的研究文章共计6篇。这6篇文章分别由朱德发、杨守森、郭洪志、梁秋川、房伟和王伟、陈夫龙等人撰写。其中，朱德发、杨守森、郭洪志三人的文章，主要是对业已刊发的文章进行了修订和精简，本书不再单独收录。

在浩然留下的文字材料中，没有他对郭澄清初次见面后印象，但从后来事情的发展上看，两个人的交往还是很好的，可以称之为朋友关系。

1965 年 5 月中旬，同为山东籍的青岛作家姜树茂来北京最后一遍修订他的长篇小说《渔岛怒潮》，以便出版。7 月 13 日下午，姜树茂来到浩然家串门做客，谈他的短篇小说创作。聊到晚上吃饭前，浩然又特意约来郭澄清等人，一起畅谈至深夜。

8 月 22 日中午，浩然的朋友、内蒙古作家张长弓带着百花文艺出版社的编辑诸有莹来到家里。到下午 4 点时，浩然又约来张峻、郭澄清等人，一同到当时很有些名气的京城餐饮老字号“灶温”吃饭，边吃边聊又到很晚。

如同天生的缘分，这年年底百花文艺出版社出版了一套“农村文学选读”，其中一本《公社书记》中，选用了四位作家各一篇短篇小说，而浩然与郭澄清就在这四位作家之中。

1965 年 10 月，郭澄清的中篇小说《社迷传》由中国青年出版社出版发行。不久后，他便赠送了浩然一本。浩然在这年 12 月和次年 2 月两次阅读了郭澄清的这部新著，虽然感觉在艺术上稍差一些，但还是有新东西的；凡是有新的东西，就应当给予肯定。于是，浩然写了一篇推荐文章《一个崭新的贫农形象》，发表在 1966 年 4 月 26 日的《光明日报》上。这类的文章，浩然在五六十年代是很少涉猎的，大约只写了四五篇。

在这篇约 4000 字的文章里，浩然对郭澄清的新特点给予了赞扬，对不足也有所提及。在文章中，浩然写道：

> 我认为，你的《社迷传》里一个值得肯定的特点，是创作了一个崭新的贫农形象高大虎。这个“新”字，表现在你给这个人物的精神世界注入了新的力量，这个力量，就是毛泽东思想……这是最新的事物，也是最为真实的现实，这是作家应当大为鼓吹的东西。
>
> 你身在农村的火热斗争里，看到了这个新的事物，并抓住了它，具体、生动地体现在《社迷传》那个贫农高大虎的形象描写和塑造上，所以，我热情地肯定你的这一点，并要向你学习。
>
> 由此可见，我们写农村生活的人，不仅要追着时代的脚步，捕捉新的故事、提炼新的主题，也得挖掘新农民的新的精神因素；跟着而来的，是相应

的表现方法。

“文化大革命”开始后的1966年12月的一天下午，浩然从单位回到家里，看到郭澄清留下的一份材料和一个条子。晚饭前，郭澄清再次来到。两个人畅谈到晚上9点半才分手，浩然将刚刚出版不久的《艳阳天》第二卷赠送给郭澄清。不久后，浩然将郭澄清的材料转给了《红旗》杂志社的编辑朋友。这份“材料”是稿件，抑或是其他什么，因没有详细记载，就不得而知了。

1970年，郭澄清开始了专业创作，比浩然重新回到专业创作岗位整整早了一年。这一年，郭澄清到北京参加修改《奇袭白虎团》的京剧剧本，住在二七剧场，他虽然几次给浩然打电话，要与浩然见个面好好聊一聊，但经历过“文革”初期的暴风骤雨，使浩然在许多问题上接受了教训而显得顾虑重重，与好多人断了通信联系。尽管他也担心有可能引起误会，还是找了种种借口没有应允。浩然显然是有些多虑了。

1972年7月6日，正在故乡访问、写作的浩然接到北京打来的电话，告知郭澄清到北京送稿，要来看他。第二天浩然就赶回了北京，先到出版社与郭澄清见了一面，又去处理完其他事情后，才再次赶回出版社，接着与郭澄清交谈，一直谈到晚上近10点。7月8日晚，郭澄清来到浩然家里看望，并提出希望浩然能够促进一下出版社，为他的长篇小说《大刀记》印征求意见本样书。在笔者的印象里，当年确曾看到过这部书的征求意见本，不知这里面是否包含有浩然的“功劳”。

《大刀记》作为郭澄清的一部重要代表作，1975年出版发行后产生了很大的社会影响，赢得了众多的好评；而浩然同时期出版发行的《金光大道》，作为其70年代的代表作，目前为止全国唯一一部完整记载中国农业社会主义改造全过程的长篇小说，使浩然这个名字在读者心中进一步加深了印象，也同时产生了更广泛的影响。河北作家刘国震曾在一篇文章中对郭澄清的《大刀记》和浩然的《金光大道》做过一番比较。他在文中是这样写的：

> 《大刀记》写作于1971至1974年间，1975年由人民文学出版社出版，当年曾被改编为连环画和电影故事片，评书等，产生过广泛的影响。这是郭澄清最重要的一部作品，可以说，没有《大刀记》，郭澄清很难被纳入“经典作家”的行列。但因为此书有“文革”时期这个不好的出生背景，在“‘文

革'文学空白论"的束缚下,改革开放以后出版的许多当代文学史,对这部书取得的艺术成就,未能给予足够的重视。又因为它描写的是民主革命时期的抗日战争生活,官方对这段历史的评价与认识,"改开"前后几无差别,所以,它也没有像同一时期出版的以社会主义革命和建设为题材的经典巨著《金光大道》那样遭受那么多误读与攻讦。

《大刀记》与《金光大道》虽然题材不同,但也有它们的共同点。两部作品的主人公梁永生与高大泉,作为他们隶属的那个阶级中的优秀分子,都在为受剥削受奴役的劳苦大众寻找一条改变自身命运,实现公平正义的幸福安康之途。他们都接受了共产党的纲领与理想,又因为所处的历史阶段不同,梁永生选择了寒光凛凛的"大刀"——武装斗争(民主革命);高大泉选择了金光灿烂的"大道"——共同富裕(社会主义)。两部作品,都是"道路小说",都具有史诗品格。这一点,读一读《大刀记》第一卷前面长达239页的《开篇》,读一读《金光大道》第一部前面那个只有49页的《引子》,就很清楚了。从"大刀"到"大道",是一种符合历史发展逻辑和人物性格发展逻辑的自然延续。

郭澄清与浩然一样"生不逢时",虽然也写了大量的作品,出了不少著作,但大多数都没有赶上稿费高的时候,或者根本就没有了稿费。在1965年7月14日浩然写给杨啸的信中就有这样一段话:

昨天晚上约郭澄清(他在给"中青"扩充《社迷》为中篇7万字)、姜树茂(青岛人,写1947年海上渔民斗争长篇)、张英(与我同室住,上海人,写电业工人长篇)和玉兄谈了一次,对当前创作问题、稿费问题扯了许多。如今《人民日报》《人民文学》等报刊,对工农作者已不发稿费,送一些书,对于作家,最高者每千字六元,短篇集根本不给稿费了。郭之《公社的人们》只得九十几块钱。

信中说的"郭",指的就是郭澄清。《公社的人们》则是指作家出版社1965年出版的郭澄清的短篇小说集;在版权页上印着该书的字数近10万字,印数为5万册。

1976年5月,郭澄清突患脑血栓,致使半身瘫痪。1978年12月20日,浩然与好友李学鳌闻讯后来到北京宣武医院,看望正在此治疗的郭澄清。这大概是两个人见到的最后一面。几年后，浩然来到河北省三河县段甲岭镇挂职，在三河一边继续创作，一边实施他的“文艺绿化工程”，没有必须要参加的会议或活动，很少返回京城；而郭澄清则一边同病魔顽强斗争，一边积极进行新的创作，于11年后的1989年病逝。

（本文原刊于2016年8月17日《文艺报》）

《大刀记》的版本传播

房 伟 王 伟

郭澄清的《大刀记》，是一部“际遇非常”的小说作品。它创作于“文革”时期，却在某种程度“溢出”“‘文革’文学”叙事规范，在现实主义写作理念下，力图真实再现可歌可泣的山东宁津抗战史。该小说存在较复杂的版本问题，既有不同传播媒介表现形式不同导致的变异，也有由于时代变化导致的同一媒介内部版本改写问题。该小说 1975 年版与 2005 年版之间存在很多差异，而连环画、评书、电影和电视剧等不同传播方式也各有侧重。这都表现了不同历史时代，民间话语、知识分子话语与主流意识形态，在民族国家形象塑造上，不同审美价值和传播效果的“符号交锋”。对《大刀记》的版本研究，也有利于我们反思“‘文革’空白论”的相关论断，进而更好反思当代文学史建构的问题。

《大刀记》恰诞生于“文革”特殊历史时期，处境尴尬。长篇小说《大刀记》的出版其衍生艺术品的传播、拍摄之路布满荆棘与坎坷，折射出“文革”时期政治意识形态对文学创作的强大控制力。当然，“一个时代有一个时代的文学”，三卷本长篇小说《大刀记》之所以能成为“‘文革’文学”经典，绝非简单源自政治意识形态的迎合，而在于它拥有同时代艺术品所不具备的特殊品质。这部作品是郭澄清文艺创作之路抵达艺术巅峰的标志，同时，也是直接导致他在“文革”后期被错判、被冷落、被侮辱、被损害的“罪魁祸首”。

“文革”时期以《大刀记》之名传世的文学作品种类颇多，如 1975 版（删改版，由人民文学出版社与山东人民文学出版社同期出版）《大刀记》（共 3 卷）小说原著、1975 版评书、1977 电影版《大刀记》、1977 版（山东人民出版社版本）连环画、1978 版（辽宁人民出版社版本）连环画、1979 版（河北美术出版社版本）连环画等等，还有在《大刀记》刊印之后，话剧版《大刀记》亦以革命样板戏的形式在各大剧院公开排演，在那个精神荒芜、娱乐设施极度匮乏的年代，《大刀记》及其衍生艺术极大地充实了人们业余生活，丰富了人们的精神世界。作为“文革”期间生产出来的一部“英雄传奇”小说，《大刀记》在发表时曾引起过很大的反响，《大刀向鬼子头上砍去》《运河儿女心向党》等革命歌曲，在当时广为流传，与《大刀记》的主旨思想极度匹配，进一步促成《大刀记》声名远播，评书版《大刀记》更是家喻户晓。

首先，就同质性传播媒介而言，小说版的前后变化最能印证时代的变迁。《大刀记》（小说原稿）最早成书于1970年代初，但最先出现的传播版本却是《大刀记》（1975年小说删减版）。作家为能在当时的“文革”语境中出版作品，“忍痛割爱”地对小说原稿进行了大量修改，尽管面世后也反响很大，但与作者初衷差了很多。删改版（1975年版）小说除却第一卷“开篇”部分之外，全文贯彻革命样板戏的格调，受政治意识形态化的压制，语言表述比较空泛、政治口号标语化严重，人物形象塑造凸显脸谱化，高度贯彻“红色主旋律”，政治理论宣传性较强，文本对很多生活化和敏感性细节进行了大幅度地删减和改动，如将原稿中的“杨柳青投亲”，在删减版改为“青柳镇”；将原稿中的“德州内外”在删减版中改为“云城内外”；为凸出“全天下的穷苦人亲如一家”阶级观念，直接将原稿“志勇与志刚”的身份在删减版中进行彻底的对调；甚至在删减版中特意加入大量篇幅对儒学进行批判，丑化“仁义”思想，诋毁孔老夫子，这种意识形态改动在文本中占比重较大。

郭澄清伴随着“九一八”和卢沟桥的枪炮声成长起来，他的童年和少年，看到了日本侵略者的惨无人道，也看到中国老百姓反抗的长矛大刀。自身参战经历、长期从事短篇小说创作的经验积累，加之听乡民讲述关于日本鬼子和汉奸恶霸欺民，人民奋起反击的英勇斗争故事，都成为郭写好作品的基础。然而，小说《大刀记》的出版并非一帆风顺。直到1975年，人民文学出版社打着向抗战胜利30周年献礼的旗号，将郭澄清的《大刀记》出版。可是，最具文学性的第一部仍遭诟病，40万字被砍至不到20万字，与第二部的衔接非常突兀，此时的《大刀记》已不再是郭澄清心中原本所期待的文本。细究原因，该小说的删改成败问题，既与“文革”的叙事美学的意识形态束缚有关，也与郭澄清在当时文坛的位置有关系。郭澄清虽写出很多家喻户晓的作品，但并不是“文革”时期“当红作家”，他始终以“农民作家”身份自居，提倡时代美学与文学性结合，远离文革“中心”。虽作品流行广泛，但在当时依然是“作品红而人不红”，虽在文联或作协任职，但从未像浩然、金敬迈那样成为全国性“文学样板”。

2005 年，为庆祝抗日战争胜利 60 周年，郭澄清《大刀记》（原稿版）得以刊载面世。较之删改版，原稿版（2005 版）的小说《大刀记》在语言润色与故事情节的讲述、人物形象的塑造等诸多方面，更显审美特性和生活气息，作品较为真实地还原了作品本该呈现的史诗性文化品格，借梁永生这个主要英雄人物走上革命的成功历程，朴实而自然地为我们呈现出人民群众从个人抗争失败，到主动寻找党，参与革命，进行集体抗争赢得抗战胜利的全过程，表明唯有民间与政党合力抗战，才能完胜敌寇，惩戒阶级敌人，获取最后的成功。虽然，原版《大刀记》在创作过程中不可避免地显露革命样板戏痕迹，凸显社会意识形态的政治立场，但瑕不掩瑜，这是历史大环境风气使然，而非作家一人之力可阻拒。其作品敢于突破“文革”时代写作题材的拘囿，敢于创新、大胆尝试新的艺术阐释方法，加之作家本身浓厚的古典文学根基的积淀，促成《大刀记》在当时文学作品中脱颖而出，不失为一部具有鲜明特色的、值得礼赞的重要文学文本。

其次，就异质性的媒介方式而言，小说版的《大刀记》问世后，经历了连环画、评书、影视剧等不同媒介的改编，也因此因不同的媒介和时代，具有了不同的美学特征。最早出现的衍生传播方式，是电影版的《大刀记》。电影《大刀记》拍摄于 1977 年，执行导演王秀文、汤化达，制作方是上海电影制片厂。整部影片拍摄采用的完全是社会主义现实主义手法，虽然演员和制片方试图削减“四人帮”对电影的控制，但“文革”时期，电影作为宣传工具，具有高度的意识形态象征性，因此，影片要想成功放映必不可少地带有“文革”时代印记，人物形象“高大全”、人物语言政治化，均呈现出革命样板戏鲜明特征。如“你回去以后，要依靠党的政策，放手发动群众，把武装和政权都建立起来；你带的这把刀，在革命的熔炉里加了钢，淬了火，在新的形势下，一定会发挥出更大的作用”（77 版电影中王指导员话语）、“运河两岸，冀鲁平原，到处都是毛主席领导的抗日武装，鬼子汉奸闻风丧胆……贾玉圭怕得不是我，怕的是共产党领导的八路军，怕的是人民群众组织起来跟他斗！”（1977 年版电影中梁永生话语）等相类似的政治性口语表达几乎涵盖整部影片三分之二。今天的观影者看来，这部电影的视觉感受力完全不可与当下的电影比肩，但当时的历史语境，这部电影的最终完成，也经历艰难跋涉，仅电影剧本就 9 易其稿，拍摄过程同样费尽周折。

除电影版《大刀记》外，连环画版的《大刀记》寓教于乐的方式，也成为许多青少年乃至成年人喜闻乐见的大众读物。《大刀记》目前可查的连环画主要有三个版本：辽宁人民出版社版本（5 册）、河北美术出版社版本（3 册）、山东人民出版社版本（3 集）。连环画因图文并茂的特点，就有了类似电影的观赏效果。这批连环画，以精简的笔触和手法将人物的神态惟妙惟肖地表达出来，为读者比较直观地勾勒出梁永生等平民英雄的人物形象。相对于小说而言，这种形式更易传播，更为直观，便于携带，更为喜闻乐见，受百姓待见。在当时，连环画作为视觉艺术，以其独特的线条优势，浓缩地展现出人物形象与心理活动，其畅销度远远地超过了小说原著，它的传播力度和广度是小说连播和电影都无法与之匹敌的。

评书版的《大刀记》也是重要的传播方式。评书作为按场次表演的艺术，悬念性上对故事的改编处理得非常到位，在人物形象的设置上表现得更为夸张、呈现出脸谱化和程式化的特点。小说《大刀记》风靡民间之时，其评书版《大刀记》也备受百姓乐见，由山东省话剧院的专职话剧演员薛中锐先生于 1975—1976 年在山东广播电台连续播报，并在全国各大电台（除中央台和北京台）转播《大刀记》整整三大卷，一共录了 210 集，在当时风靡一时。

2015 年，为庆祝抗战胜利 70 周年，山东卫视打造 57 集电视剧《大刀记》，对宁津作家郭澄清长篇史诗性抗战题材小说进行视觉影像改编，这是山东媒体对本土作家抗战类小说创作题材地挖掘、再现与重构。较之电影版《大刀记》，2015 版电视剧《大刀记》巧妙地对样板戏《大刀记》的叙事策略作了调整，在保证不改变故事叙述主线、坚守阶级道德正义性的前提下，对人物语言的设置、故事情节的推进、人物（如虚构人物贾辅仁、门玉如、梁永生等人物形象做“去脸谱化”处理等）形象的设计等诸多方面进行了较大幅度的改动，将阶级对立、家国仇恨糅合在一起进行穿插式阐述，从而使得亲情人伦的表达更温馨而亲切，故事发展进程更显生活质感，将社会意识形态思想的传达隐匿至剧情自然铺展中，更符合当下人们视觉审美鉴赏需求。

郭澄清与《大刀记》属于 1970 年代，属于中国当代文学史，也属于每一位文学读者的经典记忆。我们应当回归时代语境，采取历史眼光和审美视角予以审视、衡量。小说在版本及传播问题上的一些分歧，既与传播媒介在表现形式上的异质性相关，也与时代变化导致的同一媒介内部的版本改写问题相关，这都表现了不同历史时代，民间话语、知识分子话语与主流意识形态，在民族国家形象塑造上，不同审美价值和传播效果的“符号交锋”。像《大刀记》这样经历伤筋动骨地删改，而后经历历史变迁，又恢复原本面貌，呈现出对“‘文革’文学”的反思性的作品并非孤立个案。郭澄清的长篇小说《大刀记》在当时的文坛也具有独特的魅力，作品运用革命现实主义和革命浪漫主义相结合的创作方法，汲取古典小说的优长，采取纪传体的书写方式，为我们生动地谱写了一曲伟大抗日战争的胜利凯歌，纵然其不可避免地烙有“文革”时代的特殊印记，仍不失为一部有民族史诗性的杰作。

（本文原刊于2016年8月17日《文艺报》）

《大刀记》的侠文化解读

陈夫龙

郭澄清的家乡在山东宁津，地处齐鲁大地和燕赵大地交界的冀鲁平原。自古山东多响马，燕赵多慷慨悲歌之士，位于二者交界地带的冀鲁平原更是民风剽悍、侠风烈烈，濡染着勇武任侠、粗犷豪放和多情重义的侠文化精神。郭澄清从小生活于这样的地域，深受这种侠义地域文化精神的影响和浸润。作为郭澄清创作于“文革”期间的长篇巨著，《大刀记》兼具侠义成分和革命色彩，书写了革命年代的侠义英雄传奇。从表层结构看，它叙述了一个出身农民的侠义草莽复仇的故事。就深层结构而言，小说揭示了民间侠文化逐渐接受革命文化的影响和改造，以及受压迫者自发反抗的个人复仇行为逐渐被纳入自觉抗战的革命战争秩序的艰难历程。这正彰显出革命文化对传统侠文化进行现代性改造的特征。

一、侠义与革命：相对独立而浑然交融的双圆结构

作为中国社会历史上的独特产物，侠和侠文化自出现之日起就遭到历代统治阶级与正统文人的痛恨和口诛笔伐，甚至灭之而后快。自《汉书》以后，侠和侠文化已经不再见于正史，而是逐渐沉潜于民间，成为民间社会理想人格和文化的有机组成部分。虽然晚清民初的尚武任侠思潮对于提振民气、砥砺斗志起到了重要作用，但不过是旷世大侠精神的回光返照，并未进入正统。五四以来，侠文化因其不轨于正义的反体制特征和非科学内容而遭到文化先驱和革命作家的批判与否定。新中国成立后，侠文化及其艺术载体武侠小说均引起国家体制层面的警惕与压制。因此，无论在传统中国社会，还是在现代中国社会，侠文化一直处于被压抑状态而居于边缘地位。客观上讲，革命对侠文化的弃绝态度与现代社会侠文化精神的堕落有关，特别是在革命年代，侠文化的积极意义和

正面价值往往被淹没于其消极意义与负面影响的漩涡之中。同时,革命话语的集体性、积极性、政治性、纪律性、民主性、科学性等现代特质与侠文化话语的个人性、伦理性、血源性、盲动性、极端性等特征相牴牾。但这并不意味着侠文化与革命水火不容。就侠文化的本质内蕴而言,它和革命存在一致性。作为侠文化的核心质素,侠义与革命也是相通的。革命者具有悲悯和拯救的人道情怀,同情弱势群体,满怀阶级义愤和血性正义,为劳苦大众的幸福而赴汤蹈火、勇于牺牲,所有这些精神内容大量存在于侠文化中。因此,侠义草莽虽然不是天生的革命战士,侠文化也不是天然的革命文化,但侠义草莽具备成为一个革命战士的潜质,侠文化内蕴着革命文化的有机特质,这是毋庸置疑的。

在《铁道游击队》《敌后武工队》《苦菜花》和《桥隆飙》等书写革命年代侠义英雄传奇的经典文本中,革命对侠文化的改造主要体现为在党的引导、教育和帮助下,一些杀富济贫、仗义行侠的草莽英雄被改造为为阶级和民族解放而自觉奋斗的革命战士的过程,其中作为革命精神导师的"政委"角色非常关键。这种侠义革命叙事受当时主流意识形态的阶级斗争观念影响很深,而相对忽略了对那些民间草莽精神发展历程的深入描写。与这些"红色经典"不同的是,《大刀记》并未局限于阶级斗争观念的规约。作者不仅指出了穷人与富人之间的阶级仇恨、穷人之间的阶级情义,挖掘了苦难的阶级根源,而且在逐步展开的情节中,通过不同的空间叙事,真实再现了主人公梁永生的精神成长历程,揭示了他从个人家族仇恨到阶级仇恨再到民族仇恨的情感转变和思想境界的提升,从而深刻挖掘了穷人的家族悲剧和中华民族苦难命运的历史文化根源。贯注于"龙潭街—德州城—雒家庄—柴胡店—宁安寨—黄家镇—水泊洼—杨柳青—天津卫—徐家屯—兴安岭"这条漫长而艰难的路线中的,不仅有清末到抗战胜利近40年的时代风云变幻,更寄寓着中国革命历史的发展逻辑和受压迫者由自发反抗到自觉抗争的心路历程。在由"离乡逃生—回乡复仇(寻党)—离乡寻党—找到救星—回乡抗日"这五个环节构成的看似线性的生命轨迹中,实际上蕴含着两个相对独立的圆形叙事结构。前三个环节构成侠义叙事,后三个环节构成革命叙事,寻找革命救星则是这两个叙事结构发生转换的中间环节。在小说中,结构发生转换的动力源于革命对侠文化的改造。这种改造不是通过外在的政治势力引导和意识形态宣教来实现的,而是梁永生在历经生死考验的基础上逐渐生发出来的自觉追求与民族救亡语境下革命话语的激励相契合的结果。从整个文本来看,革命话语并未泯灭侠和侠文化在革命中的存在与作用,反而使侠和侠文化自然融入革命话语中,成为革命的有机组成部分。在此意义上,小说第一部主要表现了侠对革命的追寻;第二部主要体现了革命话语对侠文化的改造以及二者之间的有机契合。于是,在革命历史叙事和英雄传奇书写中,侠义和革命又形成了一种浑然交融的双圆结构。双圆犹如两个车轮,无论是侠义叙事,还是革命叙事,横贯其中的是侠气。这种侠气如动力轴承,推动着故事演进和情节发展;随着梁永生活动空间的位移和思想境界的提升而具体呈现为三种形态:草莽义气、民族正气和革命豪气。当梁永生逐步认识到穷人的冤家对头不仅仅是大财主、官府衙门、大老板、外国鬼子、土匪,而根本上是罪恶的不合理的社会制度时,原本潜藏于其心理结构中的侠气也不断由家族复仇的草莽义气、民族复仇的民族正气逐渐升华积聚为向一切不合理社会制度复仇、最终实现社会正义和社会公道的革命豪气。此时,侠义叙事结构包含于革命叙事结构之中而成为两个同心圆,带动同心双圆正常运转的动力轴承也逐渐在正义的价值平台上凝聚为一个强大的精神轴心,并随着情节的铺排和节奏的加快,骤然焕发为由侠义复仇精神和民族反抗意志聚合而成的革命力量。

二、从民间侠义草莽到民族革命英雄的价值转换

在小说中,梁永生的父亲梁宝成是一个典型的水浒式英雄,他疾恶如仇,爱憎分明,不畏强暴,敢做敢当,扶危济困,豪气干云,在龙潭街一带颇有侠名。所谓虎父无犬子,梁永生身上承继着梁山好汉和父辈的侠义品格——行侠仗义、除暴安良、扶危济困、大义凛然。他一出场就体现出少侠风范。在好朋友常秋生受到大财主白眼狼的大狼羔子贾立仁欺负时,年仅10岁的梁永生挺身而出,打抱不平,其威势令贾立仁闻风丧胆,不寒而栗。少年梁永生从民间侠义草莽到民族革命英雄发生价值转换不是一蹴而就的,也并未因主流意识形态的规训而遮蔽侠义在场,而是忠实于真正现实主义创作原则、遵循人物性格发展逻辑来逐步展开的。

小说第一部从梁永生的苦难家世写起,既描绘了长工梁宝成这个侠义硬汉被大财主白眼狼和官府衙门栽赃陷害而家破人亡的悲惨命运,也展开了梁永生漂泊乱世的苦难历程。通过"大闹黄家镇"、"夜袭龙潭街"、"怒打日本兵"、"血染龙潭"等事件,显示了少年梁永生不畏强暴、疾恶如仇、见义勇为、锄强扶弱的

侠义品格和“怕狼怕虎别在山上住，怕死就别活着”的“愣葱精神”。“闯衙喊冤”的悲剧和“‘公审’闹剧”使他认识到官府衙门是财主的护身符，是穷人的死对头。漂泊经历更让他看到了世道不公和社会不平的残酷现实。这些国家政权无道和既存社会秩序失范的事实使少年梁永生逐渐成熟起来，他认识到复仇不能靠官和神，必须靠自己。此时梁永生的反抗不过是对既存社会秩序已经绝望而走投无路之下的无奈之举，其动力主要基于个人复仇观念。他曾慨叹：“大刀哇大刀！穷人的血仇，还得靠你给报哇！”这预示着他要自掌正义，要靠个人复仇来闯出一条活路。但这种自发的个人复仇行为充满了盲动和冒险，必然会走向失败。逃亡路上偶遇矿工何大哥，他从何大哥那里知道了共产党和红军。在重返宁安寨，寻找共产党的希望破灭后，为报家仇，他带领儿子“血染龙潭”。在落得妻离子散、家破人亡而再度陷入困境时，民间义士王生和的出现，使他知道了共产党和毛主席。经过艰难的精神炼狱和行为反思，梁永生逐渐明白了“认命不如拼命，拼命不如革命”的道理和穷苦人团结奋斗的意义。“血染龙潭”的惨痛教训使他逐渐觉醒，终于告别了自发反抗的个人复仇行为，开始走向奔赴延安寻找救星的现代革命道路。在第二部中，梁永生找到了共产党、八路军，参加了革命，组织了八路军大刀队，在龙潭街—宁安寨一带开展抗日游击战争。在他领导下，大刀队成为冀鲁平原运河两岸重要的地方抗日武装；在他精心培养和指导下，梁志勇、王锁柱、黄二愣等血性少年迅速成长为英勇的八路军战士。梁永生领导和指挥大刀队同日寇、汉奸斗智斗勇，通过“巧夺黄家镇”、“夜战水泊洼”、“围困柴胡店”等战斗，消灭了当地的日寇和伪军，取得了重大胜利。这些“血染红旗”的壮举，充分体现了梁永生的民族大义情怀和革命英雄气概。在从家族复仇的个人自发反抗到民族复仇的集体自觉抗战过程中，不仅体现了由家仇到国恨的质变，而且以暴抗暴的侠客式复仇精神置换为抗日救国的革命战斗激情；更重要的是，在梁永生身上实现了由民间侠义草莽到民族革命英雄的价值转换。可以说，梁永生既有舍生取义的齐鲁文化的雄强特质，又有慷慨悲歌的燕赵文化的精神积淀。他走上革命道路的过程，其实也是民间英雄正统化的过程。至此，民间草莽的传统侠义精神逐渐发展为忠于革命忠于党忠于人民的“忠义”思想。

郭澄清有着英勇无畏的侠义豪情和浪漫主义的革命理想，与劳苦大众血肉相连，患难与共。他从小受尽了旧社会的苦难和阶级压迫，目睹日寇残害中国人的暴行，熟悉那些革命战争年代拼杀于战场、活跃于民间的革命英雄和侠义草莽。在他的价值视域中，侠义就是扶危济困，舍己助人，除暴安良，匡复正义；革命就是解民倒悬，救国于危难，以阶级正义情怀和民族大义精神慷慨赴难、视死如归，为实现社会正义和社会公道而牺牲自我、勇于献身。侠义和革命在诉求正义的价值平台上达致高度契合，激荡于《大刀记》文本深层的侠骨丹心和民族大义这两重血肉交融的韵律，在郭澄清的精心调制下，鸣奏出慷慨激昂、侠义爱国的交响乐章。这种侠义和革命水乳交融的特质，使小说既适应了主流意识形态要求，又符合民间审美趣味；既获得了官方的认可和提倡，又得到了民间普通百姓的广泛欢迎与口耳相传。而这，正是长篇巨著《大刀记》虽曾遭劫难而历久弥新，至今仍为学界关注和研究的魅力所在。

（本文原刊于2016年8月17日《文艺报》）

下编·郭澄清小说手稿

《大刀记》部分手稿影印件

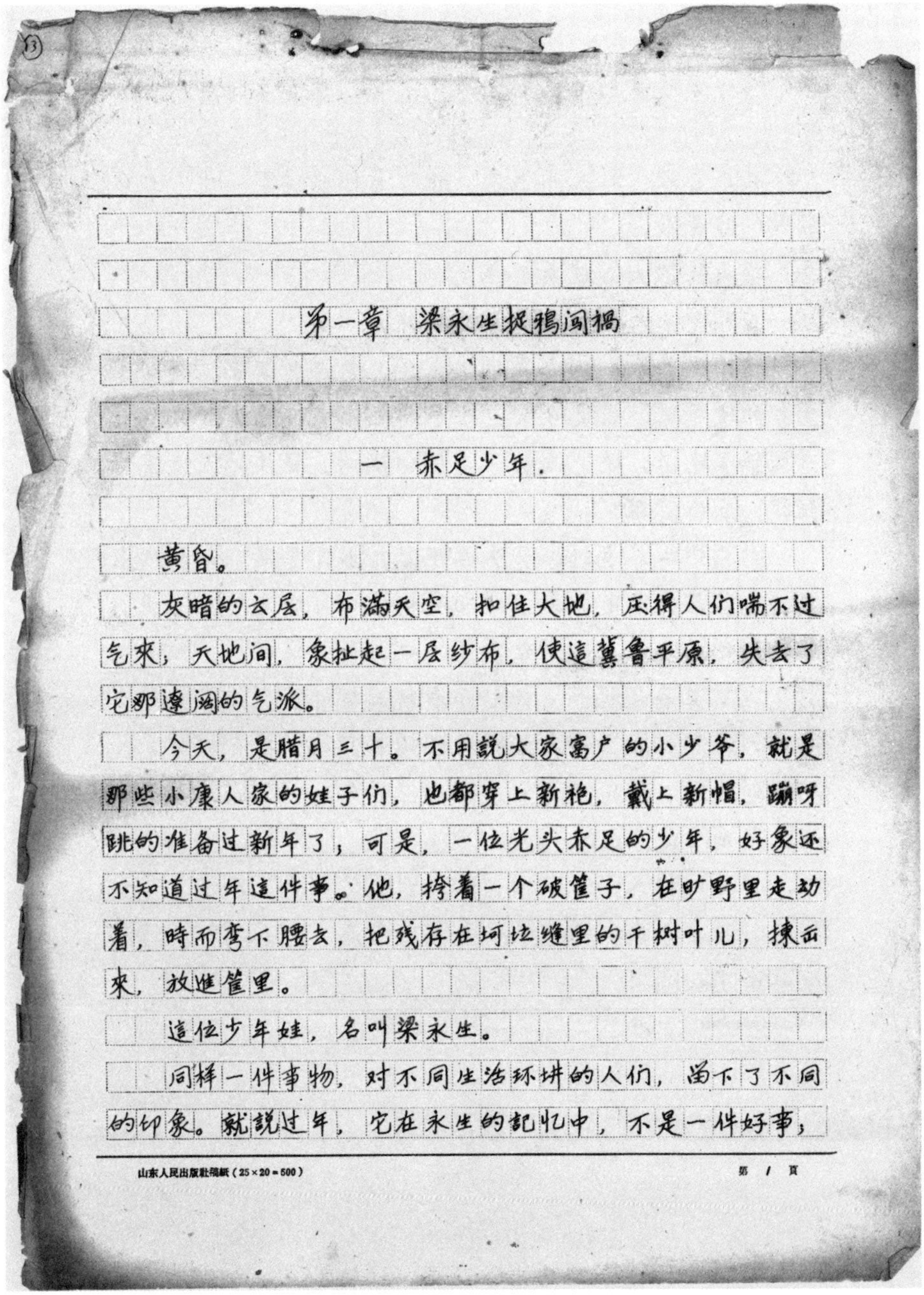
13

第一章　梁永生捉鸦闯祸

一　赤足少年

黄昏。

灰暗的云层，布满天空，扣住大地，压得人们喘不过气來；天地间，象扯起一层纱布，使這冀鲁平原，失去了它那遼阔的气派。

今天，是腊月三十。不用説大家富户的小少爷，就是那些小康人家的娃子们，也都穿上新袍，戴上新帽，蹦呀跳的准备过新年了；可是，一位光头赤足的少年，好象还不知道过年這件事。他，挎着一个破筐子，在旷野里走动着，時而弯下腰去，把残存在坷垃缝里的干树叶儿，揀出來，放進筐里。

這位少年娃，名叫梁永生。

同样一件事物，对不同生活环境的人们，留下了不同的印象。就説过年，它在永生的記忆中，不是一件好事；

山东人民出版社稿紙（25×20=500）　第 1 頁

它，意味着爹爹脸上的愁容更多；它，意味着娘要大哭一场。

几只寒鸦，从天外飞来，拍打着翅膀掠空而过，匆匆忙忙向北飞去。

梁永生抬头仰望着老鸦。

老鸦把永生的視线带進密松林。

這片密松林，阴森森的，方圆上百亩。這里，是賈永富家的坟茔地。坟地北头，有个小屋，看坟的狗腿子独眼龙就住在這里。坟地南头，有棵白楊树，挺拔屹立，高出树群，分外惹眼。

白楊树上，有許許多多老鸦窩。每天早晨，成群的老鸦起起落落，進進出出，时而登枝啼叫，時而绕树盘旋。如今天色已晚，老鸦都鉆窩了，树上静悄悄的。

永生望着老鸦窩，想起病在炕上的娘，驀地产生一个念头：“娘的病，全是餓的；吃頓老鸦肉，准会好的。”他想到這里，便跨开大步，向松林奔去。

起風了。

風越刮越大。一会儿，嗷嗷吼叫的風声，压下了一切杂音。梁永生在大風中側側晃晃地走着，好象挣扎在渾濁的死水中。

山东人民出版社稿纸（25×20=500）　第 2 页

寒风，透过褴褛的单衣，直入腑脏，迫使倔强的孩子加快了步伐。

永生来到白杨树下，抬头仰望，只见那高入云端的树头，正在摇摇晃晃，发着呜呜的响声。这时，勇敢的孩子毫无怯意，他放下筐子，抱上树干，嗖呀嗖地向上爬去，眨眼间便攀上树枝，而后，他又悄悄的，悄悄的，接近了一个窝巢，猛地伸进手去，一把扯出两只老鸦。

其余老鸦，被惊动了。它们，一只只，一对对，扑棱扑棱窜出窝来，惊慌地扑打着翅子，急呼闪地飞向远方。长空中，留下一片"哇——哇"的哀鸣。

"咕噔！"洋炮的响声，从看坟的小屋里打过来。数不清的铁沙子，碰得枯枝沙沙作响。永生怒视着响枪的方向，骂了一声：

"独眼龙！狗日的！"

正在这时，永生和爹的一段对话，在他的头脑里闪出来：

"独眼龙为啥住在松林里？"

"看坟。"

"坟有啥好看的？"

"怕偷。"

山东人民出版社稿纸（25×20=500） 第 3 页

“还有偷坟的？”

“坟里埋着东西。”

“不就是死人吗？”

“还有金银珠宝。”

“金银珠宝是些啥？”

“很值钱很值钱的好东西。”

“这么好为啥埋在坟里？”

“人家说为了保养‘风水’！”

“‘风水’是个啥？”

“就是白杨树上那些老鸹窝！”

“它有啥用？”

“据说仗凭它升官发财哩！”

“贾永富那个老鳖猴儿，这么撑劲就指着那些老鸦窝吗？”

“阴阳先生是这么说的！”

永生想着这些往事，心里生起气来。他抓住两只老鸦的脖子，往身后的腰带上一插，尔后，便把身子四周的几个老鸦窝，都噗哧噗哧捅掉了。他一边捅，还一边带气地说：

“我叫你‘风水’！”

山东人民出版社稿纸（25×20=500）　　第 4 页

"再叫你发财！"

"再叫你撑劲！"

"再叫你欺負穷人！"

无数的树枝、草棍，飘飘摇摇撒落地上，一团团的老鸦毛，被风一吹，横空而去。

永生四肢紧貼上树干，唰地一声，溜下树来。尔后，他提起筐子，蹽开蹶子，迎着凛冽的西风跑去。

西边，横着一条大河。這条河，名叫运河。

运河，从遥远的南方，穿江跨河，千里迢迢，来到這冀鲁平原。每到汛期，它借風威，揚巨浪，翻滚奔腾，昼夜吼叫，摆出一副不可一世的架式。而今，河水结冰了，它又一反常态变得安祥起来；好象一条死去的大蛇，翻露着白嗤嗤的肚皮，无声无息地仰躺在這平展展的原野上。

运河边上，有个村庄，名叫龙潭街。

梁永生登上河堤，轉身向南，直奔龙潭街里跑去。

二 永生的家

永生的家，就在這龙潭街上。

這龙潭街是个大村，住着三、四百户人家。這个村子

山东人民出版社稿紙（25×20=500）　　第 5 頁

宅院的布局很是奇怪：一道之隔两个世界——道东，尽是土墙茅屋，密密挤挤，破破烂烂；這里住着三百多户，所占地盘还不到全村的一半。道西，一片清堂瓦舍，深宅大院；這里只有几户人家，地盘却占了全村的一半还多。

在道西的几所大院落中，还有一所特大的院落。它，又独占了道西的将近一半。這里，便是大地主賈永富的住宅。人称"賈家大院"。

堂堂世界，怪中有怪。就在這"賈家大院"的大门口左侧，有一所土墙茅屋。這茅屋，既简陋，又破旧；墙上裂着大缝，缝里塞着干草，草上挂着冰凌。它，是道西唯一无二的土墙茅屋。和四周的砖瓦房摆在一起，显得很不协调。

這座茅屋，就是梁永生的家。

算上永生這一代，這座茅屋里已经住过五辈人了；它是永生的曾祖父在這里落户时修下的。

永生的祖辈，住在楊州一代的宪穴镇。那时节，宪穴镇上有个恶霸地主，敲诈勒索，抢男霸女，无恶不为，直逼得永生的曾祖母走投无路，半夜三更跳了運河。

永生的曾祖父是条有血有气的硬汉子，他咽不下這口气去，便和那恶霸打了官司。誰知，官司从县里打到州里，

山东人民出版社稿纸（25×20=500）　　第 6 頁

又从州里打到府里。结果是，有钱的打赢了，有理的打输了。

后來，永生的曾祖父架起一辆双脸車，這边推着年迈的父亲，那边推着生病的母亲，身后背着刚满三岁的儿子，两眼含着熱泪，离开了那吃人不吐骨头的凫穴镇。

到那里去？進京告状。

他们一家四口，老少三代，沿途討要，跋涉千里；歺風飲露，昼夜兼程，顺着运粮河，來到龙潭街。

正巧，這天有个从京城來的欽差大臣，坐着八抬大轎，跟着无数侍从，鸣锣开道从此路过。曾祖父趁此机会，跑上前去拦轎喊冤。

沒料到，~~不仅没有得到~~钦差大臣不给做主，~~欽差大臣~~反說~~曾祖父~~他是"歹徒""刁民"，"无理取闹"，"誣告好人"。~~于是~~最后，将曾祖父重打四十大板，揚长而去。

永生的曾祖父，含冤忍痛，爬進村东头上的关帝庙。在当地穷哥们儿的帮助下，养好了刑伤；又在穷哥们儿的帮助下，盖起這座茅屋。

从那，他一家四口，就忍气吞声，在這龙潭街上落了户。

一个闷雷天下响，天下老鸦一般黑。

永生的祖辈，住在兔穴镇時，受穷受气几辈子；他们逃出"兔穴"，進了"龙潭"，还是辈辈受气受穷。

就拿這座茅屋來說，早在永生的祖父还活着的時候，就曾多次想重新翻盖翻盖。可是，直到他离开人间，這个願望沒能实現。

祖父去世后，永生爹继父志，又要翻修茅屋。结果，年年是春打譜，秋落空，直到眼下沒修成。

今年开春，永生爹照例打下譜，省吃儉用攒几个钱，秋后翻這座茅屋。哪知道，今年又是终年不雨，大旱成灾；赤地千里，籽粒无收。再加，人捐房税，兵抢匪劫，直逼得黎民百姓，上天无梯，入地无门，求生无路，欲死不能。

大家富户，乘人之危，大发横財。

穷家小户，舍儿卖女，傾家蕩产。

近日來，過龙潭街头竟設上了"人市"，三岁的娃子只换一斗高粱。這年头，卖汗水的找不着買主，要飯吃的沒人打发。

有的人，含着一口白土咽了气。

有的人，攥着一把肢泥死在闯关东的路上。

那些还活着的穷人，都象热锅上的蚂蚁，一家家，一个个，东張西奔，挣扎在死亡线上。

梁永生家，就是這样的处境。

三天前，永生还是五口之家；到眼下，却只剩下三口人了——永生和他的爹娘。

前天，地主賈永富，要"買"永生家這塊宅基地。永生的祖母宁死不卖，被狗腿子踢倒在地。当夜，餓了好几天的祖母，攥着宅基地契含恨死去。

昨天，梁永生的弟弟，這个伴随着严寒、飢餓和苦难來到人间的孩子，含着娘那干瘪瘪的奶头又离开人间。

永生爹，這条泰山压頂不弯腰的硬汉子，忍着母丧子亡的悲痛，勒紧腰带，天天上市找活干。

永生娘，因餓成疾，卧炕不能起，已經好几天了。她天天从早盼到晚，盼望丈夫挣几个錢回來；可是，她每次盼來的，总是两手空拳，还有一声长叹。

三 永生的爹娘

掌灯时分，永生爹回來了。

他迈着艰难的步子，走進屋里。屋里，黑洞洞的。

"永生回來了吗？"永生爹问。

"沒有。"永生娘說，"今天你找着活了吗？"

山东人民出版社稿纸（25×20=500）　第 9 页

"唉！"

永生爹叹了口气，照例沒有説啥。接着，他舒过灰盒子打着火，点上了快要干盌儿的豆油灯。

"别点灯了。"永生娘説，"油快干了！"

"身子已经掉下井口，指着耳朵也挂不住啦！"永生爹説罢，又叹了一口气。

灯光一亮，屋里的一切，都从黑暗中显現出来。茅屋的四壁，已被炊烟熏得漆黑。屋顶的中樑已经断了，用一根弯弯扭扭的棍子顶着。屋子很小，但由于沒有什么傢具，倒显得空蕩蕩的。靠窗处，有个土炕。炕上沒有蓆，铺着一床草苫子。永生娘，盖着一床千孔百洞的破被，头下枕着半头磚，仰躺在草苫上。

永生爹坐在炕沿上，扭着身子望着妻子的面容，只見她那腊黄的面皮，失去了那吓人的光亮，又挂上了更加可怕的土色。這時，永生爹的眉头上皱起一个疙瘩，心里一陣陣地酸痛。

"孩子他娘——"永生爹凑近些问道，"你覺着怎么样呵？"

永生娘見丈夫问她，心里想："孩子他爹活到四十多，沒吃过一頓飽飯，沒穿才一件棉袄，沒喘过一口舒坦气，

山东人民出版社稿紙（25×20=500）　第 10 頁

沒过过一天松心日子。這几天，又赶上母丧子亡，他的肚子里該当進了多少泪水呀？就是這样，他为了老婆孩子，还是天天餓着肚子去找活干！”在她看來，丈夫肩上的担子有多重，丈夫肚子里的苦水有多么多，只有她這当妻子的才知道得最清楚。于是，她強打起精神，笑笑說：

“孩子他爹，你放心吧，不碍的。我覚着比前两天好些了。”

永生娘想用這些話寬寬丈夫的心，她还想用自己的笑容驱散笼罩在丈夫心头上的愁云。

她那里知道，她這种說法丈夫完全不信。几天來，妻子的咀里沒喝一勺药，沒吃一粒米；吃的是干树叶，喝的是白开水，她的病能会好些了？這怎么能諒她那精明的丈夫相信？因此，妻子那本想用來寬慰丈夫的話，更加攪痛了丈夫的心；她那土黄面皮上的笑容，又激起了丈夫那羞愧不安的回忆。

永生爹想：“孩子他娘自从進了我這座茅屋，十八年了，那得过一天好？一口干粮，一勺菜湯，不是省给公婆，就是省给丈夫，后來又省给孩子，一家老少，誰跟她挨的餓多？多少年來，鸡未啼她先起，不管天气冷熱，去拾些、剜菜、刮城土；到了夜晚，又就着月光给人家洗衣裳。酷

山东人民出版社稿紙（25×20=500） 第 11 頁

暑炎夏，晒得她的皮肤脱了一层又一层；数九隆冬，冻得她手上的裂口一指多长！天下的女人成千上万，还有誰比她受的累更大？还有誰比她受的罪更多？可她一直是，对丈夫的痛苦，她甘願分担一千一万；而她身己的痛苦，却从不肯讓丈夫分担一分一毫。如今，她已经病成了這个样子，还是忍飢忍痛不吭声，強打起精神來寬慰丈夫的心。”永生爹越想心情越沉重，越想越觉得对不起自己的妻子。于是，他抱歉地說：

“唉！你嫁给我這个穷光蛋，算遭了罪啦！”

“孩子他爹，别説這个，盼着永生长大了就好过啦。”

“那是以后的事！当前這一关可怎么闯呀？”

屋里沉默起來。

永生爹瞪着直眼，两条視线在屋里搜寻着，一遍又一遍地搜寻着。他在瞅什么呢？他是想找一件能换錢的东西，那怕它只能换二斤谷糠也好。可是，他瞅來瞅去，失望地低下头去。因为几个月來，为了渡过荒年，几輩人置買下的几件破傢具，都早就折卖一空，連他自己头上那根又粗又黑又长的辫子，为了给娘治病也已经剪下來卖了，現在还有什么可以折卖的呢？

永生爹垂着头，把前前后后的事情想了又想。他想通

山东人民出版社稿紙（25×20＝500）　第 12 頁

着想着，不由得心里反躬自问起来："难道就這样跟孩子他娘等死吗？难道就眼巴巴地瞅着一家人一个一个地死净吗？不！不能那样傻！要想办法！要想办法！"可又有什么办法呢？向财主去求借吗？不！财主的钱，是钓上的饵，借了他的钱，就成了上了钓的鱼！向穷兄弟爷们儿去求借吗？不！穷兄弟爷们儿和咱是一个蔓上的苦瓜，那个不是一根腸子闲半截？就是那些比自己的光景稍微好一点的，也都是吃了早晨沒晚上，咱怎么好意思去張口？咱明明知道人家不够吃，人家就算送上门来咱也不能收呵！……那可又怎么办呢？"他想着想着，突然，一个可怕的念头，在头脑里蹦出来。他有心說出来，和孩子他娘商量商量，但又觉得不好开口。所以，他的嘴張了好几張，结果又闭上了。

正在這時，永生娘攥着一点东西递过来，說：

"给你。"

"啥个？"

"菸叶。"

"菸叶？"

"我見窗台上有一丁点儿辣椒，就和几个干树叶放在一起搓了搓。"永生娘說，"許够抽两袋的。"

山东人民出版社稿纸（25×20=500）　第13页

永生爹烟瘾很大。可他已经好几天没有烟抽了。这时他装上烟，在灯头上对着火，一口接一口地抽起来。这当儿，压在他心里的那句話，总是向外蹦。可是，每当它來到咀边时，永生爹就猛吸一口烟，把它压回去。

窗外，風声更大了。永生娘不安地說：

"永生怎么还沒回來呢？"

……

四　苦难的童年

永生走進村口，已是掌灯时分。

賈永富的大门口上，挂着一对灯笼。那灯笼的光亮，就象一个怪物的两只眼睛，逼視着永生。永生不由得骂道：

"他妈的！我看你还能富几天！"

然后，他拐弯抹角，绕过賈家大院的门口，气冲冲地向家走去。他走着走着，忽然觉得右腿象針扎似地痛起來。他用手一摸，湿了一大片。原來是中了枪沙子。他想：

"可不能讓爹娘知道；爹娘知道了会心疼的！"于是，他从破上衣上撕下一条布，紧紧地缠起來。

对腿上的伤，永生一点也不在乎。他一边走，一边瞅

山东人民出版社稿紙（25×20=500）　第14頁

着筐子里的老鸦，心里依然美滋滋的，并且自语道：

"明天擦黑儿，再去捉它两只！"

永生走到家门口時，心中想："爹娘見到這两只老鸦，准得很高兴。"他想到這里，便将筐子放在屋门外边，想先空手進屋，在爹娘面前逗个趣，撒个嬌。当他正要迈步進屋时，忽听得屋里爹娘正在說着他。

爹說："孩子他娘，咱把永生送给人家吧！"

娘說："孩子他爹，再穷咱也不能舍孩子！"

爹說："我是想跟孩子逃个活命！"

娘說："穷人要不起，富人沒人心，孩子还能得了好？"

爹說："我还想，要能换回点粮食，好把你的病……"

娘說："不！我宁愿死了，也不能吃孩子的肉！"

爹說："要不，我怕是大人孩子都活不成呵！"

娘說："孩子是娘的心头肉，我說啥也舍不得！"

爹說："我也是舍不得！可又有什么法子呢？"

爹的話沒落地，永生撲進屋去。他咕噔跪在爹的面前，央求說：

"爹！我死也不离开爹和娘呀！"

說罢，他一头扎在爹的怀里，呜呜地哭起來。

這时，一缕寒风，从尚未堵严的墙缝里吹進來；它，

山东人民出版社稿紙（25×20=500）　第 15 頁

把人世间的全部冷酷，吹進這座茅屋，吹進屋里每个人的心房。

那盏豆粒大的灯火，拚命般地摇晃着。

永生爹低着头，用那颤抖的手抚摩着儿子那冰凉冰凉的头，只叭哒叭哒地抽烟，一声不吭。他的脸庞，彷彿一尊塑象似的，沒有一点变化，沒有一点表情。只有胸膛里的那颗心，在紧張剧烈地嘭嘭跳着。

永生娘的心里，乱乱纷纷，七上八下，头涨得有栁斗大，耳朵也嗡嗡地叫起來。這时，她既同情走投无路的丈夫，又可怜多灾多难的儿子，还埋怨自己不争气偏偏病在炕上。因此，她好象觉得有一肚子話，又觉得一句也說不出來，所以，只是抽抽噎噎地陪着儿子哭起來。

过了一陣，永生爹的脑子漸漸清醒过來。他心中自己責备起自己來：“梁宝成呵梁宝成！你做为一个頂天立地的男子大汉，連自己的老婆孩子都养活不了！”他想到這里，感到羞愧难忍，无地容身。于是，他涨红着脸对儿子說：

“孩子呵！爹对不起你，你恨着爹吧……”

“不！孩子，不怨你爹，都怨我，你恨着娘吧！”

永抢过娘的話头，向爹娘說：

“不！我不恨爹，也不恨娘，就恨咱家穷！”

山东人民出版社稿紙（25×20＝500）　　第 16 頁

爹娘对儿子的宽恕都感到高兴，他们那紧张的心情渐渐缓和下來。

爹问："永生，你那筐子呢？"

"在门外。"

"在门外？"

永生沒有答腔，爬起來跑云门去，眨眼间，他提着筐子進了屋，又从筐子里抓起两只大老鸦，举在爹的眼前，兴冲冲地說：

"爹！你看——我还捉了两只大老鸦哩！"

這时，爹的脸上，沒有云現永生所期望的笑容，而是吃惊地问道：

"在那里捉的？"

"在贾永富的那棵白楊树上。"

永生娘一听惊慌起來，責备儿子說：

"你呀你呀！你净闯禍呀！"

"闯啥禍？老鸦又不是他喂的！"

"你知道个屁！"娘生气地說，"你那咀就這么馋？咱家多少年來过年沒吃过肉，也沒挡在年那边，不是都过來了吗？为啥偏偏想那个老鸹肉吃？……"

娘這頓训斥，永生覺得滿肚子委屈。說真的，永生长

山东人民出版社稿纸（25×20=500）　第17页

到這么大，他知道什么叫饞？他知道什么叫过年？他知道什么叫过节？他从沒想过這些事。現在，娘這么生他的气，他只好解釋說：

"娘，我沒想过年……"

"你想啥？"

"我想娘的病……"

其实，娘对自己的孩子，是最了解的。方才，她又气又惊，有点糊涂了，才責备起孩子來。現在听永生這么一說，她又覚得屈枉了孩子，心里懊悔起來。她想：人家的孩子每到过年吃好的穿好的，俺永生吃沒吃穿沒穿，为了娘的病，捉了两只老鴣还挨了一頓訓斥，孩子的心里可該有多窩囊呵！"她想到這里，就想向孩子說两句好話，暖暖孩子的心，可她还沒來及張口，就听孩子他爹问：

"永生，你那腿上紅乎乎的一片，是啥呀？"

永生对爹娘从來不撒謊，可他又不願把真实情况說出來，给爹娘添心事。那又怎么办呢？他正想着，还沒答腔，爹已经凑过來，一面瞅着伤处一面问道：

"是不是上树摔的？"

"不是！"

"咋弄的？"

山东人民出版社稿紙（25×20＝500）　第 18 頁

永生只好説实話。

"枪打的！"

"誰？"

"独眼龙！"

這时，永生从爹脸上的表情上，看出老人家的心情很沉重，又赶紧説：

"爹，放心吧，不碍事，只穿破一层皮。"

他見爹还是不高兴，又説：

"和上回被賈永富家的狗咬的那回比起來，輕多了！"

他説罢，又伸胳臂又弹腿，最后还来了个旋风脚，然后又嘿嘿地笑着，向爹説：

"爹，你看，這不是很好的吗？"

永生這么一闹騰，把娘都逗笑了。她想："小小的年纪，就這么会哄大人，多么灵通的孩子呀！"可是，這笑容只是在她的脸上一闪，马上又收回去了。這是因为，永生闯的那场大禍，还有他腿上的枪伤，又罩住了永生娘的心头。

永生爹始终没有笑。当他見到儿子千方百計討爹的欢心的时候，只是脸上的表情松动了一下。永生爹的脾气，永生和他娘当然都很熟悉，他们从没見他掉过泪，也很少看到他脸上的笑容。因此，现在爹脸上的表情松动一下，永

山东人民出版社稿紙（25×20＝500）　第19頁

生便感到很大的宽慰。

现在，永生爹的心情很复杂。説具体些，是既喜又忧；忧中有喜，喜中有忧；忧喜交加，心乱如麻。他喜的是，自己的儿子聪明伶俐，才十一岁的孩子，就這么会疼娘、哄爹；他更喜的是，儿子敢于到賈家的坟里捉老鸦，中了枪弹不掉眼泪，有胆量，有骨气，长大成人后，一定是条硬汉子；他还喜的是，永生自从上次被財主家的狗咬伤后，宁到洼里去拣树叶，再不上財主家去要飯吃，有志气，将来准是个好样的。使他担忧的是，永生上树捉鸦闯下的這场大祸。一来，他和賈永富家有杀父之仇；二来，賈永富想霸占他這塊宅基存心已久。這道西，原来住着上百户穷人，后来都被賈永富用种种办法一家一家地赶到道东去了。只有永生爹軟硬不吃，所以如今还只剩下他這一户。永生爹对待賈永富的态度是：不求他，不惹他，不怕他。因此，賈永富一直沒有找到借口。如今，永生上树捉鸦這件事，他一定会借机闹事的。再説，這老鸦是他祖坟上的“风水”，誰要捅它一指头，比挖了他的祖坟“罪”还大，現在他怎么会善罢干休呢？永生爹虽然早就感到了问题的严重性，可他一句也沒有責备儿子。因为在他看来：儿子做的对，不該責备儿子；再説事情已经這样，責备儿子也沒用处。于

山东人民出版社稿紙（25×20=500）　第 20 頁

是，他把心一横，話在心里説："痈子不出脓，早晚是个疮；已经到了這个地步，只有頂着干了！"

"孩子他爹！"永生娘説，"永生闯了大祸，你可快想个办法呀！"

"办法？能有什么办法？"永生爹説，"領着孩子上门去認罪求情吗？不！"

"賈永富那个狐狸精，什么事都干得出来！"永生娘説，"孩子他爹，你可要提防他呀！"

永生娘這句話，提醒了永生爹。他想："对呀！是該往最坏处作打算了！"于是，他把永生叫到近前，问他説：

"永生，你知道爹为啥要舍你吗？"

"知道！"

"你知道个啥？"

"爹是叫穷逼的！"

爹满意地点点头，又问道：

"你説，咱家为啥总是穷哩？"

"因为没有地呗！"

"当初，咱也有过一塊地。"

"有过地？"

"对啦！"

"在那里？"

"你捉老鴰的那棵大楊周围，就是咱的地。"

"咱的？那不是賈永富那个老馋猴的吗？"

"是他霸占的咱的！"

"为啥叫他霸占去？"

"不叫他霸占不行呵！"

"他凭啥霸占咱的地？"

"仗凭有錢有势呗！"

"为啥不揍那个老小子？"

"打不过他！"

"咋的？"

"他们人多！"

"告他去！"

"你爷爷就是死在了告状的路上！"

"气死的？"

"不是！被賈永实的狗腿子打死的！"

永生听到這里，气得两眼瞪得滚圆，快要喷出火来。這时，他情不自禁地握起了拳头。爹見儿子這股劲头，心里高兴起來，又告訴他說：

"賈永富仗凭他有錢有势，不光霸占了咱的地，他还

山东人民出版社稿紙（25×20=500）　　第 22 頁

霸占了好多穷人的地……”

“穷人们为啥這样老实？任凭他欺负！”

“也有和财主打官司的，也有和财主拼命的，结果都吃了亏！”爹叹了口气説，“人家有钱有势，惹不起呀！”

永生象忽然想起了什么，脸上顿时闪出满怀希望的笑容，十分坚定地向爹説：

“爹！往后咱這穷人就快好了！”

“唉——！”爹摇了摇头。

“真的！”

“真的？”

“就是嘛！”

“你根据个啥？”

“因为賈永富家這就快要穷了！”

“他快穷了？”

“准的！”

“为啥？”

“因为我把他的‘风水’捅了！”

“风水？”

“嗯！就是那些老鸹窝呀！”

這时，永生爹才恍然大悟，闹清了儿子究竟是説的啥。

山东人民出版社稿纸（25×20=500）　第 23 页

他望着这刚刚懂事而又不大懂事的儿子，臉上闪出了一丝苦笑。

接着，爹又陷入了沉思。

永生问："爹，你又在想啥呀？"

爹說："我在想你闯的那场祸——賈永富会怎样来找咱的别扭！"

永生听了，他为自己给爹添了心思事而感到难过。爹看出了儿子的意思，就安慰他說：

"孩子，不要紧，不管出了啥事，爹頂着他！"

永生揮动一下小拳头：

"我也頂着他！"

咚咚咚！院外响起一陣急促的脚步声，仿佛誰家跑了大叫驴。永生爹舒起腿来走出屋去，从那矮矮的院墙上探出头去，向外瞭望。只見，星光下，有一个黑影向賈家大院跑去。永生爹望了一陣，賭气把一口唾沫吐在地上，骂道：

"他妈的！独眼龙！"

五　賈家大院

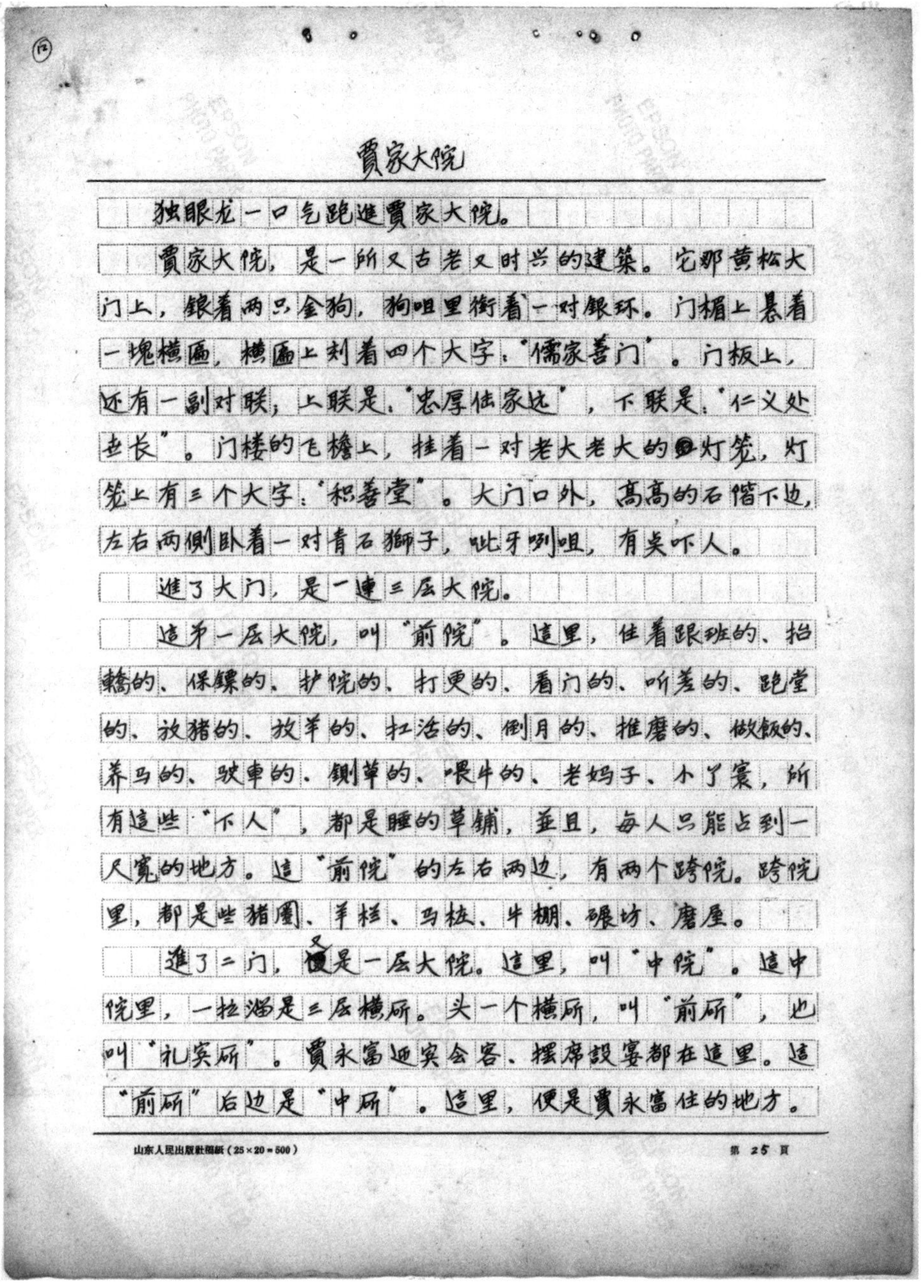

⑫

賈家大院

独眼龙一口气跑進賈家大院。

賈家大院，是一所又古老又时兴的建築。它那黄松大门上，鑲着两只金狗，狗咀里衔着一对銀环。门楣上悬着一塊横匾，横匾上刻着四个大字："儒家善门"。门板上，还有一副对联；上联是："忠厚传家远"，下联是："仁义处世长"。门楼的飞檐上，挂着一对老大老大的■灯笼，灯笼上有三个大字："积善堂"。大门口外，高高的石階下边，左右两側卧着一对青石獅子，呲牙咧咀，有点吓人。

進了大门，是一連三层大院。

這第一层大院，叫"前院"。這里，住着跟班的、抬轎的、保鏢的、护院的、打更的、看门的、听差的、跑堂的、放猪的、放羊的、扛活的、倒月的、推磨的、做飯的、养马的、赶車的、铡草的、喂牛的、老妈子、小丫寰，所有這些"下人"，都是睡的草铺，並且，每人只能占到一尺寬的地方。這"前院"的左右两边，有两个跨院。跨院里，都是些猪圈、羊栏、马棧、牛棚、碾坊、磨屋。

進了二门，又是一层大院。這里，叫"中院"。這中院里，一拉溜是三层横厅。头一个横厅，叫"前厅"，也叫"礼宾厅"。賈永富迎宾会客、摆席設宴都在這里。這"前厅"后边是"中厅"。這里，便是賈永富住的地方。

山东人民出版社稿紙（25×20=500）　第 25 页

"中厅"后边是"后厅"，也叫"佛堂"。每个横厅的左右两边，都有一个月亮门。月亮门内，是个跨院。这样，三层横厅，共有六个跨院。其他跨院里，不是住着贾永富的家族，便是管家的、写账的那些高级狗腿子，这都不必细表。只有"佛堂"两边的跨院里，不大一般，有必要在这里先简单地介绍一下。

这东跨院里，有个横厅。横厅里，摆着贾永富的弟弟贾永贵的灵牌，还挂着许多祭帐和挽联。这个屋里的陈设也别具一格：白壶、白盆、白甩子，白桌布，白椅搭，白门帘，总之，几乎一切都是白的。在这白的世界里，住着一个"未亡人"，她三十多岁，打扮就象《白蛇传》中的"白蛇"差不多。这个"未亡人"，是贾永富的兄弟媳妇，也就是贾永贵的姨太太。为啥让她一人孤孤伶伶地住在这么偏僻的地方呢？据说是因为，这样她不容易接近男人，有利于她立志守节。这个跨院，不准任何人随便出进，就连这"未亡人"的亲生儿子贾信要进"灵堂"，也得先经过他的大伯贾永富允许。你看！财主家的礼教就是严格呵！不过，也有一个例外，就是贾永富自己，经常从这里进进出出。这弟媳的住处，他这当大伯哥的为啥常出常进？有这样的"仁义道德"吗？有！据说贾永富的"仁义道德"，

山东人民出版社稿纸（25×20=500）　第 26 页

主要还是从這里表现出來！因为人家是去给他弟弟上香，又不是干别的！况且，象他這当兄长的，经常去给弟弟上香，天底下有多少？不多吧？怎能不算"大仁大义"呢？当然是要算！

賈永富的"大仁大义"，"感动"了一位黄先生。這位黄先生，真也算得上"多情善感"之士，确有"敬賢之癖"，他逢人便講，說"我们二爷（即賈永富）是关云长轉世"。他的理由是：关云长陪伴二驾皇嫂在曹营十二年，天天上门請安，並没发生任何别的什么事情；关公的"仁义"，就表現在分别十二年不忘手足之情，他的"道德"，就表現在和皇嫂朝夕相伴十二年一步两个脚印。我们二爷对待弟弟胜过关公对待兄长，美德大矣哉！賈永富听到這个論調以后，非常高兴，並逢人便讲他崇拜关公，后來还经常到村东头的关帝庙上去上香。另外，他对那位黄先生，虽没正式表揚他"吹捧有功"，可是更加把他待为上宾了。說了半天，這位"黄先生"是何許人也？扯起來話又长了。

這位黄先生，姓黄名雄，外号"阴阳脸"。這"阴阳脸"的含意是，他見了有钱有势的"上等人"，两眼笑成一条线，舌头耷拉到下巴頦；他見了赤足光背的"下等人"，眼又瞪得象牛蛋，連走路的步子也变了样子。是誰给他起的

“阴阳脸”這个名子呢？真算有学问！這个问题，没人考察过。据說是从“前院”的那些“下人”中传出來的。其实，起這个名子倒也算不了什么“学问”，因为他自己公开标榜的身分是“阴阳先生”，不知是誰去掉了“先生”二字又换上一个“脸”字就是了。說起“阴阳先生”來，可也真算得上“多才多艺”，怎么卜卦啦，相面啦，看“风水”啦，批八字啦，他都会。据說他还会“过阴”、“返阳”。所謂“过阴”，就是能讓活人到“阴间”看看再回來，所謂“返阳”，就是能讓死人回到“阳间”看看再回去。他這套“绝妙非凡”的技艺，是真是假，誰也无法証实，咱先不去管它。回头來，再說這位黄先生的身世。他是那里人？誰也闹不清。听口音，好象是山西太原府一带人士。据說他本是富门之后，因做下了什么伤天害理的缺德事情，犯了“掉头之罪”，這才潜逃在外，改名换姓，以“阴阳先生”的身分，到处坑绷拐骗，害人謀生。后來，賈永富把他雇了來，放在“佛堂”里。賈永富在“佛堂”專养个“黄先生”，是为了标榜他对神佛的敬重，还标榜他“爱才如命”的美德。黄先生所以答应這个差事，也有他的想法，一是有了存身之处，有了“饭门”，二是想靠上大树好乘凉，以便东山再起。就這样，假善人和阴阳脸就這么

山东人民出版社稿紙（25×20=500）　第 28 頁

臭味相投结合在了一起。几年来，賈永富经常去進"佛堂"，名义上是去"上香"，或去"卜卦"，其实，是去找黄先生這位"高级参謀"謀划那些坑人利己的鬼点子。黄先生在這方面也确实有一套。近年来賈家的宅院逐年扩大、土地逐年增多，也确有黄先生的一份"汗马功劳"。因此，前院的那些"下人"们早就在背地里議論說："佛堂？屁！简直是缺德堂！"还有的說："什么'阴阳先生'？我看是地地道道的'阴謀先生'！"

這位"阴謀先生"阴謀可也真多！前些时候，他创造了"我们二爷是关公轉世"的"学說"以后，受宠非小。他既然找到了甜头，为啥不順着這个路子找下去呢？于是，這天在一个有很多人参加的宴会上，他又散布了一个传說，据说他有一天夜里"过了阴"，在"阴曹地府"見到了三爷賈永貴；賈永貴在"酆都城"做了大官，对他好一路招待，临来时，还託他给賈永富捎个口信来，要賈永富每天一早一晚两次到他的"灵堂"给他上香。为啥偏要哥哥去上香呢？当然也有理由！理由是，賈永富是"关帝轉世"、"大命之人"，他去给弟弟上香，能惊动"十殿阎君"。這样，他要一連上香七七四十九天，他弟弟就能够"还阳"一次来和哥哥見面。过去所以不能"还阳"，就

山东人民出版社稿紙（25×20=500）　第 29 頁

因他虽然也去上香但不经常。此后，賈永富"上香"果然经常了，只見他每天早晚总是在這"灵堂"里进进出出。到了七七四十九天，他説真的见到他的弟弟了，还説他的弟弟穿的什么、戴的什么，並跟他説啥説啥。這些"神話"，一时哄得满城风雨，几乎人人都知道了。当时，对這件事説啥話的都有，有信的，有不信的，也有半信半疑的。究竟是真是假，知道得最清楚的大概莫过于黄先生和賈永富他们二人了。

黄先生這一手，既为賈永富出進"灵堂"披上了合法外衣，大开了方便之门，同时还为他"过阴""返阳"的鬼話造出了"証据"，当然声名大震，身驾倍增！這一来，可闹得那位"庞先生"一連几夜睡不着觉了！"庞先生"又是那庙上的扛枪的？黄先生得势受宠又与他何干？要弄明白這些问題，請别嫌麻煩，讓我再把這"庞先生"説上几句。

這位半路杀出来的"庞先生"，是一位"教书先生"，就住在"佛堂"的西跨院里，是賈府的少爷姑子们的"家塾教師"。他姓庞名杰，只有四十多岁，却留起了很长的胡子，据説是为了表示"老成"。這庞先生有一副巧咀舌，最会奉承人。就舒賈永富的长相来説，本来是鬼头蛤蟆眼，沒有三塊豆腐干子高，可是叫庞先生一形容，却是好看得了不得，並且他的大福大貴也多亏了這个长相！因此，他也是賈永富的红人之一。不！庞先生所以红，不光因为這个！他另一个特长是寫一笔柳字。他进了賈家大院十几年來，不仅賈家逢年过节的对联，婚丧嫁娶的帖式，都是他一手寫的，就連四外八乡的那些有头有脸的大户人家，也有抬着重礼來求他的，也有驶着燕飞的骡马掛轎車來請他的。因此，他的名气越來越大，地位越來越高。在黄先生未進賈宅之前，他是賈永富手里的一号红人。不过，他所以這样撑得开，主要还不是靠的他的“名气”。賈永富虽然一再标榜他的“爱才”美德，可他爱的只是“有用于我之才”，他並不爱那些“与我无关之才”，他更恨那些“有碍于我之才”。至于庞先生，若只是能教他的孩子们啥“人之初，性本善”，或者是“学而时习之”，他是成不了賈永富的红人的。就算他还能寫一笔好字，有許多人敬慕他，他仍然得不到賈永富這般的器重。因为在賈永富看來，教孩子認字，是任何一个教书先生都能办得到的，何况庞先生教书並不高明，还云过很多笑話。請人寫个对联、帖式，賈永富也認为是小事一段，况且那位和黄先生、庞先生一起被称为“賈宅三先生”的賬房先生唐先生，寫的字和庞先生比起來就各有千秋。那么，這位庞先生究竟为什么在賈永富手里這样红呢？主要是因为他有一手特殊的本事，這就是写黑呈子、造假地契。他造的地契，明明是假的，据説拿到大堂上去都看不出假来；他写的呈子，能把没理的事写出"理"来。十几年来，賈永富干的那些夺财霸产、伤天害理的缺德事，都没离开他這个笔尖子。因此有人説："庞先生的笔尖子可真硬呵！"誰知，自从黄先生进了賈宅，为了和他争宠，处处向他挑衅。黄先生説："叫我看，不是庞先生的笔尖子硬，是二爷那后台子硬！"庞先生对這种挑衅，当然也进行反击。例如，当有人説黄先生謀事如神时，他就説："他有啥神？还是二爷那銀元有神！"

庞先生也是大家子弟，官门之后。他的父亲在大名府是二把交椅。后来，因为他和知府合伙貪污甚大，闹得怨声载道，民不聊生。知府见事情已经闹大，再也掩盖不住了，便把庞生的父亲当了替罪羊，呈报皇上，开刀问斩，并把他的全部财产"充公"进了自己的腰包。从此后，庞生這只"落地的凤凰"，便在賈宅的家塾里当了一名教书先生。正当他在賈永富的手里越来越红的時候，黄先生进了賈宅。這位黄先生进了賈宅之后，虽然也曾登门拜訪庞先生，并和他称兄道弟，显得一见鍾情，甚是近乎，还要求

山东人民出版社稿紙（25×20=500）　　第32頁

庞先生在二爷面前多美言几句，捧着他混碗饭吃。誰知，时间只有一年多，黄先生的地位超过了他。他为了再夺回被黄先生争去的伙任，就朝思暮想，大费心机。当时，賈永富和他弟媳的关係，已喉得满城风雨，贾永富对此很恼火，也很有压力。庞先生抓住這个机会，他就利用外出给人写帖写对的机会，串连了几个好拍马屁的"头面人物"，联名给賈宅那位"未亡人"挂了一塊大匾，庞先生还亲笔书题上了四个大字："贞节典范"。賈永富也借机唱了一台大戏，大造声势。這么闹一场，是不是就改变了社会輿論呢？沒人考察过，咱也先不去管它。反正有一点是很明显的，這就是庞先生在賈永富心目中的位置，摆得更重要了一些。当然，庞先生一受宠，事实上也就压了一下黄先生。对此，黄先生当然不会甘败下风，所以這才造出了"关帝轉世"的傳説，和庞先生來了个平分秋色。接着，他又來了一套"过阴""返阳"的鬼把戏，从而，他的地位又明显地超过了庞先生。因此，這才攪得庞先生一連几夜睡不着觉。睡不着觉就要想办法，想来想去他也真想出了一个办法來。于是，他又串通了一些"社会名流"，联名在賈永富的"中所"门楣上悬起一塊大匾，上边的题字还是庞先生亲笔写的。一般的匾都是四个字，他這回觉得四个字不解渴了，

山东人民出版社稿紙（25×20=500）　第33页

来了个独出心裁、别具一格，题上了八个大字："美德盖世，大义齐天"。這一手，当然又中了賈永富的心怀，庞先生又算立了一功。到這时，庞、黄二先生誰在賈永富的心里占头把交椅？大概沒人细致究过，我看咱先不去管它。

有人說，黄先生和庞先生這两个傢伙比賈永富还坏。這种說法对不对呢？对了一半。庞、黄二先生很坏，這个意思对了。他俩比賈永富还坏，這层意思不对。要知道，賈永富不是"阿斗"。在他的心目中，黄、庞二先生也不是"諸葛亮"。社会上那些"下等人"还是最有眼光，自从"关公轉世"的說法出现以后，在"下等人"中倒出现了一种"曹操转世"的說法，並且，"曹操"也就成了賈永富的外号。說他是"曹操"，他也真是"曹操"，算計穷人的那些鬼点子，不論出于誰的口，实质上都是他的心意。就連庞先生挂匾，黄先生"过阴"，所有這些鬼把戏，也都是賈永富自己先想出来，而后又由黄、庞二喽啰做出来的。不过，他派喽啰去干什么，从不直說出来，而是用杀人不见血的办法，达到他要达到的目的。這方面不必一一细表，只举一个例子就够了。咱舒黄先生来說，他刚進賈宅时，就向主人表示忠誠說："往后二爷指到那里我保証打到那里。"賈永富摇着头說："指到那里打到那里只是奴才！"

我不喜欢那个！我喜欢的是'人才'！我想到那里他就能打到那里才算得上是个人才哩！"打那，黄先生這个"奴才"就决心要变成"人才"，成天想法往賈永富的心里做事。可是，誰知道他心里想的是什么呀？

黄先生正然朝思暮想，這天賈永富又一次來到佛堂里。几句闲言过后，便談論起世事來。黄先生为了借此机会來显示一下他知識渊博、才华出众，就滔滔不绝地高潤論起來。他从天文說到地理，从《三國》扯到《西遊》，从唐太宗扯到成吉思汗，从《孙子兵法》又扯到《朱子治家格言》。賈永富对他的陳述、議論，不喜也不煩，有时摇摇头，有时点点头，多數时间是沒有什么表情。后來，他就着黄先生的話音，突然提出一个问題。

"黄先生，在你看來，世界上什么最宝貴？"

黄先生为了表示自己对任何事情都胸有成竹，他迅速而坚定地回答道、

"当然是金銀珠宝了！"

在黄先生看來，一个人，他最好什么，他就認为什么最宝貴。例如：爱財者，就"抱着元宝跳井，舍命不舍財"；好色者，就認为"宁在花下死，做鬼也風流"；讀书人，则觉得"万般皆下品，唯有讀书高"；种地的，就說是"人

生在世，事由多端；千行百业，庄农为先”。黄先生覺得他已经看透了：賈永富所爱頗多，在多中选其最，他是最爱財了！因此，他沒等主人表态，又補充說：

“俗話說得好：有啥也别有病，沒啥也别沒錢；有錢孙子变成爷，沒錢爷爷变孙子！”

他說到這里，忽見賈永富小脑袋瓜儿摇得象那貨郎鼓，于是赶紧住了咀，又紧接着改口說：

“当然，錢財和本事比起來，本事比錢財更重要；因为，万貫家产，无价至宝，都靠本事掙來的！”

黄先生观察了一下主人的神色，又接着說：

“你看，普天之下，沒本事的都是穷光蛋；凡是有本事的能人，都是富豪之家，並且是，本事越大錢財就越多。就拿二爷您老人家來說吧，不用說在這龙潭街上是首户，就是在這百八十里方园以内，也是当之无愧的头等大户，同时，二爷您也是這百里之内最有本事的能人！這就是：笨蛋抓錢錢咬手，能人蹤財財自來！”

黄先生咀里說着心里想：“方才，不是自己看得不对，他爱財还是事实，主要是自己說得太露骨了。這回把他举得高高的，他准会同意我的看法的。”誰知他又估計錯了，賈永富又在那儿摇起头來。他葫芦里到底裝的是什么葯呢？

山东人民出版社稿紙（25×20=500）　　第 36 頁

黄先生灵机一动，又猜出来了，他紧接着刚才的話头，又别开生路地說下去：

“誠然，水流千里归大海，話說万句不离宗。钱财是靠能耐本事挣來的，能耐本事是命里註定的！古語道：‘万般皆由命，劝君莫强求。’俗話說：‘今生禍福前世定，來世禍福看今生。’象二爷你有這大的本事，是因为你是大命之人，别人要学也是学不來的，要争也是争不去的！”

黄先生见主人好象对他的話发生了兴趣，又改成不定論的語气說：

“二爷知道，我是算命相面的，說你是大命人是有根有据的，可不同于别人那些順風打旗的奉承話！”

賈永富終于說話了。他先咕嚕嚕咕嚕地抽了两口水烟袋，又从容不迫地把烟吐出來，並瞇棱着那对三棱子母狗眼望着烟雾渐渐散去，然后這才开了口：

“黄先生，你可知道住在前院的净些什么人吗？”

黄先生正在毕恭毕敬地等候二爷对他的高論表态，沒想到賈永富却突然又问了這么一句，闹得他有些懵了头。因此，只得仓猝应战，順口說道：

“知道，知道，当然知道！他们都是二爷的‘下人’！”

“我为什么要养這么多‘下人’？”

“這是二爷宏恩大德，乐善好施，赏给他们碗饭吃！”

“不！我這里不是善老院！”

“对，对！”黄先生涨红着脸說，“二爷說得实在是对！”

“他们是負責给我抓钱的！”賈永富停頓了一下，又突然轉了話头，急转直下說，“在我看來，钱財实可貴，名誉无价宝！”

“对，对，当然很对！”

“你看那些给我抓钱的‘下人’们，都住在二门以外的矮房小屋里，都离得我远远的，可是黄先生你，却住在佛堂里，就在我的身边，這不就說明我重钱財更重名誉吗？”……

賈永富走了，黄先生才发觉自己出了一头冷汗。他出了一口长气，不由得感叹地說：“好一个賈永富，可真是个鬼难斗呀！”原來，他总以为自己很“高明”。通过这场对話，他从内心里认了賬，觉得实实斗不过這个老狐狸。因为直到今天他才知道，賈永富是向“奴才”要钱財，向“人才”要名誉，來个名利双收。原來他只是糢糢糊糊地好象意識到，賈永富所以專门供养他這么一个看佛堂的，只是为了标榜善道，装饰门户，想落个好名声。今天他才明确地認識到，“這里不是养老院”，賈永富不喜欢那些不发芽的死物！他不满足于用黄先生装饰门面，还要他在主人的"名誉"上大作文章。可是，怎么样在主人的"名誉"方便出力呢？黄先生正愁于无法之际，庞先生演出了那出送"貞节典范"大匾的滑稽戏。黄先生由此受到启发，他意識到：现在社会上，对賈永富和他弟媳的关係问题嚷得满城风雨，這当然大大地有損于二爷的"名誉"！這个问题，可能就是二爷最关心的问题！于是，他趁挂匾激起的余波未息，便先抛出了"关帝袪去"的传說来試风，一看效果甚好，這才又导演了那场"过阴""返阳"的鬼把戏。现在我所以回过头来又细談那些"关帝袪去""过阴""返阳"的产生过程，就是为了說明前面我坚持的論点。這就是說，黄先生、庞先生确实都很坏，但不是比賈永富更坏；更坏的，还得要算賈永富！至于黄先生，是不过是被賈永富牵着鼻子走的哈巴狗。尽管他总是想不当"奴才"，要当个什么"人才"，其实倒成了一个"处处想往主人心里做事"的忠实"奴才"，這才是真正的"奴才"！庞先生是不是比他要好些？不！他们是一路貨色！不过，這样說庞先生会不服气，因为他对主子的心理摸得确实比黄先生要准一些。为了把這个问题說透，不妨也举出个例子。

　　這件事就发生在前几天。傍黑时分，庞先生写好一个纸条，挂在墙上，晃着他那秃亮秃亮的小脑袋瓜儿，捋着胡子，沾沾自喜、洋洋得意地唸起來："有了錢就能当官。"他這句話是啥意思？挂在這里干什么？当然有意思，当然也有用处。他是專门想给他的主子賈永富看的。因此，他一边咀里唸着，心里在盼着賈永富能來到他這书斋。他盼主人到，主人就到了。賈永富还沒坐下，庞先生就迫不及待地說：

"二爷來得正好。我想寫副对联，這上句已经想好了！"他指一下墙上的纸条，又說，"可那下句，就是想不出來了；二爷，你這高才动动脑子吧！"

賈永富到庞先生這里來，和到黄先生那里不同。到那里，常常是談天論地，广議世事；而到這里，则多是講书論文，吟詩对对。因此，他一進门庞先生就提出上联，要他对下联，他一点也不覺得突然。看來，這賈永富也真有点"才华"，他稍加思索，就提起筆來，在那張纸条上靠着"有了錢就能当官"這句話，又寫出了下联："当了官就更有錢。"他來得這么快，对得這么好，又一次得到了庞先生的連連称讚："才华超众！才华超众！才华确实超群呵！"

其实，賈永富答上這一句，并沒有什么超众的"才华"，只不过是把他近日來朝思暮想的一句話寫了出來就是了！

山东人民出版社稿紙（25×20=500）　　第 40 頁

这話怎講？要説清這个问题，还得从賈永富的小老婆身上説起。

賈永富有个妾，也就是小老婆，或者叫姨太太。這位小老婆，名叫胡秀香。她生了个儿子，叫賈义。這賈义，是賈永富唯一的儿子。据説這也是借的种。是真是假，暂且不表。反正胡秀香就凭着给他生了个儿子這份功劳，她在丈夫手里是很吃香的。但是，吃香归吃香，她在社会上的地位，比起那些明媒正娶的太太來，还是差得很多。不光這，就連小老婆生的儿子，也跟太太生的儿子不一样。太太生的儿子叫"嫡子"，而姨太太生的儿子只能叫"庶子"。按照当时旧礼教的制度规定，這"庶子"要取得和"嫡子"相同的地位，除非做了官。到那时，"庶子"成了"官大人"，這姨太太，也就成了"太夫人"或"老太太"了。姨太太胡秀香要取得這个地位，就悄悄地和她的儿子的老師庞先生打了个招呼，要庞先生帮助她説服丈夫賈永富，不惜重金给儿子賈义捐个官銜。庞先生知道賈永富别看在外面装得很挺，其实是个在老婆炕下称臣的"英雄汉"，是"从不惹得老婆生气"的"大丈夫"。因此，庞先生当然非常重視胡秀香這股"枕头風"。往日里，他曾多次想搭接通這条"线路"，可一直沒有找到适当的办法。

今天胡秀香找上他的门来，况且还許下了"事成之日不会亏待"的愿，庞先生对這求之不得的差事，当然是一口应下了。可是，怎么样来説服賈永富呢？在他看来，要使賈永对買官發兴趣，就必把官与钱的关係讲清楚，因为賈永富是个老财迷。于是，他便想出了這个对对子的办法，来先探讨一下賈永富对官和钱两者的关係是个啥看法。現在賈永富寫出了庞先生早就想好了的下联，所以他非常高兴，才連連称讚起来。

其实，賈永富要给儿子買官這个念头，很早就有。只是没有瞅准适当的机会，所以才一直没有説出口。他要给儿子買官，和他姨太太的动机并不一样。他的目的是，一来可以光宗耀祖，二来就是他答的那个下联："当了官就更有钱。"今年赶上了大旱成灾，听説知府已呈報皇上，要开捐助赈，好借其名从中捞一把；賈永觉得时机已到，正好借机给儿買个官衔。因此，這几天来，他一直琢磨這件事。今天庞先生和他对对，他怎么能来得不快、对得不准呢？

庞先生見他的对联中了主人的心怀，喜出往外，就势説道：

"二爷，我看我的学生、二少爷賈义，仪表非凡，文才出众，将必有大用。”

“庞先生过奖了！”

“不，不！我說的是实話。”庞先生讲，“二少爷是我的学生，我怎么能随便奉承他呢？《三字经》上說得好，‘教不严，師之惰’嘛！方才這些話，我是向您說，对二少爷，我一向都是从严要求他的。”

“有庞先生這么深的书底儿，再能从严管教他，他也許能出息个人！”

賈永实咀里是這样說，可他心里完全知道，庞先生的“书底”是稀松二五眼的。他还听說过一个笑話，有一回庞先生在作文章，他老婆见他难得洋相百出，就說：“看你這个笨样儿，寫个文章比我生孩子还难哩！”庞先生不服气地說：“当然要比你生孩子难了，你生孩不論怎么难，可肚子里倒确实是有呵！我肚子里要是也确实有，怎么能這么难哩！”賈永实虽然是口是心非地奉承他，可庞先生却舒着棒槌当了針（真），高兴得眉飞色午，心眼里痒痒，但又故表謙逊地說：

“哪里，哪里！我庞某才舒学浅，不堪重任！”接着他又转了話题，把話拉回来說：“二爷，敝下不才，今有一言相[illegible]呀！”

"先生有話就请說吧。"

"当前知府大人业已呈报光绪皇上批准，正要开捐助赈；二爷何不借此良机，给少爷捐个官衔呢？"

賈永实故意說："我這个人对做官一向不感兴趣。古语道：'无官一身輕'嘛！"

庞先生故意抬举他说："是啊，二爷要有坐官之心，恐怕等不到现在，知府早就坐上了！可不过，给儿子捐官，這和自己做官是两码事呀！我怕的是，少爷這么好的才华，要不没有用武之地呀！"

"我倒从未想过這件事！"賈永实說，"既然庞先生以为可取，那就由你权衡做主好了！"

"不，不！还是由二爷决策才对！"

"庞先生這么說就把話说远了！"賈永富说，"賈义是你的门徒，你当然有責任也有权利为他的前程操心了！"

"你這做父亲的……"

"做父亲的不管，当老師的就責无旁貸了！"賈永实又說，"天地君亲師嘛！"

庞先生被授权之后，心里非常高兴，他想："我一办這一手，就要名利双收了！"于是，他向主人表态說："好吧！敝下不才，但愿尽犬马之劳，八方周旋，促成其事。"

最后，他又補充一句話："不过，二爷知道，這要化些錢才能办事的呀！"

賈永富說："這話也用講出口来吗？"

黄先生羞慚地說："对，对！废話，废话！"

賈永富一手托着水旱袋，一手提着手炉，走出书斋，跨出月亮门，顺着方磚铺地的鱼脊硬路，向"后厅"走来。他和黄先生談起给儿子賈文捐官的事，黄先生說：

"化錢捐官，是名利双收，一本万利的買賣！"

賈永富說："你无愧是个買賣人，張口就是生意经！"他吸了口烟又說，"对我賈某来說，一輩子從没干过一本万利的買賣！"

"二爷客气，二爷太客气了！"

"不是客气！"賈永富认真地說，"只有无本万利我才干呢！"

黄先生虽干过几年钱庄，也开过几年当铺，可以說算得上个買賣人了。过去，他总以为買賣人是最尖刻的，今天他才知道，大地主比他這大商人更尖刻。可是，干啥也得用个本呀，怎么能够做到无本万利呢？他正想着，賈永富又說：

"还得請黄先生多帮忙呀！"

山东人民出版社稿紙（25×20=500）　　第 45 页

贾永实走了。

黄先生在想："又要买官，又要不化钱，这怎么能办得到呢？"他想来想去，终于想通了："噢！原来要找个替他出钱的！这怎么又要我帮他的忙呢？我又从哪里能帮他的忙呢？"他想到这里，又搬出了"老一套"来，琢磨主人在说这句话时心里想的是什么。他从南想到北，从东想到西，想着想着，梁永生的父亲梁宝成的面容出现在他的眼前。心里觉得一亮，不由得自语道："办法有了！"

贾永实走出"佛堂"，又来到"中所"的西跨院。这里，是贾宅的账房。账房先生詹国英就住在这里。这詹英五十来岁，猪嘴猴腮，脸象个干黄瓜，眼角上的鹰爪似的皱纹很深很深。他头戴一顶卷沿礼帽，身穿黑皮袍紫马褂，足蹬厚底呢绒棉鞋。这个傢伙，满脸笑纹，一肚子坏水，打算盘是他的拿手戏，琢磨穷人有一套老传统。因此，他和黄先生、詹先生并称"贾宅三先生"，说实在的，他们是贾永实的三条哈巴狗。这詹英是个干买卖出身，因为做买卖赔了本，才来在贾宅当了一名账房先生。贾永实对他常用些小恩小惠，他对主人也很卖力气。今天贾永实进门时，他腋下夹着个算盘正要出门。贾永实问：

"詹先生，要到哪里去呀？"

唐先生满脸堆笑，点头哈腰地说："二爷，嘿嘿，我要到东头去迎迎呢。二爷，请坐，这个不忙，这个不忙。"

贾永奕并不客气，进屋坐下。唐先生打进套间子，拎出花瓷壶，一边给贾永奕满水，一边说："我向二爷报喜！我向二爷报喜呀！"

"报啥喜？"

"这一个月的工夫，二爷又添了八千亩好地。"唐英说，"又有三个村子，成了二爷的佃户庄子。"

贾永奕听了，哈哈大笑了两声，然后说："嗨！我以为是什么喜呢，只不过添了几亩地呀！"他大概觉得这种说法使唐英太扫兴了，也为着了唐英的成绩，使他今后再多出力，于是又接下去说："这全亏了唐先生这个算盘子呀！"

唐英说："不，不！二爷的福气大呀！"

贾永奕说："要说福气嘛，那得感谢老天爷了。"

唐英说："真是天意。要在平常年头，买这些地，三斗地买不下，还要双倍的钱。"

贾永奕说："是啊。要是我真有福，我再多几个这样的大荒年。到那时候，这三十里地以内的土地，大概就都姓贾了。"

这时，主仆二人，都笑起来。

过了一阵，唐先生说："该要的时候，有油水捞的都捞出来了。我想下一步该让这些穷小子缓一缓，要不，对我们也是不利的。"

贾永宽说："缓一缓？那是傻话！你要知道，大气害了伸手的说白的，瞎子是用白黑红的。全不得攘孩子就不看狼，没有见狼的就先得了你这个角色？"

唐先生点道："是是，我明白了！"

晚上，"前厅"里灯火辉煌。一张张的八仙桌的周围，都摆了一圈太师椅子。桌面上，摆满了干鲜果品，还有山珍海味，鸡鸭鱼肉那就更不用说了。贾永宽和"三先生"坐在一个桌上。他们一边吃喝，一边闲谈。贾先生说：

"二爷，咱这大院门口犯忌呀！"

"犯啥忌？"

"咱家戚永德这个破院子，正处在咱们口上，是个丧门星！如果把它去掉，修上个牌子坊，咱这贾永宽大院的气象就旺了。"

"早早就想买他的。"贾永宽说，"可这个穷鬼是个硬骨头，他说啥也不卖给咱。"

"我看二爷太善良了！"田先生说，"对穷小子们，光理不行，他们不懂理。我看得先理后兵，也就是先礼后兵，不行就用拳头！”

贾永实说：“我贾某活了六十多年，对于伤天害理的事，从来做不出来。”

贾永实所说做不出来的事，都是他从心里要做的事。这点，狗腿子们心里都一清二楚。因此，他当天这么一说，狗腿子们便都有了根，都放胆自在办了。为了把吴家成的宅子弄到手，好在贾永实手里立上一功。正在这时，看林的狗腿子猪眼龙闯进屋来，他把吴永生上树捉鸦的事说了一遍，并且从中添枝加叶，说得更加严重了。

贾先生拍着桌子说：“这他妈的糟透了！老鸦一受惊，三年不回还！老鸦窝捅掉了，整个坟上的风水就要坏了！”

贾先生说：“咱有老规矩，谁动了老鸦窝，就拆谁的家，这回也得这么办！”

贾永实说：“对了，今天是大年三十呀！那得办他的罪，看来过不去呀。”

他越说越来气，越是叫狗腿子们马上去办。贾先生为了争头功，就溜出厅去，和他的门徒（习武）贾仁嘀嘀咕咕了一阵，不知说了些什么。只见贾仁叫上几个打手，急冲冲地出了大门，一直奔向吴永生家而去。

这时，天更黑了，风更大了，前厅里时而传出奸笑声。

山东人民出版社稿纸（25×20＝500）　　第49页

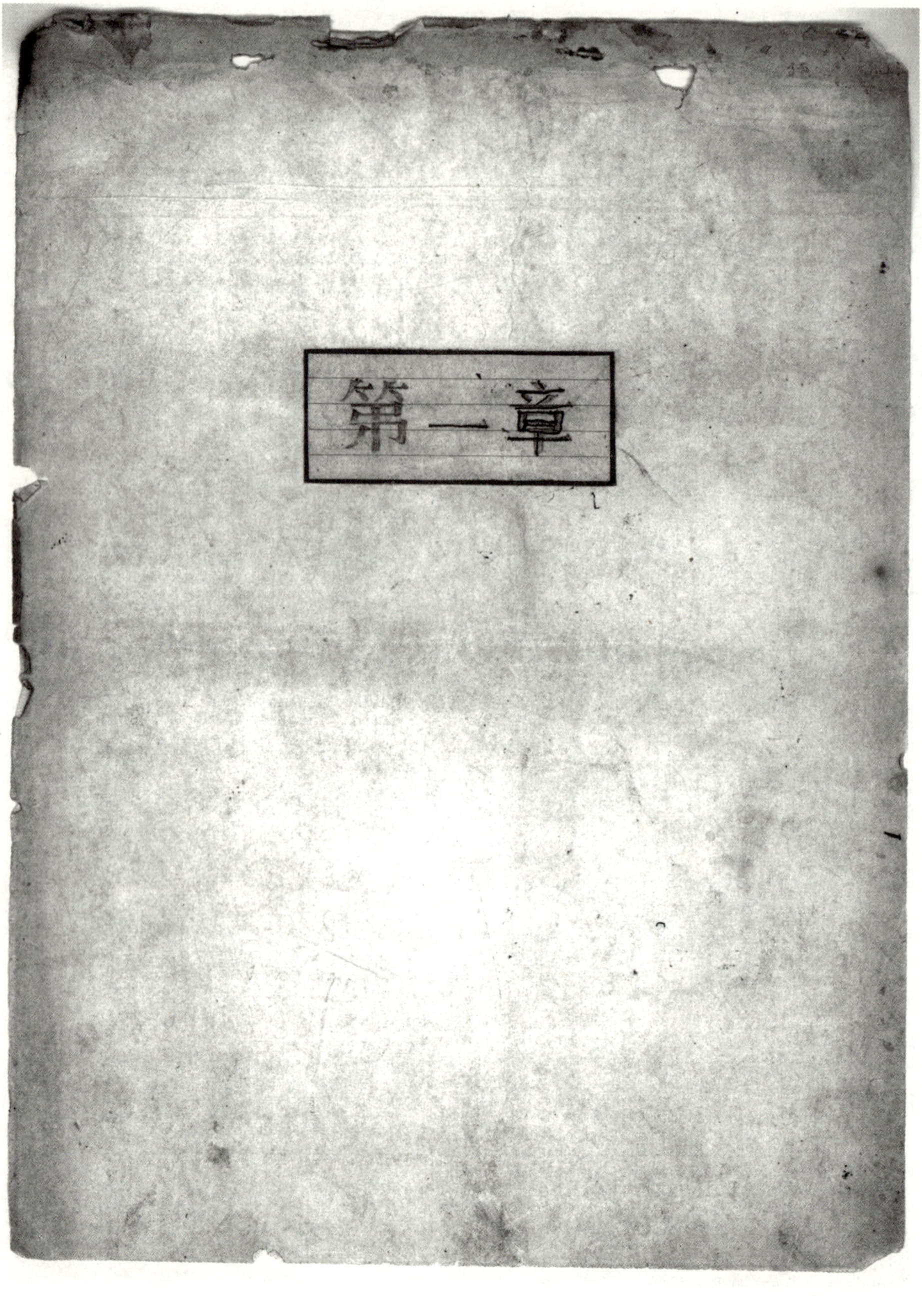
第一章

第一章

元宵節来到了。

听說，过元宵節的風俗，地面很廣。這元宵節，在别的地方不知是怎么过法；在這龙潭街一带，元宵節是个灯節。

天刚擦黑儿，家家户户就吃了晚飯。男的女的，老的少的，大闺女，小媳妇，全跑到街上来了。一些不大懂事的孩子们，在人空子里鉆来串去，东跑西喊，拼命撒欢儿。

這是一条南北街道。穷与富，在街心築起一道无形的高墙，把街东街西分成两个世界：街东，净些土房茅屋，大都破破烂烂；街西，一片清堂瓦舍，全是深宅大院。

每年元宵夜晚，街道两旁，都順街拴上麻绳，绳上挂满灯笼。

山东人民出版社稿紙（25×20=500）　　第 1 頁

过去，道西的灯景年年胜过道东。灯笼不光多，而且上讲究。日头刚落山，就有専人把灯笼挂好，点着，大显其榮华富貴。因此，街东传开一首民謠：

元宵逛灯朝西看，
灯笼要把绳压断；
眼望灯景心里酸，
财主过節咱过关。

街西的灯景胜过街东，這並不难理解，因为街东净是穷人，家家缺吃少穿，人人千愁百虑，誰有闲钱去買灯笼？誰有闲心來逛灯景？可是，今年的灯景却很反常——街东又压倒了街西。

莫非說，穷人的光景，今年好于往年？不！

今年运河决口，土地减收，加之苛捐地税，兵抢匪劫，逼得黎民百姓上天无路，入地无门。大家富户，却乘荒年暴月，投机取利，大发横财。穷家小户，只得倾家蕩产，舍儿卖女，离乡背井。

這年头，賣汗水的找不着買主，要飯吃的沒人打发。有的人，含着一口谷糠咽了气；有的人，攥着一把苇根死在闯关东的路上。近日來，這龙潭街头，竟設上了“人市”，三岁娃娃只换一斗高粱。

山东人民出版社稿紙（25×20=500）　第 2 页

奇怪！穷人的处境竟是如此困难，他们为啥因啥还要大过灯節？按說，這倒确是有点怪。可是，這龙潭街上的人，却沒個人感到奇怪。看他们的表情，好象是：誰也不說，誰也明白。特别是街东那些穷人，尽管都是一根腸子闹半截，可那領头闹社火的，全是他们。

你瞧，社火出动了。

街北头有个关帝庙。闹社火的人们，在那里扮好脚色，把那关得严严的庙门一敞，鑼鼓喧天地开進街來。引得看熱闹的人群，可街满道，挤挤攘攘，水泄不通。社火的队伍，摆成了一溜长蛇陣，用獅子在前头开道，順着街心魚貫而行。

散灯老人常明义，走在社火队的最前头。他上身穿了个補丁山棉袄，下身穿着單褲。棉袄外头紮着腰带，腰带上挿着一根安不起咀子的烟槍。

這位老汉，是白眼狼的佃户。

十年前，也是一个元宵節的晚上，白眼狼的大哥爹上门逼租，把明义的老伴逼上了屋樑。打那以后，十年來，每到元宵夜晚，常明义就闭门不出，倒到炕上落泪。可是今天，不知为什么，他打破了十年常规，走出家门，还亲自散起灯來。

山东人民出版社稿紙（25×20=500）　　第34頁

街北头有个关帝庙。每年闹社火，都在這里排練、化装。今天傍晚，第一个走進关帝庙的，是白眼狼的长工梁宝成。他進门一看，只見两盏围灯已经点着，高高地挂在松树上。常明义老汉，正然弓着腰扫院子。梁宝成見此情景，一下了愣住了。

這位穿着补丁山棉袄的常明义老汉，是白眼狼的佃户。十年前，也是一个元宵节的夜晚，白眼狼的大哥爹上门逼租，硬把明义的妻子逼上屋樑，並霸占了他的宅子。从那，常明义抱着他那老生儿子，就住進了這关帝庙的一间耳屋里。十年來，每到元宵夜晚，常明义就闭门不出，倒到炕上落泪。可是，每到這个时候，白眼狼那个孬小子就來到庙上，领着一伙狗腿子在院里敲锣打鼓，鸣鞭放炮，又扭又唱，成心要把常明义活活气死。

今天，梁宝成見常明义打破了十年常規走出屋门，点起围灯又扫院子，心中既惊又喜，便凑过去笑哈哈地說：

“常大哥，今年是太阳从那里出呀？”

常明义抬头一看宝成來了，立刻喜上眉梢，笑道：

“老梁 你先别问我，我來问你——是那陣風把你刮來的呢？”

這時，他俩的視线一碰头儿，都会意地笑了。

宝成爹在世时，欠下了白眼狼的阎王債；這还不清的阎王債，不仅把梁宝成的亩半坟地滚団進去，还把宝成逼進贾家大院当了长工。可是，梁宝成這位只有间半草房的穷汉子，却是个“宁餓死，不愁死”的乐天派。有时家中的鍋蓋几天不張口，他照样地張口就是梆子腔。村里元宵闹社火，年年也少不了他。今年，他闹社火的兴緻更是格外高，不光当了“总指揮”，而且还來得這么早，而且当了“总管”。因此，常明义說：

“宝成，你這‘总管’派我个差吧？”

“你不干你那老行当呗！”

“打鼓？”

“是呵。”

“不。我已经教会了你這个徒弟了，当老師的怎么能夺徒弟的飯呢？”

他俩笑了一陣。

常明义說：“我散灯吧？”

梁宝成說：“好。”

常明义說：“來——你看看我拌的這棉籽行不行。”

梁宝成說：“你已经准备好了？”

常明义說：“对啦。”

山东人民出版社稿紙（25×20＝500）　第4頁

一

他俩來到常明义的屋里，看了看油拌的棉籽，便坐在炕沿上，一边抽着烟，一边闲唠起來。

常明义问："宝成，听說白眼狼要買你那塊宅基，是吗？"

梁宝成說："有這么个風儿！"

常明义說："宝成呵，他要買，就卖给他！"

梁宝成问："干么這么好說話儿？"

常明义說："咱斗不过他呀！你看我，原來也是不卖，后來不是白白叫他霸去啦？"

梁宝成說："你忒軟和，我不能济着他团！"

常明义叹了口气，又說："象咱這号穷人，整天价被人家攥在手心里捏着个命儿活着，不济着人家团又怎么的？"

梁宝成拔出咀里的烟袋，把脖子一横，宏亮的嗓门儿，銅声响气地說：

"准要有那一天，我跟他打官司！"

常明义嗔他嗓门儿太高，怕惹出禍來，一腆下巴颏：

"嘘——！"

梁宝成却满不在乎，依然高声大嗓地說：

"咱除了這罐子血还有啥？穷到這步天地了，怕个屁？大不了再把這罐子血倒给他倒头儿了！"

常明义耷拉着脑袋抽了几口烟，思忖了

一陣子，又説：

"宝成呵，我贊成你這个梗直脾气儿。不过，往后也是搭下三十往四十上数的人了，甭論遇到啥事儿，要思謀思謀，脚下沒你爹了，一家老小全指着你扛樑哩，光要'愣葱'可不行呵！古人道：'留得青山在，不怕无柴烧。'"

梁宝成忽闪着长眼睫毛，看着常明义，愣沉了一陣子，然后点点头説：

"好。听老哥的。"

常明义吐出一口浓烟，又温声细气儿地接着説：

"宝成呵，你整天价在白眼狼的身边轉，可得当点神哪！那个孬种，心眼儿长到肋条骨上了，除了人事儿啥事儿他都能干出來——你一時堤防不到，兴許会吃他的亏哩！"

"老哥説的对。"梁宝成説，"白眼狼是个赶尽杀绝的手儿，他的心比蝎子尾巴还毒！我琢磨着他跟你那盘棋还沒走到头儿，你也得加点小心。"

他们在屋里説着，院子里的人已经满了。梁宝成从门口探出半截身子朝外望了望，又扭过头向常明义説：

"人到得差不离了，咱們去准备准备吧？"

"哎。"

常明义吹灭屋里的灯，随在梁宝成身后走出屋來。

一会儿，闹社火的人们都扮好了脚色。

社火出动了。他们把那关得严严的庙门一敞，锣鼓喧天地开進街來。

看熱闹儿的人们，可街满道，挤挤攘攘，水泄不通。

社火队伍，摆成一溜长蛇陣，用一对大獅子在前头开路，浩浩蕩蕩鱼貫而行。

扮做"散灯老人"的常明义，走在社火队的最前头。他一手提着灯笼，一手舒着鉄铲，每向前走两步，就除一铲油火放在路心。

一条火龙，紧紧跟在他的身后，慢慢向前爬行。

明义老汉手在除着油火，咀里还唸唸有詞儿：

"除一铲，又一铲，老天爷爷睁开眼……天有神，地有灵，恶人就有恶報应……"

散灯，每年一次，年年如此，没啥新花样儿。也許因为這个，大人们都习以为常了，没有多少人去注意它。只有那些心胜、好奇的孩子们，時而追着灯笼又跑又喊，時而围着火堆打轉轉。

突然间，哇地一声，秋生哭了。

這位名叫秋生的孩子，就是佃户常明义那个老儿子。也不知他怎么惹着了白眼狼的大小子賈立仁，賈立仁那只

山东人民出版社稿纸（25×20=500） 第 4 页 加6

狼羔子掄起拳头就打。大狼羔子比秋生大，秋生打不过他。可是，性体刚强的小秋生并不示弱，他一面跟那狼羔子拼命撕打，一面連哭帶骂：

"白眼狼！狼羔子！狼羔子！白眼狼！"

秋生一骂，那刚被大人们拉到一边去的狼羔子，象只餓狼似地又扑上来。

正在這时，从人空子里闪出一位少年。

這位少年，名叫梁永生。

他，是长工梁宝成的独生子。

這个后生，长得既魁梧，又英俊。你瞧，细腰杆儿，扎膀头儿，一張上寬下窄的慢长四方臉上，两道又黑又浓的眉梢向上翘着，再配上那对豁豁亮亮水水汪汪的大眼睛，显得愣愣的精神。

論岁数，永生今年才十一，可要看个头儿，你得估他十四五。

這時节，梁永生見那只狼羔子正巧走在火堆边，就把一个爷鞭悄悄扔進火里。紧接着，咣地一声响，油火腾空而起，向四外飞溅，迸了那狼羔子一身火星。

頓时，孩子堆里又蹦又笑又拍巴掌，大人群里也爆发出一陣哄笑。人们一边笑着，一边在瞅自己的衣裳。

山东人民出版社稿纸（25×20=500）　第4页加1

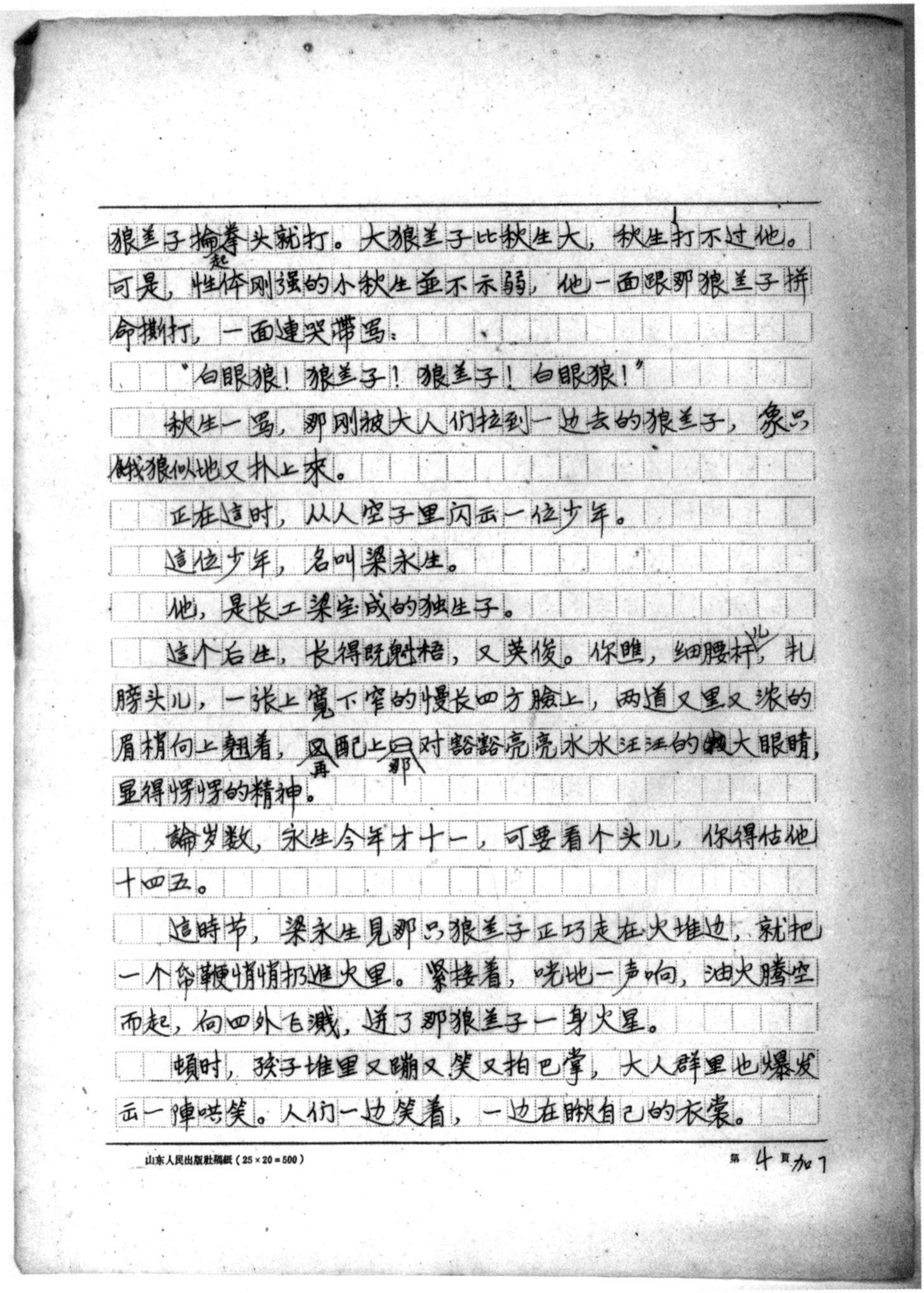
狼羔子抡起拳头就打。大狼羔子比秋生大，秋生打不过他。可是，性体刚强的小秋生並不示弱，他一面跟那狼羔子拚命撕打，一面連哭帶骂：

“白眼狼！狼羔子！狼羔子！白眼狼！”

秋生一骂，那刚被大人们拉到一边去的狼羔子，象只餓狼似地又扑上來。

正在這时，从人空子里闪出一位少年。

這位少年，名叫梁永生。

他，是长工梁宝成的独生子。

這个后生，长得既魁梧，又英俊。你瞧，细腰杆儿，扎膀头儿，一张上寬下窄的慢长四方臉上，两道又黑又浓的眉梢向上翘着，再配上那对豁豁亮亮水水汪汪的大眼睛，显得愣愣的精神。

論岁数，永生今年才十一，可要看个头儿，你得估他十四五。

這時节，梁永生見那只狼羔子正巧走在火堆边，就把一个炮鞭悄悄扔進火里。紧接着，咣地一声响，油火騰空而起，向四外飞溅，迸了那狼羔子一身火星。

頓时，孩子堆里又蹦又笑又拍巴掌，大人群里也爆发出一陣哄笑。人们一边笑着，一边在瞅自己的衣裳。

山东人民出版社稿紙（25×20=500）　第 4 頁 加7

论岁数，永生只有十一岁；看个子，你得估他十三四。他那身褴褛的衣服令人可怜，他那副英俊的长相又招人可爱。你看，细腰杆，扎膀头，一张上宽下窄的慢长四方脸上，两道眉梢向上翘着；又配上一对水汪汪的大眼睛，显得愣愣的精神。

当狼羔子正走在火边時，永生灵机一动，把一个爷鞭扔進火堆。哧地一声响，油火腾空而起，向四外飞溅，迸了那狼羔子一身火星。這時，乐得孩子们蹦着笑着乱拍呱儿，大人群里也发出一陣哄笑。人们一边笑着，一边在瞅自己的衣裳。

狼羔子可真了。他手忙脚乱地拍打一陣身上的火星子，接着又将胳膊挽袖子地向永生撲来。這时節，永生面不改色，气不粗喘，紧握双拳，昂首而站，摆出一副不可轻薄、不容侵犯的气概。与此同时，他还以輕蔑加着嘲笑的語气向那狼羔子説道：

“怎么？想打架吗？你活够了吧？”

狼羔子虽比永生大两岁，可是他知道自己打不过永生。現在又見永生這股威势，就象那着了霜的麻叶——立刻蔫了。

正在這个節骨眼上，一个戴孝帽子的走了过来。他伸开公鸭嗓子，向大狼羔子吼道：

"你，你，你這么大啦，怎么净跟人家打，打，打仗？还不给我滚，滚，滚蛋！"

這个戴孝帽子的，穿得很阔气，长得可不争气。看其身形，就象只瘦狼投的胎——尖头頂，细长脖，溜肩膀，水蛇腰，两条又细又长的罗圈腿，约占了整个身子的三分之二。再观其面目，更是三分象人，七分象鬼。他那张瘦驴般的长弧脸上，七个窟窿本来就都沒摆在正地方；現在结结巴巴一吃劲，又都挪了窩儿。他這张脸譜，叫那土黄色的面皮一衬，简直象个刚从棺材里爬出來的尸壳。

他，就是恶霸地主白眼狼，名叫贾永貴。

白眼狼向着他那狼羔子结结巴巴喝唬一陣，又用那对白色多黑色少的三棱子母狗眼儿，从深坑里朝外扫着，好象在对人们說："你看，我賈某多么'仁义'呀！"

可是，周围的人，沒有一个理睬他。

一对呲牙咧咀的大獅子，摇头摆尾地过來了。

挤在路心的人疙瘩，忽啦一声向两边散去。

引獅子的人，是一位四十几岁的少年。他头上罩着白毛巾，结花打在前額上，脚下穿了双踢死牛的老鲈洼，从头到脚一身小打扮儿。這时節，他手中举着红绣球，忽

山东人民出版社稿紙（25×20=500）　　第 6 頁

而拉个把式架，忽而打个旋風脚，引得两只大獅子，围着他撲撲棱棱闹故事儿。

這位少年，名叫楊大虎。

楊大虎，是鉄匠楊万春的骨肉。三年前，楊万春在村里領头闹过义合团。后來，白眼狼勾通县衙把他掐监入獄，折磨死了。万春在世时，引獅子這个脚色，年年都是他的活儿。楊大虎這个后生，人穷气不餒，如今他接过爹爹的红绣球，又引上獅子了。

獅子刚过坊，高蹺又來了。這个高蹺队，陣容真不小，净些小伙子。其中有：长工的儿子黄大海，月工的儿子王长江，石匠的儿子庞岐山，木匠的儿子唐峻岺，佃户的儿子房治國，店員的儿子常维民，漁家的儿子張去俊，船工的儿子乔士英，攤販的儿子趙增玉，羊倌的儿子李月金，还有教书先生的儿子艾文章，药包先生的儿子靳喜田，説书人的儿子程千里，唱戏人的儿子万寿天，也有小康人家的孩子周福禄、仰連第、郜志揚、郝有政……前前后后要有二十几号人。

高蹺队后头是秧歌。秧歌后头是锣鼓。锣鼓后头，还有龙灯、旱船、太平車……扯扯拉拉不断溜，滿滿蕩蕩半截街。

山东人民出版社稿紙（25×20=500）　　第 7 頁

社火队沿街而行，向南進发。他们每到一个胡同口，那里就响起鞭炮，放云焰火，旁边还摆上茶水桌子。這一切是为了向社火队的領头人表示：請賞个臉，在這里打个场子，表演表演。

社火队的領头人是那一位？

看了吧，就是那个打鼓的。你瞧，這位彪形大汉，長得五大三粗，膀阔腰圆；两只手象对蒲扇，一巴掌能掮到毛驴，坐下去亚赛蹲门石獅，站起來犹如半截铁塔。

此人，就是永生的父亲梁宝成。

宝成的老爹欠下了地主的阎王債；那还不清的阎王債，把梁宝成逼進“賈家大院”当了長工。

論家产，梁宝成只有间半草房，一塊宅基，沒有半垅地。可是，這位泰山压頂不弯腰的硬汉子，是个“宁餓死，不愁死”的乐天派。家里的鍋蓋几天不張口，他的臉上还是照样乐呵呵。因此，村里闹社火，年年少不了他。今年，他更接了打鼓的班，成了总指揮。

社火队這么多人，不論干啥的，他们的一行一动，都要靠鼓点來指揮。据說，唱大戏也是這样。他们這一手，就是梁宝成的打鼓師~~庞福国~~常明义从戏班子里学來的。

說話间，梁宝成的鼓点一变，人变动作队变形，社火出現了高潮。獅子跌凳、扑火，高蹺劈叉、折腰，秧歌、龙灯、旱船、太平車……也都扭得更欢了。就連那些看熱闹的观众，也被鼓点催得长了精神。

這是为啥？哦！"賈家大院"來到了。

賈家大院是一座坐西朝东的高大建築。磚瓦门楼配上一丈多高的垣墙，给人一种阴森的感觉。墙头上那狼牙锯齿般的垛口，又增加上一层恐怖的气氛。如今，那门楼的流口上，搭上一匹白布；刻着"积善堂"的横匾，也撲上一层黑纱；黄松大门上贴着烧纸，把那"忠厚传家远，仁义处世长"的门对蓋起半边；大门外那高高的石阶下，又紧靠着石獅竖上一帜门幡儿；一些白碎纸片夹杂着浅黄色的纸钱儿，在离大门不远的地方随風乱轉。這些装点，更把那阴森、恐怖的气氛加浓了。此景此情，和社火队的欢乐情景攪在一起，显得很不协調。

原來是，"賈家大院"死人了。說具体一点，就是大年三十那天，白眼狼的大哥爹賈永富那只老狐狸，在去城里赶花花街的路上，不知叫誰给宰了。如今，停灵在家，尚未发丧。

"大哥爹"，這是个啥称呼？就是說，賈永富和賈永貴這对异母兄弟，实質上是父子关係。不知是誰這么能耐，用"大哥爹"這个称呼，把賈永貴与賈永富之间的复杂关係准确地表达出來了，並实現了現象与实质的统一。咱先甭管賈永富是賈永貴的哥还是爹，反正賈永貴对賈永富的死是非常"悲痛"的。可是，這只老狐狸的死，对穷人來說，都是大快人心。可能就是因为這个，穷哥们儿才喜迎灯節，大闹社火。大概也是因为這个，賈永貴的门前一没张灯，二没结彩，对社火队來到他的门口，也很不欢迎。

往年里，社火队來到賈家大院门前时，白眼狼都是用"千子头"的鞭炮迎接，另外还有起火、雷子、两响、灯光炮……他這番"盛情"，是企图挽留社火队，在他门前多闹一会儿，替他装装门面，抖抖威風。但是，由此路过的社火队，每年在這里只是輕描淡寫地走个过场。而今年，尽管這里一没鞭二没炮，就連灯光也很弱，可是社火队对這种冷待却不在意，他们在鼓头的指揮下，在這里打开了场子，特别卖力地大闹起來了。

最賣力的，莫过于賈家的長工梁宝成了。他的袖筒挽过肘子，上牙咬着下唇，泼命地擂着大鼓。随着鼓头的節奏，整个乐队奏出高亢的喜調。随着鼓头的变化，高跷队唱了一段《逼上梁山》，秧歌队演了一出《打魚杀家》，龙灯耍的是祈下雨时才用的《謝天恩》，太平車耍的是娶媳妇时用

山东人民出版社稿纸（25×20=500）　第 10 页

的《喜临门》，狮子耍的是《善恶報》，旱船耍的是《皆大欢喜》……

突然，有人在戳宝成的脊梁。宝成回头一看，原来是白眼狼。宝成还没开口，白眼狼先开了腔："老梁，你过來一下。"

在這个節骨眼上，鼓点一住，锣声便息，整个社火仅就会停止活动，梁宝成怎么能撂得下鼓槌子呢？可是，俗話説得好："端着誰的盌，就得服誰管。"梁宝成身为白眼狼的长工，要是硬不听使唤，当然要出祸端。這一点，梁宝成的心里是明白的。可他並不在乎。這时，他瞪了白眼狼一眼，一声没吭，又回过头去，把鼓擂得更响了。看样子，他要把一肚子的火，一肚子的气，一肚子的話，通过這沉雷般的鼓声全发泄出來。

对這件事，周围人们的看法是：白眼狼這个王八羔子，是妄想把社火搅散。同時，人们也在担心：照這样殭下去，怕是宝成没有光沾。可又怎么办呢？

人们正然着急，猛地，挤上一个人來。

這个人是常明义。~~，就是宝成打鼓的老師庞福盛~~常明义。他自己有一亩半地，日子不仅过得很累，而且很憋气。他憋气，就憋在這一亩半地上。這塊地，两边的地邻，都是白眼狼。从前，

山东人民出版社稿紙（25×20=500）　第 11 頁

~~白眼狼要"買"他這塊地，他高低不賣。后来，白眼狼就紧靠他的地边，一边栽上了一溜樹。如今，两边的樹都已长大，樹枝搭上了梢，庞福盛那一窄溜羊腸子地，成了荒坊。別說长庄稼，就是长棵草也是黄的。~~

這些年来，~~庞福盛~~常明义一見了白眼狼，就气得牙根疼。今天他見白眼狼要攪散社火，又怕梁宝成因此惹出禍来，就夺过宝成手中的鼓槌子，憤憤不平地說：

"讓我來！你去吧！"

~~庞福盛~~常明义接过鼓槌子，把鼓擂得震天响；再加上他那熟練的技术，把个社火仅指揮得更火爆了。

白眼狼見梁宝成讓了手，又凑上来說：

"老梁，你，你去给我舒，~~舒~~舒水烟~~去~~袋。"

梁宝成沒有吭声。白眼狼又補充說：

"在，~~在~~在灵堂里放，放着呐。"

梁宝成依然沒有吭声。宝成虽然是賈家的"下人"，可他並不是那种低三下四的人。這时，他的心里生气地說：

"真是有钱的王八大三輩儿！舒烟袋也要指使這爷们？"

這当儿，永生和他娘也正在近前。永生娘見丈夫站着不动，面色也不对头，她生怕临年滨节~~的~~惹个不心静，就把丈夫拉到一边，劝說道：

山东人民出版社稿紙（25×20=500）　第 12 頁

"孩子他爹，去吧，又不是隔着山和海，一会儿就回來了……"

永生見爹为难，就說："爹，我去！"

爹抚摸着永生的头頂，亲昵地說：

"孩子，你小哇，别跟他那窝狗咬着，还是我自个儿去吧。"

植空在人们欢乐的气氛中佈下阴雲。

正然向賈家大院走着的梁宝成望望天空自語道："怪不得我這寒腿有点沉哩，看来那'八月十五雲遮月，正月十五雪打灯'的古語要应点了！"

宝成說着，迈步走进了賈家大院。

院内，漆黑如洞。宝成仗凭路熟，摸着黑儿绕过屏風，跨进了第一层院落。

賈家大院是一連三層院落。

第一层院落叫"前院"。跟班的，抬轎的，保鏢的，护院的，看门的，听差的，扛活的，倒月的，以及老妈子，小丫鬟儿，所有這些"下人"，都住在這里。前院的左右两边，还各有一个"跨院"。跨院中，除了羊栏、猪圈、牛棚、马桩，便是碾屋、磨坊、草垛、粮倉。

平日里，天到這般時间，白眼狼还不許“下人”们歇下。那嘎啦嘎啦的碾米声，呼噜呼噜的推磨声，沙啦沙啦的铡草声，淅沥哗啦的墊圈声……一直响到过半夜。

今天，這里沒有一点声响。因为，“下人”们全放工了。元宵節晚上放工，是长工们经过一场斗争立下的章程。這场斗争的領头人，不是別人，就是現在正在院中走着的這位梁宝成。他那两只大脚，活象一对鉄榔头，咚咚咚，咚咚咚，踩得大地在他的脚下发抖，他的身后帶起一陣小風。

宝成穿过前院，又来到中院。

這中院里，一拉溜三道横厅。

前厅，是所謂“礼宾厅”。白眼狼迎宾会客，摆席設宴，都在這个厅里。他摆一次宴席化的钱，比长工的活价还多。因此，“下人”们都管這“礼宾厅”叫“吸血厅”。

前厅后边是中厅。這中厅，賈家叫“堂屋”，人们叫“狼窩”。因为白眼狼就住在這个厅里。中厅后头是后厅。賈家説這里是“佛堂”，可梁宝成叫它“缺德堂”。宝成一叫，人们也都叫开了。“佛堂”怎么变成了“缺德堂”？要知其由，得啰嗦几句。

山东人民出版社稿紙（25×20=500）　第14頁

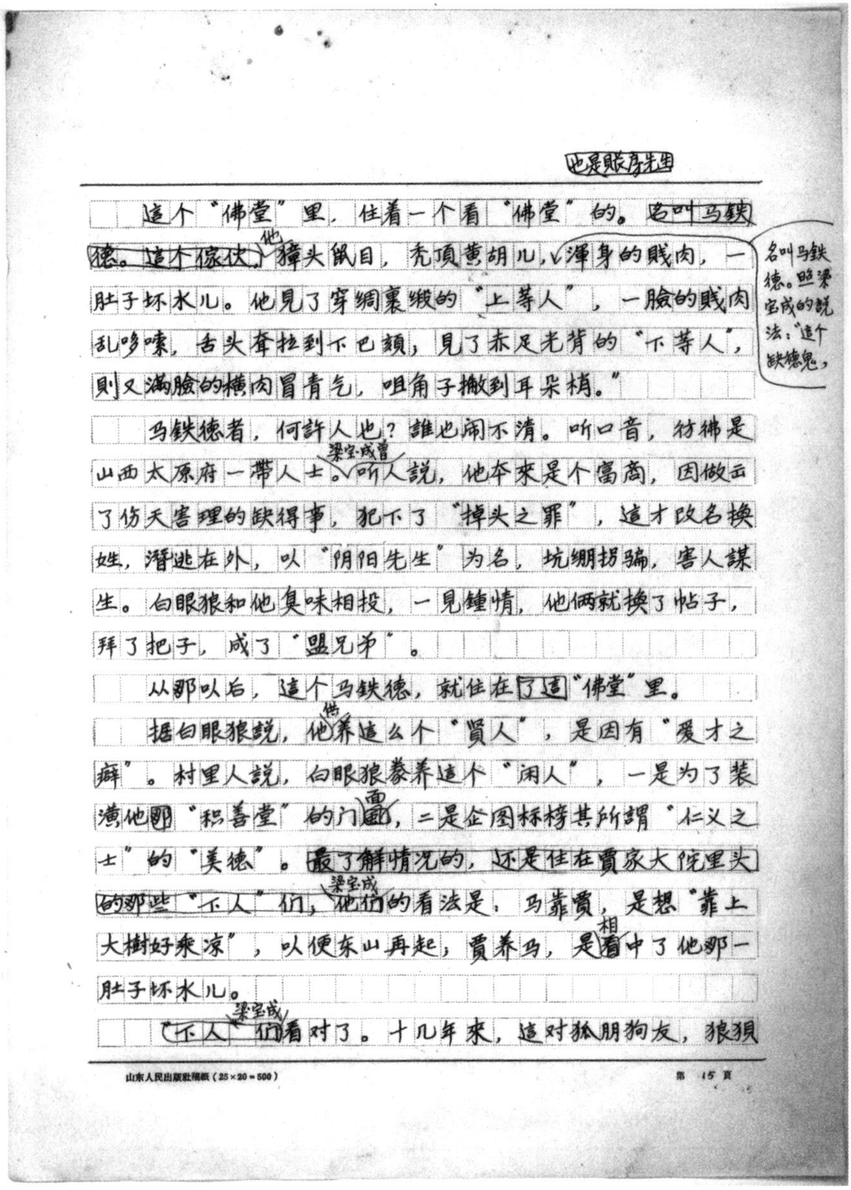

也是阴阳先生

這个“佛堂”里，住着一个看“佛堂”的。名叫马铁德。這个傢伙，他獐头鼠目，秃頂黄胡儿，渾身的贱肉，一肚子坏水儿。他見了穿绸裹缎的“上等人”，一臉的贱肉乱哆嗦，舌头耷拉到下巴颏；見了赤足光背的“下等人”，則又滿臉的横肉冒青气，咀角子撇到耳朵梢。”

名叫马铁德。照梁宝成的説法：“這个铁德鬼，

马铁德者，何許人也？誰也闹不清。听口音，彷彿是山西太原府一帶人士。梁宝成曾听人説，他本来是个富商，因做了伤天害理的缺得事，犯下了“掉头之罪”，這才改名换姓，潛逃在外，以“阴阳先生”为名，坑绷拐骗，害人謀生。白眼狼和他臭味相投，一見鍾情，他俩就换了帖子，拜了把子，成了“盟兄弟”。

从那以后，這个马铁德，就住在了這“佛堂”里。

据白眼狼説，他借养這么个“賢人”，是因有“爱才之癖”。村里人説，白眼狼豢养這个“闲人”，一是为了装潢他那“积善堂”的门面，二是企图标榜其所謂“仁义之士”的“美德”。最了解情况的，还是住在賈家大院里头的那些“下人”们，梁宝成他们的看法是：马靠賈，是想“靠上大樹好乘凉”，以便东山再起；賈养马，是相中了他那一肚子坏水儿。

“下人”们梁宝成看对了。十几年来，這对狐朋狗友，狼狽

山东人民出版社稿紙（25×20＝500）　第 15 頁

为奸，就在這“佛堂”里，一边数着素珠，一边策划謀財霸产、杀生害命的鬼点子。因为這个，“佛堂”就叫成了“缺德堂”。马铁德坑害穷人賣了力气，在賈家的发家史上立下“汗马功劳”，从而马铁德也就成了“马缺德”。

有人説，马缺德比白眼狼还坏。（梁宝成説：）這話不对。狗，从来都是看着主人的眼色行事的。老当説，更坏的还是白眼狼。因为白眼狼不是“阿斗”。在白眼狼的心目中，马缺德只是一条“高级走狗”，而不是什么“諸葛亮”。”

（事情也确实是這样。）在马缺德刚進賈宅的时候，就（曾）向主子表示“忠誠”説：

“賢弟，往后，你指到哪里，我就打到哪里。”

“不！大哥太，太客气了！”白眼狼摇头晃脑地説，“我，我指到哪里，他，他打到哪里，這号人只，只因过，是是个‘奴才’！”他咕噜了一陣水烟袋，又接上方才的話碴説，“我，我想到哪里，他，他就能打到哪里，像這，這样的人才，才称得上，是，是个‘人才’哩！”白眼狼翻了翻那毋狗眼又説，“我，我這个大院里，要，要‘奴才’嘛，多，多的很，就，就是少‘人才’，所，所以，又，又把大哥你請請了來。”

从那天起，马缺德這个奴才，为了要当个‘人才’，就成天价琢磨（着往）白眼狼的欲望，想着法儿地往主子的心眼儿

山东人民出版社稿紙（25×20＝500）　　第 16 頁

里做事。

后来，马缺德发现：白眼狼对佃户常明义那一亩地朝思暮想，对长工梁宝成那二分宅基更是垂涎三尺。于是，他便向白眼狼説：

"賢弟，你這'阴宅'和'阳宅'，在愚兄看来，'風水'虽好，但还有点美中不足——"

"願，願听高見。"請、請你指、指教。"

"那'阴宅'，正而不方，主'財星'旺，'官星'不旺。這'阳宅'，大门前边，只有'停轎坪'，缺个'拴马坊'，文武不称，也犯些病。"

"有，有法補救吗？"

"有！要把常明义那一亩地靠到'阴宅'上，'阴宅'就方了。要把梁宝成的宅基改成'拴马坊'，就文武并茂了。要那么一整治，就阴阳相合，完美无缺了。"

马缺德説到這里，白眼狼打了个长长的唉声：

"大，大哥説的這些，正，正是小弟的心病一椿呵！"

"不是我誇海口，愚兄手到'病'除。"马缺德兴致勃勃地説着，因張口献上一計："賢弟，要想把這两塊'宝地'变成咱的，那好办！今年大旱成灾，粮价飞涨，地价暴跌，咱打开谷倉，賣些陳粮，用不了几个钱，那梁家的宅基常家的地，不就都姓贾了吗？”马缺德正然说着，只见白眼狼的尖脑瓜儿摇成了货郎鼓，他又加重语气说，“贤弟，大歉之年，粜粮买地，可是发家捷径，一本万利呀！”

白眼狼哩哩地冷笑了两声，不冷不热地说：

“你，你不愧是个买卖人，张，张口就是生意经！”

马缺德以为主子很赏识他的高见，又得意忘行地说：

“我马某，干过钱庄，开过当铺，在这买卖行里泡了半辈子，总算把那发财的法码摸准了……”

“不过，咱，咱俩的法码儿不不一样！”白眼狼打断他的话说，“我，我贾某的医发家之道，不，不是一本万利，而，而是无本取利！”

原来，马缺德从他自己的经历中，曾得出过这样的结论：世界上，只有买卖人是最尖刻的。今天他才明白：过去没瞧得起的这庄稼行的大财主，比我这经商老手还要尖刻的得多！

怎样才能用“无本取利”的法码儿，跟那梁家的宅基常家的地，全都姓了“贾”呢？马缺德成天围围着这个题目作文章。一年之中，他交过两次“卷”，可惜都没“及格”！头一回，因为太露骨——白眼狼说，有损他“积善堂”的

山东人民出版社稿纸（25×20=500）　　第 18 页

门风；那二一回，是因为狠而不毒——白眼狼説，给他贾门子孙留下的后患太大。因此，這件事，簡直把个马缺德给难住了。那些日子，他总是覺着手里的飯碗不牢靠，所以，脸上的笑容也少了。

近几日，不知为什么，他的笑容又骤然多起來。尤其是今天，他更乐得合不上嘴，他脸上那每一个麻子窩里，好象都充满了笑意。晚飯前，他还把洒鬼田侯胜請進"佛堂"，喝了几盅，嘀咕了一陣，最后俩人又还狂笑了两声，也不知搞了些什么鬼名堂！

田侯胜，长得鼠头蛤蟆眼，一身寒酸气。你别看他的个子沒有三塊豆腐干子高，可是專踮着脚地拍马屁；你别瞧不起他那連話都説不清的半截舌头，人家那舌头是專为舔狗腚用的，一舌头准能舔到痒痒肉上。人们为了标榜他這个特长，不再叫他"田侯胜"，都叫他"田狗腚"。田狗腚田狗腚是賈家大院的賬房先生。他自称是"落地凤凰"，以此來提醒人们，别忘了他是"官门之后"。這个賬房先生田狗腚，和阴阳先生马缺德，再加上那位具有"落榜進士"身份的賈宅家塾先生，合称"賈宅三先生"，也就是白眼狼的三条"高级走狗"。

這三条走狗，对白眼狼來説，是各有各的用处。阴阳

山东人民出版社稿紙（25×20=500）　　第 19 頁

先生马铁德，能想鬼点子，专出坏主意；教书先生刁士林，会造假地契，专写黑呈子；账房先生田狗腚，胳肢窝里挟着个算盘子，怀里揣着个账本子，弯弯道道地琢磨穷人。

闲話少叙。且說那梁宝成穿过中院，又進入后院。

這后院是个花园。如今，百花凋零，寸草不生，一派衰败景象。這花园中，有个座北朝南的大厅。贾家死了人，出发丧之前，棺材都放在這里。

這里，就是白眼狼所說的那个“灵堂”。

灵堂，象只怪兽，張着血盆大口，正卧在那里喘息。从窗口射出的灯光，就如怪獸的眼睛，恶狠狠地逼視着宝成。

一座孤伶伶的灵堂，处在這空蕩蕩的后院里，叫這渺无声息的夜色一衬，愈显得阴森，恐怖！

宝成並沒留心這些，他踏着那方磚砌成的甬路，直奔灵堂而去。

灵堂的门扇，紧紧的地关着。

宝成来到门口，收住脚步，向里边喊道：

“誰在屋？”

屋里沒人答腔。

宝成提高嗓门儿，又喊一遍：

山东人民出版社稿纸（25×20=500）　第 20 页

“有人吗？”

依然没有回声。

宝成走过去，推一推门，吱吅一声，门开了。

屋里，衝门撂着一口棺材。棺材前边，放了一张单桌。桌面上，摆着香炉、蜡扦，还有一叠烧纸、两股香。山墙上，挂着祭帐和挽联——這都是那些拍马屁、溜沟子的人送來的。屋里的陳設，几乎都是白的——白茶壶，白茶盘，白桌布，白椅搭，白甩子，白门帘……

梁宝成迈步跨入门坎，走進這白色的世界。他各处瞅了一陣，沒有瞅見水烟袋的影子。

突然，暗间的门帘一动，走出一个女人。

這女人，三十來岁，从头到脚一身白，打扮得就象《白蛇传》里的“白蛇”似的。

她，是死鬼賈永富从窑子里拐來的姨太太，姓馮，外号“醋髑髅”。這“醋髑髅”也是白眼狼的姘头。這个臊娘们儿，象刮旋風似地走过來，酸溜溜娇嫡嫡地向梁宝成說：

“老梁呵，快屋里坐呀！”

“东家叫我來拿水烟袋。”

“里屋坐吧，我给你找……”

醋糊膝説着，眉飞色动，不忐好相。宝成一看這塊腥油没安好心，就急忙拔腿就走。可是，那臊娘们儿已经搶到他的前头。她來到桌前，噗地一口，把蜡烛吹灭了。

這下子，梁宝成更慌了神。正当他正挣着命地朝外蹿时，那臊娘们儿猛地拉住他，並撓乱了头发，扯开了扣鼻儿，又哭又駡地闹騰起來。

梁宝成圄一甩胳膊，挣脱忐來，骂了一声：

"不要臉的臊貨！"

随后，梁宝成拔腿就往外一步到门口闯。由于用力过猛，在门口上正和马缺德撞了个满怀。

马缺德嗷地一声，仰面朝天摔倒地上，急命地嚎叫起來：

"不好了！來人呐！"

梁宝成被众喽啰綁架到"佛堂"。他進门一看，這个缺德堂（這"佛堂"）是五间大厅，三明两暗。明间里，除了"神"，便是"佛"，还有"狐仙"、"长仙"、"刺蝟仙"……杂七杂八貼满了三面墙。香盆子、香炉子摆了个椅子圈儿，看來三囊筐也背不了。东暗间，也不知是些啥玩艺儿，梁宝

山东人民出版社稿紙（25×20=500）　　第 22 頁

成山东暗间，也不知是些什么玩艺儿，宝成从没進去过

西暗间，就是马鉄德这条"高级走狗"的狗窝。

梁宝成又被推進西暗间，這里是马鉄德的狗窝。

這時節，宝成站在马鉄德的屋里，气得两眼汪泪，面色铁青。看上去好象一尊铁打的金刚。他看了看周围的环境，心中暗暗想道："這'鉄德堂'里净干缺德事儿，今儿自然不会例外——我要看看他们到底搞啥名堂！"

马鉄德挨了那一下子，虽说没伤着筋骨，可是浑身象散了架，一时半会儿缓不过劲来。這时，他有气无力地説

马鉄德説：

"老梁，你深更半夜，黑灯瞎火，跑到灵堂去干啥？"

梁宝成理直气壮地亮开嗓子説：

"给东家斟水烟袋！"

宝成的話没落地，只見白眼狼走進屋来。他手中托着水烟槍，咀子沾在下唇上。這时

马鉄德向白眼狼一指，又説：

"老梁，你看——别瞎咧咧了！"

這時，梁宝成心里想："他這水烟袋在那里放着？为啥叫我到灵堂去斟？"他想到這里，他脑海里又浮起一連串的问號在他的脑海里浮上来：瞎瞎明明在屋，我連喊两遍她为啥不答腔？马鉄德到灵堂去干啥？怎么又和我碰得這么巧？抓我的喽啰怎么都是白眼狼的心腹？他们怎么咋会回来得這么急爽？……

山东人民出版社稿纸（25×20=500）　　第 23 頁

……宝成想着想着，忽然间心里象打开一扇窗，眼前象四坊恶梦似的這些事，一下子全明白过來了——這些狗杂种们已经插好了圈儿，是成心要栽脏陷害我！想到此，他又懊悔自己心太实，上了她们的当！贼蛋！

懊悔有啥用？晚了！已经晚了！

梁宝成是个拾得起放得下的人，到了這時，他的心情倒比方才輕松多了。方才，他的心里，总是压着一塊坯：我深更半夜独自一人闯進灵堂，又被那臊娘们儿誣咬一口，怕是跳到黄河也洗不清了！当时，他一想到這些，心也跳，头也胀，身上也冒虚汗。可是，他弄清了這是有計划地栽脏陷害以后，心里那塊坯這刻消失了，一团怒火又在心头燃烧起來。並且，愈燒愈旺，愈燃愈烈。他這時的想法是：怕狼怕虎别在山上住，怕死别活着！既然走到了這步棋上，就已经一个鼻儿的罐子豁着掄了！他们一心要我一死，我临死也得咬他两口！

梁宝成正然想着，醋罈罈一头撞進來。她披头散发，又哭又叫："老梁你這坏了良心的，俺死了丈夫还没过'三七'，你可不該琢磨俺哪……"接着，她又碰脑袋又打臉，説她"再也沒臉見人"，活不成了！

梁宝成一口唾沫吐在地上，从鼻孔里哼了一声，用輕

山东人民出版社稿紙（25×20=500）　第 24 頁

戋夹带着嘲笑的口吻说：

"你也没尖臊肉！演得可真象呵！"

白眼狼把水烟袋哐地摔在地上，又捋了一把胳膊，装腔作势逼向宝成：

"老，老，老梁，你，你，你吃着我的湿的，饽，饽，饽着我的干的，竟，竟办出，这，这伤天害理的事来！我，我，我，我……"

梁宝成猛一跺脚，伸开那铜钟般的嗓音吼道：

"净放你妈的狗臭屁！"

宝成这一声，象个落地霹雳，再加上他那一跺脚，震得墙壁上的浮土，唰啦唰啦地滚落下来。就连明间里那贴在墙壁上的"神"们，也吓得哗啦哗啦地打开了抖嗦！白眼狼，也吓蔫了！他一闭眼，一咧咀，浑身打了个冷战，踉踉跄跄地倒退了两三步，看架势，他怕退慢了巴掌就会落到他的脑袋上似的。至于那醋髑髅，早就打着哆嗦溜走了。

这时，梁宝成瞋目而视，可笑那马缺德却慌了手脚。因为这出"戏"里他是"导演"，这出"戏"要是演砸了锅，他的那饭碗可就打了。因此，他见这个场面，又是怕又是急，豆粒大的汗珠子顺着额角滚下来，又渗进他脸上那又深又

山东人民出版社稿纸（25×20=500）　第 25 页

大的麻子窩儿里。

他先向白眼狼説："賢弟，你先别生气！"

他又向梁宝成説："老梁，你也别着急！"

马鈇德説着，把那摔瘪了的水烟袋拾起来，擦去上边的泥，嘻笑着向白眼狼递过去説：

"賢弟，抽烟，抽烟——"

白眼狼接过水烟袋，又转向梁宝成：

"姓，姓梁的！這，這灵堂行凶，是掉，掉头之罪！你，你，你可要明白……"

马鈇德也顺着杆爬上来："老梁，二爷説的是呵——要把你绑起来，送到衙门里，你那脑袋就安不住了……"

白眼狼説："這，這讲不了！明，明天就，就送！"

這时，梁宝成真想豁出一条命来跟他拼了，他要来个《梁宝成大闹"鈇德堂"》，让他那灵堂里再搪上几口棺材。可是，他正這样想着，耳边响起了這样的声音。

"去吧！又不是隔着山和海，一会儿就回来了。"

"爹，我去！"

宝成已想起老婆孩子，又想起老娘，觉着鼻子酸，眼圈湿润了。他心里自己劝自己説："先忍住气，别莽撞，看要看他们到底要搞个啥名堂；让他们把花招全要出来，然后再想法儿对付他……"

马鈌德一見宝成眼里汪~~着~~上泪，以为~~他~~宝成害怕了，高兴起來。他先向白眼狼递了个眼色，然后又說：

"賢弟，老梁已经是錯了，一歘水泼在地下，想收也收不起來了！我替老梁求个情，你看在我的面子上……"

"這，這是~~看，~~看面子的事？"

"賢弟，他有八十多的老母，还有十來岁的孩子，妻子也正年輕，你把老梁送了官，這一家子就失散了……"吗？~~賢弟，你一向是行善之人……"~~

~~"我，我，我光行善——"白眼狼发火了，"有，有這个行法的吗？~~"姓，姓梁的，太，太叫我过不去了！"

~~白眼狼一发火，把马鈌德的臉上噴了一层唾沫星子。可是，马鈌德不敢躲闪，因为那种举动，有伤主子的"尊严"。应当是：主子的怒气越大，奴才的笑容越多。马鈌德身为"高级走狗"，当然懂得這个。因此，他臉上依然挂满笑容，又接着說：~~

"可也是呀！"马鈌德~~"我倒有个法，不知当說不当說——"他說着~~瞟了宝成一眼，只見他滿臉正气，凛然无畏，两条闪闪灼灼的視线，一直逼着白眼狼。白眼狼的目光不敢和他对視，只是咕嚕咕嚕地猛抽水烟袋，借以掩盖其空虚、怯懦的狼狈

相。马跌德一見這种情景，心里也打了怵。可是，他还是
硬着头皮說下去了：
“賢弟，你也真不走运——常明义這个老傢伙，大年
三十行兇杀了永富哥；仇还沒報，這不，唉，元宵夜晚，又
踫上了這鍋倒楣的事。归官吧，事就哏去去了，名声不好
听，面子擱不住，门風也就敗坏了！再說，楊太太的娘家
哥，也不是好惹的！叫我說，家風无价宝，名誉值千金，
最好是這么办——叫老梁帮你報了杀兄之仇，你饒了他得……”
姦之罪……”
“你，你净說夢話！杀，杀人，要，要償命！這，這
仇，他，他，他能報得了？”
“賢弟，你只要同意，我有办法……”
這俩傢伙正一唱一合地說着，田狗腚一头闯进来，气
吁吁地說：
“二爷，大事不好啦——馮太太要跳井！”
“混，混蛋！甚么事，把，把你吓成這样？”
白眼狼只說了一句話，田狗腚就应了三个“是”——白
眼狼一張咀，他先来上一个；趁主子结巴的当儿，他又插
上一个；最后，还跟上了一个。他每說一个“是”，还抻
一下脖子，弓一下腰，咧一咧咀角，笑一笑。直到主子把

山东人民出版社稿紙（25×20＝500）　　第 28 頁

話說完了，他這才又接着說：

"楊太太要跳井！"

马铁德也佯装出惊慌的样子，說："哎呀！賢弟，你快去看看吧！"

白眼狼滚了。

马铁德又向梁宝成說："老梁，看明白了吧？要不是我，你就得家破人亡了！"

梁宝成說：

"我不糊塗——"

马铁德打开箱，拿出一口单刀，递給梁宝成說：

"给你！"

"干啥？"

"去把常明义干掉！"

"杀人？"梁宝成摇摇头說，

"对！"

"我這个人，一辈子是'有毒的不吃，犯法的不做'的——"梁宝成說，"這号事，我干不出來！"

"老梁，你可别曲解了我這一片好心呀！我虽然不敢說是'半仙之体'，可也是个佛教门徒呵！象這杀人害命的事，我从來也没敢想过！"马铁德停了一下，見梁宝成

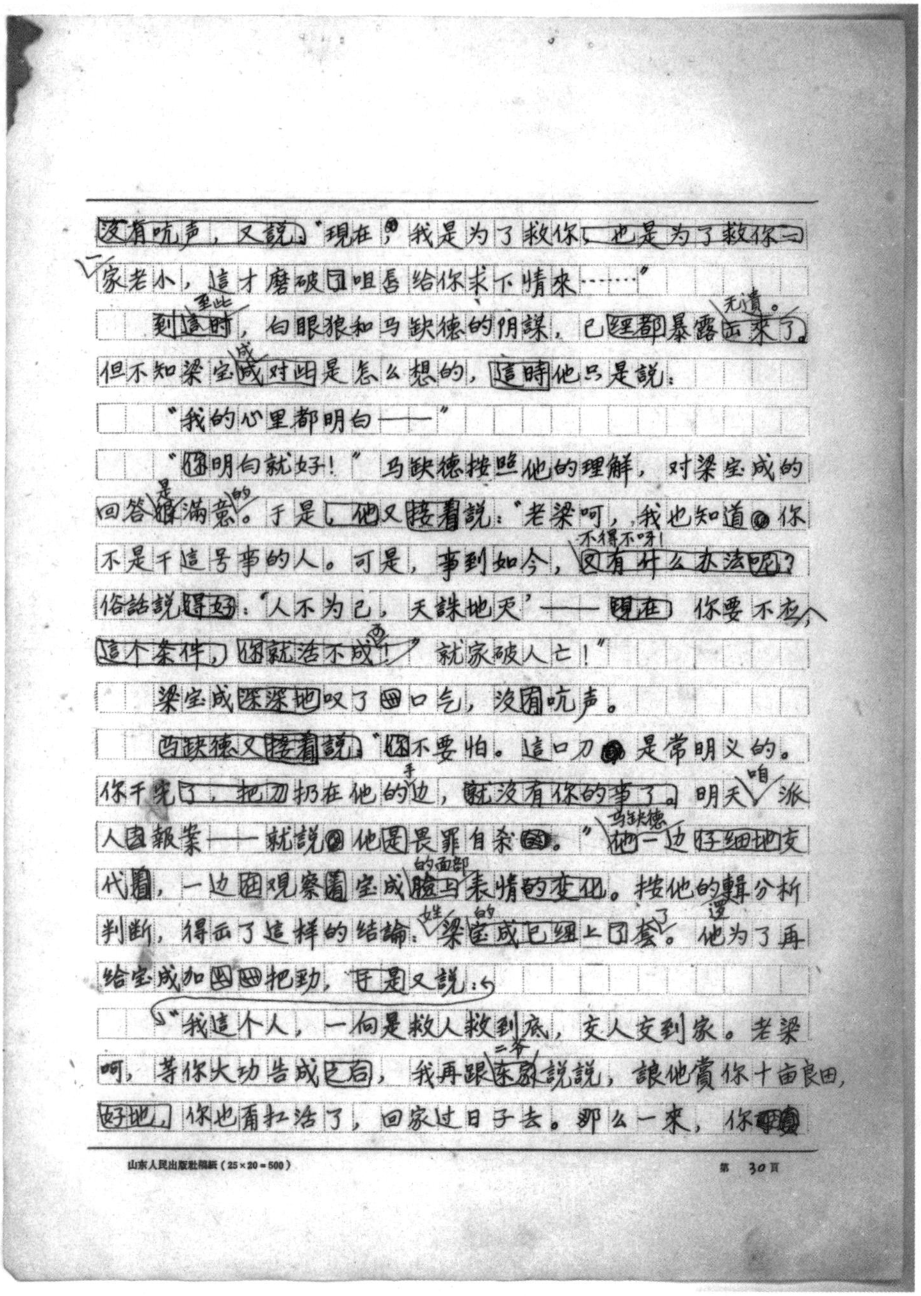

沒有吭声，又說："現在，我是为了救你，也是为了救你一家老小，這才磨破了咱唇给你求下情來……"

到這时，白眼狼和马鈥德的阴謀，已經都暴露出來了。但不知梁宝成对此是怎么想的，這時他只是說：

"我的心里都明白——"

"你明白就好！"马鈥德按照他的理解，对梁宝成的回答很满意。于是，他又接着說："老梁呵，我也知道你不是干這号事的人。可是，事到如今，又有什么办法呢？俗話說得好：'人不为己，天誅地灭'——現在你要不应這个条件，你就活不成！"就家破人亡！"

梁宝成深深地叹了一口气，沒有吭声。

马鈥德又接着說："你不要怕。這口刀是常明义的。你干完了，把刀扔在他的边，就沒有你的事了。明天派人去報案——就說是他畏罪自杀的。"他一边仔细地交代着，一边细观察着宝成脸上表情的变化。按他的邏輯分析判断，得出了這样的结論：梁宝成已经上了套。他为了再给宝成加一把劲，于是又說：

"我這个人，一向是救人救到底，交人交到家。老梁呵，等你大功告成之后，我再跟东家說說，讓他賞你十亩良田，好地，你也甭扛活了，回家过日子去。那么一來，你

山东人民出版社稿纸（25×20=500） 第 30 页

可算是'因禍得福'了！"

梁宝成听到這里，苦笑了一下儿。

马鉄德又說："老梁呵，到那时，你可别忘了我呀！"

梁宝成說：

"放心吧！忘不了你！我还要我的孙子記住你哩！"

……

子夜时分。

梁宝成手提單刀，跨出賈家的门口。

這时，社火早已闹罢。村中，灯光尽熄，人皆入夢。鞭炮的硝烟，已被潮气剥下去。街道上，满是碎紅的灯灰。

夜，黑乎乎，静悄悄。天空中，時而落下雪片……

梁宝成怀抱單刀，站在賈家门下，呆了约有半个時辰。直到院內沒有动静了，他才悄悄离去。

雪，愈下愈大，纷纷揚揚，扑头打面。

天地之间，万物皆白。世间的一切，都失去了本來的面貌。

這无声无息的大雪呀，明天，将会使多少人感到

山东人民出版社稿紙（25×20＝500）　第31頁

意外呀！？

~~从贾家大门口，到常明文那座茅屋的一行脚印，很快地又被大雪掩没了……~~

雪地上，有一行脚印从贾家通向常家，可是，雪又很快地把它掩没了……

山东人民出版社稿纸（25×20=500） 第 32 页
36

郭澄清在病后写给贺敬之的信（初稿）

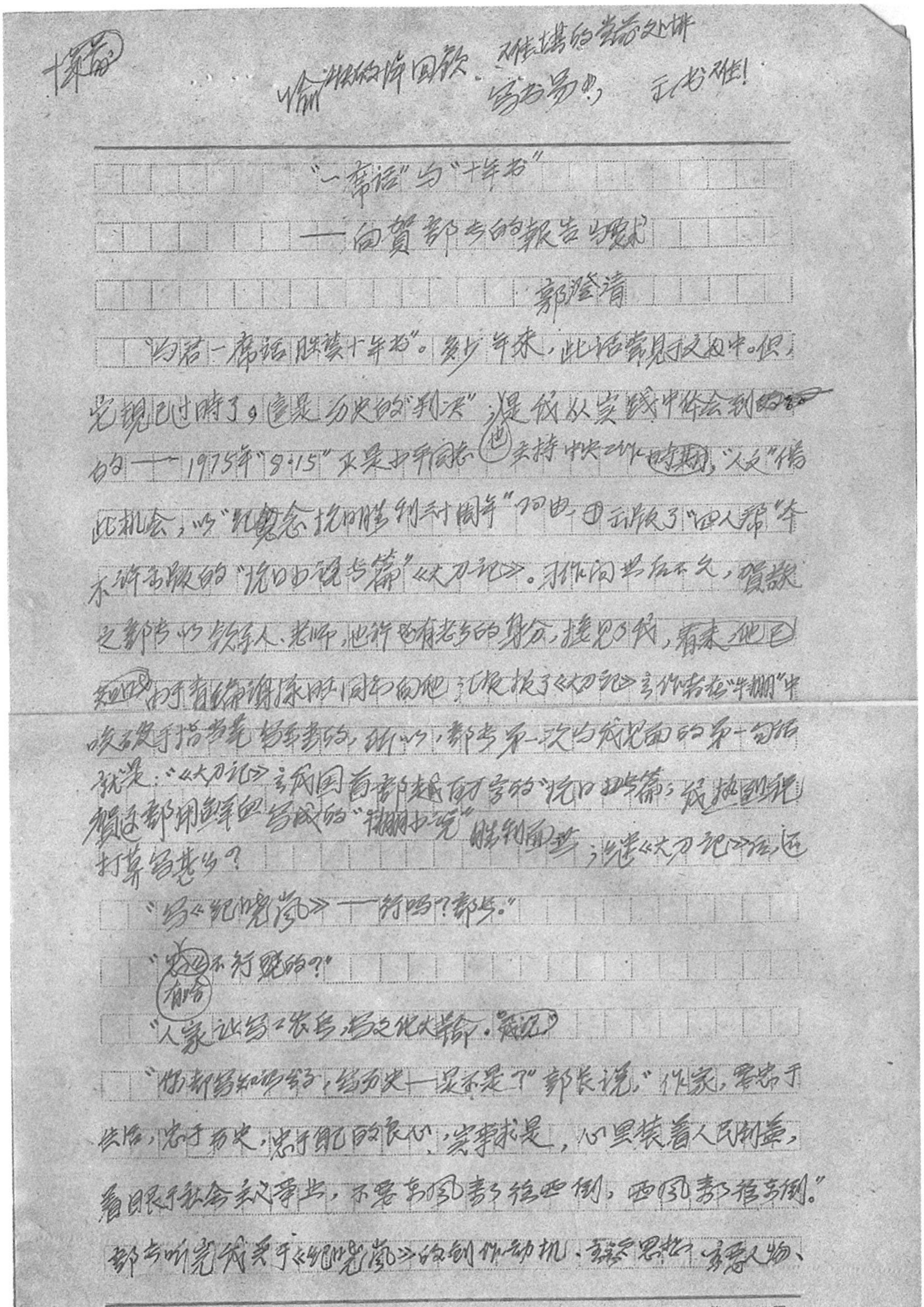

十年书

喻……阎钦……难堪的尴尬之讲 写书易也，上书难！

"一席话"与"十年书"

——向贺部长的报告与感谢

郭澄清

"与君一席话，胜读十年书"。多少年来，此话常见于文或中。但，究现已过时了。这是历史的"判决"，是我从实践中体会到的——1975年"8·15"邓小平同志也主持中央工作时期，"人文"借此机会，以"纪念抗日胜利卅周年"为由，出版了"四人帮"不许出版的"抗日长篇"《大刀记》。此作问世后不久，贺敬之部长以领导人、老师，也许还有老乡的身分，接见了我，看来他已知道由于有关领导同志向他汇报了《大刀记》之作者在"牛棚"中咬破手指书写的事，所以，部长第一次与我见面的第一句话就是："《大刀记》是我国首部[illegible]的'抗日长篇'，[illegible]胜利前夕；继《大刀记》之后，还打算写甚么？

"写《纪晓岚》——行吗？部长。"

"有啥不行的？"

"人家说写工农兵，写文化大革命。"

"你都写知识分子，写历史——就不是了"部长说，"作家，要忠于生活，忠于历史，忠于自己的良心，实事求是，心里装着人民利益，着眼于社会的进步，不要东风来了往西倒，西风来了往东倒。"

部长听完我关于《纪晓岚》的创作动机、主题思想、主要人物、

山东省文学艺术界联合会稿纸（20×25=500） 第 1 页

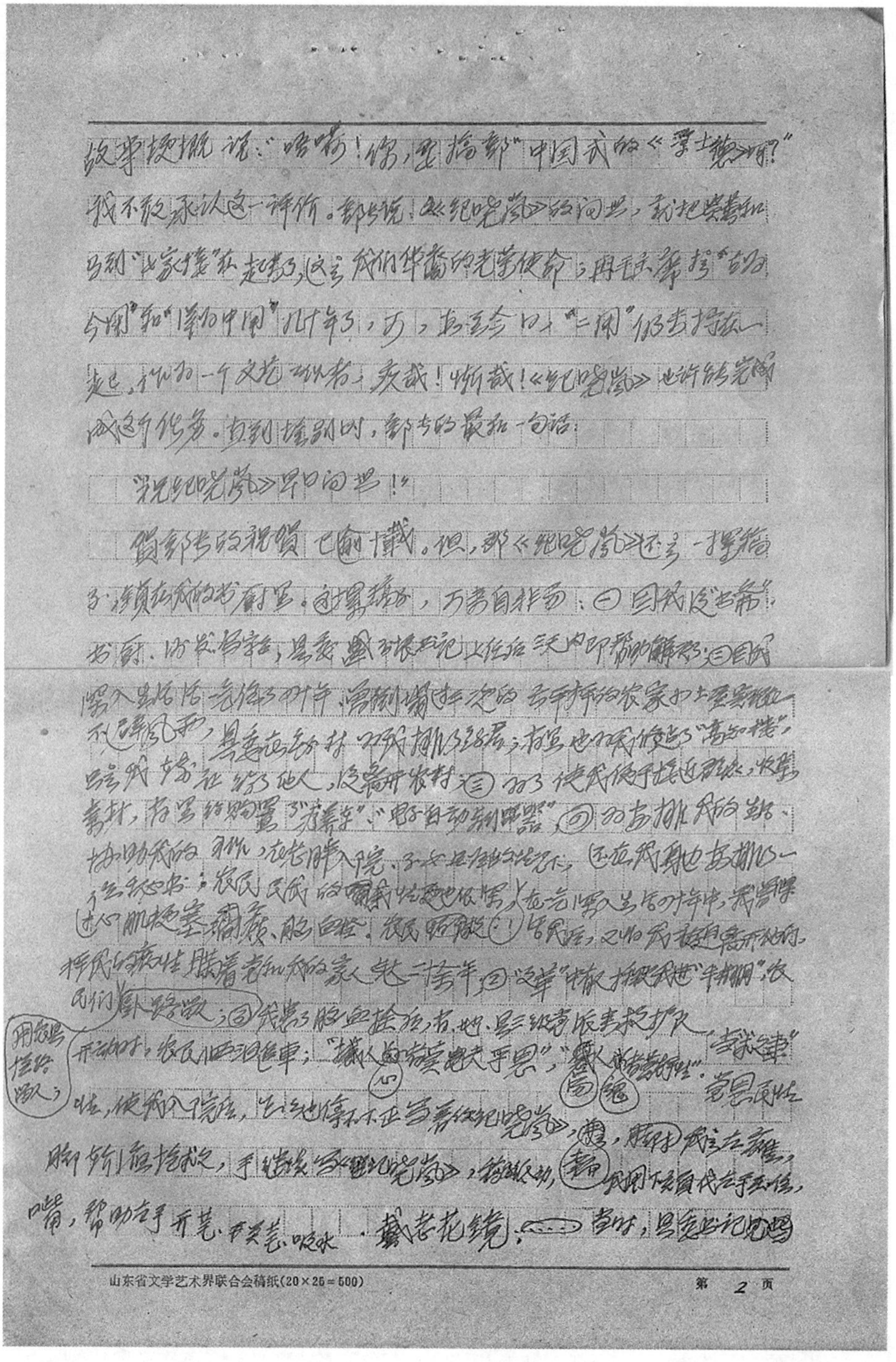
故乡领导说："哈哈！你，要搞部"中国式的《[illegible]》"呀？"
我不敢承认这一评价。郭老说：《纪晓岚》的问世，就把[illegible]
[illegible]起来了，这是我们华裔的光荣使命；再[illegible]
[illegible]几十年了，[illegible]，直至今日，"二闲"仍未[illegible]
起。作为一个文艺工作者，哀哉！惜哉！《纪晓岚》也许能完
成这个任务。直到临别时，郭老的最后一句话：
"祝《纪晓岚》早日问世！"
[illegible]

山东省文学艺术界联合会稿纸(20×25＝500) 第 2 页

[illegible]出[illegible]道："[illegible]巨著《[illegible]》是一部[illegible]，这[illegible]《纪晓岚》

[illegible]一字一注一泪。[illegible]这部书的[illegible]，就[illegible]的[illegible]，对我们的[illegible]

[illegible]！我们一定要把这"草棚小说"和"[illegible]"小说[illegible]下去。……"

《纪晓岚》[illegible]部长，是[illegible]我书[illegible]部长的支持。我国

[illegible]进来，[illegible]求人[illegible]。我们[illegible]

的创作思想、[illegible]，[illegible]，[illegible]文字，[illegible]

[illegible]，不同意稿子，也[illegible]，[illegible]

单的介绍，[illegible]。这[illegible]部长[illegible]，[illegible]

[illegible]："这样一部书的[illegible]，[illegible]人[illegible]，[illegible]

[illegible]，[illegible]我们[illegible]……"《光明日报》文艺部[illegible]《纪

晓岚》的[illegible]，[illegible]消息，以[illegible]。但，

这一部议[illegible]个别人的反对。对此，我们的作者，[illegible]

[illegible]部长支持下。

因为有一部[illegible]相关。在部长的鼓励下，我的[illegible]

[illegible]科学[illegible]——[illegible]一个"一

一"学问笔记"，[illegible]一部《人学信息论》，还[illegible]部《宇宙规律[illegible]

[illegible]》。[illegible]《纪晓岚》[illegible]"[illegible]"，《人学信息论》[illegible]，

对[illegible]一部[illegible]就[illegible]了。[illegible]"[illegible]

人"——部长[illegible]，就[illegible]开花、结果。[illegible]

认为"[illegible]"[illegible]"[illegible]"这句[illegible]。

山东省文学艺术界联合会稿纸(20×25=500) 第 3页

“纪晓岚演义五部曲”标题影印件

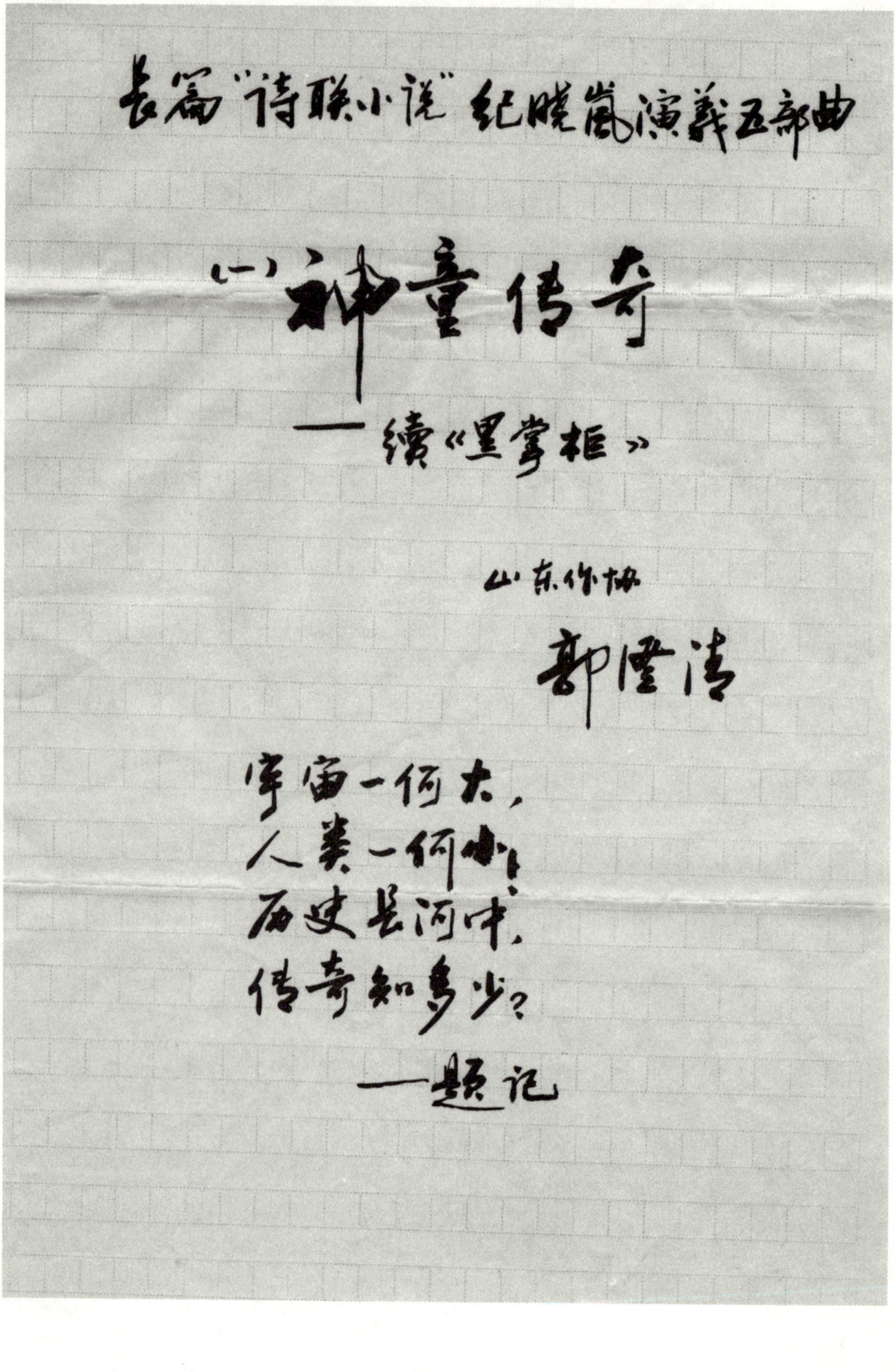
长篇“诗联小说”纪晓岚演義五部曲

（一）神童传奇

——续《黑掌柜》

山东作协

郭澄清

宇宙一何大，
人类一何小！
历史长河中，
传奇知多少？

——题记

長篇"诗联小说"纪晓岚演義五部曲

(二) 滑稽状元

山东作协

郭澄清

有喜不喜惟滑稽，

遇忧不忧人幽默。

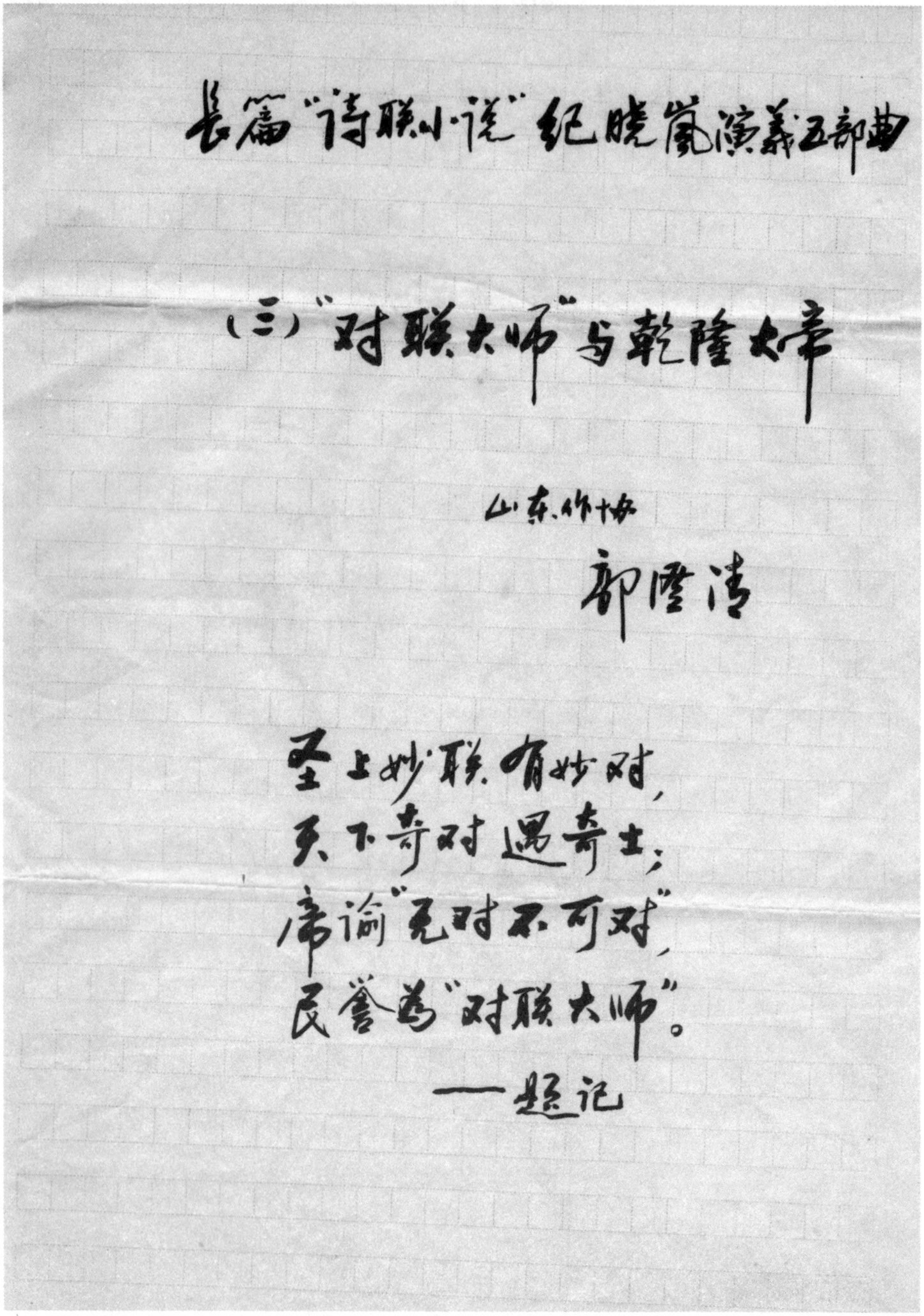
長篇"詩联小说"纪晓嵐演義五部曲

（三）"对联大师"与乾隆皇帝

山东作协

郭澄清

圣上妙联有妙对，
天下奇对遇奇士；
帝谕"无对不可对"，
民誉为"对联大师"。

——题记

长篇"诗联小说"纪晓岚演义五部曲

（四）風流大儒

山东作协
郭澄清

有心无事不学问，
无畏有险真風流！

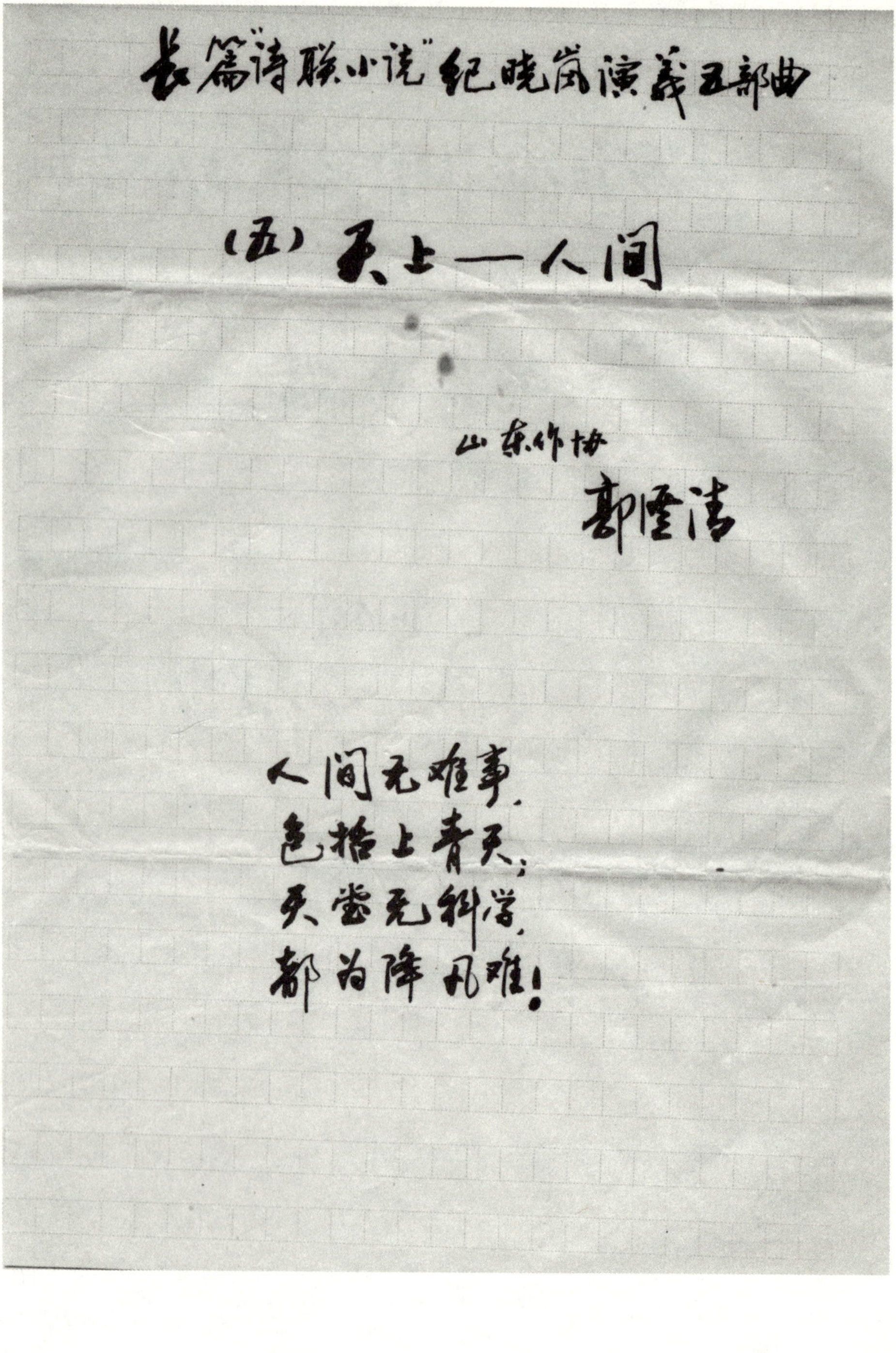

长篇诗联小说"纪晓岚演义五部曲"

（五）天上—人间

山东作协

郭澄清

人间无难事，
急搭上青天；
天堂无科学，
都为降凡难！

纪晓岚演义(第3卷)影印件

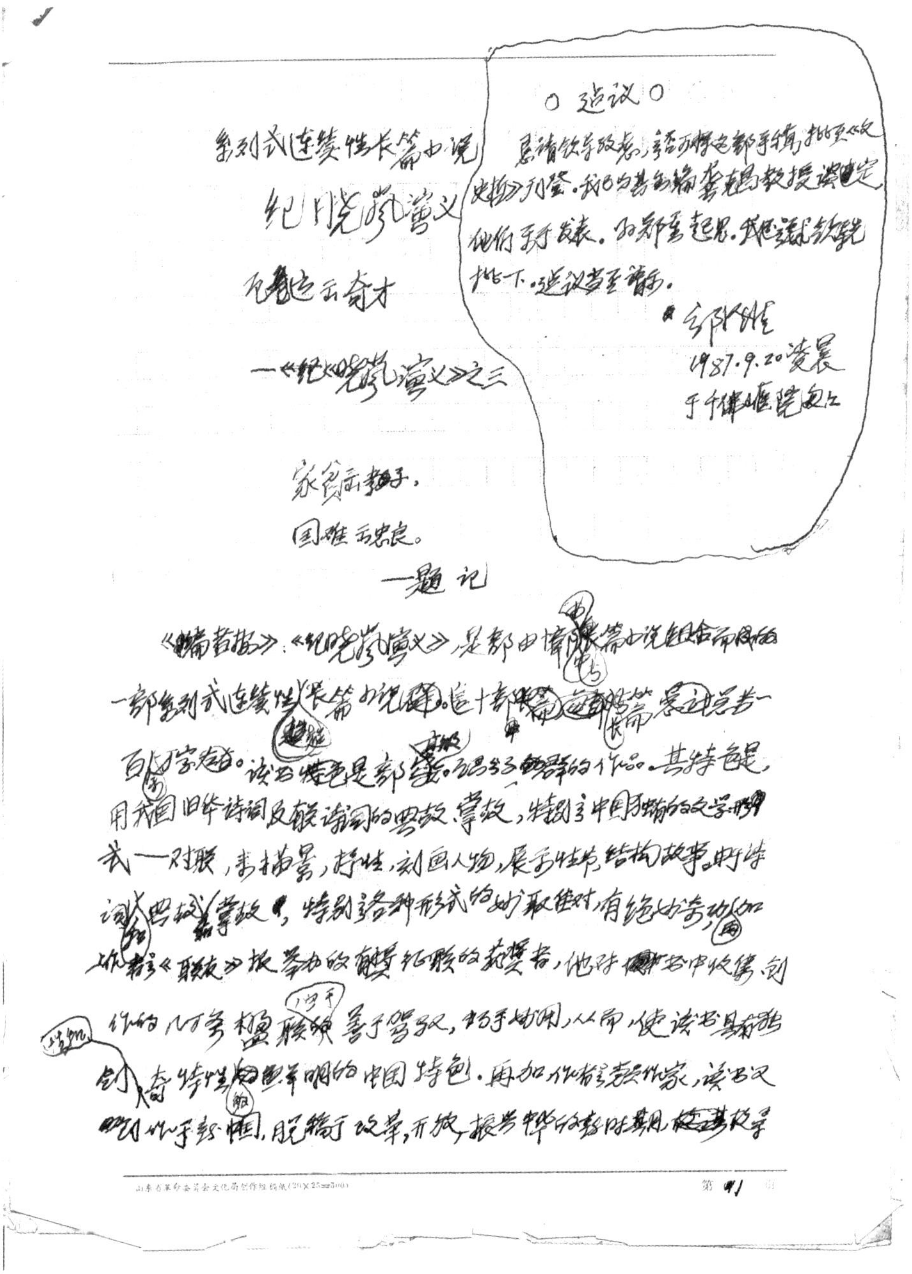
○ 建议 ○

恳请钦华……，这部手稿，批……《文史……》刊登。我已与……编委……教授……，他们……发表。……起见，我……批一下。建议当否请示。

1987.9.20凌晨

于千佛山医院……

系列式连续性长篇小说

纪晓岚演义

龙飞云奇才

——《纪晓岚演义》之三

家贫出孝子，

国难出忠良。

——题记

《编者按》：《纪晓岚演义》是部由……长篇小说组合而成的一部系列式连续性长篇小说。这十部……总计……百万字左右。……是部……的作品。其特色是，用我国旧体诗词及楹联诗词的典故、掌故，特别是中国独有的文学形式——对联，来描景，抒情，刻画人物，展开情节，结构故事。……诗词典故、掌故，特别是各种形式的妙联佳对，有绝妙奇巧……作者是《联友》报等……的获奖者，他对……书中收集、创作的几千多副楹联……善于驾驭，……，从而使读者……奇特性……鲜明的中国特色。再加作者是……作家，读者又……，脱稿于改革、开放、振兴中华的新时期，……

山东省革命委员会文化局创作稿纸(20×25=500)　　第 41 页

致使社会主义文学的色彩[新]特殊。该书的再一特点，即尊重史料，又在继承、发扬民族色彩外"去粗取精"、"批判继承"、"古为今用"、"洋为中用"、现实主义的方面，进行了大胆尝试，作了勇敢地探索，并取得了可喜的结果。

（浪漫主义 相结合手法）

鉴于该读书具有上述特色，作者又具有刻苦钻研、又干练、谨慎、认真、负责的责任感和事业心和好性格。经于今……争着请求的情况，他一面请老教授田仲济为书写序，一面决定按取先在各报刊连载或选载，同时使其问世的办法，以便广泛听取编者、读者意见后，再进一步修饰，然后再正式成书出版。

本刊因和作家多年来保持联系，故蒙不弃，也赐予选载的引孔。

下边选载的是《纪晓岚僧议》之三《苍山瑶材》一书中的一部分——三十二节。

目 录

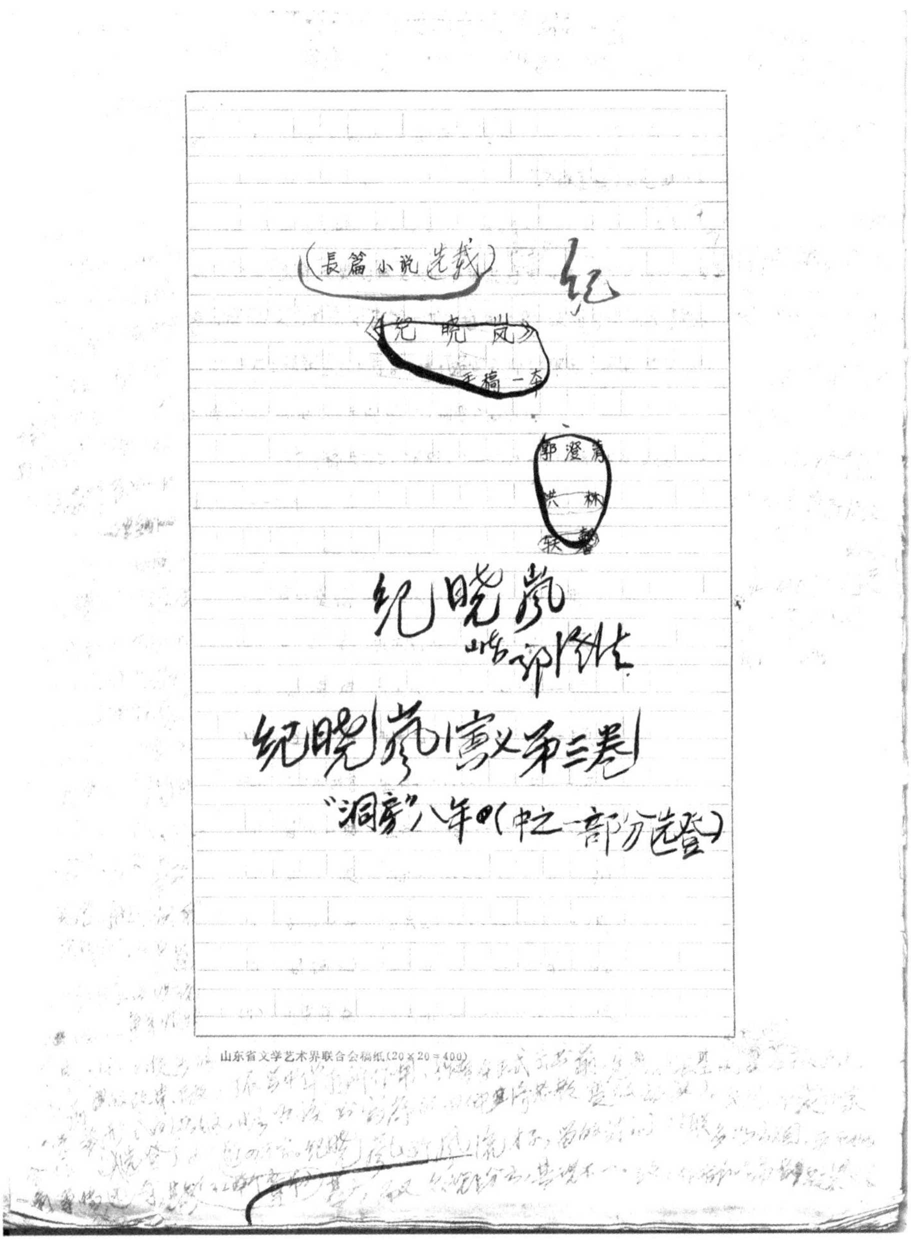
（長篇小說选载）
纪
《纪晓岚》
手稿一本
郭澄清
洪林
纪晓岚
纪晓岚演义第三卷
"洞房"八年⋯（中之一部分选登）
山东省文学艺术界联合会稿纸（20×20=400）

写高级知识分子名群的历史题材的系列式连续性超长篇小说，由各有其名的十部長篇组成，每部大体二十万字，全套书共计200万字。这里选登的是《纪晓岚演义》第三卷《洞房"八年》中的一部分。[illegible]

長篇小说《纪晓岚》手稿一本

这是200万字長篇小说《纪晓岚》中之一本手稿。《纪晓岚》由于太長，手稿也只好分为多本装订。这部共200万字，分为十卷的，写知识分子的，并以集对联之大成和通过诗词故事，故，又通过故事塑造人物为其突出特点的長篇小说，将先在若干报刊分别刊载，然后，由文化艺术出版社成书发行。为便于编审老师们审理，现将摔上的《纪晓岚》手稿的这本手稿情况，简要介绍如下：

一，这本手稿共计39个页码（1—39）一万六千字，其中，包括32个故事（556—589）；

二，篇目（即"目录"）如下：

山东省文学艺术界联合会稿纸（20×20=400）

五六五 开卷有益……(10—11页)

山东省文学艺术界联合会稿纸(20×20=400) 第 页

[illegible]

山东省文学艺术界联合会稿纸(20×20=400) 第 页

后　记

2013年着手编选国统区校园文学文献史料辑《炮声与弦歌》时，令我没想到的是，我竟然对文献史料的编选产生了兴趣。发掘整理文献史料，恰如考古一样，这既是一项极其艰辛枯燥的工作，也是一个充满挑战趣味的尝试。其实，只有从原始文献做起，我们才能还原文学发展的原貌，探究文学发展的规律，在此基础上撰写出来的学术性文章，自然就不再是人云亦云的跟风之作。2014年，我编选的"20世纪中国文学主流"历史档案书系《炮声与弦歌》由人民出版社出版，该书系是山东师范大学国家重点学科中国现当代文学专业学科带头人魏建教授主持的学科重大科研项目。该书出版后，得到了有关学者的好评，这更增强了我对文献史料编选工作的兴趣。2015年，我和研究生谢慧聪又开始着手编选《杨振声文献史料汇编》和《杨振声研究资料选编》（以上两书均由山东人民出版社2016年出版）。本来，这两本资料编选工作结束后，我想把工作重点转移到学理思考上来，但郭澄清先生之子、齐鲁医院专家郭洪志教授得知后，希望我一鼓作气，再编选一本郭澄清研究资料。盛情难却，我便开始了《郭澄清研究资料》的编选工作。

相比较我已编选的三本资料集，编选《郭澄清研究资料》并不轻松多少。为了能够较好地完成这一任务，有段时间，我为此竟然还到了忘我的地步，甚至连外出吃饭的时间都挤不出来，只好让学生代买。值得庆幸的是，郭洪志教授早就专注于郭澄清研究资料的搜集，这为本书的编选提供了极大便利。尤其让我感动的是，郭洪志教授还把收藏了多年的郭澄清手稿、打印文稿等，也一并提供给编者参考。总的来说，该书能够较为顺利地编选出来，郭洪志教授功不可没。

本书的出版得到了国家重点学科山东师范大学中国现当代文学专业的资助，山东人民出版社的李怀德先生为此做了大量的工作，我的硕士研究生吴霞、谢慧聪、李冠骏、张英、刘武洋、乔芳茵、张娇娇、孙涵之等也在原文辑校等方面做了许多工作。在此,一并表示真诚的谢意。

本书选入的绝大多数文章已经得到了作者的授权。敬请那些我还没有联系上的作者见到本书后惠赐联系方式,来信请寄山东师范大学文学院(邮政编码250014)。

由于编者水平有限,本书难免存在诸多不足,敬请方家指正。

李宗刚

2016年7月6日